ŒUVRES
COMPLÈTES
DE BOILEAU

ACCOMPAGNÉES DE

NOTES HISTORIQUES ET LITTÉRAIRES

ET PRÉCÉDÉES D'UNE

ÉTUDE SUR SA VIE ET SES OUVRAGES

PAR

A. CH. GIDEL

Professeur de rhétorique au Lycée Bonaparte, lauréat de l'Académie
française et de l'Académie des inscriptions et belles-lettres

TOME DEUXIÈME

PARIS
GARNIER FRÈRES, LIBRAIRES-ÉDITEURS
6, RUE DES SAINTS-PÈRES

M DCCC LXXII

CHEFS-D'ŒUVRE

DE LA

LITTÉRATURE

FRANÇAISE

30

ŒUVRES
COMPLÈTES
DE BOILEAU

TOME DEUXIÈME

ŒUVRES
COMPLÈTES
DE BOILEAU

ACCOMPAGNÉES DE

NOTES HISTORIQUES ET LITTÉRAIRES

ET PRÉCÉDÉES D'UNE

ÉTUDE SUR SA VIE ET SES OUVRAGES

PAR

A. CH. GIDEL

Professeur de rhétorique au Lycée Bonaparte, lauréat de l'Académie
française et de l'Académie des inscriptions et belles-lettres

TOME DEUXIÈME

PARIS

GARNIER FRÈRES, LIBRAIRES-ÉDITEURS

6, RUE DES SAINTS-PÈRES

M DCCC LXXII

ŒUVRES

COMPLÈTES

DE BOILEAU

SATIRE VII.[1]

(1663.)

LE GENRE SATIRIQUE.

Muse, changeons de style, et quittons la satire ;
C'est un méchant métier que celui de médire ;
A l'auteur qui l'embrasse il est toujours fatal :[2]
Le mal qu'on dit d'autrui ne produit que du mal.
Maint poëte, aveuglé d'une telle manie,
En courant à l'honneur, trouve l'ignominie ;
Et tel mot, pour avoir réjoui le lecteur,
A coûté bien souvent des larmes à l'auteur.

---

1. Composée en 1663. — Cf. HORACE, livre II, satire I.
2.   Ecce nocet vati musa jocosa suo.
(MARTIAL, livre II, épigr. XXII.)

On sait que M. de Montausier se levait tous les matins avec le projet de faire repentir Boileau de ses traits satiriques ; il ne s'adoucissait qu'après avoir fait sa prière.

Un éloge ennuyeux, un froid panégyrique,
Peut pourrir à son aise au fond d'une boutique,
Ne craint point du public les jugements divers,
Et n'a pour ennemis que la poudre et les vers : [1]
Mais un auteur malin, qui rit et qui fait rire,
Qu'on blâme en le lisant, et pourtant qu'on veut lire,
Dans ses plaisants accès qui se croit tout permis,
De ses propres rieurs se fait des ennemis.[2]
Un discours trop sincère aisément nous outrage :
Chacun dans ce miroir pense voir son visage ;
Et tel, en vous lisant, admire chaque trait,
Qui dans le fond de l'âme et vous craint et vous hait.[3]
Muse, c'est donc en vain que la main vous démange ;[4]

1. Securus licet Æneam Rutulumque ferocem
Committas : nulli gravis est percussus Achilles ;
Aut multum quæsitus Hylas, urnamque secutus.
Ense velut stricto quoties Lucilius ardens
Infremuit, rubet auditor, cui frigida mens est
Criminibus ; tacita sudant præcordia culpa.
Inde iræ et lacrymæ.
(JUVÉNAL, satire I.)

2. On verra dans cette variante avec quel soin Boileau se corrigeait :

Mais un auteur plaisant qui court par tout le monde,
Qui contrôle les mœurs, qui nous mord et nous gronde,
Dans sa critique ardeur qui se croit tout permis,
Des lecteurs en tous lieux se fait des ennemis.

3. Quum sibi quisque timet, quanquam est intactus, et odit.
(HORACE, livre II, satire I, v. 23.)

Horace dit encore de la satire :

. . . Doluere cruento
Dente lacessiti ; fuit intactis quoque cura
Conditione super communi...
(Livre II, épître I, v. 151.)

4. Saint-Marc et Le Brun trouvent cette expression un peu basse ; c'est vouloir trop de noblesse dans un genre qui admet beaucoup de liberté. Molière dit dans le *Misanthrope*, acte I, scène II :

Qu'il faut qu'un galant homme ait toujours grand empire
Sur les démangeaisons qui nous prennent d'écrire.

SATIRE VII.

S'il faut rimer ici, rimons quelque louange;
Et cherchons un héros, parmi cet univers,[1]
Digne de cet encens et digne de nos vers.[2]
Mais à ce grand effort en vain je vous anime :
Je ne puis pour louer rencontrer une rime;
Dès que j'y veux rêver, ma veine est aux abois.[3]
J'ai beau frotter mon front, j'ai beau mordre mes doigts,[4]
Je ne puis arracher du creux de ma cervelle
Que des vers plus forcés que ceux de la Pucelle.[5]
Je pense être à la gêne;[6] et, pour un tel dessein,

---

1. Aut si tantus amor scribendi te rapit, aude
 Cæsaris invicti res dicere...
(HORACE, livre II, satire I, v. 10-11.)

2. Voici la critique que Cotin faisait de ces vers : « Que cela est judicieux ! il vient de faire un discours à la louange du roi, et il ne trouve dans le monde aucun héros digne de ses vers. » (COTIN, Crit., p. 37.)

3. Une veine aux abois, cela n'est pas écrit avec justesse. — Voltaire fait remarquer sur un vers du *Nicomède*, de Corneille, que cette expression *aux abois*, qui par elle-même n'est pas noble, n'est plus usitée aujourd'hui. Néanmoins, dit M. E. Littré, cette expression est restée, à juste titre, dans l'usage, et elle n'a rien qui l'empêche d'entrer dans le meilleur style. On en use moins librement qu'au xviie siècle.

> Mais pardonne aux abois d'une vieille amitié,
> Qui ne peut expirer sans me faire pitié.
> (CORNEILLE, *Cinna*, acte III, scène II.)

> Louis XIV réduisant l'hérésie aux derniers abois.
> (LA FONTAINE, *Discours à l'Académie*.)

> Philisbourg est aux abois en huit jours.
> (BOSSUET, *Oraison funèbre du prince de Condé*.)

4. Horace a dit :

. . . Et in versu faciendo
Sæpe caput scaberet, vivos et roderet ungues.
(Livre I, satire X, v. 70.)

5. Poëme héroïque de Chapelain, dont tous les vers semblent faits en dépit de Minerve. (BOILEAU, 1713.)

6. Ce mot, de notre temps, a perdu sa vigueur. Au xviie siècle, il signifiait *torture, tourment, question*. Son étymologie est le mot hébreu *Gehennon*, vallée des fils d'Ennon, où l'on avait fait brûler des victimes

La plume et le papier résistent à ma main.
Mais, quand il faut railler, j'ai ce que je souhaite.
Alors, certes, alors je me connois poëte :
Phébus, dès que je parle, est prêt à m'exaucer;
Mes mots viennent sans peine, et courent se placer.
Faut-il peindre un fripon fameux dans cette ville?
Ma main, sans que j'y rêve, écrira Raumaville.[1]
Faut-il d'un sot parfait montrer l'original?
Ma plume au bout du vers d'abord trouve Sofal :[2]
Je sens que mon esprit travaille de génie.
Faut-il d'un froid rimeur dépeindre la manie?
Mes vers, comme un torrent, coulent sur le papier;
Je rencontre à la fois Perrin et Pelletier,
Bonnecorse, Pradon, Colletet, Titreville;[3]

---

humaines. — C'était la question qu'on faisait subir aux accusés pour obtenir d'eux des révélations.

1. Il s'agit du libraire Somaville, dont le nom se trouve dans les éditions de 1668, 1669, 1674, 1675, sous cette forme : *Saumaville*.

2. Henri Sauval, avocat au parlement de Paris, né vers 1620, mort en 1670, auteur des *Amours des rois de France*. L'*Histoire des antiquités de la ville de Paris*, 3 vol. in-folio, n'a été publiée qu'en 1724. (M. CHÉRON.)

3. Poëtes décriés. (BOILEAU, 1713.) — Sur Pelletier, Pradon et Colletet, voir le *Discours au roi*, la Ire satire. — L'abbé Perrin, né à Lyon, mort en 1680, introduisit l'opéra en France; il a traduit l'*Énéide* en vers. Voir la lettre XCII de Despréaux à Brossette. Ses poésies ont été recueillies en 1661 en 3 vol. in-12. — Bonnecorse, né à Marseille, mort en 1706. Il fut consul de France au Caire. Il avait publié un ouvrage en prose et en vers intitulé : *Montre d'amour*. Il fit plus tard, pour se venger, le *Lutrigot*, c'est-à-dire la parodie du *Lutrin*. — Pradon, qui n'avait pas encore abordé le théâtre, avait fait beaucoup de pièces fugitives fort applaudies dans la société du duc de Nevers et de Mme Deshoulières. En 1684, il publia une critique des premières satires sous ce titre: *Le Triomphe de Pradon*, et, en 1685, *Nouvelles remarques sur tous les ouvrages du sieur D...* (Despréaux). — De 1666 à 1682, on lisait : *Bardou, Mauroy, Boursault*. Despréaux avait mis là Boursault pour le punir d'avoir attaqué Molière dans une petite pièce représentée en 1663 sous ce titre : *le Portrait du peintre*, ou *la Critique*

Et, pour un que je veux, j'en trouve plus de mille.
Aussitôt je triomphe, et ma muse en secret
S'estime et s'applaudit du beau coup qu'elle a fait.
C'est en vain qu'au milieu de ma fureur extrême
Je me fais quelquefois des leçons à moi-même ;
En vain je veux au moins faire grâce à quelqu'un :
Ma plume auroit regret d'en épargner aucun ; [1]
Et, sitôt qu'une fois la verve me domine,
Tout ce qui s'offre à moi passe par l'étamine. [2]
Le mérite pourtant m'est toujours précieux :
Mais tout fat me déplaît, et me blesse les yeux ;
Je le poursuis partout, comme un chien fait sa proie,
Et ne le sens jamais qu'aussitôt je n'aboie. [3]
Enfin, sans perdre temps en de si vains propos,

---

de l'École des femmes. — Titreville ; on trouve de ses vers dans certaines collections.

1. *Auroit regret*, syllabes bien dures. (SAINT-MARC.)

2. On ne voit pas pourquoi Le Brun et Daunou regrettent de trouver cette expression dans Boileau. Régnier avait déjà dit :

> Et qui pût des vertus passer par l'étamine.

L'étamine est un morceau d'étoffe claire dont on se sert pour clarifier les liqueurs.

3. Horace :
> Si quis
> Opprobrio dignum latraverit, integer ipse.

Voici la remarque de Pradon sur ces vers : « Ces mots de *fat*, de *sot* et de *faquin* sont les mots favoris et répétés très-souvent par M. D*** ; mais la comparaison qu'il fait de lui-même à un chien lui convient admirablement :

> . . . . Puisque tu jappes et que tu mords,
> Qu'on te voit déchirer les vivants et les morts,
> A bon droit, par ton air, ton style et ta grimace,
> On te peut appeler le dogue du Parnasse.

Mais qu'il prenne garde de ne pas outrer la comparaison, et qu'en voulant toujours mordre comme un chien furieux, il n'en ait aussi la destinée. »
SAINT-SURIN, *Nouvelles remarques*, p. 45.)

Je sais coudre une rime au bout de quelques mots :
Souvent j'habille en vers une maligne prose : [1]
C'est par là que je vaux, si je vaux quelque chose.
Ainsi, soit que bientôt, par une dure loi,
La mort d'un vol affreux vienne fondre sur moi, [2]
Soit que le ciel me garde un cours long et tranquille, [3]
A Rome ou dans Paris, aux champs ou dans la ville,
Dût ma muse par là choquer tout l'univers,
Riche, gueux, triste ou gai, je veux faire des vers.[4]

Pauvre esprit, dira-t-on, que je plains ta folie !
Modère ces bouillons de ta mélancolie ;
Et garde qu'un de ceux que tu penses blâmer
N'éteigne dans ton sang cette ardeur de rimer.[5]

---

1. On a cru voir dans ce vers la preuve que Boileau composait d'abord ses ouvrages en prose et les mettait ensuite en vers ; cette opinion parut recevoir quelque force de la découverte faite par Saint-Marc, dans *la Bibliothèque du roi*, d'un canevas en prose de la satire IXᵉ. On s'accorde aujourd'hui à ne voir dans ce canevas qu'une pièce apocryphe, indigne de Boileau, et l'on ne trouve plus dans ce vers que le regret exprimé par le poëte de n'avoir pas tous les dons de la poésie. C'est ainsi qu'Horace écrit :

> . . . . Neque enim concludere versum
> Dixeris esse satis ; neque si quis scribat, uti nos,
> Sermoni propiora, putes hunc esse poetam.
> (Livre I, satire IV, v. 40-42.)

2. Boileau imite ici Horace :

> Ne longum faciam : seu me tranquilla senectus
> Expectat ; seu mors atris circumvolat alis ;
> Dives, inops, Romæ, seu fors ita jusserit, exsul ;
> Quisquis erit vitæ, scribam, color.

3. Expression sans justesse et sans facilité.

4. Boileau avait mis d'abord *riche, gueux* ou *content*. Desmarets fit observer que *content* n'avait pas de mot qui lui fût opposé ; suivant lui, il fallait dire : *Riche ou gueux, triste ou gai, je veux faire des vers.* Despréaux profita de la critique, à moitié seulement, et il écrivit : *Riche, gueux, triste ou gai*...

5. C'est ce que dit Trébatius à son ami Horace, dans la satire citée déjà :

> O puer, ut sis
> Vitalis, metuo et majorum ne quis amicus

SATIRE VII.

Eh quoi! lorsque autrefois Horace, après Lucile,[1]
Exhaloit en bons mots les vapeurs de sa bile,
Et, vengeant la vertu par des traits éclatants,
Alloit ôter le masque aux vices de son temps;
Ou bien quand Juvénal, de sa mordante plume[2]
Faisant couler des flots de fiel et d'amertume,
Gourmandoit en courroux tout le peuple latin,
L'un ou l'autre fit-il une tragique fin?
Et que craindre, après tout, d'une fureur si vaine?
Personne ne connoît ni mon nom ni ma veine.
On ne voit point mes vers, à l'envi de Montreuil,[3]
Grossir impunément les feuillets d'un recueil.
A peine quelquefois je me force à les lire,
Pour plaire à quelque ami que charme la satire,[4]

> Frigore te feriat. — Quid, quum est Lucilius ausus
> Primus in hunc operis componere carmina morem,
> Detrahere et pellem, nitidus qua quisque per ora
> Cederet, introrsum turpis; num Lælius, aut qui
> Duxit ab oppressa meritum Carthagine nomen,
> Ingenio offensi, aut læso doluere Metello?
> Famosisque Lupo cooperto versibus? Atqui
> Primores populi arripuit populumque tributim;
> Scilicet uni æquus virtuti atque ejus amicis.

1. Horace, né l'an 9 avant J.-C. — Lucilius, né en 149 avant J.-C., mort en 103. Il ne nous reste que des fragments des trente satires qu'il avait composées.

2. Juvénal (Decimus-Junius Juvenalis), né à Aquinum l'an 42 après J.-C., fut l'élève de Quintilien. Il mourut en Égypte, où le ressentiment d'un histrion, favori d'Adrien, le fit exiler avec le titre de préfet d'une légion. Boileau semble avoir ignoré cette circonstance.

3. Le nom de Montreuil dominoit dans tous les fréquents recueils de poésies choisies qu'on faisoit alors. (BOILEAU, 1713.) — Mathieu de Montreuil, né à Paris en 1620, mort à Aix, secrétaire de l'archevêque Daniel de Cosnac, en 1691.

4.
> . . . . Cur metuas me?
> Nulla taberna meos habeat, neque pila libellos,
> Queis manus insudet vulgi, Hermogenisque Tigelli;
> Non recito cuiquam, nisi amicis, idque coactus,
> Non ubivis, coramve quibuslibet...
> (HORACE, livre I, satire IV, v. 70-76.)

Qui me flatte peut-être, et, d'un air imposteur,
Rit tout haut de l'ouvrage, et tout bas de l'auteur.[1]
Enfin c'est mon plaisir; je me veux satisfaire :
Je ne puis bien parler, et ne saurois me taire ;
Et, dès qu'un mot plaisant vient luire à mon esprit,
Je n'ai point de repos qu'il ne soit en écrit :
Je ne résiste point au torrent qui m'entraîne.

Mais c'est assez parlé : prenons un peu d'haleine :
Ma main, pour cette fois, commence à se lasser.
Finissons. Mais demain, Muse, à recommencer.

---

1. Par ces derniers vers, Boileau désignait Furetière. Quand Despréaux lut sa première satire à cet abbé, il s'aperçut qu'à chaque trait Furetière souriait malignement et laissait voir une joie secrète de la nuée d'ennemis qui allait fondre sur l'auteur. Cette perfide approbation fut bien remarquée par Despréaux. (D'ALEMBERT, *Éloge de Despréaux.*)

SATIRE VIII.[1]

(1667.)

A M. M*** (MOREL)[2]

DOCTEUR DE SORBONNE.

De tous les animaux qui s'élèvent dans l'air,
Qui marchent sur la terre, ou nagent dans la mer,[3]
De Paris au Pérou, du Japon jusqu'à Rome,
Le plus sot animal, à mon avis, c'est l'homme.
   Quoi ! dira-t-on d'abord, un ver, une fourmi,
Un insecte rampant qui ne vit qu'à demi,
Un taureau qui rumine, une chèvre qui broute,
Ont l'esprit mieux tourné que n'a l'homme ? Oui, sans doute.

---

1. Composée en 1667. — Cette satire est tout à fait dans le goût de Perse, et marque un philosophe chagrin, qui ne peut souffrir les vices des hommes. (BOILEAU, 1713.)
2. Le docteur qui reçut, sans l'avoir demandée, la dédicace de cette satire, était Claude Morel, qui mourut en 1699, doyen de la Faculté de théologie et chanoine théologal de Paris. Il était zélé moliniste. Cette dédicace est une malice janséniste de Boileau et de son frère l'abbé Jacques Boileau, docteur de Sorbonne. Le panégyrique de l'âne allait à l'adresse du docteur Morel, qu'on surnommait *Mâchoire d'âne*, d'après une ressemblance purement physique. Santeuil fit la même allusion dans un éloge ironique en vers latins. Il félicite Morel d'avoir, par ses arguments, terrassé autant de jansénistes que Samson avec la mâchoire d'âne avait terrassé de Philistins. (GÉRUZEZ.) — Les docteurs de Sorbonne étaient au nombre de trente-six, tous logés à la Sorbonne, qui ne comprenait alors que la Faculté de théologie.
3. Ce vers est dans Ronsard, livre I, hymne VI.

Ce discours te surprend, docteur, je l'aperçoi.¹
L'homme de la nature est le chef et le roi :
Bois, prés, champs, animaux, tout est pour son usage,
Et lui seul a, dis-tu, la raison en partage.²
Il est vrai, de tout temps, la raison fut son lot :
Mais de là je conclus que l'homme est le plus sot.³

 Ces propos, diras-tu, sont bons dans la satire,
Pour égayer d'abord un lecteur qui veut rire :
Mais il faut les prouver. En forme. — J'y consens.⁴

---

1. Autrefois les premières personnes des verbes au singulier ne prenoient point d'*s* à la fin. On réservoit cette lettre pour les secondes personnes, et on mettoit un *t* aux troisièmes. Par là chaque personne avoit sa lettre caractéristique ; nos conjugaisons étoient plus régulières. Les poëtes commencèrent par ajouter un *s* aux premières personnes du singulier des verbes terminés par une consonne, afin d'éviter des hiatus. N'ayant rien à craindre pour les verbes qui finissent par un *e* muet, parce que cette lettre s'élide, ils la laissèrent sans *s*. Insensiblement l'usage des poëtes est devenu si général, qu'enfin l'omission de l'*s* aux premières personnes des verbes qui finissent par une consonne, ou par une toute autre voyelle que l'*e* muet, a été regardée comme une négligence dans la prose et comme une licence dans les vers. (D'OLIVET.) — Quant à la conjugaison, la principale observation est que la première personne du singulier ne prend point d'*s*, à moins que cette lettre ne soit du radical, *je voi, je vi*, etc. Ces formes sans *s* sont restées dans notre versification à titre de licences ; mais bien loin d'être une licence, c'est une régularité, car l'*s*, conformément à la conjugaison latine, type de la nôtre, n'appartient pas à la personne (*video, vidi*), et c'est à tort que de la seconde personne, dont elle est caractéristique, on l'a étendue à la première. (E. LITTRÉ, *Dictionnaire de la langue française.*)

2. Rochester a imité ce passage de Boileau :

  L'homme seul distingué par une âme immortelle,
  Monarque enorgueilli de ce superbe don,
  Sur tous les animaux règne par la raison.
      (Trad. de M. HENNET.)

3. Montaigne dit de la raison : « Ce n'est qu'un pot à deux anses... un trouble-fête... un glaive double et dangereux... une pierre de touche pleine de fausseté... Ses jugements manquent de base ;... elle a été sophistiquée par les hommes. » (CH. LOUANDRE.)

4. *En forme.* — Mettre ses arguments *en forme*, c'est les présenter avec tout l'appareil d'une discussion dans l'école. — Ce mot, détaché de ce

SATIRE VIII.

Réponds-moi donc, docteur, et mets-toi sur les bancs.
  Qu'est-ce que la sagesse ? une égalité d'âme
Que rien ne peut troubler, qu'aucun désir n'enflamme,
Qui marche en ses conseils à pas plus mesurés
Qu'un doyen au palais ne monte les degrés.
Or cette égalité dont se forme le sage,
Qui jamais moins que l'homme en a connu l'usage ?
La fourmi tous les ans traversant les guérets [1]
Grossit ses magasins des trésors de Cérès ;
Et dès que l'aquilon, ramenant la froidure,
Vient de ses noirs frimats [2] attrister la nature,
Cet animal, tapi dans son obscurité,
Jouit l'hiver des biens conquis durant l'été.
Mais on ne la voit point, d'une humeur inconstante,
Paresseuse au printemps, en hiver diligente,
Affronter en plein champ les fureurs de janvier,
Ou demeurer oisive au retour du Bélier. [3]
Mais l'homme, sans arrêt dans sa course insensée,

---

qui précède, est un trait qui caractérise bien le personnage, et marque mieux le dialogue que si l'auteur avoit mis tout de suite : *mais il faut les prouver en forme.* (SAINT-MARC.)

1. Imitation fort heureuse de ces vers d'Horace :

> Parvula, nam exemplo est, magni formica laboris,
> Ore trahit quodcumque potest, atque addit acervo
> Quem struit, haud ignara ac non incauta futuri.
> Quæ, simul inversum contristat Aquarius annum,
> Non usquam prorepit, et illis utitur ante
> Quæsitis sapiens...
>
> (HORACE, livre II, satire I, v. 33-38.)

2. Boileau mettait un *t* à ce mot. Étymologie : ancien français *frimer*, geler :

> En cel temps ke voi frimer
> Les arbres et blanchoier.
>
> (Poésies manuscrites avant 1300, t. II, p. 791, dans Lacurne). (E. LITTRÉ.)

3. C'est-à-dire au retour du printemps. Cette saison commence lorsque le soleil entre dans le signe du Bélier.

Voltige incessamment de pensée en pensée :
Son cœur, toujours flottant entre mille embarras,
Ne sait ni ce qu'il veut, ni ce qu'il ne veut pas.
Ce qu'un jour il abhorre, en l'autre il le souhaite.[1]
Moi ! j'irois épouser une femme coquette !
J'irois, par ma constance aux affronts endurci,
Me mettre au rang des saints qu'a célébrés Bussi ![2]
Assez de sots sans moi feront parler la ville,
Disoit, le mois passé, ce marquis indocile,
Qui, depuis quinze jours dans le piége arrêté,
Entre les bons maris pour exemple cité,
Croit que Dieu tout exprès d'une côte nouvelle
A tiré pour lui seul une femme fidèle.

Voilà l'homme en effet. Il va du blanc au noir :
Il condamne au matin ses sentiments du soir :[3]
Importun à tout autre, à soi-même incommode,
Il change à tous moments d'esprit comme de mode :
Il tourne au moindre vent, il tombe au moindre choc,
Aujourd'hui dans un casque et demain dans un froc.[4]

1. . . . . Quid? mea cum pugnat sententia secum,
Quod petiit, spernit; repetit quod nuper omisit;
Æstuat, et vitæ disconvenit ordine toto.
(HORACE, livre I, épître I, v. 97-99.)

2. Bussi, dans son histoire galante, raconte beaucoup de galanteries très-criminelles de dames mariées de la cour. (BOILEAU, 1713.) — Roger, comte de Bussy-Rabutin, né à Épiry (Nièvre) le 18 avril 1618, mort à Autun le 9 avril 1693. On sait quelle longue disgrâce lui valut son *Histoire amoureuse des Gaules*. Selon Brossette, Boileau ferait ici allusion à un livre d'*Heures* où figuraient, au lieu de saints, des maris malheureux. (M. CHÉRON.) — Mlle de Scudéri voulut indisposer Bussy contre Boileau à cause de cette citation. Elle n'y réussit pas. Bussy lui répondit : « ... D'ailleurs Despréaux est un garçon d'esprit et de mérite que j'aime fort. »

3. « Boileau a croqué ici mon portrait en deux mots, » dit J.-J. Rousseau dans le *Persifleur*.

4. Boileau faisoit cas de ces deux vers tant pour leur beauté que pour la singularité de la rime. (BROSSETTE.) — L'école romantique estimait aussi

LA SATIRE.

Cependant à le voir plein de vapeurs légères,
Soi-même se bercer de ses propres chimères,
Lui seul de la nature est la base et l'appui,
Et le dixième ciel ne tourne que pour lui.[1]
De tous les animaux, il est, dit-il, le maître. —
Qui pourroit le nier? poursuis-tu. — Moi, peut-être.
Mais, sans examiner si, vers les antres sourds,[2]

beaucoup sa manière riche de rimer. — Pope (*Essai sur l'homme*, épître II, trad. de Du Resnel) a dit :

> Dans ses vagues désirs, incertain, inconstant,
> Tantôt fou, tantôt sage, il change à chaque instant;
> Également rempli de force et de foiblesse,
> Il tombe, il se relève et retombe sans cesse.
> (BERRIAT-SAINT-PRIX.)

Voltaire traduit ainsi un fragment de la satire de Rochester :

> Cet esprit que je hais, cet esprit plein d'erreur,
> Ce n'est pas ma raison, c'est la tienne, docteur;
> C'est ta raison frivole, inquiète, orgueilleuse,
> Des sages animaux rivale dédaigneuse,
> Qui croit entre eux et l'ange occuper le milieu,
> Et pense être ici-bas l'image de son Dieu.
> Vil atome importun, qui croit, doute, dispute,
> Rampe, s'élève, tombe, et nie encor sa chute.
> (*Dictionnaire philosophique.*)

1. Voltaire a dit lui-même, *VI° Discours*, p. 71-74 :

> L'homme vint et cria : « Je suis puissant et sage.
> « Cieux, terres, éléments, tout est pour mon usage.
> « L'océan fut formé pour porter mes vaisseaux :
> « Les vents sont mes courriers, les astres mes flambeaux. »

2. La Monnoie, blâmant *les antres sourds*, proposait ces deux vers comme correction :

> Mais, sans examiner par un trop long discours,
> Si l'ours craint le passant, si le passant craint l'ours.

Boileau, dans l'édition de 1683, avait retravaillé ce passage; il y substituait cette nouvelle leçon :

> Mais, sans examiner de quel air au passant
> L'ours pressé de la faim se montre obéissant,
> Et combien un lion, ou gétule ou numide,
> Craint d'être recherché de vol et d'homicide.

Mais au bout de onze ans (1694), dit Berriat-Saint-Prix, il abandonna cette leçon. Nous croyons qu'il a bien fait.

L'ours a peur du passant, ou le passant de l'ours;
Et si, sur un édit des pâtres de Nubie,
Les lions de Barca videroient la Libye;[1]
Ce maître prétendu qui leur donne des lois,
Ce roi des animaux, combien a-t-il de rois?
L'ambition, l'amour, l'avarice, la haine,
Tiennent comme un forçat son esprit à la chaîne.
Le sommeil sur ses yeux commence à s'épancher :
Debout, dit l'avarice, il est temps de marcher. —
Hé! laissez-moi. — Debout! — Un moment. — Tu répliques![2] —
A peine le soleil fait ouvrir les boutiques. —
N'importe, lève-toi. — Pour quoi faire après tout?[3] —
Pour courir l'Océan de l'un à l'autre bout,
Chercher jusqu'au Japon la porcelaine et l'ambre,
Rapporter de Goa[4] le poivre et le gingembre. —
Mais j'ai des biens en foule, et je puis m'en passer. —

---

1. La Nubie est un grand pays de l'Afrique, situé au milieu du royaume de Barca. Il y a beaucoup de lions dans les déserts de Barca. (BROSSETTE.) — Ce pays s'étend du golfe de la Sidre à l'ouest jusqu'à l'Égypte à l'est.

2.   Mane piger stertis? Surge, inquit avaritia : eia,
    Surge. Negas? instat : Surge, inquit. — Non queo. — Surge. —
    En quid agam? — Rogitas? Saperdas advehe Ponto,
    Castoreum, stuppas, cbenum, thus, lubrica Coa;
    Tolle recens primus piper e sitiente camelo :
    Verte aliquid; jura...
                    (PERSE, satire V, v. 132-137.)

3. Perse oppose à ce tableau celui de la Volupté qui cherche à retenir le malheureux dans son lit :

         . . . . Quo deinde, insane, ruis? Quo?
        Quid tibi vis? Calido sub pectore mascula bilis
        Intumuit, quam non extinxerit urna cicutæ.
        Tun' mare transilias? tibi torta Cannabe fulto
        Cœna fit in transtro...
                    (PERSE, satire V, v. 143.)

Boileau a manqué l'occasion d'un contraste intéressant.

4. Ville des Portugais dans les Indes orientales. (BOILEAU, 1713.)

On n'en peut trop avoir; et pour en amasser
Il ne faut épargner ni crime, ni parjure;
Il faut souffrir la faim et coucher sur la dure;
Eût-on plus de trésors que n'en perdit Galet, [1]
N'avoir en sa maison ni meubles ni valet;
Parmi les tas de blé vivre de seigle et d'orge;
De peur de perdre un liard souffrir qu'on vous égorge. [2]
— Et pourquoi cette épargne enfin? — L'ignores-tu?
Afin qu'un héritier, bien nourri, bien vêtu,
Profitant d'un trésor en tes mains inutile,
De son train quelque jour embarrasse la ville. —
Que faire? Il faut partir : les matelots sont prêts.

Ou, si pour l'entraîner l'argent manque d'attraits,
Bientôt l'ambition et toute son escorte

---

1. Fameux joueur dont il est fait mention dans Régnier (BOILEAU, 1713):

> Gallet a sa raison, et qui croira son dire,
> Le hasard pour le moins lui promet un empire...
> Toutefois, au contraire, étant léger et net,
> N'ayant que l'espérance et trois dés au cornet,
> Comme sur un bon fonds de rente et de recettes,
> Dessus sept ou quatorze il assigne ses dettes.
>
> (Satire XIV.)

Il joua et perdit en un coup de dé l'hôtel de Sully qu'il avoit fait bâtir. (BROSSETTE.) — C'est une maison voisine où était un cabaret appelé l'hôtel de Sully, que Gallet vendit pour payer ses créanciers. L'hôtel de Sully avait été bâti par Sully, surintendant des finances sous Henri IV. — Ce joueur est encore nommé dans un ballet intitulé *le Sérieux et le Grotesque*, que dansa Louis XIII en 1627 :

> Là, ceux qui prêtent le collet
> Aux chances que livre Gallet,
> Après quelques faveurs souffrent mille disgrâces
> Et ne rencontrent volontiers
> Que l'hôpital...
>
> (M. CHÉRON.)

2. Allusion à l'aventure du lieutenant criminel Tardieu et de sa femme. Voir la satire X.

Dans le sein du repos vient le prendre à main-forte,[1]
L'envoie en furieux, au milieu des hasards,
Se faire estropier sur les pas des Césars;
Et, cherchant sur la brèche une mort indiscrète,[2]
De sa folle valeur embellir la gazette.[3]

Tout beau, dira quelqu'un, raillez plus à propos;
Ce vice fut toujours la vertu des héros.
Quoi donc! à votre avis, fut-ce un fou qu'Alexandre? —
Qui? cet écervelé qui mit l'Asie en cendre?
Ce fougueux l'Angely,[4] qui, de sang altéré,
Maître du monde entier, s'y trouvoit trop serré![5]
L'enragé qu'il étoit, né roi d'une province

---

1. *A main-forte*, c'est-à-dire par la force :

> Et tirant de ce lieu Théodore à main-forte.
> (CORNEILLE, *Théodore*, acte IV, scène IV.)

> Tout le peuple assemblé nous poursuit à main-forte.
> (RACINE.)

2. *Indiscret* signifie proprement qui manque de discrétion, de retenue, qui ne sait pas garder un secret; Boileau lui donne ici le sens d'*imprudent*, *étourdi*.

3. Il s'agit de la Gazette fondée par Théophraste Renaudot, le 30 mai 1631. Elle prit un peu plus tard le nom de *la Gazette de France*. Nous voyons qu'on n'y marchandait pas les louanges par ces vers de Molière :

> D'éloges on regorge, à la tête on les jette,
> Et mon valet de chambre est mis dans la Gazette.
> (*Misanthrope*, acte III, scène VII.)

4. Il en est parlé dans la première satire. (BOILEAU, 1713.) — Voir la note 4, page 64 du tome Ier. — *L'Angely* désigne ici un fou en général, et l'épithète *fougueux* désigne le genre de folie dont Alexandre est atteint. Cela n'est pas fort heureusement conçu. Le père Bouhours avait prévu sagement que ces mots deviendraient obscurs avec le temps. Quant aux reproches que Desmarets et Pradon faisaient à Boileau d'avoir porté atteinte à la gloire de Louis XIV, « il n'y eut jamais peut-être, dit Saint-Marc, de critique plus ridicule. »

5. Unus Pellæo juveni non sufficit orbis :
Æstuat infelix angusto limite mundi,
Ut Gyaræ clausus scopulis parvaque Seripho.
(JUVÉNAL, satire X, v. 168-170.)

Qu'il pouvoit gouverner en bon et sage prince,
S'en alla follement, et pensant être Dieu,
Courir comme un bandit qui n'a ni feu ni lieu ;
Et, traînant avec soi les horreurs de la guerre,[1]
De sa vaste folie emplir toute la terre ;[2]
Heureux, si de son temps, pour cent bonnes raisons,
La Macédoine eût eu des petites-maisons,[3]
Et qu'un sage tuteur l'eût en cette demeure,
Par avis de parents, enfermé de bonne heure ![4]

1. ... Hic a pueritia latro gentiumque vastator, tam hostium pernicies quam amicorum, qui summum bonum duceret terrori esse cunctis mortalibus... (SÉNÈQUE, de Beneficiis, lib. I, p. XIII.)

2. Les grammairiens, Féraud, Lévizac, Nasse, ont blâmé *emplir* mis pour *remplir ;* d'autres grammairiens et des critiques en ont justifié l'emploi : il est difficile, dans ce cas, suivant M. Littré, de saisir une nuance réelle entre ces deux termes : « Rigoureusement, dit-il, *remplir* signifie *remplir* de nouveau ; mais la particule *re* perd souvent son sens ; et ici elle s'est modifiée ; de sorte que *remplir* exprime l'action d'ajouter ce qui manque pour que la chose soit tout à fait pleine : *remplir un tonneau*. On dira un bois *rempli* de voleurs plutôt que *empli*, parce qu'en effet des voleurs n'*emplissent* pas le bois, mais le *remplissent* à fur et mesure qu'ils y arrivent ou y séjournent. On dira que les grands mots *emplissent* la bouche plutôt que *remplissent*, parce qu'on veut exprimer non pas la venue successive des mots dans la bouche, mais l'effet simultané, la plénitude qu'ils produisent ; d'un autre côté, quand on dit : sa gloire *emplit* ou *remplit* l'univers, il est difficile de saisir une nuance réelle. » (*Dict. de la langue française*.)

3. C'est un hôpital de Paris où l'on enferme les fous. (BOILEAU, 1713.)
— Tout proche (de l'Abbaye-aux-Bois), est l'hôpital des Petites-Maisons (rue de la Chaise, 28), où les insensés sont enfermés. Il y a aussi un assez bon nombre de vieilles femmes, qui y sont logées et entretenues le reste de leur vie... Cet hôpital étoit originairement une *maladrerie*, dépendante de l'Abbaye de Saint-Germain-des-Prés ; elle fut cédée par le cardinal de Tournon, alors abbé, au prévôt des marchands et aux échevins, en 1544, ce qui fut autorisé par un arrêt du Parlement, pour en faire un hôpital... (GERMAIN-BRICE.) — En 1557, les anciens bâtiments firent place à ceux qui ont servi, depuis 1801 jusqu'à ces dernières années, à l'*Hospice des ménages*. (M. CHÉRON.)

4. Voltaire dit de Charles XII : « Dans ce loisir de Bender, qui fut plus long qu'il ne pensait, il prit insensiblement du goût pour la lecture. Le

Mais, sans nous égarer dans ces digressions,
Traiter, comme Senaut, toutes les passions;[1]
Et, les distribuant, par classes et par titres,
Dogmatiser en vers, et rimer par chapitres,
Laissons-en discourir La Chambre ou Coeffeteau,[2]
Et voyons l'homme enfin par l'endroit le plus beau.

Lui seul, vivant, dit-on, dans l'enceinte des villes,
Fait voir d'honnêtes mœurs, des coutumes civiles,
Se fait des gouverneurs, des magistrats, des rois,

---

baron Fabrice... fit lire au roi les tragédies de Pierre Corneille, celles de Racine, et les ouvrages de Despréaux. Le roi ne prit nul goût aux satires de ce dernier, qui en effet ne sont pas ses meilleures pièces; mais il aimait fort ses autres écrits. Quand on lui lut ce trait de la satire VIIIe où l'auteur traite Alexandre de fou et d'enragé, il déchira le feuillet. » (*Histoire de Charles XII*, livre V.)

1. Pradon a fait observer qu'il faudrait *sans traiter*. Il a peut-être raison, mais outre que le style de la poésie demande quelque liberté, l'usage du XVIIe siècle autorisait la suppression de cette préposition. On peut, dit M. Aubertin, en citer de nombreux exemples en prose et en vers :

> Un ordre de vider d'ici, vous et les vôtres,
> Mettre vos meubles hors, et faire place à d'autres.
> (MOLIÈRE, *Tartuffe*, acte V, scène IV.)

« Employons ce temps à répéter notre affaire, et voir la manière dont il faut pousser les choses. » (*Impromptu*, I.) — « Ésope, pour toute punition, lui recommanda d'honorer les dieux et son prince, se rendre terrible à ses ennemis, bien traiter sa femme, parler peu, avoir soin du lendemain, surtout n'être point envieux, etc., etc. » (LA FONTAINE, *Vie d'Ésope*. *Edition classique des œuvres poétiques de Boileau.* Chez EUG. BELIN.)

2. Senaut, La Chambre et Coëffeteau ont tous trois fait chacun un *Traité des passions.* (BOILEAU, 1713.) — Jean-François Senaut, né en 1599 ou 1604, mort à Paris général de l'Oratoire, le 3 août 1672. Il a donné, entre autres ouvrages, un *Traité de l'usage des passions*, Paris, 1641, in-4°. — Marin Cureau de la Chambre, médecin ordinaire du roi, de l'Académie française et de celle des sciences, né au Mans en 1594, mort à Paris en 1670. Il a donné : les *Caractères des passions*, Paris, 1640-1645, 2 vol. in-4°. — Nicolas Coëffeteau, nommé évêque de Marseille, né à Saint-Calais (Sarthe) en 1574, mort le 21 avril 1623. Il a donné : *Tableau des passions humaines*, Paris, 1620, in-8°. (M. CHÉRON.)

Observe une police,[1] obéit à des lois.

Il est vrai. Mais pourtant sans lois et sans police,
Sans craindre archers, prévôt, ni suppôt de justice,
Voit-on les loups brigands, comme nous inhumains,
Pour détrousser les loups courir les grands chemins?[2]
Jamais, pour s'agrandir, vit-on dans sa manie
Un tigre en factions partager l'Hyrcanie?[3]
L'ours a-t-il dans les bois la guerre avec les ours?[4]

---

1. Ce mot *police*, qui vient du grec πολιτεία, exprimait, au temps de Boileau, l'ensemble des mesures qui assurent le bon ordre dans un Etat. « Dieu dicta à Moïse... ce qu'il y a de plus beau : les règles des bonnes mœurs, la police et le gouvernement de son peuple élu. » (BOSSUET, *Histoire universelle*, 1re partie, chap. IV.)

2.   Neque hic lupis mos, nec fuit leonibus
          Unquam nisi in dispar, feris...
                    (HORACE, épod. VII, v. 11-12.)
    Sed jam serpentum major concordia : parcit
    Cognatis maculis similis fera. Quando leoni
    Fortior eripuit vitam leo? quo nemore unquam
    Expiravit aper majoris dentibus apri?
    Indica tigris agit rabida cum tigride pacem
    Perpetuam. Sævis inter se convenit ursis.
    Ast homini ferrum lethale, etc.
                    (JUVÉNAL, satire XV, v. 159-165.)

PLINE LE NATURALISTE : « Denique cætera animalia in suo genere probe degunt ; congregari videmus et stare contra dissimilia... At Hercules ! homini plurima ex homine sunt mala. » (Livre VII, in proœm.) HOBBES : « Homo homini lupus. » — On a essayé de réfuter cette déclamation poétique ; c'étoit bien inutile. On ne doit y voir qu'une boutade du satirique.

3. Province de Perse, sur les bords de la mer Caspienne. (BOILEAU, 1713.)

4. Jusqu'en 1674 ce vers étoit ainsi :

L'ours fait-il dans les bois la guerre avec les ours?

M. de Brienne, La Fontaine, Racine remarquèrent que l'on ne disoit pas « faire la guerre avec quelqu'un, » mais « à quelqu'un ; » on s'efforça de corriger ce vers, mais personne n'y put réussir. Enfin, après plusieurs éditions, Boileau trouva le moyen de le rectifier par le changement d'un seul mot :

L'ours a-t-il dans les bois la guerre avec les ours?

On fut étonné qu'une correction si facile eût été si difficile à trouver par de si habiles gens. (BROSSETTE.)

Le vautour dans les airs fond-il sur les vautours?
A-t-on vu quelquefois dans les plaines d'Afrique,
Déchirant à l'envi leur propre république,
« Lions contre lions, parents contre parents,
« Combattre follement pour le choix des tyrans? [1]
L'animal le plus fier qu'enfante la nature,
Dans un autre animal respecte sa figure,
De sa rage avec lui modère les accès,
Vit sans bruit, sans débats, sans noise, sans procès.
Un aigle, sur un champ prétendant droit d'aubaine, [2]
Ne fait point appeler un aigle à la huitaine;
Jamais contre un renard chicanant un poulet
Un renard de son sac n'alla charger Rolet; [3]
Jamais la biche en rut n'a, pour fait d'impuissance,
Traîné du fond des bois un cerf à l'audience:
Et jamais juge, entre eux ordonnant le congrès, [4]

---

1. Parodie. Il y a dans le *Cinna*, *Romains contre Romains*, etc. (Boileau, 1713) :

> Romains contre Romains, parents contre parents
> Combattre seulement pour le choix des tyrans.
> (Corneille, *Cinna*, acte I, scène xiii.)

2. C'est un droit qu'a le roi de succéder aux biens des étrangers qui meurent en France et qui n'y sont pas naturalisés. (Boileau, 1713.) — Il a été supprimé en 1819. L'étymologie de ce mot est ce terme de basse latinité : *albanus, albaneias, aubena* (albinatus ? ou advena).

3. Voir la satire Ire. On était dans l'usage de rassembler en un même sac toutes les pièces d'un procès.

4. Cet usage fut aboli sur le plaidoyer de M. le président de Lamoignon, alors avocat général. (Boileau, 1713.) — Sur le congrès, voir Bayle, article : *Quellenec*, et les *Mémoires* de Jean Rou. — Ces deux vers, qui frappèrent M. le président de Lamoignon, ne contribuèrent pas peu à faire abolir l'usage du congrès. En effet, depuis la publication de cette satire, toutes les fois qu'il se présenta au parlement quelques contestations au sujet du congrès, ce sage magistrat se déclara contre cette épreuve. M. de Lamoignon, son fils, avocat général, portant la parole en 1674 dans une cause de cette espèce, témoigna la juste horreur que l'on devoit avoir de cet usage odieux. Enfin, en 1677, M. le premier président prononça un arrêt

De ce burlesque mot n'a sali ses arrêts.
On ne connoît chez eux ni placets ni requêtes,[1]
Ni haut, ni bas conseil, ni chambre des enquêtes.
Chacun l'un avec l'autre, en toute sûreté,
Vit sous les pures lois de la simple équité.
L'homme seul, l'homme seul, en sa fureur extrême,
Met un brutal honneur à s'égorger soi-même.
C'étoit peu que sa main, conduite par l'enfer,
Eût pétri le salpêtre, eût aiguisé le fer:[2]
Il falloit que sa rage, à l'univers funeste,
Allât encor de lois embrouiller un Digeste;[3]

---

en forme de règlement, qui abolit pour toujours l'épreuve incertaine et infâme du congrès, qui, depuis plus d'un siècle, décidoit publiquement de la validité du mariage. (BROSSETTE.)

1. *Placet*, prière qu'on présente aux rois, aux ministres, aux juges pour leur demander quelque grâce ou quelque audience. Ce mot vient du latin, *placeat*, parce qu'on le commence par *plaise au roi*, à Mgr le président, etc. » (*Dictionnaire de Trévoux.*) — M. Littré donne à ce mot une autre étymologie : lat. *placet*, il plaît, qui constitue la formule par laquelle la pétition est accordée. Aussi le sens propre de *placet* est-il autorisation; c'est par abus qu'il a pris celui de pétition. « Ils ne peuvent être adjournez pardevant juges ecclésiastiques, sans préalable permission ou placet du prince ou du conseil provincial. » (*Nouv. coust. gener.*, t. II, p. 340.)

2. Ast homini ferrum lethale incude nefanda
    Produxisse parum est...
    (JUVÉNAL, satire XV, v. 165-166.)

3. *Digeste*, nom du recueil des décisions des jurisconsultes, composé par l'ordre de l'empereur Justinien, qui lui donna force de loi. Le *Digeste*, qu'on nomme aussi les *Pandectes*, est divisé en cinquante livres. L'étymologie est *digesta*, participe passif neutre pluriel, les choses mises en ordre (de *digerere*). Ce nom vient de ce que cet ouvrage est composé par ordre de matières. Boileau dit dans le *Lutrin* :

> Du Digeste et du Code ouvre-nous le dédale,
> Et montre-nous cet art connu de tes amis,
> Qui, dans ses propres lois, embarrasse Thémis.

Un poëte latin a dit aussi :

> Strictæ jurgia legis.
> (STAT., *Sylv.*, liv. III, v. 87.)

Cherchât pour l'obscurcir des gloses, des docteurs,
Accablât l'équité sous des monceaux d'auteurs,
Et pour comble de maux apportât dans la France
Des harangueurs du temps l'ennuyeuse éloquence.[1]
    Doucement! diras-tu, que sert de s'emporter?
L'homme a ses passions, on n'en sauroit douter;
Il a comme la mer ses flots et ses caprices :
Mais ses moindres vertus balancent tous ses vices.
N'est-ce pas l'homme enfin dont l'art audacieux
Dans le tour d'un compas a mesuré les cieux?[2]
Dont la vaste science, embrassant toutes choses,
A fouillé la nature, en a percé les causes?[3]
Les animaux ont-ils des universités?
Voit-on fleurir chez eux des quatre facultés?[4]
Y voit-on des savants en droit, en médecine,
Endosser l'écarlate et se fourrer d'hermine?[5]

---

  1. La Harpe cite les vingt-six vers qu'on vient de lire, et il ajoute :
« Est-ce là écrire froidement? Remarquez ce dernier trait contre le fastidieux babil de la plaidoirie, qu'il met avec un sérieux si comique au-dessus de tous les maux que produit la chicane. N'est-ce pas là le cachet de la satire ? »

  2.   Descripsit radio totum qui gentibus orbem...
                                    (VIRGILE, églogue III, v. 41.)

  3. Felix qui potuit rerum cognoscere causas !
                           (VIRGILE, *Géorgiques*, II, v. 490.)

  4. L'Université est composée de quatre facultés, qui sont les Arts, la Théologie, le Droit et la Médecine. Les docteurs portent dans les jours de cérémonie des robes rouges fourrées d'hermine. (BOILEAU, 1713.)

  5. Fourrure faite avec de la peau d'hermine; c'est le nom vulgaire de la martre blanche. Étymologie : provençal, *ermini;* espagnol, *armiõno;* italien, *armellino, ermellino;* du latin, *armenius,* arménien, parce que cette sorte de fourrure venait d'Arménie. « Nos magistrats ont bien connu ce mystère (le pouvoir de l'imagination); leurs robes rouges, leurs hermines dont ils s'emmaillottent en chats fourrés, les palais où ils jugent, les fleurs de lis, tout cet appareil auguste étoit fort nécessaire; et si les médecins n'avoient des soutanes et des mules, et que les docteurs n'eussent des bonnets carrés

Non, sans doute; et jamais chez eux un médecin
N'empoisonna les bois de son art assassin.
Jamais docteur armé d'un argument frivole
Ne s'enroua chez eux sur les bancs d'une école.
Mais, sans chercher au fond si notre esprit déçu
Sait rien de ce qu'il sait, s'il a jamais rien su,
Toi-même réponds-moi : Dans le siècle où nous sommes
Est-ce au pied du savoir qu'on mesure les hommes?
Veux-tu voir tous les grands à ta porte courir?
Dit un père à son fils dont le poil va fleurir; [1]
Prends-moi le bon parti : laisse là tous les livres.
Cent francs au denier cinq combien font-ils?—Vingt livres. [2]
C'est bien dit. Va, tu sais tout ce qu'il faut savoir. [3]

et des robes trop amples de quatre parties, jamais ils n'auroient dupé le monde qui ne peut résister à cette montre si authentique. » (PASCAL, *Pensées*, édit. Havet, article III.)

1. *Fleurir*, au propre, pousser des fleurs, être en fleur, se dit par extension de la barbe d'un jeune homme qui commence à pousser. Il y a là une métaphore tirée du latin :

> Tum mihi prima genas vestibat flore juventa.
> (*Énéide*, livre VIII, v. 160.)

Quant à ce mot *poil*, il était fort usité au xviie siècle pour désigner la barbe, et ne déparait pas les endroits les plus nobles.

> Entre les deux partis Calchas s'est avancé
> L'œil farouche, l'air sombre et le poil hérissé.
> (RACINE, *Iphigénie*, acte V, scène VI.)

2. On désignait ainsi l'intérêt d'une somme d'un capital. Le denier cinq, dix, vingt, l'intérêt valant le cinquième, le dixième, le vingtième du capital, c'est-à-dire 20, 10, 5 pour 100. Ces locutions ne sont plus en usage, elles sont remplacées par celles-ci : 5 pour 100, etc.

3.
> Romani pueri longis rationibus assem
> Discunt in partes centum diducere. Dicat
> Filius Albini, si de quincunce remota est
> Uncia, quid superat? Poteras dixisse. — Triens. — Heus !
> Rem poteris servare tuam. Redit uncia, quid fit?
> — Semis, etc.
> (HORACE, *Art poétique*, v. 325-330.)

Que de biens, que d'honneurs sur toi s'en vont pleuvoir!
Exerce-toi, mon fils, dans ces hautes sciences;
Prends, au lieu d'un Platon, le Guidon des finances : [1]
Sache quelle province enrichit les traitants; [2]
Combien le sel au roi peut fournir tous les ans.
Endurcis-toi le cœur, sois arabe, corsaire,
Injuste, violent, sans foi, double, faussaire.
Ne va point sottement faire le généreux :
Engraisse-toi, mon fils, du suc des malheureux ;
Et, trompant de Colbert la prudence importune, [3]
Va par tes cruautés mériter la fortune. [4]
Aussitôt tu verras poëtes, orateurs,
Rhéteurs, grammairiens, astronomes, docteurs,
Dégrader les héros pour te mettre en leurs places,
De tes titres pompeux enfler leurs dédicaces, [5]

1. Livre qui traite des finances. (BOILEAU, 1713.) — Le *Guidon général des finances* (Anon.; par J. Hennequin). Paris, 1631, 2 vol. in-8°. C'était un traité complet sur les revenus du roi et l'administration des finances.

2. Nom qu'on donne aux gens d'affaires qui, moyennant un *Traité*, se chargent du recouvrement des deniers publics ou impositions. (TRÉVOUX.)

3. Allusion délicate aux sages réformes introduites par Colbert pour rétablir l'ordre dans les finances, augmenter les revenus de l'État et alléger le sort des peuples sans qu'il en coûtât jamais rien à la splendeur de la monarchie. Sa maxime était qu'il fallait y regarder pour un repas de *mille écus*, et jeter les *millions* lorsqu'il s'agissait de la gloire du roi. C'est le seul ministre des finances qui ait conservé son emploi jusqu'à sa mort, arrivée en 1683. (AMAR.)

4. « Il y a une dureté de complexion; il y en a une autre de condition et d'état; l'on tire de celle-ci, comme de la première, de quoi s'endurcir sur la misère des autres, dirai-je même de quoi ne pas plaindre les malheurs de sa famille? Un bon financier ne pleure ni ses amis, ni sa femme, ni ses enfants.

« ..... Je découvre sur la terre un homme avide, insatiable, inexorable, qui veut, aux dépens de tout ce qui se trouvera sur son chemin et à sa rencontre, et quoi qu'il puisse coûter aux autres, pouvoir à lui seul grossir sa fortune et regorger de biens. » (LA BRUYÈRE, *Des Biens de fortune*.)

5. Boileau, dans ce vers, a voulu désigner la dédicace de *Cinna* à Mon-

Te prouver à toi-même, en grec, hébreu, latin,
Que tu sais de leur art et le fort et le fin.
Quiconque est riche est tout : sans sagesse il est sage;
Il a, sans rien savoir, la science en partage;
Il a l'esprit, le cœur, le mérite, le rang,
La vertu, la valeur, la dignité, le sang; [1]
Il est aimé des grands, il est chéri des belles :
Jamais surintendant ne trouva de cruelles. [2]
L'or même à la laideur donne un teint de beauté : [3]
Mais tout devient affreux avec la pauvreté.

 C'est ainsi qu'à son fils un usurier habile

---

toron, dit Brossette. Nous nous plaisons à croire qu'il se trompe : il eût été bien peu généreux de rappeler ce trait à Corneille. (BERRIAT-SAINT-PRIX.)

1. Scilicet uxorem cum dote, fidemque, et amicos,
 Et genus et formam regina pecunia donat;
 Ac bene nummatum decorat Suadela Venusque...
    (HORACE, livre I, épitre VI, v. 36-38.)

    Omnis enim res,
 Virtus, fama, decus, divina humanaque pulchris
 Divitiis parent; quas qui construxerit, ille
 Clarus erit, fortis, justus, sapiens etiam, et rex,
 Et quidquid volet.
    (HORACE, livre II, satire III, v. 94-98.)

2. On était encore sous le coup des révélations indiscrètes de la fameuse cassette de Fouquet, où les lettres de beaucoup de femmes donnaient raison aux vers de Boileau. On sait que le surintendant des finances avait osé faire des offres à Mlle de La Vallière.

3. Suivant Brossette, ce vers avant l'impression était ainsi :

  L'or même à Pellisson donne...

Pellisson étoit très-laid. Boileau supprima son nom, ne voulant pas lui reprocher un défaut corporel dont il n'étoit pas coupable. (BROSSETTE.) — On lit dans la *Mélite* de Corneille, acte I, scène I :

  L'argent dans le ménage a certaine splendeur
  Qui donne un teint d'éclat à la même laideur;

et dans Molière (*Sganarelle,* scène I) :

  Que l'or donne aux plus laids certain charme pour plaire.

Trace vers la richesse une route facile :
Et souvent tel y vient, qui sait, pour tout secret,
Cinq et quatre font[1] neuf, ôtez deux, reste sept.

 Après cela, docteur, va pâlir sur la Bible,[2]
Va marquer les écueils de cette mer terrible;
Perce la sainte horreur de ce livre divin;
Confonds dans un ouvrage et Luther et Calvin,
Débrouille des vieux temps les querelles célèbres;
Éclaircis des rabbins les savantes ténèbres :
Afin qu'en ta vieillesse un livre en maroquin
Aille offrir ton travail à quelque heureux faquin,[3]
Qui, pour digne loyer[4] de la Bible éclaircie,

---

1. Boileau avait d'abord écrit *sont*; il adopta la correction, dit Berriat-Saint-Prix, faite dans des éditions étrangères. — En un vers deux règles d'arithmétique! un poëte assurément ne pouvait pas mieux faire. (LE BRUN.)

2. Nocturnis... impallescere chartis.
(PERSE, satire V, v. 52.)

  . . . . Et de jour et de nuit
 Pâlis dessus un livre...
(RÉGNIER, satire IV, v. 7-8.)

3. *Faquin*, de l'italien *facchino*, portefaix, par extension un homme de néant, mélange de bassesse et de ridicule.

4. Dans le style élevé et poétique, *loyer* est mis pour récompense :

  Mais seroit-ce raison qu'une même folie
  N'eût pas même loyer?
(MALHERBE, t. II, p. 12.)

   Les lois. . . .
 Confondent le loyer avec le châtiment.
(RÉGNIER, satire III.)

 Pouvoir dire : Ce bras a servi Venceslas,
 N'est-ce pas un loyer digne de cent combats?
(ROTROU, *Venceslas*, acte III, scène VI.)

 L'ombrage n'étoit pas le seul bien qu'il sût faire;
 Il courboit sous les fruits, cependant pour salaire
 Un rustre l'abattoit, c'étoit là son loyer.
(LA FONTAINE, *Fables*, livre X, fable II.)

 Très-peu de gré, mille traits de satire
 Sont le loyer de quiconque ose écrire.
(VOLTAIRE, épître LIII.)

Te paye en l'acceptant d'un « Je vous remercie. »
Ou, si ton cœur aspire à des honneurs plus grands,
Quitte là le bonnet, la Sorbonne, et les bancs;
Et, prenant désormais un emploi salutaire,
Mets-toi chez un banquier, ou bien chez un notaire :
Laisse là saint Thomas s'accorder avec Scot;[1]
Et conclus avec moi qu'un docteur n'est qu'un sot.

Un docteur! diras-tu. Parlez de vous, poëte;
C'est pousser un peu loin votre muse indiscrète.
Mais, sans perdre en discours le temps hors de saison,
L'homme, venez au fait, n'a-t-il pas la raison?
N'est-ce pas son flambeau, son pilote fidèle?

Oui. Mais de quoi lui sert que sa voix le rappelle,
Si, sur la foi des vents tout prêt à s'embarquer,[2]
Il ne voit point d'écueil qu'il ne l'aille choquer?[3]
Et que sert à Cotin[4] la raison qui lui crie :

---

1. Saint Thomas d'Aquin, surnommé le *Docteur angélique*, né en 1227, mort le 7 mars 1274; — Jean Duns Scot, né à Duns, en Écosse, mort à Cologne en 1308, âgé de trente à trente-cinq ans; on l'appelait le *Docteur subtil*. Il avait embrassé sur la grâce et la prédestination des doctrines opposées à celles de saint Thomas d'Aquin, et qui divisèrent longtemps l'école.

2. Le faux de cette pensée est sensible, dit Condillac; car on est encore à terre quand on est prêt à s'embarquer, et par conséquent on ne va pas heurter contre les écueils. (*De l'Art d'écrire*, p. 148.) — La pensée du poëte n'en est pas moins juste et bien exprimée; suivant lui, la raison détourne en vain l'homme de s'embarquer; plein de confiance dans les vents, il part et va se briser contre les écueils qu'elle lui signale. (De Saint-Surin.)

3. Pradon blâmait *choquer* employé avec un régime direct. C'était méconnaître l'usage du temps :

> Vous prétendez choquer ce que j'ai résolu.
> (Molière, *Sganarelle*, acte I.)
> L'âme doit se roidir, plus elle est menacée,
> Et contre la fortune aller tête baissée
> La choquer hardiment. (*Médée*, acte I, scène v.)

4. Il avoit écrit contre moi et contre Molière; ce qui donna occasion à

N'écris plus, guéris-toi d'une vaine furie,
Si tous ces vains conseils, loin de la réprimer,
Ne font qu'accroître en lui la fureur de rimer?
Tous les jours de ses vers, qu'à grand bruit il récite,
Il met chez lui voisins, parents, amis, en fuite;
Car, lorsque son démon commence à l'agiter,
Tout, jusqu'à sa servante, est prêt à déserter.[1]
Un âne, pour le moins, instruit par la nature,
A l'instinct qui le guide obéit sans murmure,
Ne va point follement de sa bizarre voix
Défier aux chansons les oiseaux dans les bois :
Sans avoir la raison, il marche sur sa route.
L'homme seul, qu'elle éclaire, en plein jour ne voit goutte,[2]
Réglé par ses avis, fait tout à contre-temps,
Et dans tout ce qu'il fait n'a ni raison ni sens.
Tout lui plaît et déplaît, tout le choque et l'oblige;[3]

Molière de faire les *Femmes savantes*, et d'y tourner Cotin en ridicule. (BOILEAU, 1713.)

1. Indoctum doctumque fugat recitator acerbus.
(HORACE, *Art poétique*, v. 474.)

L'abbé Cotin, dit Brossette, avait effectivement une servante et n'avait point de valet. — Piron fait dire à *Francaleu* dans la *Métromanie*, acte III, scène XI :

> Je me cramponne après le premier que j'attrape;
> Et, bénévole ou non, dût-il ronfler debout,
> L'auditeur entendra ma pièce jusqu'au bout.

2. *Goutte* se joint à la négation, pour lui donner plus d'énergie, comme *pas*, *point* et anciennement *mie*, ces mots exprimant une petite quantité en général et voulant dire qu'il n'y a goutte, pas, point, miette de la chose dont il s'agit. (LITTRÉ, *Dictionnaire de la langue française*.)

3. « Moy qui m'espie de plus près, qui ay les yeulx incessamment tendus sur moy comme celuy qui n'a pas fort à faire ailleurs, à peine oserois-je dire la vanité et la foiblesse que je treuve chez moy : j'ay le pied si instable et si mal assis, je le treuve si aysé à crouler et si prest au branle et ma vue si desréglée, que à jeun je me sens aultre qu'après le

Sans raison il est gai, sans raison il s'afflige;
Son esprit au hasard aime, évite, poursuit,
Défait, refait, augmente, ôte, élève, détruit.[1]
Et voit-on, comme lui, les ours ni les panthères
S'effrayer sottement de leurs propres chimères,
Plus de douze attroupés craindre le nombre impair,
Ou croire qu'un corbeau les menace dans l'air?[2]
Jamais l'homme, dis-moi, vit-il la bête folle
Sacrifier à l'homme, adorer son idole,
Lui venir, comme au dieu des saisons et des vents,
Demander à genoux la pluie ou le beau temps?
Non, mais cent fois la bête a vu l'homme hypocondre[3]

repas; si ma santé me rid et la clarté d'un beau jour, me voylà honneste homme; si j'ay un cor qui me presse l'orteil, me voylà renfrongné, mal plaisant, et inaccessible. Un même pas de cheval me semble tantost rude, tantost aysé; et mesme chemin, à cette heure plus court, une aultre fois plus long; et une mesme forme, ores plus, ores moins agréable. Maintenant je suis à tout faire, maintenant à rien faire; ce qui m'est plaisir à cette heure me sera quelquefois peine. Il se faict mille agitations indiscrètes et casuelles chez moy; ou l'humeur mélancholique me tient, ou la cholérique; et de son auctorité privée, à cett'heure le chagrin prédomine en moy, à cette heure l'alaigresse. » (MONTAIGNE, livre II, chap. XII.)

1. Diruit, ædificat, mutat quadrata rotundis.
(HORACE, livre I, épître I, v. 100.)

2. Bien des gens croient que, lorsqu'on se trouve treize à table, il y a toujours dans l'année un des treize qui meurt, et qu'un corbeau aperçu dans l'air présage quelque chose de sinistre. (BOILEAU, 1713.) — L'auteur a dévoré dans ces deux vers tout ce que la prose pouvait avoir de lâche et de stérile. (LE BRUN.) — De 1668 à 1682, au lieu de ces deux vers il y avoit ceux-ci :

> De fantômes en l'air combattre leurs désirs,
> Et de vains arguments chicaner leurs plaisirs.

Le sens en étoit un peu *libertin* (incrédule, impie); Boileau les changea sur le conseil d'Arnauld. (BROSSETTE.)

3. Desmarets et Pradon prétendoient qu'il falloit dire *l'homme hypo-*

Adorer le métal que lui-même il fait fondre ;
A vu dans un pays les timides mortels
Trembler aux pieds d'un singe assis sur leurs autels ;
Et sur les bords du Nil les peuples imbéciles,
L'encensoir à la main, chercher les crocodiles.[1]
   Mais pourquoi, diras-tu, cet exemple odieux ?
Que peut servir ici l'Égypte et ses faux dieux ?
Quoi ! me prouverez-vous par ce discours profane[2]
Que l'homme, qu'un docteur est au-dessous d'un âne !
Un âne, le jouet de tous les animaux,
Un stupide animal, sujet à mille maux ;
Dont le nom seul en soi comprend une satire !
— Oui, d'un âne : et qu'a-t-il qui nous excite à rire ?
Nous nous moquons de lui : mais s'il pouvoit un jour,
Docteur, sur nos défauts s'exprimer à son tour ;
Si, pour nous réformer, le ciel prudent et sage
De la parole enfin lui permettoit l'usage ;

---

condriaque, l'*hypocondre* étant le siége de la maladie. Longtemps après cette critique, Despréaux consulta l'Académie françoise à ce sujet. Ses confrères partagèrent son opinion, à l'exception de l'abbé de Clérambaut, fils aîné du maréchal, et de Saci, traducteur de Pline le jeune. « Je m'attendois bien, disoit-il, à être condamné ; car outre que j'avois raison, c'étoit moi... » (DE SAINT-SURIN.)

1. Quis nescit, Volusi Bithynice, qualia demens
   Ægyptus portenta colat? Crocodilon adorat
   Pars hæc ; illa pavet saturam serpentibus ibin.
   Effigies sacri nitet aurea cercopitheci, etc.
                           (JUVÉNAL, satire XV, v. 1-4.)

2. Voici un passage de Bossuet, faisant allusion à Montaigne, qui justifie bien cette épithète de *profane* : « Un autre croira fort beau de mépriser l'homme dans ses vanités et ses airs ; il plaidera contre lui la cause des bêtes et attaquera en forme jusqu'à la raison, sans songer qu'il déprise l'image de Dieu, dont les restes sont encore si vivement empreints dans notre chute, et qui sont si heureusement renouvelés par notre régénération. Ces grandes vérités ne lui sont de rien... »

Qu'il pût dire tout haut ce qu'il se dit tout bas;
Ah! docteur, entre nous, que ne diroit-il pas?
Et que peut-il penser lorsque dans une rue,
Au milieu de Paris, il promène sa vue;
Qu'il voit de toutes parts les hommes bigarrés,
Les uns gris, les uns noirs, les autres chamarrés?[1]
Que dit-il quand il voit, avec la mort en trousse,[2]
Courir chez un malade un assassin en housse;
Qu'il trouve de pédants un escadron fourré,
Suivi par un recteur de bedeaux entouré;
Ou qu'il voit la Justice, en grosse compagnie,
Mener tuer un homme avec cérémonie?
Que pense-t-il de nous lorsque sur le midi
Un hasard au palais le conduit un jeudi;[3]
Lorsqu'il entend de loin, d'une gueule infernale,[4]
La chicane en fureur mugir dans la grand'salle?
Que dit-il quand il voit les juges, les huissiers,
Les clercs, les procureurs, les sergents, les greffiers?
Oh! que si l'âne alors, à bon droit misanthrope,
Pouvoit trouver la voix qu'il eut au temps d'Ésope,[5]
De tous côtés, docteur, voyant les hommes fous,
Qu'il diroit de bon cœur, sans en être jaloux,

---

1. Garnis de rubans, passements, dentelles, velours, etc., etc. — Étymologie : Chamarre, nom ancien que nous avons remplacé par simarre.

<blockquote>
Fût-il tout harnaché d'ordres et de chamarres.
(Victor Hugo, <i>Ruy Blas</i>, acte I, scène II.)
</blockquote>

2. Cela fait image; il semble voir le hideux squelette galoper en croupe avec le médecin. (Amar.)

3. C'est le jour des grandes audiences. (Boileau, 1713.)

4. La langue du xviie siècle admettait ce mot sans scrupule; nous sommes devenus plus délicats.

5. Esclave phrygien qu'on suppose avoir vécu au vi^e siècle avant notre ère; on lui attribue des fables connues sous son nom.

Content de ses chardons, et secouant la tête :
Ma foi, non plus que nous, l'homme n'est qu'une bête ! [1]

[1]. Boursault critique aigrement cette fin. Il termine (*Satire des satires*) en disant :

> Par les bas sentiments de la dernière page
> Il avilit sa plume et salit son ouvrage.

« Quel emportement, s'écrie Desmarets, faire jurer *ma foi* à un âne !... Ce n'est pas le moyen de parvenir à la réputation d'être bon poëte que de vouloir si fort nous égaler aux bêtes. » — Le Brun dit au contraire que ce dernier trait est digne de La Fontaine. (BERRIAT-SAINT-PRIX.)

SATIRE IX.[1]

(1667.)

LE LIBRAIRE AU LECTEUR.

Voici le dernier ouvrage qui est sorti de la plume du sieur D***. L'auteur, après avoir écrit contre tous les hommes en général,[2] a cru qu'il ne pouvoit mieux finir qu'en écrivant contre lui-même, et que c'étoit le plus beau champ de satire qu'il pût trouver. Peut-être que ceux qui ne sont pas fort instruits des démêlés du Parnasse, et qui n'ont pas beaucoup lu les autres satires du même auteur, ne verront pas tout l'agrément de celle-ci, qui n'en est, à bien parler, qu'une suite. Mais je ne doute point que les gens de lettres, et ceux surtout qui ont le goût délicat, ne lui donnent le prix comme à celle où il y a le plus d'art, d'invention et de finesse d'esprit. Il y a déjà du temps qu'elle est faite : l'auteur s'étoit en quelque sorte résolu de ne la jamais publier. Il vouloit bien épargner ce chagrin aux auteurs qui s'en pourront choquer. Quelques libelles diffamatoires que l'abbé Kautain[3] et plusieurs autres eussent fait imprimer contre lui, il s'en tenoit assez vengé par le mépris que tout le monde a fait de leurs ouvrages, qui n'ont été lus de personne, et que l'impression même n'a pu rendre publics. Mais une copie de cette satire étant tombée, par une fatalité inévitable, entre les

---

1. Cette satire est entièrement dans le goût d'Horace, et d'un homme qui se fait son procès à soi-même, pour le faire à tous les autres. (BOILEAU, 1713.) — C'est une imitation d'Horace, satire VII, livre II. — Pradon dit : « Quoique ce soit le meilleur des ouvrages de Boileau, il y montre sa stérilité, en répétant toujours les mêmes noms des gens qu'il attaque.
2. Dans la satire VIII.
3. Cotin. Nous avons parlé de ces libelles dans la vie de Boileau.

mains des libraires, ils ont réduit l'auteur à recevoir encore la loi d'eux. C'est donc à moi qu'il a confié l'original de sa pièce, et il l'a accompagné d'un petit discours en prose, [1] où il justifie, par l'autorité des poëtes anciens et modernes, la liberté qu'il s'est donnée dans ses satires. Je ne doute point que le lecteur ne soit bien aise du présent que je lui en fais.

A SON ESPRIT.

C'est à vous, mon Esprit, à qui je veux parler. [2]
Vous avez des défauts que je ne puis celer :
Assez et trop longtemps ma lâche complaisance
De vos jeux criminels a nourri l'insolence ;
Mais, puisque vous poussez ma patience à bout,
Une fois en ma vie il faut vous dire tout.

On croiroit, à vous voir dans vos libres caprices
Discourir en Caton des vertus et des vices,

---

1. *Discours sur la satire.* Voir dans les Œuvres en prose. — Frédéric II, roi de Prusse, dans une *Épître à son esprit,* essaye comme Boileau de justifier sa conduite ; mais leur *métier* étoit si différent qu'ils n'ont presque jamais dû rencontrer la même idée. (BERRIAT-SAINT-PRIX.)

2. Cette locution, *à vous... à qui,* blâmée par tous les commentateurs, se retrouve dans Molière : « ... Mais, madame, puis-je au moins croire que ce soit à vous à qui je doive la pensée de cet heureux stratagème... » (*L'Amour médecin,* acte III, scène VI), dans *Buffon* et dans d'autres écrivains.
Dans le *Misanthrope,* acte II, scène V :

    Que de son cuisinier il s'est fait un mérite,
    Et que c'est à sa table à qui l'on rend visite.

Dans *Sganarelle,* 16 :

    Et je le donnerois à bien d'autres qu'à moi
    De se voir sans chagrin au point où je me voi.

Cette contruction est bien vieille :

    Par la croix où Dieu s'estendy
    C'est à vous à qui je vendy
    Six aulnes de drap, maître Pierre.
                   (*L'Avocat Patelin.*)

Il paraît, d'après Louis Racine, allégué par Le Brun, que Boileau préférait le vers plus naturel avec cette espèce de faute qui est un parisianisme.

Décider du mérite et du prix des auteurs,
Et faire impunément la leçon aux docteurs,
Qu'étant seul à couvert des traits de la satire,
Vous avez tout pouvoir de parler et d'écrire.
Mais moi, qui dans le fond sais bien ce que j'en crois,
Qui compte tous les jours vos défauts par mes doigts,
Je ris, quand je vous vois, si foible et si stérile,
Prendre sur vous le soin de réformer la ville,
Dans vos discours chagrins plus aigre et plus mordant
Qu'une femme en furie, ou Gautier[1] en plaidant.

    Mais répondez un peu. Quelle verve indiscrète
Sans l'aveu des neuf sœurs vous a rendu poëte?
Sentiez-vous, dites-moi, ces violents transports
Qui d'un esprit divin font mouvoir les ressorts?
Qui vous a pu souffler une si folle audace?
Phébus a-t-il pour vous aplani le Parnasse?
Et ne savez-vous pas que, sur ce mont sacré,
Qui ne vole au sommet tombe au plus bas degré,[2]
Et qu'à moins d'être au rang d'Horace ou de Voiture,[3]

---

1. Avocat célèbre et très-mordant. (BOILEAU, 1713.) — Il était surnommé Gautier-la-Gueule; il mourut le 15 septembre 1666. (M. CHÉRON.)

2.   Si paulum a summo discessit, vergit ad imum.
                  (HORACE, *Art poétique*, v. 375.)

3. Voilà un des jugements de Boileau qui lui a été reproché avec beaucoup d'aigreur : « Le goût de Boileau pour Voiture est une énigme pour ceux qui adoptent ses autres jugements toujours si équitables. » (D'ALEMBERT.) — On peut dire avec M. Victor Cousin, pour expliquer cette louange certainement outrée, que : « Voiture a été admiré de ses contemporains les plus spirituels et les plus difficiles. La Fontaine le met au nombre de ses maîtres (mais avec une mauvaise note). Mme de Sévigné l'appelle un esprit « libre, badin, charmant. » Le même écrivain ajoute : « Boileau dit assez que Voiture est à ses yeux le mets des délicats, lorsqu'il introduit un esprit vulgaire, une sorte de provincial demandant ce qu'on y trouve de si beau. Avouons-le, nous ressemblons tous plus ou moins à ce provincial-là ; nous avons peine aujourd'hui à retrouver les titres de la renommée de Voiture. On en peut donner plusieurs raisons, qui ne font tort ni à Voiture ni à

On rampe dans la fange avec l'abbé de Pure?
    Que si tous mes efforts ne peuvent réprimer
Cet ascendant malin qui vous force à rimer,
Sans perdre en vains discours tout le fruit de vos veilles,
Osez chanter du roi les augustes merveilles :
Là, mettant à profit vos caprices divers,
Vous verriez tous les ans fructifier vos vers,[1]
Et par l'espoir du gain votre muse animée
Vendroit au poids de l'or une once de fumée.
Mais en vain, direz-vous, je pense vous tenter
Par l'éclat d'un fardeau trop pesant à porter.
Tout chantre ne peut pas, sur le ton d'un Orphée,
Entonner en grands vers « la Discorde étouffée ; »
Peindre « Bellone en feu tonnant de toutes parts, »
« Et le Belge effrayé fuyant sur ses remparts. »[2]

---

nous. » On peut voir dans la *Jeunesse de madame de Longueville*, chapitre II, une appréciation ingénieuse du talent de Voiture. — Boileau, dans sa lettre à Perrault, fait encore l'éloge de Voiture et particulièrement de ses *Élégies*.

1. Dans une note inédite sur ce vers, Boileau observe qu'alors il n'avait point de pension. (B.-S.-P.)

> Aut si tantus amor scribendi te rapit, aude
> Cæsaris invicti res dicere, multa laborum
> Præmia laturus. — Cupidum, pater optime, vires
> Deficiunt. Neque enim quivis horrentia pilis
> Agmina, nec fracta pereuntes cuspide Gallos,
> Aut labentis equo describat vulnera Parthi.
>   (HORACE, livre II, satire I, v. 10-15.)

2. Cette satire a été faite dans le temps que le roi prit Lille en Flandre, et plusieurs autres villes. (BOILEAU, 1713.)

> Nec sermones ego mallem
> Repentes per humum quam res componere gestas,
> Terrarumque situs et flumina dicere et arces
> Montibus impositas et barbara regna tuisque
> Auspiciis totum confecta duella per orbem,
> Claustraque custodem pacis cohibentia Janum
> Et formidatam Parthis te principe Romam,
> Si, quantum cuperem, possem quoque ; sed neque parvum
> Carmen majestas recipit tua, nec meus audet
> Rem tentare pudor, quam vires ferre recusent.
>   (HORACE, livre II, épître I, v. 250.)

Sur un ton si hardi, sans être téméraire,
Racan[1] pourroit chanter au défaut d'un Homère;
Mais pour Cotin et moi, qui rimons au hasard,
Que l'amour de blâmer fit poëtes par art,[2]
Quoiqu'un tas de grimauds vante notre éloquence,[3]
Le plus sûr est pour nous de garder le silence.
Un poëme insipide et sottement flatteur
Déshonore à la fois le héros et l'auteur :[4]
Enfin de tels projets passent notre foiblesse.

Ainsi parle un esprit languissant de mollesse,
Qui, sous l'humble dehors d'un respect affecté,
Cache le noir venin de sa malignité.
Mais, dussiez-vous en l'air voir vos ailes fondues,
Ne valoit-il pas mieux vous perdre dans les nues
Que d'aller sans raison, d'un style peu chrétien,

---

1. Honorat de Bueil, marquis de Racan, né l'an 1588 à la Roche-Racan en Touraine, où il mourut en 1670. Il avait quitté les armes pour se livrer à la poésie. Chapelain, son ami, disait de lui : « Il n'a aucun fonds, et ne sait que sa langue, qu'il parle bien en prose et en vers. Il excelle principalement en ces derniers, mais en pièces courtes, et où il n'est pas nécessaire d'agir de tête. » Il ne semblait donc pas fait pour la poésie épique, et son nom est fort mal placé auprès de celui d'Homère. Boileau dira plus justement dans l'*Art poétique* :

> Malherbe d'un héros peut vanter les exploits,
> Racan chanter Philis, les bergers et les bois.

2. Si natura negat, facit indignatio versum
Qualemcumque potest, quales ego vel Cluvienus.
(Juvénal, satire I, v. 79-80.)

3. « Rien de plus facile à prendre, mais rien de plus malaisé à soutenir, que le ton de l'ironie badine, parce que rien au monde ne fatigue plus tôt le lecteur. Le grand mérite de Boileau, dans cette satire, est de persifler d'un bout à l'autre, avec une candeur, une bonhomie, capables de tromper ceux mêmes qui en sont l'objet; et cela est arrivé quelquefois à notre auteur. » (Amar.)

4. Sedulitas autem, stulte quem diligit, urget,
Præcipue quum se numeris commendat et arte.
(Horace, livre II, épître I, v. 181.)

Faire insulte en rimant à qui ne vous dit rien,[1]
Et du bruit dangereux d'un livre téméraire
A vos propres périls enrichir le libraire?

Vous vous flattez peut-être, en votre vanité,
D'aller comme un Horace à l'immortalité ;
Et déjà vous croyez dans vos rimes obscures
Aux Saumaises[2] futurs préparer des tortures.
Mais combien d'écrivains, d'abord si bien reçus,
Sont de ce fol espoir honteusement déçus !
Combien, pour quelques mois, ont vu fleurir leur livre,
Dont les vers en paquet se vendent à la livre !
Vous pourrez voir, un temps, vos écrits estimés
Courir de main en main par la ville semés ;
Puis de là, tout poudreux, ignorés sur la terre,
Suivre[3] chez l'épicier Neuf-Germain[4] et La Serre ;[5]

---

1. Quanto rectius hoc quam tristi lædere versu
Pantolabum scurram, Nomentanumque nepotem !
(Horace, livre II, satire I, v. 21-22.)

2. Saumaise, célèbre commentateur. (Boileau, 1713.) — Claude de Saumaise, savant littérateur, né le 15 avril 1588 à Semur (Côte-d'Or), mort à Spa en 1653. — « C'est ce vers, dit Brossette, qui m'a inspiré la première pensée de faire un commentaire historique sur les œuvres de Boileau, afin de donner une entière connaissance des endroits sur lesquels l'éloignement des temps ne manqueroit pas de jeter de l'obscurité. »

3. Gilles Boileau, jaloux de la réputation croissante de son frère, lui disait de ses satires : « On les lira pendant quelque temps, mais à la fin elles tomberont dans l'oubli, comme font la plupart de ces petits ouvrages ; et le temps leur ôtera les charmes que la nouveauté leur a donnés. » Despréaux s'était vengé de ce jugement en mettant :

Puis suivre avec ..., ce rebut de notre âge,
Et la lettre à Costar, et l'Avis à Ménage.

Après la réconciliation avec son frère aîné, il retrancha ces deux vers. C'est là une assertion de Brossette. Berriat-Saint-Prix en conteste la vérité.

4. Auteur extravagant. (Boileau, 1713.) — Louis de Neuf-Germain, qui se qualifiait de *poète hétéroclite de Monseigneur, frère unique de Sa Majesté*, vivait sous Louis XIII.

5. Auteur peu estimé. (Boileau, 1713.)

Ou de trente feuillets réduits peut-être à neuf,
Parer, demi-rongés, les rebords du Pont-Neuf. [1]
Le bel honneur pour vous, en voyant vos ouvrages
Occuper le loisir des laquais et des pages,
Et souvent dans un coin renvoyés à l'écart
Servir de second tome aux airs du Savoyard ! [2]
Mais je veux que le sort, par un heureux caprice,
Fasse de vos écrits prospérer la malice,
Et qu'enfin votre livre aille, au gré de vos vœux,
Faire siffler Cotin chez nos derniers neveux :
Que vous sert-il qu'un jour l'avenir vous estime,
Si vos vers aujourd'hui vous tiennent lieu de crime,
Et ne produisent rien, pour fruit de leurs bons mots,

1. Où l'on vend d'ordinaire les livres de rebut. (BOILEAU, 1713.)
2. Chantre du Pont-Neuf. (BOILEAU, 1713.) — Il s'appelait Philipot et était aveugle, ce qu'il nous a dit lui-même dans une de ses chansons :

> Malgré la perte de mes yeux,
> Mon nom éclate en divers lieux.

Il dit encore dans une autre :

> Je suis l'illustre Savoyard,
> Des chantres le grand capitaine ;
> Je ne mène pas mon soldat,
> Mais c'est mon soldat qui me mène.

D'Assoucy, *Aventures*, t. I, p. 249, le fait parler en aveugle. On a de l'illustre Savoyard un petit volume intitulé : *Recueil nouveau des chansons du Savoyard*, par lui seul chantées dans Paris. A Paris, chez la veufve Jean Roré, rue de la Bouclerie, au bout du pont Saint-Michel, 1665, in-18. (M. CHÉRON.)

Coras a retourné ces vers (68-78) contre Boileau :

> Car je prévois qu'un jour, vos vers, moins estimés
> Que de faux almanachs par la ville semés,
> Seront avec raison moins connus sur la terre
> Que ceux qu'ont fagotés Neuf-Germain et La Serre ;
> Que leur valeur, réduite à la preuve de neuf,
> Deviendra méprisable aux rebords du Pont-Neuf
> Qu'on verra ces malins, ces burlesques ouvrages
> Ennuyer les laquais sans divertir les pages ;
> Et, par tant de robuts renvoyés à l'écart,
> Envier le destin des airs du Savoyard.

Que l'effroi du public et la haine des sots?
Quel démon vous irrite et vous porte à médire?
Un livre vous déplaît : qui vous force à le lire?
Laissez mourir un fat dans son obscurité :
Un auteur ne peut-il pourrir en sûreté ?
Le Jonas inconnu sèche dans la poussière;
Le David imprimé n'a point vu la lumière;
Le Moïse commence à moisir par les bords.[1]
Quel mal cela fait-il? Ceux qui sont morts sont morts :
Le tombeau contre vous ne peut-il les défendre?
Et qu'ont fait tant d'auteurs, pour remuer leur cendre?
Que vous ont fait Perrin, Bardin, Pradon, Hainaut,[2]
Colletet, Pelletier, Titreville, Quinault,
Dont les noms en cent lieux, placés comme en leurs niches,
Vont de vos vers malins remplir les hémistiches?
Ce qu'ils font vous ennuie. Ô le plaisant détour!
Ils ont bien ennuyé le roi, toute la cour,

---

1. Ces trois poëmes avaient été faits, le *Jonas* par Coras, le *David* par Las Fargues et le *Moïse* par Saint-Amand. — Jacques Coras, né à Toulouse vers 1630, est mort en 1677; il avait abjuré le protestantisme. Ses poëmes, *Josué, Samson, David*, sont aussi oubliés que *Jonas*. Il a publié une *Lettre contre Boileau*. — Bernard Las Fargues ou Les Fargues est aussi un Toulousain qui vivait au XVIIe siècle. Outre son *David*, il a publié quelques traductions. — Pour Saint-Amand, voir la satire I. (M. Chéron.)

2. Jean Hesnault, fils d'un boulanger de Paris, est surtout connu par un sonnet contre Colbert. — Boileau mit son nom dans ce vers pour remplacer celui de Boursault, mais il avait pour lui de l'estime; il le regardait, suivant La Monnoie, comme l'un des hommes qui tournaient le mieux un vers. — Dans l'édition de 1668 on lisait :

> Que vous ont fait Perrain, Bardin, Mansoy, Bursaut,
> Colletet, Pelletier, Titreville, Kainaut ?

Dans celle de 1694 :

> Que vous ont fait Perrin, Bardin, Pradon, Haynaut,
> Colletet, Pelletier, Titreville, Kaynaut ?

Ce n'est qu'en 1713 qu'on voit le nom de Quinault sous sa véritable forme.

Sans que le moindre édit ait, pour punir leur crime,
Retranché les auteurs, ou supprimé la rime.
Écrive qui voudra : chacun à ce métier
Peut perdre impunément de l'encre et du papier.
Un roman, sans blesser les lois ni la coutume,
Peut conduire un héros au dixième volume.[1]
De là vient que Paris voit chez lui de tout temps
Les auteurs à grands flots déborder tous les ans;
Et n'a point de portail où, jusques aux corniches,
Tous les piliers ne soient enveloppés d'affiches.
Vous seul, plus dégoûté, sans pouvoir et sans nom,
Viendrez régler les droits et l'État d'Apollon !

    Mais vous, qui raffinez sur les écrits des autres,
De quel œil pensez-vous qu'on regarde les vôtres?
Il n'est rien en ce temps à couvert de vos coups;
Mais savez-vous aussi comme on parle de vous?

    Gardez-vous, dira l'un, de cet esprit critique :
On ne sait bien souvent quelle mouche le pique;
Mais c'est un jeune fou qui se croit tout permis,
Et qui pour un bon mot va perdre vingt amis.[2]
Il ne pardonne pas aux vers de la Pucelle,
Et croit régler le monde au gré de sa cervelle.

---

1. Les romans de *Cyrus*, de *Clélie* et de *Pharamond*, sont chacun de dix volumes. (BOILEAU, 1713.) — Les deux premiers sont de Scudéri et le troisième de La Calprenède.

2.   Omnes hi metuunt versus, odere poetas.
    Fœnum habet in cornu, longe fuge; dummodo risum
    Excutiat sibi, non hic cuiquam parcet amico...
              (HORACE, livre I, satire IV, v. 33-35.)

Régnier a dit :

    . . . . Fuyez ce médisant;
Fâcheuse est son humeur, son parler est cuisant.
Quoi, monsieur, n'est-ce pas cet homme à la satire,
Qui perdroit son ami plutôt qu'un mot pour rire ?

Jamais dans le barreau trouva-t-il rien de bon ?
Peut-on si bien prêcher qu'il ne dorme au sermon ?[1]
Mais lui, qui fait ici le régent du Parnasse,
N'est qu'un gueux revêtu des dépouilles d'Horace ;[2]
Avant lui Juvénal avoit dit en latin
« Qu'on est assis à l'aise aux sermons de Cotin. »[3]
L'un et l'autre avant lui s'étoient plaints de la rime,
Et c'est aussi sur eux qu'il rejette son crime :
Il cherche à se couvrir de ces noms glorieux.
J'ai peu lu ces auteurs, mais tout n'iroit que mieux,
Quand de ces médisants l'engeance tout entière
Iroit la tête en bas rimer dans la rivière.[4]

---

1. Boileau, qui avait le don d'attraper l'air, le geste, les façons des avocats, des prédicateurs et des comédiens, les contrefaisait de la manière la plus plaisante.

2. Saint-Pavin reprochoit à l'auteur qu'il n'étoit riche que des dépouilles d'Horace, de Juvénal et de Régnier. (BOILEAU, 1713.)

Voici quelques vers de Saint-Pavin contre Boileau :

> Despréaux grimpé sur Parnasse
> Avant que personne en sût rien,
> Trouva Régnier avec Horace,
> Et rechercha leur entretien.
> Sans choix et de mauvaise grâce
> Il pilla presque tout leur bien ;
> Il s'en servit avec audace,
> Et s'en para comme du sien.

3. On sentira combien ce vers est plaisant s'il est rapproché de ceux-ci, que Cotin avait écrits dans la *Satire des satires*, p. 5 :

> Il applique à Paris ce qu'il a lu de Rome :
> Ce qu'il dit en françois, il le doit au latin,
> Et ne fait pas un vers qu'il ne fasse un larcin :
> Si le bon Juvénal étoit mort sans écrire,
> Le malin Despréaux n'eût point fait de satire.

4. Ce sont les propres paroles du duc de Montausier ; suivant lui, il falloit envoyer aux galères Boileau couronné de lauriers. Le duc avait pourtant, dans sa jeunesse, composé lui-même des satires que Ménage qualifie de vives et âcres. Voltaire, dans son *Épître à Boileau*, dit :

> Je veux t'écrire un mot sur tes sots ennemis...
> Qui vouloient, pour loyer de tes rimes sincères,
> Couronné de lauriers, t'envoyer aux galères.

Voilà comme on vous traite : et le monde effrayé
Vous regarde déjà comme un homme noyé.
En vain quelque rieur, prenant votre défense,
Veut faire au moins, de grâce, adoucir la sentence :
Rien n'apaise un lecteur toujours tremblant d'effroi,
Qui voit peindre en autrui ce qu'il remarque en soi.[1]

Vous ferez-vous toujours des affaires nouvelles?
Et faudra-t-il sans cesse essuyer des querelles?
N'entendrai-je qu'auteurs se plaindre et murmurer?
Jusqu'à quand vos fureurs doivent-elles durer?
Répondez, mon Esprit; ce n'est plus raillerie :
Dites... Mais, direz-vous, pourquoi cette furie?
Quoi, pour un maigre auteur que je glose en passant,
Est-ce un crime, après tout, et si noir et si grand?
Et qui, voyant un fat s'applaudir d'un ouvrage
Où la droite raison trébuche à chaque page,
Ne s'écrie aussitôt : « L'impertinent auteur!
« L'ennuyeux écrivain! Le maudit traducteur!
« A quoi bon mettre au jour tous ces discours frivoles,
« Et ces riens enfermés dans de grandes paroles? »

Est-ce donc là médire, ou parler franchement?
Non, non, la médisance y va plus doucement.
Si l'on vient à chercher pour quel secret mystère
Alidor à ses frais bâtit un monastère :[2]
« Alidor! » dit un fourbe, « il est de mes amis,

---

1. Horace dit aussi des effets de la satire :

> . . . . Doluere cruento
> Dente lacessiti; fuit intactis quoque cura
> Conditione super communi...
>
> (Livre II, épître 1.)

2. Il s'agit de la maison de l'*Institution de l'Oratoire* (aujourd'hui *les Enfants trouvés*), bâtie rue d'Enfer par un riche financier.

« Je l'ai connu laquais avant qu'il fût commis : [1]
« C'est un homme d'honneur, de piété profonde,
« Et qui veut rendre à Dieu ce qu'il a pris au monde.[2] »
    Voilà jouer d'adresse, et médire avec art ;
Et c'est avec respect enfoncer le poignard.[3]
Un esprit né sans fard, sans basse complaisance,
Fuit ce ton radouci que prend la médisance.
Mais de blâmer des vers ou durs ou languissants,
De choquer un auteur qui choque le bon sens,
De railler d'un plaisant qui ne sait pas nous plaire,[4]
C'est ce que tout lecteur eut toujours droit de faire.
    Tous les jours à la cour un sot de qualité
Peut juger de travers avec impunité ;
A Malherbe, à Racan, préférer Théophile,
Et le clinquant du Tasse à tout l'or de Virgile.[5]

---

1. Au temps de Boileau on désignait ainsi une personne préposée par les fermiers des impôts à la perception des droits sur diverses marchandises. Le poëte dira, épitre V : *Un commis engraissé des malheurs de la France.* Il paraît qu'il faisait allusion ici à un certain Dalibert qui avait été laquais.

2. « Son Alidor étoit si connu, qu'au lieu de dire la maison de l'*institution*, on disoit souvent par plaisanterie la maison de la *restitution*. (Louis Racine, *Mémoires*, p. 50.)

3.   . . . . Mentio si qua
    De Capitolini furtis injecta Petilli
    Te coram fuerit, defendas, ut tuus est mos :
    « Me Capitolinus convictore usus amicoque
    A puero est, causaque mea permulta rogatus
    Fecit, et incolumis lætor quod vivit in Urbe ;
    Sed tamen admiror, quo pacto judicium illud
    Fugerit. » Hic nigræ succus loliginis, hæc est
    Ærugo mera...
                  (Horace, livre I, satire IV, v. 93-101.)

4. *Railler de quelqu'un* se disait alors pour *railler quelqu'un*.
5. Un homme de qualité fit un jour ce beau jugement en ma présence.

Un clerc, pour quinze sous, sans craindre le holà,
Peut aller au parterre attaquer Attila ;[1]
Et, si le roi des Huns ne lui charme l'oreille,
Traiter de visigoths tous les vers de Corneille.

Il n'est valet d'auteur, ni copiste à Paris,
Qui, la balance en main, ne pèse les écrits.
Dès que l'impression fait éclore un poëte,
Il est esclave-né de quiconque l'achète :
Il se soumet lui-même aux caprices d'autrui,
Et ses écrits tout seuls doivent parler pour lui.
Un auteur à genoux, dans une humble préface,
Au lecteur qu'il ennuie a beau demander grâce;
Il ne gagnera rien sur ce juge irrité,
Qui lui fait son procès de pleine autorité.

Et je serai le seul qui ne pourrai rien dire![2]
On sera ridicule, et je n'oserai rire!
Et qu'ont produit mes vers de si pernicieux,

(BOILEAU, 1713.) — Nous examinerons plus au long ce jugement de Boileau dans *l'Art poétique*. Nous citerons seulement ici ces vers de Voltaire :

> De faux brillants, trop de magie
> Mettent le Tasse un cran plus bas (que Virgile);
> Mais que ne tolère-t-on pas
> Pour Armide et pour Herminie ?
> (Stances à Mme la marquise Du Châtelet, sur les poëtes épiques.)

1. *Attila* fut représenté par la troupe de Molière le 4 mars 1667. Il fut joué vingt fois de suite, et eut trois autres représentations la même année. Robinet parle d'*Attila* dans sa *Lettre en vers à* MADAME, du 13 mars 1667. Voyez *Histoire de la vie et des ouvrages de P. Corneille*, par M. J. Taschereau. 2e édition, Paris, 1855, in-16, p. 204, et Notes, p. 350. (M. CHÉRON.)

2. Voici une imitation de ce passage par J.-B. Rousseau, *Épître aux Muses* :

> Quand de ses vers un grimaud nous poignarde,
> Chacun pourra lui donner sa nasarde,
> L'appeler buffle et stupide achevé;
> Et moi, pour être avec vous élevé,
> Je ne pourrai, sans faire un sacrilége,
> Me prévaloir d'un foible privilége,
> Que vous laissez aux derniers des humains ?

Pour armer contre moi tant d'auteurs furieux?
Loin de les décrier, je les ai fait paroître :
Et souvent, sans ces vers qui les ont fait connoître,
Leur talent dans l'oubli demeureroit caché.
Et qui sauroit sans moi que Cotin a prêché?[1]
Le satire ne sert qu'à rendre un fat illustre :
C'est une ombre au tableau, qui lui donne du lustre.[2]
En les blâmant enfin j'ai dit ce que j'en croi;
Et tel qui m'en reprend en pense autant que moi.
    « Il a tort, » dira l'un ; « pourquoi faut-il qu'il nomme?
« Attaquer Chapelain ! ah ! c'est un si bon homme !
« Balzac en fait l'éloge en cent endroits divers.[3]
« Il est vrai, s'il m'eût cru, qu'il n'eût point fait de vers.
« Il se tue à rimer : que n'écrit-il en prose ? »
Voilà ce que l'on dit. Et que dis-je autre chose?[4]

---

1. Allusion à ce vers de la satire III : *Qu'aux sermons de Cassaigne et de l'abbé Cotin.* Quelque temps après la publication de la IIIe satire, l'abbé Cassaigne prêcha dans l'église de Saint-Benoît. La curiosité attira à son sermon beaucoup plus de monde qu'il n'en avait ordinairement; ce que notre auteur ayant appris : « *Il m'est redevable,* dit-il, *de cet honneur parce que je l'ai fait connoître. Sans moi on ne sauroit pas que l'abbé Cassaigne eût prêché.* » Il appliqua ensuite à l'abbé Cotin ce qu'il avait dit de l'abbé Cassaigne. (Brossette.)

2. Coras, s'adressant à Boileau, parodie ainsi ces vers :

> Vous seriez plus prudent de vous être caché :
> Mais, puisque pour un fat Cotin vous a prêché,
> Ses sermons éclatants vous ont donné du lustre,
> Pour être entre les fats le fat le plus illustre.

3. Jean-Louis Guez, seigneur de Balzac, né à Angoulême en 1594, mort dans sa terre de Balzac le 18 février 1654. Il fut l'un des premiers membres de l'Académie française, et Richelieu lui avait donné, avec une pension de deux mille livres, le brevet de conseiller d'État historiographe du roi. Le bruit soulevé par le premier recueil de ses lettres, publié en 1624, le fit se retirer dans sa terre. Ses œuvres complètes ont été réunies en 1665, par l'abbé Cassaigne, en 2 vol. in-folio. (M. Chéron.)

4. C'est la propre réponse qu'il fit un jour à l'abbé de la Victoire, qui

En blâmant ses écrits, ai-je d'un style affreux
Distillé sur sa vie un venin dangereux?
Ma muse, en l'attaquant, charitable et discrète,
Sait de l'homme d'honneur distinguer le poëte.
Qu'on vante en lui la foi, l'honneur, la probité ;
Qu'on prise sa candeur et sa civilité;
Qu'il soit doux, complaisant, officieux, sincère :
On le veut, j'y souscris, et suis prêt de me taire[1].
Mais que pour un modèle on montre ses écrits;
Qu'il soit le mieux renté de tous les beaux esprits;[2].
Comme roi des auteurs qu'on l'élève à l'empire :
Ma bile alors s'échauffe, et je brûle d'écrire,
Et, s'il ne m'est permis de le dire au papier,
J'irai creuser la terre, et, comme ce barbier,
Faire dire aux roseaux par un nouvel organe :
« Midas, le roi Midas a des oreilles d'âne.[3] »

lui disoit : « Chapelain est de mes amis, et je suis fâché que vous l'ayez nommé dans vos satires. Il est vrai que, s'il m'en avoit cru, il n'auroit jamais fait de vers : la prose lui convenoit mieux. » Boileau ajoutoit : « Que peut-on me reprocher, si ce n'est d'avoir dit en vers ce que tout le monde dit en prose ? Je suis le secrétaire du public. » (BROSSETTE.)

1. Aujourd'hui la grammaire voudrait *prêt à*. — Molière avait dit :

> De quoi s'offense-t-il et que veut-il me dire ?
> Y va-t-il de sa gloire à ne pas bien écrire ?
> Que lui fait mon avis, qu'il a pris de travers ?
> On peut être honnête homme et faire mal des vers :
> Ce n'est point à l'honneur que touchent ces matières,
> Je le tiens galant homme de toutes les manières,
> Homme de qualité, de mérite et de cœur,
> Tout ce qu'il vous plaira, mais fort méchant auteur.
> (*Misanthrope*, acte IV, scène 1.)

2. « Chapelain avoit, de divers endroits, huit mille livres de pension. » (BOILEAU, 1713.) — Trois mille du roi, quatre mille du duc de Longueville, et mille cinq cents livres sur l'abbaye de Corbie assignées par Mazarin.

3. Men' mutire nefas, nec clam, nec cum scrobe? — Nusquam.
— Hic tamen infodiam. Vidi, vidi ipse, libelle :

Quel tort lui fais-je enfin? Ai-je par un écrit
Pétrifié sa veine et glacé son esprit?
Quand un livre au palais se vend et se débite,
Que chacun par ses yeux juge de son mérite,
Que Bilaine[1] l'étale au deuxième pilier,
Le dégoût d'un censeur peut-il le décrier?
En vain contre le Cid un ministre se ligue :[2]
Tout Paris pour Chimène a les yeux de Rodrigue.
L'académie en corps a beau le censurer :
Le public révolté s'obstine à l'admirer.
Mais, lorsque Chapelain met une œuvre en lumière,
Chaque lecteur d'abord lui devient un Linière.[3]

    Auriculas asini quis non habet?
          (Perse, satire I, v. 119-121.)
    Sed, solitus longos ferro resecare capillos,
    Viderat hoc famulus : qui, quum nec prodere visum,
    Dedecus auderet, cupiens efferre sub auras
    Nec posset reticere tamen, secedit...
         (Ovide, *Métam.*, XI, v. 182 et suiv.)

1. Libraire du palais. (Boileau, 1713.)

2. Voyez l'*Histoire de l'Académie*, par Pellisson. (Boileau, 1713.) — Sur toute cette affaire du *Cid*, voir *Histoire de l'Académie françoise*, par Pellisson et d'Olivet, avec une introduction, des éclaircissements et des notes par M. Ch. Livet, Paris, 1858, 2 vol. in-8, au tome Ier, p. v-vi, 86-100 et 499-500, et J. Taschereau, *Histoire de Corneille*, déjà citée. (M. Chéron.) — Dans l'*Épître* de Frédéric, roi de Prusse, dont nous avons parlé, on lit ces deux vers :

    En vain de notre sort un souverain décide,
    Son exil dans le Pont n'avilit point Ovide.

3. Auteur qui a écrit contre Chapelain. (Boileau, 1713.) — François Payot de Linière, plus connu pour son athéisme que par ses vers, né à Paris en 1628, mort en 1704. Charpentier lui attribue le *Chapelain décoiffé;* il avait fait une épigramme contre la *Pucelle*.

Voici cette épigramme :

    Nous attendons de Chapelain,
    Ce rare et fameux écrivain,
    Une merveilleuse pucelle.
    La cabale en dit force bien;
    Depuis vingt ans on parle d'elle,
    Dans six mois on n'en dira rien.

En vain il a reçu l'encens de mille auteurs :
Son livre en paroissant dément tous ses flatteurs.
Ainsi, sans m'accuser, quand tout Paris le joue,
Qu'il s'en prenne à ses vers que Phœbus désavoue ;
Qu'il s'en prenne à sa muse allemande en françois.
Mais laissons Chapelain pour la dernière fois.

 La satire, dit-on, est un métier funeste,
Qui plaît à quelques gens, et choque tout le reste.
La suite en est à craindre : en ce hardi métier
La peur plus d'une fois fit repentir Régnier.
Quittez ces vains plaisirs dont l'appât vous abuse :
A de plus doux emplois occupez votre muse ;
Et laissez à Feuillet[1] réformer l'univers.

 Et sur quoi donc faut-il que s'exercent mes vers?
Irai-je dans une ode, en phrases de Malherbe,
« Troubler dans ses roseaux le Danube superbe ;
« Délivrer de Sion le peuple gémissant ;
« Faire trembler Memphis, ou pâlir le croissant ;
« Et, passant du Jourdain les ondes alarmées,
« Cueillir » mal à propos « les palmes idumées? »
Viendrai-je, en une églogue, entouré de troupeaux,
Au milieu de Paris enfler mes chalumeaux,
Et, dans mon cabinet assis au pied des hêtres,
Faire dire aux échos des sottises champêtres ?
Faudra-t-il de sens froid, et sans être amoureux,
Pour quelque Iris en l'air faire le langoureux ;
Lui prodiguer les noms de Soleil et d'Aurore,
Et, toujours bien mangeant, mourir par métaphore?

---

1. Fameux prédicateur et chanoine de Saint-Cloud. (BOILEAU, 1713.) — Nicolas Feuillet, mort à Paris le 7 septembre 1693, âgé de soixante et onze ans. On a de lui des *Lettres,* une *Oraison funèbre de Henriette d'Angleterre,* et l'*Histoire de la conversion de Mr de Chanteau.*

Je laisse aux douceureux ce langage affété,[1]
Où s'endort un esprit de mollesse hébété.

La satire, en leçons, en nouveautés fertile,
Sait seule assaisonner le plaisant et l'utile,
Et, d'un vers qu'elle épure aux rayons du bon sens,
Détromper les esprits des erreurs de leur temps.
Elle seule, bravant l'orgueil et l'injustice,
Va jusque sous le dais faire pâlir le vice;[2]
Et souvent sans rien craindre, à l'aide d'un bon mot,
Va venger la raison des attentats d'un sot.
C'est ainsi que Lucile,[3] appuyé de Lélie,[4]
Fit justice en son temps des Cotins d'Italie,
Et qu'Horace, jetant le sel à pleines mains,
Se jouoit aux dépens des Pelletiers romains.[5]
C'est elle qui, m'ouvrant le chemin qu'il faut suivre,
M'inspira dès quinze ans la haine d'un sot livre;
Et sur ce mont fameux, où j'osai la chercher,
Fortifia mes pas et m'apprit à marcher.

---

1. *Affété* et non *affecté*. « L'affectation est un terme plus générique; l'afféterie est la recherche des formes délicates et mignardes. L'adjectif *affété* est peu employé aujourd'hui. Il est dans le vocabulaire de Boileau du très-petit nombre de mots qui ont un peu vieilli. » (Daunou.)

2. Coras disait à propos de ce vers: « Lubin pousse ici l'impudence jusqu'à vouloir faire peur de la satire aux grands de la cour. »

3. Poëte latin satirique. (Boileau, 1713.) — Caius Lucilius vivait de 149 à 103 avant J. C. Il ne reste de lui que des fragments publiés par J. Dousa, *Lucilii satyrarum quæ supersunt reliquiæ*, Leyde, 1597, in-4°. On les trouve aussi, avec une traduction, dans la seconde partie de la collection Panckoucke.

4. Consul romain. (Boileau, 1713.) — An de Rome 613, 140 avant J.-C.

5. Les Pelletiers romains sont d'une originalité piquante:

. . . . Secuit Lucilius urbem,
Te, Lupe, te Muti, et genuinum fregit in illis.
Omne vafer vitium ridenti Flaccus amico
Tangit, et admissus circum præcordia ludit,
Callidus excusso populum suspendere naso.
(Perse, satire I, v. 114-118.)

C'est pour elle, en un mot, que j'ai fait vœu d'écrire.
 Toutefois, s'il le faut, je veux bien m'en dédire,[1]
Et, pour calmer enfin tous ces flots d'ennemis,
Réparer en mes vers les maux qu'ils ont commis.
Puisque vous le voulez, je vais changer de style.
Je le déclare donc : Quinault est un Virgile,
Pradon comme un soleil en nos ans a paru ;[2]
Pelletier écrit mieux qu'Ablancourt ni Patru ;[3]
Cotin, à ses sermons traînant toute la terre,[4]
Fend les flots d'auditeurs pour aller à sa chaire ;[5]
Saufal[6] est le phénix des esprits relevés ;

---

1. Perse fait aussi semblant de se rétracter :

> . . . . Per me equidem sint omnia protinus alba;
> Nil moror. Eugo, omnes, bene miræ oritis res.
> Hoc juvat?
>
> (PERSE, satire I, v. 110-112.)

2. Nicolas Pradon, né à Rouen en 1632, mort à Paris au mois de janvier 1698. Ses tragédies eurent beaucoup de succès à la représentation, et celle de *Phèdre et Hippolyte* parut éclipser d'abord la *Phèdre* de Racine. Ses œuvres ont été réunies pour la première fois, à Paris, chez Jean Ribou, 1682, in-12, et la dernière en 1744, 2 vol. in-12. (M. CHÉRON.)

3. Nicolas Perrot d'Ablancourt, traducteur célèbre, né à Châlons-sur-Marne, le 5 avril 1606, mort le 17 novembre 1664. Il fut reçu à l'Académie en 1637 ; et en 1662, en sa qualité de protestant, refusé par Louis XIV comme historiographe. Ses traductions de Tacite, de César, de Lucien, de Thucydide, de Xénophon, d'Adrien, des *Stratagèmes* de Frontin, étaient appelées les *Belles infidèles*. Sa traduction de la *Description de l'Afrique* de Marmol, laissée inachevée, fut terminée par Patru, et publiée par Richelet, Paris, 1667, 3 vol. in-4°.

4. Allusion au vers de la satire III.

5. Coras critique dans ce vers le mot *flots*, et la rime qu'il soutient mauvaise, et au sujet de laquelle il dit que les lecteurs

> Se moquent d'un rimeur qui, pour rimer à terre,
> Dans ses égarements ne trouve qu'une chaire.

On diroit en prose *fend des flots d'auditeurs*. Boileau a préféré pour l'harmonie *fend les flots*. Cette remarque est de peu de conséquence, mais elle prouve le soin que l'auteur prenoit à polir ses vers. (LE BRUN, cité par Berriat-Saint-Prix.)

6. Voir satire VII.

Perrin...[1] Bon, mon Esprit ! courage ! poursuivez.
Mais ne voyez-vous pas que leur troupe en furie
Va prendre encor ces vers pour une raillerie?
Et Dieu sait aussitôt que d'auteurs en courroux,
Que de rimeurs blessés s'en vont fondre sur vous !
Vous les verrez bientôt, féconds en impostures,
Amasser contre vous des volumes d'injures,
Traiter en vos écrits[2] chaque vers d'attentat,
Et d'un mot innocent faire un crime d'État.[3]
Vous aurez beau vanter le roi dans vos ouvrages,
Et de ce nom sacré sanctifier vos pages;
Qui méprise Cotin n'estime point son roi,
Et n'a, selon Cotin, ni Dieu, ni foi, ni loi.

Mais quoi ! répondrez-vous, Cotin[4] nous peut-il nuire?
Et par ses cris enfin que sauroit-il produire?
Interdire à mes vers, dont peut-être il fait cas,
L'entrée aux pensions où je ne prétends pas?[5]
Non, pour louer un roi que tout l'univers loue,
Ma langue n'attend point que l'argent la dénoue,
Et, sans espérer rien de mes foibles écrits,

---

1. Auteurs (Saufal, Perrin) médiocres. (BOILEAU, 1713.) — Voir satire VII.
2. Boileau avait mis d'abord *dans vos écrits;* il changea cette leçon en 1668.
3. Cotin, dans un de ses écrits, m'accusoit d'être criminel de lèse-majesté divine et humaine. (BOILEAU, 1713.)
4. Voici la neuvième fois que le nom de Cotin se présente dans cette satire. Les amis de notre auteur craignirent que le fréquent retour du même nom ne parût affecté et ne déplût aux lecteurs. « Il faut voir, dit-il; je consens d'ôter tout ce qui sera de trop. » On s'assembla, on lut la satire entière; mais on trouva partout le nom de Cotin si bien placé, qu'on ne crut pas qu'il y eût aucun de ces endroits qui dût être retranché. (BROSSETTE.)
5. En 1662, Chapelain avait fait donner une de ces pensions à Cotin. Coras disait : « Lubin parle ici contre sa conscience, puisqu'il ne peut souffrir que Chapelain soit bien renté. »

SATIRE IX.

L'honneur de le louer m'est un trop digne prix ;
On me verra toujours, sage dans mes caprices,
De ce même pinceau dont j'ai noirci les vices
Et peint du nom d'auteur tant de sots revêtus,
Lui marquer mon respect, et tracer ses vertus.
Je vous crois ; mais pourtant on crie, on vous menace.
Je crains peu, direz-vous, les braves du Parnasse.[1]
Hé ! mon Dieu, craignez tout d'un auteur en courroux,
Qui peut...—Quoi?—Je m'entends.—Mais encor?—Taisez-vous.

1. *Brave* signifie un homme vaillant à la guerre ; en unissant ce terme à celui de Parnasse, Boileau a fait une alliance de mots très-heureuse et très-vive. Cela rappelle de loin ces vers de Saint-Amand :

> Adieu, vous qui me faites rire,
> Vous, gladiateurs du bien dire,
> Qui, sur un pré de papier blanc,
> Versant de l'encre au lieu de sang,
> Quand la guerre entre vous s'allume ;
> Vous entre-bourrez de la plume,
> D'un cœur doctement martial,
> Pour le sceptre éloquential.

SATIRE X.[1]

(1692.)

AU LECTEUR.

Voici enfin la satire qu'on me demande depuis si longtemps. Si j'ai tant tardé à la mettre au jour, c'est que j'ai été bien aise qu'elle ne parût qu'avec la nouvelle édition qu'on faisoit de mon livre,[2] où je voulois qu'elle fût insérée. Plusieurs de mes amis, à qui je l'ai lue, en ont parlé dans le monde avec de grands éloges, et ont publié que c'étoit la meilleure de mes satires[3]. Ils ne m'ont pas en cela fait plaisir. Je connois le public : je sais que naturellement il se révolte contre ces louanges outrées qu'on donne aux ouvrages avant qu'ils aient paru, et que la plupart des lecteurs ne lisent ce qu'on leur a élevé si haut qu'avec un dessein formé de le rabaisser.

Je déclare donc que je ne veux point profiter de ces discours avantageux ; et non-seulement je laisse au public son jugement libre, mais je donne plein pouvoir à tous ceux qui ont tant critiqué mon ode sur Namur d'exercer aussi contre ma satire toute la rigueur de leur critique. J'espère qu'ils le feront avec le même succès ; et je puis les assurer que tous leurs discours ne m'obligeront point à rompre l'espèce de vœu que j'ai fait de ne jamais

---

1. Composée en 1692 et 1693. Elle parut sous le titre de *Dialogue ou satire* contre les femmes.
2. Il s'agit ici de l'édition de 1694; mais l'assertion de Boileau n'est pas rigoureusement exacte, puisque cette édition complète de ses œuvres ne parut que quelque temps après les éditions séparées, in-4°, in-8° et in-12 de la satire X. (B.-S.-P.)
3. C'est, ce me semble, le chef-d'œuvre de M. Despréaux. (BAYLE, à l'article de *Barbe*, note A.)

défendre mes ouvrages, quand on n'en attaquera que les mots et les syllabes. Je saurai fort bien soutenir contre ces censeurs Homère, Horace, Virgile, et tous ces autres grands personnages dont j'admire les écrits; mais pour mes écrits, que je n'admire point, c'est à ceux qui les approuveront à trouver des raisons pour les défendre. C'est tout l'avis que j'ai à donner ici au lecteur.

La bienséance néanmoins voudroit, ce me semble, que je fisse quelque excuse au beau sexe de la liberté que je me suis donnée de peindre ses vices ; mais, au fond, toutes les peintures que je fais dans ma satire sont si générales, que, bien loin d'appréhender que les femmes s'en offensent, c'est sur leur approbation et sur leur curiosité que je fonde la plus grande espérance du succès de mon ouvrage. Une chose au moins dont je suis certain qu'elles me loueront, c'est d'avoir trouvé moyen, dans une matière aussi délicate que celle que j'y traite, de ne pas laisser échapper un seul mot qui pût le moins du monde blesser la pudeur. J'espère donc que j'obtiendrai aisément ma grâce, et qu'elles ne seront pas plus choquées des prédications que je fais contre leurs défauts dans cette satire que des satires que les prédicateurs font tous les jours en chaire contre ces mêmes défauts [1].

---

1. Le débit de cette satire fut extraordinaire; mais elle excita des critiques si vives et si nombreuses, que l'auteur en fut presque entièrement découragé. Racine, pour le rassurer, lui dit : « Vous avez attaqué tout un corps, qui n'est composé que de langues, sans compter celles des galants, qui prennent parti dans la querelle. Attendez que le beau sexe ait dormi sur sa colère, vous verrez qu'il se rendra à la raison, et votre satire reviendra à sa juste valeur. » (*Bolœana,* n° cxv.) — Arnauld et La Bruyère se sont déclarés hautement pour cet ouvrage. Voici ce qu'en dit l'auteur des *Caractères de ce siècle :* « Il paroît une nouvelle satire écrite contre les vices en général, qui, d'un vers fort et d'un style d'airain, enfonce ses traits contre l'avarice, l'excès du jeu, la chicane, la mollesse, l'ordure et l'hypocrisie... Un Bourdaloue en chaire ne fait point de peintures du crime ni plus vives ni plus innocentes. » (Préface du *Discours à l'Académie.*)

LES FEMMES.

Enfin, bornant le cours de tes galanteries,
Alcippe, il est donc vrai, dans peu tu te maries?[1]
Sur l'argent, c'est tout dire, on est déjà d'accord;
Ton beau-père futur vide son coffre-fort;
Et déjà le notaire a, d'un style énergique,
Griffonné de ton joug l'instrument authentique.[2]
C'est bien fait. Il est temps de fixer tes désirs:
Ainsi que ses chagrins l'hymen a ses plaisirs.[3]
Quelle joie, en effet, quelle douceur extrême,
De se voir caressé d'une épouse qu'on aime!
De s'entendre appeler « petit cœur » ou « mon bon![4] »
De voir autour de soi croître dans sa maison,
Sous les paisibles lois d'une agréable mère,

---

1. Racine et Maucroix ne trouvoient pas la construction de ces deux vers assez nette. Maucroix proposa ceux-ci, que Boileau trouva foibles et prosaïques :

> Alcippe, il est donc vrai qu'enfin l'on te marie,
> Et que tu prends congé de la galanterie.

(BROSSETTE.)

Jean-Baptiste Rousseau proposait : « Enfin désabusé de tes galanteries, Alcippe, etc. » — C'était bien inutile.

2. *Instrument*, en style de pratique, veut dire toutes sortes de contrats. (BOILEAU, 1713.)

> Conventum tamen et pactum, et sponsalia nostra
> Tempestate paras, jamque a tonsore magistro
> Pecteris, et digito pignus fortasse dedisti.
> Certe sanus eras ! uxorem, Postume, ducis?

(JUVÉNAL, livre II, satire I, v. 29.)

3. On lit dans La Fontaine, fable du *Meunier, son Fils et l'Ane* :

> La guerre a ses plaisirs, l'hymen a ses alarmes.

4. Voilà deux expressions usitées tout au plus à la place Maubert. (PRADON.) — Erreur; Mme Colbert appeloit ainsi son mari. » (BROSSETTE.)

De petits citoyens dont on croit être père ! [1]
Quel charme, au moindre mal qui nous vient menacer,
De la voir aussitôt accourir, s'empresser,
S'effrayer d'un péril qui n'a point d'apparence
Et souvent de douleur se pâmer par avance ! [2] »
Car tu ne seras point de ces jaloux affreux,
Habiles à se rendre inquiets, malheureux,
Qui, tandis qu'une épouse à leurs yeux se désole,
Pensent toujours qu'un autre en secret la console.

Mais quoi ! je vois déjà que ce discours t'aigrit.
Charmé de Juvénal [3] et plein de son esprit,
Venez-vous, diras-tu, dans une pièce outrée,
Comme lui nous chanter « que, dès le temps de Rhée,
« La chasteté déjà, la rougeur sur le front,
« Avoit chez les humains reçu plus d'un affront ; [4]
« Qu'on vit avec le fer naître les injustices,
« L'impiété, l'orgueil et tous les autres vices :

1. Accipis uxorem, de qua citharædus Echion,
    Aut Glaphyrus fiat pater, Ambrosiusque choraules.
    . . . .
    Ut testudineo tibi, Lentule, conopeo
    Nobilis Euryalum mirmillonem exprimat infans.
    (JUVÉNAL, livre II, satire I, v. 76.)

2. Saint-Marc prétend qu'il s'agit ici de l'épouse de Jérôme Boileau ; mais cette opinion est réfutée par M. Berriat-Saint-Prix, t. III, p. 479, n. 1.

3. Juvénal a fait une satire contre les femmes. (BOILEAU, 1713.)

4. Paroles du commencement de cette satire. (BOILEAU, 1713.) — Juvénal dit au début de la VIe satire (Ire du IIe livre, v. 1) :

Credo pudicitiam Saturno rege moratam
In terris, visamque diu...
. . . .
Multa pudicitiæ veteris vestigia forsan,
Aut aliqua exstiterint, et sub Jove ; sed Jove nondum
Barbato...
. . . .
Paulatim deinde ad superos Astræa recessit
Hac comite, atque duæ pariter fugere sorores.

Perrault faisait observer ceci sur cette traduction de Boileau : « On voit clairement que les paroles qu'on donne pour être de Juvénal n'en sont

« Mais que la bonne foi dans l'amour conjugal
« N'alla point jusqu'au temps du troisième métal? »
Ces mots ont dans sa bouche une emphase admirable :
Mais je vous dirai, moi, sans alléguer la fable,
Que si sous Adam même, et loin avant Noé,
Le vice audacieux, des hommes avoué,
A la triste innocence en tous lieux fit la guerre,
Il demeura pourtant de l'honneur sur la terre;
Qu'aux temps les plus féconds en Phrynés, en Laïs,[1]
Plus d'une Pénélope [2] honora son pays;
Et que, même aujourd'hui, sur ce fameux modèle,
On peut trouver encor quelque femme fidèle.

Sans doute, et dans Paris, si je sais bien compter,
Il en est jusqu'à trois [3] que je pourrois citer.
Ton épouse dans peu sera la quatrième :
Je le veux croire ainsi. Mais la chasteté même
Sous ce beau nom d'épouse entrât-elle chez toi,
De retour d'un voyage, en arrivant, crois-moi,
Fais toujours du logis avertir la maîtresse.[4]

point, et même qu'elles portent un sens contraire à celui de ce poëte ; car ce poëte dit que la Pudeur demeura sur la terre pendant le règne de Saturne, qui est le même que celui de Rhée, et que le siècle d'argent vit les premiers adultères. » (Préface de l'*Apologie des femmes.*) — Boileau n'en maintint pas moins sa traduction. En effet, c'est le sens ironique de Juvénal qu'il interprète plutôt que les expressions mêmes du poëte.

1. Phryné, courtisane d'Athènes. — Laïs, courtisane de Corinthe. (Boileau, 1713.) — Phryné aurait été, vers l'an 328 avant J.-C., la maîtresse de Praxitèle. C'est elle qui, dit-on, offrit de rebâtir à ses frais Thèbes, détruite par Alexandre. La biographie de Laïs est encore plus obscure; plusieurs courtisanes ont porté ce nom. (M. Chéron.)

2. La fidélité conjugale de la femme d'Ulysse est bien connue.

3. Ceci est dit figurément. (Boileau, 1713.) — Juvénal, satire III, v. 165, compare la femme vertueuse à un cygne noir :

Rara avis in terris, nigroque simillima cycno.

4. «... Et avoient les Romains en coustume revenants de voyage, d'envoyer audevant en la maison faire savoir leur arrivée aux femmes, pour ne les surprendre... » (Montaigne, *Essais,* livre III, ch. v.)

Tel partit tout baigné des pleurs de sa Lucrèce,
Qui, faute d'avoir pris ce soin judicieux,
Trouva... tu sais... — Je sais que d'un conte odieux [1]
Vous avez comme moi sali votre mémoire.
Mais laissons là, dis-tu, Joconde et son histoire ;
Du projet d'un hymen déjà fort avancé,
Devant vous aujourd'hui criminel dénoncé,
Et mis sur la sellette aux pieds de la critique,
Je vois bien tout de bon qu'il faut que je m'explique.

    Jeune autrefois par vous dans le monde conduit,[2]
J'ai trop bien profité pour n'être pas instruit
A quels discours malins le mariage expose :
Je sais que c'est un texte où chacun fait sa glose ;
Que de maris trompés tout rit dans l'univers,
Épigrammes, chansons, rondeaux, fables en vers,
Satire, comédie ; et, sur cette matière,
J'ai vu tout ce qu'ont fait La Fontaine et Molière ;
J'ai lu tout ce qu'ont dit Villon et Saint-Gelais,
Arioste, Marot, Boccace, Rabelais, [3]

---

1. Conte de La Fontaine.

2. Ceci a été mis pour expliquer pourquoi Alcippe ne tutoie point son interlocuteur. (BROSSETTE.)

3. François Villon, dont les poésies ont fait peu à peu oublier les friponneries, naquit à Paris en 1431 et faillit deux fois être pendu pour vol ; Rabelais le fait mourir en Angleterre. Clément Marot a donné, en 1533, une édition de ses œuvres. — Mellin de Saint-Gelais, abbé de Péclus, aumônier et bibliothécaire du roi Henri II, naquit à Angoulême en 1491 et mourut à Paris en 1558. Il a laissé des poésies et une tragédie en prose, *Sophonisbe*. — Ludovico Arioste, né à Reggio le 8 septembre 1474, mort le 6 juin 1533. Outre son poëme de *Roland furieux*, que tout le monde connaît, il a laissé des ballades, des comédies, des madrigaux, des satires, des sonnets, etc. — Clément Marot, valet de chambre de François Ier, né à Cahors en 1495, mort à Turin en 1544. Sa conduite et sa religion lui firent une vie fort agitée. Ses œuvres ont eu de nombreuses éditions. — Giovanni Boccacio, né à Paris, à Florence, ou à Certaldo (Toscane) en 1313, mort dans cette ville le 21 décembre 1375. Indépendamment de son *Décaméron*,

Et tous ces vieux recueils [1] de satires naïves,
Des malices du sexe immortelles archives.
Mais, tout bien balancé, j'ai pourtant reconnu
Que de ces contes vains le monde entretenu
N'en a pas de l'hymen moins vu fleurir l'usage ;
Que sous ce joug moqué tout à la fin s'engage ; [2]
Qu'à ce commun filet les railleurs mêmes pris
Ont été très-souvent de commodes maris ;
Et que, pour être heureux sous ce joug salutaire,
Tout dépend, en un mot, du bon choix qu'on sait faire. [3]

    Enfin, il faut ici parler de bonne foi :
Je vieillis, et ne puis regarder sans effroi
Ces neveux affamés dont l'importun visage
De mon bien à mes yeux fait déjà le partage.

---

qui est bien connu, Boccace a laissé des contes et des poésies italiennes et des œuvres latines; le tout a été réuni par Montier, Florence, 1827, 17 vol. in-8°. — Pour Rabelais, voyez la notice placée par M. Rathery en tête de l'édition publiée par MM. Burgaud et Rathery. (M. Chéron.)

1. Les contes de la reine de Navarre, etc. (Boileau, 1713.)

2. La Fontaine, *Le mal Marié*, livre VII, fable II :

> J'ai vu beaucoup d'hymens ; aucuns d'eux ne me tentent ;
> Cependant des humains presque les quatre parts
> S'exposent hardiment au plus grand des hasards ;
> Les quatre parts aussi des humains se repentent.

3. Brossette écrivait à Boileau, le 22 juin 1706 : « Je suis marié depuis deux jours avec une personne dans laquelle je trouve un bien considérable, mais surtout beaucoup d'esprit et de vertu. Avec tout cela ne suis-je point obligé de justifier auprès de vous une conduite aussi éloignée que la mienne l'est de votre inclination? car enfin je ne lirai jamais vos ouvrages si chéris, que je n'y trouve ma condamnation écrite en plus d'un endroit; et la plus belle de vos satires est justement celle qui parle contre l'engagement que je viens de former. » Le 5 juillet 1706, Despréaux lui répondait : « Parlons maintenant de votre mariage. A mon avis, vous ne pouviez rien faire de plus judicieux. Quoique j'aie composé, *animi gratia*, une satire contre les méchantes femmes, je suis pourtant du sentiment d'Alcippe, et je tiens comme lui :

> Que pour être heureux sous ce joug salutaire,
> Tout dépend, en un mot, du bon choix qu'on sait faire.

Je crois déjà les voir, au moment annoncé
Qu'à la fin sans retour leur cher oncle est passé,
Sur quelques pleurs forcés qu'ils auront soin qu'on voie,
Se faire consoler du sujet de leur joie.
Je me fais un plaisir, à ne vous rien celer,
De pouvoir, moi vivant, dans peu les désoler,
Et, trompant un espoir pour eux si plein de charmes,
Arracher de leurs yeux de véritables larmes.
Vous dirai-je encor plus? Soit foiblesse ou raison,
Je suis las de me voir le soir en ma maison
Seul avec des valets, souvent voleurs et traîtres,
Et toujours, à coup sûr, ennemis de leurs maîtres.[1]
Je ne me couche point qu'aussitôt dans mon lit
Un souvenir fâcheux n'apporte à mon esprit
Ces histoires de mort lamentables, tragiques,
Dont Paris tous les ans peut grossir ses chroniques.[2]
Dépouillons-nous ici d'une vaine fierté :
Nous naissons, nous vivons pour la société.
A nous-mêmes livrés dans une solitude,
Notre bonheur bientôt fait notre inquiétude ;
Et, si durant un jour notre premier aïeul,

Il ne faut point prendre les poëtes à la lettre. Aujourd'hui, c'est chez eux la fête du célibat. Demain, c'est la fête du mariage. Aujourd'hui, l'homme est le plus sot de tous les animaux. Demain, c'est le seul animal capable de justice, et en cela, semblable à Dieu. Ainsi, monsieur, je vous conjure de bien marquer à madame votre épouse la part que je prends à l'heureux choix que vous avez fait. »

1. Toute l'expérience d'un vieux célibataire semble recueillie dans ce vers. (LE BRUN.)

2. Blandin et Du Rosset ont composé ces Histoires. (BOILEAU, 1713.) — Je connais les *Histoires tragiques* de François de Rosset, 1 vol. in-8°, très-souvent réimprimé, surtout à Rouen, et dont une édition de 1023 porte : dernière édition augmentée. Né en Provence en 1570, il vint vivre à Paris, où il publia des romans, des traductions, des vers et une édition des *Quinze joies du mariage*. (M. CHÉRON.)

Plus riche d'une côte, avoit vécu tout seul,
Je doute, en sa demeure alors si fortunée,
S'il n'eût point prié Dieu d'abréger la journée.
N'allons donc point ici réformer l'univers,
Ni, par de vains discours et de frivoles vers,
Étalant au public notre misanthropie,
Censurer le lien le plus doux de la vie.
Laissons là, croyez-moi, le monde tel qu'il est.
L'hyménée est un joug, et c'est ce qui m'en plaît :
L'homme, en ses passions toujours errant sans guide,
A besoin qu'on lui mette et le mors et la bride :
Son pouvoir malheureux ne sert qu'à le gêner ;
Et, pour le rendre libre, il le faut enchaîner.[1]
C'est ainsi que souvent la main de Dieu l'assiste.

Ha! bon! voilà parler en docte janséniste,
Alcippe ; et, sur ce point si savamment touché,
Desmares[2] dans Saint-Roch[3] n'auroit pas mieux prêché.

---

1.   .... Animum rege, qui, nisi paret,
    Imperat : hunc frænis, hunc tu compesce catena.
                    (Horace, livre II, épître II, v. 62-63.)
Boileau disait en citant ces deux vers qu'Horace était janséniste. — Voltaire
dit de la liberté morale, *Henriade*, ch. VII :

> On voit la liberté, cette esclave si fière,
> Par d'invincibles nœuds en ces lieux prisonnière :
> Sous un joug inconnu que rien ne peut briser,
> Dieu sait l'assujettir, sans la tyranniser ;
> A ses suprêmes lois d'autant mieux attachée,
> Que sa chaîne à ses yeux pour jamais est cachée.

2. Célèbre prédicateur. (Boileau, 1713). — Toussaint-Guy-Joseph Desmares, prêtre de l'Oratoire, né à Vire en 1599, mort à Liancourt le 19 janvier 1687. Son jansénisme le fit persécuter. Il a laissé : *Lettre à Mgr l'archevêque de Paris, pour sa justification*, in-8°; *Relation véritable de la conférence entre le P. D. Pierre de Saint-Joseph, feuillant, et le P. Des Mares*, 1652, in-4°. Des biographes lui attribuent à tort le *Nécrologe de Port-Royal*, Amsterdam, Potgieter, 1723, in-4°, qui est de dom Rivet, bénédictin. (M. Chéron.)

3. Paroisse de Paris. (Boileau, 1713.)

Mais c'est trop t'insulter; quittons la raillerie;
Parlons sans hyperbole et sans plaisanterie.
Tu viens de mettre ici l'hymen en son beau jour :
Entends donc, et permets que je prêche à mon tour.

L'épouse que tu prends, sans tache en sa conduite,
Aux vertus, m'a-t-on dit, dans Port-Royal [1] instruite,
Aux lois de son devoir règle tous ses désirs.
Mais qui peut t'assurer qu'invincible aux plaisirs,
Chez toi, dans une vie ouverte à la licence,
Elle conservera sa première innocence?
Par toi-même bientôt conduite à l'Opéra,
De quel air penses-tu que ta sainte verra
D'un spectacle enchanteur la pompe harmonieuse,
Ces danses, ces héros à voix luxurieuse,
Entendra ces discours sur l'amour seul roulants,
Ces doucereux Renauds, ces insensés Rolands;
Saura d'eux qu'à l'amour, comme au seul dieu suprême,
On doit immoler tout, jusqu'à la vertu même;
Qu'on ne sauroit trop tôt se laisser enflammer;
Qu'on n'a reçu du ciel un cœur que pour aimer; [2]

1. Il y a deux abbayes de ce nom, l'une auprès de Chevreuse (Seine-et-Oise), Port-Royal-des-Champs, et l'autre, la plus ancienne, au faubourg Saint-Jacques, Port-Royal de Paris, fondée en 1204, par Mathilde de Garlande, épouse de Mathieu de Montmorency-Marly. Port-Royal-des-Champs, devenu l'asile du jansénisme, fut supprimé violemment en 1709 et détruit par arrêt du 22 janvier 1710. Port-Royal de Paris fut transformé en prison pendant la Révolution; depuis 1814, c'est un hôpital destiné aux femmes près d'accoucher. Voir l'excellente histoire de Port-Royal de M. Sainte-Beuve. (M. CHÉRON.)

2. Maximes fort ordinaires dans les opéras de Quinault. (BOILEAU, 1713.)
— Boileau aimait à citer en exemple ce chœur d'un opéra :

> Il faut aimer,
> Il faut s'enflammer;
> La sagesse
> De la jeunesse,
> C'est de savoir jouir de ses appas.

64   ŒUVRES DE BOILEAU.

Et tous ces lieux communs de morale lubrique [1]
Que Lulli [2] réchauffa des sons de sa musique? [3]
Mais de quels mouvements, dans son cœur excités,
Sentira-t-elle alors tous ses sens agités !
Je ne te réponds pas qu'au retour, moins timide,
Digne écolière enfin d'Angélique et d'Armide, [4]
Elle n'aille à l'instant, pleine de ces doux sons,
Avec quelque Médor pratiquer ces leçons.

Supposons toutefois qu'encor fidèle et pure
Sa vertu de ce choc revienne sans blessure :
Bientôt dans ce grand monde où tu vas l'entraîner,
Au milieu des écueils qui vont l'environner,
Crois-tu que, toujours ferme aux bords du précipice,
Elle pourra marcher sans que le pied lui glisse ; [5]

1. Boileau citait encore cette maxime tirée de l'opéra d'*Atys* :
    Il faut souvent, pour devenir heureux,
        Qu'il en coûte un peu d'innocence.

Perrault disait de ces vers de Boileau : « C'est blesser la pudeur que d'employer des termes tels que *luxurieux* et *lubriques*. » Arnauld a justifié le poëte de ce reproche. Il fait remarquer seulement que ces mots étaient un peu vieux. Boileau leur a rendu toute la vigueur de la jeunesse.

2. Jean-Baptiste Lulli, né à Paris en 1633, mort à Paris le 22 mars 1687. Attaché d'abord à Mlle de Montpensier, Louis XIV le prit bientôt à son service en lui donnant l'inspection de ses violons. Il obtint en 1672 le privilége de l'Opéra, et de cette époque jusqu'à sa mort il écrivit dix-neuf partitions. Il fut inhumé dans l'église des Petits-Pères.

3. « C'était surtout les récitatifs de Lulli qu'on admirait... Dans cette musique de pure déclamation, c'est principalement la beauté naturelle des paroles qui produit la beauté du chant. On ne peut bien déclamer que ce qui mérite de l'être... Quinault, par sa diction, échauffait encore plus la musique que l'art de Lulli n'échauffait ses paroles. » (VOLTAIRE, *Siècle de Louis XIV*.)

4. Voyez les opéras de Quinault intitulés : *Roland* et *Armide*. (BOILEAU, 1713.)

5. Montaigne (*Essais*, livre III, ch. v) : « Je ne sais si les exploits de César et d'Alexandre surpassent en rudesse la résolution d'une belle jeune femme, nourrie à notre façon, à la lumière et commerce du monde, battue de tant d'exemples contraires, se maintenant entière au milieu de mille continuelles et fortes poursuites. »

Que, toujours insensible aux discours enchanteurs
D'un idolâtre amas de jeunes séducteurs,
Sa sagesse jamais ne deviendra folie?
D'abord tu la verras, ainsi que dans Clélie,[1]
Recevant ses amants sous le doux nom d'amis,[2]
S'en tenir avec eux aux petits soins permis;
Puis bientôt en grande eau sur le fleuve de Tendre[3]
Naviger[4] à souhait, tout dire et tout entendre.
Et ne présume pas que Vénus, ou Satan,
Souffre qu'elle en demeure aux termes du roman.
Dans le crime il suffit qu'une fois on débute;
Une chute toujours attire une autre chute.[5]

---

1. Roman de *Clélie* et autres romans du même auteur. (Boileau, 1713.) — Madeleine de Scudéri, née au Havre le 15 novembre 1607, morte à Paris le 2 juin 1701. Elle est l'auteur de romans alors célèbres et bien difficiles à lire aujourd'hui, *le Grand Cyrus, Clélie, Ibrahim ou l'illustre Bassa*, etc. On lui doit aussi les *Harangues des femmes illustres, Conversations sur divers sujets, Entretiens de morale*, etc. Bosquillon a fait son éloge dans le *Journal des savants* de l'année 1701, p. 315. (M. Chéron.)

2. « L'admirable Clélie vivoit de façon qu'elle n'avoit pas un *amant* qui ne fût obligé de se cacher sous le nom d'*ami*, et d'appeler son *amour*, *amitié* ; car autrement ils eussent été chassés de chez elle. » (*Clélie*, part. I, livre I, p. 389.)

3. Dans la première partie du roman de *Clélie*, on a figuré la carte du pays de Tendre, dont le dessin est allégorique, pour marquer les divers genres de tendresse. On peut avoir de la tendresse par trois causes différentes : l'*estime*, la *reconnoissance* et l'*inclination* ; c'est pourquoi cette carte représente trois rivières, qui portent ces trois noms, et sur lesquelles sont situées trois villes nommées *Tendre* : savoir : *Tendre sur estime, Tendre sur reconnoissance* et *Tendre sur inclination*. *Petits-Soins* est un des villages représentés sur cette carte : c'est à quoi le vers précédent fait allusion. (Saint-Marc.) — Voir le dialogue des *Héros de roman*, et les *Précieuses ridicules*.

4. *Naviger* était alors d'un usage général ; *naviguer* a prévalu depuis. « Tous les gens de mer disent *naviguer*, mais à la cour on dit *naviger*, et tous les bons auteurs l'écrivent ainsi. » (Vaugelas, *Rem.*, t. I, p. 105, dans Pougens.)

5. Quelques crimes toujours précèdent les grands crimes.
(Racine, *Phèdre*, acte IV, scène ii.)

L'honneur est comme une île escarpée et sans bords :
On n'y peut plus rentrer dès qu'on en est dehors.
Peut-être avant deux ans, ardente à te déplaire,
Éprise d'un cadet, ivre d'un mousquetaire,[1]
Nous la verrons hanter les plus honteux brelans,
Donner chez la Cornu[2] rendez-vous aux galants;
De Phèdre dédaignant la pudeur enfantine,[3]
Suivre à front découvert Z...[4] et Messaline;
Compter pour grands exploits vingt hommes ruinés,
Blessés, battus pour elle, et quatre assassinés :
Trop heureux, si, toujours femme désordonnée,
Sans mesure et sans règle au vice abandonnée,
Par cent traits d'impudence aisés à ramasser
Elle t'acquiert au moins un droit pour la chasser!

Mais que deviendras-tu, si, folle en son caprice,
N'aimant que le scandale et l'éclat dans le vice,
Bien moins pour son plaisir que pour t'inquiéter,
Au fond peu vicieuse, elle aime à coqueter?[5]

---

1. On fit, en 1682, des compagnies de *cadets,* où les jeunes gens étaient exercés avant de passer officiers. — Il y avait dans la maison du roi deux compagnies de *mousquetaires.* Elles étaient distinguées par les noms de mousquetaires gris ou blancs, et de mousquetaires noirs, à cause de la couleur de leurs chevaux. Ces compagnies étaient formées de jeune noblesse.

2. Une infâme dont le nom étoit alors connu de tout le monde. (BOILEAU, 1713.)

3. Infans namque pudor prohibebat plura profari.
(HORACE, livre I, satire VI, v. 57.)

. . . . Je sais mes perfidies,
OEnone, et ne suis point de ces femmes hardies,
Qui, goûtant dans le crime une tranquille paix,
Ont su se faire un front qui ne rougit jamais.
(RACINE, *Phèdre*, acte III, scène III.)

4. Initiale mise pour dépayser le lecteur. (BROSSETTE.) — La curiosité s'exerça sur plusieurs noms qui malheureusement commençoient par la lettre Z. (DE SAINT-SURIN.)

5. « Il suffit à une coquette, dit La Bruyère, d'être trouvée aimable et

Entre nous, verras-tu d'un esprit bien tranquille
Chez ta femme aborder et la cour et la ville?[1]
Hormis toi, tout chez toi rencontre un doux accueil :
L'un est payé d'un mot, et l'autre d'un coup d'œil.
Ce n'est que pour toi seul qu'elle est fière et chagrine :[2]
Aux autres elle est douce, agréable, badine;
C'est pour eux qu'elle étale et l'or et le brocard,
Que chez toi se prodigue et le rouge et le fard,
Et qu'une main savante, avec tant d'artifice,
Bâtit de ses cheveux le galant édifice.[3]
Dans sa chambre, crois-moi, n'entre point tout le jour.
Si tu veux posséder ta Lucrèce à ton tour,
Attends, discret mari, que la belle en cornette
Le soir ait étalé son teint sur la toilette,
Et dans quatre mouchoirs, de sa beauté salis,

de passer pour belle... elle se contente de plaire. Ce qui domine en elle c'est la vanité et la légèreté. » — *Coqueter*, dit Daunou, ne s'emploierait plus aujourd'hui dans le style soutenu. — Même du temps de Boileau, ce verbe avait quelque chose de familier, mais d'expressif. « J'aimerois mieux qu'elle *coquetât* avec M. de Vardes. » (SÉVIGNÉ, 369) ;

> Je coquette fort peu, c'est mon moindre talent.
> . . . .
> Ils ont en ce pays de quoi se contenter;
> Car les femmes y sont faites à coqueter.
> (MOLIÈRE, *École des Maris*, acte I, scène VI.)

1. Voir le *Misanthrope*, acte II, scène I :
CÉLIMÈNE.
Mais de tout l'univers vous devenez jaloux.
ALCESTE.
C'est que tout l'univers est bien reçu de vous.

2. Nulla viri cura interea, nec mentio fiet
Damnorum : vivit tanquam vicina marito.
Hoc solo propior, quod amicos conjugis odit,
Et servos...
(JUVÉNAL, satire VI, livre II.)

3. Tot premit ordinibus, tot adhuc compagibus altum
Ædificat caput...
(JUVÉNAL, satire VI, v. 502-503.)

Heureuse imitation de Juvénal. (ROLLIN, *Traité des études*, livre III, ch. III, p. 2.)

Envoie au blanchisseur ses roses et ses lis. [1]
Alors tu peux entrer; mais, sage en sa présence,
Ne va pas murmurer de sa folle dépense.
D'abord, l'argent en main, paye et vite et comptant.
Mais non, fais mine un peu d'en être mécontent,
Pour la voir aussitôt, de douleur oppressée, [2]
Déplorer sa vertu si mal récompensée.
Un mari ne veut pas fournir à ses besoins!
Jamais femme, après tout, a-t-elle coûté moins?
A cinq cents louis d'or, tout au plus, chaque année,
Sa dépense en habits n'est-elle pas bornée?
Que répondre? Je vois qu'à de si justes cris,
Toi-même convaincu, déjà tu t'attendris,
Tout prêt à la laisser, pourvu qu'elle s'apaise,
Dans ton coffre, à pleins sacs, puiser tout à son aise. [3]

    A quoi bon, en effet, t'alarmer de si peu?
Eh! que seroit-ce donc, si, le démon du jeu
Versant dans son esprit sa ruineuse rage,
Tous les jours, mis par elle à deux doigts du naufrage,
Tu voyois tous tes biens, au sort abandonnés,
Devenir le butin d'un pique ou d'un sonnez? [4]

---

1. Cet hémistiche (de sa beauté salis) est un des plus heureux de Boileau... Le *blanchisseur*, au masculin, ennoblit tout; la *blanchisseuse* eût tout gâté. (Le Brun.) — On lit dans Régnier :

    L'amant juge sa dame un chef-d'œuvre ici-bas,
    Encore qu'elle n'ait sur soi rien qui soit d'elle,
    Que le rouge et le blanc par art la fassent belle,
    Qu'elle ente en son palais ses dents tous les matins,
    Qu'elle doive sa taille au bois de ses patins,
    Et tout ce qui, de jour, la fait voir si doucette,
    La nuit, comme en dépôt, soit dessous sa toilette.
                        (Satire IV.)

2. De 1694 à 1701, on lisait : *sur ses deux pieds haussée.*
3. De 1694 à 1701, on lisait : *en pleins sacs.*
4. Pique, terme du jeu de piquet. Sonnez, les deux six, terme du jeu de tric-trac. (Boileau, 1713.)

Le doux charme pour toi de voir, chaque journée,
De nobles champions ta femme environnée,[1]
Sur une table longue et façonnée exprès,
D'un tournoi de bassette ordonner les apprêts!
Ou, si par un arrêt la grossière police
D'un jeu si nécessaire interdit l'exercice,
Ouvrir sur cette table un champ au lansquenet,
Ou promener trois dés chassés de son cornet!
Puis sur une autre table, avec un air plus sombre,
S'en aller méditer une vole au jeu d'ombre;[2]
S'écrier sur un as mal à propos jeté;
Se plaindre d'un gâno[3] qu'on n'a point écouté;
Ou, querellant tout bas le ciel qu'elle regarde,
A la bête[4] gémir d'un roi venu sans garde!
Chez elle, en ces emplois, l'aube du lendemain

---

1. On peut voir dans Mme de Sévigné, dans Saint-Simon, dans les comédies de Dancourt, dans Saint-Évremond, à quel excès de fureur le jeu en était venu chez les femmes. Molière, dans l'*Avare*, fait dire à Frosine, en parlant de Marianne : « De plus, elle a une aversion horrible pour le jeu, ce qui n'est pas commun aux femmes d'aujourd'hui ; et j'en sais une de nos quartiers qui a perdu, à trente-et-quarante, vingt mille francs cette année. Mais n'en prenons que le quart. Cinq mille francs au jeu par an... » (Acte II, scène IV.)

2. Bassette, lansquenet, ombre, bête; autant de jeux de cartes. Bassette, jeu de cartes semblable au lansquenet, italien, *bassetta*, connu depuis très-longtemps en Italie, d'où un noble Vénitien l'apporta en France, où il était ambassadeur en 1678. — Le *lansquenet* nous est venu d'Allemagne, c'est le nom des fantassins allemands. — *Hombre*, jeu de cartes pris des Espagnols qui se joue avec quarante cartes, après avoir ôté du jeu les huit, les neuf et les dix, et avoir donné à chaque joueur neuf cartes trois à trois et par ordre. *Hombre, homme*, comme si, dit Richelet, ce jeu était si excellent qu'il dût porter le nom d'*homme*, ou plutôt celui qui fait jouer, s'appelant *hombre*, l'homme, n'est-ce pas son nom qui a passé au jeu? (E. LITTRÉ.)

3. Termes du jeu d'ombre. (BOILEAU, 1713.) — Le *gâno* signifie : laissez-moi venir la main, j'ai le roi ; espagnol, *gano*, je gagne. (E. LITTRÉ.)

4. Jeu de cartes qui se joue à quatre ou à cinq, en donnant cinq cartes à chacun, après avoir ôté du jeu les petites cartes.

Souvent la trouve encor les cartes à la main ;
Alors, pour se coucher les quittant, non sans peine,
Elle plaint le malheur de la nature humaine,
Qui veut qu'en un sommeil où tout s'ensevelit
Tant d'heures sans jouer se consument au lit. [1]
Toutefois en partant la troupe la console,
Et d'un prochain retour chacun donne parole.
C'est ainsi qu'une femme en doux amusements
Sait du temps qui s'envole employer les moments ;
C'est ainsi que souvent par une forcenée
Une triste famille à l'hôpital traînée
Voit ses biens en décret [2] sur tous les murs écrits
De sa déroute illustre effrayer tout Paris.

 Mais que plutôt son jeu mille fois te ruine,
Que si, la famélique et honteuse lésine [3]
Venant mal à propos la saisir au collet,
Elle te réduisoit à vivre sans valet,
Comme ce magistrat [4] de hideuse mémoire,

---

1. Une dévote s'accusoit à confesse de trop d'attachement pour le jeu, et le directeur insistant d'abord sur la perte de temps : « Hélas! oui, s'écriat-elle en l'interrompant, on perd tant de temps à mêler les cartes! » (Brossette.)

2. Ancien mode d'expropriation des immeubles. (B.-S.-P.)

3. *Lésine*, épargne sordide jusque dans les moindres choses. Du temps de Régnier, le mot était encore nouveau et gardait sa forme italienne :

> Or, durant ce festin, damoiselle Famine,
> Avec son nez étique et sa mourante mine,
> Faisant un beau discours dessus la *lesina*.
>   (Satire X.)

En effet, ce mot est italien, il signifie *alêne de cordonnier*. Il y a un livre italien intitulé : *Della famosissima Compagnia della Lesina, dialogo, capitoli e ragionamenti*, Vicenza, 1589, dont un passage nous apprend que la *Lesina* était une compagnie d'avares qui raccommodaient eux-mêmes leurs souliers et savates, et, comme il faut pour cela une alêne, ils en prirent le nom (italien, *lesina*, alêne). C'est de la sorte qu'un mot signifiant proprement *alêne* en est venu à signifier *épargne sordide*. (Voir E. Littré.)

4. Le lieutenant criminel Tardieu. (Boileau, 1713.) — Il était le par-

Dont je veux bien ici te crayonner l'histoire.

Dans la robe on vantoit son illustre maison :
Il étoit plein d'esprit, de sens et de raison ;
Seulement pour l'argent un peu trop de foiblesse
De ces vertus en lui ravaloit la noblesse.
Sa table toutefois, sans superfluité,
N'avoit rien que d'honnête en sa frugalité.
Chez lui deux bons chevaux, de pareille encolure,
Trouvoient dans l'écurie une pleine pâture,
Et, du foin que leur bouche au râtelier laissoit,
De surcroît une mule encor se nourrissoit.
Mais cette soif de l'or qui le brûloit dans l'âme
Le fit enfin songer à choisir une femme,
Et l'honneur dans ce choix ne fut point regardé.
Vers son triste penchant son naturel guidé
Le fit, dans une avare et sordide famille,
Chercher un monstre affreux sous l'habit d'une fille :[1]

---

rain de Jacques Boileau, le docteur en Sorbonne, frère de Despréaux. Sa femme, Marie Ferrier, était fille d'un ministre converti. C'est elle que Racine désigne sous le nom de la pauvre Babonette, dans les *Plaideurs:* Guy-Patin en parle beaucoup dans sa correspondance. Ils furent assassinés dans leur maison du quai des Orfévres, le 24 août 1665, par les frères René et François Touchet, qui furent rompus vifs trois jours après. (M. CHÉRON.) — Voir Tallemant des Réaux, t. V, p. 48, édit. Monmerqué.

1. « Elle étoit, dit Brossette, extrêmement laide et mal faite. » Tallemant des Réaux semble contredire et Brossette et Boileau : « Elle étoit bien faite ; elle jouoit bien du luth. » Elle eut une sorte d'aventure comme Hélène : « La fille, devenue héritière, fut enlevée par un M. d'Oradour, de Limousin, qui avoit aussi été de la religion, et que M. de la Meilleraye affectionnoit. Elle fit tant la diablesse qu'il fut contraint de la rendre. Il se paroit pour tâcher à lui plaire ; mais elle lui déchiroit son collet, et le menaçoit de lui arracher les yeux, s'il en venoit à la violence. Depuis, Tardieu, lieutenant criminel, l'épousa, car on la lui avoit promise, s'il la tiroit des mains de d'Oradour, et il y servit ; mais cette réputation qu'elle s'étoit acquise par une si courageuse résistance ne dura pas longtemps, car elle devint bientôt la plus ridicule personne du monde, et elle a bien fait

Et, sans trop s'enquérir d'où la laide venoit,
Il sut, ce fut assez, l'argent qu'on lui donnoit.
Rien ne le rebuta, ni sa vue éraillée,
Ni sa masse de chair bizarrement taillée :
Et trois cent mille francs avec elle obtenus
La firent à ses yeux plus belle que Vénus.[1]
Il l'épouse; et bientôt son hôtesse nouvelle,
Le prêchant, lui fit voir qu'il étoit, au prix d'elle,
Un vrai dissipateur, un parfait débauché.
Lui-même le sentit, reconnut son péché,
Se confessa prodigue, et, plein de repentance,
Offrit sur ses avis de régler sa dépense.
Aussitôt de chez eux tout rôti disparut;
Le pain bis, renfermé, d'une moitié décrut;
Les deux chevaux, la mule,[2] au marché s'envolèrent;
Deux grands laquais, à jeun, sur le soir s'en allèrent :
De ces coquins déjà l'on se trouvoit lassé,
Et pour n'en plus revoir le reste fut chassé.
Deux servantes déjà, largement souffletées,

voir que ç'a été plutôt par acariâtreté qu'autrement qu'elle résista à d'Oradour. » (TALLEMANT, t. V, p. 52.)

1. *La firent plus belle* est une expression hardie, sans le paroître; elle anime le personnage; *la rendirent plus belle* affoibliroit bien l'idée. (LE BRUN.)

2. « Le lieutenant criminel est obligé de suivre les criminels condamnés à la mort, et il est monté sur une mule, qui étoit l'ancienne monture des magistrats avant l'usage des carrosses. » (BROSSETTE.) — Racine à Boileau : « Au Quesnoy, 30 mai 1693. — ...Au reste j'ai été obligé de dire ici, le mieux que j'ai pu, quelques-uns des vers de votre satire à M. le Prince. *Nosti hominem.* Il ne parle plus d'autre chose, et il me les a redemandés plus de dix fois. M. le prince de Conti voudroit bien que vous m'envoyassiez l'histoire du lieutenant criminel, dont il est surtout charmé. M. le Prince et lui ne font que redire les deux vers :

La mule et les chevaux au marché s'envolèrent,
Deux grands laquais, à jeun, sur le soir s'en allèrent. »

On voit que Boileau a changé heureusement ce premier vers.

Avoient à coups de pied descendu les montées,[1]
Et, se voyant enfin hors de ce triste lieu,
Dans la rue en avoient rendu grâces à Dieu.
Un vieux valet restoit, seul chéri de son maître,
Que toujours il servit, et qu'il avoit vu naître,
Et qui de quelque somme amassée au bon temps
Vivoit encor chez eux, partie à ses dépens.
Sa vue embarrassoit : il fallut s'en défaire ;
Il fut de la maison chassé comme un corsaire.[2]
Voilà nos deux époux, sans valets, sans enfants,
Tout seuls dans leur logis libres et triomphants.
Alors on ne mit plus de borne à la lésine :[3]
On condamna la cave, on ferma la cuisine ;
Pour ne s'en point servir aux plus rigoureux mois,
Dans le fond d'un grenier on séquestra le bois.
L'un et l'autre dès lors vécut à l'aventure[4]

1. *Montées* était alors en usage pour *escalier*.
2. *Corsaire* n'est ici que pour la rime. (SAINT-MARC.) — Eh! non, par cela seul que le malheureux valet vivoit en *partie* aux dépens des deux Harpagons, il étoit pour eux un véritable corsaire. (B.-S.-P.) — C'est à peu près dans le même sentiment que Molière fait dire à La Flèche par Harpagon : « Je ne veux point avoir sans cesse devant moi un espion de mes affaires, un traître dont les yeux maudits assiégent toutes mes actions, dévorent ce que je possède et furettent de tous côtés pour voir s'il n'y a rien à voler. » (L'*Avare*, acte I, scène III.)
3. Voir plus haut la note sur ce mot.
4. Tallemant des Réaux raconte sur ce couple des détails qui ont échappé à Boileau : « Elle n'a point d'enfants (la femme du lieutenant criminel) ; cependant, sa mère, son mari et elle n'ont pour tous valets qu'un cocher : le carrosse est si méchant et les chevaux aussi, qu'ils ne peuvent aller ; la mère donne l'avoine elle-même ; ils ne mangent pas leur soûl. Elles vont elles-mêmes à la porte. Une fois que quelqu'un leur étoit allé faire visite, elles le prièrent de leur prêter son laquais, pour mener les chevaux à la rivière, car le cocher avoit pris congé. Pour récompense, elles ont été un temps à ne vivre toutes deux que du lait d'une chèvre. Le mari dit qu'il est fâché de cette mesquinerie. Dieu le sait ! Pour lui, il dîne toujours au cabaret, aux dépens de ceux qui ont affaire de lui, et le soir il ne prend que deux œufs. Il n'y a guère de gens à Paris plus riches qu'eux. Il a mé-

Des présents qu'à l'abri de la magistrature [1]
Le mari quelquefois des plaideurs extorquoit,
Ou de ce que la femme aux voisins escroquoit. [2]

 Mais, pour bien mettre ici leur crasse en tout son lustre,
Il faut voir du logis sortir ce couple illustre :
Il faut voir le mari, tout poudreux, tout souillé,
Couvert d'un vieux chapeau de cordon dépouillé,
Et de sa robe, en vain de pièces rajeunie,
A pied dans les ruisseaux traînant l'ignominie.
Mais qui pourroit compter le nombre de haillons,
De pièces, de lambeaux, de sales guenillons,
De chiffons ramassés dans la plus noire ordure,
Dont la femme, aux bons jours, composoit sa parure?
Décrirai-je ses bas en trente endroits percés,
Ses souliers grimaçants, vingt fois rapetassés,
Ses coiffes d'où pendoit au bout d'une ficelle
Un vieux masque pelé presque aussi hideux qu'elle? [3]

---

rité d'être pendu deux ou trois mille fois. Il n'y a pas un plus grand voleur au monde. Le lieutenant criminel logeoit de petites demoiselles auprès de chez lui, afin d'y aller manger; il leur faisoit ainsi payer sa protection. »

1. Le même auteur ajoute : « Le lieutenant dit à un rôtisseur qui avoit un procès contre un autre rôtisseur : « Apporte-moi deux couples de poulets, « cela rendra ton affaire bonne. » Ce fat l'oublia. Il dit à l'autre la même chose; ce dernier les lui envoya et un dindonneau. Le premier envoie ses poulets après coup; il perdit, et pour raison, le bon juge lui dit : « La « cause de votre partie étoit meilleure de la valeur d'un dindonneau. »

2. Elle eût du buvetier emporté les serviettes,
 Plutôt que de rentrer au logis les mains nettes.
    (RACINE, *Plaideurs*, acte I, scène IV.)

Ces deux vers de Racine ont été faits pour elle. Elle avait, en effet, emporté les serviettes du buvetier. — « Sa femme le suivoit partout : elle coucha avec lui à Maubuisson; le matin, comme ils partoient, les moutons alloient aux champs : « Ah! les beaux agneaux! » dit-elle. Il lui en fallut mettre un dans le carrosse. » (TALLEMANT, t. V, p. 50, édit. Monmerqué.)

3. La plupart des femmes portoient alors un masque de velours noir, lorsqu'elles sortoient. (BOILEAU, 1713.)

Peindrai-je son jupon bigarré de latin,
Qu'ensemble composoient trois thèses de satin,[1]
Présent qu'en un procès sur certain privilége
Firent à son mari les régents d'un collége,
Et qui, sur cette jupe, à maint rieur encor
Derrière elle faisoit dire Argumentabor?

Mais peut-être j'invente une fable frivole.
Démens donc tout Paris, qui, prenant la parole,
Sur ce sujet encor de bons témoins pourvu,
Tout prêt à le prouver, te dira : Je l'ai vu;
Vingt ans j'ai vu ce couple, uni d'un même vice,
A tous mes habitants montrer que l'avarice
Peut faire dans les biens trouver la pauvreté,
Et nous réduire à pis que la mendicité.
Des voleurs, qui chez eux pleins d'espérance entrèrent,[2]

---

1. Il y avait certaines circonstances où les thèses présentées aux différentes facultés pour l'obtention des grades étaient imprimées sur du satin. On peut voir un exemplaire de ce genre à la bibliothèque de l'Université, à la Sorbonne.

2. Ce fut le 24 août 1665, à neuf heures du matin, que deux voleurs les assassinèrent. Ils furent pris dans la maison même, n'ayant pu ouvrir la porte pour sortir, parce qu'il y avoit un secret à la serrure. Ils furent, trois jours après, rompus vifs sur un échafaud, à la pointe de l'île du Palais, devant le cheval de bronze. Quelques jours avant, le roi avoit ordonné à M. le premier président de Lamoignon de faire informer contre le lieutenant criminel, à cause de ses malversations. (Brossette.) — Le vers suivant était d'abord ainsi :

> A la fin un beau jour tous deux les massacrèrent.

Pradon disait :

> *A la fin un beau jour* est plein de pauvreté.
> Ce vers de ton esprit sent la stérilité.

Gacon avait aussi critiqué le mot et le récit :

> D'ailleurs, par sa longueur cette histoire sanglante
> Cause plus à l'esprit d'ennui que d'épouvante.
> On rend grâce aux voleurs qui viennent à la fin
> Du couple trop avare achever le destin.

De cette triste vie enfin les délivrèrent :
Digne et funeste fruit du nœud le plus affreux
Dont l'hymen ait jamais uni deux malheureux !

Ce récit passe un peu l'ordinaire mesure :
Mais un exemple enfin si digne de censure
Peut-il dans la satire occuper moins de mots?
Chacun sait son métier. Suivons notre propos.
Nouveau prédicateur aujourd'hui, je l'avoue,
Écolier ou plutôt singe de Bourdaloue,[1]
Je me plais à remplir mes sermons de portraits.
En voilà déjà trois peints d'assez heureux traits :
La femme sans honneur, la coquette et l'avare.
Il faut y joindre encor la revêche bizarre,[2]
Qui sans cesse, d'un ton par la colère aigri,
Gronde, choque, dément, contredit un mari.
Il n'est point de repos ni de paix avec elle ;[3]
Son mariage n'est qu'une longue querelle.
Laisse-t-elle un moment respirer son époux,

---

1. Louis Bourdaloue, de la compagnie de Jésus, né à Bourges le 20 août 1632, mort le 13 mai 1704. Les sermons du père Bourdaloue ont été publiés par P. H. Bretonneau. Paris, 1707-1734, 16 vol. in-8°; ses sermons pour l'Avent ont été traduits en latin par le père Louis de Saligny. La Flèche, 1713-1715, 2 vol. in-8°. (M. Chéron.)

2. Brossette prétend, sans nul fondement, que la belle-sœur de Despréaux, la femme du greffier Jérôme Boileau, est l'original de ce portrait.

3. La Fontaine, dans la fable du *mal Marié*, a peint une femme de ce caractère :

> Rien ne la contentoit, rien n'étoit comme il faut :
> On se levoit trop tard, on se couchoit trop tôt;
> Puis du blanc, puis du noir, puis encore autre chose,
> Les valets enrageoient ; l'époux étoit à bout :
> Monsieur ne songe à rien, monsieur dépense tout,
>   Monsieur court, monsieur se repose.

> Semper habet lites, alternaque jurgia lectus,
> In quo nupta jacet : minimum dormitur in illo.
> Tunc gravis illa viro, tunc orba tigride pejor.
>   (Juvénal, livre II, satire VI, vers 269.)

Ses valets sont d'abord l'objet de son courroux ;
Et, sur le ton grondeur lorsqu'elle les harangue,
Il faut voir de quels mots elle enrichit la langue : [1]
Ma plume ici, traçant ces mots par alphabet,
Pourrait d'un nouveau tome augmenter Richelet.[2]

Tu crains peu d'essuyer cette étrange furie :
En trop bon lieu, dis-tu, ton épouse nourrie
Jamais de tels discours ne te rendra martyr.
Mais, eût-elle sucé la raison dans Saint-Cyr,[3]
Crois-tu que d'une fille humble, honnête, charmante,
L'hymen n'ait jamais fait de femme extravagante ?
Combien n'a-t-on point vu de belles aux doux yeux,
Avant le mariage anges si gracieux,

---

1. Brossette attribue à la femme de Jérôme Boileau les mots *Frelampier*, *Pimbesche*, *Orbesche*, etc. Cette assertion, aussi bien que la précédente, paraît d'autant moins fondée que Louise Bayen, femme de Jérôme Boileau, vivait encore à l'époque où parut la X° satire ; elle fut inhumée le vendredi 31 décembre 1700 et était morte la veille. — En tout cas elle n'avait pas inventé le mot *Frelampier*. C'est un terme populaire et vieilli, il signifie un homme de peu et qui n'est bon à rien. Il est dans le dictionnaire d'Oudin, xvi° siècle. Ce mot a signifié, dans son origine, le moine qui avait soin d'allumer les lampes du couvent, et est pour *frère lampier*. (E. LITTRÉ.) — Brossette lui attribue encore les mots *epétier*, homme d'épée, et *bacoule*.

2. Auteur qui a donné un dictionnaire françois. (BOILEAU, 1713.) — César-Pierre Richelet, avocat, l'un des membres de l'Académie des beaux esprits qui se réunissait chez l'abbé d'Aubignac ; né à Cheminon (Marne) en 1665, mort à Paris le 23 novembre 1698. La première édition de son dictionnaire a paru à Genève en 1680, in-4°, et la dernière a été publiée à Lyon, par l'abbé Goujet, en 1759, 3 vol. in-folio. On doit, en outre, à Richelet un *Dictionnaire des rimes*, une traduction de l'*Histoire de la conquête de la Floride* de Garcilasso de la Vega, une édition de la traduction française de d'Ablancourt de l'*Afrique* de Marmol, et un *Recueil des plus belles lettres des meilleurs auteurs françois*. (M. CHÉRON.)

3. Célèbre maison près de Versailles, où on élève un grand nombre de jeunes demoiselles. (BOILEAU, 1713.) — Mme de Maintenon la fit élever en 1686 pour y recevoir deux cent cinquante demoiselles nobles. Napoléon Ier lui donna la destination actuelle d'école spéciale militaire. Voir : *Histoire de la maison de Saint-Cyr*, par M. Th. Lavallée. Paris, 1853, grand in-8°.

Tout à coup se changeant en bourgeoises sauvages,
Vrais démons apporter l'enfer dans leurs ménages,
Et, découvrant l'orgueil de leurs rudes esprits,
Sous leur fontange [1] altière asservir leurs maris !
Et puis, quelque douceur dont brille ton épouse,
Penses-tu, si jamais elle devient jalouse,
Que son âme, livrée à ses tristes soupçons,
De la raison encore écoute les leçons?
Alors, Alcippe, alors, tu verras de ses œuvres :
Résous-toi, pauvre époux, à vivre de couleuvres; [2]
A la voir tous les jours, dans ses fougueux accès,
A ton geste, à ton rire, intenter un procès;
Souvent, de ta maison gardant les avenues,
Les cheveux hérissés, t'attendre au coin des rues;
Te trouver en des lieux de vingt portes fermés,
Et, partout où tu vas, dans ses yeux enflammés [3]
T'offrir, non pas d'Isis la tranquille Euménide, [4]

---

1. C'est un nœud de ruban que les femmes mettent sur le devant de la tête pour attacher leur coiffure. (BOILEAU, 1713.) — C'est à la duchesse de Fontanges, l'une des premières maîtresses de Louis XIV, que cette parure doit son nom. — Mme de Sévigné la désignait sous le nom de *Danaé*. Elle dépensait cent mille écus par mois.

2. On dit ordinairement *avaler des couleuvres; vivre de couleuvres* est un changement heureux fait au proverbe; il peint bien cette vie où les chagrins s'enchaînent les uns aux autres sans jamais s'arrêter.

3. Pour donner une idée des critiques de Perrault, nous transcrivons l'observation suivante : « *Dans ses yeux enflammés t'offrir*, mauvaise transposition; il faudroit *t'offrir dans ses yeux.* »

4. Furie, dans l'opéra d'*Isis*, qui demeure presque toujours à ne rien faire. (BOILEAU, 1713.) — *Isis*, opéra de Quinault, musique de Lulli. — M. Despréaux, étant à une représentation de cet opéra, remarqua que l'acteur qui faisoit le rôle de la furie, s'ennuyant d'être longtemps sans rien faire sur le théâtre, bâilloit de temps en temps, et qu'à chaque bâillement il faisoit de grands signes de croix sur sa bouche, comme font les bonnes gens. M. Despréaux dit à ceux qui étoient avec lui : « Voyez, voyez la furie, qui fait des signes de croix. » (BROSSETTE.)

SATIRE X.

Mais la vraie Alecto,[1] peinte dans l'Énéide,
Un tison à la main, chez le roi Latinus,
Soufflant sa rage au sein d'Amate et de Turnus.[2]
Mais quoi! je chausse ici le cothurne tragique!
Reprenons au plus tôt le brodequin comique,
Et d'objets moins affreux songeons à te parler.
Dis-moi donc, laissant là cette folle hurler,
T'accommodes-tu mieux de ces douces Ménades,[3]
Qui, dans leurs vains chagrins, sans mal, toujours malades,
Se font des mois entiers, sur un lit effronté,[4]
Traiter d'une visible et parfaite santé;
Et douze fois par jour, dans leur molle indolence,
Aux yeux de leurs maris tombent en défaillance?

---

1. Une des furies. (BOILEAU, 1713.)
2. *Énéide*, livre VII. (BOILEAU, 1713.)
3. Bacchantes. (BOILEAU, 1713.)
4. Boileau a lui-même défendu cette expression dans la Xe épitre où il dit à ses vers :

> Et bientôt vous verrez mille auteurs pointilleux.
> . . . .
> Vous soutenir qu'un lit ne peut être effronté.

Le prince de Conti, Perrault, Pradon, La Harpe, au nom de Dumarsais, Marmontel, Raynouard, Amar, ont blâmé formellement cette expression; Fontanes, Saint-Surin, Le Brun l'admettent, mais en regrettant que le second vers soit trop faible. Daunou paraît en avoir mieux jugé, lorsqu'il dit : « L'effronterie était précisément d'étaler sur un lit une santé si visible; et quand Despréaux attribue, transporte au lit même l'impudence de la personne qui s'y montre, il trouve ou il invente l'expression la plus vive et la plus poétiquement juste de ce qu'il veut peindre. » Où en serait la poésie s'il fallait ainsi la chicaner sur toutes ses hardiesses? Saint-Surin nous apprend que Fontanes a transporté ce *lit effronté* dans la traduction du 124e vers de la VIe satire de Juvénal :

> Ostenditque tuum, generose Britannice, ventrem.

> Noble Britannicus, sur un lit effronté,
> Elle étale à leurs yeux les flancs qui t'ont porté.

On attribue ce morceau à Thomas. C'est en effet sous le nom de Thomas que M. de Fontanes l'avait donné.

Quel sujet, dira l'un, peut donc si fréquemment
Mettre ainsi cette belle aux bords du monument?
La Parque, ravissant ou son fils ou sa fille,
A-t-elle moissonné l'espoir de sa famille?
Non : il est question de réduire un mari
A chasser un valet dans la maison chéri,
Et qui, parce qu'il plaît, a trop su lui déplaire;
Ou de rompre un voyage utile et nécessaire,
Mais qui la priveroit huit jours de ses plaisirs,
Et qui, loin d'un galant, objet de ses désirs...
Oh! que pour la punir de cette comédie
Ne lui vois-je une vraie et triste maladie!
Mais ne nous fâchons point. Peut-être avant deux jours,
Courtois et Denyau[1], mandés à son secours,
Digne ouvrage de l'art dont Hippocrate traite,
Lui sauront bien ôter cette santé d'athlète;
Pour consumer l'humeur qui fait son embonpoint,
Lui donner sagement le mal qu'elle n'a point;
Et, fuyant de Fagon[2] les maximes énormes,[3]

---

1. Médecins de Paris. (BOILEAU, 1713.) — Courtois et Denyau niaient la circulation du sang.

2. Fagon, premier médecin du roi. (BOILEAU, 1713.) — Gui-Crescent Fagon, né à Paris le 11 mai 1638, mort en 1718. Il était le neveu de Gui de la Brosse, intendant du Jardin du roi, et soutint sa thèse sur la circulation du sang, ce qui était alors une grande hardiesse. Fagon a publié : les *Qualités du quinquina*, Paris, 1703, in-12; plusieurs observations dans les *Mémoires de l'Académie des sciences*, et pris part à la rédaction de l'*Hortus regius*, catalogue du Jardin du roi, dans lequel il a inséré un petit poëme latin intitulé : *Carmen gratulatorium illustrissimo Horti regii restauratori D. D. Antonio Vallot, archiatrorum principi*. (M. CHÉRON.)

3. *Les maximes énormes.* Cette expression, dit Brossette, n'a paru ni heureuse ni claire à plusieurs commentateurs. Cela vient de ce qu'ils n'ont pas réfléchi au sens étymologique de ce mot; il signifie, en effet, *qui sort des règles, e normis*. Boileau, dans l'*Arrêt burlesque*, cite Courtois et Denyau comme les défenseurs des anciennes doctrines. Il étoit tout naturel d'appliquer l'adjectif *énormes* aux maximes de Fagon qui osa, peut-être le

Au tombeau mérité la mettre dans les formes.
Dieu veuille avoir son âme, et nous délivre d'eux!
Pour moi, grand ennemi de leur art hasardeux,
Je ne puis cette fois que je ne les excuse.
Mais à quels vains discours est-ce que je m'amuse?
Il faut sur des sujets plus grands, plus curieux,
Attacher de ce pas ton esprit et tes yeux.[1]

Qui s'offrira d'abord? Bon, c'est cette savante
Qu'estime Roberval, et que Sauveur[2] fréquente.
D'où vient qu'elle a l'œil trouble et le teint si terni?
C'est que sur le calcul, dit-on, de Cassini,[3]

---

premier en France, soutenir dans une thèse publique la circulation du sang. C'étoit au nom des règles que les vieux médecins combattoient les innovations. M. Diafoirus dit de son fils : « Mais, sur toute chose, ce qui « me plaît en lui, et en quoi il suit mon exemple, c'est qu'il s'attache « aveuglément aux opinions de nos anciens, et que jamais il n'a voulu com- « prendre ni écouter les raisons et les expériences des prétendues décou- « vertes de notre siècle, touchant la circulation du sang, et autres opinions « de même farine. » (*Le Malade imaginaire*, acte II, scène VI.) — *Énormes* est donc ici très-bien et très-heureusement appliqué. »

1. Voilà une de ces transitions forcées comme il s'en rencontre trop souvent dans cet ouvrage.

2. Illustres mathématiciens. (BOILEAU, 1713.) — Gilles Personne, de l'Académie des sciences, né à Roberval (Oise), en 1602, mort à Paris le 27 octobre 1675. On a de lui : *Notæ in Aristarchi Samii de mundi syste-mate, partibus et motibus libellus*, Paris, 1644, in-12, et 1647, in-4°; et des mémoires dans le *Recueil de mathématiques de MM. de l'Académie des sciences*, Paris, 1693, in-folio, et dans les *Traités de mathématiques*, Paris, 1636, in-folio. — Joseph Sauveur, de l'Académie des sciences, maître de mathématiques du roi d'Espagne et de Mgr le duc de Bourgogne né à La Flèche (Sarthe) le 24 mars 1653, mort le 9 juillet 1713. Il ne parla que passé l'âge de sept ans et s'est surtout occupé d'acoustique. (M. CHÉRON.)

3. Fameux astronome. (BOILEAU, 1713.) — Jean-Dominique Cassini, né à Perinaldo, dans le comté de Nice, le 8 juin 1625, mort à Paris le 14 septembre 1712. Louis XIV le fit venir à Paris, et il fut installé à l'Observatoire, que sa famille ne devait plus quitter, le 14 septembre 1672. Son œuvre est trop considérable pour qu'on puisse en parler ici. Voir son éloge par Fontenelle. (M. CHÉRON.)

Un astrolabe [1] en main, elle a, dans sa gouttière,
A suivre Jupiter [2] passé la nuit entière.
Gardons de la troubler. Sa science, je crois,
Aura pour s'occuper ce jour plus d'un emploi,
D'un nouveau microscope on doit, en sa présence,
Tantôt chez Dalancé [3] faire l'expérience ;
Puis d'une femme morte avec son embryon
Il faut chez Du Verney [4] voir la dissection.
Rien n'échappe aux regards de notre curieuse. [5]

    Mais qui vient sur ses pas? c'est une précieuse,
Reste de ces esprits jadis si renommés

---

1. Instrument autrefois employé pour mesurer la hauteur des astres au-dessus de l'horizon.

2 Une des sept planètes. (BOILEAU, 1713.) — Ce nombre de sept s'est accru depuis Boileau.

3. Chez qui on faisoit beaucoup d'expériences de physique. (BOILEAU, 1713.) — C'était le fils d'un chirurgien célèbre qui lui avait laissé une grande fortune, qu'il consacra tout entière à des expériences de physique. (M. CHÉRON.)

4. Médecin du roi, connu pour être très-savant dans l'anatomie. (BOILEAU, 1713.) — Joseph Guichard Duverney, professeur d'anatomie au Jardin du roi, de l'Académie des sciences, né à Tours (Indre-et-Loire) le 5 août 1648, mort à Paris le 10 septembre 1730. Duverney a laissé un *Traité de l'organe de l'ouïe* et un *Traité des maladies des os*. Ses OEuvres anatomiques ont été réunies, Paris, 1761, 2 vol. in-4°, par Sénac. Voir son éloge par Fontenelle. (M. CHÉRON.)

5. Charles Perrault applique ce portrait à Mme de La Sablière. Il blâme Boileau d'avoir ainsi attaqué une dame qui se plaisait, aux heures de son loisir, à entendre parler d'astronomie et de physique, qui avait même une très-grande pénétration pour ces sciences. « Il est encore vrai, ajoutait-il, qu'elle n'en faisoit aucune ostentation, et qu'on n'estimoit guère moins en elle le soin de cacher ces dons que l'avantage de les posséder. Elle étoit estimée de tout le monde; le roi même prenoit plaisir à marquer la considération qu'il avoit pour son mérite par de fréquentes gratifications. » L'humeur de Boileau contre Mme de La Sablière viendrait, suivant Perrault, du soin qu'elle avait pris de relever dans l'épître V de ce poëte des expressions inexactes, par suite de l'ignorance où Despréaux était des principes de l'astronomie.

Que d'un coup de son art Molière a diffamés.¹
De tous leurs sentiments cette noble héritière
Maintient encore ici leur secte façonnière.
C'est chez elle toujours que les fades auteurs
S'en vont se consoler du mépris des lecteurs.
Elle y reçoit leur plainte ; et sa docte demeure
Aux Perrins, aux Coras, est ouverte à toute heure.
Là, du faux bel esprit se tiennent les bureaux :
Là, tous les vers sont bons, pourvu qu'ils soient nouveaux.
Au mauvais goût public la belle y fait la guerre ;
Plaint Pradon² opprimé des sifflets du parterre ;
Rit des vains amateurs du grec et du latin ;
Dans la balance met Aristote et Cotin ;
Puis, d'une main encor plus fine et plus habile,
Pèse sans passion Chapelain et Virgile ;³

---

1. Voyez la comédie des *Précieuses*. (BOILEAU, 1713.)
2. Il s'agit ici de Mme Deshoulières. « Fille de Du Ligier, seigneur de la Garde, et mariée fort jeune à un lieutenant-colonel, elle entra dans le monde avec tous les avantages que donnent le rang, la naissance, l'esprit et la beauté. Sa jeunesse, environnée de séductions, fut aventureuse et galante : elle captiva par ses charmes le duc d'Enghien, depuis prince de Condé, etc., etc. Elle eut de bonne heure un goût très-vif pour la poésie, et apprit promptement, et au milieu de la dissipation et des plaisirs, le latin, l'italien, l'espagnol. » (WALCKENAER, *Histoire de la vie et des ouvrages de La Fontaine.*) — Tout le monde connaît le fameux sonnet de Mme Deshoulières contre la *Phèdre* de Racine.
3. Ces vers font allusion aux jugements de Perrault sur les anciens et les modernes. Les trois éditions de 1694 offraient aux lecteurs les vers suivants que Boileau fit disparaître après sa réconciliation avec Perrault :

> Et croit qu'on pourra même enfin le lire un jour,
> Quand la langue vieillie ayant changé de tour,
> On ne sentira plus la barbare structure
> De ses expressions mises à la torture ;
> S'étonne cependant d'où vient que chez Coignard
> Le Saint-Paulin écrit avec un si grand art,
> Et d'une plume douce, aisée et naturelle,
> Pourrit vingt fois encor moins lu que la Pucelle.
> Elle en accuse alors notre siècle infecté
> Du pédantesque goût qu'ont pour l'antiquité

Remarque en ce dernier beaucoup de pauvretés,
Mais pourtant confessant qu'il a quelques beautés,[1]
Ne trouve en Chapelain, quoi qu'ait dit la satire,
Autre défaut, sinon qu'on ne le sauroit lire;
Et, pour faire goûter son livre à l'univers,
Croit qu'il faudroit en prose y mettre tous les vers.

A quoi bon m'étaler cette bizarre école
Du mauvais sens, dis-tu, prêché par une folle?
De livres et d'écrits bourgeois admirateur,
Vais-je épouser ici quelque apprentive auteur?[2]
Savez-vous que l'épouse avec qui je me lie
Compte entre ses parents des princes d'Italie;
Sort d'aïeux dont les noms...? Je t'entends, et je voi
D'où vient que tu t'es fait secrétaire du roi :
Il falloit de ce titre appuyer ta naissance.[3]
Cependant (t'avouerai-je ici mon insolence?),
Si quelque objet pareil chez moi, deçà les monts,
Pour m'épouser entroit avec tous ces grands noms,
Le sourcil rehaussé d'orgueilleuses chimères,

> Magistrats, princes, ducs et même fils de France,
> Qui lisent sans rougir et Virgile et Térence,
> Et toujours pour P***, pleins d'un dégoût malin,
> Ne savent pas s'il est au monde un Saint-Paulin.

1. Laudat Virgilium, periturae ignoscit Elissae :
Committit vates et comparat; inde Maronem,
Atque alia parte in trutina suspendit Homerum.
(Juvénal, satire VI, v. 436-438.)

2. *Apprentif*, et au féminin *apprentive*, c'était la forme ancienne de ce mot. L'un et l'autre aujourd'hui sont inusités. L'étymologie est *apprendre*, par cet adjectif de basse latinité *apprehendivus*. La poésie doit regretter le féminin *apprentive*.

3. Brossette cite un Georges d'Entrague qui, s'étant enrichi dans la recette générale des aides de Paris, s'anoblit au moyen d'une charge de secrétaire du roi, pour épouser une demoiselle de condition. (Saint-Surin.)

On peut voir dans les *Mémoires de Saint-Simon*, t. I, p. 224, l'histoire de Dangeau, qui ressemble un peu à celle-là.

Je lui dirois bientôt : Je connois tous vos pères;
Je sais qu'ils ont brillé dans ce fameux combat [1]
Où sous l'un des Valois Enghien sauva l'État.
D'Hozier [2] n'en convient pas; mais, quoi qu'il en puisse être,
Je ne suis point si sot que d'épouser mon maître. [3]
Ainsi donc, au plus tôt délogeant de ces lieux,
Allez, princesse, allez, avec tous vos aïeux,
Sur le pompeux débris des lances espagnoles,
Coucher, si vous voulez, aux champs de Cérisoles :
Ma maison ni mon lit ne sont point faits pour vous. [4]

J'admire, poursuis-tu, votre noble courroux.
Souvenez-vous pourtant que ma famille illustre
De l'assistance au sceau [5] ne tire point son lustre,
Et que, né dans Paris de magistrats connus,
Je ne suis point ici de ces nouveaux venus,

---

1. Combat de Cérisoles, gagné par le duc d'Enghien en Italie. (BOILEAU, 1713.) — Le 14 avril 1545.

2. Dans l'édition de 1694, il y avait : *Varillas n'en dit rien*. On aurait pu croire que Varillas ne parlait pas de ce *fameux combat*, suivant Brossette; il le fit observer à Boileau, qui fit ce changement d'autant plus heureux qu'il s'agit ici d'un point de généalogie.

3.   Uxorem quare locupletem ducere nolim
            Quæritis? Uxori nubere nolo meæ.
                            (MARTIAL, livre VIII, épigr. XII.)

La finesse de cette épigramme réside dans les mots *ducere* et *nubere*, *ducere* convient à l'homme, *nubere* se dit de la femme. — Voir les raisons données par Mme Jourdain pour ne pas vouloir un gendre gentilhomme. (MOLIÈRE, *le Bourgeois gentilhomme*.)

4.   Quis ferat uxorem, cui constant omnia? Malo,
        Malo Venusinam, quam te, Cornelia mater
        Gracchorum, si cum magnis virtutibus affers
        Grande supercilium, et numeras in dote triumphos.
        Tolle tuum, precor, Annibalem, victumque Syphacem
        In castris, et cum tota Carthagine migra.
                            (JUVÉNAL, satire VI, v. 166-171.)

5. Principale fonction des secrétaires du roi. (BROSSETTE.)

De ces nobles sans nom, que, par plus d'une voie,
La province souvent en guêtres[1] nous envoie.
Mais, eussé-je comme eux des meuniers pour parents,
Mon épouse vint-elle encor d'aïeux plus grands,
On ne la verroit point, vantant son origine,
A son triste mari reprocher la farine.
Son cœur, toujours nourri dans la dévotion,
De trop bonne heure apprit l'humiliation :
Et, pour vous détromper de la pensée étrange
Que l'hymen aujourd'hui la corrompe et la change,
Sachez qu'en notre accord elle a, pour premier point,
Exigé qu'un époux ne la contraindroit point
A traîner après elle un pompeux équipage,
Ni surtout de souffrir, par un profane usage,
Qu'à l'église jamais devant le Dieu jaloux
Un fastueux carreau soit vu sous ses genoux.
Telle est l'humble vertu qui dans son âme empreinte...
  Je le vois bien, tu vas épouser une sainte,
Et dans tout ce grand zèle il n'est rien d'affecté.
Sais-tu bien cependant, sous cette humilité,
L'orgueil que quelquefois nous cache une bigote,[2]

---

1. Chaussure des gens de la campagne : « Charretiers vestus de roques, guiestres en leurs jambes, ung fouait chacun en leurs mains. » (*Journal de Paris sous Charles VI*, p. 149, dans Lacurne. — « Vestu en vigneron d'Orléans, avec belles guestres de toille, une panouoire et une sarpe à la ceinture. » (RABELAIS, *Pant.*, IV.)

2. *Bigot*, qui est livré à une dévotion étroite et superstitieuse. L'étymologie de ce mot est difficile à déterminer. Voici ce qu'en dit M. Littré : « Bas latin, *bigoti*. Une vieille chronique latine (Duchesne, liv. III, p. 360) dit que Rollon, sommé de baiser le pied du roi Charles, s'écria : *Ne se bi god*, jamais par Dieu, et que le sobriquet de *bigot* vint de là aux Normands : *by*, par, et *god*, Dieu. On peut soupçonner que l'anecdote (ce qui arrive souvent) a été imaginée pour expliquer le mot. Remarquez (et cela s'oppose à l'étymologie) que le mot est commun aux langues romanes : espagnol, *bigote*, moustache (dans le dictionnaire de l'Académie de 1696 ;

Alcippe, et connois-tu la nation dévote?
Il te faut de ce pas en tracer quelques traits,
Et par ce grand portrait finir tous mes portraits.

A Paris, à la cour, on trouve, je l'avoue,
Des femmes dont le zèle est digne qu'on le loue,
Qui s'occupent du bien, en tout temps, en tout lieu.
J'en sais une chérie et du monde et de Dieu,
Humble dans les grandeurs, sage dans la fortune,
Qui gémit, comme Esther, de sa gloire importune,[1]
Que le vice lui-même est contraint d'estimer,
Et que sur ce tableau d'abord tu vas nommer.[2]
Mais pour quelques vertus si pures, si sincères,
Combien y trouve-t-on d'impudentes faussaires,[3]

---

bigotelle, ou *bigotere*, pièce d'étoffe ou de cuir dont on se sert pour tenir la moustache relevée); *hombre de bigote*, homme d'un caractère ferme; italien, *sbigottire*, effrayer, ôter le courage. » —N'est-ce pas là la véritable étymologie? Un *bigot* est un homme à qui la superstition enlève toute énergie, *sbigotito*, qui tremble sur toute chose. C'est dans ce sens que Montesquieu a écrit : « Une *bigotterie* universelle amollit les courages et engourdit tout l'empire. » (*Grand. et décad. des Rom.*, XXII.)

1.   . . . .
      Que même cette pompe où je suis condamnée,
      Ce bandeau dont il faut que je paroisse ornée
      Dans ces jours solennels à l'orgueil dédiés,
      Seule et dans le secret, je le foule à mes pieds;
      Qu'à ces vains ornements je préfère la cendre,
      Et n'ai de goût qu'aux pleurs que tu me vois répandre.
                (*Esther*, acte I, scène IV.)

2. A la prière de Racine, Mme de Maintenon avait fait accorder à l'abbé Jacques Boileau, le frère du poëte, un canonicat à la Sainte-Chapelle de Paris. Racine écrivait à Despréaux, 31 mai 1693 : « Elle (Mme de Maintenon) mérite bien que vous lui fassiez quelque remercîment, ou du moins que vous fassiez d'elle une mention honorable qui la distingue de tout son sexe, comme en effet elle en est distinguée de toute manière. » Rappeler la tragédie d'*Esther*, représentée quatre ans auparavant, c'était donner à l'éloge un tour plein de délicatesse.

3. « Un faussaire est un contrefacteur d'écritures... Il faut deviner qu'on veut parler ici des hypocrites. » (PERRAULT.) — En effet, c'est bien le sens

Qui, sous un vain dehors d'austère piété,
De leurs crimes secrets cherchent l'impunité ;
Et couvrent de Dieu même, empreint sur leur visage,
De leurs honteux plaisirs l'affreux libertinage ! [1]
N'attends pas qu'à tes yeux j'aille ici l'étaler ;
Il vaut mieux le souffrir que de le dévoiler.
De leurs galants exploits les Bussis,[2] les Brantômes.[3]
Pourroient avec plaisir te compiler des tomes :
Mais pour moi, dont le front trop aisément rougit,[4]
Ma bouche a déjà peur de t'en avoir trop dit.
Rien n'égale en fureur, en monstrueux caprices,
Une fausse vertu qui s'abandonne aux vices.

le plus général de ce mot, mais il se disait encore avec la signification de menteur, trompeur :

> Ah ! mes yeux,
> Si vous ne m'abusez, si vous n'êtes faussaires,
> Vous êtes de mon heur les cruels adversaires.
> (CORNEILLE, *Attila,* acte I, scène I.)

« Voilà ce qui s'appelle un gros mensonge imprimé ; il y a même, dans cette fiction, je ne sais quoi de faussaire qui me fait de la peine. » (VOLTAIRE, Lettre à Colini, 12 octobre 1776.)

1. Empreindre Dieu même sur son visage, pour y marquer le plus honteux libertinage, est d'une force, d'une hardiesse d'expression dont Molière lui-même n'approche pas ici :

> Et pour perdre quelqu'un couvrent insolemment
> De l'intérêt du ciel leur fier ressentiment ;
> Etc.
> (*Tartuffe,* acte I, scène VI.)

2. Il s'agit de l'*Histoire amoureuse des Gaules,* par Bussy-Rabutin.

3. Pierre de Bourdeilles, abbé et seigneur de Branthome, naquit probablement dans le Périgord, vers 1540, et mourut à Paris le 15 juillet 1614, après une vie fort agitée. On sait que jamais Branthome n'a donné au second livre des Dames le titre de *les Dames galantes,* sous lequel on l'a toujours publié depuis 1666, où ce titre fit son apparition pour la première fois dans une édition publiée à Leyde en 2 vol. in-18, à la Sphère, chez J. Sambix le jeune. (M. CHÉRON.)

4. On le surnommoit le *chaste Despréaux :* la pureté de ses mœurs et de ses écrits lui a valu cet éloge. (BROSSETTE.)

De ces femmes pourtant l'hypocrite noirceur
Au moins pour un mari garde quelque douceur.
Je les aime encor mieux qu'une bigote altière,
Qui, dans son fol orgueil, aveugle et sans lumière,
A peine sur le seuil de la dévotion,
Pense atteindre au sommet de la perfection ;
Qui du soin qu'elle prend de me gêner sans cesse
Va quatre fois par mois se vanter à confesse ; [1]
Et, les yeux vers le ciel, pour se le faire ouvrir,
Offre à Dieu les tourments qu'elle me fait souffrir.
Sur cent pieux devoirs aux saints elle est égale ;
Elle lit Rodriguez,[2] fait l'oraison mentale,
Va pour les malheureux quêter dans les maisons,
Hante les hôpitaux, visite les prisons,
Tous les jours à l'église entend jusqu'à six messes :
Mais de combattre en elle et dompter ses foiblesses,
Sur le fard, sur le jeu, vaincre sa passion,
Mettre un frein à son luxe, à son ambition,
Et soumettre l'orgueil de son esprit rebelle,
C'est ce qu'en vain le ciel voudroit exiger d'elle.[3]

1. Se vanter est hardi et plaisant. (LE BRUN.)
2. Alphonse Rodriguez, de la compagnie de Jésus, né à Valladolid en 1526, mort à Séville le 21 février 1616. Son principal ouvrage est la *Pratique de la perfection chrétienne*, Séville, 1614, in-4°; il a été plusieurs fois traduit en français, et entre autres par Port-Royal et par l'abbé Regnier-Desmarais.
3. Molière dit d'Arsinoé, *le Misanthrope*, acte III, scène v :

> A quoi bon, disoient-ils, cette mine modeste
> Et ce sage dehors que dément tout le reste?
> Elle est à bien prier exacte au dernier point;
> Mais elle bat ses gens et ne les paye point.
> Dans tous les lieux dévots elle étale un grand zèle;
> Mais elle met du blanc et veut paroître belle.
> Elle fait des tab'eaux couvrir les nudités;
> Mais elle a de l'amour pour les réalités.

Voir dans La Bruyère, chap. III : « Qu'est-ce qu'une femme qu'on dirige?

Et peut-il, dira-t-elle, en effet l'exiger ?
Elle a son directeur, c'est à lui d'en juger :
Il faut sans différer savoir ce qu'il en pense.
Bon ! vers nous à propos je le vois qui s'avance.
Qu'il paroît bien nourri ! Quel vermillon ! quel teint !
Le printemps dans sa fleur sur son visage est peint.[1]
Cependant, à l'entendre, il se soutient à peine ;
Il eut encore hier la fièvre et la migraine ;
Et, sans les prompts secours qu'on prit soin d'apporter,
Il seroit sur son lit peut-être à trembloter.
Mais de tous les mortels, grâce aux dévotes âmes,
Nul n'est si bien soigné qu'un directeur de femmes.
Quelque léger dégoût vient-il le travailler,
Une foible vapeur le fait-elle bâiller,
Un escadron coiffé[2] d'abord court à son aide :
L'une chauffe un bouillon, l'autre apprête un remède ;
Chez lui sirops exquis, ratafias vantés,
Confitures surtout, volent de tous côtés :
Car de tous mets sucrés, secs, en pâte, ou liquides,
Les estomacs dévots toujours furent avides :
Le premier massepain pour eux, je crois, se fit,

Est-ce une femme plus complaisante pour son mari, plus douce pour ses domestiques, plus appliquée à sa famille et à ses affaires ; qui soit moins esclave de son humeur, moins attachée à ses intérêts ; qui soit plus exempte d'amour de soi-même et d'éloignement pour les autres ; qui soit plus libre de tous attachements humains? Non, dites-vous, ce n'est rien de toutes ces choses. J'insiste, et je vous demande : Qu'est-ce donc qu'*une femme que l'on dirige ?* Je vous entends : c'est une femme qui a un *directeur*. »

1. La jeunesse en sa fleur brille sur son visage.
(*Le Lutrin*, chant I, v. 35.)

Suivant Brossette, Despréaux faisait ici le portrait de M. Husson, grand directeur de femmes.

2. *Escadron coiffé*. C'est assurément nouveau. (Phadon.) — Expression pittoresque. (Le Brun.)

Et le premier citron à Rouen fut confit.[1]

Notre docteur bientôt va lever tous ses doutes,
Du paradis pour elle il aplanit les routes ;
Et, loin sur ses défauts de la mortifier,
Lui-même prend le soin de la justifier.
Pourquoi vous alarmer d'une vaine censure ?
Du rouge qu'on vous voit on s'étonne, on murmure :
Mais a-t-on, dira-t-il, sujet de s'étonner ?
Est-ce qu'à faire peur on veut vous condamner ?
Aux usages reçus il faut qu'on s'accommode :
Une femme surtout doit tribut à la mode.
L'orgueil brille, dit-on, sur vos pompeux habits ;
L'œil à peine soutient l'éclat de vos rubis ;
Dieu veut-il qu'on étale un luxe si profane ?
Oui, lorsqu'à l'étaler notre rang nous condamne.
Mais ce grand jeu chez vous comment l'autoriser ?
Le jeu fut de tout temps permis pour s'amuser ;
On ne peut pas toujours travailler, prier, lire :
Il vaut mieux s'occuper à jouer qu'à médire.
Le plus grand jeu, joué dans cette intention,
Peut même devenir une bonne action :
Tout est sanctifié par une âme pieuse.

Vous êtes, poursuit-on, avide, ambitieuse ;
Sans cesse vous brûlez de voir tous vos parents
Engloutir à la cour charges, dignités, rangs.
Votre bon naturel en cela pour eux brille ;
Dieu ne nous défend point d'aimer notre famille.

---

1. Les plus exquis citrons confits se font à Rouen. (BOILEAU, 1713.) — Voltaire, qui cite les jolis vers où il est parlé des ratafias et des confitures, ajoute ensuite : « Ces vers sont bons pour Brossette. Il y avait, ce me semble, quelque chose de mieux à nous dire. » Il n'avait donc pas lu les vers qui suivent ou les avait-il oubliés ?

D'ailleurs, tous vos parents sont sages, vertueux :
Il est bon d'empêcher ces emplois fastueux
D'être donnés peut-être à des âmes mondaines,
Éprises du néant des vanités humaines.[1]
Laissez là, croyez-moi, gronder les indévots,
Et sur votre salut demeurez en repos.

Sur tous ces points douteux c'est ainsi qu'il prononce.
Alors, croyant d'un ange entendre la réponse,
Sa dévote s'incline, et, calmant son esprit,
A cet ordre d'en haut sans réplique souscrit.
Ainsi, pleine d'erreurs qu'elle croit légitimes,
Sa tranquille vertu conserve tous ses crimes ;
Dans un cœur tous les jours nourri du sacrement
Maintient la vanité, l'orgueil, l'entêtement,
Et croit que devant Dieu ses fréquents sacriléges
Sont pour entrer au ciel d'assurés priviléges.[2]
Voilà le digne fruit des soins de son docteur.
Encore est-ce beaucoup si ce guide imposteur,
Par les chemins fleuris d'un charmant quiétisme,
Tout à coup l'amenant au vrai molinosisme,[3]

---

1.   Tous les biens de ce monde ont pour moi peu d'appas,
    De leur éclat trompeur je ne m'éblouis pas ;
    Et si je me résous à recevoir du père
    Cette donation qu'il a voulu me faire,
    Ce n'est, à dire vrai, que parce que je crains
    Que tout ce bien ne tombe en de méchantes mains ;
    Qu'il ne trouve des gens qui, l'ayant en partage,
    En fassent dans le monde un criminel usage,
    Et ne s'en servent pas, ainsi que j'ai dessein,
    Pour la gloire du ciel et le bien du prochain.
               (MOLIÈRE, *Tartuffe*, acte IV, scène I.)

2.   Et croit pouvoir au ciel, par ses folles maximes,
    Avec le sacrement faire entrer tous les crimes.
               (Satire XI, v. 125-126.)

3. Miguel Molinos, né dans le diocèse de Saragosse en 1627, mort en

Il ne lui fait bientôt, aidé de Lucifer,
Goûter en paradis les plaisirs de l'enfer.

 Mais dans ce doux état, molle, délicieuse,[1]
La hais-tu plus, dis-moi, que cette bilieuse
Qui, follement outrée en sa sévérité,
Baptisant son chagrin du nom de piété,[2]
Dans sa charité fausse où l'amour-propre abonde,
Croit que c'est aimer Dieu que haïr tout le monde ?
Il n'est rien où d'abord son soupçon attaché
Ne présume du crime et ne trouve un péché.
Pour une fille honnête et pleine d'innocence
Croit-elle en ses valets voir quelque complaisance,
Réputés criminels, les voilà tous chassés,
Et chez elle à l'instant par d'autres remplacés.
Son mari, qu'une affaire appelle dans la ville,
Et qui chez lui sortant a tout laissé tranquille,
Se trouve assez surpris, rentrant dans la maison,
De voir que le portier lui demande son nom ;

1696 dans les prisons de l'inquisition, publia en 1675 la *Guide spirituelle*, où soixante-huit propositions furent condamnées et qui donna naissance à la secte des quiétistes. — L'auteur veut que le chrétien soit dans un acte continuel de contemplation ; qu'il anéantisse ses facultés pour s'abandonner totalement à Dieu, et demeurer dans une inaction, une indifférence absolue, qui est la quiétude ou voie intérieure. — Il ne faut pas confondre le molinosisme avec le molinisme, qui est un système sur la grâce, dont Molina est l'auteur.

1. Le Brun voit un néologisme dans ce mot *délicieuse* ainsi employé, il a tort ; il signifie livrée aux délices de la contemplation. C'est dans le même sens que Bossuet a dit, *Panégyrique de saint Paul :* « Notre siècle délicieux ne peut souffrir votre dureté. »

2. Cf. Molière, *École des femmes*, acte IV, scène VIII :

> Pensez-vous qu'à choisir, de deux choses prescrites,
> Je n'aimasse pas mieux être ce que vous dites
> Que de me voir mari de ces femmes de bien
> Dont la mauvaise humeur fait un procès sur rien ;
> Ces dragons de vertu, etc.

Et que, parmi ses gens, changés en son absence,[1]
Il cherche vainement quelqu'un de connoissance.[2]

Fort bien ! le trait est bon ! dans les femmes, dis-tu,
Enfin vous n'approuvez ni vice ni vertu.
Voilà le sexe peint d'une noble manière :
Et Théophraste même, aidé de La Bruyère,[3]
Ne m'en pourroit pas faire un plus riche tableau.
C'est assez : il est temps de quitter le pinceau ;
Vous avez désormais épuisé la satire.
Épuisé, cher Alcippe ? Ah ! tu me ferois rire !
Sur ce vaste sujet si j'allois tout tracer,
Tu verrois sous ma main des tomes s'amasser.

1. Dans l'édition de 1694, ce vers était ainsi :

Et que dans son logis fait neuf en son absence.

Boileau le changea sur une critique de Pradon qui blâmait un *logis fait neuf*. Amar trouve que Boileau rajeunissait heureusement cette locution vulgaire *faire maison neuve*. Il faut laisser plus de liberté à la poésie.

2.   Je cours à mon logis, je heurte, je tempeste,
      Et croyez à frapper que je n'estois perclus.
      On m'ouvre, et mon valet ne me recognoist plus.
                                   (Régnier, satire XI, v. 374-376.)

Brossette dit que Boileau désigne ici sa belle-sœur, la femme de Jérôme Boileau. Berriat-Saint-Prix réfute cette assertion comme une erreur ; je ne vois pas qu'il soit improbable ou impossible que Boileau ait peint ici quelques traits d'un caractère qui lui était bien connu.

3. La Bruyère a traduit les *Caractères* de Théophraste, et fait ceux de son siècle. (Boileau, 1713.) — Théophraste, philosophe grec, né dans l'île de Lesbos en 371 avant J.-C. et mort fort âgé. Élève d'Aristote, il s'est surtout occupé de philosophie naturelle. Ses œuvres ont été réunies à Leyde, en 1613, en un volume in-folio. C'est à quatre-vingt-dix-neuf ans qu'il aurait composé les *Caractères*. — Jean de La Bruyère, d'abord trésorier de France à Caen, puis attaché à la maison de M. le Duc, petit-fils du grand Condé, de l'Académie française, né à Paris, août 1645, mort à Versailles le 11 mai 1696. La première édition du livre de La Bruyère a paru sous le titre de : *les Caractères de Théophraste, traduits du grec, avec les Caractères ou les Mœurs de ce siècle*. Paris, Étienne Michallet, 1688, in-12. (M. Chéron.)

Dans le sexe j'ai peint la piété caustique :
Et que seroit-ce donc, si, censeur plus tragique,
J'allois t'y faire voir l'athéisme établi,
Et, non moins que l'honneur, le ciel mis en oubli ;
Si j'allois t'y montrer plus d'une Capanée [1]
Pour souveraine loi mettant la destinée,
Du tonnerre dans l'air bravant les vains carreaux, [2]
Et nous parlant de Dieu du ton de Des Barreaux? [3]

Mais, sans aller chercher cette femme infernale,
T'ai-je encor peint, dis-moi, la fantasque inégale
Qui, m'aimant le matin, souvent me hait le soir?
T'ai-je peint la maligne aux yeux faux, au cœur noir?
T'ai-je encore exprimé la brusque impertinente?

1. Capanée étoit un des sept chefs de l'armée qui mit le siége devant Thèbes. Les poëtes ont dit que Jupiter le foudroya à cause de son impiété. (Boileau, 1713.) — Voici sur ce nom la remarque de Charles Perrault : « Je ne sais pas si on peut dire qu'une femme est une *Capanée*, pour signifier qu'elle est une impie ; mais je sais bien qu'on ne dira jamais qu'une femme est une *Thésée*, pour dire qu'elle est une infidèle ; qu'elle est une *Cicéron*, pour dire qu'elle est fort éloquente ; ni qu'elle est une *Socrate*, pour dire qu'elle est fort sage. » (Préface de l'*Apologie des femmes*.)
2. Les carreaux de la foudre, substance solide, imaginaire, qu'on croyait, au commencement du xviie siècle, lancée par la foudre, et qui tuait ainsi ceux qu'elle frappait comme un carreau (flèche dont le fer avait quatre pans) d'arbalète. Rohaut, dans son *Traité de physique* (1671), dit positivement que tous les efforts pour trouver ce carreau ont été vains, et il en conclut que la foudre doit être un feu particulier qui tue comme s'il frappait. (E. Littré.)
3. On dit qu'il se convertit avant que de mourir. (Boileau, 1713.) — Des Barreaux (Jacques de La Vallée) est connu des gens de lettres et de goût par plusieurs petites pièces de vers agréables dans le goût de Sarasin et de Chapelle. Il était conseiller au Parlement. On sait qu'ennuyé d'un procès dont il était rapporteur, il paya de son argent ce que le demandeur exigeait, jeta le procès au feu, et se démit de sa charge. Ses petites pièces de poésie sont encore entre les mains des curieux ; elles sont toutes assez hardies. (Voltaire.) — Il affectait l'impiété et même l'athéisme. Né en 1602, il mourut en 1673. On cite de lui un sonnet assez fameux, mais Voltaire prétend qu'il était de l'abbé de Lavau. (Voir le *Siècle de Louis XIV*, tome I.)

T'ai-je tracé la vieille à morgue dominante,
Qui veut, vingt ans encore après le sacrement,
Exiger d'un mari les respects d'un amant?
T'ai-je fait voir de joie une belle animée,
Qui souvent d'un repas sortant tout enfumée [1]
Fait, même à ses amants, trop foibles d'estomac,
Redouter ses baisers pleins d'ail et de tabac? [2]
T'ai-je encore décrit la dame brelandière
Qui des joueurs chez soi se fait cabaretière, [3]
Et souffre des affronts que ne souffriroit pas
L'hôtesse d'une auberge à dix sous par repas?
Ai-je offert à tes yeux ces tristes Tisiphones, [4]
Ces monstres pleins d'un fiel que n'ont point les lionnes,
Qui, prenant en dégoût les fruits nés de leur flanc,
S'irritent sans raison contre leur propre sang;

---

[1]   . . . . . Quid enim Venus ebria curat?
  Grandia quæ mediis jam noctibus ostrea mordet,
  Quum perfusa mero spumant unguenta falerno,
  Quum bibitur Concha, quum jam vertigine tectum
  Ambulat, et geminis exsurgit mensa lucernis.
                      (JUVÉNAL, livre II, satire VI, v. 201.)

[2] Regnard, dans sa satire des maris, fait aux hommes une application de ces vers :

  Quel charme, quel plaisir pour cette triste femme
  De se voir le témoin de ce spectacle infâme,
  De sentir des vapeurs de vin et de tabac,
  Qu'exhale à ses côtés un perfide estomac!

Le petit peuple ayant commencé en France à prendre du tabac par le nez, ce fut d'abord une indécence aux femmes d'en faire usage. (VOLTAIRE, *Dictionn. phil.*, mot Tabac.)

[3] Il y a des femmes qui donnent à souper aux joueurs, de peur de ne les plus revoir s'ils sortoient de leurs maisons. (BOILEAU, 1713.) — Voir sur la fureur du jeu les Comédies de Dancourt.

[4] Berriat-Saint-Prix a réfuté l'allégation de Brossette, d'après laquelle le poëte aurait fait ici le portrait de la première femme de son père. Il a réfuté également le même commentateur qui vouloit retrouver une sœur de Boileau, Mme Manchon, dans la femme qui fait de son chien son seul entretien.

Toujours en des fureurs que les plaintes aigrissent,
Battent dans leurs enfants l'époux qu'elles haïssent ;
Et font de leur maison, digne de Phalaris, [1]
Un séjour de douleur, de larmes et de cris ?
Enfin t'ai-je dépeint la superstitieuse,
La pédante au ton fier, la bourgeoise ennuyeuse,
Celle qui de son chat fait son seul entretien,
Celle qui toujours parle et ne dit jamais rien ? [2]
Il en est des milliers; mais ma bouche enfin lasse
Des trois quarts pour le moins veut bien te faire grâce.
. J'entends, c'est pousser loin la modération.
Ah ! finissez, dis-tu, la déclamation.
Pensez-vous qu'ébloui de vos vaines paroles,
J'ignore qu'en effet tous ces discours frivoles
Ne sont qu'un badinage, un simple jeu d'esprit
D'un censeur dans le fond qui folâtre et qui rit,
Plein du même projet qui vous vint dans la tête
Quand vous plaçâtes l'homme au-dessous de la bête ?
Mais enfin vous et moi c'est assez badiner,
Il est temps de conclure; et, pour tout terminer,
Je ne dirai qu'un mot. La fille qui m'enchante,
Noble, sage, modeste, humble, honnête, touchante,
N'a pas un des défauts que vous m'avez fait voir.
Si, par un sort pourtant qu'on ne peut concevoir,
La belle, tout à coup rendue insociable,
D'ange, ce sont vos mots, se transformoit en diable,
Vous me verriez bientôt, sans me désespérer,
Lui dire : Eh bien, madame, il faut nous séparer;

---

1. Tyran en Sicile, très-cruel. (BOILEAU, 1713.) — Il s'empara du pouvoir, à Agrigente, vers 571 avant J.-C.

2. Et qui, parlant beaucoup, ne disent jamais rien.
(Épître IX, v. 66.)

Nous ne sommes pas faits, je le vois, l'un pour l'autre.
Mon bien se monte à tant : tenez, voilà le vôtre.
Partez : délivrons-nous d'un mutuel souci.
 Alcippe, tu crois donc qu'on se sépare ainsi?
Pour sortir de chez toi sur cette offre offensante,
As-tu donc oublié qu'il faut qu'elle y consente?
Et crois-tu qu'aisément elle puisse quitter
Le savoureux plaisir de t'y persécuter?
Bientôt son procureur, pour elle usant sa plume,
De ses prétentions va t'offrir un volume :
Car, grâce au droit reçu chez les Parisiens,
Gens de douce nature, et maris bons chrétiens,[1]
Dans ses prétentions une femme est sans borne.[2]
Alcippe, à ce discours je te trouve un peu morne.
Des arbitres, dis-tu, pourront nous accorder.
Des arbitres!... Tu crois l'empêcher de plaider !
Sur ton chagrin déjà contente d'elle-même,
Ce n'est point tous ses droits, c'est le procès qu'elle aime :
Pour elle un bout d'arpent qu'il faudra disputer
Vaut mieux qu'un fief entier acquis sans contester.
Avec elle il n'est point de droit qui s'éclaircisse,
Point de procès si vieux qui ne se rajeunisse ;
Et sur l'art de former un nouvel embarras,
Devant elle Rolet mettroit pavillon bas.[3]

---

1. Il demeure à Paris,
Où des dames, dit-on, est le vrai paradis ;
Et ce qui vaut bien mieux que toutes les richesses,
Les maris y sont bons et les femmes maîtresses.
 (CORNEILLE, *Suite du Menteur*, acte II, scène 1.)

2. Boileau fait allusion aux dispositions de la coutume de Paris, qui étaient très-favorables aux femmes.

3. Nulla fere causa est, in qua non femina litem
Moverit : accusat Manilia, si rea non est.

Crois-moi, pour la fléchir, trouve enfin quelque voie,
Ou je ne réponds pas dans peu qu'on ne te voie,
Sous le faix des procès abattu, consterné,
Triste, à pied, sans laquais, maigre, sec, ruiné,
Vingt fois dans ton malheur résolu de te pendre,
Et, pour comble de maux, réduit à la reprendre. [1]

> Componunt ipsæ per se, formantque libellos,
> Principium atque locos Celso dictare paratæ.
> (JUVÉNAL, satire VI, livre II, v. 243.)

1. Entre autres réfutations de la satire X, il a paru : *Satire contre les hommes du* xviiie *siècle, ou Récrimination des femmes contre la satire* Xe *de Boileau, parodiée sur les mêmes rimes, avec le texte en regard*, par Mlle Honesta. Paris, Pillet aîné, 1816, in-8° de 75 pages. C'est un très-ennuyeux tour de force de bouts-rimés ; voici les quatre derniers vers, et toute la satire est imprimée de la sorte :

> L'homme avoue ses torts, pénitent . . . . . consterné,
> Sous ses iniquités écrasé, ... ruiné.
> Quel parti lui restait ? celui d'aller se . . . . pendre,
> Trop heureux qu'une femme ait voulu le . . . reprendre.
> (M. CHÉRON.)

On trouvera, dans la Correspondance, 5 mai 1694, la lettre d'Antoine Arnauld à Charles Perrault sur le sujet de cette satire.

SATIRE XI.[1]

(1698.)

A MONSIEUR DE VALINCOUR[2]

CONSEILLER DU ROI EN SES CONSEILS, SECRÉTAIRE GÉNÉRAL DE LA MARINE
ET DES COMMANDEMENTS DE MONSEIGNEUR LE COMTE DE TOULOUSE.

Oui, l'honneur, Valincour, est chéri dans le monde :
Chacun, pour l'exalter, en paroles abonde ;
A s'en voir revêtu chacun met son bonheur ;
Et tout crie ici-bas : L'honneur! vive l'honneur!
 Entendons discourir, sur les bancs des galères,
Ce forçat abhorré, même de ses confrères ;
Il plaint, par un arrêt injustement donné,
L'honneur en sa personne à ramer condamné :[3]

---

1. Composée en 1698, à l'occasion du procès intenté aux Boileau sur leur noblesse, par une compagnie de financiers.
2. Jean-Baptiste-Henri du Trousset de Valincour, de l'Académie française et de celle des sciences, né à Paris en 1653, mort en 1730. On a de lui : *Lettre à M*^{me} *la marquise de... sur la princesse de Clèves*. Paris, 1678, in-12 ; la *Vie de François de Lorraine, duc de Guise*. Paris, 1681, in-12 ; des observations sur l'*OEdipe* de Sophocle, quelques traductions en vers, des contes, etc. (M. CHÉRON.) — Voici ce qu'en dit Voltaire : « Une épître que Despréaux lui a adressée fait sa plus grande réputation. On a de lui quelques petits ouvrages : il était bon littérateur. Il fit une assez grande fortune, qu'il n'eût pas faite s'il n'eût été qu'homme de lettres. Les lettres seules, dénuées de cette sagacité laborieuse qui rend un homme utile, ne procurent presque jamais qu'une vie malheureuse et méprisée. »
3. Suivant Brossette, le duc d'Ossone, vice-roi de Naples et de Sicile, visitant un jour les galères du port, eut la curiosité d'interroger les forçats

En un mot, parcourons et la mer et la terre ;
Interrogeons marchands, financiers, gens de guerre,
Courtisans, magistrats : chez eux, si je les croi,[1]
L'intérêt ne peut rien, l'honneur seul fait la loi.

Cependant, lorsqu'aux yeux leur portant la lanterne,[2]
J'examine au grand jour l'esprit qui les gouverne,
Je n'aperçois partout que folle ambition,
Foiblesse, iniquité, fourbe, corruption.[3]
Que ridicule orgueil de soi-même idolâtre.
Le monde, à mon avis, est comme un grand théâtre,[4]
Où chacun en public, l'un par l'autre abusé,
Souvent à ce qu'il est joue un rôle opposé.
Tous les jours on y voit, orné d'un faux visage,
Impudemment le fou représenter le sage,
L'ignorant s'ériger en savant fastueux,[5]
Et le plus vil faquin trancher du vertueux.[6]
Mais, quelque fol espoir dont leur orgueil les berce,
Bientôt on les connoît, et la vérité perce.[7]

sur les causes de leur détention. Ils étaient tous, à les entendre, les plus honnêtes gens du monde. Un seul eut la franchise d'avouer qu'il aurait été pendu, si on lui avait rendu justice. « Qu'on m'ôte d'ici ce coquin-là, dit le duc en lui rendant la liberté, il gâterait tous ces honnêtes gens. »

1. Nous avons expliqué cette forme, satire VIII, v. 9.
2. Allusion au mot de Diogène le Cynique, qui portoit une lanterne en plein jour, et qui disoit qu'il cherchoit un homme. (BOILEAU, 1713.)
3. Le Misanthrope dit aussi chez Molière :

> Je ne trouve partout que lâche flatterie,
> Qu'injustice, intérêt, trahison, fourberie.

4. Pétrone a dit : « Mundus universus exercet histrioniam. »
5. Fastueux, qui fait étalage de son savoir.
6. Trancher du vertueux, c'est prendre des airs de vertu. Corneille dit trancher du nouveau gouverneur (Théodore, acte I, scène II); tranchant des entendus (Le Menteur, acte III, scène III). Voltaire dit que c'est une expression familière.
7. Il ne faut pas négliger de remarquer la richesse des rimes chez Boileau ; c'est un mérite de sa poésie. — Lucrèce a dit :

On a beau se farder aux yeux de l'univers :
A la fin sur quelqu'un de nos vices couverts
Le public malin jette un œil inévitable ;
Et bientôt la censure, au regard formidable,[1]
Sait, le crayon en main, marquer nos endroits faux,
Et nous développer avec tous nos défauts.[2]
Du mensonge toujours le vrai demeure maître,
Pour paroître honnête homme, en un mot, il faut l'être ;[3]
Et jamais, quoi qu'il fasse, un mortel ici-bas
Ne peut aux yeux du monde être ce qu'il n'est pas.
En vain ce misanthrope aux yeux tristes et sombres[4]

> Nam veræ voces tum demum pectore ab ipso
> Eliciuntur ; et eripitur persona, manet res.
> (Livre III, v. 56.)

1. Il y avait d'abord *épagneule admirable*. Boileau a bien fait de changer cet hémistiche.

2. *Développer*, c'est-à-dire ôter l'enveloppe, est ici d'une justesse très-heureuse. Horace a dit de Lucilius, un poëte satirique :

> ..... Quid, quum est Lucilius ausus
> . . . .
> Detrahere et pellem nitidus qua quisque per ora
> Cederet introrsum turpis...
> (*Satires*, livre II, satire I.)

3. Ce vers fait honneur au poëte. Voltaire le cite avec beaucoup d'autres du même genre, et il ajoute : « Voilà ce qu'on doit appeler des maximes dignes des honnêtes gens. »

4. Brossette nous apprend que l'auteur ne manquait jamais de dire, en récitant ce vers : *En vain ce faux Caton*, et désignait ainsi, suivant L. Racine, le premier président de Harlay, qui, auditeur immobile de la satire IX, s'était contenté de dire froidement après la lecture : *Voilà de beaux vers*. Voici quelques-uns des traits de son caractère empruntés à Saint-Simon : « D'ailleurs sans honneur effectif, sans mœurs dans le secret, sans probité qu'extérieure, sans humanité même ; en un mot, un hypocrite parfait, sans foi, sans loi, sans Dieu et sans âme, cruel mari, père barbare, frère tyran, ami uniquement de soi-même, méchant par nature, se plaisant à insulter, à outrager, à accabler, et n'en ayant de la vie perdu l'occasion. Pour l'extérieur, un petit homme vigoureux et maigre, un visage en losange, un nez grand et aquilin, des yeux beaux, parlants, perçants, qui ne regardoient qu'à la dérobée... Il se tenoit et marchoit un peu courbé.

Veut, par un air riant, en éclaircir les ombres :
Le ris sur son visage est en mauvaise humeur :
L'agrément fuit ses traits, ses caresses font peur;
Ses mots les plus flatteurs paroissent des rudesses,
Et la vanité brille en toutes ses bassesses.[1]
Le naturel toujours sort et sait se montrer :
Vainement on l'arrête, on le force à rentrer;
Il rompt tout, perce tout, et trouve enfin passage.[2]

Mais loin de mon projet je sens que je m'engage.
Revenons de ce pas à mon texte égaré.
L'honneur partout, disois-je, est du monde admiré;
Mais l'honneur en effet qu'il faut que l'on admire,
Quel est-il, Valincour? pourras-tu me le dire?
L'ambitieux le met souvent à tout brûler;
L'avare, à voir chez lui le Pactole[3] rouler;
Un faux brave, à vanter sa prouesse frivole;

avec un faux air plus humble que modeste, il rasoit toujours les murailles pour se faire faire place avec plus de bruit, il n'avançoit qu'à force de révérences respectueuses et comme honteuses à droite et à gauche à Versailles. »

1. Ceci s'accorde bien avec ce que dit Saint-Simon du premier président de Harlay : « Il affecta le désintéressement et la modestie qu'il déshonora, l'une par sa conduite, l'autre par un orgueil raffiné, mais extrême, et qui, malgré lui, sautoit aux yeux. »

2.   Naturam expellas furca; tamen usque recurret,
     Et mala perrumpet furtim fastidia victrix.
            (HORACE, livre I, épître X, v. 24-25.)

     Chassez le naturel, il revient au galop.
            (DESTOUCHES, *Le Glorieux*, acte III, scène v.)

La Fontaine, livre II, fable XVII :

    Coups de fourches, ni d'étrivières,
    Ne lui font changer de manières;
    Et fussiez-vous embâtonnés,
    Jamais vous n'en serez les maîtres.
    Qu'on lui ferme la porte au nez,
    Il reviendra par les fenêtres.

3. Fleuve de Lydie, où l'on trouve de l'or, ainsi que dans plusieurs autres fleuves. (BOILEAU, 1713.)

Un vrai fourbe, à jamais ne garder sa parole ; [1]
Ce poëte, à noircir d'insipides papiers ; [2]
Ce marquis, à savoir frauder ses créanciers ;
Un libertin, à rompre et jeûnes et carême ; [3]
Un fou perdu d'honneur, à braver l'honneur même.
L'un d'eux a-t-il raison? Qui pourroit le penser?
Qu'est-ce donc que l'honneur que tout doit embrasser?
Est-ce de voir, dis-moi, vanter notre éloquence,
D'exceller en courage, en adresse, en prudence ;
De voir à notre aspect tout trembler sous les cieux ;
De posséder enfin mille dons précieux?
Mais avec tous ces dons de l'esprit et de l'âme
Un roi même souvent peut n'être qu'un infâme, [4]
Qu'un Hérode, un Tibère effroyable à nommer.
Où donc est cet honneur qui seul doit nous charmer?
Quoi qu'en ses beaux discours Saint-Évremond [5] nous prône,

---

1. « Comment Boileau a-t-il pu dire qu'un fourbe fait consister l'honneur à tromper? Il nous semble qu'il met son intérêt à manquer de foi, et son honneur à cacher ses fourberies. » (VOLTAIRE, *Dict. philos.*, *honneur*.)

2. L'auteur disait quelquefois en récitant :

Linière, à barbouiller d'insipides papiers.

3. *Libertin* est pris dans son sens originel, qui affecte une liberté impie sur les choses de la religion.

4. C'est beau de liberté dans un siècle tout royal. (LE BRUN.)

5. Saint-Évremond a fait une Dissertation dans laquelle il donne la préférence à Pétrone sur Sénèque. (BOILEAU, 1713.) — Charles Marguetel de Saint-Denis, seigneur de Saint-Évremond, né à Saint-Denis-le-Gast (Manche), le 1ᵉʳ d'avril 1613, mort le 20 de septembre 1703, et inhumé à Westminster. En 1662, il passa en Angleterre pour éviter la Bastille et ne rentra plus en France. Ses œuvres ont été réunies pour la première fois en 1709, à Londres, 3 vol. in-4°. Deleyre a publié en 1761 un vol. in-12 intitulé : *L'Esprit de Saint-Évremond*. (M. CHÉRON.) — M. Ch. Giraud vient de donner une élégante et précieuse édition de cet auteur. — « On n'osoit, dit Racine le fils, louer devant Boileau les ouvrages de Saint-Évremond, qui alors séduisoient encore plusieurs admirateurs. De pareils ouvrages, sui-

Aujourd'hui j'en croirai Sénèque avant Pétrone.[1]

Dans le monde il n'est rien de beau que l'équité :
Sans elle, la valeur, la force, la bonté,
Et toutes les vertus dont s'éblouit la terre,
Ne sont que faux brillants, et que morceaux de verre.
Un injuste guerrier, terreur de l'univers,[2]
Qui, sans sujet, courant chez cent peuples divers,
S'en va tout ravager jusqu'aux rives du Gange,
N'est qu'un plus grand voleur que du Terte et Saint-Ange.[3]
Du premier des Césars on vante les exploits;
Mais dans quel tribunal, jugé suivant les lois,
Eût-il pu disculper son injuste manie?
Qu'on livre son pareil en France à La Reynie,[4]

---

vant lui, ne devoient pas vivre longtemps. » — L'épicurisme de Saint-Évremond rendait Boileau trop sévère. L'Académie française a mis au concours pour l'année 1866 une étude sur la vie et les ouvrages de cet écrivain. Voir notre Étude qui a remporté le prix d'éloquence, en tête d'un recueil de morceaux choisis publié par nous chez MM. Garnier frères.

1. Lucius-Annæus Seneca, le philosophe, précepteur de Néron. Il naquit à Cordoue, deux ou trois ans avant J.-C. et se donna la mort en 65 par ordre de son disciple. Il a laissé des lettres et divers traités de morale; il est probable que les tragédies connues sous son nom sont d'un autre Sénèque. — Petronius, surnommé Arbiter, était né aux environs de Marseille. Il fut enveloppé comme Sénèque dans la conspiration de Pison et mourut, comme lui, en se faisant ouvrir les veines. Outre le *Satyricon*, il a laissé un poëme sur l'éducation et quelques traités philosophiques. (M. Chéron.)

2. Alexandre. (Boileau, 1713.)

3. Fameux voleurs de grands chemins. (Boileau, 1713.) — Ils ont péri sur la roue. — Alexandre reprochait sa condition à un pirate : « Je suis un pirate, dit-il, parce que je n'ai qu'un vaisseau; si j'avais une armée navale, je serais un conquérant. »

4. Gabriel-Nicolas de La Reynie étoit né à Limoges en 1625. Il fut pourvu de la charge de maître des requêtes en 1661. Six ans après, le roi voulant établir un bon ordre dans la ville de Paris, ôta la police au lieutenant civil et créa une charge de lieutenant de police dont M. de La Reynie fut pourvu en 1667. En 1680, le roi récompensa ses services dans cette charge, d'un brevet de conseiller d'État ordinaire. Il mourut le 14 de juin 1706, âgé de

Dans trois jours nous verrons le phénix des guerriers
Laisser sur l'échafaud sa tête et ses lauriers.
C'est d'un roi [1] que l'on tient cette maxime auguste,
Que jamais on n'est grand qu'autant que l'on est juste.
Rassemblez à la fois Mithridate et Sylla:
Joignez-y Tamerlan, Genséric, Attila :
Tous ces fiers conquérants, rois, princes, capitaines,
Sont moins grands à mes yeux que ce bourgeois d'Athènes [2]
Qui sut, pour tous exploits, doux, modéré, frugal,
Toujours vers la justice aller d'un pas égal.
Oui, la justice en nous est la vertu qui brille :
Il faut de ses couleurs qu'ici-bas tout s'habille;
Dans un mortel chéri, tout injuste qu'il est,
C'est quelque air d'équité qui séduit et qui plaît.
A cet unique appas l'âme est vraiment sensible :
Même aux yeux de l'injuste un injuste est horrible,
Et tel qui n'admet point la probité chez lui
Souvent à la rigueur l'exige chez autrui.
Disons plus : il n'est point d'âme livrée au vice
Où l'on ne trouve encor des traces de justice.
Chacun de l'équité ne fait pas son flambeau;
Tout n'est pas Caumartin, Bignon, ni Daguesseau. [3]

---

quatre-vingt-un ans. Il avoit été l'un des commissaires de la chambre ardente établie à l'Arsenal pour la recherche des personnes accusées de sortilége et de poisons. (*Note de l'édition de 1772.*)

1. Agésilas, roi de Sparte. (BOILEAU, 1713.) — « Pourquoi, disoit-il du roi de Perse, appelé le *grand roi*, seroit-il plus grand que moi, s'il n'est ni plus juste, ni plus tempérant. » (PLUTARQUE, *OEuvres morales*, t. II, trad. de Ricard, p. 453.)

2. Socrate. (BOILEAU, 1713.) — « Je conçois aysément Socrate en la place d'Alexandre; Alexandre en celle de Socrate, je ne puis. Qui demandera à celuy-là, ce qu'il sçoit faire, il respondra : Subjuguer le monde. Qui le demandera à cestuy-ci, il dira : Mener l'humaine vie conformément à sa naturelle condition. » (MONTAIGNE, *Essais*, livre III, ch. II.)

3. Urbain-Louis Le Febvre de Caumartin, conseiller d'État, intendant

Mais jusqu'en ces pays où tout vit de pillage,
Chez l'Arabe et le Scythe, elle est de quelque usage ;
Et du butin acquis en violant les lois,
C'est elle entre eux qui fait le partage et le choix.
  Mais allons voir le vrai jusqu'en sa source même.
Un dévot aux yeux creux, et d'abstinence blême,
S'il n'a point le cœur juste, est affreux devant Dieu.
L'Évangile au chrétien ne dit en aucun lieu :
Sois dévot : elle dit : Sois doux, simple, équitable.[1]
Car d'un dévot souvent au chrétien véritable
La distance est deux fois plus longue, à mon avis,
Que du pôle antarctique au détroit de Davis.[2]
Encor par ce dévot ne crois pas que j'entende

---

des finances, né en 1653, mort sous-doyen du conseil le 2 de septembre 1720. Ce magistrat a été en rapport avec les hommes les plus distingués du règne de Louis XIV. — Jean-Paul Bignon, abbé de Saint-Quentin, doyen de l'église collégiale de Saint-Germain-l'Auxerrois, des Académies française, des sciences et des inscriptions, bibliothécaire du roi, doyen des conseillers d'État, né à Paris en septembre 1662, mort à l'Isle-Belle-sous-Melun, le 14 de mars 1743. Outre ses mémoires dans le *Journal des savants*, on a de lui : *Lettre... touchant la vie et la mort du P. François Levesque*, prêtre de l'Oratoire. Paris, Petit, 1684, in-12, et la première partie d'un roman : les *Aventures d'Abdalla, fils d'Anix*. Il fut le protecteur de Tournefort, qui lui témoigna sa reconnaissance en donnant son nom à la famille des *Bignoniacées*. — Henri-François Daguesseau, chancelier de France, né à Limoges, le 27 de novembre 1668, mort à Paris le 9 de février 1751. Ses œuvres ont été recueillies pour la première fois à Paris, 1759-1789, 13 volumes in-4°. (M. Chéron.)

1. « Boileau est le seul poëte qui ait jamais fait évangile féminin. On ne dit point la sainte Évangile, mais le saint Évangile. Ces inadvertances échappent aux meilleurs écrivains. Il n'y a que des pédants qui en triomphent. » (Voltaire.) — Le critique se trompe; le genre d'évangile a été longtemps féminin. « M. Joli (évêque d'Agen) prêcha à l'ouverture (de l'assemblée du clergé en 1675); mais comme il ne se servit que d'une vieille évangile et qu'il ne dit que de vieilles vérités, son sermon parut vieux. » (Mme de Sévigné, *Lettres*, 14 juin 1675.)

2. Détroit sous le pôle arctique, près de la Nouvelle-Zemble. (Boileau, 1713.) — John Davis, célèbre navigateur anglais, découvrit, en août 1585, le détroit qui a conservé son nom.

Tartufe, ou Molinos[1] et sa mystique bande :
J'entends un faux chrétien, mal instruit, mal guidé,
Et qui, de l'Évangile en vain persuadé,
N'en a jamais conçu l'esprit ni la justice ;
Un chrétien qui s'en sert pour disculper le vice ;[2]
Qui toujours près des grands, qu'il prend soin d'abuser,
Sur leurs foibles honteux sait les autoriser,
Et croit pouvoir au ciel, par ses folles maximes,
Comblés de sacrements[3] faire entrer tous les crimes ;
Des faux dévots pour moi voilà le vrai héros.

Mais, pour borner enfin tout ce vague propos,
Concluons qu'ici-bas le seul honneur solide,
C'est de prendre toujours la vérité pour guide ;
De regarder en tout la raison et la loi ;
D'être doux pour tout autre, et rigoureux pour soi ;
D'accomplir tout le bien que le ciel nous inspire ;
Et d'être juste enfin : ce mot seul veut tout dire.
Je doute que le flot des vulgaires humains

---

1. Molinos. Voir satire X. La mystique bande de Molinos, c'étaient les quiétistes.

2. Dans une lettre du 18 juillet 1701, Brossette écrivait à Boileau sur ce portrait : « Je ne vous demande rien sur celui-là, car je pense avoir attrapé l'original que vous copiez, et à qui vous levez le masque. Je crois bien que je ne me trompe pas dans ma conjecture. » Le silence de Brossette nous laisse dans l'ignorance. Peut-être Despréaux ne faisait-il qu'un portrait fort général des directeurs et des confesseurs complaisants. Racine fait dire à Mathan, le conseiller des rois :

> J'étudiai leur cœur, je flattai leurs caprices ;
> Je leur semai de fleurs le bord des précipices ;
> Près de leurs passions rien ne me fut sacré.

3. L'édition de 1701 in-4°, suivie par presque tous les éditeurs de Boileau, donne ce vers ainsi : *Avec le sacrement...* M. Berriat-Saint-Prix a rectifié cette leçon en profitant d'un carton de l'édition in-12 de 1701 où Boileau, à l'âge de soixante-cinq ans, fit cette heureuse correction. — Saint-Marc, Daunou, Saint-Surin ont ignoré ce changement qui donne au vers une tournure poétique et hardie.

A ce discours pourtant donne aisément les mains, [1]
Et, pour t'en dire ici la raison historique,
Souffre que je l'habille en fable allégorique.

Sous le bon roi Saturne, ami de la douceur,
L'honneur, cher Valincour, et l'équité, sa sœur,
De leurs sages conseils éclairant tout le monde,
Régnoient, chéris du ciel, dans une paix profonde.
Tout vivoit en commun sous ce couple adoré :
Aucun n'avoit d'enclos ni de champ séparé. [2]
La vertu n'étoit point sujette à l'ostracisme, [3]
Ni ne s'appeloit point alors un jansénisme. [4]
L'honneur, beau par soi-même, et sans vains ornements,
N'étaloit point aux yeux l'or ni les diamants; [5]
Et, jamais ne sortant de ses devoirs austères,

---

1. Les commentateurs blâment *un flot qui donne les mains*, ils n'ont pas tort. Molière a dit aussi :

> Pourvu que votre cœur veuille donner les mains
> Au dessein que j'ai fait de fuir tous les humains.
> (*Misanthrope*, acte V, scène dernière.)

2. Ne signare quidem aut partiri limite campum
Fas erat, in medium quærebant...
(Virgile, *Géorgiques*, livre I, v. 126-127.)

. . . . . . Quum furem nemo timeret
Caulibus et pomis, sed aperto viveret horto.
(Juvénal, satire VI, v. 17-18.)

3. Loi par laquelle les Athéniens avoient droit de reléguer tel de leurs citoyens qu'ils vouloient. (Boileau, 1713.)

4. Toutes les éditions publiées du vivant de Boileau, celle de 1713, et même celle de Brossette, portent :

> Ni ne s'appeloit point alors un *******.

5. Boileau s'est imité lui-même :

> Et, sans mêler à l'or l'éclat des diamants,
> Cueille en un champ voisin ses plus beaux ornements.
> (*Art poétique*, chant II, v. 3-4.)

L'*honneur* est représenté dans des médailles antiques sous la figure d'un jeune homme, qui porte d'une main la haste de la divinité, et de l'autre, la corne d'abondance. (Brossette.)

Maintenoit de sa sœur les règles salutaires.
Mais une fois au ciel par les dieux appelé,
Il demeura longtemps au séjour étoilé.

Un fourbe cependant, assez haut de corsage,
Et qui lui ressembloit de geste et de visage,
Prend son temps,[1] et partout ce hardi suborneur
S'en va chez les humains crier qu'il est l'honneur;
Qu'il arrive du ciel, et que, voulant lui-même
Seul porter désormais le faix du diadème,
De lui seul il prétend qu'on reçoive la loi.
A ces discours trompeurs le monde ajoute foi.
L'innocente équité, honteusement bannie,
Trouve à peine un désert où fuir l'ignominie.
Aussitôt sur un trône éclatant de rubis
L'imposteur monte,[2] orné de superbes habits.
La hauteur, le dédain, l'audace l'environnent;
Et le luxe et l'orgueil de leurs mains le couronnent.
Tout fier il montre alors un front plus sourcilleux.[3]
Et le Mien et le Tien, deux frères pointilleux,[4]

1. *Prend son temps*, syllabes vives et qui coupent bien le vers. (LE BRUN.)

2. *L'imposteur monte*, encore une coupe de vers heureuse.

3. Ce mot vient du latin *supercilium*, par lequel les Latins, à l'exemple des Grecs, exprimaient l'orgueil, l'arrogance et la morgue. On lit dans Corneille (*Victoires du roi*, en 1667) :

> Pouvez-vous regretter ces démarches pompeuses,
> Ces fastueux dehors, ces grandeurs sourcilleuses?

4.
> Lors du mien et du tien, nasquirent les procez,
> A qui l'argent départ bon ou mauvais succez.
> Le fort battit le foible, et luy livra la guerre.
> De là l'ambition fist envahir la terre,
> Qui fut, avant le temps que survindrent ces maux,
> Un hospital commun à tous les animaux;
> Quand le mary de Rhée, etc.
> (RÉGNIER, satire VI, v. 115-121.)

« Mien, tien; ce chien est à moi, disoient ces pauvres enfants; c'est là

Par son ordre amenant les procès et la guerre,
En tous lieux de ce pas vont partager la terre ;
En tous lieux, sous les noms de bon droit et de tort,
Vont chez elle établir le seul droit du plus fort.
Le nouveau roi triomphe, et, sur ce droit inique,
Bâtit de vaines lois un code fantastique ;
Avant tout aux mortels prescrit de se venger,
L'un l'autre au moindre affront les force à s'égorger,
Et dans leur âme, en vain de remords combattue,
Trace en lettres de sang ces deux mots : « Meurs » ou « tue.¹ »
Alors, ce fut alors, sous ce vrai Jupiter,
Qu'on vit naître ici-bas le noir siècle de fer.
Le frère au même instant s'arma contre le frère ;
Le fils trempa ses mains dans le sang de son père :
La soif de commander enfanta les tyrans,
Du Tanaïs² au Nil porta les conquérants ;
L'ambition passa pour la vertu sublime ;
Le crime heureux fut juste et cessa d'être crime.
On ne vit plus que haine et que division,
Qu'envie, effroi, tumulte, horreur, confusion.³

ma place au soleil. Voilà le commencement et l'image de l'usurpation de toute la terre. » (Pascal.) — « Le premier qui ayant enclos un terrain s'avisa de dire : *Ceci est à moi*, et trouva des gens assez simples pour le croire, fut le vrai fondateur de la société civile. Que de crimes, de guerres, de meurtres, que de misères et d'horreurs n'eût point épargnés au genre humain celui qui, arrachant les pieux et comblant le fossé, eût crié à ses semblables : Gardez-vous d'écouter cet imposteur, vous êtes perdus si vous oubliez que les fruits sont à tous et que la terre n'est à personne. » (J.-J. Rousseau.)

1. Va contre un arrogant éprouver ton courage ;
Ce n'est que dans le sang qu'on lave un tel outrage ;
Meurs ou tue...
(Corneille, *Le Cid*, acte I, scène viii.)
2. Le Tanaïs est un fleuve du pays des Scythes. (Boileau, 1713.)
3. . . . . De duro est ultima ferro (ætas).
Protinus irrupit venæ pejoris in ævum

Le véritable honneur sur la voûte céleste
Est enfin averti de ce trouble funeste.
Il part sans différer, et, descendu des cieux,
Va partout se montrer dans les terrestres lieux :
Mais il n'y fait plus voir qu'un visage incommode ;
On n'y peut plus souffrir ses vertus hors de mode ;
Et lui-même, traité de fourbe et d'imposteur,
Est contraint de ramper aux pieds du séducteur.
Enfin, las d'essuyer outrage sur outrage,
Il livre les humains à leur triste esclavage ;
S'en va trouver sa sœur, et dès ce même jour,[1]
Avec elle s'envole au céleste séjour.
Depuis, toujours ici riche de leur ruine,
Sur les tristes mortels le faux honneur domine,
Gouverne tout, fait tout, dans ce bas univers ;
Et peut-être est-ce lui qui m'a dicté ces vers.[2]

> Omne nefas ; fugere pudor, verumque, fidesque ;
> In quorum subiere locum fraudesque, dolique,
> Insidiæque, et vis et amor sceleratus habendi.
> Vivitur ex rapto : non hospes ab hospite tutus ;
> Non socer a genero : fratrum quoque gratia rara est.
> Imminet exitio vir conjugis, illa mariti ;
> Filius ante diem patrios inquirit in annos.
> (Ovide, *Métamorphoses*, livre. I, v. 128.)

1. Il y a là une suite de vers prosaïques. Le Brun fait remarquer que cet hémistiche, *S'en va trouver sa sœur*, a une lenteur opposée à l'action du personnage.

2. Dans une satire contre l'honneur, Régnier avait dit :

> Mais, mon Dieu ! que ce traistre est d'une estrange sorte !
> Tandis qu'à le blasmer la raison me transporte,
> Que de lui je mesdis, il me flatte et me dit
> Que je veux par ces vers acquerir son crédit.
> (Régnier, satire VI, vers 229-232.)

Ipsi illi philosophi, etiam in illis libellis quos de contemnenda gloria scribunt, nomen suum inscribunt... prædicari de se volunt.
(Cicéron, *Pro Archia poeta*.)

Ce que Pascal traduit ainsi : « Ceux qui écrivent contre la gloire veulent

Mais en fût-il l'auteur, je conclus de sa fable
Que ce n'est qu'en Dieu seul qu'est l'honneur véritable.

avoir la gloire d'avoir bien écrit, et ceux qui le lisent veulent avoir la gloire de l'avoir lu; et moi qui écris ceci, j'ai peut-être cette envie; et peut-être ceux qui le liront l'auront aussi. »

SATIRE XII.[1]

DISCOURS DE L'AUTEUR.

POUR SERVIR D'APOLOGIE A LA SATIRE SUIVANTE.[2]

Quelque heureux succès qu'aient eu mes ouvrages, j'avois résolu depuis leur dernière édition[3] de ne plus rien donner au public ; et quoiqu'à mes heures perdues, il y a environ cinq ans, j'eusse encore fait contre l'*Équivoque* une satire que tous ceux à qui je l'ai communiquée ne jugeoient pas inférieure à mes autres écrits, bien loin de la publier, je la tenois soigneusement cachée, et je ne croyois pas que, moi vivant, elle dût jamais voir le jour. Ainsi donc, aussi soigneux désormais de me faire oublier, que j'avois été autrefois curieux de faire parler de moi, je jouissois, à mes infirmités près, d'une assez grande tranquillité, lorsque tout d'un coup j'ai appris qu'on débitoit dans le monde, sous mon nom, quantité de méchants écrits, et entre autres une pièce en vers contre les jésuites, également odieuse et insipide, et où l'on me faisoit, en mon propre nom, dire à toute leur société les injures les plus atroces et les plus grossières[4]. J'avoue que cela m'a donné un très-grand chagrin : car, bien que tous les gens sensés aient connu sans peine que la pièce n'étoit point de moi, et qu'il n'y ait eu que de très-petits esprits qui aient présumé que j'en pouvois être l'auteur, la vérité est pourtant que je n'ai pas regardé comme un médiocre affront de

---

1. Composée en 1705 et publiée pour la première fois en 1711, après la mort de l'auteur.
2. Ce discours, composé vers la fin de 1708, fut publié en 1711.
3. Celle de 1701.
4. Voir dans la vie de Boileau les détails de cette affaire. Lire aussi la lettre du 12 août 1709, dans la Correspondance du poëte. On lit dans le

me voir soupçonné, même par des ridicules, ¹ d'avoir fait un ouvrage si ridicule.

J'ai donc cherché les moyens les plus propres pour me laver de cette infamie ; et, tout bien considéré, je n'ai point trouvé de meilleur expédient que de faire imprimer ma satire contre l'Équivoque ; parce qu'en la lisant, les moins éclairés même de ces petits esprits ouvriroient peut-être les yeux, et verroient manifestement le peu de rapport qu'il y a de mon style, même en l'âge où je suis, au style bas et rampant de l'auteur de ce pitoyable écrit. Ajoutez à cela que je pouvois mettre à la tête de ma satire, en la donnant au public, un avertissement en manière de préface, où je me justifierois pleinement, et tirerois tout le monde d'erreur. C'est ce que je fais aujourd'hui : et j'espère que le peu que je viens de dire produira l'effet que je me suis proposé. Il ne me reste donc plus maintenant qu'à parler de la satire pour laquelle est fait ce discours.

Je l'ai composée par le caprice du monde le plus bizarre, et par une espèce de dépit et de colère poétique, s'il faut ainsi dire, qui me saisit à l'occasion de ce que je vais raconter. Je me pro-

---

Furtieriana, Paris, MDCLXXXXVI : « Ils ont accoutumé en Hollande, à Lion et à Rouen de faire un mélange de bonnes et mauvaises pièces, pour faire passer celles-cy à la faveur des autres. Les satyres de Monsieur Des Préaux en ont introduit de cette manière dans le monde beaucoup de mauvaises, qui n'auroient jamais paru sans cela. Un jour qu'il étoit à Bourbon, un capucin qui n'avoit jamais lu ses ouvrages que de l'impression de Lion vint le féliciter sur une nouvelle satyre qui étoit à la fin de son livre : « Ah, « disoit ce père, on reconnoit votre mérite sublime dans cette dernière « pièce, et l'on voit bien que plus cet esprit extraordinaire produit, plus « il a de force, aucune de vos satyres n'égale celle que vous venez de faire « contre les C... » Cette satyre n'est point de Monsieur Des Préaux, et n'est point bonne, mais elle étoit du goût du capucin. » (Page 136.)

1. On sait qu'au XVIIe siècle, *ridicule* s'employait comme substantif :

> Parbleu ! je viens du Louvre où Cléonte au levé,
> Madame, a bien paru ridicule achevé.
> (*Misanthrope*, acte II, scène v.)

On lit dans l'autographe, à la suite du mot *ridicule :* « Et qui d'ailleurs tendoit à me brouiller avec une société que j'ai toujours extrêmement honorée, et chez qui j'ai toujours eu et j'ai encore d'illustres amis. »

Voir, à la *Correspondance*, une lettre au P. Thoulier (l'abbé d'Olivet), du 13 août 1709.

menois dans mon jardin à Auteuil, et rêvois en marchant à un poëme que je voulois faire contre les mauvais critiques de notre siècle. J'en avois même déjà composé quelques vers, dont j'étois assez content. Mais voulant continuer, je m'aperçus qu'il y avoit dans ces vers une équivoque de langue ; et m'étant sur-le-champ mis en devoir de la corriger, je n'en pus jamais venir à bout. Cela m'irrita de telle manière, qu'au lieu de m'appliquer davantage à réformer cette équivoque et de poursuivre mon poëme contre les faux critiques, la folle pensée me vint de faire contre l'équivoque même une satire, qui pût me venger de tous les chagrins qu'elle m'a causés depuis que je me mêle d'écrire. Je vis bien que je ne rencontrerois pas de médiocres difficultés à mettre en vers un sujet si sec ; et même il s'en présenta d'abord une qui m'arrêta tout court : ce fut de savoir duquel des deux genres, masculin ou féminin, je ferois le mot d'équivoque, beaucoup d'habiles écrivains, ainsi que le remarque Vaugelas, le faisant masculin.[1] Je me déterminai pourtant assez vite au féminin, comme au plus usité des deux : et bien loin que cela empêchât l'exécution de mon projet, je crus que ce ne seroit pas une méchante plaisanterie de commencer ma satire par cette difficulté même. C'est ainsi que je m'engageai dans la composition de cet ouvrage. Je croyois d'abord faire tout au plus cinquante ou soixante vers, mais ensuite les pensées me venant en foule, et les choses que j'avois à reprocher à l'équivoque se multipliant à mes yeux, j'ai poussé ces vers jusqu'à près de trois cent cinquante.

C'est au public maintenant à voir si j'ai bien ou mal réussi et je n'emploierai point ici, non plus que dans les préfaces de mes autres écrits, mon adresse et ma rhétorique à le prévenir en ma faveur. Tout ce que je puis lui dire, c'est que j'ai travaillé cette pièce avec le même soin que toutes mes autres poésies. Une chose pourtant dont il est bon que les jésuites[2] soient avertis, c'est

---

1. On lit dans Balzac, livre III, lettre 9 : « Je vous demande pardon de ce mauvais équivoque. » Pascal, dans une lettre à sa sœur du 26 janvier 1648, employait ce mot au féminin : « Toute cette entrevue se passe dans cette équivoque. » L'Académie s'est décidée, en 1704, pour le féminin.

2. Dans l'autographe, au lieu des *jésuites*, il y avait *les lecteurs*.

qu'en attaquant l'équivoque, je n'ai pas pris ce mot dans toute l'étroite rigueur de sa signification grammaticale ; le mot d'équivoque, en ce sens-là, ne voulant dire qu'une ambiguïté de paroles ; mais que je l'ai pris, comme le prend ordinairement le commun des hommes, pour toutes sortes d'ambiguïtés de sens, de pensées, d'expressions, et enfin pour tous ces abus et toutes ces méprises de l'esprit humain qui font qu'il prend souvent une chose pour une autre. Et c'est dans ce sens que j'ai dit que l'idolâtrie avoit pris naissance de l'équivoque ; les hommes, à mon avis, ne pouvant pas s'équivoquer plus lourdement que de prendre des pierres, de l'or et du cuivre pour Dieu. J'ajouterai à cela que la Providence divine, ainsi que je l'établis clairement dans ma satire, n'ayant permis chez eux cet horrible aveuglement qu'en punition de ce que leur premier père avoit prêté l'oreille aux promesses du démon, j'ai pu conclure infailliblement que l'idolâtrie est un fruit, ou, pour mieux dire, un véritable enfant de l'équivoque. Je ne vois donc pas qu'on me puisse faire sur cela aucune bonne critique ; surtout ma satire étant un pur jeu d'esprit, où il seroit ridicule d'exiger une précision géométrique de pensées et de paroles.

Mais il y a une autre objection plus importante et plus considérable qu'on me fera peut-être au sujet des propositions de morale relâchée que j'attaque dans la dernière partie de mon ouvrage : car ces propositions ayant été, à ce qu'on prétend, avancées par quantité de théologiens, même célèbres, la moquerie que j'en fais peut, dira-t-on, diffamer en quelque sorte ces théologiens, et causer ainsi une espèce de scandale dans l'Église. A cela je réponds premièrement qu'il n'y a aucune des propositions que j'attaque qui n'ait été plus d'une fois condamnée par toute l'Église, et tout récemment encore par deux des plus grands papes qui aient depuis longtemps rempli le saint-siége. [1] Je dis en second lieu qu'à l'exemple de ces célèbres vicaires de Jésus-Christ,

---

1. Serait-ce la condamnation du *quiétisme* par Innocent XII, le 12 de mars 1699, et celle du *Cas de conscience*, par Clément XI, le 12 de février 1703? Innocent XI avait condamné soixante-huit propositions de Molinos, le 3 de septembre 1687. Voir la lettre à Brossette du 12 de mars 1706. (M. Chénon.)

je n'ai point nommé les auteurs de ces propositions, ni aucun de ces théologiens dont on dit que je puis causer la diffamation, et contre lesquels même j'avoue que je ne puis rien décider, puisque je n'ai point lu ni ne suis d'humeur à lire leurs écrits, ce qui seroit pourtant absolument nécessaire pour prononcer sur les accusations que l'on forme contre eux ; leurs accusateurs pouvant les avoir mal entendus et s'être trompés dans l'intelligence des passages où ils prétendent que sont ces erreurs dont ils les accusent. Je soutiens en troisième lieu qu'il est contre la droite raison de penser que je puisse exciter quelque scandale dans l'Église, en traitant de ridicules des propositions rejetées de toute l'Église, et plus dignes encore, par leur absurdité, d'être sifflées de tous les fidèles que réfutées sérieusement. C'est ce que je me crois obligé de dire pour me justifier. Que si après cela il se trouve encore quelques théologiens qui se figurent qu'en décriant ces propositions j'ai eu en vue de les décrier eux-mêmes, je déclare que cette fausse idée qu'ils ont de moi ne sauroit venir que des mauvais artifices de l'équivoque, qui, pour se venger des injures que je lui dis dans ma pièce, s'efforce d'intéresser dans sa cause ces théologiens, en me faisant penser ce que je n'ai pas pensé, et dire ce que je n'ai point dit.[1]

Voilà, ce me semble, bien des paroles, et peut-être trop de paroles employées pour justifier un aussi peu considérable ouvrage qu'est la satire qu'on va voir. Avant néanmoins que de finir, je ne crois pas me pouvoir dispenser d'apprendre aux lecteurs qu'en attaquant, comme je fais dans ma satire, ces erreurs, je ne me suis point fié à mes seules lumières ; mais qu'ainsi que je l'ai pratiqué, il y a environ dix ans, à l'égard de mon épître de l'Amour de Dieu, j'ai non-seulement consulté sur mon ouvrage tout ce que je connois de plus habiles docteurs, mais que je l'ai donnée à examiner au prélat de l'Église qui, par l'étendue de ses connoissances et par l'éminence de sa dignité, est le plus

---

1. « Le manuscrit finit ici, quoiqu'il y ait encore trois pages de blanc dans le cahier. Le reste aura été rédigé au moment où Boileau espéroit obtenir la permission de publier son ouvrage, et ajouté à la dernière composition remise au légataire Billiot, pour l'impression de la satire XII. » (BERRIAT-SAINT-PRIX.)

capable et le plus en droit de me prescrire ce que je dois penser sur ces matières : je veux dire M. le cardinal de Noailles, [1] mon archevêque. J'ajouterai que ce pieux et savant cardinal a eu trois semaines ma satire entre les mains, et qu'à mes instantes prières, après l'avoir lue et relue plus d'une fois, il me l'a enfin rendue en me comblant d'éloges, et m'a assuré qu'il n'y avoit trouvé à redire qu'un seul mot, [2] que j'ai corrigé sur-le-champ, et sur lequel je lui ai donné une entière satisfaction. Je me flatte donc qu'avec une approbation si authentique, si sûre et si glorieuse, [3] je puis marcher la tête levée, et dire hardiment des critiques qu'on pourra faire désormais contre la doctrine de mon ouvrage, que ce ne sauroient être que de vaines subtilités d'un tas de misérables sophistes formés dans l'école du mensonge, et aussi affidés amis de l'équivoque qu'opiniâtres ennemis de Dieu, du bon sens et de la vérité.

SUR L'ÉQUIVOQUE. [4]

Du langage françois bizarre hermaphrodite,
De quel genre te faire, équivoque maudite,

---

1. Louis-Antoine de Noailles, né le 27 de mai 1651, évêque de Cahors en 1679, évêque de Châlons-sur-Marne, la même année, archevêque de Paris en 1695, cardinal en 1700, mort le 4 de mai 1729. Il avait assisté en 1681 à l'assemblée extraordinaire du clergé tenue à l'occasion de la régale, et l'année suivante à celle qui proclama les quatre articles dits de 1682. (M. Chéron.)

2. La correction se trouve au vers 148.

3. Voir la lettre de Despréaux au duc de Noailles, 30 juillet 1706. Cette approbation de l'archevêque de Paris, dont se glorifie Despréaux, ne fut peut-être pas un des moindres motifs qui firent défendre d'imprimer la XIIe satire : le prélat étoit très-opposé aux jésuites, et le P. Le Tellier, dont la redoutable influence commençoit à se faire sentir, lui donnoit tous les désagréments qui étoient en son pouvoir. (Saint-Surin.)

4. Voltaire a fait dans son *Dictionnaire philosophique* un article piquant sur l'*abus des mots*, il dit en le terminant : « On ne tarit point sur cet abus des mots. En histoire, en morale, en jurisprudence, en médecine, mais

Ou maudit ?[1] car sans peine aux rimeurs hasardeux[2]
L'usage encor, je crois, laisse le choix des deux.
Tu ne me réponds rien. Sors d'ici, fourbe insigne,
Mâle aussi dangereux que femelle maligne,
Qui crois rendre innocents les discours imposteurs ;
Tourment des écrivains, juste effroi des lecteurs ;
Par qui de mots confus sans cesse embarrassée
Ma plume, en écrivant, cherche en vain ma pensée.
Laisse-moi ; va charmer de tes vains agréments
Les yeux faux et gâtés de tes louches amants,
Et ne viens point ici de ton ombre grossière
Envelopper mon style, ami de la lumière.[3]
Tu sais bien que jamais chez toi, dans mes discours,
Je n'ai d'un faux brillant emprunté le secours :

surtout en théologie, gardez-vous des équivoques. Boileau n'avait pas tort quand il fit la satire qui porte ce nom : il eût pu la mieux faire ; mais il y a des vers dignes de lui que l'on cite tous les jours :

> Lorsque chez tes sujets l'un contre l'autre armés,
> Et sur un Dieu fait homme au combat animés,
> Tu fis dans une guerre et si vive et si longue
> Périr tant de chrétiens, martyrs d'une diphthongue »

Il est vrai qu'il a dit aussi dans le *Temple du goût* :

> De la triste Équivoque il rougit d'être père.

1. Voir la note du *Discours* précédent sur le genre de ce mot.
2. Saint-Marc n'a pas raison de reprocher à Boileau d'avoir appliqué aux personnes ce mot *hasardeux*, qui, suivant lui, ne devrait s'appliquer qu'aux choses. Vaugelas a écrit dans sa traduction de Quinte-Curce : « Les barbares avoient espéré que le roi, qui étoit *hasardeux*, y seroit pris. » Mme de Sévigné : « Si vous étiez moins *hasardeux*, j'aurois plus de repos. » Vauvenargues : « Un homme que la perte trouble et intimide, que le gain rend trop *hasardeux*. » Avant ces écrivains du xviie siècle, Amyot emploie indifféremment *hasardeux* avec les personnes ou avec les choses : « Personnage *hasardeux* outre mesure... » « Il commença toujours depuis à charger avec ceste bende en ses plus grandes et plus *hasardeuses* batailles. » — *Rimeurs hasardeux* nous semble une belle expression.
3. Ces vers sont excellents, et comme dit Le Brun du vers 10, ils appartiennent à la bonne poésie et au bon temps de Boileau.

Fuis donc. Mais non, demeure ; un démon qui m'inspire
Veut qu'encore une utile et dernière satire,
De ce pas en mon livre exprimant tes noirceurs,
Se vienne, en nombre pair, joindre à ses onze sœurs :
Et je sens que ta vue échauffe mon audace.
Viens, approche : voyons, malgré l'âge et sa glace,
Si ma muse, aujourd'hui, sortant de sa langueur,
Pourra trouver encore un reste de vigueur.[1]

Mais où tend, dira-t-on, ce projet fantastique?
Ne vaudroit-il pas mieux dans mes vers, moins caustique,
Répandre de tes jeux le sel réjouissant,[2]
Que d'aller contre toi, sur ce ton menaçant,
Pousser jusqu'à l'excès ma critique boutade?

Je ferois mieux, j'entends, d'imiter Benserade.[3]
C'est par lui qu'autrefois, mise en ton plus beau jour,
Tu sus, trompant les yeux du peuple et de la cour,
Leur faire, à la faveur de tes bluettes folles,
Goûter comme bons mots tes quolibets frivoles.
Mais ce n'est plus le temps : le public détrompé
D'un pareil enjouement ne se sent plus frappé.

---

1. En 1705, Boileau avait soixante-neuf ans.

2. « Boileau disait tantôt *le sel divertissant*, et tantôt *le sel réjouissant* ; il aurait même préféré ce dernier, s'il ne l'avait pas employé dans l'épître X. » Saint-Marc a mis *le sel divertissant*.

3. Isaac de Benserade, de l'Académie française, né à Lyons-la-Forêt (Eure) en 1612, mort à Paris en 1691. Benserade, qui a fait des tragi-comédies, est surtout connu pour avoir mis en rondeaux les *Métamorphoses d'Ovide*. Il est l'auteur du *Sonnet sur Job*, qui, avec le sonnet de Voiture *sur la princesse Uranie*, donna lieu à la fameuse querelle des *Jobelins* et des *Uraniens*. Ses œuvres ont été recueillies pour la première fois à Paris, 1697, 2 vol. in-12. (M. Chéron.) — Furetière, dans son second *factum* contre l'Académie française, dit que Benserade s'était érigé en galant dans la vieille cour, par des chansonnettes et des vers de ballet, qui lui avaient acquis quelque réputation pendant le règne du mauvais goût, des équivoques et des pointes.

Tes bons mots, autrefois délices des ruelles,[1]
Approuvés chez les grands, applaudis chez les belles.
Hors de mode aujourd'hui chez nos plus froids badins,
Sont des collets montés[2] et des vertugadins.[3]
Le lecteur ne sait plus admirer dans Voiture
De ton froid jeu de mots l'insipide figure :
C'est à regret qu'on voit cet auteur si charmant,
Et pour mille beaux traits vanté si justement,
Chez toi toujours cherchant quelque finesse aiguë,
Présenter au lecteur sa pensée ambiguë,
Et souvent du faux sens d'un proverbe affecté

---

1. Il fut un temps, au XVIIe siècle, où les dames recevaient leurs visites étant couchées; on se tenait à droite et à gauche du lit, dont la tête était appuyée à la muraille. Cet espace s'appelait la *ruelle*. C'est de là que ce mot a pris le sens de cercle élégant, de réunion de beaux esprits. Molière dit :

> Moi! j'irois me charger d'une spirituelle
> Qui ne parleroit rien que cercle et que ruelle.

Saint-Évremond a décrit les entretiens qui se tenaient en ces endroits dans une pièce intitulée *le Cercle* (1656) :

> On parle depuis peu de certaine ruelle,
> Où la laide se rend, aussi bien que la belle ;
> Où tout âge, tout sexe, où la ville et la cour
> Viennent prendre séance en l'école d'amour.
> (Saint-Évremond, *OEuvres choisies*, par A. Ch. Gidel;
> chez MM. Garnier frères.)

2. Les collets montés et les vertugadins étoient anciennement des pièces de l'habillement des femmes. (Brossette.) Le collet monté était soutenu par des cartes, de l'empois et du fil de fer. Quand la mode en fût passée, on se servit de ce terme pour désigner des choses surannées, ou des personnes affectées et pédantes :

> ..... Oh! sollicitude à mon oreille est rude
> Il pue étrangement son ancienneté.
> — Il est vrai que le mot est bien collé-monté.

3. C'est une manière de cercle de baleine que les dames se mettent sur les hanches et sur quoi pose la jupe, de sorte que cela étend et élargit leurs jupes considérablement. (Richelet.)

Faire de son discours la piquante beauté.[1]

Mais laissons là le tort qu'à ces brillants ouvrages[2]
Fit le plat agrément de tes vains badinages.
Parlons des maux sans fin que ton sens de travers,
Source de toute erreur, sema dans l'univers :
Et, pour les contempler, jusque dans leur naissance,
Dès le temps nouveau-né, quand la Toute-Puissance
D'un mot forma le ciel, l'air, la terre et les flots,
N'est-ce pas toi, voyant le monde à peine éclos,
Qui, par l'éclat trompeur d'une funeste pomme,
Et tes mots ambigus, fis croire au premier homme
Qu'il alloit, en goûtant de ce morceau fatal,
Comblé de tout savoir, à Dieu se rendre égal?[3]
Il en fit sur-le-champ la folle expérience :
Mais tout ce qu'il acquit de nouvelle science
Fut que, triste et honteux de voir sa nudité,
Il sut qu'il n'étoit plus, grâce à sa vanité,[4]
Qu'un chétif animal pétri d'un peu de terre,
A qui la faim, la soif partout faisoient la guerre,
Et qui, courant toujours de malheur en malheur,

---

1. Daunou fait remarquer que Boileau ne place plus Voiture au rang d'Horace, mais que cependant il n'en rend pas moins justice à cet écrivain.

2. L'auteur aurait pu trouver une transition plus heureuse. Il y a bien de la fatigue dans les vers qui suivent. *Le temps nouveau-né* est une expression bizarre.

3. « Boileau a dit, après les anciens : « Le vrai seul est aimable... » Il a été le premier à observer cette loi qu'il a donnée... Mais Boileau s'est bien écarté de cette règle dans sa satire de l'Équivoque. Comment un homme d'un aussi grand sens que lui s'est-il avisé de faire de l'équivoque la cause de tous les maux de ce monde? N'est-il pas pitoyable de dire qu'Adam désobéit à Dieu par une équivoque... Voilà de bien mauvais vers: mais le faux qui y domine les rend plus mauvais encore. » (VOLTAIRE, *du Vrai dans les ouvrages*, *Mélanges littéraires*, t. III.)

4. L'auteur convenait qu'il avait été un demi-mois à trouver cette moitié de vers. (BROSSETTE.)

A la mort arrivoit enfin par la douleur.[1]
Oui, de tes noirs complots et de ta triste rage
Le genre humain perdu fut le premier ouvrage :
Et bien que l'homme alors parût si rabaissé,
Par toi contre le ciel un orgueil insensé
Armant de ses neveux la gigantesque engeance,
Dieu résolut enfin, terrible en sa vengeance,
D'abîmer sous les eaux tous ces audacieux.
Mais avant qu'il lâchât les écluses des cieux,
Par un fils de Noé fatalement sauvée,
Tu fus, comme serpent, dans l'arche conservée.[2]
Et d'abord poursuivant tes projets suspendus,
Chez les mortels restants, encor tout éperdus,
De nouveau tu semas tes captieux mensonges,
Et remplis leurs esprits de fables et de songes,
Tes voiles offusquant leurs yeux de toutes parts,
Dieu disparut lui-même à leurs troubles regards.
Alors ce ne fut plus que stupide ignorance,
Qu'impiété sans borne en son extravagance,
Puis, de cent dogmes faux la superstition
Répandant l'idolâtre et folle illusion
Sur la terre en tous lieux disposée à les suivre,
L'art se tailla des dieux d'or, d'argent et de cuivre,[3]
Et l'artisan lui-même, humblement prosterné

---

1. Vers plus heureux qu'il ne le paroît d'abord. (Le Brun.) L'expression cependant n'en est pas assez nette.
2. « L'équivoque avec les animaux, dans l'arche renfermée, comme serpent! Quelle expression, et quelle idée ! » (Voltaire, *loc. cit.*)
3. Corneille fait dire à Polyeucte, en parlant du Dieu des chrétiens :

> Il entend vos paroles,
> Et ce n'est pas un Dieu comme vos dieux frivoles,
> Insensibles et sourds, impuissants, mutilés,
> De bois, de marbre, ou d'or, comme vous les voulez.

Au pied du vain métal par sa main façonné,
Lui demanda les biens, la santé, la sagesse.
Le monde fut rempli de dieux de toute espèce :
On vit le peuple fou qui du Nil boit les eaux
Adorer les serpents, les poissons, les oiseaux;
Aux chiens, aux chats, aux boucs offrir des sacrifices; [1]
Conjurer l'ail, l'oignon, d'être à ses vœux propices;
Et croire follement maîtres de ses destins
Ces dieux nés du fumier porté dans ses jardins. [2]
Bientôt te signalant par mille faux miracles,
Ce fut toi qui partout fis parler les oracles :
C'est par ton double sens dans leurs discours jeté
Qu'ils surent, en mentant, dire la vérité;
Et sans crainte, rendant leurs réponses normandes,
Des peuples et des rois engloutir les offrandes. [3]

Ainsi, loin du vrai jour par toi toujours conduit,
L'homme ne sortit plus de son épaisse nuit.

---

1. « Dans la plupart des copies, on lit : *Aux chiens, aux chats, aux rats*. C'est une faute grossière qui doit être si peu sur le compte de l'auteur, que toutes les fois qu'il récitoit cette *satire*, il appuyoit extrêmement sur le mot de *boucs* pour en faire sentir la force et l'énergie. Dans la satire VIII, il a encore décrit l'idolâtrie grossière des Égyptiens. Il disoit à ce propos : « J'ai dit deux fois la même chose, et ne me suis point copié. » (BROSSETTE.)

2. Porrum et cœpe nefas violare et frangere morsu :
    O sanctas gentes quibus hæc nascuntur in hortis
    Numina!...
    (JUVÉNAL, satire XV, v. 9-11.)

3. S'il faut en croire J.-B. Rousseau, ce fut lui qui donna à Despréaux l'idée de ce passage (du vers 101 au vers 140) : « Il lui fit remarquer qu'il ne parloit dans toute sa pièce que des équivoques en matière de religion, et lui conseilla de donner plus d'étendue à son sujet en touchant quelque chose de l'ambiguité des oracles, des fausses idées que les hommes se font sur les vertus et surtout sur celles des héros, et enfin des équivoques et des doubles sens, dont les juges déguisent les meilleures lois. » (Lettre de J.-B. Rousseau à Brossette, 15 juillet 1717.)

Pour mieux tromper ses yeux, ton adroit artifice
Fit à chaque vertu prendre le nom d'un vice; [1]
Et par toi, de splendeur faussement revêtu,
Chaque vice emprunta le nom d'une vertu.
Par toi l'humilité devint une bassesse;
La candeur se nomma grossièreté, rudesse.
Au contraire, l'aveugle et folle ambition
S'appela des grands cœurs la belle passion;
Du nom de fierté noble on orna l'impudence,
Et la fourbe passa pour exquise prudence :
L'audace brilla seule aux yeux de l'univers;
Et, pour vraiment héros, chez les hommes pervers,
On ne reconnut plus qu'usurpateurs iniques, [2]
Que tyranniques rois censés grands politiques, [3]
Qu'infâmes scélérats à la gloire aspirants,
Et voleurs revêtus du nom de conquérants.

    Mais à quoi s'attacha ta savante malice?
Ce fut surtout à faire ignorer la justice.
Dans les plus claires lois ton ambiguïté
Répandant son adroite et fine obscurité,
Aux yeux embarrassés des juges les plus sages
Tout sens devint douteux, tout mot eut deux visages;
Plus on crut pénétrer, moins on fut éclairci;
Le texte fut souvent par la glose obscurci : [4]

---

1. Rapprochez ce passage de celui de Molière dans le *Misanthrope*, acte II, scène v, où Éliante parle des illusions des amants :

        Ils comptent les défauts pour des perfections,
        Et savent y donner de favorables noms, etc.

2. « C'est avoir une terrible envie de rendre l'équivoque responsable de tout, que de dire qu'elle a fait les premiers tyrans. » (VOLTAIRE, passage déjà cité.)

3. Vers dur, expressions peu justes.

4. *Glose*, qui signifie, premièrement, mot vieilli ou difficile, recueilli

Et, pour comble de maux, à tes raisons frivoles
L'éloquence prêtant l'ornement des paroles,
Tous les jours accablé sous leur commun effort,
Le vrai passa pour faux, et le bon droit eut tort.
Voilà comme, déchu de sa grandeur première,
Concluons, l'homme enfin perdit toute lumière,
Et, par tes yeux trompeurs se figurant tout voir,
Ne vit, ne sut plus rien, ne put plus rien savoir.

De la raison pourtant,[1] par le vrai Dieu guidée,
Il resta quelque trace encor dans la Judée.
Chez les hommes ailleurs sous ton joug gémissants
Vainement on chercha la vertu, le droit sens :
Car, qu'est-ce, loin de Dieu, que l'humaine sagesse?
Et Socrate, l'honneur de la profane Grèce,
Qu'étoit-il, en effet, de près examiné,
Qu'un mortel par lui-même au seul mal entraîné,[2]
Et, malgré la vertu dont il faisoit parade,
Très-équivoque ami du jeune Alcibiade?[3]

---

dans les auteurs grecs et expliqué, a encore par extension le sens de note explicative sur les mots, ou sur le sens d'un texte, dans la même langue que le texte, et mise ordinairement à la marge; ici ce mot se dit spécialement des commentaires des glossateurs qui accompagnent certaines anciennes éditions du *Corpus juris*. L'édition principale se nomme la *grande glose*. On disait : « C'est la *glose* d'Orléans qui est plus obscure que le texte. » (E. Littré, *Dictionnaire de la langue française*.)

1. « Boileau avant l'impression avoit mis *De l'équité pourtant*, il changea ce mot parce qu'il s'agit ici de la raison et non pas de l'équité. » (Brossette.)

2. Il y avait d'abord :

Qu'un mortel, comme un autre, au mal déterminé.

Ce mot « déterminé » déplut au cardinal de Noailles, comme le dit Boileau dans le discours qui précède. Il y a là une subtilité théologique : « Ce changement, dit Du Montheil, est fondé sur l'hypothèse que sans une grâce particulière et efficace, l'homme ne peut pas ne pas pécher. » (M. Chéron.)

3. Boileau aurait dû se souvenir du *Banquet* de Platon et de l'éloge de

Oui, j'ose hardiment l'affirmer contre toi,
Dans le monde idolâtre, asservi sous ta loi,
Par l'humaine raison de clarté dépourvue
L'humble et vraie équité fut à peine entrevue :
Et, par un sage altier, au seul faste attaché,
Le bien même accompli souvent fut un péché.

 Pour tirer l'homme enfin de ce désordre extrême,
Il fallut qu'ici-bas Dieu, fait homme lui-même,
Vînt du sein lumineux de l'éternel séjour
De tes dogmes trompeurs dissiper le faux jour.
A l'aspect de ce Dieu les démons disparurent;
Dans Delphes, dans Délos, tes oracles se turent :
Tout marqua, tout sentit sa venue en ces lieux :
L'estropié marcha, l'aveugle ouvrit les yeux. [2]
Mais bientôt contre lui ton audace rebelle,
Chez la nation même à son culte fidèle,

Socrate fait par Alcibiade, il aurait épargné ainsi à la mémoire du philosophe cette injure imméritée. — Ce vers irrita M. et Mme Dacier, qui en témoignèrent leur mécontentement à l'auteur, chez M. Le Verrier, où ils dînoient avec lui. « Vous avez, leur répondit Despréaux, un beau zèle pour les morts. Que diriez-vous donc si j'avois fait la chanson qui court contre le P. Massillon? — Ah! répliqua Dacier, le bel homme que Massillon, pour le comparer à Socrate! » D'Alembert attribue cette chanson satirique aux jésuites. (Saint-Surin.) — « M. Despréaux disoit qu'il ne pouvoit trouver dans le paganisme de plus grande victime à immoler à Jésus-Christ que Socrate. » (Brossette.)

1. Boileau adopte ici l'opinion la plus généralement reçue alors, que les oracles étoient l'œuvre du démon, et qu'à la venue de Jésus-Christ ils avoient été réduits au silence, opinion que le jésuite Baltus venoit de défendre (1707) dans sa *Réponse à l'Histoire des oracles* de Fontenelle. Celui-ci, au contraire, et l'érudit Van-Dale, dont il est l'abréviateur, soutiennent que les oracles des prêtres du paganisme n'étoient fondés que sur l'artifice des prêtres des idoles, et qu'ils avoient duré sous les empereurs chrétiens jusqu'à la ruine du paganisme. (Berriat-Saint-Prix.)

2. La Motte a, lui aussi, enfermé deux miracles dans un vers :

Le muet parle au sourd étonné de l'entendre.

De tous côtés arma tes nombreux sectateurs,
Prêtres, pharisiens, rois, pontifes, docteurs.
C'est par eux que l'on vit la vérité suprême
De mensonge et d'erreur accusée elle-même,
Au tribunal humain le Dieu du ciel traîné,[1]
Et l'auteur de la vie à mourir condamné.
Ta fureur toutefois à ce coup fut déçue,
Et pour toi ton audace eut une triste issue.[2]
Dans la nuit du tombeau ce Dieu précipité
Se releva soudain tout brillant de clarté;
Et partout sa doctrine en peu de temps portée
Fut du Gange et du Nil et du Tage écoutée.
Des superbes autels à leur gloire dressés
Tes ridicules dieux tombèrent renversés.
On vit en mille endroits leurs honteuses statues
Pour le plus bas usage utilement fondues;
Et gémir vainement Mars, Jupiter, Vénus,
Urnes, vases, trépieds, vils meubles devenus.[3]
Sans succomber pourtant tu soutins cet orage,
Et, sur l'idolâtrie enfin perdant courage,
Pour embarrasser l'homme en des nœuds plus subtils,
Tu courus chez Satan brouiller de nouveaux fils.

 Alors, pour seconder ta triste frénésie,
Arriva de l'enfer ta fille l'Hérésie,

---

[1]. Image expressive et belle. (LE BRUN.)

[2]. *Eut une triste issue* est un triste hémistiche. (LE BRUN.)

[3]. Ces vers sont une imitation de Juvénal; ce poëte dit de la statue de Séjan, renversée et fondue :

> Jam stridunt ignes; jam follibus atque caminis
> Ardet adoratum populo caput, et crepat ingens
> Sejanus; deinde ex facie toto orbe secunda
> Fiunt urceoli, pelves, sartago, patellæ.
>   (Liv. VI, sat. II.)

Ce monstre, dès l'enfance à ton école instruit,
De tes leçons bientôt te fit goûter le fruit,
Par lui l'erreur, toujours finement apprêtée,
Sortant pleine d'attraits de sa bouche empestée,
De son mortel poison tout courut s'abreuver,
Et l'Église elle-même eut peine à s'en sauver.
Elle-même deux fois, presque toute arienne,
Sentit chez soi trembler la vérité chrétienne;
Lorsque attaquant le Verbe et sa divinité,
D'une syllabe impie un saint mot augmenté
Remplit tous les esprits d'aigreurs si meurtrières,
Et fit de sang chrétien couler tant de rivières. [1]
Le fidèle, au milieu de ces troubles confus,
Quelque temps égaré, ne se reconnut plus;
Et dans plus d'un aveugle et ténébreux concile [2]
Le mensonge parut vainqueur de l'Évangile.

Mais à quoi bon ici du profond des enfers, [3]
Nouvel historien de tant de maux soufferts,

---

1. Au lieu de ces quatre vers, Boileau avait d'abord écrit :

Lorsque chez ses sujets, l'un contre l'autre armés,
Et sur un Dieu fait homme au combat animés,
Tu fis, dans une guerre et si triste et si longue,
Périr tant de chrétiens, martyrs d'une diphthongue.

Ce dernier vers est resté célèbre. Les orthodoxes disaient que le Fils est de même substance que le Père, *Omousios*; les ariens, qu'il est de substance semblable, *Omoiousios*. — J. Chénier, faisant allusion à cette erreur, a dit aussi :

L'Évangile est ouvert; Nicée en vain décide,
Et du prêtre Arius la diphthongue homicide
Fait chanceler cent ans sur un dogme incertain
L'édifice nouveau qu'a fondé Constantin.

2. On cite plus de vingt conciles tenus par les ariens de 318 à 360.

3. *Du profond des enfers* est une expression poétique créée par Boileau, dit Daunou. Voltaire a trouvé que cette expression était bonne, il dit dans *la Henriade* :

Comme il parlait ainsi, du profond d'une nue...

Rappeler Arius, Valentin et Pélage, [1]
Et tous ces fiers démons que toujours d'âge en âge
Dieu, pour faire éclaircir à fond ces vérités,
A permis qu'aux chrétiens l'enfer ait suscités?
Laissons hurler là-bas tous ces damnés antiques,
Et bornons nos regards aux troubles fanatiques
Que ton horrible fille ici sut émouvoir,
Quand Luther et Calvin, [2] remplis de ton savoir,
Et soi-disant choisis pour réformer l'Église,
Vinrent du célibat affranchir la prêtrise,
Et, des vœux les plus saints blâmant l'austérité,
Aux moines las du joug rendre la liberté.
Alors n'admettant plus d'autorité visible,

1. Arius, né en Libye, ou à Alexandrie, fut le fondateur de la secte *arienne*, qui niait la divinité de Jésus-Christ. Condamné par un concile d'Alexandrie, absous par Eusèbe de Nicomédie, condamné de nouveau par le concile de Nicée, en 325, exilé en Illyrie par Constantin, rappelé par ce prince malgré l'opposition de saint Athanase, il allait reprendre ses fonctions sacerdotales à Alexandrie, lorsqu'il mourut en 336, empoisonné, disent ses partisans, frappé de la main de Dieu, disent ses adversaires. — Valentin, hérésiarque platonicien du IIe siècle, né en Égypte. Nous ne connaissons que par saint Irénée les idées de Valentin. Sa divinité, qu'il appelait *Pléroma* ou *Plénitude*, résultait d'une longue suite d'*Æons*, êtres mâles et femelles, partagés en différentes classes. Il eut des sectateurs dans la Gaule. — Pélage, hérésiarque anglais du IVe siècle. Son nom primitif était Morgan, qu'il changea pour un nom grec qui a le même sens. Il niait le péché originel et la nécessité de la grâce, et trouva dans saint Augustin un rude adversaire. Il mourut en 424, probablement à Jérusalem. (M. Chéron.)

2. Martin Luther, né en 1484 à Eisleben, reçu docteur en théologie en 1505, moine de Saint-Augustin, fut chargé en 1510 des affaires de son ordre auprès de la cour de Rome et en revint prêchant la réforme. Il mourut à Wittemberg en 1546. Ses œuvres ont paru pour la première fois à Iéna en 1556, 4 vol. in-folio. — Jean Calvin ou Cauvin, l'un des fondateurs du protestantisme, né à Noyon (Oise) le 10 de juillet 1509, mort à Genève le 27 de mai 1564. Il fut d'abord dans les ordres, puis étudia le droit et ensuite prêcha la réforme. Ses œuvres complètes ont été publiées à Amsterdam en 1676, 9 vol. in-folio. (M. Chéron.)

Chacun fut de la foi censé juge infaillible ;
Et, sans être approuvé par le clergé romain,
Tout protestant fut pape, une bible à la main.
De cette erreur dans peu naquirent plus de sectes
Qu'en automne on ne voit de bourdonnants insectes
Fondre sur les raisins nouvellement mûris,
Ou qu'en toutes saisons sur les murs, à Paris,
On ne voit affichés de recueils d'amourettes,
De vers, de contes bleus,[1] de frivoles sornettes,
Souvent peu recherchés du public nonchalant,
Mais vantés à coup sûr du Mercure Galant.[2]
Ce ne fut plus partout que fous anabaptistes,
Qu'orgueilleux puritains, qu'exécrables déistes.
Le plus vil artisan eut ses dogmes à soi,
Et chaque chrétien fut de différente loi.[3]
La discorde, au milieu de ces sectes altières,
En tout lieu cependant déploya ses bannières ;
Et ta fille, au secours des vains raisonnements,
Appelant le ravage et les embrasements,
Fit, en plus d'un pays, aux villes désolées,
Sous l'herbe en vain chercher leurs églises brûlées.
L'Europe fut un champ de massacre et d'horreur,

---

1. On nomme ainsi de petits livres qui ont une couverture bleue et qui renferment des histoires de chevalerie, celle des quatre fils Aymon, par exemple, avec une version ancienne et naïve, et aussi des contes de fées.

2. Journal littéraire, qui ne passait pas pour être l'oracle du goût et de la vérité.

3. « Chacun s'est fait à soi-même un tribunal où il s'est rendu l'arbitre de sa croyance, et encore qu'il semble que les novateurs aient voulu retenir les esprits en les renfermant dans les limites de l'Écriture sainte, comme ce n'a été qu'à condition que chaque fidèle en deviendroit l'interprète, et croiroit que le Saint-Esprit lui en dicte l'explication, il n'y a point de particulier qui ne se voie autorisé par cette doctrine à adorer ses inventions, à consacrer ses erreurs, à appeler Dieu tout ce qu'il pense. » (BOSSUET, *Oraison funèbre de la reine d'Angleterre.*)

Et l'orthodoxe même, aveugle en sa fureur,
De tes dogmes trompeurs nourrissant son idée,
Oublia la douceur aux chrétiens commandée,
Et crut, pour venger Dieu de ses fiers ennemis,
Tout ce que Dieu défend légitime et permis.
Au signal tout à coup donné pour le carnage,
Dans les villes, partout théâtres de leur rage,
Cent mille faux zélés,[1] le fer en main courants,
Allèrent attaquer leurs amis, leurs parents;
Et, sans distinction, dans tout sein hérétique
Pleins de joie enfoncer un poignard catholique.
Car quel lion, quel tigre égale en cruauté
Une injuste fureur qu'arme la piété?

Ces fureurs, jusqu'ici du vain peuple admirées,
Étoient pourtant toujours de l'Église abhorrées,
Et, dans ton grand crédit pour te bien conserver,
Il falloit que le ciel parût les approuver :
Ce chef-d'œuvre devoit couronner ton adresse.
Pour y parvenir donc, ton active souplesse,
Dans l'école abusant tes grossiers écrivains,
Fit croire à leurs esprits, ridiculement vains,
Qu'un sentiment impie, injuste, abominable,
Par deux ou trois d'entre eux réputé soutenable,
Prenoit chez eux un sceau de probabilité
Qui même contre Dieu lui donnoit sûreté;

---

1. Nuit de la Saint-Barthélemy, le 24 d'août 1572. — La Harpe reprend dans ce vers le participe employé au pluriel, il aurait dû savoir que le xviie siècle admettait cette construction. Elle est fréquente chez La Fontaine :

> N'étant point de ces rats, qui, les livres rongeants,
> Se font savants jusques aux dents;

et Racine :

> Dans leur fureur de nouveau s'oubliants.

Et qu'un chrétien pouvoit, rempli de confiance,
Même en le condamnant, le suivre en conscience.[1]
   C'est sur ce beau principe, admis si follement,
Qu'aussitôt tu posas l'énorme fondement
De la plus dangereuse et terrible morale
Que Lucifer, assis dans sa chaire infernale,
Vomissant contre Dieu ses monstrueux sermons,
Ait jamais enseignée aux novices démons.
Soudain, au grand honneur de l'école païenne,
On entendit prêcher dans l'école chrétienne
Que sous le joug du vice un pécheur abattu
Pouvoit, sans aimer Dieu ni même la vertu,[2]
Par la seule frayeur au sacrement unie,
Admis au ciel, jouir de la gloire infinie;
Et que, les clefs en main, sur ce seul passe-port,
Saint Pierre à tous venants devoit ouvrir d'abord.
   Ainsi, pour éviter l'éternelle misère
Le vrai zèle au chrétien n'étant plus nécessaire,

---

1. ... Une opinion est appelée probable, lorsqu'elle est fondée sur des raisons de quelque considération. D'où il arrive quelquefois qu'un seul docteur fort grave peut rendre une opinion probable... Une opinion probable est celle qui a un fondement considérable. Or, l'autorité d'un homme savant et pieux n'est pas de petite considération, mais plutôt de grande considération... Ponce et Sanchez sont de contraire avis; mais parce qu'ils étoient tous deux savants, chacun rend son opinion probable. (PASCAL., 5ᵉ *lettre à un provincial.*)

... Et si une opinion est tout ensemble et moins probable et moins sûre, sera-t-il permis de la suivre, en quittant ce que l'on croit être plus probable et plus sûr? Oui, encore une fois, me dit-il... (PASCAL., 5ᵉ *lettre à un provincial.*)

2. ... Tous nos pères enseignent, d'un commun accord, que c'est une erreur et presque une hérésie de dire que la contrition soit nécessaire, et que l'attrition toute seule, et même conçue par le seul motif des peines de l'enfer, qui exclut la volonté d'offenser, ne suffit pas avec le sacrement... (PASCAL., 10ᵉ *lettre à un provincial.*)

Tu sus, dirigeant bien en eux l'intention,[1]
De tout crime laver la coupable action.
Bientôt, se parjurer cessa d'être un parjure ;
L'argent à tout denier se prêta sans usure ;[2]
Sans simonie, on put, contre un bien temporel,
Hardiment échanger un bien spirituel ;[3]
Du soin d'aider le pauvre on dispensa l'avare,[4]
Et même chez les rois le superflu fut rare.[5]
C'est alors qu'on trouva, pour sortir d'embarras,
L'art de mentir tout haut en disant vrai tout bas.[6]
C'est alors qu'on apprit qu'avec un peu d'adresse
Sans crime un prêtre peut vendre trois fois sa messe,[7]

---

1. Cf. Pascal, commencement de la 7e *lettre à un provincial*, et la 9e vers le milieu (doctrine des équivoques).

... C'est la doctrine des restrictions mentales. Sanchez la donne au même lieu : « On peut jurer, dit-il, qu'on n'a pas fait une chose, quoiqu'on l'ait faite effectivement, en entendant en soi-même qu'on ne l'a pas faite un certain jour, ou avant qu'on fût né, ou en sous-entendant quelque autre circonstance pareille, sans que les paroles dont on se sert aient aucun sens qui le puisse faire connoître. Et cela est fort commode en beaucoup de rencontres... » (Pascal, 9e *lettre à un provincial.*)

2. Cf. Pascal, 8e *lettre à un provincial.* — « L'usure ne consiste presque, selon nos pères, qu'en l'intention de prendre ce profit comme usuraire, et c'est pourquoi notre père Escobar fait éviter l'usure par un simple détour d'intention. »

3. Cf. Pascal, 6e et 12e *lettres.*
4. Cf. Pascal, 9e et 12e *lettres.*
5. Cf. Pascal, 6e et 18e *lettres.*
6. Cf. Pascal, 9e *lettre.* — Filiutius indique un moyen sûr d'éviter le mensonge : « C'est qu'après avoir dit tout haut : je jure que je n'ai point fait cela, on ajoute tout bas : aujourd'hui, ou qu'après avoir dit tout haut : je jure, on dise tout bas : que je dis, et que l'on continue ensuite tout haut : que je n'ai point fait cela. »

7. « Un prêtre qui a reçu de l'argent pour dire une messe peut-il recevoir de nouvel argent sur la même messe? Oui, dit Filiutius, en appliquant la partie du sacrifice qui lui appartient comme prêtre à celui qui le paye de nouveau, pourvu qu'il n'en reçoive pas autant que pour une messe entière, mais seulement pour une partie, comme pour un tiers de messe. »

Pourvu que, laissant là son salut à l'écart,
Lui-même en la disant n'y prenne aucune part.[1]
C'est alors que l'on sut qu'on peut, pour une pomme,
Sans blesser la justice, assassiner un homme :[2]
Assassiner! ah! non, je parle improprement,
Mais que, prêt à la perdre, on peut innocemment,
Surtout ne la pouvant sauver d'une autre sorte,
Massacrer le voleur qui fuit et qui l'emporte.
Enfin ce fut alors que, sans se corriger,
Tout pécheur... Mais où vais-je aujourd'hui m'engager?
Veux-je d'un pape illustre,[3] armé contre tes crimes,
A tes yeux mettre ici toute la bulle en rimes;[4]
Exprimer tes détours burlesquement pieux
Pour disculper l'impur, le gourmand, l'envieux;[5]
Tes subtils faux-fuyants pour sauver la mollesse,[6]
Le larcin, le duel, le luxe, la paresse,[7]
En un mot, faire voir à fond développés
Tous ces dogmes affreux d'anathème frappés,
Que, sans peur débitant tes distinctions folles,

---

1. Cf. Pascal, 5ᵉ *lettre.*
2. « Suivant Lessius, il n'est pas permis de tuer pour conserver une chose de petite valeur, comme pour un écu, ou pour une pomme, si ce n'est qu'il nous fût honteux de la perdre ; car alors on peut la reprendre et même tuer, s'il est nécessaire, pour la ravoir, parce que ce n'est pas tant défendre son bien que son honneur. » (14ᵉ *lettre.*)
3. Innocent XI (Benoît Odescalchi), élu le 20 de septembre 1676, mort le 12 d'août 1689. — Ce pape était l'ennemi juré de Louis XIV.
4. Boileau avait mis d'abord :

> Veux-je ici, rassemblant un corps de tes maximes,
> Donner Soto, Bannez, Diana mis en rimes?

Sur une observation de Brossette, à propos de *donner un auteur mis en rimes,* il refit ces deux vers.
5. Cf. Pascal, 9ᵉ et 10ᵉ *lettres à un provincial.*
6. Cf. Pascal, 8ᵉ *lettre.*
7. Cf. Pascal, 6ᵉ, 7ᵉ et 9ᵉ *lettres.*

L'erreur encor pourtant maintient dans tes écoles?[1]
Mais sur ce seul projet soudain puis-je ignorer
A quels nombreux combats il faut me préparer?
J'entends déjà d'ici tes docteurs frénétiques
Hautement me compter au rang des hérétiques;
M'appeler scélérat, traître, fourbe, imposteur,
Froid plaisant, faux bouffon, vrai calomniateur,[2]
De Pascal, de Wendrock[3] copiste misérable;
Et, pour tout dire enfin, janséniste exécrable.
J'aurai beau condamner, en tous sens expliqués,
Les cinq dogmes fameux par ta main fabriqués,[4]
Blâmer de tes docteurs la morale risible :
C'est, selon eux, prêcher un calvinisme horrible;
C'est nier qu'ici-bas par l'amour appelé
Dieu pour tous les humains voulut être immolé.
Prévenons tout ce bruit : trop tard, dans le naufrage,
Confus on se repent d'avoir bravé l'orage.
Halte-là donc, ma plume. Et toi, sors de ces lieux,
Monstre à qui, par un trait des plus capricieux,
Aujourd'hui terminant ma course satirique,

---

1. Boileau avait refait ces vers de deux façons différentes :

> 1° Qu'en chaire tous les jours, combattant ton audace,
> Blâment, plus haut que moi, les vrais enfants d'Ignace...

> 2° Que tous les jours, rempli de tes visions folles,
> Plus d'un moine à long froc prêche dans tes écoles.

2. Cf. Pascal, 12ᵉ *lettre*.

3. Nom sous lequel Nicole a publié sa traduction latine des *Provinciales* : *Ludovici Montaltii litteræ provinciales, de morali et politica jesuitarum disciplina, a Willelmo Wendrockio e gallica in latinam linguam translatæ.* (Coloniæ, Schouten, 1670, in-8°.)

4. C'est-à-dire les cinq propositions qui se trouvent, dit-on, dans le livre de Jansénius : *Augustinus, seu Doctrina sancti Augustini de humanæ naturæ sanitate, ægritudine, medicina, adversus pelagianos et massilienses, tribus tomis comprehensa.* Lovanii, 1640, in-folio. (M. Chéron.)

J'ai prêté dans mes vers une âme allégorique.
Fuis, va chercher ailleurs tes patrons bien-aimés,
Dans ces pays par toi rendus si renommés,
Où l'Orne épand ses eaux, et que la Sarthe arrose; [1]
Ou, si plus sûrement tu veux gagner ta cause,
Porte-la dans Trévoux, [2] à ce beau tribunal
Où de nouveaux Midas un sénat monacal,
Tous les mois, appuyé de ta sœur l'ignorance,
Pour juger Apollon tient, dit-on, sa séance.

1. Rivières qui passent par la Normandie. (BOILEAU, 1713.) — La Sarthe prend seulement sa source dans la Normandie. (M. CHÉRON.)

2. Chef-lieu d'arrondissement du département de l'Ain. C'était la capitale de la principauté de Dombes. Les jésuites y publièrent, de 1701 à 1767, avec l'appui de Louis-Auguste de Bourbon, prince de Dombes, un recueil littéraire célèbre : *Mémoires pour servir à l'histoire des sciences et des beaux-arts.* Paris et Trévoux, 265 vol. in-12. Il est question de Boileau dans le cahier de septembre 1703. C'est aussi à Trévoux, en 1704, que parut la réimpression du dictionnaire de Furetière connue sous le nom de *Dictionnaire de Trévoux.* (M. CHÉRON.)

ÉPITRES

AVIS AU LECTEUR.[1]

Je m'étois persuadé que la fable de l'huître, que j'avois mise à la fin de cette épître au roi, pourroit y délasser agréablement l'esprit des lecteurs qu'un sublime trop sérieux peut enfin fatiguer, joint que la correction que j'y avois mise sembloit me mettre[2] à couvert d'une faute dont je faisois voir que je m'aperçevois le premier; mais j'avoue qu'il y a eu des personnes de bon sens qui ne l'ont pas approuvée. J'ai néanmoins balancé longtemps si je l'ôterois, parce qu'il y en avoit plusieurs qui la louoient avec autant d'excès que les autres la blâmoient; mais enfin je me suis rendu à l'autorité d'un prince[3] non moins considérable par les lumières de son esprit que par le nombre de ses victoires. Comme il m'a déclaré franchement que cette fable, quoique très-bien contée, ne lui sembloit pas digne du reste de l'ouvrage, je n'ai point résisté[4]; j'ai mis une autre fin à ma pièce, et je n'ai pas cru, pour une vingtaine de vers, devoir me brouiller avec le premier capitaine de notre siècle. Au reste, je suis bien aise d'avertir le lecteur qu'il y a quantité de pièces impertinentes qu'on s'efforce de faire courir sous mon nom, et entre autres une satire contre les maltôtes ecclésiastiques.[5] Je ne crains pas que les

---

1 Cet *Avis* a paru en tête de la 2ᵉ édition séparée (1672) de l'épître Iʳᵉ.
2. Voilà une prose bien négligée.
3. Le grand Condé.
4. Boileau a replacé cette fable dans l'épître II.
5. La même désignée dans le *Catalogue* du Boileau, p. 8, comme faite contre les frais des enterrements; cette pièce, connue sous le nom de *Satire contre les maltôtes*, attaque surtout ces frais. On l'attribue au P. Louis de

habiles gens m'attribuent toutes ces pièces, parce que mon style bon ou mauvais, est aisé à reconnoître ; mais comme le nombre des sots est fort grand, et qu'ils pourroient aisément s'y méprendre, il est bon de leur faire savoir que, hors les onze pièces [1] qui sont dans ce livre, il n'y a rien de moi entre les mains du public, ni imprimé, ni en manuscrit.

Sanlecque, cependant elle n'a jamais été imprimée parmi ses œuvres. (M. Chéron.) — L'auteur s'y plaint

> ... Que les ornements qui servent à l'église
> Soient de différents prix, comme la marchandise.
> Si vous voulez les beaux à votre enterrement,
> Il faut tant, vous dit-on, pour un tel parement.
> Et pour l'argenterie un crieur vous demande
> Si vous voulez avoir la petite ou la grande ;
> Le prix est différent, il vous coûtera tant.
> Et si l'on ne fait rien, si l'argent n'est comptant,
> Jamais aucun crédit ne se fait à l'église :
> N'avez-vous point d'argent ? la croix de bois est mise...

1. Discours au roi, satires I à IX, épître Ire. Le discours sur la satire y est joint.

ÉPITRES

ÉPITRE I.[1]

AU ROI.

Grand roi, c'est vainement qu'abjurant la satire
Pour toi seul désormais j'avois fait vœu d'écrire.
Dès que je prends la plume, Apollon éperdu
Semble me dire : Arrête, insensé; que fais-tu?[2]
Sais-tu dans quels périls aujourd'hui tu t'engages?
Cette mer où tu cours est célèbre en naufrages.[3]
  Ce n'est pas qu'aisément, comme un autre, à ton char,

---

1. Composée après le traité d'Aix-la-Chapelle en 1668, à la demande de Colbert, pour détourner le roi de la guerre. Cette épitre a été présentée à Louis XIV par Mme de Thianges, sœur de Mme de Montespan.

2.   Cum canerem reges et prælia, Cynthius aurem
     Vellit et admonuit.
                    (Virgile, Églogue VI, v. 3-4.)

3.   Où vas-tu t'embarquer? regagne le rivage.
     Cette mer où tu cours est célèbre en naufrage.

Telle est, selon Brossette, la première leçon; mais à l'impression, Boileau mit les deux rimes au pluriel (les rivages... naufrages) et on les lit ainsi aux éditions de 1672 à 1698. Desmarets observa : 1° que *rivages* au pluriel ne valait rien, parce qu'il suffit à un vaisseau en danger de gagner un port ou un rivage; 2° que, dès que le poëte n'était pas encore embarqué, il ne pouvait regagner le rivage... Pradon renouvela cette critique, dont on voit que Boileau a profité. (Berriat-Saint-Prix.)

Je ne pusse attacher « Alexandre » et « César ; [1] »
Qu'aisément je ne pusse, en quelque ode insipide,
T'exalter aux dépens et de « Mars » et « d'Alcide, »
Te livrer le « Bosphore, » et, d'un vers incivil,
Proposer au « sultan » de te céder le Nil ;
Mais, pour te bien louer, une raison sévère
Me dit qu'il faut sortir de la route vulgaire ;
Qu'après avoir joué tant d'auteurs différents,
Phébus même auroit peur s'il entroit sur les rangs ;
Que par des vers tout neufs, avoués du Parnasse,
Il faut de mes dégoûts justifier l'audace ;
Et, si ma muse enfin n'est égale à mon roi,
Que je prête aux Cotins des armes contre moi.

Est-ce là cet auteur, l'effroi de la Pucelle,
Qui devoit des bons vers nous tracer le modèle,
Ce censeur, diront-ils, qui nous réformoit tous ?
Quoi ! ce critique affreux n'en sait pas plus que nous !
N'avons-nous pas cent fois, en faveur de la France,
Comme lui dans nos vers pris « Memphis » et « Byzance, »
Sur les bords de « l'Euphrate » abattu le « turban, »
Et coupé, pour rimer, « les cèdres du Liban ? [2] »

1. Corneille avait dit en 1650 :

>   Je lui montre Pompée, Alexandre, César,
>   Mais comme des héros attachés à son char.
>   (Prologue d'*Andromède*.)

Treize ans après il rappelait cet éloge :

>   ..... Qu'un jour Alexandre et César,
>   Sembleroient les vaincus attachés à ton char.
>   (CORNEILLE, *Remercîment au roi*, 1663.)

Édition antérieure à 1701 :

>   Ce n'est pas que ma main, comme une autre, à ton char,
>   Grand roi, ne pût lier Alexandre et César ;
>   Ne pût, sans se peiner, dans quelque ode insipide, etc.

2. Allusion à ces vers :

>   O combien lors aura de veuves
>   La gent qui porte le turban !

ÉPITRE I.

De quel front aujourd'hui vient-il, sur nos brisées,
Se revêtir encor de nos phrases usées?

Que répondrois-je alors? Honteux et rebuté,
J'aurois beau me complaire en ma propre beauté,
Et, de mes tristes vers admirateur unique,
Plaindre, en les relisant, l'ignorance publique :
Quelque orgueil en secret dont s'aveugle un auteur,
Il est fâcheux, grand roi, de se voir sans lecteur,
Et d'aller du récit de ta gloire immortelle
Habiller chez Francœur[1] le sucre et la cannelle[2]

> Que de sang rougira les fleuves
> Qui lavent les pieds du Liban !
> Que le Bosphore en ses deux rives
> Aura de sultanes captives !
> Et que de mères à Memphis,
> En pleurant, diront la vaillance
> De son courage et de sa lance
> Aux funérailles de leurs fils!
> (MALHERBE, *Ode à Marie de Médicis.*)

Boileau se souvenait sans doute de cette critique de Théophile contre Malherbe et son école :

> Ils travaillent un mois à chercher comme à *fils*
> Pourra s'apparier la rime de Memphis ;
> Ce Liban, ce turban, et ces rivières mornes,
> Ont souvent de la peine à retrouver leurs bornes.

1. Claude Julienne, dit Francœur, épicier, fournisseur de la maison du roi, demeurait rue Saint-Honoré, devant la croix du Trahoir (à la hauteur de la rue de l'Arbre-Sec), à l'enseigne du *Franc-Cœur*. L'un de ses ancêtres devait ce surnom de Francœur à Henri III, qui dit un jour : « Julienne est un franc cœur. » Despréaux ignorait ce détail; ce fut Brossette qui le lui apprit.

2. Ne rubeam pingui donatus munere, et una
    Cum scriptore meo capsa porrectus aperta,
    Deferar in vicum vendentem thus et odores,
    Et piper, et quidquid chartis amicitur ineptis.
            (HORACE, l. II, épît. I, v. 267-270.)

Marmontel accuse Boileau d'avoir avili les louanges qu'il donne à Louis XIV par ce mélange de Cotin, de *sucre* et de *cannelle* avec la gloire du roi.

Ainsi, craignant toujours un funeste accident,
J'imite de Conrart le silence prudent : [1]
Je laisse aux plus hardis l'honneur de la carrière,
Et regarde le champ, assis sur la barrière.

Malgré moi toutefois un mouvement secret
Vient flatter mon esprit, qui se tait à regret.
Quoi! dis-je tout chagrin, dans ma verve infertile, [2]
Des vertus de mon roi spectateur inutile,
Faudra-t-il sur sa gloire attendre à m'exercer
Que ma tremblante voix commence à se glacer?
Dans un si beau projet, si ma muse rebelle
N'ose le suivre aux champs de Lille et de Bruxelle, [3]
Sans le chercher aux bords de l'Escaut et du Rhin,

---

1. Fameux académicien qui n'a jamais rien écrit. (Boileau, 1713.) — Valentin Conrart, chez qui s'assemblaient les littérateurs qui furent le noyau de l'Académie française, naquit à Paris en 1603 et mourut le 23 de septembre 1675. Il était calviniste. Conrart n'a publié de son vivant que quelques pièces détachées, jointes à d'autres ouvrages. Depuis il a paru en 1681, in-12 : *Lettres familières de Conrart à M. Félibien*, et en 1825, dans la Collection Petitot: *Mémoires sur l'histoire de son temps*. La Bibliothèque de l'Arsenal possède les papiers de Conrart. (M. Chéron.)

Linière avait déjà dit du même personnage :

> Conrart, comment as-tu pu faire
> Pour acquérir tant de renom,
> Toi qui n'as, pauvre secrétaire,
> Jamais imprimé que ton nom ?

2. *Infertile* était d'un grand et bel usage en poésie :

> E comme mes soupirs ma peine est infertile.
> (Régnier, *Élég.* 1.)

> Sus donc, ne perdons plus en discours infertiles
> Ce temps qu'il faut donner aux effets plus utiles.
> (Mairet, *Sophonisbe*, v. 5)

André Chénier s'en est également servi :

> Sans l'amitié, quel antre ou quel sable infertile
> N'eût été pour le sage un désirable asile ?...

« Épithète trop peu usitée de nos jours, dit Le Brun ; par oubli ou par dédain nous négligeons souvent nos richesses. »

3. Allusion à la campagne de Flandre, faite en 1667.

La paix l'offre à mes yeux plus calme et plus serein.
Oui, grand roi, laissons là les siéges, les batailles :
Qu'un autre aille en rimant renverser des murailles ;
Et souvent, sur tes pas marchant sans ton aveu,
S'aille couvrir de sang, de poussière et de feu.
A quoi bon, d'une muse au carnage animée,
Échauffer ta valeur, déjà trop allumée?
Jouissons à loisir du fruit de tes bienfaits,
Et ne nous lassons point des douceurs de la paix.

 Pourquoi ces éléphants, ces armes, ce bagage,[1]
Et ces vaisseaux tout prêts à quitter le rivage?
Disoit au roi Pyrrhus un sage confident,[2]
Conseiller très-sensé d'un roi très-imprudent.
Je vais, lui dit ce prince, à Rome où l'on m'appelle.
— Quoi faire? — L'assiéger. — L'entreprise est fort belle,
Et digne seulement d'Alexandre ou de vous :
Mais, Rome prise enfin, seigneur, où courons-nous?
— Du reste des Latins la conquête est facile.
— Sans doute, on les peut vaincre : est-ce tout?—La Sicile
De là nous tend les bras ; et bientôt sans effort,
Syracuse reçoit nos vaisseaux dans son port.
— Bornez-vous là vos pas? — Dès que nous l'aurons prise,
Il ne faut qu'un bon vent, et Carthage est conquise.
Les chemins sont ouverts : qui peut nous arrêter?
— Je vous entends, seigneur, nous allons tout dompter :
Nous allons traverser les sables de Libye,
Asservir en passant l'Égypte, l'Arabie,
Courir de là le Gange en de nouveaux pays,
Faire trembler le Scythe aux bords du Tanaïs,

---

1. Mouvement bien noble et digne d'un grand poëte. (LE BRUN.)
2. Plutarque, dans la *Vie de Pyrrhus*. (BOILEAU, 1713.) — Cf. Rabelais,
l. I, ch. XXXIII. On retrouve aussi ce dialogue dans Montaigne.

Et ranger sous nos lois tout ce vaste hémisphère ;
Mais, de retour enfin, que prétendez-vous faire ?
— Alors, cher Cinéas, victorieux, contents,
Nous pourrons rire à l'aise, et prendre du bon temps.
— Eh ! seigneur, dès ce jour, sans sortir de l'Épire,
Du matin jusqu'au soir qui vous défend de rire ?[1]

Le conseil étoit sage et facile à goûter.
Pyrrhus vivoit heureux s'il eût pu l'écouter ;
Mais à l'ambition d'opposer la prudence,
C'est aux prélats de cour prêcher la résidence.[2]

Ce n'est pas que mon cœur, du travail ennemi,
Approuve un fainéant sur le trône endormi,
Mais, quelques vains lauriers que promette la guerre,
On peut être héros sans ravager la terre.
Il est plus d'une gloire. En vain aux conquérants
L'erreur, parmi les rois, donne les premiers rangs :
Entre les grands héros ce sont les plus vulgaires.[3]

---

1. Boileau avait mis d'abord : *Nous pourrons chanter, rire.* (Édit. de 1672.) Desmarets critiqua ce ton familier. Du reste, Desmarets et Pradon n'ont épargné aucun des passages de ce dialogue : « Le début *au roi Pyrrhus* est bien bas et bien cheville, car les enfants disent eux-mêmes *au roi Arthus*... Il est contre le bon sens de faire faire par Cinéas tant de questions sur des projets qu'il devoit très-bien connoître... C'est ignorer l'histoire que de faire dire à Pyrrhus qu'il va à Rome tandis qu'il n'alloit qu'à Tarente... *Faire trembler le Scythe au bord du Tanaïs* est aussi mal parler que de dire : faire trembler les Romains au bord *du Tibre*... Les discours de Cinéas sont indignes de lui ; on lui prête le ton familier de Jodelet envers son maître. » Desmarets refait en entier ce morceau. (BERRIAT-SAINT-PRIX.)

2. « Ce terme se dit spécialement de la demeure des bénéficiers ecclésiastiques dans le lieu de leur bénéfice, et de leur assiduité à le desservir. » (*Dict. de Trévoux.*) Certains évêques aimaient mieux rester à la cour que d'aller vivre dans leur diocèse.

3. « Ce poëte qu'on accuse de manquer de philosophie en eut assez, dit La Harpe, pour louer un roi conquérant bien moins sur ses victoires que sur les réformes salutaires et les établissements utiles que l'on devait à la sagesse de son gouvernement. Peut-être y avait-il quelque courage à

ÉPITRE I.

Chaque siècle est fécond en heureux téméraires ;
Chaque climat produit des favoris de Mars ;
La Seine a des Bourbons, le Tibre a des Césars :
On a vu mille fois des fanges Méotides
Sortir des conquérants goths, vandales, gépides.
Mais un roi vraiment roi, qui, sage en ses projets,
Sache en un calme heureux maintenir ses sujets ;
Qui du bonheur public ait cimenté sa gloire,
Il faut pour le trouver courir toute l'histoire.[1]
La terre compte peu de ces rois bienfaisants ;
Le ciel à les former se prépare longtemps.
Tel fut cet empereur[2] sous qui Rome adorée
Vit renaître les jours de Saturne et de Rhée ;
Qui rendit de son joug l'univers amoureux ;
Qu'on n'alla jamais voir sans revenir heureux ;[3]
Qui soupiroit le soir, si sa main fortunée
N'avoit par ses bienfaits signalé la journée.
Le cours ne fut pas long d'un empire si doux.[4]

    Mais où cherché-je ailleurs ce qu'on trouve chez nous ?

---

dire *ces vers* au vainqueur de l'Espagne, au conquérant de la Franche-Comté et de la Flandre. ». (*Lycée*, t. VII, p. 45.)

1. *Courir* est beaucoup plus élégant en poésie que parcourir.

    J'ai couru les deux mers que sépare Corinthe.
                       (Rac., *Iph.*, I, 1.)

2. Titus. (Boileau, 1713.)
3. Voltaire a dit du duc de Guise :

    Le pauvre allait le voir et revenait heureux.
                    (*Henr.*, III, 78.)

4. Titus ne régna que deux ans, deux mois et vingt jours. « De Vigneul Marville, qui trouve d'ailleurs ce portrait bien fait et ces vers extrêmement beaux, a le tort de leur préférer ce distique d'Ausone :

    Felix imperio, felix brevitate regendi,
    Expers civilis sanguinis, orbis amor.

« Le roi, dit d'Alembert, se fit redire ces vers jusqu'à trois fois, loua beaucoup l'épître, et fit la guerre. » (*Éloge de Despréaux.*)

Grand roi, sans recourir aux histoires antiques,
Ne t'avons-nous pas vu dans les plaines belgiques,
Quand l'ennemi vaincu, désertant ses remparts,
Au-devant de ton joug couroit de toutes parts,
Toi-même te borner, au fort de ta victoire,
Et chercher dans la paix une plus juste gloire? [1]
Ce sont là les exploits que tu dois avouer;
Et c'est par là, grand roi, que je te veux louer.
Assez d'autres, sans moi, d'un style moins timide,
Suivront aux champs de Mars ton courage rapide;
Iront de ta valeur effrayer l'univers,
Et camper devant Dôle au milieu des hivers. [2]
Pour moi, loin des combats, sur un ton moins terrible,
Je dirai les exploits de ton règne paisible :
Je peindrai les plaisirs en foule renaissants; [3]
Les oppresseurs du peuple à leur tour gémissants. [4]
On verra par quels soins ta sage prévoyance
Au fort de la famine entretint l'abondance : [5]
On verra les abus par ta main réformés, [6]
La licence et l'orgueil en tous lieux réprimés,
Du débris des traitants ton épargne grossie, [7]
Des subsides affreux la rigueur adoucie; [8]

---

1. La paix de 1668. (Boileau, 1713.)

2. Le roi venoit de conquérir la Franche-Comté en plein hiver (février 1668). (Boileau, 1713.)

3. Le carrousel de 1662, et les *Plaisirs de l'île enchantée*, à Versailles, mai 1664.

4. La chambre de justice de 1661, contre les traitants.

5. Ce fut en 1663. (Boileau, 1713.) — C'est en 1662 que l'on fit venir des blés de Russie et de Pologne. Le roi avait fait établir des fours dans le Louvre, et on y fabriquait du pain vendu à un prix modique. (M. Chéron.)

6. Plusieurs édits donnés pour réformer le luxe. (Boileau, 1713.) — Le vers suivant désignerait-il les grands jours d'Auvergne en 1665? (M. Chéron.)

7. La chambre de justice (décembre 1661). (Boileau, 1713.)

8. Les tailles furent diminuées de quatre millions. (Boileau, 1713.)

ÉPITRE I.

Le soldat, dans la paix, sage et laborieux; [1]
Nos artisans grossiers rendus industrieux; [2]
Et nos voisins frustrés de ces tributs serviles
Que payoit à leur art le luxe de nos villes.[3]
Tantôt je tracerai tes pompeux bâtiments,[4]
Du loisir d'un héros nobles amusements.
J'entends déjà frémir les deux mers étonnées
De voir leurs flots unis au pied des Pyrénées.[5]
Déjà de tous côtés la chicane aux abois
S'enfuit au seul aspect de tes nouvelles lois.[6]
Oh! que ta main par là va sauver de pupilles!
Que de savants plaideurs désormais inutiles![7]

---

1. Les soldats employés aux travaux publics. (BOILEAU, 1713.)
2. Établissement en France des manufactures. (BOILEAU, 1713.) — Les manufactures de tapisseries des Gobelins, et de points de France, en 1665; celle des glaces en 1666.
3. Les vers 141 et 142 sont ceux de Boileau que La Fontaine estimait le plus. (V. lettre du 29 avril 1695, à Maucroix.)
4. La colonnade du Louvre, Versailles, etc. (BROSSETTE.)
5. Le canal du Languedoc. (BOILEAU, 1713.) — Proposé par Paul Riquet en 1664, commencé en 1665.
6. L'ordonnance de 1667. (BOILEAU, 1713.) — L'*Ordonnance civile* fut publiée en avril 1667; l'*Ordonnance criminelle* ne parut qu'en août 1670.
7. Dans la 1re édition, venaient ensuite ces deux vers :

> Muse, abaisse ta voix, je veux les consoler;
> Et d'un conte en passant il faut les régaler.

Puis la fable de l'huître qui est dans l'épître II, et les vers suivants terminaient l'épître I :

> Mais quoi! j'entends déjà quelque austère critique,
> Qui trouve en cet endroit la fable un peu comique.
> Que veut-il? C'est ainsi qu'Horace dans ses vers
> Souvent délasse Auguste en cent styles divers,
> Et, selon qu'au hasard son caprice l'entraîne,
> Tantôt perce les cieux, tantôt rase la plaine.
> Revenons toutefois. Mais par où revenir?
> Grand roi, je m'aperçois qu'il est temps de finir :
> C'est assez, il suffit que ma plume fidèle
> T'ait fait voir en ces vers quelque essai de mon zèle ;
> En vain je prétendrois contenter un lecteur
> Qui redoute surtout le nom d'admirateur;

Qui ne sent point l'effet de tes soins généreux ?
L'univers sous ton règne a-t-il des malheureux?
Est-il quelque vertu, dans les glaces de l'Ourse,
Ni dans ces lieux brûlés où le jour prend sa source,
Dont la triste indigence ose encore approcher,
Et qu'en foule tes dons d'abord n'aillent chercher ? [1]
C'est par toi qu'on va voir les muses enrichies
De leur longue disette à jamais affranchies. [2]
Grand roi, poursuis toujours, assure leur repos.
Sans elles un héros n'est pas longtemps héros :
Bientôt, quoi qu'il ait fait, la mort, d'une ombre noire,
Enveloppe avec lui son nom et son histoire. [3]
En vain, pour s'exempter de l'oubli du cercueil,

> Et souvent, pour raison, oppose à la science
> L'invincible dégoût d'une injuste ignorance :
> Prête à juger de tout comme un jeune marquis,
> Qui, plein d'un grand savoir chez les dames acquis,
> Dédaignant le public que lui seul il attaque,
> Va pleurer au *Tartuffe* et rire à l'*Andromaque*.

1. « Nommez-moi donc, milord, un souverain qui ait attiré chez lui plus d'étrangers habiles, et qui ait plus encouragé le mérite dans ses sujets. Soixante savants de l'Europe reçurent à la fois des récompenses de lui, étonnés d'en être connus. « Quoiqu'il ne soit pas votre souverain, leur écri- « vait M. Colbert, il veut être votre bienfaiteur ; il m'a commandé de vous « envoyer cette lettre de change ci-jointe, comme un gage de son estime. » Un Bohémien, un Danois, recevaient de ces lettres datées de Versailles. Guillemini bâtit une maison à Florence des bienfaits de Louis XIV, il mit le nom de ce roi sur le frontispice... » (VOLTAIRE, *Lettre à milord Harvey.*)

2. Le roi, en 1663, donna des pensions à beaucoup de gens de lettres de toute l'Europe. (BOILEAU, 1713.) Dans cette liste on lit les noms d'Allaci, bibliothécaire du Vatican, du mathématicien Viviani, de Vossius, d'Huyghens, de Nicolas Heinsius, etc.; parmi les Français : Corneille, Fléchier, Racine, Chapelain, Cotin, Boyer. On n'y trouve ni La Fontaine ni Boileau.

3.   Vixere fortes ante Agamemnona
    Multi, sed omnes illacrymabiles
       Urgentur ignotique longa
    Nocte, carent quia vate sacro.

(HORACE, l. IV, ode IX.)

LE MAUVAIS REPAS.

Garnier frères Editeurs

Achille mit vingt fois tout Ilion en deuil;
En vain, malgré les vents, aux bords de l'Hespérie,
Énée enfin porta ses dieux et sa patrie :
Sans le secours des vers, leurs noms tant publiés
Seroient depuis mille ans avec eux oubliés. [1]
Non, à quelques hauts faits que ton destin t'appelle,
Sans le secours soigneux d'une muse fidèle,
Pour t'immortaliser tu fais de vains efforts.
Apollon te la doit : ouvre-lui tes trésors.
En poëtes fameux rends nos climats fertiles :
Un Auguste aisément peut faire des Virgiles. [2]
Que d'illustres témoins de ta vaste bonté
Vont pour toi déposer à la postérité!

Pour moi qui, sur ton nom déjà brûlant d'écrire,
Sens au bout de ma plume expirer la satire,
Je n'ose de mes vers vanter ici le prix.
Toutefois, si quelqu'un de mes foibles écrits
Des ans injurieux peut éviter l'outrage,
Peut-être pour ta gloire aura-t-il son usage;
Et comme tes exploits, étonnant les lecteurs,

---

1. J.-B. Rousseau, dans son ode au prince Eugène (liv. II, ode II), a dit de même :

> Mais combien de grands noms, couverts d'ombres funèbres,
> Sans les écrits divins qui les rendent célèbres,
> Dans l'éternel oubli languiroient inconnus!
> . . . .
> Non, non, sans le secours des Filles de Mémoire
> Vous vous flattez en vain, partisans de la gloire,
> D'assurer à vos noms un heureux souvenir :
> Si la main des neuf sœurs ne pare vos trophées,
>   Vos vertus étouffées
> N'éclaireront jamais les yeux de l'avenir.

Voir aussi Horace, liv. IV, ode VIII.

2.   Sint Mecænates, non deerunt, Flacce, Marones.
       Virgiliumque tibi vel tua rura dabunt.
                            (MARTIAL, l. VIII, épigr. LV.)

Seront à peine crus sur la foi des auteurs,
Si quelque esprit malin les veut traiter de fables,
On dira quelque jour, pour les rendre croyables : [1]
Boileau, qui, dans ses vers pleins de sincérité,
Jadis à tout son siècle a dit la vérité,
Qui mit à tout blâmer son étude et sa gloire,
A pourtant de ce roi parlé comme l'histoire. [2]

1. Voici comment Pradon appréciait ce passage : « Il semble que Boileau fait un grand effort pour louer le roi et qu'il lui a fait grâce en ne le déchirant pas... Son 186ᵉ vers est surtout fort insolent : *On dira quelque jour.* »

2. Boileau lut à Louis XIV les quarante derniers vers de cette épitre la première fois qu'il lui fut présenté : « Voilà qui est très-beau, dit le prince, cela est admirable. Je vous louerois davantage si vous ne m'aviez pas tant loué. Le public donnera à vos ouvrages les éloges qu'ils méritent; mais ce n'est pas assez pour moi de vous louer. Je vous donne une pension de deux mille livres; j'ordonnerai à Colbert de vous la payer d'avance, et je vous accorde le privilége pour l'impression de tous vos ouvrages. »

ÉPITRE II.[1]

A M. L'ABBÉ DES ROCHES.[2]

A quoi bon réveiller mes muses endormies
Pour tracer aux auteurs des règles ennemies?[3]
Penses-tu qu'aucun d'eux veuille subir mes lois,
Ni suivre une raison qui parle par ma voix?
O le plaisant docteur, qui, sur les pas d'Horace,
Vient prêcher, diront-ils, la réforme au Parnasse![4]
Nos écrits sont mauvais; les siens valent-ils mieux?
J'entends déjà d'ici Linière[5] furieux
Qui m'appelle au combat sans prendre un plus long terme.
De l'encre, du papier! dit-il; qu'on nous enferme![6]

---

1. Composée en 1669, pour y intercaler l'apologue de l'huître, publiée en 1672. Voir l'*Avertissement* de l'épître I.
2. Jean-François-Armand Fumée Des Roches descendait d'Armand Fumée, premier médecin de Charles VII; il mourut en 1711, âgé d'environ soixante-quinze ans. C'est à lui que Gabriel Guéret a dédié son *Parnasse réformé*.
3. Boileau travaillait déjà à son *Art poétique*.
4. Voir l'épître I, v. 21.
5. Voir la satire IX; depuis la composition de cette satire, Linière avait fait une critique offensante de l'épître IV, écrite avant celle-ci.
6.   Crispinus minimo me provocat : Accipe, si vis,
      Accipe jam tabulas; detur nobis locus, hora,
      Custodes; videamus uter plus scribere possit.
                    (Horace, l. I, sat. IV, v. 14-16.)

Molière, *les Femmes savantes*, acte III, scène v.

    Vadius.   Je te défie en vers, prose, grec et latin.
    Trissotin.   Eh bien, nous nous verrons seul à seul chez Barbin.

Voyons qui de nous deux, plus aisé dans ses vers,
Aura plus tôt rempli la page et le revers.
Moi donc, qui suis peu fait à ce genre d'escrime,
Je le laisse tout seul verser rime sur rime,
Et, souvent de dépit contre moi s'exerçant,
Punir de mes défauts le papier innocent.
Mais toi, qui ne crains point qu'un rimeur te noircisse,
Que fais-tu cependant seul en ton bénéfice? [1]
Attends-tu qu'un fermier, payant, quoiqu'un peu tard,
De ton bien pour le moins daigne te faire part?
Vas-tu, grand défenseur des droits de ton église,
De tes moines mutins réprimer l'entreprise? [2]
Crois-moi, dût Auzanet t'assurer du succès, [3]
Abbé, n'entreprends point même un juste procès.
N'imite point ces fous dont la sotte avarice
Va de ses revenus engraisser la justice;
Qui, toujours assignants, [4] et toujours assignés,

---

1. Bénéfice, charge spirituelle accompagnée d'un certain revenu que l'église donnait à un homme qui était tonsuré ou dans les ordres, afin de servir Dieu et l'Église. Les évêchés, cures, chanoinies, chapelles, étaient les divers genres de bénéfices.

2. Des Roches avait dans le Midi deux ou trois abbayes commandataires assez considérables (d'environ 30,000 fr. de rentes). Cela sert à nous expliquer : 1° le sens de ces vers et de quelques-uns des suivants; car les droits assez obscurs de ces abbés amphibies donnaient souvent lieu à des différends avec leurs moines ; 2° pourquoi Boileau lui dédia cette épître contre la chicane. B. S. P.

3. Fameux avocat au parlement de Paris. (BOILEAU, 1713.) — Barthélemy Auzanet, conseiller d'État, mort à Paris le 17 avril 1673, âgé de quatre-vingt-deux ans. On a de lui : *Mémoires, réflexions et arrêts sur les questions les plus importantes de droit et de coutume.* Paris, N. Gosselin, 1708, in-folio. Voy. le *Journal des Savants* de 1708, p. 86.

4. On mettrait aujourd'hui *assignant*, mais on sait quel était l'usage, au XVIIe siècle, sur le participe présent; il était variable et prenait la marque du pluriel. — Voir dans Rabelais ce que dit Bridoye des procès et de l'art de les laisser mûrir, et d'épuiser les parties. (*Pantagruel*, l. III, ch. XLII.)

Souvent demeurent gueux de vingt procès gagnés.
Soutenons bien nos droits : sot est celui qui donne.
C'est ainsi devers Caen que tout Normand raisonne. [1]
Ce sont là les leçons dont un père manceau [2]
Instruit son fils novice au sortir du berceau.
Mais pour toi, qui, nourri bien en deçà de l'Oise,
As sucé la vertu picarde et champenoise,
Non, non, tu n'iras point, ardent bénéficier,
Faire enrouer pour toi Corbin ni Le Mazier. [3]
Toutefois, si jamais quelque ardeur bilieuse
Allumoit dans ton cœur l'humeur litigieuse,
Consulte-moi d'abord, et, pour la réprimer,
Retiens bien la leçon que je te vais rimer.

Un jour, dit un auteur, n'importe en quel chapitre, [4]
Deux voyageurs à jeun rencontrèrent une huître.
Tous deux la contestoient, lorsque dans leur chemin

---

1. Un Normand qui sera de Caen même, dira toujours : Je suis *devers Caen*, et ne dira pas : Je suis de Caen. (SAINT-MARC.) *Devers*, dans le sens de *du côté de*, était d'un usage général. Régnier, sat. X :

    L'autre, se relevant, devers nous vint se rendre.

Molière (*Georges Dandin*) : « Tourne un peu ton visage devers moi. » La Fontaine, fable XI, p. 14 :

    Pour s'enfuir devers sa tanière.

Hamilton, *Gramont*, 10 : « Ne tournez point tant la tête devers eux. » Voltaire : *Pauvre Diable*,

    Plus que jamais confus, humilié,
    Devers Paris je m'en revins à pié.

2. On disait proverbialement : « Un Manceau vaut un Normand et demi. » — Voir les *Plaideurs* de Racine.

3. Deux autres avocats. (BOILEAU, 1713.) — Jacques Corbin était fils d'un auteur dont Boileau parle dans l'*Art poétique*. Le Mazier a déjà été nommé dans la satire I.

4. M. Despréaux avait appris cette fable de son père, auquel il l'avait ouï conter dans sa jeunesse; elle est tirée d'une ancienne comédie italienne. (BROSSETTE.)

La Justice passa, la balance à la main.
Devant elle à grand bruit ils expliquent la chose.
Tous deux avec dépens veulent gagner leur cause.
La Justice, pesant ce droit litigieux,
Demande l'huître, l'ouvre, et l'avale à leurs yeux,
Et par ce bel arrêt terminant la bataille :
Tenez, voilà, dit-elle, à chacun une écaille.
Des sottises d'autrui nous vivons au palais :
Messieurs, l'huître étoit bonne. Adieu. Vivez en paix. [1]

---

[1]. D'Alembert et Chamfort ont comparé cette fable à celle de La Fontaine, l. IX, fabl. IX. Ils n'ont pas eu de peine à établir la supériorité de notre grand fabuliste sur Boileau. La pièce de La Fontaine est pleine de détails ingénieux, pittoresques et dramatiques. Celle de Despréaux est un peu sèche ; mais l'un est à son aise dans un genre où il est inimitable, et l'autre, sans entreprendre de rivaliser avec un adversaire redoutable, expose plus brièvement une leçon de morale. Il serait injuste de ne pas tenir compte de cette différence. C'était si bien l'intention du poëte qu'il accusait, selon Brossette, La Fontaine de manquer de justesse en ne présentant dans sa fable qu'un juge sous le nom de Perrin-Dandin, observant que ce sont tous les gens de justice qui causent des frais aux plaideurs. Il faut de plus savoir gré à Boileau d'avoir dénoncé les abus de la justice et de la chicane. Il y reviendra avec plus de force dans le *Lutrin*.

ÉPITRE III.[1]

A M. ARNAULD

DOCTEUR DE SORBONNE.[2]

Oui, sans peine, au travers des sophismes de Claude,[3]
Arnauld, des novateurs tu découvres la fraude,

---

1. Composée en 1673.
2. De 1674 à 1694, ce titre est omis dans les éditions de Boileau. « Il fallut attendre la mort d'Arnauld pour lui donner un titre qu'il avait tant illustré par ses écrits. » (BERRIAT-SAINT-PRIX.) Ce fut en 1668 que le premier président de Lamoignon mit en relation le poëte et le docteur de Sorbonne. A cette première rencontre, « ils se sentirent d'abord l'un pour l'autre cette espèce d'inclination qui produit l'amitié. Celle qu'ils contractèrent ensemble fut en effet des plus étroites, et, nonobstant une séparation de plusieurs années, dura jusqu'à la mort. » (SAINT-MARC.) — Antoine Arnauld naquit à Paris, le 6 février 1612, il fut reçu de la *maison de Sorbonne* en 1643, après bien des obstacles; il était docteur depuis 1641. Grammaire, belles-lettres, géométrie, logique, physique, métaphysique, théologie, droit civil et canonique, tout était de son ressort. Il se rendit redoutable aux protestants; devenu suspect à la cour, il se retira dans les Pays-Bas et mourut à Bruxelles en 1694.
3. Il étoit alors occupé à écrire contre le sieur Claude, ministre de Charenton. (BOILEAU, 1713.) — Jean Claude, le plus célèbre des controversistes protestants et qui discuta contre Bossuet, Arnauld et Nicole, naquit à la Sauvetat (Lot-et-Garonne), en 1619, et mourut à la Haye, où il s'était réfugié après la révocation de l'édit de Nantes, le 13 de janvier 1687. Ses œuvres, toutes de controverse, n'ont pas été réunies. — Sa manière d'écrire est exacte et serrée, l'on trouve dans ses ouvrages un grand fonds d'érudition, une grande justesse d'esprit, et une adresse merveilleuse à mettre en œuvre toutes les finesses de la logique.
Le livre d'Antoine Arnauld auquel Boileau fait allusion dans sa note est sans doute : *la Perpétuité de la foy de l'Église catholique touchant l'Eucharistie, défendue contre le livre du sieur Claude*. Paris, 1669, 1672 et 1684, 3 vol. in-4°. (M. CHÉRON.)

Et romps de leurs erreurs les filets captieux,
Mais que sert que ta main leur dessille les yeux
Si toujours dans leur âme une pudeur rebelle,
Prêt d'embrasser l'Église, au prêche les rappelle?
Non, ne crois pas que Claude, habile à se tromper,
Soit insensible aux traits dont tu le sais frapper;
Mais un démon l'arrête, et, quand ta voix l'attire,
Lui dit : Si tu te rends, sais-tu ce qu'on va dire?
Dans son heureux retour lui montre un faux malheur,
Lui peint de Charenton [1] l'hérétique douleur;
Et, balançant Dieu même en son âme flottante, [2]
Fait mourir dans son cœur la vérité naissante. [3]

Des superbes mortels le plus affreux lien,
N'en doutons point, Arnauld, c'est la honte du bien.
Des plus nobles vertus cette adroite ennemie
Peint l'honneur à nos yeux des traits de l'infamie,

---

1. Lieu près de Paris, où ceux de la R. P. R. (religion prétendue réformée) avoient un temple. (Boileau, 1713.) — L'édification d'un temple à Charenton fut autorisée par lettres patentes d'Henri IV du 1er août 1606. Ce premier temple, qui n'était qu'un bâtiment insignifiant, fut détruit en 1621 dans une émeute contre le protestantisme. Jacques de Brosse fut alors chargé de construire un véritable temple, qui disparut lors de l'édit de Louis XIV, du 18 d'octobre 1685, qui révoquait l'édit de Nantes et ordonnait la destruction de tous les temples protestants. Cf. Ch. Marty-Laveaux, *Charenton au dix-septième siècle.* Paris, Dumoulin, 1853, in-8°. (M. Chéron.)

2. Tu balançais son dieu dans son cœur alarmé.
(Voltaire, *Zaïre*, acte V, scène x.)

3. « Claude avait plus d'esprit et de conscience qu'on ne lui en suppose là. Ce livre *de la Perpétuité* était moins convaincant et plus choquant pour lui et pour les siens que Boileau ne se l'imagine. » (Sainte-Beuve, *Port-Royal*, V, p. 333.) — Il y a dans ces vers une richesse d'expressions poétiques que les ennemis de Boileau lui ont reprochée comme autant de fautes. Desmarets, Pradon, Féraud répètent là-dessus les mots de galimatias, d'improprietés, d'expressions ridicules; c'est mal comprendre les hardiesses heureuses d'un poëte.

Asservit nos esprits sous un joug rigoureux,
Et nous rend l'un de l'autre esclaves malheureux.
Par elle la vertu devient lâche et timide.
Vois-tu ce libertin en public intrépide, [1]
Qui prêche contre un Dieu que dans son âme il croit?
Il iroit embrasser la vérité qu'il voit;
Mais de ses faux amis il craint la raillerie,
Et ne brave ainsi Dieu que par poltronnerie. [2]

C'est là de tous nos maux le fatal fondement.
Des jugements d'autrui nous tremblons follement; [3]
Et, chacun l'un de l'autre adorant les caprices,

---

1. Libertin pris dans le sens d'esprit fort. — Cizeron-Rival assure avoir trouvé cette note dans les papiers de Brossette : « Ce caractère est général. Cependant l'auteur m'a dit que M. le prince (le grand Condé), étant près de mourir (en 1686), fit appeler ses gens, et leur dit : Vous m'avez souvent ouï dire des impiétés ; mais dans le fond je croyois tout le contraire de ce que je disois. Je ne contrefaisois le libertin et l'athée que pour paroître plus brave. » Bossuet lui fait tenir ce langage : « Je n'ai jamais douté des mystères de la religion, quoi qu'on ait dit. »

2. « Rien n'est plus lâche que de faire le brave contre Dieu. » (PASCAL.) — « Les esprits forts savent-ils qu'on les appelle ainsi par ironie? » (LA BRUYÈRE.) — Racine fait dire à Joad s'adressant aux Juifs :

> Peuple lâche, en effet, et né pour l'esclavage,
> Hardi contre Dieu seul.
> (*Ath.*, acte III, scène VII.)

Et Voltaire :

> Et par timidité me déclarait la guerre.
> (*Henr.*, III, 140.)

3. « Tout cela est assez pauvre de philosophie et de raison, il faut en convenir : cette mauvaise honte, cet *affreux lien* des mortels, n'est aux mains de Boileau qu'un fil très-fragile et assez court avec lequel il tâche de cheminer jusqu'au bout de son épître de quatre-vingt-dix-huit vers, et d'en nouer tant bien que mal, et plus subtilement que solidement, les trois ou quatre morceaux. Car Boileau procède volontiers par morceaux, par couplets ; cela est sensible à la lecture. Il est un poëte de verve courte et saccadée, non continue. On distingue les pauses, les transitions lui coûtaient beaucoup. Il ne rejoint pas toujours très-exactement ces morceaux successifs ni par d'assez habiles soudures. » (SAINTE-BEUVE, *Port-Royal*, V, p. 333.)

Nous cherchons hors de nous nos vertus et nos vices. [1]
Mirérables jouets de notre vanité,
Faisons au moins l'aveu de notre infirmité.
A quoi bon, quand la fièvre en nos artères brûle, [2]
Faire de notre mal un secret ridicule?
Le feu sort de vos yeux pétillants et troublés,
Votre pouls inégal marche à pas redoublés : [3]
Quelle fausse pudeur à feindre vous oblige?
Qu'avez-vous?—Je n'ai rien.—Mais...—Je n'ai rien, vous dis-je,[4]
Répondra ce malade à se taire obstiné.
Mais cependant voilà tout son corps gangrené; [5]
Et la fièvre, demain se rendant la plus forte,
Un bénitier aux pieds va l'étendre à la porte. [6]
Prévenons sagement un si juste malheur.

1. . . . . . Nec te quæsiveris extra.
(Perse, sat. I, v. 7.)

2. Neu, si te populus sanum, recteque valentem
Dictitet, occultam febrem sub tempus edendi
Dissimules, donec manibus tremor incidat unctis.
(Horace, liv. I, ép. VI, v. 21-23.)

3. Si dans cet instant même un feu séditieux
Fait bouillonner mon sang et pétiller mes yeux.
(Épître IX, v. 41-42.)

4. Heus! bone, tu palles. — Nihil est. — Videas tamen istud,
Quidquid id est...
(Perse, sat. III, v. 94-95.)

5. Dans les éditions de 1683, 1685, 1694 et 1701, on lisait *cangrené*. Selon Vaugelas, il fallait écrire *gangrené* et prononcer *cangrené*.

6. Boileau dans ce passage imite et abrége Perse :

Sed tremor inter vina subit, calidumque triental
Excutit e manibus : dentes crepuere retecti :
Uncta cadunt laxis tunc pulmentaria labris.
Hinc tuba, candelæ : tandemque beatulus alto
Compositus lecto, crassoque lutatus amomo,
In portam rigidos calces extendit.
(Satire III, v. 99.)

Le jour fatal est proche, et vient comme un voleur.[1]
Avant qu'à nos erreurs le ciel nous abandonne,
Profitons de l'instant que de grâce il nous donne,
Hâtons-nous; le temps fuit, et nous traîne avec soi :
Le moment où je parle est déjà loin de moi.[2]
  Mais quoi! toujours la honte en esclaves nous lie,
Oui, c'est toi qui nous perds, ridicule folie :
C'est toi qui fis tomber le premier malheureux,
Le jour que, d'un faux bien sottement amoureux,
Et n'osant soupçonner sa femme d'imposture,
Au démon, par pudeur, il vendit la nature.[3]
Hélas, avant ce jour qui perdit ses neveux,
Tous les plaisirs couroient au-devant de ses vœux.

---

1. « Scitis quia dies Domini, sicut fur in nocte, ita veniet. » (S. Paulus, Epist. 1 ad Thess., v, 2.) « Si sciret paterfamilias qua hora fur venturus esset, vigilaret utique. » (Matth., xxiv, 43.) « Si ergo non vigilaveris, veniam ad te tanquam fur, et nescies qua hora veniam ad te. » (Apocal., iii, 3.)

2. Perse, sat. V. (Boileau, 1713.) — Vers 153 :

Vive memor lethi, fugit hora : hoc quod loquor inde est.

M. Sainte-Beuve raconte, d'après Brossette, l'anecdote suivante : « L'auteur, qui se levait fort tard, très-peu janséniste en ce point, était au lit quand il récita pour la première fois son épître à Arnauld qui l'était venu voir un peu matin. Il disait à merveille, et quand il en fut à ce vers : *Le moment où je parle...*, il le récita d'un ton si léger et si rapide, qu'Arnauld transporté, et assez neuf à l'effet des beaux vers français, se leva brusquement de son siége, et fit deux ou trois tours de chambre comme pour suivre ce moment qui fuyait. » (Sainte-Beuve, *Port-Royal*, V, p. 334.)

3. « C'est cependant pousser bien loin le respect humain que de le voir jusque dans la complaisance d'Adam pour sa femme, au sein de ce paradis terrestre où ils étaient sans témoins. » (Sainte-Beuve, *ibid.*) — Le mot pudeur n'est pas assez précis. « Ce mot, dit Vaugelas, exprime une chose pour laquelle nous n'en avions point encore qui fût si propre et si significatif; parce que *honte* est un terme équivoque qui désigne la bonne et la mauvaise honte, au lieu que pudeur ne désigne que la bonne honte. » Ce terme a été introduit dans notre langue par Desportes.

La faim aux animaux ne faisoit point la guerre;[1]
Le blé, pour se donner, sans peine ouvrant la terre,
N'attendoit point qu'un bœuf, pressé de l'aiguillon,
Traçât à pas tardifs un pénible sillon;[2]

---

1. Le passage suivant est imité en partie de plusieurs autres de Virgile, d'Horace et d'Ovide :

> Molli paulatim flavescet campus arista,
> Incultisque rubens pendebit sentibus uva,
> Et duræ quercus sudabunt roscida mella...
> Non rastros patietur humus, non vinea falcem ;
> Robustus quoque jam tauris juga solvet arator.
> (VIRGILE, églogue IV, v. 28-33.)

> Depresso incipiat jam tum mihi taurus aratro
> Ingemere...
> (VIRGILE, *Géorgiques*, I, v. 45.)

> ..... Ipsaque tellus
> Omnia liberius, nullo poscente, ferebat.
> Ille malum virus serpentibus addidit atris,
> Prædarique lupos jussit, pontumque moveri,
> Mellaque decussit foliis, ignemque removit,
> Et passim rivis currentia vina repressit.
> (VIRGILE, *Géorgiques*, I, v. 128-131.)

> Mox et frumentis labor additus; ut mala culmos
> Esset rubigo, segnisque horreret in arvis
> Carduus...
> (VIRGILE, *Géorgiques*, I, v. 150-152.)

> Reddit ubi cererem tellus inarata quotannis,
>   Et imputata floret usque vinea...
> (HORACE, épode XVI, v. 43-44.)

> Mollia securæ peragebant otia gentes.
> Ipsa quoque immunis, rastroque intacta, nec ullis
> Saucia vomeribus, per se dabat omnia tellus...
> Mox etiam fruges tellus inarata ferebat :
> Nec renovatus ager gravidis canebat aristis,
> Flumina jam lactis, jam flumina nectaris ibant,
> Flavaque de viridi stillabant ilice mella.
> (OVIDE, *Métam.*, I, v. 100-112.)

2. Virgile, *Géorgiques*, I, 45 :

> Depresso incipiat jam tum mihi taurus aratro
> Ingemere...

Ce que Delille traduit ainsi :

> Que j'entende le bœuf gémir sous l'aiguillon.

« Voilà la contre-partie du vers léger de tout à l'heure. On ne nous dit pas si, à ce traînant passage, Arnauld, comme surchargé, se renfonça dans

La vigne offroit partout des grappes toujours pleines,
Et des ruisseaux de lait serpentoient dans les plaines.
Mais dès ce jour Adam, déchu de son état,
D'un tribut de douleurs paya son attentat.
Il fallut qu'au travail son corps rendu docile
Forçât la terre avare à devenir fertile.
Le chardon importun hérissa les guérets,
Le serpent venimeux rampa dans les forêts,
La canicule en feu désola les campagnes,
L'aquilon en fureur gronda sur les montagnes. [1]
Alors, pour se couvrir durant l'âpre saison,
Il fallut aux brebis dérober leur toison.
La peste en même temps, la guerre et la famine [2]
Des malheureux humains jurèrent la ruine :
Mais aucun de ces maux n'égala les rigueurs
Que la mauvaise honte exerça dans les cœurs.
De ce nid à l'instant sortirent tous les vices.
L'avare, des premiers en proie à ses caprices,
Dans un infâme gain mettant l'honnêteté,
Pour toute honte alors compta la pauvreté. [3]

---

son fauteuil, ou s'il battit lentement la mesure. Ces deux vers une fois emportés (qui sont les deux points extrêmes du tableau, le point clair et le point sombre), Boileau tenait son affaire, il avait touché son but; il ne s'agissait plus que de finir décemment et sans trop de chute. » (SAINTE-BEUVE, *Port-Royal*, V, p. 334.)

1. Tum primum siccis aer fervoribus ustus
    Canduit, et ventis glacies adstricta pependit :
    Tum primum subiere domos...
    (OVIDE, *Métam.*, I, v. 119-121.)

2. . . . . Macies et nova febrium
    Terris incubuit cohors...
    (HORACE, liv. I, ode III, v. 30-31.)

3. Une note manuscrite de Brossette, publiée par Cizeron-Rival (t. III, p. 186 des lettres de Boileau, etc. ; voir aussi le *Boloeana*, p. 90), applique ce

L'honneur et la vertu n'osèrent plus paroître ;
La piété chercha les déserts et le cloître. [1]
Depuis on n'a point vu de cœur si détaché [2]
Qui par quelque lien ne tînt à ce péché.
Triste et funeste effet du premier de nos crimes !
Moi-même, Arnauld, ici, qui te prêche en ces rimes,
Plus qu'aucun des mortels par la honte abattu,
En vain j'arme contre elle une foible vertu.
Ainsi toujours douteux, chancelant et volage,
A peine du limon où le vice m'engage
J'arrache un pied timide, et sors en m'agitant, [3]

vers et les deux précédents à Charles-Marie Le Tellier, archevêque de Reims. Ce prélat ne concevait pas comment on pouvait être honnête homme, à moins d'avoir un revenu de dix mille livres. Un jour il s'informait de la probité de quelqu'un : Monseigneur, lui répondit Boileau, il s'en faut de quatre mille livres de rentes qu'il soit un homme d'honneur. Daunou. — Cf. Saint-Simon, édition Garnier frères, t. III, 227-228. (M. Chéron.)

1. « Rimes autrefois exactes parce que primitivement la prononciation des deux mots était la même (parouêtre, clouêtre). De là vient que dans nos vieux poëtes, histoire (histouère) rime avec douaire, paroisse (parouesse) avec pécheresse, François (Fransoués) avec lois (loués). — L'usage a maintenu quelques-unes de ces rimes au XVIIe siècle, même après que la prononciation, d'abord semblable, fût devenue différente. (V. Génin, Var. du lang. fr., p. 300.) Note de M. Ch. Aubertin. Édit. classique. Eug. Belin.

2. Terme mystique : qui est dans le détachement, qui n'a plus d'attachement.
Il est toujours en soi détaché de soi-même.
(Corn., Imitat., 1, 3.)

« Ce ministre si fortuné et si détaché tout ensemble. » (Boss., Or. fun. de Le Tellier.)

3.   Nequicquam cœno cupiens evellere plantam.
(Horace, liv. II, sat. VII, v. 27.)

« Ce dernier hémistiche était, à ce qu'il paraît, difficile à trouver. J'arrache un pied timide..., il fallait finir, faire tomber ce pied d'accord avec la rime. Boileau consulta Racine qui n'en vint pas à bout ; mais quand Racine revint le lendemain, Boileau lui cria du plus loin qu'il l'aperçut : Et sors en m'agitant ; il s'était tiré du mauvais pas poétique, du limon prosaïque qui ne l'embarrassait certes pas moins que l'autre limon. Nous

Que l'autre m'y reporte et s'embourbe à l'instant.
Car si, comme aujourd'hui, quelque rayon de zèle
Allume dans mon cœur une clarté nouvelle,
Soudain, aux yeux d'autrui s'il faut la confirmer,
D'un geste, d'un regard, je me sens alarmer;
Et même sur ces vers que je te viens d'écrire,
Je tremble en ce moment de ce que l'on va dire. [1]

tenons par cette seule épitre bien des secrets du métier. (SAINTE-BEUVE, *Port-Royal.*)

1. Voici l'appréciation générale de cette épitre par M. Sainte-Beuve : « Cette épitre, quelque bonne volonté que nous y mettions, ne peut nous paraître forte de philosophie et de pensée; mais elle reste marquée de beaux vers. Elle n'est pas des meilleures de Boileau, elle n'est pas des pires. Le poëte y veut soutenir que la mauvaise honte est la cause de tous les maux, de tous les vices, de tous les crimes : à la bonne heure! C'est ainsi que, plus tard, il s'en prit à l'équivoque comme à la peste universelle. Mais on ne doit considérer l'idée que comme un thème propre à enchâsser et encadrer deux ou trois petits tableaux, un moyen de faire passer devant le poëte quelques images et développements qui prêtent aux beaux vers : souvent l'idée générale n'est pas autre chose chez Boileau. Molière et La Fontaine prennent l'homme et la nature humaine par des ouvertures bien autrement larges et franches, véritablement par le flanc et par les entrailles; non point Boileau. (*Port-Royal*, V, p. 332.)

ÉPITRE IV.[1]

AU LECTEUR.[2]

Je ne sais si les rangs de ceux qui passèrent le Rhin à la nage devant Tholus sont fort exactement gardés dans le poëme que je donne au public ; et je n'en voudrois pas être garant, parce que franchement je n'y étois pas, et que je n'en suis encore que fort médiocrement instruit. Je viens même d'apprendre en ce moment que M. de Soubise,[3] dont je ne parle point, est un de ceux qui s'y est le plus signalé. Je m'imagine qu'il en est ainsi de beaucoup d'autres, et j'espère de leur faire justice dans une autre édition. Tout ce que je sais, c'est que ceux dont je fais mention ont passé des premiers. Je ne me déclare donc caution que de l'histoire du fleuve en colère, que j'ai apprise d'une de ses naïades, qui s'est réfugiée dans la Seine. J'aurois bien pu aussi parler de la fameuse rencontre qui suivit le passage ; mais je la réserve pour un poëme à part. C'est là que j'espère rendre aux mânes de M. de Longueville[4] l'honneur que tous les écrivains lui doivent, et que je peindrai cette victoire qui fut arrosée du plus illustre sang de l'univers ; mais il faut un peu reprendre haleine pour cela.[5]

---

1. Composée au mois de juillet 1672 et publiée au mois d'août de la même année. (BROSSETTE.)

2. Texte de la première édition séparée, 1672.

3. François de Rohan, prince de Soubise, second fils d'Hercule de Rohan, duc de Montbazon et de Marie de Bretagne-Vertus, mort le 24 août 1712, dans sa quatre-vingt-huitième année. Il traversa le Rhin à la nage à la tête des gendarmes de la garde, dont il était capitaine-lieutenant. Il fut depuis lieutenant général, puis gouverneur de Berri, et ensuite de Champagne et de Brie. (M. CHÉRON.)

4. Charles-Paris d'Orléans, duc de Longueville et d'Estouteville, né le 29 de janvier 1649, tué au passage du Rhin le 12 de juin 1672, au moment où il allait être élu roi de Pologne. Cf. lettres de Mme de Sévigné des 17 et 20 de juin, et 3 de juillet 1672.

5. Il n'a point exécuté ce projet.

AU ROI.

En vain, pour te louer, ma muse toujours prête
Vingt fois de la Hollande a tenté la conquête.[1]
Ce pays, où cent murs n'ont pu te résister,
Grand roi, n'est pas en vers si facile à dompter.
Des villes que tu prends les noms durs et barbares
N'offrent de toutes parts que syllabes bizarres,[2]
Et, l'oreille effrayée, il faut depuis l'Issel,
Pour trouver un beau mot, courir jusqu'au Tessel.[3]
Oui, partout de son nom chaque place munie

---

1. En 1672 le roi avait déclaré la guerre aux Hollandais. Turenne, Condé, Luxembourg commandaient les trois corps d'armée que Louis avait formés pour cette expédition. La campagne ne dura que deux mois. Le roi conquit dans ce peu de temps trois provinces et prit plus de quarante villes.

2. Quid cupis in nostris dicique legique libellis,
    Et nonnullus honor crediturus esse tibi :
    Ne valeam, si non res est gratissima nobis
    Et volo te chartis inseruisse meis.
    Sed tu nomen habes averso fonte sororum
    Impositum, mater quod tibi dura dedit;
    Quod nec Melpomene, quod nec Polyhymnia possit,
    Nec pia cum Phœbo dicere Calliope.
    Ergo aliquod gratum Musis tibi nomen adopta :
    Non semper belle dicitur Hippodamus.
                                  (MARTIAL, liv. IV, épigr. XXXI.)

3. Édition de 1674 à 1682 :

   Pour trouver un bon mot, des rives de l'Issel,
   Il faut, toujours bronchant, courir jusqu'au Tessel.

Édition de 1680 :

   Pour trouver un bon mot, il faut depuis l'Issel,
   Sans pouvoir s'arrêter, courir jusqu'au Tessel.

Édition de 1685 et 1694 :

   On a beau s'exciter : il faut depuis l'Issel,
   Pour trouver un bon mot, courir jusqu'au Tessel.

Tient bon contre le vers, en détruit l'harmonie.
Et qui peut sans frémir aborder Voërden?[1]
Quel vers ne tomberoit au seul nom de Heusden?[2]
Quelle muse à rimer en tous lieux disposée
Oseroit approcher des bords du Zuiderzée?
Comment en vers heureux assiéger Doësbourg,
Zutphen, Wageninghen, Harderwic, Knotzembourg?
Il n'est fort, entre ceux que tu prends par centaines,
Qui ne puisse arrêter un rimeur six semaines :
Et partout sur le Whal, ainsi que sur le Lech,
Le vers est en déroute, et le poëte à sec.[3]

Encor si tes exploits, moins grands et moins rapides,
Laissoient prendre courage à nos muses timides,
Peut-être avec le temps, à force d'y rêver,
Par quelque coup de l'art nous pourrions nous sauver.
Mais, dès qu'on veut tenter cette vaste carrière,
Pégase s'effarouche et recule en arrière;

---

1. Nous unissons dans une seule note tous ces noms qui faisaient le désespoir du poëte. Issel, rivière de Hollande qui se jette dans le Zuiderzée; Tessel, île hollandaise de l'océan Germanique; Woërden, ville forte de la Hollande, sur le Rhin; Heusden, autre ville de Hollande; Doësbourg, prise par Monsieur le 22 de juin 1672; Zutphen, capitale du comté de ce nom, prise par Monsieur le 26 de juin; Wageninghem, Harderwic, villes du duché de Gueldre, qui se rendirent les 22 et 23 de juin; Knotzembourg, fort sur le Wahal, assiégé le 15, pris le 17 de juin par Turenne; le Wahal et le Lech sont deux branches du Rhin qui se mêlent à la Meuse. (M. Chéron.)

2. Boileau pâlit au seul nom de Voërden;
    Que diroit-il si, non loin d'Helderen,
    Il eût fallu suivre entre les deux Nèthes
    Bathiani, si savant en retraites;
    Avec d'Estrées à Rosmal s'avancer?
    La gloire parle, et Louis me réveille;
    Le nom du roi charme toujours l'oreille;
    Mais que Lawfelt est rude à prononcer!
            (VOLTAIRE, *Épître à la duchesse du Maine.*)

3. « La difficulté vaincue, dit Le Brun, rend ces deux vers doublement plaisants. »

Mon Apollon s'étonne; et Nimègue est à toi [1]
Que ma muse est encore au camp devant Orsoi. [2]

Aujourd'hui toutefois mon zèle m'encourage :
Il faut au moins du Rhin tenter l'heureux passage. [3]
Un trop juste devoir veut que nous l'essayons.[4]
Muses, pour le tracer, cherchez tous vos crayons :[5]
Car, puisqu'en cet exploit tout paroît incroyable,
Que la vérité pure y ressemble à la fable,
De tous vos ornements vous pouvez l'égayer.
Venez donc, et surtout gardez bien d'ennuyer :
Vous savez des grands vers les disgrâces tragiques,
Et souvent on ennuie en termes magnifiques.

Au pied du mont Adule, [6] entre mille roseaux,
Le Rhin tranquille, et fier du progrès de ses eaux,
Appuyé d'une main sur son urne penchante,
Dormoit au bruit flatteur de son onde naissante, [7]

---

1. Nimègue, capitale du duché de Gueldre, fut prise par Turenne le 7 de juillet de la même année.

2. Orsoi, place forte du duché de Clèves, fut prise en deux jours au commencement de juin 1672.

3. Le fait eut lieu le 12 juin 1672.

4. Presque toutes les éditions donnent *que nous l'essayons;* c'est une faute d'orthographe ou de grammaire qui n'a point encore été remarquée; les verbes en *ayer* font *yions* à la première personne du subjonctif; il faut donc écrire *l'essayions.* Nous n'osons pas changer le texte de Boileau. Cependant dans l'édition de Brossette nous trouvons *l'essayions.* La rime de crayons nous fait croire qu'il y a là une inadvertance de la part du poëte, à moins que la grammaire n'exigeât pas alors cette orthographe.

5. Édition de 1671 à 1685 :

   Le malheur sera grand, si nous nous y noyons.

Édition de 1694 à 1697 :

   Il fait beau s'y noyer, si nous nous y noyons.

6. Montagne où le Rhin prend sa source. (BOILEAU, 1713.) — C'est le mont Saint-Gothard dans le canton des Grisons (Suisse). Adule, Adula, c'est le nom ancien, il convient à la diction du poëte.

7.   Huic deus ipse loci, fluvio Tiberinus amœno,
       Populeas inter senior se attollere frondes

Lorsqu'un cri, tout à coup suivi de mille cris,
Vient d'un calme si doux retirer ses esprits.
Il se trouble, il regarde, et partout sur ses rives [1]
Il voit fuir à grands pas ses naïades craintives,
Qui, toutes accourant vers leur humide roi,
Par un récit affreux redoublent son effroi. [2]
Il apprend qu'un héros, conduit par la victoire,
A de ses bords fameux flétri l'antique gloire; [3]
Que Rhinberg et Wesel, terrassés en deux jours, [4]
D'un joug déjà prochain menacent tout son cours.
Nous l'avons vu, dit l'une, affronter la tempête
De cent foudres d'airain tournés contre sa tête.
Il marche vers Tholus, [5] et tes flots en courroux
Au prix de sa fureur sont tranquilles et doux.

Visus; eum tenuis glauco velabat amictu
Carbasus, et crines umbrosa tegebat arundo.
(Virgile, Énéide, VII, v. 31-34.)

1. Voltaire a trouvé ce passage digne d'être imité dans sa *Henriade* :

Soudain de mille cris le bruit épouvantable
Vient arracher ses sens à ce calme agréable :
Il se lève, il regarde, il voit de tous côtés
Courir des assassins à pas précipités.

2. *Affreux*, qui jette la terreur. Étymologie : *affre*, grande terreur, grand effroi. — Pradon reprochait à Boileau de répéter en bien des endroits le mot affreux. — Autre observation de Pradon, sur ces mots : *Conduit par la victoire*, il dit : « Il seroit bien plus glorieux pour le roi d'entraîner la victoire que de se laisser conduire par elle. Ce sont des délicatesses que Boileau n'a point vues. » Que Pradon a le goût bien plus délicat !

3. Molière n'approuva pas ce vers, parce qu'il signifie que la présence du roi a déshonoré le fleuve du Rhin. L'auteur lui représenta que ce sont les naïades de ce fleuve qui parlent du héros de la France comme d'un ennemi qui veut soumettre à son joug leur empire; qu'ainsi il est naturel qu'elles disent que Louis a flétri l'ancienne gloire du Rhin. Mais Molière ne se rendit pas. (Brossette.)

4. Les 4 et 6 de juin 1672.

5. Lieu sur la rive du Rhin (près du fort de Skink) où étoit un bureau (*Tol' huis*) de péage. (Brossette.)

Il a de Jupiter la taille et le visage, [1]
Et, depuis ce Romain, dont l'insolent passage
Sur un pont en deux jours trompa tous tes efforts, [2]
Jamais rien de si grand n'a paru sur tes bords.

 Le Rhin tremble et frémit à ces tristes nouvelles :
Le feu sort à travers ses humides prunelles.
C'est donc trop peu, dit-il, que l'Escaut en deux mois
Ait appris à couler sous de nouvelles lois ; [3]
Et de mille remparts mon onde environnée
De ces fleuves sans nom suivra la destinée ?
Ah ! périssent mes eaux ! ou, par d'illustres coups,
Montrons qui doit céder des mortels ou de nous.

---

1. Imitation d'Homère, *Iliade*, II, v. 478 :

> . . . . . Κρείων Ἀγαμέμνων,
> Ὄμματα καὶ κεφαλὴν ἴκελος Διὶ τερπικεραύνῳ,
> Ἄρεϊ δὲ ζώνην, στέρνον δὲ Ποσειδάωνι.

2. Jules César. (Boileau, 1713.) — Cf. *Commentaires de César*, l. IV, ch. II, et l. VI. Voyez aussi, dans la *Correspondance,* une lettre à Brossette, du 8 d'avril 1703.

Brossette aurait voulu dans ce passage « un peu plus d'exactitude dans le fait historique. » Il savait que César avait mis dix jours à passer le Rhin, tandis que le poëte dit sur un pont en *deux jours*, etc... Boileau, à qui il communiqua sa critique, lui répondit : « Je n'ai jamais voulu dire que Jules César n'ait mis que deux jours à ramasser et à lier ensemble les matériaux dont il fit construire le pont sur lequel il passa le Rhin. Il n'est question dans mes vers que du temps qu'il mit à faire passer ses troupes sur ce pont, et je ne sais même s'il y employa deux jours. Le roi, quand il passa le Rhin, fit amener un très-grand nombre de bateaux de cuivre, qu'on avoit été plus de deux mois à construire... Mais qu'est-ce que cela fait à la rapidité avec laquelle toutes les troupes traversèrent le fleuve ?... »

3. La conquête de la Flandre espagnole en 1667. — Corneille disait de ces victoires remportées en 1667 :

> Ainsi par des succès que nous n'osions attendre,
> Ton État voit sa borne au milieu de la Flandre ;
> Et la Flandre qui craint de plus grands changements
> Voit ses fleuves captifs diviser ses Flamands.
>   (*Les Victoires du Roi en l'année 1667.*)

A ces mots essuyant sa barbe limoneuse, [1]
Il prend d'un vieux guerrier la figure poudreuse.
Son front cicatricé [2] rend son air furieux ;
Et l'ardeur du combat étincelle en ses yeux.
En ce moment il part ; et, couvert d'une nue,
Du fameux fort de Skink prend la route connue.
Là, contemplant son cours, il voit de toutes parts
Ses pâles défenseurs par la frayeur épars :
Il voit cent bataillons qui, loin de se défendre,
Attendent sur des murs l'ennemi pour se rendre.
Confus, il les aborde ; et renforçant sa voix :
Grands arbitres, dit-il, des querelles des rois, [3]
Est-ce ainsi que votre âme, aux périls aguerrie,
Soutient sur ces remparts l'honneur et la patrie ? [4]
Votre ennemi superbe, en cet instant fameux,

---

1. « Cette image que l'auteur forme du dieu du fleuve n'a point d'art et est inutile. » (SAINTE-GARDE.) — « Est-ce que le dieu du Rhin est le dieu d'un marais bourbeux? » (DESMARETS.) — « L'image grotesque du fleuve essuyant sa barbe choque la décence. » MARMONTEL, *Élém. litt.*, III, 250.) — Voilà des critiques qui montrent bien de la délicatesse et du goût dans leurs remarques ! — Les commentateurs citent tous sur ce passage le *Rheni luteum caput* d'Horace, *Sat.*, lib. I, sat. X, v. 37. Ils auraient dû voir qu'Horace rapporte là l'expression ridicule d'un mauvais poëte dont il se moque. Mais il n'eût point désapprouvé Boileau.

2. Couvert de cicatrices. *Cicatricé* était la forme du xvie siècle et même du xviie. « Et cet autre tout cicatricé, transi et pâle de faim. » (MONTAIGNE, I, 278.) — « Pour moi, si mon habit, partout cicatricé. »—(RÉGNIER, sat. II.) Paré écrivait *cicatrizé*. — « Qu'après l'ouverture le lieu soit mundifié, incarné, puis consolidé et cicatrizé. » (PARÉ, V, 10.)

3. Ce vers contient une ironie très-amère. Après la paix d'Aix-la-Chapelle, les Hollandais firent frapper une médaille représentant d'un côté la Liberté batavique avec ses symboles et portant au revers cette inscription orgueilleuse : *Assertis legibus. Emendatis sacris. Adjutis, defensis, conciliatis regibus. Vindicata marium libertate. Pace egregia virtute armorum parta. Stabilita orbis Europœi quiete.*

4. Il y avoit sur les drapeaux des Hollandois : *Pro honore et patria.* (BOILEAU, 1713.)

Du Rhin, près de Tholus, fend les flots écumeux :
Du moins, en vous montrant sur la rive opposée,
N'oseriez-vous saisir une victoire aisée ?
Allez, vils combattants, inutiles soldats ;
Laissez là ces mousquets trop pesants pour vos bras :
Et, la faux à la main, parmi vos marécages,
Allez couper vos joncs, et presser vos laitages ; [1]
Ou, gardant les seuls bords qui vous peuvent couvrir,
Avec moi, de ce pas, venez vaincre ou mourir. [2]

Ce discours d'un guerrier que la colère enflamme [3]
Ressuscite l'honneur déjà mort en leur âme ;
Et, leurs cœurs s'allumant d'un reste de chaleur,

---

1. Tous les commentateurs ont fait remarquer le peu de rapport qu'il y a entre *la faux* et les *laitages* : Boileau lui-même disait à Brossette : « Non-seulement je n'ai pu venir à bout de le dire mieux, mais je n'ai pas pu le dire autrement. » — C'était un scrupule inutile. Il y a là une noble hardiesse de construction qui convient bien au pathétique de la situation.

2. Corneille apostrophe ainsi les Bataves :

> Misérables ! quels lieux cacheront vos misères,
> Où vous ne trouviez pas les ombres de vos pères,
> Qui, morts pour la patrie et pour la liberté,
> Feront un long reproche à votre lâcheté !
> Cette noble valeur autrefois si connue,
> Cette digne fierté, qu'est-elle devenue ?
> Quand sur terre et sur mer vos combats obstinés
> Brisoient les rudes fers à vos mains destinés ;
> Quand vos braves Nassaus, quand Guillaume et Maurice,
> Quand Henri vous guidoit dans cette illustre lice ;
> Quand du sceptre danois vous paroissiez l'appui,
> N'aviez-vous que les cœurs, que les bras d'aujourd'hui ?
>
> (*Les Victoires du Roi en l'année 1672.*)

3. Desmarets reprochoit à Boileau cette allégorie héroïque, et, dans la préface de son poëme épique *Clovis*, il disait au roi :

> Et quand du dieu du Rhin l'on feint la fière image
> S'opposant en fureur à ton fameux passage,
> On ternit par le faux la pure vérité
> De l'effort qui dompta ce grand fleuve indompté.
> Forcer les éléments par un cœur héroïque
> Est bien plus que lutter contre un dieu chimérique.
> A ta haute valeur c'est être injurieux
> Que de mêler la fable à tes faits glorieux, etc.

La honte fait en eux l'effet de la valeur,
Ils marchent droit au fleuve, où Louis en personne,
Déjà prêt à passer, instruit, dispose, ordonne. [1]
Par son ordre Grammont [2] le premier dans les flots
S'avance soutenu des regards du héros :
Son coursier écumant sous son maître intrépide
Nage tout orgueilleux de la main qui le guide.
Revel [3] le suit de près : sous ce chef redouté
Marche des cuirassiers l'escadron indompté.
Mais déjà devant eux une chaleur guerrière
Emporte loin du bord le bouillant Lesdiguière, [4]
Vivonne, Nantouillet, et Coislin, et Salart; [5]

1. On lit encore dans Corneille :

>Si ce peuple à l'effroi se laisse trop dompter,
>Ses fleuves ont des flots à moins s'épouvanter.
>Ils ont fait aux Romains assez de résistance
>Pour en espérer une en faveur de la France.
>Et ces bords où jamais l'aigle ne fit la loi
>S'oseront quelque temps défendre contre toi.
>A ce nouveau projet le monarque s'enflamme,
>Il l'examine, tâte, et résout en son âme,
>Et, tout impatient d'en recueillir le fruit,
>Il part dans le silence et l'ombre de la nuit.
>Des guerriers qu'il choisit l'escadron intrépide
>Glorieux d'un tel choix et ravi d'un tel guide,
>Marche incertain des lieux où l'on veut son emploi,
>Mais assuré de vaincre, où l'emploira son roi.

(*Les Victoires du Roi en l'année 1672.*)

2. M. le comte de Guiche. (BOILEAU, 1713.) — Il était fils aîné du maréchal de Grammont et lieutenant général de l'armée de M. le prince. Cf. lettre de Mme de Sévigné du 3 juillet 1672.

3. Charles-Amédée de Broglio, comte de Revel, mort lieutenant général en 1707. Voir, dans la *Correspondance* (de Boileau), une lettre du 17 d'avril 1702. (M. CHÉRON.)

4. M. le comte de Saux. (BOILEAU, 1713.) — François-Emmanuel de Blanchefort de Bonne de Créqui, duc de Lesdiguières, pair de France, gouverneur du Dauphiné, mort en 1681. (M. CHÉRON.)

5. Louis-Victor de Rochechouart, duc de Mortemar et de Vivonne, alors général des galères, mort maréchal de France en 1688. Il était, ainsi que le chevalier de Nantouillet, très-lié avec Boileau. Cf. Lettre de Mme de Sévigné du 3 juillet 1672. — Armand de Cambout, duc de Coislin, pair de France, chevalier des ordres du roi, mort le 16 de septembre 1702, âgé de 67 ans.

Chacun d'eux au péril veut la première part.
Vendôme,¹ que soutient l'orgueil de sa naissance,
Au même instant dans l'onde impatient s'élance :
La Salle, Béringhen, Nogent, d'Ambre, Cavois, ²
Fendent les flots tremblants sous un si noble poids.
Louis, les animant du feu de son courage, ³
Se plaint de sa grandeur qui l'attache au rivage.⁴

---

1. Philippe de Vendôme, chevalier de Malte. Il était né le 23 d'août 1665 et n'avait pas tout à fait dix-sept ans lors du passage du Rhin. Nommé grand prieur de France en 1693, il mourut au Temple le 24 de janvier 1727. (M. Chéron.)

2. Le marquis de la Salle traversa le Rhin un des premiers, et fut blessé par les cuirassiers français qui le prirent pour un Hollandais. — Le marquis de Beringhen, premier écuyer du roi et colonel du régiment Dauphin. — Arnauld de Bautru, comte de Nogent, capitaine des gardes de la porte, lieutenant général au gouvernement d'Auvergne, maître de la garde-robe et maréchal de camp, tué au passage du fleuve. — D'Ambre? — Louis d'Oger, marquis de Cavois ou Cavoic, depuis grand maréchal des logis de la maison du roi, né en 1640, mort le 3 de février 1716. Il est question de lui dans la correspondance entre Boileau et Racine. (M. Chéron.)

3. Il rassemble avec eux ses bataillons épars
    Qu'il anime en marchant du feu de ses regards.
             (Voltaire, *Henriade*, VIII, v. 303-304.)

4. To say how Louis did not pass the Rhine.
             (Prior, *poëme sur la bataille d'Hochstedt.*)

Ce que Voltaire, dans une lettre où il parle de ce poëme, a traduit ainsi :

   Satirique flatteur, toi qui pris tant de peine
   Pour chanter que Louis n'a point passé le Rhin.

Voici ce qu'on lit dans Corneille : Louis s'adresse à ses soldats :

   « De vos ponts commencés abandonnez l'ouvrage,
   François, ce n'est qu'un fleuve, il faut passer à nage ;
   Et laisser, en dépit des fureurs de son cours,
   Aux autres nations un si tardif secours.
   Prenez pour ce triomphe une plus courte voie,
   C'est Dieu que vous servez, c'est moi qui vous envoie,
   Allez et faites voir à ces flots ennemis
   Quels intérêts le ciel en vos mains a remis. »
   C'étoit assez en dire à de si grands courages,
   Des barques et des ponts on hait les avantages,
   On demande, on s'efforce à passer des premiers.
   Grammont ouvre le fleuve à ces bouillants guerriers:

Par ses soins cependant trente légers vaisseaux
D'un tranchant aviron déjà coupent les eaux :
Cent guerriers s'y jetant signalent leur audace.
Le Rhin les voit d'un œil qui porte la menace ;
Il s'avance en courroux. Le plomb vole à l'instant,
Et pleut de toutes parts sur l'escadron flottant.
Du salpêtre en fureur l'air s'échauffe et s'allume,
Et des coups redoublés tout le rivage fume. [1]

> Vendosme, d'un grand roi race toute héroïque,
> Vivonne, la terreur des galères d'Afrique,
> Briole, Chavigny, Nogent et Nantouillet,
> Sous divers ascendants montrent même souhait.
> De Termes, et Coaslin et Soubise et La Salle,
> Et de Saulx et Revel ont une ardeur égale,
> Et Guitry, que la Parque attend sur l'autre bord,
> Sallart et Beringhem font un pareil effort.
> (*Les Victoires du Roi en l'année 1672.*)

1. Brossette et Monchesnai prétendent que Boileau se vantait d'avoir le premier parlé en vers de l'artillerie moderne et de ce qui en dépend, comme les canons, les bombes, la poudre, le salpêtre, dont les noms sont pour le moins, disait-il, aussi beaux et les images aussi magnifiques que celles des dards, des flèches, des boucliers et des autres armes anciennes. Suivant Louis Racine, Boileau ne se vantait que d'une chose : d'en avoir parlé poétiquement et avec de nobles périphrases. Il a dit, satire VIII :

> C'étoit peu que sa main conduite par l'enfer
> Eût pétri le salpêtre, eût aiguisé le fer, etc.

Épître IV :

> De cent foudres d'airain tournés contre sa tête.

Ode sur la prise de Namur, strophe x :

> Et les bombes dans les airs
> Allant chercher le tonnerre
> Semblent, tombant sur la terre,
> Vouloir s'ouvrir les enfers.

Malherbe avait déjà dit :

> Mais d'aller plus à ces batailles,
> Où tonnent les foudres d'enfer,
> Et lutter contre des murailles
> D'où pleuvent la flamme et le fer, etc.
> (*Ode à la reine Marie de Médicis.*)

Et dans l'ode au duc de Bellegarde :

> Qui ne sait de quelles tempêtes
> Leur fatale main autrefois

Déjà du plomb mortel plus d'un brave est atteint. ¹
Sous les fougueux coursiers l'onde écume et se plaint.
De tant de coups affreux la tempête orageuse
Tient un temps sur les eaux la fortune douteuse;
Mais Louis d'un regard sait bientôt la fixer :
Le destin à ses yeux n'oseroit balancer.
Bientôt avec Grammont courent Mars et Bellone :
Le Rhin à leur aspect d'épouvante frissonne,
Quand, pour nouvelle alarme à ses esprits glacés,
Un bruit s'épand qu'Enghien et Condé ² sont passés ;

> Portant la foudre de nos rois
> Des Alpes a battu les têtes ?

1. Corneille :

> Tout à coup il se montre (l'ennemi) et de ses embuscades
> Il fait pleuvoir sur eux cent et cent mousquetades :
> Le plomb vole, l'air siffle, et les plus avancés
> Chancellent sous les coups dont ils sont traversés.
> Nogent, qui flotte encor dans les gouffres de l'onde,
> En reçoit dans la tête une atteinte profonde;
> Il tombe, l'onde achève, et, l'éloignant du bord,
> S'accorde avec le feu pour cette double mort.

2. Henri-Jules de Bourbon, duc d'Enghien, né en 1643, mort le 1ᵉʳ d'avril 1709, et fils de Louis II de Bourbon, prince de Condé (le grand Condé), né en 1621, mort le 11 de décembre 1686. (M. Chéron.) — *S'épand* a vieilli, surtout au figuré. (Féraud.) Il était encore très-fréquent au xviiᵉ siècle :

> Sur un bruit épandu que le destin et moi,
> (Corneille, *Suite du Ment.*, II, ii.)

> Son amour épandu sur toute la famille.
> (Id., *Pol.*, V, vi.)

> La terreur de son nom, qui devance ses armes,
> *Épandit* dans ses rangs de si vives alarmes.
> (Perrault, *Poëme de la Peint.*)

> Océan qui sur tes rives
> Épands tes vagues plaintives.
> (Lamart.. *Harm.*, II, 13.)

> Quel est sur votre front ce nuage épandu?
> (Victor Hugo, *Ch. du Crépuscule*, II, 19.)

Bossuet dit de ce fils : « Le prince le mène aux leçons vivantes et à la pratique. Laissons le passage du Rhin, le prodige de notre siècle et de la vie de Louis le Grand. » (*Oraison funèbre du prince de Condé.*)

Condé, dont le seul nom fait tomber les murailles,[1]
Force les escadrons, et gagne les batailles;
Enghien, de son hymen le seul et digne fruit,
Par lui dès son enfance à la victoire instruit.[2]
L'ennemi renversé fuit et gagne la plaine;
Le dieu lui-même cède au torrent qui l'entraîne;
Et seul, désespéré, pleurant ses vains efforts,
Abandonne à Louis la victoire et ses bords.[3]

Du fleuve ainsi dompté la déroute éclatante
A Wurts jusqu'en son camp va porter l'épouvante.
Wurts,[4] l'espoir du pays, et l'appui de ses murs;

---

1. Bossuet a dit du même prince : « Son ombre eût pu encore gagner des batailles. » (*Oraison funèbre du prince de Condé.*) — Corneille (*Illusion*, acte II, scène II) fait dire à son Capitan :

> Le seul bruit de mon nom renverse les murailles,
> Défait les escadrons et gagne les batailles.

On lit dans Tassoni (*Sechia rapita*, V, v. 38-39) :

> Il magnanimo cor di Salinguerra
> Che fa del nome suo tremar la terra.

2.   Aux combats, dès l'enfance instruit par la victoire.
(VOLTAIRE, *Henriade*, I, v. 26.)

3. Corneille avait rassemblé sur les bords du Rhin les mânes de Drusus, de Varus, de Germanicus, de Jean d'Autriche, de Farnèse, de Tolède, des Nassaus, pour voir faire au roi ce qu'eux tous n'ont pu faire; le Rhin passé, il ajoute :

> Tandis que l'escadron, fier de cette déroute,
> Mêle au sang hollandois les eaux dont il dégoutte,
> De honte et de dépit les mânes disparus
> De ces bords asservis qu'en vain ils ont courus
> Y laissent à mon roi, pour éternel trophée,
> Leurs noms ensevelis et leur gloire étouffée.
> . . . .
> Le vent s'est abattu, le Rhin s'est fait docile.

4. Commandant de l'armée ennemie. (BOILEAU, 1713.) — Wurts, qui commandait le camp destiné à s'opposer au passage du Rhin, s'était acquis beaucoup de réputation en défendant Cracovie pour les Suédois, contre les impériaux. Il mourut à Hambourg le 24 de mai 1676. (M. CHÉRON.)

ÉPITRE IV.

Wurts... Ah! quel nom, grand roi, quel Hector que ce Wurts!
Sans ce terrible nom, mal né pour les oreilles,
Que j'allois à tes yeux étaler de merveilles!
Bientôt on eût vu Skink[1] dans mes vers emporté
De ses fameux remparts démentir la fierté;
Bientôt... Mais Wurts s'oppose à l'ardeur qui m'anime.
Finissons, il est temps : aussi bien si la rime
Alloit mal à propos m'engager dans Arnheim,[2]
Je ne sais pour sortir de porte qu'Hildesheim.[3]

Oh! que le ciel, soigneux de notre poésie,
Grand roi, ne nous fît-il plus voisins de l'Asie!
Bientôt victorieux de cent peuples altiers,
Tu nous aurois fourni des rimes à milliers.
Il n'est plaine en ces lieux si sèche et si stérile
Qui ne soit en beaux mots partout riche et fertile.[4]
Là, plus d'un bourg fameux par son antique nom
Vient offrir à l'oreille un agréable son.
Quel plaisir de te suivre aux rives du Scamandre;
D'y trouver d'Ilion la poétique cendre;
De juger si les Grecs, qui brisèrent ses tours,
Firent plus en dix ans que Louis en dix jours!
Mais pourquoi sans raison désespérer ma veine?
Est-il dans l'univers de plage si lointaine

PRIOR :
    Wurts!... Who could mention in heroic... Wurts!

1. Ce fort, qui passait pour imprenable, fut assiégé le 18 et pris le 21 de juin 1672. (M. CHÉRON.)
2. Ville considérable du duché de Gueldre, prise par Turenne le 14 de juin 1672. (M. CHÉRON.)
3. Petite ville de l'électorat de Trèves. (BROSSETTE.)
4. Tanto est sermo græcus latino jucundior, ut nostri poetæ, quoties dulce carmen esse voluerunt, illorum id nominibus exornent. (QUINTILIEN, *Instit. oratoires*, liv. XII, ch. x.)

Où ta valeur, grand roi, ne te puisse porter,
Et ne m'offre bientôt des exploits à chanter?
Non, non, ne faisons plus de plaintes inutiles :
Puisqu'ainsi dans deux mois tu prends quarante villes,
Assuré des beaux vers dont ton bras me répond,
Je t'attends dans deux ans aux bords de l'Hellespont.[1]

1. *Tarare-ponpon*, ajouta Bussy-Rabutin, qui d'ailleurs écrivit une lettre où toute l'épître était amèrement censurée. Le P. Rapin et le comte de Limoges s'entremirent pour réconcilier Despréaux et Bussy qui, se craignant l'un l'autre, ne jugèrent pas à propos de continuer la querelle. (DAUNOU.) Cf. dans la *Correspondance*, une lettre de Boileau à Bussy-Rabutin, du 25 de mai 1673.

Dans le second tome du *Mercure hollandois, contenant les conquestes du roi Louis XIV, dit le Grand, sur les Provinces-Unies des Pays-Bas*, par le sieur P. Louvet, D. M. conseiller historiographe de S. A. R. souveraine de Dombes, imprimé à Lyon, 1674, on trouve un petit poëme sur le *Passage du Rhin*, où l'auteur cite ce vers de M. Despréaux, et pousse bien plus loin l'hyperbole :

> Des temps et de nos jours un des premiers oracles,
> Dans un style pompeux, parlant de tes miracles,
> T'attend dedans deux ans aux bords de l'Hellespont :
> Ma muse plus hardie, ô grand roi, te répond
> Que du moins ta valeur, à nulle autre seconde,
> Tonnera dans deux ans aux quatre coins du monde.
>   (M. CHÉRON.)

Voir sur le passage du Rhin Mme de Sévigné, lettre du 3 juillet 1672; VOLTAIRE, *Siècle de Louis XIV*, ch. X.

ÉPITRE V.[1]

A M. DE GUILLERAGUES[2]

SECRÉTAIRE DU CABINET.

Esprit né pour la cour, et maître en l'art de plaire,
Guilleragues, qui sais et parler et te taire,[3]
Apprends-moi si je dois ou me taire ou parler.
Faut-il dans la satire encor me signaler,

---

1. Composée et publiée en 1674.
2. Gabriel-Joseph de Lavergne, comte de Guilleragues, secrétaire des commandements du prince de Conti, secrétaire de la chambre et du cabinet du roi, ambassadeur à la cour ottomane, né à Bordeaux, mort d'apoplexie à Constantinople le 5 de décembre 1684. Les *Curiosités historiques,* Amsterdam, 1739, 2 vol. in-12, contiennent, tome I, p. 55-87, une *Relation de l'audience donnée sur le Sofa,* à M. de Guilleragues, le 28 d'octobre 1684. On a de lui : *Relation véritable de ce qui s'est passé à Constantinople.* Paris, 1682, in-12; *Ambassades du comte de Guilleragues et de M. de Girardin auprès du Grand Seigneur.* Paris, 1687, in-12. Il a dirigé pendant quelque temps la *Gazette de France,* où il inséra l'éloge de Turenne; il aurait pris part à la traduction des *Lettres d'une religieuse portugaise,* attribuée généralement à Subligny. Cf. *Mémoires de Saint-Simon,* édition Garnier frères, t. II, p. 200. (M. Chéron.)

« Guilleragues disoit hier que Pellisson abusoit de la permission qu'ont les hommes d'être laids. » (Mme de Sévigné, lettre du 5 janvier 1674.) — « M. de Guilleragues par la constance de son amour, son esprit et ses chansons, doit aussi trouver place parmi les adorateurs de Mme de Maintenon. » (*Souvenirs de Mme de Caylus.*) — Quand il partit pour Constantinople, le roi lui dit : « ... Si vous voulez vous acquitter à mon gré de votre ambassade, faites tout le contraire de ce qu'a fait votre prédécesseur (M. de Nointel). — Sire, répondit-il, je ferai en sorte que Votre Majesté ne donne pas la même instruction à mon successeur. »

3. . . . . Dicenda, tacendaque calles?
(Perse, sat. IV, v. 5.)

Et, dans ce champ fécond en plaisantes malices,
Faire encore aux auteurs redouter mes caprices?
Jadis, non sans tumulte, on m'y vit éclater,
Quand mon esprit plus jeune, et prompt à s'irriter,
Aspiroit moins au nom de discret et de sage;
Que mes cheveux plus noirs ombrageoient mon visage.[1]
Maintenant que le temps a mûri mes désirs,
Que mon âge, amoureux de plus sages plaisirs,
Bientôt s'en va frapper à son neuvième lustre,[2]
J'aime mieux mon repos qu'un embarras illustre.[3]
Que d'une égale ardeur mille auteurs animés
Aiguisent contre moi leurs traits envenimés;
Que tout, jusqu'à Pinchéne,[4] et m'insulte et m'accable :

---

1. Ses cheveux commençoient à blanchir. (BROSSETTE.)

2. A la quarante et unième année. (BOILEAU, 1713.) — Il n'avoit alors que trente-huit ans. (BROSSETTE.) — Il était né le 1ᵉʳ novembre 1636 et l'épître V fut composée en 1674.

3. *Embarras illustre*, l'expression est hardie; elle est heureuse. (SAINT-MARC.) Certainement, illustre est pris dans son sens étymologique : qui *met en lumière*.

4. Pinchesne étoit neveu de Voiture. (BOILEAU, 1713.) — Estienne Martin, seigneur de Pinchesne, né à Amiens « qui, dit le Catalogue manuscrit de la Bibliothèque impériale, s'imaginoit avoir de l'esprit, parce qu'il estoit neveu de Voiture, » a publié : *Poésies héroïques; Poésies meslées; Amours et poésies chrestiennes*. Paris, A. Cramoisy, 1670, 1672 et 1674, in-4°; *les Sept Psaumes de la pénitence, paraphrasés en vers françois*. Paris, A. Cramoisy, 1671, in-12; *Essais et échantillons de l'heureuse alliance présentée au roi au retour de ses conquestes de Hollande*, in-4°; les *OEuvres de Voiture et sa défense par Costar*, mises au jour par ledit Pinchesne. Paris, 1650 et 1653, in-4°. « Ses poésies, ajoute le catalogue déjà cité, n'ont rien de recommandable que la rime, qui est fort froide. »

> D'un Pinchesne in-quarto Dodillon étourdi...
> (*Le Lutrin*, ch. V, v. 173.) (M. CHÉRON.)

Pinchesne, peu de temps après la publication de cette épître (1675), répondit à Boileau. Il lui dit : De quoi te plains-tu?

> Si le commun persécuteur
> Des beaux-esprits en toi je fronde,
> Je n'insulte qu'un insulteur.

Aujourd'hui vieux lion, je suis doux et traitable;[1]
Je n'arme point contre eux mes ongles émoussés.
Ainsi que mes beaux jours mes chagrins sont passés :[2]
Je ne sens plus l'aigreur de ma bile première,
Et laisse aux froids rimeurs une libre carrière.

Ainsi donc, philosophe à la raison soumis,
Mes défauts désormais sont mes seuls ennemis:[3]
C'est l'erreur que je fuis; c'est la vertu que j'aime.
Je songe à me connoître, et me cherche en moi-même :
C'est là l'unique étude où je veux m'attacher.
Que, l'astrolabe[4] en main, un autre aille chercher
Si le soleil est fixe ou tourne sur son axe,
Si Saturne à nos yeux peut faire un parallaxe;[5]

---

1. Allusion à la fable du *Lion devenu vieux*. (PHÈDRE, I, 20; LA FONTAINE, III, 14. 1668.)

2. De 1674 à 1713 on a toujours imprimé :

> Ainsi que mes chagrins mes beaux jours sont passés.
> (BERRIAT-SAINT-PRIX.)

3. C'est aussi l'idée qu'Horace développe dans la plupart de ses épîtres :

> Spectatum satis et donatum jam rude quæris,
> Mæcenas, iterum antiquo me includere ludo :
> Non eadem est ætas, non mens...
> . . . .
> Nunc itaque et versus et cetera ludicra pono,
> Quid verum atque decens curo et rogo et omnis in hoc sum.
> (Épître I, liv. I, v. 2.)

> Certemus. spinas animone ego fortius, an tu
> Evellas agro et melior sit Horatius, an res.
> (Épître XIV, liv. I, *ad Villicum*.)

> . . . . . Neque enim; quum lectulus aut me
> Porticus excepit, desum mihi : « Rectius hoc est;
> Hoc faciens vivam melius; sic dulcis amicis
> Occurram; hoc quidam non belle; numquid ego illi
> Imprudens olim faciam simile ? »
> (Satire I, liv. IV, v. 133.)

4. L'astrolabe sert à mesurer la hauteur des astres au-dessus de l'horizon. Mme de la Sablière a dit que le poëte parlait de l'astrolabe sans le connaître.

5. La parallaxe, ce mot est féminin, est la différence entre le *lieu* appa-

Que Rohaut[1] vainement sèche pour concevoir
Comment, tout étant plein, tout a pu se mouvoir;
Ou que Bernier[2] compose et le sec et l'humide
Des corps ronds et crochus errants parmi le vide :[3]

rent et le *lieu* véritable d'un astre, c'est-à-dire entre la place que semble occuper l'astre vu de la surface de la terre et celle qu'il occuperait vu du centre. (Brossette.)

1. Fameux cartésien. (Boileau, 1713.) — Jacques Rohault professeur de la philosophie cartésienne, gendre de Cl. Clerselier, autre cartésien, né à Amiens en 1620, mort à Paris en 1675, et inhumé en l'abbaye de Sainte-Geneviève, à côté de Descartes. On a de lui : *Traité de physique*. Paris, Thierry, 1671, in-4°, et Paris, G. Desprez, 1705, in-12; *OEuvres posthumes* (de mathématiques) données au public par Cl. Clerselier, son beau-père. Paris, Desprez, 1682, in-4°. Il existe de son *Traité de physique* de nombreuses traductions latines et anglaises. (M. Chéron.)

2. Célèbre voyageur qui a composé un abrégé de la philosophie de Gassendi. (Boileau, 1713.) — François Bernier, médecin et voyageur, né à Angers, mort à Paris le 22 de septembre 1688. Il était en relation avec les personnages les plus illustres de son temps. Il a publié : *Histoire de la dernière révolution des États du Grand-Mogol*. Paris, 1670 et 1671, 4 vol. in-12; l'*Abrégé de la philosophie de Gassendi*. Lyon, 1678, 8 vol. in-12; quelques opuscules de philosophie cartésienne et différents mémoires et notices dans le *Journal des Savants*. Il sera de nouveau question de Bernier dans une note de l'*Arrêt burlesque*. (M. Chéron.)

3. « S'il y a quelque vide dans la nature, ou si tout est absolument plein, c'est une question qui a partagé les philosophes anciens et modernes, et particulièrement les deux plus célèbres philosophes du dernier siècle, Descartes et Gassendi. Notre auteur les désigne en citant leurs plus déclarés partisans. Rohaut dit avec Descartes que, tout espace étant corps, ce qu'on appelle vide seroit espace et corps par conséquent, et qu'ainsi non-seulement il n'y a pas de vide, mais qu'il n'y en peut pas même avoir. Bernier, au contraire, veut, après Gassendi, que tout soit composé d'atomes indivisibles qui errent dans un espace vide infini, et que ces atomes ne puissent se mouvoir sans laisser nécessairement entre eux de petits espaces vides. Car, disent les gassendistes, comment les corps peuvent-ils se déplacer et occuper la place de divers autres corps, si le vide ne leur donne la liberté nécessaire à ce mouvement? A quoi les cartésiens répondent qu'il suffit pour cela que, dans le même temps qu'un corps se meut, les corps contigus se déplacent l'un l'autre, de telle manière que, par un mouvement qui revient au circulaire, le dernier occupe la place du premier à mesure qu'il la cède. Et comme la différente configuration des corps semble s'opposer à ce mouvement, ces philosophes ajoutent que, la matière étant divisible à l'infini,

Pour moi, sur cette mer qu'ici-bas nous courons,
Je songe à me pourvoir d'esquif et d'avirons,
A régler mes désirs, à prévenir l'orage,
Et sauver, s'il se peut, ma raison du naufrage.

C'est au repos d'esprit que nous aspirons tous,
Mais ce repos heureux se doit chercher en nous.
Un fou rempli d'erreurs, que le trouble accompagne,
Et malade à la ville ainsi qu'à la campagne,
En vain monte à cheval pour tromper son ennui,
Le chagrin monte en croupe et galope avec lui.[1]
Que crois-tu qu'Alexandre, en ravageant la terre,
Cherche parmi l'horreur, le tumulte et la guerre?
Possédé d'un ennui qu'il ne sauroit dompter,
Il craint d'être à soi-même, et songe à s'éviter.
C'est là ce qui l'emporte aux lieux où naît l'aurore,
Où le Perse est brûlé de l'astre qu'il adore.

De nos propres malheurs auteurs infortunés,
Nous sommes loin de nous à toute heure entraînés.

---

elle se brise en des parties si petites et si différentes dans leurs figures, lorsque la nécessité du mouvement le demande, qu'il s'en trouve toujours qui peuvent l'ajuster de manière qu'il ne reste aucun vide. Voilà, selon eux, *comment tout étant plein, tout a pu se mouvoir.* » (SAINT-MARC.)

1.   ... Quid terras alio calentes
         Sole mutamus? patriæ quis exsul
                Se quoque fugit?
         Scandit æratas vitiosa naves
         Cura, nec turmas equitum relinquit,
         Ocior cervis, et agente nimbos
                Ocior euro.
                              (HORACE, liv. II, ode XVI.)

              Sed timor et minæ
         Scandunt eodem, quo dominus,
         Neque decedit ærata triremi, et
         Post equitem sedet atra cura.
                         (HORACE, liv. III, ode I, v. 40.)

A quoi bon ravir l'or au sein du nouveau monde?
Le bonheur, tant cherché sur la terre et sur l'onde,[1]
Est ici comme aux lieux où mûrit le coco,
Et se trouve à Paris de même qu'à Cusco :[2]
On ne le tire point des veines du Potose.[3]
Qui vit content de rien possède toute chose.
Mais, sans cesse ignorants de nos propres besoins,[4]
Nous demandons au ciel ce qu'il nous faut le moins.

Oh! que si cet hiver un rhume salutaire,
Guérissant de tous maux mon avare beau-père,
Pouvoit, bien confessé, l'étendre en un cercueil,
Et remplir sa maison d'un agréable deuil![5]

---

1. HORACE, liv. I, épit. XI, v. 28-30 :

> Strenua nos exercet inertia : navibus atque
> Quadrigis petimus bene vivere. Quod petis hic est,
> Est Ulubris, animus si te non deficit æquus.

VOLTAIRE, *Discours sur l'égalité des conditions* :

> Hélas! où donc chercher, où trouver le bonheur?
> En tous lieux, en tout temps, dans toute la nature :
> Nulle part tout entier, partout avec mesure,
> Et partout passager, hors dans son seul auteur.

2. Capitale du Pérou. (BOILEAU, 1701.) — Sous les Incas; aujourd'hui c'est Lima. — On lit dans Massillon, sermon pour le jour de la Toussaint : « O homme! pourquoi êtes-vous si ingénieux à vous rendre malheureux?... La félicité que vous cherchez coûte moins. Il ne faut ni traverser les mers, ni conquérir des royaumes. Ne sortez pas de vous-même, et vous serez heureux. »

3. Montagne où sont les mines d'argent les plus riches de l'Amérique. (BOILEAU, 1713.)

4. *Ignorants de nos propres besoins*, vieille construction latine (*non ignara mali*, Virgile) fort usitée au XVIIe siècle. — Bercheure (XIVe siècle): il n'était pas ignorant de leurs emprises, folio 66. — Molière, *Malade imaginaire* : « Ce sont gens de difficultés (les avocats) et qui sont ignorants des détours de la conscience. » Bossuet, *Or. funèb. de la duch. d'Orl.* : « O vanité! ô néant! ô mortels ignorants de leurs destinées! » André Chénier a dit aussi : « La paix, la conscience ignorante du crime. » Élég. XXX. — En termes de palais, être ignorant du fait. Voir E. LITTRÉ, *Dictionnaire de la langue française*.

5. . . . . . . O si
Ebullit patrui præclarum funus! et, o si

ÉPITRE V.

Que mon âme, en ce jour de joie et d'opulence,
D'un superbe convoi plaindroit peu la dépense!
Disoit le mois passé, doux, honnête et soumis,
L'héritier affamé de ce riche commis [1]
Qui, pour lui préparer cette douce journée,
Tourmenta quarante ans sa vie infortunée. [2]
La mort vient de saisir le vieillard catarrheux : [3]
Voilà son gendre riche ; en est-il plus heureux?
Tout fier du faux éclat de sa vaine richesse,
Déjà nouveau seigneur il vante sa noblesse.
Quoique fils de meunier, encor blanc du moulin,
Il est prêt à fournir ses titres en vélin. [4]
En mille vains projets à toute heure il s'égare :
Le voilà fou, superbe, impertinent, bizarre,
Rêveur, sombre, inquiet, à soi-même ennuyeux,
Il vivroit plus content, si, comme ses aïeux,
Dans un habit conforme à sa vraie origine, [5]
Sur le mulet encore il chargeoit la farine.

> Sub rastro crepet argenti mihi seria, dextro
> Hercule! pupillumve utinam quem proximus hæres
> Impello, expungam!...
>
> (PERSE, sat. II, v. 19-23.)

1. Les commis étaient des personnes préposées par les fermiers des impôts à la perception des droits sur diverses marchandises; « qu'un commis engraissé des malheurs de la France, » va-t-il dire plus bas.

2. HORACE, *Odes*, II, XIV, 25 :

> Absumet heres Cœcuba dignior
> Servata centum clavibus et mero
> Tinget pavimentum superbo,
> Pontificum potiore cœnis.

3. Dans les éditions de 1674 à 1713 on lit *catherreux*.

4. Les titres de noblesse étaient écrits sur vélin, c'est-à-dire sur une peau de veau préparée (vitellinus).

5. Le vêtement du gentilhomme différait de celui des autres citoyens; il y avait des étoffes et des couleurs qu'ils avaient seuls le droit de porter.

Mais ce discours n'est pas pour le peuple ignorant,
Que le faste éblouit d'un bonheur apparent.
L'argent, l'argent, dit-on, sans lui tout est stérile :
La vertu sans l'argent n'est qu'un meuble inutile ; [1]
L'argent en honnête homme érige un scélérat ;
L'argent seul au palais peut faire un magistrat.
Qu'importe qu'en tous lieux on me traite d'infâme ? [2]
Dit ce fourbe sans foi, sans honneur et sans âme ;
Dans mon coffre tout plein de rares qualités,
J'ai cent mille vertus en louis bien comptés. [3]
Est-il quelque talent que l'argent ne me donne?
C'est ainsi qu'en son cœur ce financier raisonne. [4]
Mais pour moi que l'éclat ne sauroit décevoir,
Qui mets au rang des biens l'esprit et le savoir,
J'estime autant Patru, [5] même dans l'indigence,
Qu'un commis engraissé des malheurs de la France.

---

1. O cives, cives, quærenda pecunia primum est;
Virtus post nummos...
(Horace, liv. I, ép. I, v. 53-54.)

Satire I, liv. I, v. 62 :

At bona pars hominum decepta cupidine falso,
Nil satis est, inquit, quia tanti, quantum habeas, sis.

Pas un commentateur n'a cité ce passage où l'imitation est bien plus directe :

Scilicet uxorem cum dote fidemque et amicos
Et genus et formam regina Pecunia donat,
Ac bene nummatum decorat Suadela Venusque.
(Horace, liv. I, épit. VI, 36.)

2. .... Quid enim salvis infamia nummis.
(Juvénal, sat. I, v. 48.)

3. .... Populus me sibilat, at mihi plaudo.
Ipse domi, simul ac nummos contemplor in arca.
(Horace, liv. I, sat. I, v. 66-67.)

4. De 1674 à 1682 : *cet avare raisonne.*

5. Fameux avocat et un des bons grammairiens de notre siècle. (Boileau, 1713.)

ÉPITRE V.

Non que je sois du goût de ce sage insensé [1]
Qui, d'un argent commode esclave embarrassé,
Jeta tout dans la mer pour crier : Je suis libre.
De la droite raison je sens mieux l'équilibre ;
Mais je tiens qu'ici-bas, sans faire tant d'apprêts,
La vertu se contente et vit à peu de frais.
Pourquoi donc s'égarer en des projets si vagues ?
Ce que j'avance ici, crois-moi, cher Guilleragues,
Ton ami dès l'enfance ainsi l'a pratiqué.
Mon père [2] soixante ans au travail appliqué,
En mourant me laissa, pour rouler et pour vivre,
Un revenu léger, [3] et son exemple à suivre.
Mais bientôt amoureux d'un plus noble métier,
Fils, frère, oncle, cousin, beau-frère de greffier, [4]

---

1. Aristippe fit cette action, et Diogène conseilla à Cratès, philosophe cynique, de faire la même chose. (BOILEAU, 1713.)

> .... Quid simile isti
> Græcus Aristippus? qui servos projicere aurum
> In media jussit Libya, quia tardius irent
> Propter onus segnes? Uter est insanior horum?
> (HORACE, liv. II, sat. III, v. 99-102.)

2. Gilles Boileau, greffier de la grand'chambre du parlement de Paris, né à Crosne le 28 de juin 1584, mort à Paris le 2 de février 1657.

3. Environ douze mille écus de patrimoine dont notre auteur mit à peu près le tiers à fonds perdu sur l'hôtel de ville de Lyon, qui lui fit une rente de quinze cents livres pendant sa vie. (BROSSETTE.)

4.   Moi fille, femme, sœur et mère de vos maîtres.
(RACINE, *Britannicus*, acte I, scène II.)

Au sujet de ce vers de Boileau, Brossette dit en substance : *frère* de Jérôme qui a eu la charge du père... *oncle* et de plus *cousin germain* par alliance de Dongois, greffier d'audience de la grand'chambre ; ce qui est exact, quoique incomplet, car Boileau était aussi cousin germain, par alliance, de Jean Chassebras, greffier du grand conseil... Mais Brossette ajoute :

« *Beau-frère* de M. Sirmond, qui a eu la même charge de greffier du conseil de la grand'chambre. »

Il y a trois erreurs grossières dans ces deux lignes : 1° Sirmond n'était

Pouvant charger mon bras d'une utile liasse,
J'allai loin du palais errer sur le Parnasse.[1]
La famille en pâlit, et vit en frémissant
Dans la poudre du greffe un poëte naissant :
On vit avec horreur une muse effrénée
Dormir chez un greffier la grasse matinée.[2]
Dès lors à la richesse il fallut renoncer :
Ne pouvant l'acquérir, j'appris à m'en passer ;
Et surtout, redoutant la basse servitude,
La libre vérité fut toute mon étude.[3]

point beau-frère de Boileau, mais le mari d'une de ses nièces ; 2° en 1674, Boileau ne pouvait avoir en vue Sirmond, puisque Sirmond n'épousa sa nièce qu'en 1684 ; 3° il ne pouvait non plus le présenter alors comme greffier, puisque Sirmond ne le fut qu'en 1691.

Ces erreurs sont d'autant plus inconcevables que Boileau avait fourni à Brossette l'occasion de lui demander, ou à d'autres personnes, des renseignements sur ce point, — renseignements faciles à obtenir, vu les relations d'un greffier avec presque tous les gens de loi.

Dans sa lettre, en effet, du 15 de juin 1704, Boileau ayant parlé à Brossette du chagrin que lui causait la suppression d'une charge de greffier de la grand'chambre, qui mettrait une de ses nièces, son « mari et ses trois enfants à l'hôpital, » il était naturel que Brossette lui demandât, ou à quelque homme de loi, tel que Bronod, avec qui il était en correspondance, le nom du greffier supprimé, qui précisément était Sirmond.

Une autre circonstance montre, en cette occasion, combien était vif le penchant de Brossette pour les conjectures. Il était d'autant moins nécessaire, pour expliquer le mot de *beau-frère*, d'attribuer faussement à Sirmond la qualité de greffier en 1674, qu'alors Boileau n'avait pas eu moins de trois beaux-frères greffiers, savoir : Jean Dongois et Charles Langlois, à la chambre de l'édit, et Joachim Poyvinet, à celle des requêtes. (BERRIAT-SAINT-PRIX.)

1. Il ne faut pas priver les lecteurs d'une observation de Pradon sur ce vers : « M. D... a raison de dire *errer*, car il y erre assez souvent. »

2. Il étoit grand dormeur et se levoit fort tard. (BROSSETTE.)

Ha ! que c'est chose belle et fort bien ordonnée
Dormir dedans un lit la grasse matinée.
(RÉGNIER, sat. VI, v. 73.)

3. Jusqu'en 1713, on lit dans toutes les éditions : ... *fut mon unique étude.*

ÉPITRE V.

Dans ce métier funeste à qui veut s'enrichir,
Qui l'eût cru? que pour moi le sort dût se fléchir? [1]
Mais du plus grand des rois la bonté sans limite,
Toujours prête à courir au-devant du mérite,
Crut voir dans ma franchise un mérite inconnu,
Et d'abord de ses dons enfla mon revenu.
La brigue ni l'envie à mon bonheur contraires,
Ni les cris douloureux de mes vains adversaires, [2]
Ne purent dans leur course arrêter ses bienfaits.
C'en est trop : mon bonheur a passé mes souhaits. [3]
Qu'à son gré désormais la fortune me joue;
On me verra dormir au branle de sa roue. [4]

---

1. Ponctuation de 1674 à 1701. Elle nous paroît préférable à la virgule mise depuis 1713. (BERRIAT-SAINT-PRIX.)
Racine, *Andromaque*, I, 1 :

> Qui l'eût cru qu'un rivage à mes vœux si funeste
> Présenteroit d'abord Pylade aux yeux d'Oreste.

2. Le roi ayant donné une pension de deux mille livres à l'auteur, un seigneur de la cour, qui n'aimoit pas M. Despréaux, s'avisa de dire que bientôt le roi donneroit des pensions aux voleurs de grand chemin. Le roi sut cette réponse et en fut irrité. Celui qui l'avoit faite fut obligé de la désavouer. (SAINT-MARC.) — Cizeron-Rival, *Anecdotes littéraires*, p. 177, dit, d'après Brossette, que c'est le duc de Montausier.

3. HORACE, liv. II, sat. VI, v. 1.

> Hoc erat in votis : modus agri non ita magnus,
> Hortus ubi et tecto vicinus jugis aquæ fons
> Et paulum silvæ super his foret. Auctius atque
> Di melius fecere. Bene est. Nil amplius oro.

4. Ainsi de notre espoir la fortune se joue :
    Tout s'élève ou s'abaisse au branle de sa roue.
            (CORNEILLE, *Illusion comique*, acte V, scène v.)

Avec quelle constance au branle de sa roue,
La fortune ennemie et me berce et me joue.
            (REGNARD, *le Légataire* (1708), acte IV, scène VIII.)

Parny a dit avec moins de bonheur :

> Je regarde avec un souris
> Cette fortune qui se joue

Si quelque soin encore agite mon repos,
C'est l'ardeur de louer un si fameux héros.
Ce soin ambitieux me tirant par l'oreille,
La nuit, lorsque je dors, en sursaut me réveille;
Me dit : que ces bienfaits, dont j'ose me vanter,
Par des vers immortels ont dû se mériter.
C'est là le seul chagrin qui trouble encor mon âme.
Mais si, dans le beau feu du zèle qui m'enflamme,
Par un ouvrage enfin des critiques vainqueur
Je puis sur ce sujet satisfaire mon cœur,
Guilleragues, plains-toi de mon humeur légère,
Si jamais, entraîné d'une ardeur étrangère,
Ou d'un vil intérêt reconnoissant la loi,
Je cherche mon bonheur autre part que chez moi.

En tourmentant ses favoris;
Et j'abaisse un œil de mépris
Sur l'inconstance de sa roue.
(*Ma Retraite*, élégie III.)

ÉPITRE VI.[1]

A M. DE LAMOIGNON[2]

AVOCAT GÉNÉRAL.

Oui, Lamoignon, je fuis les chagrins de la ville,[3]
Et contre eux la campagne est mon unique asile.
Du lieu qui m'y retient veux-tu voir le tableau?

---

1. Composée en 1677. Cf. HORACE, livre II, satire VI. — M. Sainte-Beuve la caractérise ainsi : « Il devait donner peu après la riante épître à M. de Lamoignon. » — Boileau était allé passer une partie de l'été à la campagne. Il y reçut une lettre de M. l'avocat général de Lamoignon qui lui reprochait sa trop longue absence de Paris et l'exhortait à y revenir promptement.

2. Chrétien-François de Lamoignon de Basville, depuis président à mortier (1698), fils de Guillaume de Lamoignon, premier président du parlement de Paris. (BOILEAU, 1713.) — Il était né à Paris le 26 de juin 1644 et mourut le 7 d'août 1709. On n'a imprimé de lui qu'une *Lettre* sur la mort du P. Bourdaloue, à la fin du IIIe volume du *Carême* de ce prédicateur; et *Plaidoyer pour Girard Vanopstal, un des recteurs de l'Académie royale de peinture et de sculpture*. Paris, Cramoisy, 1668, in-4°; il avait aussi écrit la vie de son père, le premier président Guillaume de Lamoignon. (M. CHÉRON.)

3. Regnard nous explique ce que c'est que ces chagrins de la ville, qu'il fuit, lui aussi, dans sa maison au bout de la rue de Richelieu; il dit :

> Dans le sein fortuné de ce réduit tranquille,
> Je ne veux point savoir ce qu'on fait dans la ville;
> J'ignore si Paris fait des feux pour la paix;
> Mes yeux n'y voient point un maudit Bourvalais
> Dans un char surdoré jouir avec audace
> Des indignes regards dont chacun le menace.
> Je n'entends point crier tant de nouveaux écrits
> De l'avare cerveau de ... sortis, etc.

Voir aussi le *Misanthrope*, acte III, scène VII.

C'est un petit village [1] ou plutôt un hameau,
Bâti sur le penchant d'un long rang de collines,
D'où l'œil s'égare au loin dans les plaines voisines.
La Seine, au pied des monts que son flot vient laver,
Voit du sein de ses eaux vingt îles s'élever,
Qui, partageant son cours en diverses manières,
D'une rivière seule y forment vingt rivières. [2]
Tous ses bords sont couverts de saules non plantés,
Et de noyers souvent du passant insultés. [3]
Le village au-dessus forme un amphithéâtre :
L'habitant ne connoît ni la chaux ni le plâtre ;
Et dans le roc, qui cède et se coupe aisément,
Chacun sait de sa main creuser son logement. [4]

1. Hautile, petite seigneurie près de la Roche-Guyon, appartenant à mon neveu, l'illustre M. Dongois, greffier en chef du parlement. (BOILEAU, 1713.) — Aujourd'hui Haute-Isle, département de Seine-et-Oise, arrondissement de Mantes, canton de Magny, 195 habitants. (M. CHÉRON.)

C'est de ce neveu que Voltaire a dit :

> Chez ton neveu Dongois je passai mon enfance,
> Bon bourgeois, qui se crut un homme d'importance.

D'Alembert s'étonne de ce nom d'*illustre* donné à un homme qui « n'avait rien fait de plus mémorable que de signer des arrêts. » *Illustre* ne veut rien dire ici que renommé en y ajoutant l'idée de louange et de mérite.

2. Ausone, dans la *Description de la Moselle*, lui fait un mérite du contraire :

> ... Exstantes medio non æquore terras
> Interceptus habes : justi ne demat honorem
> Nominis, exclusum si dividat insula flumen.
>
> (*Mosella*, 86.)

3.
> Nux ego, juncta viæ, cum sim sine crimine vitæ,
> A populo saxis prætereunte petor.
>
> (OVIDE, *de Nuce.*)

4. Ce roc est une espèce de craie blanche très-tendre. Il existe encore quelques édifices de ce genre, mais le plus remarquable est l'église creusée en entier dans le même roc aux frais de Dongois et de son épouse, seigneurs du lieu. (BERRIAT-SAINT-PRIX.) — Ce qu'atteste une inscription qui existe encore entière, sauf quelques mots effacés en 1794. Cette ceinture de craie qui entoure le bassin de Paris commence à se montrer à nu de ce côté, vers la Roche-Guyon, et se prolonge ainsi jusqu'à Rouen. (M. CHÉRON.)

La maison du seigneur, seule un peu plus ornée,[1]
Se présente au dehors de murs environnée.
Le soleil en naissant la regarde d'abord,
Et le mont la défend des outrages du nord.[2]
   C'est là, cher Lamoignon, que mon esprit tranquille
Met à profit les jours que la Parque me file.
Ici, dans un vallon bornant tous mes désirs,
J'achète à peu de frais de solides plaisirs.
Tantôt, un livre en main, errant dans les prairies,
J'occupe ma raison d'utiles rêveries :[3]
Tantôt, cherchant la fin d'un vers que je construi,[4]
Je trouve au coin d'un bois le mot qui m'avoit fui ;
Quelquefois, aux appas d'un hameçon perfide,[5]

---

1. En 1785 il existoit à peine quelques vestiges de la maison habitée par Dongois. (SAINT-SURIN.)

2.   ..... Ut veniens dextrum latus adspiciat sol.
                  (HORACE, liv. I, ép. XVI, v. 6.)

3. Suivant Brossette, Boileau lisait alors les *Essais* de Montaigne. Cela n'est pas nécessaire à supposer pour expliquer le mot de *rêveries*.

4. Nous avons déjà parlé de cette manière d'écrire la première personne des verbes qui se terminent aujourd'hui par *s* à cette même personne ; c'était une liberté qui rappelait l'ancienne conjugaison française où l'*s* caractérisait la seconde personne.

5. Texte de 1683 à 1713. (BERRIAT-SAINT-PRIX.) — On lit dans beaucoup d'éditions modernes *appâts ;* c'est sous cette forme que M. Littré cite ce vers. Voici ce qu'il dit de ce mot : « *Appas* est le pluriel de *appât*. L'ancienne orthographe était *appast ;* au pluriel, *appasts* ou *appas*. La faute a été de faire de ce mot unique deux mots différents. De là toute sorte d'irrégularités qu'on trouve dans les auteurs ; d'abord la plus forte de toutes, qui est *appas* au singulier. « Qui dort en sûreté sur un pareil *appas*. » (MOL., *École des Femmes*.) Puis *appas*, dit pour *appâts*, mais ceci n'est qu'une affaire d'orthographe... « Ce blé couvroit d'un lacs les menteurs et traîtres « *appas*. » (LA FONTAINE, *Fables*, IX, 2.) Enfin l'emploi de *appas* pour exprimer les attraits qu'un homme peut avoir... Le seul remède aujourd'hui à apporter à la confusion serait d'assigner à *appas*, substantif pluriel, le sens spécial de beautés qui attirent ; puis cela fait, de ne voir aucune différence entre *appas* et *appâts*, au pluriel, pour signifier ce qui amorce, ce qui charme,

J'amorce en badinant le poisson trop avide;
Ou d'un plomb qui suit l'œil, et part avec l'éclair, [1]
Je vais faire la guerre aux habitants de l'air.
Une table au retour, propre et non magnifique,
Nous présente un repas agréable et rustique.
Là, sans s'assujettir aux dogmes de Broussain, [2]
Tout ce qu'on boit est bon, tout ce qu'on mange est sain:
La maison le fournit, la fermière l'ordonne, [3]
Et mieux que Bergerat [4] l'appétit l'assaisonne.
O fortuné séjour! ô champs aimés des cieux!
Que, pour jamais foulant vos prés délicieux,
Ne puis-je ici fixer ma course vagabonde, [5]

---

ce qui attire; fusion qui, ne faisant que rétablir la réalité du fait, aurait l'avantage d'ôter l'apparence d'irrégularité au cas où nos bons auteurs ont dit *appas*, ce que nous disons aujourd'hui *appâts*. » (*Dictionnaire de la langue française*.)

1. Delille, *l'Homme des champs*, page 44 :

>Aux habitants de l'air faut-il livrer la guerre?
>Le chasseur prend son tube, image du tonnerre,
>Il l'élève au niveau de l'œil qui le conduit ;
>Le coup part, l'éclair brille et la foudre le suit.

2. René Brulart, comte de Broussin, fils de Louis Brulart, seigneur du Broussin et du Rancher, et de Madeleine Colbert. Il était fort habile dans l'art de la bonne chère. C'était lui qui se piquait de donner des repas d'érudition, de sentir dans une omelette le goût des champignons foulés par le pied d'une mule.

Broussin est la forme ordinaire.

3. Pinguis inæquales onerat cui villica mensas,
   Et sua non emptus præparat ova cinis.
                              (MARTIAL, liv. I, épigr. LVI.)

4. Fameux traiteur. (BOILEAU, 1713.) — Il demeuroit rue des Bons-Enfants, à l'enseigne des Bons-Enfants. (SAINT-SURIN.)

5. O rus! quando te adspiciam? Quandoque licebit
   Nunc veterum libris, nunc somno et inertibus horis
   Ducere sollicitæ jucunda oblivia vitæ?...
                              (HORACE, liv. II, sat. VI, v. 60-62.)

Et connu de vous seuls, oublier tout le monde![1]

Mais à peine, du sein de vos vallons chéris
Arraché malgré moi, je rentre dans Paris,
Qu'en tous lieux les chagrins m'attendent au passage.
Un cousin, abusant d'un fâcheux parentage,[2]
Veut qu'encor tout poudreux, et sans me débotter,
Chez vingt juges pour lui j'aille solliciter :
Il faut voir de ce pas les plus considérables ;
L'un demeure au Marais et l'autre aux Incurables.[3]

---

1.   Oblitusque meorum, obliviscendus et illis.
            (Horace, liv. I, ép. VI, v. 9.)

Voici l'imitation de ces vers faite par Delille, *l'Homme des champs* :

> O champs ! ô mes amis ! Quand vous verrai-je encore ?
> Quand pourrai-je, tantôt goûtant un doux sommeil,
> Et des bons vieux auteurs amusant mon réveil,
> Tantôt ornant sans art mes rustiques demeures,
> Tantôt laissant couler mes indolentes heures,
> Boire l'heureux oubli des soins tumultueux,
> Ignorer les humains, et vivre ignoré d'eux ?
>   (Chant IV, p. 118.)

2. Horace dit à son *Villicus*, épître I, v. 14-16 :

> Me constare mihi scis et discedere tristem
> Quandocumque trahunt invisa negotia Romam.

Brossette veut qu'il s'agisse ici de Balthazard Boileau en particulier ; cela n'est pas nécessaire. Despréaux ayant, selon Berriat-Saint-Prix, cent ou deux cents cousins vivants, il était difficile qu'il échappât aux inconvénients de ce nombreux parentage. — Racine, dans une de ses lettres à Boileau, XV, lui dit : « *Un cousin, abusant d'un fâcheux parentage*, est venu malheureusement me voir, et il ne fait que de sortir de chez moi. »

3.   Præter cetera me Romæne poemata censes
     Scribere posse inter tot curas totque labores ?
     Hic sponsum vocat, hic auditum scripta relictis
     Omnibus officiis ; cubat hic in colle Quirini,
     Hic extremo in Aventino, visendus uterque.
     Intervalla vides humane commoda.
            (Horace, liv. II, ép. II, v. 68.)

L'hospice des Incurables, consacré aujourd'hui exclusivement aux femmes, est rue de Sèvres, 54. Il a été élevé en 1636, par l'architecte Dubois, sur des terrains appartenant à l'Hôtel-Dieu de Paris, au moyen de

Je reçois vingt avis qui me glacent d'effroi :
Hier, dit-on, de vous on parla chez le roi,
Et d'attentat horrible on traita la satire.
— Et le roi, que dit-il? — Le roi se prit à rire. [1]
Contre vos derniers vers on est fort en courroux :
Pradon a mis au jour un livre contre vous ; [2]
Et, chez le chapelier du coin de notre place,
Autour d'un caudebec [3] j'en ai lu la préface.
L'autre jour sur un mot la cour vous condamna ;
Le bruit court qu'avant-hier on vous assassina ; [4]

---

legs et donations de diverses personnes, surtout du cardinal de La Rochefoucauld. Il fut autorisé par lettres patentes du mois d'avril 1637. (M. CHÉRON.)

1. Le duc de Montausier ne se lassoit point de blâmer les satires de notre poëte. Un jour le roi, peu touché des censures que ce seigneur en faisoit, se prit à rire et lui tourna le dos. Notre auteur n'avoit garde de manquer à faire usage d'un fait qui lui faisoit honneur. Quand il récita cette épître au roi, Sa Majesté remarqua principalement cet endroit, et se mit encore à rire. (SAINT-MARC.)

> Si mala condiderit in quem quis carmina, jus est
> Judiciumque. — Esto, si quis mala; sed bona si quis
> Judice condiderit laudatus Cæsare; si quis
> Opprobriis dignum latraverit, integer ipse?
> — Solventur risu tabulæ; tu missus abibis.
> (HORACE, liv. II, sat. I, v. 82-86.)

2. C'est la préface de sa *Phèdre*, toute contre Boileau et Racine, qui a paru en 1677, six ans avant les épîtres VI et VII; Pradon fut donc l'agresseur.

3. Sorte de chapeaux de laine qui se font à Caudebec en Normandie. (BOILEAU, 1713.) — De 1683 à 1697 : *A l'entour d'un castor ;* cela fut corrigé sur l'avis de Pradon. (BERRIAT-SAINT-PRIX.)

4. L'abbé Tallemant avoit fait courir ce bruit, et Pradon avoit dit à la table du premier président de Rouen, Pellot, que Boileau avoit reçu des coups de bâton. (SAINT-MARC.) — *Hier*, dans ce vers, n'a qu'une syllabe, tandis que Boileau lui en a donné deux au vers 52 et au vers 19 de la satire III. « C'est, disoit-il, parce que le mot *hier* ne seroit pas assez soutenu si on ne le faisoit que d'une syllabe quand il est seul, au lieu qu'il est assez soutenu quand il est joint à un autre mot, comme *avant-hier*. » (BROSSETTE.)

ÉPITRE VI.

Un écrit scandaleux[1] sous votre nom se donne :
D'un pasquin qu'on a fait, au Louvre on vous soupçonne.[2]
— Moi ? — Vous : on nous l'a dit dans le Palais-Royal.[3]

Douze ans[4] sont écoulés depuis le jour fatal
Qu'un libraire, imprimant les essais de ma plume,
Donna, pour mon malheur, un trop heureux volume.
Toujours, depuis ce temps, en proie aux sots discours,[5]
Contre eux la vérité m'est un foible secours.
Vient-il de la province une satire fade,
D'un plaisant du pays insipide boutade,
Pour la faire courir on dit qu'elle est de moi;
Et le sot campagnard le croit de bonne foi.[6]

---

1. Un écrit satirique contre le duc de Nevers. (BROSSETTE.) — C'est un sonnet sur les mêmes rimes que celui que Mme Deshoulières avait fait sur la *Phèdre* de Racine. Cf. épître VII. — Voir le tome Ier, *Vie de Boileau*, p. ccxcv et suiv.

2. « *Pasquin*, nom d'une statue mutilée, en marbre, qui est au coin du palais des Ursins, à Rome, et à laquelle on attache des satires et des railleries en vers ou en prose. » (E. LITTRÉ, *Dictionnaire de la langue française*.) De là écrit satirique.

3. Allusion aux nouvellistes qui s'assemblent dans le jardin de ce palais. (BOILEAU, 1713.)

4. La première édition des satires a paru en mars 1666.

5.   Septimus octavo propior jam fugerit annus,
       Ex quo Mæcenas me cœpit habere suorum
    In numero...
    Per totum hoc tempus, subjectior in diem et horam
    Invidiæ...
                    (HORACE, liv. II, sat. VI, v. 40-45.)

6. C'est ainsi qu'aux eaux de Bourbon un capucin le félicitait d'une méchante satire contre le mariage. Plus Boileau désavouait cet écrit ridicule, plus le capucin s'obstinait à le louer sur sa modestie. « Une autre fois, dit Brossette, la même chose lui arriva en ma présence. Un provincial, qui se disoit neveu de feu M. Fourcroi, célèbre avocat, vint voir M. Despréaux, sous prétexte de le consulter sur une petite difficulté de grammaire. Cet homme s'avisa ensuite de parler des beaux ouvrages de M. Despréaux, surtout de la satire qu'il avoit faite, disoit-il, contre les gens d'église. Il se récria beaucoup « sur ces gens de mitres et de crosses, qui font rouler de

J'ai beau prendre à témoin et la cour et la ville :
— Non; à d'autres, dit-il; on connoît votre style.
Combien de temps ces vers vous ont-ils bien coûté?
— Ils ne sont point de moi, monsieur, en vérité :
Peut-on m'attribuer ces sottises étranges?
— Ah! monsieur, vos mépris vous servent de louanges.[1]

 Ainsi de cent chagrins dans Paris accablé,
Juge si, toujours triste, interrompu, troublé,
Lamoignon, j'ai le temps de courtiser les muses :[2]
Le monde cependant se rit de mes excuses,
Croit que, pour m'inspirer sur chaque événement,
Apollon doit venir au premier mandement.

« superbes carrosses; » et il alloit continuer, quand M. Despréaux, indigné d'un jugement si faux : « Je vois bien, lui dit-il en souriant malignement, « que vous ne connoissez pas encore mes ouvrages ; mais je veux vous « apprendre à les connoître par ces vers que j'ai faits contre ceux qui en « jugent aussi mal que vous :

  « Vient-il de la province une satire fade, etc. »

En disant ce dernier vers (*Et le sot campagnard le croit de bonne foi*), M. Despréaux jeta un regard fier et méprisant sur son homme, et le congédia. » (BROSSETTE.)

1. Gâcon (Épître à Fléchère) dit à ce sujet :

  En vain même Boileau désavoue aujourd'hui
  Mille insipides vers qui ne sont pas de lui :
  Il suffit qu'on les voie imprimés dans son livre,
  Et que pour vrais Boileau le marchand vous les livre,
  Mille faux connoisseurs les croyant de sa main
  Admirent sous son nom le plus froid écrivain.

2. I nunc et tecum versus meditare canoros!
  Scriptorum chorus omnis amat nemus et fugit urbes
  Rite cliens Bacchi somno gaudentis et umbra.
  Tu me inter strepitus nocturnos atque diurnos
  Vis canere, et contracta sequi vestigia vatum?
  . . . .
  . . . . Hic ego rerum
  Fluctibus in mediis et tempestatibus urbis
  Verba lyræ motura sonum connectere digner?
    (HORACE, liv. II, ép. II, v. 77-82-86.)

Un bruit court que le roi va tout réduire en poudre,
Et dans Valencienne est entré comme un foudre;
Que Cambrai, des François l'épouvantable écueil,
A vu tomber enfin ses murs et son orgueil;[1]
Que, devant Saint-Omer, Nassau, par sa défaite,
De Philippe vainqueur rend la gloire complète.[2]
Dieu sait comme les vers chez vous s'en vont couler!
Dit d'abord un ami qui veut me cajoler,[3]
Et, dans ce temps guerrier et fécond en Achilles,
Croit que l'on fait des vers comme l'on prend les villes.
Mais moi, dont le génie est mort en ce moment,
Je ne sais que répondre à ce vain compliment;
Et, justement confus de mon peu d'abondance,
Je me fais un chagrin du bonheur de la France.

Qu'heureux est le mortel qui, du monde ignoré,
Vit content de soi-même en un coin retiré![4]
Que l'amour de ce rien qu'on nomme renommée

---

1. Valenciennes fut assiégée et emportée d'assaut en mars 1677; Cambrai fut pris le 17 d'avril 1677, après vingt jours de siége. (M. CHÉRON.)

2. La bataille de Cassel, gagnée par MONSIEUR, Philippe de France, frère unique du roi, en (le 11 d'avril) 1677. (BOILEAU, 1713.) — Après la victoire de Cassel, Monsieur reprit le siége interrompu de Saint-Omer, qui capitula le 20 d'avril. (M. CHÉRON.)

3. *Cajoler*, employer des paroles, des manières caressantes pour gagner quelqu'un. De 1683 à 1701, il y avait *cageole*. L'étymologie de ce mot est rendue plus sensible par cette orthographe. *Cageole*, petite *cage*. Espagnol, *gayola*; portugais, *gaiola* (geôle). — Traiter comme un oiseau qui est en cage, ou plutôt chanter comme un oiseau qui est en cage, et de là flatter; car *cageoler* a aussi signifié *chanter*. (V. LITTRÉ, *Dictionnaire de la langue française*.)

4.   Felix ille animi divisque simillimus ipsis,
    Quem non mendaci resplendens gloria fuco
    Sollicitat, non fastosi mala gaudia luxus;
    Sed tacitos sinit ire dies, et paupere cultu
    Exigit innocuæ tranquilla silentia vitæ.
              (ANGE POLITIEN, *Rusticus*, v. 17-20.)

N'a jamais enivré d'une vaine fumée;
Qui de sa liberté forme tout son plaisir,
Et ne rend qu'à lui seul compte de son loisir![1]
Il n'a point à souffrir d'affronts ni d'injustices,
Et du peuple inconstant il brave les caprices.[2]
Mais nous autres faiseurs de livres et d'écrits,
Sur les bords du Permesse aux louanges nourris,[3]
Nous ne saurions briser nos fers et nos entraves,
Du lecteur dédaigneux honorables esclaves.[4]
Du rang où notre esprit une fois s'est fait voir,
Sans un fâcheux éclat nous ne saurions déchoir.
Le public, enrichi du tribut de nos veilles,
Croit qu'on doit ajouter merveilles sur merveilles.
Au comble parvenus il veut que nous croissions :
Il veut en vieillissant que nous rajeunissions.[5]

1.   O bienheureux celui qui peut de sa mémoire
Effacer pour jamais les vains désirs de gloire
Dont l'inutile soin traverse nos plaisirs,
Et qui loin, retiré de la foule importune,
Vivant dans sa maison, content de sa fortune,
A selon son pouvoir mesuré ses désirs.
(RACAN, *Stances sur la retraite.*)

2. Horace, liv. I, ép. XIX, v. 37 :

Non ego ventosæ plebis suffragia venor.

3. *Nourrir, nourriture* signifiaient encore au xviie siècle *élever, éducation.* « Parmi de si bonnes lois, ce qu'il y avoit de meilleur, c'est que tout le monde étoit *nourri* dans l'esprit de les observer... les pères *nourrissoient* leurs enfants dans cet esprit. » (BOSSUET, *Hist. univ.*, 3e partie, ch. III et v.) — *Aux* était employé avec le sens de *dans*, de *par :*

Et laver mon offense au sang d'un scélérat.
(MOL., *Amph.*, III, v.)

Aux ballades surtout vous êtes admirable.
(ID., *Femmes sav.*, III.)

4.   .... Spectatoris fastidia ferre superbi,
dit encore Horace, liv. II, ép. I, v. 215.

5.   Il veut que ses dehors gardent un même cours,
Qu'ayant fait un miracle elle en fasse toujours :

Cependant tout décroît; et moi-même à qui l'âge
D'aucune ride encor n'a flétri le visage, [1]
Déjà moins plein de feu, pour animer ma voix,
J'ai besoin du silence et de l'ombre des bois : [2]
Ma muse, qui se plaît dans leurs routes perdues,
Ne sauroit plus marcher sur le pavé des rues.
Ce n'est que dans ces bois, propres à m'exciter,
Qu'Apollon quelquefois daigne encor m'écouter.
Ne demande donc plus par quelle humeur sauvage
Tout l'été, loin de toi, demeurant au village,
J'y passe obstinément les ardeurs du Lion, [3]
Et montre pour Paris si peu de passion.
C'est à toi, Lamoignon, que le rang, la naissance,
Le mérite éclatant et la haute éloquence
Appellent dans Paris aux sublimes emplois,

> Après une action pleine, haute, éclatante,
> Tout ce qui brille moins remplit mal son attente :
> Il veut qu'on soit égal en tout temps, en tous lieux ;
> Il n'examine point si lors on pouvoit mieux,
> Ni que, s'il ne voit pas sans cesse une merveille,
> L'occasion est moindre et la vertu pareille :
> Son injustice accable et détruit les grands noms ;
> L'honneur des premiers faits se perd par les seconds ;
> Et quand la renommée a passé l'ordinaire,
> Si l'on n'en veut déchoir, il ne faut plus rien faire.
> (CORNEILLE, *Horace*, acte V, scène I.)

1. Il était dans sa quarante et unième année. — On peut rapprocher de ce passage ces jolis vers d'Horace :

> Singula de nobis anni prædantur euntes ;
> Eripuere jocos, Venerem, convivia, ludum,
> Tendunt extorquere poemata.

2. Voir la note du vers 81.

3. . . . . . Ubi gratior aura
Leniat et rabiem Canis, et momenta Leonis,
Quum semel accepit solem furibundus acutum.
(HORACE, liv. I, ép. X, v. 15-17.)

Le soleil passe dans le signe du *Lion*, du 23 de juillet au 23 d'août.

Qu'il sied bien d'y veiller pour le maintien des lois.
Tu dois là tous tes soins au bien de ta patrie :
Tu ne t'en peux bannir que l'orphelin ne crie;[1]
Que l'oppresseur ne montre un front audacieux;
Et Thémis pour voir clair a besoin de tes yeux.
Mais pour moi, de Paris citoyen inhabile,
Qui ne lui puis fournir qu'un rêveur inutile,
Il me faut du repos, des prés et des forêts.
Laisse-moi donc ici, sous leurs ombrages frais,
Attendre que septembre ait ramené l'automne,
Et que Cérès contente ait fait place à Pomone.
Quand Bacchus comblera de ses nouveaux bienfaits
Le vendangeur ravi de ployer sous le faix,
Aussitôt ton ami, redoutant moins la ville,
T'ira joindre à Paris, pour s'enfuir à Bâville.[2]

---

1. *Tu ne t'en peux bannir*, la multiplicité des *t* rend ces vers durs. (LE BRUN.) — J.-B. Rousseau a imité ce passage :

> Ministre de la paix, qui gouvernez les rênes
> D'un empire puissant autant que glorieux,
> Vous ne pouvez longtemps vous dérober aux chaînes
>   De vos emplois laborieux.
> Bientôt l'État privé d'une de ses colonnes
> Se plaindroit d'un repos qui trahiroit le sien,
> L'orphelin vous crieroit : Hélas! tu m'abandonnes!
>   Je perds mon plus ferme soutien.
>   (Livre III, ode VII, à S. A. M. le comte de Zinzindorf.)

2. Maison de campagne de M. de Lamoignon. (BOILEAU, 1713.) — C'est une seigneurie considérable, à neuf lieues de Paris, du côté de Chartres et d'Étampes. (SAINT-MARC.) — C'est aujourd'hui un hameau de soixante-seize habitants, dépendant de la commune de Saint-Chéron, département de Seine-et-Oise, arrondissement de Rambouillet. (M. CHÉRON.) — M. Sainte-Beuve, dans une épître à Mme la comtesse Molé, intitulée *La Fontaine de Boileau*, a dit :

> Dans les jours d'autrefois qui n'a chanté Bâville?
> Quand septembre apparu délivrait de la ville
> Le grave parlement assis depuis dix mois,
> Bâville se peuplait des hôtes de son choix,
> Et, pour mieux animer son illustre retraite,
> Lamoignon conviait et savant et poëte.

Là, dans le seul loisir que Thémis t'a laissé,
Tu me verras souvent à te suivre empressé,
Pour monter à cheval rappelant mon audace,
Apprenti cavalier galoper sur ta trace. [1]
Tantôt sur l'herbe assis, au pied de ces coteaux,
Où Polycrène [2] épand ses libérales eaux,
Lamoignon, nous irons, libres d'inquiétude,
Discourir des vertus dont tu fais ton étude; [3]
Chercher quels sont les biens véritables ou faux,
Si l'honnête homme en soi doit souffrir des défauts;
Quel chemin le plus droit à la gloire nous guide,
Ou la vaste science, ou la vertu solide. [4]

>Mais voici Despréaux, amenant sur ses traces
>L'agrément sérieux, l'à-propos et les grâces.

1. Ce vers est aussi expressif que celui de Virgile :
>Quadrupedante putrem sonitu quatit ungula campum.
>(*Énéide*, liv. VIII, v. 596.)

2. Fontaine à une demi-lieue de Bâville, ainsi nommée par feu M. le premier président de Lamoignon. (BOILEAU, 1713.) — Le nom de cette fontaine est formé de deux mots grecs, πόλυς et χρήνη; plusieurs poëtes l'ont chantée, entre autres le P. Commire et le P. Rapin.

>La fontaine en tes vers Polycrène épanchée
>Que le vieux villageois nomme aussi la Rachée.
>(SAINTE-BEUVE.)

3. Aux humains inconnu, libre d'inquiétude,
    C'est là que de lui-même il faisait son étude.
    (VOLTAIRE, *Henriade*, I, v. 201.)

4. ..... Quod magis ad nos
Pertinet, et nescire malum est, agitamus : utrumne
Divitiis homines, an sint virtute beati;
Quidve ad amicitias, usus, rectumve, trahat nos;
Et quæ sit natura boni, summumque quid ejus.
HORACE, liv. II, sat. VI, v. 72-76.)

M. Sainte-Beuve, cité plus haut, dit encore :

>Mais aujourd'hui laissons tout sujet de satire ;
>A Bâville aussi bien on t'en eût vu sourire
>Et tu tâchais plutôt d'en détourner le cours,

C'est ainsi que chez toi tu sauras m'attacher.
Heureux si les fâcheux, prompts à nous y chercher,
N'y viennent point semer l'ennuyeuse tristesse!
Car, dans ce grand concours d'hommes de toute espèce,
Que sans cesse à Bâville attire le devoir,
Au lieu de quatre amis qu'on attendoit le soir,
Quelquefois de fâcheux arrivent trois volées,
Qui du parc à l'instant assiégent les allées.
Alors, sauve qui peut : et quatre fois heureux
Qui sait pour s'échapper quelque antre ignoré d'eux !

> Avide d'ennoblir tes tranquilles discours,
> De chercher, tu l'as dit, sous quelque frais ombrage,
> Comme en un Tusculum, les entretiens du sage,
> Un concert de vertu, d'éloquence et d'honneur,
> Et quel vrai but conduit l'honnête homme au bonheur.
> Ainsi donc ce jour-là, venant de ta fontaine,
> Nous suivions au retour les étangs et la plaine,
> Nous foulions lentement ces doux prés arrosés, etc., etc.
> (SAINTE-BEUVE, *Pensées d'août.*)

ÉPITRE VII.[1]

A M. RACINE.[2]

Que tu sais bien, Racine, à l'aide d'un acteur,[3]
Émouvoir, étonner, ravir un spectateur!

1. Composée en 1677.
2. Jean Racine, né à la Ferté-Milon en 1639, reçu à l'Académie française en 1673, mort le 22 avril 1699. Les comédiens de l'hôtel de Bourgogne avaient représenté la *Phèdre* de Racine le premier jour de l'année 1677; deux jours après, Pradon fit représenter la sienne sur le théâtre de la troupe du roi. Le duc de Nevers, la duchesse de Bouillon, sa sœur, qui n'aimaient pas Racine, n'oublièrent rien de ce qui pouvait procurer un succès brillant à son rival. Quelque mauvaise que fût sa tragédie, elle parut avec éclat et se soutint pendant quelque temps. Enfin le public ouvrit les yeux. La *Phèdre* de Pradon tomba dans un mépris si général, qu'on ne l'a plus osé faire paraître depuis. Mais Racine éprouva un grand chagrin de cette injustice, et renonça au théâtre. Cette épître a pour objet de le consoler. Voici le sonnet qui courut dans Paris à l'occasion de la *Phèdre* de Racine. Il était de Mme Deshoulières, on l'attribua d'abord au duc de Nevers. — Voir notre *Vie de Boileau*, tome Ier.

> Dans un fauteuil doré, Phèdre tremblante et blême
> Dit des vers où d'abord personne n'entend rien :
> Sa nourrice lui fait un sermon fort chrétien
> Contre l'affreux dessein d'attenter sur soi-même.
>
> Hippolyte la hait presque autant qu'elle l'aime :
> Rien ne change son cœur ni son chaste maintien.
> La nourrice l'accuse; elle s'en punit bien :
> Thésée a pour son fils une rigueur extrême.
>
> Une grosse Aricie, au teint rouge, aux crins blonds,
> N'est là que pour montrer deux énormes ******.
> Que malgré sa froideur Hippolyte idolâtre.
>
> Il meurt enfin, traîné par ses coursiers ingrats ;
> Et Phèdre, après avoir pris de la mort aux rats,
> Vient, en se confessant, mourir sur le théâtre.

3. Montrons encore l'ineptie de Pradon par la critique suivante : « *A*

Jamais Iphigénie, en Aulide immolée, [1]
N'a coûté tant de pleurs à la Grèce assemblée,
Que dans l'heureux spectacle à nos yeux étalé [2]
En a fait sous son nom verser la Champmêlé. [3]
Ne crois pas toutefois, par tes savants ouvrages, [4]

l'aide d'un acteur n'est pas une belle expression. Il semble qu'on crie *à l'aide*, comme la populace. *Secours* eût été plus noble et plus naturel ; par malheur il ne pouvoit entrer dans ce vers. » (PRADON.)

1. *Iphigénie* fut représentée en 1674. — Le sacrifice de la fille d'Agamemnon et de Clytemnestre avait été mis à la scène par Euripide. Le grec, dans cet auteur, porte ἐν Αὐλίδι, *à Aulis*. L'*Aulide* n'était pas une province, Aulis n'était qu'une bourgade, ayant un port sur l'Euripe entre l'Eubée et la Béotie.

2. *Étaler* se dit quelquefois dans le sens de faire paraître sur le théâtre, mais il s'y ajoute toujours une idée d'éclat et de solennité. « Ces beautés... ont fait leur effet en ma faveur, mais je me ferois scrupule d'en *étaler* de pareilles à l'avenir sur notre théâtre. » (CORN., *Cid, exam.*)

Voulez-vous sur la scène étaler des ouvrages
Où tout Paris en foule apporte ses suffrages?
(BOILEAU, *Art poét.*, II.)

3. Célèbre comédienne. (BOILEAU, 1713.) — Marie Desmares, fille d'un président au parlement de Rouen, née dans cette ville en 1644, morte à Auteuil en 1698. Elle épousa un acteur du théâtre de Rouen, Charles Chevillet, sieur de Champmeslé, et débuta avec lui, en 1669, au théâtre du Marais, à Paris; ils passèrent de là au théâtre de l'hôtel de Bourgogne, puis sur celui de la rue Guénégaud. On sait que la Champmeslé fut aimée de Racine. (M. CHÉRON.) — Racine avait pris les plus grands soins pour la former. Il lui apprenait ses rôles et notait chacune des inflexions de voix qu'elle devait prendre. Ce fut à ses conseils qu'elle dut son talent et sa réputation. Louis Racine dit dans ses *Mémoires* qu'elle ne fut plus la même quand elle eut perdu son maître, « et que, venue sur l'âge, elle poussoit de grands éclats de voix, qui donnèrent un faux goût aux comédiens. » — « On a dit de Mlle Champmeslé qu'elle avait la voix des plus sonores, et que, lorsqu'elle déclamait, si l'on avait ouvert la loge du fond de la salle, sa voix aurait été entendue dans le café Procope. » (SAINTE-BEUVE, *Causeries du Lundi*, t. Ier.) Elle joua Hermione, Bérénice, Roxane, Monime, Iphigénie et Phèdre.

4. *Savants*, bien composés, fruit d'un art supérieur et consommé. Horace applique l'épithète *doctus* au poëte tragique Pacuvius :

... Aufert
Pacuvius docti famam senis, Accius alti.
(Livre II, ép. I, v. 55.)
Note de M. Ch. AUBERTIN, édit. clas. BELIN.

Entraînant tous les cœurs, gagner tous les suffrages.
Sitôt que d'Apollon un génie inspiré
Trouve loin du vulgaire un chemin ignoré
En cent lieux contre lui les cabales s'amassent;
Ses rivaux obscurcis autour de lui croassent : [1]
Et son trop de lumière, importunant les yeux,
De ses propres amis lui fait des envieux;
La mort seule ici-bas, en terminant sa vie,
Peut calmer sur son nom l'injustice et l'envie; [2]
Faire au poids du bon sens peser tous ses écrits,

1.   . . . . . Κόρακες ὥς, ἄκραντα γαρύετον
            Διὸς πρὸς ὄρνιχα θεῖον.
                    (PINDARE, *Olympiques*, II, v. 157-159.)

« Je ne doute point que le public ne soit étourdi et fatigué d'entendre, depuis quelques années, de vieux corbeaux croasser autour de ceux qui, d'un vol libre et d'une plume légère, se sont élevés à quelque gloire par leurs écrits. » (LA BRUYÈRE, *Discours à l'Académie françoise*, préface.)

> Or, à présent que le Parnasse
> Est vilainement infesté,
> Ce n'est plus qu'un mont déserté
> Où maint et maint corbeau croasse.
>   (LA FARE à Rousseau.)

2.   Virtutem incolumem odimus,
            Sublatam ex oculis quærimus invidi.
                    (HORACE, liv. III, ode XXIV, v. 31-32.)

Comperit invidiam supremo fine domari.
Urit enim fulgore suo qui prægravat artes
Infra se positas; exstinctus amabitur idem.
                    (HORACE, liv. II, ép. I, v. 12-14.)

At mihi quod vivo detraxerit invida turba,
   Post obitum duplici fœnore reddet honos.
Omnia post obitum fingit majora vetustas;
   Majus ab exequiis nomen in ora venit.
                    (PROPERCE, liv. III, élégie I, v. 21-24.)

Pascitur in vivis livor, post fata quiescit,
   Quum suus ex merito quemque tuetur honos.
                    (OVIDE, *Amours*, liv. I, élégie XV, v. 39-40.)

Et donner à ses vers leur légitime prix.

Avant qu'un peu de terre, obtenu par prière,
Pour jamais sous la tombe eût enfermé Molière, [1]
Mille de ces beaux traits, aujourd'hui si vantés,
Furent des sots esprits à nos yeux rebutés.
L'ignorance et l'erreur à ses naissantes pièces,
En habits de marquis, en robes de comtesses, [2]

---

1. Molière étant mort (le 15 février 1673), les comédiens se disposoient à lui faire un convoi magnifique; mais M. de Harlay, archevêque, ne voulut pas permettre qu'on l'inhumât. (En sa qualité de comédien Molière étoit soumis à l'excommunication.) La femme de Molière alla sur-le-champ à Versailles se jeter aux pieds du roi pour se plaindre de l'injure que l'on faisoit à la mémoire de son mari en lui refusant la sépulture. Mais le roi la renvoya en lui disant que cette affaire dépendoit du ministère de M. l'archevêque, et que c'étoit à lui qu'il falloit s'adresser. Cependant Sa Majesté fit dire à ce prélat qu'il fît en sorte d'éviter l'éclat et le scandale. M. l'archevêque révoqua donc sa défense, à condition que l'enterrement seroit fait sans pompe et sans bruit. Il fut fait par deux prêtres qui accompagnèrent le corps sans chanter; et on l'enterra dans le cimetière qui est derrière la chapelle de saint Joseph, dans la rue Montmartre. Tous ses amis y assistèrent, ayant chacun un flambeau à la main. La Molière s'écrioit partout : « Quoi! l'on refusera la sépulture à un homme qui mérite des autels! » (Brossette.)

2. Molière s'en est bien vengé dans la *Critique de l'École des femmes*, scène III :

Climène. Hé! de grâce, ma chère, faites-moi vite donner un siége. — Uranie, *à Galopin*. Un fauteuil promptement. — Climène. Ah! mon Dieu! — Uranie. Qu'est-ce donc? — Climène. Je n'en puis plus. — Uranie. Qu'avez-vous? — Climène. Le cœur me manque. — Uranie. Sont-ce des vapeurs qui vous ont pris? — Climène. Non. — Uranie. Voulez-vous qu'on vous délace? — Climène. Mon Dieu, non. Ah! — Uranie. Quel est donc votre mal, et depuis quand vous a-t-il pris? — Climène. Il y a plus de trois heures, et je l'ai rapporté du Palais-Royal. — Uranie. Comment? — Climène. Je viens de voir, pour mes péchés, cette méchante rapsodie de *l'École des femmes*. Je suis encore en défaillance du mal de cœur que cela m'a donné, et je pense que je n'en reviendrai de plus de quinze jours... — Climène. Ah! mon Dieu! que dites-vous là? Cette proposition peut-elle être avancée par une personne qui ait du revenu en sens commun? Peut-on impunément, comme vous faites, rompre en visière à la raison? Et, dans le vrai de la chose, est-il un esprit si affamé de plaisanterie, qui puisse tâter des fadaises dont cette comédie est assaisonnée? Pour moi, je vous

Venoient pour diffamer son chef-d'œuvre nouveau,
Et secouoient la tête à l'endroit le plus beau.
Le commandeur[1] vouloit la scène plus exacte;
Le vicomte indigné sortoit au second acte.[2]
L'un, défenseur zélé des bigots mis en jeu.
Pour prix de ses bons mots le condamnoit au feu.[3]
L'autre, fougueux marquis, lui déclarant la guerre,
Vouloit venger la cour immolée au parterre.[4]

avoue que je n'ai pas trouvé le moindre grain de sel dans tout cela. Les enfants par l'oreille m'ont paru d'un goût détestable; la tarte à la crème m'a affadi le cœur, et j'ai pensé vomir au *potage*.
Scène v. — Le Marquis. Sur quoi en étiez-vous, mesdames, lorsque je vous ai interrompues? — Uranie. Sur la comédie de *l'École des femmes*. — Climène. Hé bien, monsieur, comment la trouvez-vous, s'il vous plaît? — Le Marquis. Tout à fait impertinente. — Climène. Ah! que j'en suis ravie! — Le Marquis. C'est la plus méchante du monde. Comment, diable! à peine ai-je pu trouver place. J'ai pensé être étouffé à la porte, et jamais on ne m'a tant marché sur les pieds. Voyez comme mes canons et mes rubans en sont ajustés, de grâce. — Élise. Il est vrai que cela crie vengeance contre *l'École des femmes*, et que vous la condamnez avec justice. — Le Marquis. Il ne s'est jamais fait, je pense, une si méchante comédie.

1. Le commandeur de Souvré.

2. Du Broussin, ami du commandeur, pour lui faire sa cour, sortit un jour de *l'École des femmes*, au second acte, en disant tout haut qu'il ne savoit pas comment on pouvoit avoir la patience d'écouter une pièce où l'on violoit ainsi les règles. (Saint-Marc.)

3. MM. Daunou et Amar pensent que Boileau veut désigner Bourdaloue qui prêcha contre le *Tartuffe*.

4. « Tu es donc, marquis, de ces messieurs du bel-air, qui ne veulent pas que le parterre ait du sens commun, et qui seroient fâchés d'avoir ri avec lui, fût-ce de la meilleure chose du monde? Je vis l'autre jour, sur le théâtre, un de nos amis, qui se rendit ridicule par là. Il écouta toute la pièce avec un sérieux le plus sombre du monde, et tout ce qui égayoit les autres ridoit son front. A tous les éclats de risée, il haussoit les épaules, et regardoit le parterre en pitié, et quelquefois aussi, le regardant avec dépit, il lui disoit tout haut : *Ris donc, parterre, ris donc*. Ce fut une seconde comédie que le chagrin de notre ami. Il la donna en galant homme à toute l'assemblée, et chacun demeura d'accord qu'on ne pouvoit pas mieux jouer qu'il fit. » L'original de cette scène était un bel esprit nommé Plapisson. — Voir l'*Histoire de la vie et des ouvrages de Molière*, par M. J. Taschereau, 3ᵉ édition, p. 47. Voir, dans l'*Impromptu de Versailles*, la

Mais, sitôt que d'un trait de ses fatales mains,
La Parque l'eût rayé du nombre des humains,
On reconnut le prix de sa muse éclipsée.
L'aimable comédie, avec lui terrassée,
En vain d'un coup si rude espéra revenir,
Et sur ses brodequins ne put plus se tenir.[1]
Tel fut chez nous le sort du théâtre comique.

Toi donc qui, t'élevant sur la scène tragique,
Suis les pas de Sophocle, et, seul de tant d'esprits,[2]
De Corneille vieilli sais consoler Paris,[3]
Cesse de t'étonner si l'envie animée,
Attachant à ton nom sa rouille envenimée,
La calomnie en main quelquefois te poursuit.[4]
En cela, comme en tout, le ciel qui nous conduit,
Racine, fait briller sa profonde sagesse.
Le mérite en repos s'endort dans la paresse :

---

hardiesse de Molière à censurer les marquis. (Scène III.) — Villiers fit représenter, en 1664, une comédie en un acte et en prose, qu'il intitula : *La Vengeance des marquis*.

1. « *Put plus* est un peu rude à l'oreille. Mais Boileau avait raison. (VOLTAIRE, *Dict. phil. Art dramatique*.) — *Ne put plus se tenir*, loin d'être dur, fait beauté ; le vers est chancelant, comme le personnage. » (LE BRUN.)
Horace, épître II, vers 179 :

    Securus cadat, an recto stet fabula talo.

2. Si Boileau n'avait eu en vue que le sujet de *Phèdre*, il aurait dû citer Euripide, à qui Racine avait emprunté sa pièce ; mais il pensait à l'art exquis des ouvrages de son ami ; il ne pouvait pas mieux faire alors que de citer Sophocle. On sait, du reste, l'admiration de Racine pour ce grand poëte grec.

3. *Suréna*, la dernière tragédie de Corneille, a été jouée à la fin de l'année 1674. Corneille avait alors soixante et onze ans.

4. Allusion à l'affaire du sonnet. — Voir notre *Vie de Boileau*. — *La calomnie en main*, c'est-à-dire armée de l'écrit réputé calomnieux ; comme Sévère, du glaive destiné à venger son affront :

    Je l'ai vu cette nuit, ce malheureux Sévère,
    La vengeance à la main, l'œil ardent de colère.
              (*Polyeucte*, acte I, scène III.) (AMAR.)

Mais par les envieux un génie excité
Au comble de son art est mille fois monté.[1]
Plus on veut l'affoiblir, plus il croît et s'élance.
Au Cid persécuté Cinna doit sa naissance,
Et peut-être ta plume aux censeurs de Pyrrhus[2]
Doit les plus nobles traits dont tu peignis Burrhus.[3]

  Moi-même, dont la gloire ici moins répandue
Des pâles envieux ne blesse point la vue,
Mais qu'une humeur trop libre, un esprit peu soumis,

---

1.   L'envie est un mal nécessaire;
  C'est un petit coup d'aiguillon
  Qui vous force encore à mieux faire.
  Dans la carrière des vertus,
  L'âme noble en est excitée :
  Virgile avait son Mévius,
  Hercule avait son Eurysthée.
    (VOLTAIRE, *Épître au président Hénault*.)

Il a dit encore dans son *Discours sur l'Envie* :

  Si ce bonheur d'un autre a déchiré ton cœur,
  Mets du moins à profit le chagrin qui t'anime :
  Mérite un tel succès ; compose, efface, lime.
  Le public applaudit aux vers du *Glorieux;*
  Est-ce un affront pour toi ? Courage, écris, fais mieux.

2. Ce que les censeurs, et particulièrement le prince de Condé, condamnaient le plus dans ce personnage, ce fut son caractère, qu'ils trouvaient trop emporté, trop violent, trop farouche. On accusa même Pyrrhus d'être un brutal et de plus un malhonnête homme, dans une comédie en trois actes représentée par la troupe du Roi. Elle était du nommé de Subligny. — Le maréchal de Créqui, qui n'avait pas la réputation d'aimer trop les femmes, et le comte d'Olonne, qui ne devait pas se plaindre d'être trop aimé de la sienne, furent ceux qui frondèrent le plus *Andromaque*. Racine s'en vengea par cette épigramme :

  Le vraisemblable est choqué dans ta pièce,
   Si l'on en croit et d'Olonne et Créqui.
  Créqui dit que Pyrrhus aime trop sa maîtresse,
  D'Olonne, qu'Andromaque aime trop son mari.

3. Racine supprima une scène qui commençoit le troisième acte de sa tragédie de *Britannicus*, et dont les interlocuteurs étoient Burrhus et Narcisse ; ce qui faisoit craindre à Despréaux qu'elle ne fût mal accueillie spectateurs. (*Mémoires sur la vie de Jean Racine*, par Louis Racine.)

De bonne heure a pourvu d'utiles ennemis, [1]
Je dois plus à leur haine, il faut que je l'avoue,
Qu'au foible et vain talent dont la France me loue.
Leur venin, qui sur moi brûle de s'épancher,
Tous les jours en marchant m'empêche de broncher.
Je songe, à chaque trait que ma plume hasarde,
Que d'un œil dangereux leur troupe me regarde.
Je sais sur leurs avis corriger mes erreurs,
Et je mets à profit leurs malignes fureurs.
Sitôt que sur un vice ils pensent me confondre,
C'est en me guérissant que je sais leur répondre :
Et plus en criminel ils pensent m'ériger,
Plus, croissant en vertu, je songe à me venger. [2]
Imite mon exemple ; et lorsqu'une cabale,
Un flot de vains auteurs follement te ravale, [3]
Profite de leur haine et de leur mauvais sens,
Ris du bruit passager de leurs cris impuissants. [4]

---

1. Boileau citait cette maxime de Plutarque : « Il faut avoir des amis et des ennemis ; des amis pour nous apprendre notre devoir, et des ennemis pour nous obliger à le faire. »

2. Les amis de notre auteur, voulant un jour le détourner de la satire, lui représentoient qu'il s'attireroit beaucoup d'ennemis, qui ne manqueroient pas de le décrier et de noircir sa réputation. « Je sais un bon moyen de me venger d'eux, répondit-il froidement : c'est que je serai honnête homme. » (BROSSETTE.)

3. On lisoit dans les éditions de 1683 et 1685 : *Un tas de vains auteurs.* — *Ravaler,* au figuré, déprimer, rabaisser. « Ce n'est qu'une pièce de théâtre que je lui présente, mais qui l'entretiendra de Dieu ; la dignité de la matière est si haute que l'impuissance de l'artisan ne la peut *ravaler.* » (CORNEILLE, *Polyeucte.*)

> (La raison) soumettant à ses lois la partie animale,
> Dont l'appétit grossier aux bêtes nous ravale.
> (MOLIÈRE, *Femmes savantes.*)

« La duchesse fut indignée d'un choix qui sembloit *ravaler* son mérite beaucoup plus que les autres. » (HAMILT., *Gramm.*, 10.)

4. La *Phèdre* de Pradon fut jouée seize fois de suite ; pendant les six

ÉPITRE VII.

Que peut contre tes vers une ignorance vaine?
Le Parnasse françois, ennobli par ta veine,
Contre tous ces complots saura te maintenir,
Et soulever pour toi l'équitable avenir.
Et qui, voyant un jour la douleur vertueuse [1]
De Phèdre malgré soi perfide, incestueuse, [2]
D'un si noble travail justement étonné,
Ne bénira d'abord le siècle fortuné
Qui, rendu plus fameux par tes illustres veilles,
Vit naître sous ta main ces pompeuses merveilles? [3]

Cependant laisse ici gronder quelques censeurs,
Qu'aigrissent de tes vers les charmantes douceurs. [4]
Et qu'importe à nos vers que Perrin les admire; [5]
Que l'auteur du Jonas [6] s'empresse pour les lire :
Qu'ils charment de Senlis le poëte idiot, [7]
Ou le sec traducteur du françois d'Amyot : [8]

---

premières représentations, la pièce de Racine semblait abandonnée. « L'auteur fut au moment, dit Louis Racine, de craindre pour elle une véritable chute. »

1. De 1683 à 1713, on lisait : *Eh! qui.*

2. « Phèdre est engagée par sa destinée et par la colère des dieux dans une passion illégitime, dont elle a horreur toute la première; elle fait tous ses efforts pour la surmonter; elle aime mieux se laisser mourir que de la déclarer à personne; et lorsqu'elle est forcée de la découvrir, elle en parle avec une confusion qui fait bien voir que son crime est plutôt une punition des dieux qu'un mouvement de ses volontés. » (*Préf. de Phèdre.*)

3. « Ces merveilles étaient plus touchantes que pompeuses. » (VOLTAIRE, *Comment. sur Pulchérie.*)

4. « Boileau, en traitant des sujets simples, ne tombe point dans le bas; il est familier, mais toujours élégant... Lisez ces deux vers dans cette belle épître à Racine : Cependant, etc., vous ne verrez dans cette simplicité que les termes les plus nobles. » (VOLTAIRE, *Mélanges.*)

5. « Il a traduit l'*Énéide* et a fait le premier opéra qui ait paru en France. » (BOILEAU, 1713.) — Voir la lettre du 8 avril 1700 à Brossette.

6. Coras.

7. Linière. (BOILEAU, 1713.)

8. François Tallemant, abbé du Val-Chrétien, prieur de Saint-Irénée,

Pourvu qu'avec éclat leurs rimes débitées
Soient du peuple, des grands, des provinces goûtées,
Pourvu qu'ils sachent plaire au plus puissant des rois,
Qu'à Chantilly Condé les souffre quelquefois;[1]
Qu'Enghien en soit touché; que Colbert et Vivonne,[2]
Que la Rochefoucauld, Marsillac et Pomponne,[3]
Et mille autres qu'ici je ne puis faire entrer,
A leur traits délicats se laissent pénétrer?
Et plût au ciel encor, pour couronner l'ouvrage,
Que Montausier voulût leur donner son suffrage![4]

premier aumônier de Madame, duchesse d'Orléans, reçu le 10 de mai 1651 à l'Académie française; né à Paris ou à la Rochelle en 1620, mort le 6 de mai 1693. Indépendamment des *Vies des hommes illustres de Plutarque*, il a traduit l'*Histoire de la République de Venise*, de Nani. C'est le frère de Gédéon Tallemant des Réaux, l'auteur des *Historiettes*, et le cousin de l'abbé Paul Tallemant, aussi de l'Académie française. (M. CHÉRON.)

1. Louis II de Bourbon, prince de Condé, surnommé le Grand Condé, né en 1621, mort en 1686. Il passa le commencement et la fin de sa vie dans son château de Chantilly. Son fils, Henri-Jules de Bourbon, né en 1643, mort en 1709, porta, jusqu'à la mort de son père, le titre de duc d'Enghien. (M. CHÉRON.)

2. Jean-Baptiste Colbert, marquis de Seignelay, ministre et secrétaire d'État, commandeur et grand trésorier des ordres du roi, contrôleur général des finances, surintendant des bâtiments, arts et manufactures de France, né à Paris le 21 d'août 1619, mort à Paris le 6 de septembre 1683. Pour Vivonne, voir épître IV. (M. CHÉRON.)

3. François VI, duc de la Rochefoucauld, chevalier des ordres du roi et gouverneur du Poitou, né le 15 de décembre 1613, mort à Paris le 17 de mars 1680; c'est l'auteur des *Maximes*. Son fils, François VII, grand veneur de France, grand maître de la garde-robe du roi et chevalier de ses ordres, né le 15 de juin 1634, mort le 12 de janvier 1714; il porta, jusqu'à la mort de son père, le titre de prince de Marcillac. — Simon Arnauld, marquis de Pomponne, fils de Robert Arnauld d'Andilly et petit-fils d'Antoine Arnauld, né en 1618, mort à Fontainebleau le 26 de septembre 1699. Il fut successivement ambassadeur en Suède, secrétaire d'État pour les affaires étrangères et ministre d'État. (M. CHÉRON.)

4. A la suite de la publication de cette épître, Montausier se réconcilia avec Boileau. Charles de Sainte-Maure, duc de Montausier, pair de France, etc.,

ÉPITRE VII.

C'est à de tels lecteurs que j'offre mes écrits :
Mais pour un tas grossier de frivoles esprits,
Admirateurs zélés de toute œuvre insipide,
Que, non loin de la place où Brioché [1] préside,
Sans chercher dans les vers ni cadence ni son,
Il s'en aille admirer le savoir de Pradon ! [2]

et mari de Julie d'Angennes, demoiselle de Rambouillet, né en 1610, mort le 17 de mai 1690. (M. Chéron.)

Cf. Horace, livre I, satire X, v. 79-92 :

> Men' moveat cimex Pantilius? aut crucier, quod
> Vellicet absentem Demetrius, aut quod ineptus
> Fannius Hermogenis lædat conviva Tigelli ?
> Plautius et Varius, Mecænas, Virgiliusque,
> Valgius, et probet hæc Octavius optimus, atque
> Fuscus; et hæc utinam Viscorum laudet uterque!
> Ambitione relegata, te dicere possum,
> Pollio; te, Messala, tuo cum fratre; simulque
> Vos, Bibule et Servi, simul his te, candide Furni ;
> Complures alios, doctos ego quos et amicos
> Prudens prætereo ; quibus hæc, sint qualiacumque,
> Arridere velim : doliturus si placeant spe
> Deterius nostra. Demetri, teque, Tigelli,
> Discipularum inter jubeo plorare cathedras.

1. Fameux joueur de marionnettes, logé proche des comédiens. (Boileau, 1713.) — Jean Brioché demeurait près du Pont-Neuf, au bout de la rue Guénégaud ; le théâtre où fut jouée la *Phèdre* de Pradon était vis-à-vis l'autre extrémité, rue Mazarine. (Brossette.)

2. Un jour, au sortir d'une des tragédies de Pradon, M. le prince de Conti, l'aîné, lui dit qu'il avait mis en Europe une ville d'Asie. « Je prie Votre Altesse de m'excuser, répondit Pradon, car je ne sais pas très-bien la chronologie. »

« Il faudrait relire ici en entier l'*Épître à Racine* après *Phèdre* (1677), qui est le triomphe le plus magnifique et le plus inaltéré de ce sentiment de justice, chef-d'œuvre de la poésie critique, où elle sait être tour à tour et à la fois étincelante, échauffante, harmonieuse, attendrissante et fraternelle. Il faut surtout relire ces beaux vers au sujet de la mort de Molière sur lesquels a dû tomber une larme vengeresse, une larme de Boileau. Et quand il fait, à la fin de cette épître, un retour sur lui-même et sur ses ennemis : Et qu'importe, etc., etc., quelle largeur de ton, et, sans une seule image, par la seule combinaison des syllabes, quelle majesté ! — Et dans ces noms qui suivent, et qui ne semblent d'abord qu'une simple énumération, quel choix, quelle gradation sentie, quelle plénitude poétique ! Le roi d'abord à part et seul dans un vers ; Condé de même, qui le méritait

bien par son sang royal, par son génie, sa gloire et son goût fin de l'esprit;
Enghien, son fils, a un demi-vers ; puis vient l'élite des juges du premier
rang, tous ces noms qui, convenablement prononcés, forment un vers si
plein et si riche, comme certains vers antiques. — Mais dans le nom de
Montausier, qui vient le dernier à titre d'espoir et de vœu, la malice avec
un coin de grâce reparaît. Ce sont là de ces tours délicats de flatterie, comme
en avait Boileau; ce satirique, qui savait si bien piquer au vif, est le même
qui a pu dire :

> La louange agréable est l'âme des beaux vers.

Nous atteignons, par cette Épître à Racine, au comble de la gloire et du
rôle de Boileau. Il s'y montre en son haut rang, au centre du groupe des
illustres poëtes du siècle, calme, équitable, certain, puissamment établi
dans son genre qu'il a graduellement élargi, n'enviant celui de personne,
distribuant sobrement la sentence, classant même ceux qui sont au-dessus
de lui... *His dantem jura Catonem; le maître du chœur,* comme dit Montaigne; un de ces hommes à qui est déférée l'autorité et dont chaque mot
porte. » (SAINTE-BEUVE, *Causeries du Lundi*, t. VI, p. 411.)

ÉPITRE VIII.[1]

AU ROI.

Grand roi, cesse de vaincre, ou je cesse d'écrire.
Tu sais bien que mon style est né pour la satire ;
Mais mon esprit, contraint de la désavouer,
Sous ton règne étonnant ne veut plus que louer.
Tantôt, dans les ardeurs de ce zèle incommode,[2]
Je songe à mesurer les syllabes d'une ode ;
Tantôt d'une Énéide auteur ambitieux,
Je m'en forme déjà le plan audacieux :
Ainsi, toujours flatté d'une douce manie,
Je sens de jour en jour dépérir mon génie ;
Et mes vers en ce style, ennuyeux, sans appas,

---

1. Pour remercier le roi de la pension qu'il lui avait donnée, Boileau avait composé cette épître en 1675, elle ne parut que dans les derniers mois de 1677. La fin de l'année 1675 avait été marquée par des revers : Turenne était mort emporté par un coup de canon et les troupes avaient été obligées de repasser le Rhin et de revenir en Alsace. Le maréchal de Créqui avait perdu la bataille de la Taverne, il s'était refugié dans la ville de Trèves, et cette ville ayant capitulé malgré lui, il avait été fait prisonnier. Ces échecs auraient rendu ridicule le premier vers de cette épître ; Boileau en retarda la publication ; la campagne suivante, marquée par de brillants succès, lui permit de renoncer au changement qu'il avait imaginé :

> Grand roi, sois moins louable, ou je cesse d'écrire.

2. *Ardeurs*, désir impétueux.

> Tout ce que peut le monde offrir à mes ardeurs
> De mérites, d'appas, de biens et de grandeurs.
>
> (CORNEILLE, *la Suiv.*, acte IV, scène VII.)

« J'avois toutes les ardeurs du monde d'entrer dans votre alliance. »
(MOLIÈRE, *Pourceaugnac*, acte III, scène IX.)

Déshonorent ma plume, et ne t'honorent pas.

Encor si ta valeur, à tout vaincre obstinée,
Nous laissoit, pour le moins, respirer une année,
Peut-être mon esprit, prompt à ressusciter,
Du temps qu'il a perdu sauroit se racquitter.[1]
Sur ses nombreux défauts, merveilleux à décrire,
Le siècle m'offre encor plus d'un bon mot à dire.[2]
Mais à peine Dinant et Limbourg sont forcés,
Qu'il faut chanter Bouchain et Condé terrassés.[3]
Ton courage, affamé de péril et de gloire,[4]
Court d'exploits en exploits, de victoire en victoire.
Souvent ce qu'un seul jour te voit exécuter
Nous laisse pour un an d'actions à compter.

Que si quelquefois, las de forcer des murailles,[5]
Le soin de tes sujets te rappelle à Versailles,
Tu viens m'embarrasser de mille autres vertus :
Te voyant de plus près, je t'admire encor plus.

---

1. Expression prosaïque et sans dignité.
2. De 1683 à 1701, au lieu des vers 17 et 18, il y avait :

> Le Parnasse françois, non exempt de tous crimes,
> Offre encore à mes vers des sujets et des rimes.

On fit remarquer à Boileau que le premier de ces vers étoit dur, et que c'étoit d'ailleurs trop borner la satire, que de la réduire à la censure des mauvais auteurs. Il fit plus de quarante vers avant de trouver les deux vers du texte. (*Bolœana.*)

3. Dinant et Limbourg furent pris en 1675. Louis XIV en personne prit Condé le 26 d'avril 1676, et Monsieur prit Bouchain le 11 de mai de la même année. (M. Chéron.)

Il y avait d'abord :

> Mais à peine Salins et Dôle sont forcés,
> Qu'il faut chanter Bouchain et Condé terrassés.

4.   Ce cœur nourri de sang et de guerre affamé.
> (Racine, *Mithrid.*, II, iii, 1673.)

5. Est-ce avec intention que Boileau a rendu si pénible le début de ce vers?

ÉPITRE VIII.

Dans les nobles douceurs d'un séjour plein de charmes,
Tu n'es pas moins héros qu'au milieu des alarmes :
De ton trône agrandi portant seul tout le faix,[1]
Tu cultives les arts; tu répands les bienfaits;
Tu sais récompenser jusqu'aux muses critiques.
Ah! crois-moi, c'en est trop. Nous autres satiriques,[2]
Propres à relever les sottises du temps,
Nous sommes un peu nés pour être mécontents :
Notre muse, souvent paresseuse et stérile
A besoin, pour marcher, de colère et de bile.
Notre style languit dans un remercîment;
Mais, grand roi, nous savons nous plaindre élégamment.

Oh! que si je vivois sous les règnes sinistres
De ces rois nés valets de leurs propres ministres,
Et qui, jamais en main ne prenant le timon,[3]
Aux exploits de leur temps ne prêtoient que leur nom ;
Que, sans les fatiguer d'une louange vaine,
Aisément les bons mots couleroient de ma veine !
Mais toujours sous ton règne il faut se récrier ;
Toujours, les yeux au ciel, il faut remercier.
Sans cesse à t'admirer ma critique forcée
N'a plus en écrivant de maligne pensée;

---

1. *De ton trône agrandi portant seul tout le faix.* On s'assied sur un trône, on n'en porte pas le faix; sans doute la poésie a ses libertés, mais il faut respecter le sens étymologique des mots. Horace dit à Auguste :

> Cum tot sustineas et tanta negotia solus.
> (Livre II, ép. I, v. 1.)

2. Allusion à la pension de deux mille livres que le roi lui avait accordée après lui avoir entendu réciter les derniers vers de la première épître.

3.   Ai-je mis dans sa main le timon de l'État
    Pour le conduire au gré du peuple et du sénat?
        (Racine, *Britann.*, I, 45.)

Et mes chagrins sans fiel et presque évanouis [1]
Font grâce à tout le siècle en faveur de Louis.
En tous lieux cependant la Pharsale approuvée, [2]
Sans crainte de mes vers, va la tête levée;
La licence partout règne dans les écrits.
Déjà le mauvais sens, reprenant ses esprits,
Songe à nous redonner des poëmes épiques, [3]

1. *Chagrins*, pris dans le sens d'humeur qui s'inquiète et se tourmente.

>   Mais toi, dont la valeur d'Amurat oubliée
>   Par de communs chagrins à mon sort s'est liée.
>   (RACINE, *Bajazet*, IV, VII.)
>
>   Et jamais leurs chagrins (des sultans) ne nous laissent vieillir.
>   (*Ibid.*, I, I.)
>
>   J'affectai les chagrins d'une injuste marâtre.
>   (RACINE, *Phèdre*, I, III.)

2. *La Pharsale de Brébeuf.* (BOILEAU, 1713.) — Guillaume de Brébeuf, né à Thorigny en 1618, mort à Venoix en décembre 1661. La *Pharsale*, dont il est ici question, est une traduction en vers de celle de Lucain. Brébeuf a publié en outre *Parodie du septième livre de l'Énéide*. Paris, 1650, in-4°; *Poésies diverses*. Paris, 1658, in-4°; *Lettres*. Paris, 1664, in-12. (M. CHÉRON.) — Voici le jugement du P. Rapin sur ce poëme: « La *Pharsale* de Brébeuf gâta bien de la jeunesse qui se laissa éblouir à la pompe de ses vers. En effet, ils ont de l'éclat; mais après tout, ce qui paroît grand et élevé dans ce poëme, quand on y regarde de près, ne passe parmi les intelligents que pour un faux brillant, plein d'affectation. Les petits génies se laissèrent transporter au bruit que fit alors cet ouvrage, qui dans le fond n'a presque rien de naturel... » (*Réflexions sur l'Art poétique*.)

3. *Childebrand* et *Charlemagne*, poëmes qui n'ont pas réussi. (BOILEAU, 1713.) — Le premier est de Jacques Carel de Sainte-Garde, né à Rouen au commencement du XVIIe siècle, mort vers 1684; il a publié, en outre, la *Défense des beaux esprits de ce temps contre un satirique*, par Lerac. Paris, 1671, in-12; *Réflexions académiques sur les orateurs et sur les poètes*. Paris, 1676, in-12; et enfin un poëme intitulé *Louis XIV, le plus noble de tous les rois par ses ancêtres, le plus sage de tous les potentats par sa conduite, le plus admirable de tous les conquérants par ses victoires*. Paris, 1675, in-4°. — Le poëme de *Charlemagne* est de Louis le Laboureur, bailli du duché de Montmorency, mort le 21 de juin 1679. Il a publié en outre les *Victoires de M. le duc d'Enghien*, en trois divers poëmes. Paris, 1647, in-4°; la *Promenade de Saint-Germain*. Paris, 1669, in-12; les *Avantages de la langue françoise sur la langue latine*, en cinq dissertations

S'empare des discours mêmes académiques;[1]
Perrin a de ses vers obtenu le pardon,
Et la scène françoise est en proie à Pradon.[2]
Et moi, sur ce sujet loin d'exercer ma plume,
J'amasse de tes faits le pénible volume,[3]
Et ma muse, occupée à cet unique emploi,
Ne regarde, n'entend, ne connoît plus que toi.[4]

Tu le sais bien pourtant, cette ardeur empressée
N'est point en moi l'effet d'une âme intéressée.
Avant que tes bienfaits courussent me chercher,
Mon zèle impatient ne se pouvoit cacher.
Je n'admirois que toi. Le plaisir de le dire
Vint m'apprendre à louer au sein de la satire;
Et, depuis que tes dons sont venus m'accabler,
Loin de sentir mes vers avec eux redoubler,
Quelquefois, le dirai-je? un remords légitime,
Au fort de mon ardeur, vient refroidir ma rime.
Il me semble, grand roi, dans mes nouveaux écrits,

---

de M. le Laboureur et de M. de Sluse. Paris, 1669, in-12. (M. Chéron.) — Le *Charlemagne* avait paru en 1664, et le *Childebrand* en 1666. L'idée n'est donc pas tout à fait exacte.

1. *Mêmes*, adverbe, s'est écrit longtemps avec un *s*. Les poëtes étaient libres d'admettre ou de rejeter cette lettre.

2. Pour Perrin, pour Pradon, voir l'épître précédente. — Voici un exemple de la versification de Perrin. Il traduit comme il suit ces vers de Virgile, *Énéide*, V, 481 :

> . . . Effractoque illisit in ossa cerebro :
> Sternitur, exanimisque tremens procumbit humi bos.
>
> Dans ses os fracassés enfonce son étuef;
> Et tout tremblant et mort, à bas tombe le bœuf.

3. C'est en 1677 que Racine et Boileau furent nommés historiographes du roi.

4. Sa vertu l'abandonne, et son âme enivrée
    N'aime, ne voit, n'entend, ne connaît que d'Estrée.
    (Voltaire, *Henriade*, ch. IX, v. 237-238.)

Que mon encens payé n'est plus de¹ même prix.
J'ai peur que l'univers, qui sait ma récompense,
N'impute mes transports à ma reconnoissance,
Et que par tes présents mon vers discrédité
N'ait moins de poids pour toi dans la postérité.²

Toutefois je sais vaincre un remords qui te blesse.
Si tout ce qui reçoit des fruits de ta largesse
A peindre tes exploits ne doit point s'engager,
Qui d'un si juste soin se pourra donc charger?
Ah! plutôt de nos sons redoublons l'harmonie :
Le zèle à mon esprit tiendra lieu de génie.
Horace tant de fois dans mes vers imité,
De vapeurs,³ en son temps, comme moi tourmenté,⁴
Pour amortir le feu de sa rate indocile,
Dans l'encre quelquefois sut égayer sa bile.⁵

1. C'est le texte de 1701, in-12, dernière édition, revue par Boileau. Il nous paroit préférable à *du* qu'on lit dans toutes les autres, soit anciennes, soit modernes. (BERRIAT-SAINT-PRIX.)

2. S'il faut en croire Brossette, après une discussion entre M. du Charmel et M. de Dangeau sur ce passage et celui que renferme l'épître Iʳᵉ, Boileau dit : « La pensée de ma première épître fait plus d'honneur au roi, parce que je dis que ses actions sont si extraordinaires que, pour les rendre croyables à la postérité, il faudra confirmer le récit de l'histoire par le témoignage irréprochable d'un satirique. Mais la pensée de l'épître VIII me fait plus d'honneur, parce que j'y fais l'éloge de ma générosité et du désintéressement avec lequel je voudrois louer le roi, de peur que mes louanges ne soient suspectes de flatterie. »

3. Ce mot signifie ici humeur chagrine et satirique.

4. HORACE, livre I, ode XIII :

Væ ! meum
Fervens difficili bile tumet jecur.

Les anciens ont cru que la rate étoit le réservoir de l'humeur mélancolique, de là vient qu'on dit de ceux qui se réjouissent qu'ils s'épanouissent la rate. (TRÉVOUX.)

5. « L'expression d'*égayer sa bile dans l'encre* est plaisante et originale; mais c'est dommage qu'il n'y eût point d'*encre* au temps d'Horace. » (LE BRUN.) — Erreur : les anciens avaient de l'*encre;* seulement elle était moins fluide que la nôtre. Les manuscrits d'Herculanum, ville qui ne fut

Mais de la même main qui peignit Tullius,[1]
Qui d'affronts immortels couvrit Tigellius,[2]
Il sut fléchir Glycère, il sut vanter Auguste,[3]
Et marquer sur la lyre une cadence juste.
Suivons les pas fameux d'un si noble écrivain.
A ces mots, quelquefois prenant la lyre en main,
Au récit que pour toi je suis prêt d'entreprendre,[4]

détruite que quatre-vingt-six ans après Horace, sont écrits avec de l'*encre*. (*Encycl. antiq.*, mot *Encre*.) (BERRIAT-SAINT-PRIX.) Les papyrus de l'Égypte, qui viennent de bien plus loin, sont écrits avec de l'*encre*. Il y en avait même une espèce dont nous ne connaissons plus le secret, c'était une *encre blanche*. D'ailleurs on aurait dû savoir qu'Horace parle lui-même d'*encre* dans ce vers :

> Sed veluti tractata notam labemque remittunt
> Atramenta.
> (Livre II, ép. I, v. 236.)

Cet *atramentum* était un liquide noir employé à différents usages, comme vernis par les peintres (PLINE, *Hist. nat.*, t. XXXV, 36, 18), par les cordonniers pour teindre leur cuir (PLINE, *Hist. nat.*, t. XXXIV, 32); et aussi comme encre (CIC., *ad Q. frat.* 11-15) : *Calamo et atramento temperato, charta etiam dentata res agetur*. L'*atramentarium*, c'était notre encrier.

1. Sénateur romain. César l'exclut du sénat, mais il y rentra après sa mort. (BOILEAU, 1713.) — Cf. Horace, livre I, satire VI, v. 23-25.

> . . . . . Quo tibi, Tilli,
> Sumere depositum clavum fierique tribuno?

On voit que le personnage dont parle Horace s'appelle *Tillius*. On pourrait donc admettre la critique de Rosel rapportée par Berriat-Saint-Prix (mot imaginé pour la rime; il n'y a point de Tullius dans Horace), si l'on ne savoit pas que *Tillius* et *Tullius* sont des noms qui se confondent et se prennent l'un pour l'autre. Suétone, parlant de *Tillius Cimber*, peut-être le frère de celui-ci, dit : « Illicoque Cimber Tullius qui primas partes susceperat. » (*Cæs.*, 82.)

2. Fameux musicien, fort chéri d'Auguste. (BOILEAU, 1713.) — Cf. Horace, livre I, satire IV, v. 72, et satire X, v. 80.

3. Cf. Horace, livre I, ode XIX.

4. C'est le texte de 1683 à 1713. Un grand nombre d'éditeurs ont corrigé le texte de Boileau et mis *près de*. C'était méconnaître la tradition du XVIIe siècle, qui a toujours dit *prêt de* dans le sens de *disposé à*. « Psyché étoit honteuse de son peu d'amour, toute prête de réparer cette faute si son

Je crois voir les rochers accourir pour m'entendre ;[1]
Et déjà mon vers coule à flots précipités,
Quand j'entends le lecteur qui me crie : Arrêtez :
Horace eut cent talents ; mais la nature avare
Ne vous a rien donné qu'un peu d'humeur bizarre :
Vous passez en audace et Perse et Juvénal ;
Mais sur le ton flatteur Pinchêne[2] est votre égal.
A ce discours, grand roi, que pourrois-je répondre?
Je me sens sur ce point trop facile à confondre ;
Et, sans trop relever des reproches si vrais,
Je m'arrête à l'instant, j'admire et je me tais.

mari le souhaitoit. » (LA FONTAINE, *Psyché*, I, p. 85.) — « Le voilà prêt de faire en tout vos volontés. » (MOLIÈRE, *le Dépit amoureux*, III, 8.)

> Qu'on rappelle mon fils, qu'il vienne se défendre;
> Qu'il vienne me parler, je suis prêt de l'entendre.
> (*Phèdre*, acte V, scène v.)

« Aujourd'hui les grammairiens ont décidé qu'il fallait dire en ce sens *prêt à*. Cette décision est arbitraire, car l'usage admettait la préposition *de;* et il n'y a rien dans *prêt* qui exclue cette proposition. » (LITTRÉ, *Diction. de la langue française.*)

1. Allusion à ce passage de Virgile, églogue VI, 27. Silène commence à chanter :

> Tum vero in numerum Faunosque ferasque videres
> Ludere, tum rigidas motare cacumina quercus.

2. Neveu de Voiture. Il avait fait imprimer un gros recueil de poésies contenant « les éloges du roi, des princes et princesses de son sang et de toute sa cour. »

ÉPITRE IX.[1]

A M. LE MARQUIS DE SEIGNELAY[2]

SECRÉTAIRE D'ÉTAT.

Dangereux ennemi de tout mauvais flatteur,
Seignelay, c'est en vain qu'un ridicule auteur,
Prêt à porter ton nom « de l'Èbre[3] jusqu'au Gange,[4] »
Croit te prendre aux filets d'une sotte louange.
Aussitôt ton esprit, prompt à se révolter,
S'échappe, et rompt le piége où l'on veut l'arrêter.[5]
Il n'en est pas ainsi de ces esprits frivoles,
Que tout flatteur endort au son de ses paroles,
Qui, dans un vain sonnet, placés au rang des dieux,
Se plaisent à fouler l'Olympe radieux;[6]

---

1. Composée au commencement de 1675, avant l'épitre VIII.
2. Jean-Baptiste Colbert, ministre et secrétaire d'État, mort en 1690, fils de Jean-Baptiste Colbert, ministre et secrétaire d'État. (BOILEAU, 1713.) — Le fils aîné du grand Colbert, né à Paris en 1651, mourut le 3 de novembre 1690.
3. Rivière d'Espagne. (BOILEAU, 1713.)
4. Rivière des Indes. (BOILEAU, 1713.)
5. . . . . . Nisi dextro tempore, Flacci
    Verba per attentam non ibunt Cæsaris aurem,
    Cui male si palpere, recalcitrat undique tutus.
                    (HORACE, liv. II, sat. I, v. 18-20.)

6. Allusion plaisante à ces vers de Virgile où Daphnis vient prendre sa place parmi les dieux :

    Candidus insuetum miratur limen Olympi,
    Sub pedibusque videt nubes et sidera Daphnis.
                    (VIRGILE, églogue V, v. 55-56.)

Et, fiers du haut étage où la Serre[1] les loge,
Avalent sans dégoût le plus grossier éloge.
Tu ne te repais point d'encens à si bas prix.
Non que tu sois pourtant de ces rudes esprits
Qui regimbent toujours, quelque main qui les flatte.[2]
Tu souffres la louange adroite et délicate,
Dont la trop forte odeur n'ébranle point les sens.
Mais un auteur novice à répandre l'encens,
Souvent à son héros, dans un bizarre ouvrage,
Donne de l'encensoir au travers du visage;[3]
Va louer Monterey[4] d'Oudenarde forcé,
Ou vante aux électeurs Turenne repoussé.[5]

1. Boileau, dans la satire III, a déjà donné une atteinte à cet auteur ridicule. Il met lui-même en note sur ce nom : « Écrivain célèbre pour son galimatias. » Outre sept tragédies jouées de 1641 à 1644, il a laissé le *Secrétaire de la cour ou Manuel de lettres*, qui a eu trente éditions. C'était, dit Saint-Marc, un fade panégyriste qui se flattait d'être fort capable de composer des éloges, suivant l'usage où l'on était en ce temps-là de faire des portraits en vers ou en prose. « Il faut accorder, dit Sorel dans sa *Bibliothèque françoise*, p. 157, que M. de la Serre s'est trouvé très-propre à ces sortes d'ouvrages, et qu'il a un génie particulier pour cela, soit qu'il leur laisse la forme d'éloges, ou qu'il les insère dans les épîtres dédicatoires de quelques livres. Il en faut retrancher les pensées trop hardies ou trop irrégulières, et les paroles peu convenables... »

2. C'est proprement le vers et l'image d'Horace cités plus haut :

Cui male si palpere, recalcitrat undique tutus.
(Livre II, sat. I, v. 20.)

3. *Encens, encensoir*, images tirées des cérémonies de l'église où l'on *encense* les hauts dignitaires du chœur; de là hommages et flatteries excessives :

L'autre jour, suivant à la trace
Deux ânes qui, prenant tour à tour l'encensoir,
Se louoient tour à tour, commé c'est la manière.
(LA FONTAINE, *Fables*, XI, 5.)

4. Gouverneur des Pays-Bas. (BOILEAU, 1713.) — Condé força Monterey de lever le siége d'Oudenarde le 12 de septembre 1674. Jean-Dominique de Haro, comte de Monterey, après la mort de sa femme, en 1710, prit les ordres en 1712, et mourut en février 1716, âgé de soixante-sept ans.

5. Il les avait battus à la bataille de Turckheim en Alsace le 5 de jan-

ÉPITRE IX.

Tout éloge imposteur blesse une âme sincère.
Si, pour faire sa cour à ton illustre père,
Seignelay, quelque auteur, d'un faux zèle emporté,
Au lieu de peindre en lui la noble activité,
La solide vertu, la vaste intelligence,
Le zèle pour son roi, l'ardeur, la vigilance,
La constante équité, l'amour pour les beaux-arts,
Lui donnoit les vertus d'Alexandre ou de Mars,
Et, pouvant justement l'égaler à Mécène,
Le comparoit au fils de Pélée [1] ou d'Alcmène : [2]
Ses yeux, d'un tel discours foiblement éblouis, [3]
Bientôt dans ce tableau reconnoîtroient Louis ; [4]
Et glaçant d'un regard la muse et le poëte,

---

vier 1675. — « Le poëte, pour démasquer la flatterie, la suppose stupide et grossière, absurde et choquante au point de louer un général d'armée sur la défaite... Est-ce là présenter le miroir aux flatteurs? » (MARMONTEL, *Élém. de littér.*, t. III, p. 255.) — « M. Daunou répond avec raison que le poëte a pu attribuer à la flatterie qu'il qualifie de *novice* quelques faux pas et quelques bévues. » (BERRIAT-SAINT-PRIX.) — D'Alembert remarque que quelques années auparavant on avait osé dire, dans une relation de l'expédition malheureuse de Gigery (petit château fort de l'État d'Alger, province de Constantine, à l'entrée du golfe de Bougie; les Français s'en emparèrent en 1664), que cette affaire pouvait être mise en parallèle avec les plus belles actions du roi.

1. Achille. (BOILEAU, 1713.)
2. Hercule. (BOILEAU, 1713.)
3. . . . . . L'éloquence éclatante
De maître Petit-Jean m'éblouit...
(RACINE, *les Plaideurs*, acte III, scène III.)

Cette citation est pour répondre à la critique de Le Brun, qui ne veut pas qu'on puisse être ébloui d'un discours. Il est vrai que Racine prépare mieux son image par le mot *éclatante*.

4. Si quis bella tibi terra pugnata marique
Dicat, et his verbis vacuas permulceat aures
Te ne magis salvum populus velit, an populum tu,
Servet in ambiguo qui consulit et tibi et urbi
Jupiter; Augusti laudes agnoscere possis...
(HORACE, liv. I, épît. XVI, v. 24-28.)

Imposeroient silence à sa verve indiscrète.
Un cœur noble est content de ce qu'il trouve en lui,
Et ne s'applaudit point des qualités d'autrui.
Que me sert en effet qu'un admirateur fade
Vante mon embonpoint, si je me sens malade,
Si dans cet instant même un feu séditieux
Fait bouillonner mon sang et petiller mes yeux?[1]
Rien n'est beau que le vrai : le vrai seul est aimable;[2]
Il doit régner partout, et même dans la fable :
De toute fiction l'adroite fausseté
Ne tend qu'à faire aux yeux briller la vérité.

    Sais-tu pourquoi mes vers sont lus dans les provinces?
Sont recherchés du peuple, et reçus chez les princes?
Ce n'est pas que leurs sons, agréables, nombreux,[3]
Soient toujours à l'oreille également heureux;
Qu'en plus d'un lieu le sens n'y gêne la mesure,[4]

---

1. Sed vereor. . . . .
    Neu, si te populus sanum recteque valentem
    Dictitet, occultam febrem sub tempus edendi
    Dissimules, donec manibus tremor incidat unctis.
                      (HORACE, liv. I, épît. XVI, v. 19-22.)

Boileau avait déjà dit, épître III, v. 36 :

    Le feu sort de vos yeux petillants et troublés :
    Votre pouls inégal marche à pas redoublés.

2. « Boileau a dit, après les anciens :

    Le vrai seul est aimable
    Il doit régner partout, et même dans la fable.

Il a été le premier à observer cette loi qu'il a donnée. Presque tous ses ouvrages respirent ce vrai, c'est-à-dire qu'ils sont une copie fidèle de la nature. Ce vrai doit se trouver dans l'historique, dans le moral, dans la fiction, dans les sentences, dans les descriptions, dans l'allégorie. » (VOLTAIRE, *du Vrai dans les ouvrages, Mélanges*, etc.)

3. *Nombreux*, c'est-à-dire *harmonieux*. Le nombre résulte de l'arrangement et du choix des mots dans la prose aussi bien que dans les vers.

4. « M. Despréaux me fit comprendre... que, par *le sens gênant la mesure*, il avoit voulu exprimer certaines transpositions forcées, dont les

LE PASSAGE DU RHIN.

(Siècle de Louis XIV. Ch. X.)

Garnier frères, Editeurs.

Et qu'un mot quelquefois n'y brave la césure :
Mais c'est qu'en eux le vrai, du mensonge vainqueur,
Partout se montre aux yeux, et va saisir le cœur ;
Que le bien et le mal y sont prisés au juste ;
Que jamais un faquin n'y tint un rang auguste ;
Et que mon cœur, toujours conduisant mon esprit,
Ne dit rien aux lecteurs qu'à soi-même il n'ait dit.[1]
Ma pensée au grand jour partout s'offre et s'expose ;
Et mon vers, bien ou mal, dit toujours quelque chose.
C'est par là quelquefois que ma rime surprend ;
C'est là ce que n'ont point Jonas ni Childebrand,[2]

meilleurs auteurs ne sauroient se défendre, mais dont ils tâchent de sauver la dureté par toutes les souplesses de leur art. Dans ces situations, disoit-il, vous diriez que le vers grimace, ou fait certaines contorsions. Je vais vous en donner un exemple sensible dans un vers de Chapelain. Il est question d'y exprimer l'action du fameux Cynégire, qui, s'étant attaché à l'un des créneaux, se vit le bras emporté ; il y attache l'autre bras, et ce bras a le sort du premier, de manière qu'il s'attacha aux créneaux avec les dents. Ce que Chapelain exprime ainsi :

Les dents, tout lui manquant, dans les pierres il plante.

Voilà, disoit-il, le plus parfait modèle de la mesure gênée par le sens : car on ne sauroit dire que le vers de Chapelain manque par le sens, mais cette transposition bizarre, et, pour ainsi dire, dans toute sa crudité, révolte encore plus les yeux que les oreilles, au lieu qu'un grand poëte, en de pareilles extrémités, par toutes les finesses de son art, cherche à adoucir ce qui de soi-même est rude. » (MONCHESNAY, *Bolœana*, p. 70-71.) — Dans l'histoire il s'agit d'un *vaisseau*.

1. « On admire dans ce passage un sentiment juste de toutes les convenances les plus délicates... Boileau ne détaille pas tous les mérites de sa poésie, quoiqu'ils soient réels et nombreux ; il ne parle que des défauts, quoiqu'ils soient rares et légers... Loin d'attribuer ses succès à la beauté de ses vers, il ne veut en être redevable qu'à une qualité dont il lui est permis de s'applaudir, parce qu'elle n'est qu'un devoir essentiel au poëte satirique, l'amour du *vrai*, et cela même fait rentrer dans son sujet ce qu'il a dit de lui-même. Voilà comme on sait composer : et quelle heureuse élégance dans ces vers mêmes où il ne parle que des défauts de ses vers ! » (LA HARPE, *Lycée.*, VIII, 381.)

2. Le *Jonas* de Coras et le *Childebrand* de Carel de Sainte-Garde. Voir l'épître VIII.

Ni tous ces vains amas de frivoles sornettes,
Montre, Miroir d'amour, Amitiés, Amourettes,[1]
Dont le titre souvent est l'unique soutien,
Et qui, parlant beaucoup, ne disent jamais rien.[2]
Mais peut-être, enivré des vapeurs de ma muse,
Moi-même en ma faveur, Seignelay, je m'abuse.
Cessons de nous flatter. Il n'est esprit si droit
Qui ne soit imposteur et faux par quelque endroit.
Sans cesse on prend le masque, et, quittant la nature,
On craint de se montrer sous sa propre figure.
Par là le plus sincère assez souvent déplaît.
Rarement un esprit ose être ce qu'il est.
Vois-tu cet importun que tout le monde évite,
Cet homme à toujours fuir, qui jamais ne vous quitte?
Il n'est pas sans esprit; mais, né triste et pesant,
Il veut être folâtre, évaporé, plaisant;
Il s'est fait de sa joie une loi nécessaire,
Et ne déplaît enfin que pour vouloir trop plaire.
La simplicité plaît sans étude et sans art.
Tout charme en un enfant dont la langue est fard,[3]

---

1. *La Montre d'amour*, petit ouvrage galant. Paris, 1671, in-12, de Bonnecorse, qui a publié en outre : *l'Amant raisonnable*. Paris, 1671, in-12, et le *Lutrigot*, pièce en vers contre le *Lutrin*. — *Le Miroir, ou la Métamorphose d'Orante*, est un conte de Charles Perrault en prose, mêlée de vers, qu'on trouve dans le *Recueil de divers ouvrages en prose et en vers*, par M. Perrault, 2ᵉ édition. Paris, 1676, in-12, p. 48-71. — *Amitiés, Amours et Amourettes*, par René le Pays. Paris, 1672, in-12. Voir satire III, vers 180.

2.   Celle qui toujours parle et ne dit jamais rien.
                      (Satire X, v. 087.)
Molière, le *Misanthrope*, acte II, scène v :

    C'est un parleur étrange et qui trouve toujours
    L'art de ne vous rien dire avec de grands discours.

3. Une *langue sans fard* semble d'abord une expression risquée, mais elle se justifierait, s'il en était besoin, par l'usage du xviiᵉ siècle :

A peine du filet encor débarrassée,
Sait d'un air innocent bégayer sa pensée.
Le faux est toujours fade, ennuyeux, languissant;
Mais la nature est vraie, et d'abord on la sent;
C'est elle seule en tout qu'on admire et qu'on aime.
Un esprit né chagrin plaît par son chagrin même.[1]
Chacun pris dans son air est agréable en soi :
Ce n'est que l'air d'autrui qui peut déplaire en moi.[2]

Ce marquis étoit né doux, commode, agréable;[3]
On vantoit en tous lieux son ignorance aimable :
Mais, depuis quelques mois devenu grand docteur,
Il a pris un faux air, une sotte hauteur;
Il ne veut plus parler que de rime et de prose;
Des auteurs décriés il prend en main la cause;
Il rit du mauvais goût de tant d'hommes divers,
Et va voir l'opéra seulement pour les vers.
Voulant se redresser, soi-même on s'estropie,
Et d'un original on fait une copie.
L'ignorance vaut mieux qu'un savoir affecté.[4]

> Et son frère pipé du fard de mon langage.
> (CORNEILLE, *la Veuve*, acte I, scène II.)
> Moi, qui n'ai jamais vu de fard en son langage.
> (*Clitandre*, acte V, scène IV.)

1. Allusion au duc de Montausier. (BROSSETTE.)

2. La Rochefouchauld a dit des enfants : « Chacun veut être un autre, et n'être plus ce qu'il est : ils cherchent une contenance hors d'eux-mêmes, et un autre esprit que le leur; ils prennent des tons et des manières au hasard... On imite souvent, même sans s'en apercevoir, et on néglige ses propres biens pour des biens étrangers, qui d'ordinaire ne nous conviennent pas. » (*Reflexions et sentences*.)

3. M. le C. D. F. (le comte de Fiesque) avoit eu d'abord une ignorance fort aimable, et disoit agréablement des incongruités; mais il perdit la moitié de son mérite, dès qu'il voulut être savant et se piquer d'avoir de l'esprit. (SAINT-MARC.)

4. Molière a fait dire à Clitandre :
> . . . Je hais seulement
> La science et l'esprit qui gâtent les personnes.

Rien n'est beau, je reviens, que par la vérité : [1]
C'est par elle qu'on plaît, et qu'on peut longtemps plaire.
L'esprit lasse aisément, si le cœur n'est sincère.
En vain par sa grimace un bouffon odieux [2]
A table nous fait rire et divertit nos yeux :
Ses bons mots ont besoin de farine et de plâtre.
Prenez-le tête à tête, ôtez-lui son théâtre ;
Ce n'est plus qu'un cœur bas, un coquin ténébreux ;
Son visage essuyé n'a plus rien que d'affreux.
J'aime un esprit aisé qui se montre, qui s'ouvre,
Et qui plaît d'autant plus que plus il se découvre.
Mais la seule vertu peut souffrir la clarté,
Le vice, toujours sombre, aime l'obscurité ;
Pour paroître au grand jour il faut qu'il se déguise ;
C'est lui qui de nos mœurs a banni la franchise.

Jadis l'homme vivoit au travail occupé,
Et, ne trompant jamais, n'étoit jamais trompé :
On ne connoissoit point la ruse et l'imposture ;
Le Normand même alors ignoroit le parjure.[3]

> Ce sont choses de soi, qui sont belles et bonnes ;
> Mais j'aimerois mieux être au rang des ignorants
> Que de me voir savant comme certaines gens.
> . . . .
> Vous avez cru fort mal, et je vous suis garant
> Qu'un sot savant est sot plus qu'un sot ignorant.
> (*Les Femmes savantes*, acte IV, scène III.)

1. Pradon disait de ce *je reviens* : « Voilà un retour qui n'est pas beau, et qui n'est là que pour faire d'ennuyeuses répétitions. »

Monchesnay, dans le *Bolœana*, p. 62-63, prétend que Boileau a voulu parler ici de Lully. Brossette et Cizeron-Rival disent la même chose. M. Berriat-Saint-Prix fait remarquer que c'est d'autant moins probable que Lully vivait encore et était protégé par le roi. (M. Chéron.)

2. Il est probable que Boileau parle ici d'une manière générale, comme Pascal dans ses *Pensées* : « Diseur de bons mots, mauvais caractère ; » et encore : « Je hais également le bouffon et l'enflé ; on ne feroit son ami ni de l'un ni de l'autre. »

3. Suivant Brossette, Boileau disait de ce vers : « Je date de loin : c'étoit

Aucun rhéteur encore, arrangeant le discours,
N'avoit d'un art menteur enseigné les détours.
Mais sitôt qu'aux humains, faciles à séduire,
L'abondance eut donné le loisir de se nuire,
La mollesse amena la fausse vanité.
Chacun chercha pour plaire un visage emprunté.
Pour éblouir les yeux, la fortune arrogante
Affecta d'étaler une pompe insolente ;
L'or éclata partout sur les riches habits ;
On polit l'émeraude, on tailla le rubis,
Et la laine et la soie, en cent façons nouvelles,
Apprirent à quitter leurs couleurs naturelles. [1]
La trop courte beauté monta sur des patins ; [2]
La coquette tendit ses lacs tous les matins ;
Et, mettant la céruse et le plâtre en usage,
Composa de sa main les fleurs de son visage. [3]

---

deux cents ans avant le déluge. » Dans le *Roman de la Rose*, les Normands sont donnés pour soldats à Male-Bouche :

> Male-Bouche que Dieu maudie,
> Eut souldoyers de Normandie.

1. Nec varios discet mentiri lana colores.
(VIRGILE, églogue IV, v. 42.)

Cette imitation, quelque heureuse qu'elle soit, laisse encore au poëte latin l'avantage de ce mot *mentiri*.

2. *Patin*, soulier à semelle fort épaisse que les femmes portoient autrefois pour se grandir :

> Sur un patin de liége élevant sa chaussure,
> Lise veut être grande en dépit de nature.
> (RÉGNIER, épître II, à M. le Marquis.)

> Vous aurez, maussades actrices,
> Moitié femme et moitié patin.
> (VOLTAIRE, *Lettre au roi de Prusse*, 17 oct. 1760.)

3. L'amant juge sa dame un chef-d'œuvre icy-bas,
Encore qu'elle n'ait sur soy rien qui soit d'elle ;
Que le rouge et le blanc par art la fasse belle,
Qu'elle ante en son palais ses dents tous les matins,

L'ardeur de s'enrichir chassa la bonne foi ;
Le courtisan n'eut plus de sentiments à soi.
Tout ne fut plus que fard, qu'erreur, que tromperie ;
On vit partout régner la basse flatterie.
Le Parnasse surtout, fécond en imposteurs,
Diffama le papier par ses propos menteurs.
De là vint cet amas d'ouvrages mercenaires,
Stances, odes, sonnets, épîtres liminaires, [1]
Où toujours le héros passe pour sans pareil,
Et, fût-il louche et borgne, [2] est réputé soleil.
Ne crois pas toutefois, sur ce discours bizarre,

> Qu'elle doive sa taille au bois de ses patins,
> Que son poil, dès le soir, frisé dans la boutique,
> Comme un casque au matin sur la teste s'applique ;
> Qu'elle ait, comme un piquier, le corselet au dos,
> Qu'à grand'peine sa peau puisse couvrir ses os,
> Et tout ce qui de jour la fait voir si doucette,
> La nuit comme en dépost soit dessus la toilette :
> Son esprit ulcéré juge en sa passion
> Que son teint fait la nique à la perfection.
> (RÉGNIER, satire IX, v. 184-195.)

1. *Épîtres liminaires,* épîtres dédicatoires mises au seuil, *limen,* au commencement des ouvrages : Molière, en dédiant son Amphitryon au prince de Condé : « Monseigneur, n'en déplaise à nos beaux esprits, je ne vois rien de plus ennuyeux que les épîtres dédicatoires ; et Votre Altesse Sérénissime trouvera bon, s'il lui plaît, que je ne suive point ici le style de ces messieurs-là et refuse de me servir de deux ou trois misérables pensées, qui ont été tournées et retournées tant de fois, qu'elles sont usées de tous les côtés. » — Tallemant des Réaux (t. VIII) parle d'un livre de la Serre, qui ne contenoit que les épîtres dédicatoires de ses ouvrages et les portraits de ceux à qui ils furent présentés ; il étoit intitulé : *La Bibliothèque de M. de la Serre.*

2. Ménage (*Christine,* égl.) dit d'Abel Servien, qui était borgne :

Le grand, l'illustre Abel, cet esprit sans pareil,
Plus clair, plus pénétrant que les traits du soleil.

Il avait déjà dit de Chapelain (*Miscellanea,* p. 113) :

Cet homme merveilleux, dont l'esprit sans pareil
Surpassoit en clarté les rayons du soleil.

Que, d'un frivole encens malignement avare,
J'en veuille sans raison frustrer tout l'univers.
La louange agréable est l'âme des beaux vers.
Mais je tiens, comme toi, qu'il faut qu'elle soit vraie,
Et que son tour adroit n'ait rien qui nous effraie.
Alors, comme j'ai dit, tu la sais écouter,
Et sans crainte à tes yeux on pourroit t'exalter.
Mais sans t'aller chercher des vertus dans les nues,
Il faudroit peindre en toi des vérités connues;
Décrire ton esprit ami de la raison,
Ton ardeur pour ton roi, puisée en ta maison; [1]
A servir ses desseins ta vigilance heureuse;
Ta probité sincère, utile, officieuse.
Tel, qui hait à se voir peint en de faux portraits,
Sans chagrin voit tracer ses véritables traits.
Condé même, Condé, [2] ce héros formidable,
Et, non moins qu'aux Flamands, aux flatteurs redoutable,
Ne s'offenseroit pas si quelque adroit pinceau
Traçoit de ses exploits le fidèle tableau;
Et dans Seneffe [3] en feu contemplant sa peinture,
Ne désavoueroit pas Malherbe ni Voiture.
Mais malheur au poëte insipide, odieux,
Qui viendroit le glacer d'un éloge ennuyeux!

1. *Une ardeur* qu'on *a puisée*, ceci n'est pas d'une justesse irréprochable.
2. Louis de Bourbon, prince de Condé, mort en 1686. (BOILEAU, 1713.)
3. Combat fameux de monseigneur le prince. (BOILEAU, 1713.) — Le Grand Condé gagna la bataille de Seneffe le 11 d'août 1674, contre les troupes réunies des Allemands, des Espagnols et des Hollandais, commandées par le prince d'Orange. (M. CHÉRON.) — Boileau a écrit ainsi ce mot de 1683 à 1701. « Nous avons cru devoir conserver cette orthographe (on écrit aussi *Senef*), parce qu'en rendant longue l'avant-dernière syllabe de ce mot, elle atténue beaucoup la consonne qui résulte des mots *Senef en feu.* » (BERRIAT-SAINT-PRIX.)

Il auroit beau crier : « Premier prince du monde !
« Courage sans pareil ! lumière sans seconde ! [1] »
Ses vers, jetés d'abord sans tourner le feuillet,
Iroient dans l'antichambre amuser Pacolet. [2]

1. Commencement du poëme de *Charlemagne*. (BOILEAU, 1713.)
2. Fameux valet de pied de monseigneur le prince. (BOILEAU, 1713.) — Quand M. le Laboureur lui eut présenté son poëme de *Charlemagne*, M. le prince en lut quelque chose, après quoi il donna le livre à Pacolet, à qui il renvoyoit ordinairement tous les ouvrages qui l'ennuyoient. (SAINT-MARC.) — Cette fin rappelle les vers d'Horace à Auguste, livre II, épître II, v. 265 :

> Nil moror officium quod me gravat, ac neque ficto
> In pejus vultu proponi cereus usquam,
> Nec prave factis decorari versibus opto,
> Ne rubeam pingui donatus munere et una
> Cum scriptore meo capsa porrectus aperta,
> Deferar in vicum vendentem thus et odores
> Et piper et quidquid chartis amicitur ineptis.

ÉPITRE X.

PRÉFACE.[1]

Je ne sais si les trois nouvelles épîtres que je donne ici au public auront beaucoup d'approbateurs ; mais je sais bien que mes censeurs y trouveront abondamment de quoi exercer leur critique : car tout y est extrêmement hasardé. Dans le premier de ces trois ouvrages, sous prétexte de faire le procès à mes derniers vers, je fais moi-même mon éloge, et n'oublie rien de ce qui peut être dit à mon avantage ; dans le second, je m'entretiens avec mon jardinier de choses très-basses et très-petites ; et dans le troisième, je décide hautement du plus grand et du plus important point de la religion, je veux dire de l'amour de Dieu. J'ouvre donc un beau champ à ces censeurs, pour attaquer en moi et le poëte orgueilleux, et le villageois grossier, et le théologien téméraire. Quelque fortes pourtant que soient leurs attaques, je doute qu'elles ébranlent la ferme résolution que j'ai prise, il y a longtemps, de ne rien répondre, au moins sur le ton sérieux, à tout ce qu'ils écriront contre moi.

A quoi bon, en effet, perdre inutilement du papier ? Si mes épîtres sont mauvaises, tout ce que je dirai ne les fera pas trouver bonnes ; tout ce qu'ils diront ne les fera pas trouver mauvaises. Le public n'est pas un juge qu'on puisse corrompre, ni qui se règle par les passions d'autrui. Tout ce bruit, tous ces écrits qui se font ordinairement contre des ouvrages où l'on court, ne servent qu'à y faire encore plus courir, et à en mieux marquer le mérite. Il est de l'essence d'un bon livre d'avoir des

---

1. Cette préface, composée en 1697, fut publiée en 1698, à la tête des trois dernières épîtres, précédées, dans les éditions in-4°, d'un faux titre : *Epîtres nouvelles.*

censeurs; et la plus grande disgrâce qui puisse arriver à un écrit qu'on met au jour, ce n'est pas que beaucoup de gens en disent du mal, c'est que personne n'en dise rien.

Je me garderai donc bien de trouver mauvais qu'on attaque mes trois épîtres. Ce qu'il y a de certain, c'est que je les ai fort travaillées, et principalement celle de l'amour de Dieu, que j'ai retouchée plus d'une fois, et où j'avoue que j'ai employé tout le peu que je puis avoir d'esprit et de lumières. J'avois dessein d'abord de la donner toute seule, les deux autres me paroissant trop frivoles pour être présentées au grand jour de l'impression avec un ouvrage si sérieux ; mais des amis très-sensés m'ont fait comprendre que ces deux épîtres, quoique dans le style enjoué, étoient pourtant des épîtres morales, où il n'étoit rien enseigné que de vertueux ; qu'ainsi étant liées avec l'autre, bien loin de lui nuire, elles pourroient même faire une diversité agréable; et que d'ailleurs beaucoup d'honnêtes gens souhaitant de les avoir toutes trois ensemble, je ne pouvois pas avec bienséance me dispenser de leur donner une si légère satisfaction. Je me suis rendu à ce sentiment, et on les trouvera rassemblées ici dans un même cahier. Cependant, comme il y a des gens de piété qui peut-être ne se soucieront guère de lire les entretiens que je puis avoir avec mon jardinier et avec mes vers, il est bon de les avertir qu'il y a ordre de leur distribuer à part la dernière, savoir celle qui traite de l'amour de Dieu ; et que non-seulement je ne trouverai pas étrange qu'ils ne lisent que celle-là, mais que je me sens quelquefois moi-même en des dispositions d'esprit où je voudrois de bon cœur n'avoir de ma vie composé que ce seul ouvrage, qui vraisemblablement sera la dernière pièce de poésie qu'on aura de moi : mon génie pour les vers commençant à s'épuiser, et mes emplois historiques ne me laissant guère le temps de m'appliquer à chercher et à ramasser des rimes.

Voilà ce que j'avois à dire aux lecteurs. Avant néanmoins que de finir cette préface, il ne sera pas hors de propos, ce me semble, de rassurer des personnes timides qui, n'ayant pas une fort grande idée de ma capacité en matière de théologie, douteront peut-être que tout ce que j'avance dans mon épître soit fort infaillible, et appréhenderont qu'en voulant les conduire je ne les égare. Afin donc qu'elles marchent sûrement, je leur dirai, vanité à part, que j'ai lu plusieurs fois cette épître à un fort grand nombre de docteurs de Sorbonne, de pères de l'Oratoire et de jésuites très-célèbres [1], qui tous y ont applaudi, et en ont trouvé la doctrine très-saine et très-pure ; que beaucoup de prélats illustres à qui je l'ai récitée en ont jugé comme eux; que monseigneur l'évêque de Meaux [2], c'est-à-dire une des plus grandes lumières qui aient éclairé l'Église dans les derniers siècles, a eu longtemps mon ouvrage entre les mains, et qu'après l'avoir lu et relu plusieurs fois, il m'a non-seulement donné son approbation, mais a trouvé bon que je publiasse à tout le monde qu'il me la donnoit; enfin, que, pour mettre le comble à ma gloire, ce saint archevêque [3] dans le diocèse duquel j'ai le bonheur de me trouver, ce grand prélat, dis-je, aussi éminent en doctrine et en vertu qu'en dignité et en naissance, que le plus grand roi de l'univers, par un choix visiblement inspiré du ciel, a donné à la ville capitale de son royaume, pour assurer l'innocence et pour détruire l'erreur, monseigneur l'archevêque de Paris, en un mot, a bien daigné aussi examiner soigneusement mon épître, et a eu même la bonté de me donner sur plus d'un endroit des conseils que j'ai suivis; et m'a enfin accordé aussi son approbation, avec des éloges dont je suis également ravi et confus.

Au reste [4], comme il y a des gens qui ont publié que mon

---

1. Boileau, dans une de ses lettres, rend compte à Racine de l'effet que produisit son épître sur les pères de La Chaise et Gaillard, l'un confesseur de Louis XIV, l'autre célèbre prédicateur. (Lettre 66ᵉ à Racine, 1696.)

2. Jacques-Bénigne Bossuet. (BOILEAU, 1713.) — Bossuet écrivait en 1695, à l'abbé Eusèbe Renaudot, petit-fils de Théophraste Renaudot :

« Si je me fusse trouvé ici quand vous m'avez honoré de votre visite, je vous aurois proposé le pèlerinage d'Auteuil avec M. l'abbé Boileau, pour aller entendre de la bouche inspirée de M. Despréaux l'hymne céleste de l'*Amour de Dieu*. C'est pour mercredi : je vous invite à dîner... Après nous irons, je vous en conjure. »

Cette épître XII est adressée à ce même abbé Renaudot.

3. Louis-Antoine de Noailles, cardinal-archevêque de Paris. (BOILEAU, 1713.) — Voir l'avertissement de l'épître XII.

4. Cet alinéa fut substitué, en 1701, à l'alinéa suivant qui terminait la Préface des éditions séparées :

« Je croyois n'avoir plus rien à dire au lecteur; mais, dans le temps

épître n'étoit qu'une vaine déclamation qui n'attaquoit rien de réel, ni qu'aucun homme eût jamais avancé, je veux bien, pour l'intérêt de la vérité, mettre ici la proposition que j'y combats, dans la langue et dans les termes qu'on la soutient en plus d'une école. La voici : « Attritio ex gehennæ metu sufficit, etiam sine ulla Dei dilectione, et sine ullo ad Deum offensum respectu ; quia talis honesta et supernaturalis est[1]. » C'est cette proposition que j'attaque et que je soutiens fausse, abominable, et plus contraire à la vraie religion que le luthéranisme ni le calvinisme. Cependant je ne crois pas qu'on puisse nier qu'on ne l'ait encore soutenue depuis peu, et qu'on ne l'ait même insérée dans quelques catéchismes[2] en des mots fort approchants des termes latins que je viens de rapporter.

même que cette préface étoit sous la presse, on m'a apporté une misérable épître en vers, que quelque impertinent a fait imprimer, et qu'on veut faire passer pour mon ouvrage sur l'*Amour de Dieu*. Je suis donc obligé d'ajouter cet article, afin d'avertir le public que je n'ai fait d'épître de l'*Amour de Dieu* que celle qu'on trouvera ici, l'autre étant une pièce fausse et incomplète, composée de quelques vers qu'on m'a dérobés, et de plusieurs qu'on m'a ridiculement prêtés, aussi bien que les notes téméraires qui y sont. »

1. « L'attrition qui résulte de la crainte de l'enfer suffit, même sans aucun amour de Dieu, et sans aucun rapport à ce Dieu qu'on a offensé; une telle attrition suffit, parce qu'elle est honnête et surnaturelle. » (Traduction de M. Amar.)

2. Le catéchisme de Joli, entre autres. — « Les théologiens, partisans de l'opinion combattue par Boileau, ont été assez nombreux pour qu'on les désignât par une qualification particulière, celle d'*attritionnaires*, qui est prise en mauvaise part... Le sentiment le plus reçu est que l'*attrition*, dans le sacrement de pénitence, ne suffit pas pour justifier le pécheur, à moins qu'elle ne renferme un amour commencé de Dieu. » (Bergier, *Dictionnaire de théologie*, mot *Attrition*.)

A MES VERS.[1]

J'ai beau vous arrêter, ma remontrance est vaine ;
Allez, partez, mes Vers, dernier fruit de ma veine ;[2]
C'est trop languir chez moi dans un obscur séjour :
La prison vous déplaît, vous cherchez le grand jour,[3]

---

1. Composée en 1695. Depuis 1677, date de sa nomination à l'emploi d'historiographe du roi, Boileau semblait avoir renoncé à la poésie. En 1693, il donna cependant l'ode sur la prise de Namur ; en 1694, la satire contre les femmes. Ce dernier ouvrage déchaîna contre lui une infinité de critiques. Pour répondre à leur censure, il composa cette épître. « Il avoit, dit Brossette, une grande prédilection pour cette pièce, et il l'appeloit ordinairement *ses inclinations*. » L'idée générale en est prise de la vingtième du premier livre d'Horace ; mais les détails sont tout à fait différents.

2. Voici le début du poëte latin :

> Vertumnum Janumque, liber, spectare videris :
> Scilicet ut prostes Sosiorum pumice mundus ;
> Odisti claves et grata sigilla pudico :
> Paucis ostendi gemis et communia laudas,
> Non ita nutritus. Fuge quo discedere gestis.
> Non erit emisso reditus tibi.

Martial dit aussi à son livre (lib. I, épigr. IV) :

> Argiletanas mavis habitare tabernas...
> Ætherias, lascive, cupis, volitare per auras.
> I, fuge ; sed poteras tutior esse domi.

3. La Fresnaye-Vauquelin a longuement imité Horace :

> Mon Livre, je voy bien que quelque vain espoir
> T'élève maintenant et te veut décevoir,
> Et je m'apperçoy bien qu'ennuyé tu te fâches
> Entre tant de papiers, et qu'échapper tu tâches
> Pour aller à Paris, pour te faire imprimer,
> Écarrir et laver, pensant te faire aimer
> Estant ainsi vendu par la main d'un libraire,
> Qui tiendra sa boutique au Palais ordinaire...
> Regarde que tu fais, tu veux doncques partir ?
> Tu veux donc me laisser ? Je veux bien t'avertir
> Que tu te hâtes trop ; quelle mouche te pique
> De te vouloir soumettre à l'injure publique ?
> Tu veux être imprimé ? Tu pleures et gémis,
> Alors qu je te montre à quelques miens amis...

Et déjà chez Barbin,[1] ambitieux libelles,[2]
Vous brûlez d'étaler vos feuilles criminelles.
Vains et foibles enfants de ma vieillesse nés,[3]
Vous croyez sur les pas de vos heureux aînés
Voir bientôt vos bons mots, passant du peuple aux princes,
Charmer également la ville et les provinces;
Et, par le prompt effet d'un sel réjouissant,
Devenir quelquefois proverbes en naissant.[4]
Mais perdez cette erreur dont l'appât vous amorce.
Le temps n'est plus, mes Vers, où ma muse en sa force,

1. Libraire du palais. (BOILEAU, 1713.) — Thierry était cependant le libraire qu'employait le plus ordinairement Boileau, et il était l'éditeur même de cette épître. Mais l'hiatus a fait ici proscrire son nom.

2. *Libelles*, dans le sens du latin *libellus*, petit livre. Ce mot ne se dit plus aujourd'hui que d'un écrit satirique et clandestin. Boileau mêle ici les deux sens; car en son temps *libelle* commençait à s'éloigner de la signification latine.

3. *De ma vieillesse nés*. C'est le texte de 1701, in-12. La leçon *dans ma vieillesse nés* se lit dans les éditions de 1697, 1698, et 1701, in-4°, et 1713. Brossette, Saint-Marc, S. Surin, Amar donnent *dans ma vieillesse*. Berriat-Saint-Prix a cru devoir suivre l'édition de 1701, in-12. Elle a plus d'élégance.

4. Voltaire distingue, dans les vers de Despréaux, ce qui est devenu proverbe d'avec ce qui mérite de devenir maxime. Les maximes sont nobles, sages et utiles; elles sont faites pour les hommes d'esprit et de goût, pour la bonne compagnie. Les proverbes ne sont que pour le vulgaire, et l'on sait que le vulgaire est de tous les états :

« Pour paroître honnête homme, en un mot, il faut l'être.
On me verra dormir au branle de sa roue.
Chaque âge a ses plaisirs, son esprit et ses mœurs.
L'esprit n'est point ému de ce qu'il ne croit pas.
Le vrai peut quelquefois n'être pas vraisemblable.

« Voilà ce qu'on doit appeler des maximes dignes des honnêtes gens. Mais pour des vers tels que ceux-ci :

J'appelle un chat un chat, et Rollet un fripon.
S'en va chercher son pain de cuisine en cuisine.
Quand je veux dire blanc, la quinteuse dit noir.
Aimez-vous la muscade ? on en a mis partout.
La raison dit Virgile, et la rime Quinault.

Ce sont là plutôt des proverbes du peuple que des vers dignes d'être retenus par les connaisseurs. » (*Siècle de Louis XIV*, écrivains français, etc.)

Du Parnasse françois formant les nourrissons,
De si riches couleurs habilloit ses leçons : [1]
Quand mon esprit, poussé d'un courroux légitime,
Vint devant la raison plaider contre la rime,
A tout le genre humain sut faire le procès,
Et s'attaqua soi-même avec tant de succès. [2]
Alors il n'étoit point de lecteur si sauvage
Qui ne se déridât en lisant mon ouvrage,
Et qui, pour s'égayer, souvent dans ses discours,
D'un mot pris en mes vers n'empruntât le secours.
   Mais aujourd'hui qu'enfin la vieillesse venue,
Sous mes faux cheveux blonds [3] déjà toute chenue, [4]
A jeté sur ma tête, avec ses doigts pesants,
Onze lustres complets, surchargés de trois ans, [5]

---

1. Ces vers sont d'une élégance extrêmement heureuse. Ils font allusion à l'*Art poétique*.

2. Allusion aux satires II, VIII et IX.

3. L'auteur avoit pris perruque. (BOILEAU, 1713.) — « A propos, vous fronderez la perruque de Boileau, vous avez la tête bien près du bonnet. S'il avait fait une épître à sa perruque, bon, mais il en parle en un demi-vers, pour exprimer en passant une chose difficile à dire dans une épître morale et utile. » (VOLTAIRE, Lettre à d'Alembert, du 8 d'octobre 1760.) — Voir la lettre de Boileau à Maucroix, 29 avril 1695.

4. *Chenue*, toute blanche de vieillesse (*canutus, canities*) :

> Hommes, enfants, les personnes chenues
> Lamentent pêle-mêle aux places et aux rues.
>   (GARNIER, *Marc-Ant.*, IV.)
>
> Pour moi, je cède au temps, et ma tête chenue
> M'apprend qu'il faut quitter les hommes et le jour.
>   (Mainard dans Richelet. Voir LITTRÉ, *Dict. de la langue fr.*)

5. Cinquante-huit ans ; mais il avait réellement alors cinquante-neuf ans.

> Forte meum si quis te percontabitur ævum,
> Me quater undenos sciat implevisse decembres.
>   (HORACE, liv. I, ép. XX, v. 25-26.)
>
>   . . . Novemque
> Addiderat lustris altera lustra novem.
>   (OVIDE, *Tristes*, liv. IV, élégie X, v. 76-77.)

Voltaire a dit de ses soixante-seize ans :

> Malgré soixante hivers, escortés de seize ans

Cessez de présumer dans vos folles pensées,
Mes Vers, de voir en foule à vos rimes glacées
Courir, l'argent en main, les lecteurs empressés;
Nos beaux jours sont finis, nos honneurs sont passés. [1]
Dans peu vous allez voir vos froides rêveries
Du public exciter [2] les justes moqueries;
Et leur auteur, jadis à Régnier préféré, [3]
A Pinchêne, à Linière, à Perrin comparé. [4]
Vous aurez beau crier : « O vieillesse ennemie!

---

1. Ainsi que mes beaux jours, mes chagrins sont passés.
(Épître V, v. 20.)
Racine fait dire à Mithridate (III, v) :

Mes ans se sont accrus, mes honneurs sont détruits.

2. *Du public exciter.* C'est le texte de 1698 à 1713. — Brossette donne une autre leçon, *exciter du public.* « L'auteur avait mis dans toutes les éditions : « *Du public exciter,* etc.; » mais je lui ai proposé ce changement, et il l'a approuvé. » Saint-Marc cite sur ce vers le passage suivant de La Fresnaye-Vauquelin :

Et diras en toi-même : Hé! qu'ay-je voulu faire!
Et qu'ay-je, misérable indiscret, désiré!
Lorsque tu te verras d'un mocqueur déchiré!

3. Mathurin Régnier, né à Chartres, le 21 de décembre 1573, chanoine de Notre-Dame de Chartres, mort à Rouen le 22 d'octobre 1613. La première édition des œuvres de Régnier est de Paris, 1608, in-4°. (M. Chéron.)

4. Sur Pinchêne, voyez épître V, v. 17; sur Linière, satire IX, épître I; sur Perrin, satires III, VIII, IX, épître VII, VIII. — Il y avait d'abord à Sanlecque, à Regnard, à Bellocq... « Boileau ne fit pas imprimer les noms de ces auteurs qui avoient publié des satires contre lui : il s'étoit réconcilié avec le second, et le troisième lui avoit fait faire des excuses. » (Bnossette.) — Sanlecque avait attaqué Boileau dans son épître au duc de Nevers. (*OEuvres de Sanlecque,* 1740, p. 35.) Sanlecque étoit par alliance neveu de Mme Manchon, la sœur chérie de Boileau. (Berriat-Saint-Prix.) — Regnard avait attaqué Boileau dans sa *Satire contre les maris* et dans le *Tombeau de Despréaux.* « Je lui fis entendre, dit Monchesnay, qu'il ne lui convenoit pas de se jouer à son maître ; et depuis sa réconciliation, il lui dédia ses *Ménechmes.* » — Pierre Bellocq, né à Paris en 1645, mort en 1704, auteur d'un poëme sur l'hôtel des Invalides, d'une satire intitulée *les Petits maîtres,* d'une *Lettre de Mme de N... à Mme la marquise de... sur la satire de M. D... contre les femmes.*

« N'a-t-il donc tant vécu que pour cette infamie ? [1] »
Vous n'entendrez partout qu'injurieux brocards [2]
Et sur vous et sur lui fondre de toutes parts.

Que veut-il? dira-t-on; quelle fougue indiscrète
Ramène sur les rangs encor ce vain athlète?
Quels pitoyables vers! quel style languissant!
Malheureux, laisse en paix ton cheval vieillissant, [3]
De peur que tout à coup, efflanqué, sans haleine,
Il ne laisse en tombant son maître sur l'arène. [4]
Ainsi s'expliqueront nos censeurs sourcilleux,
Et bientôt vous verrez mille auteurs pointilleux,

---

1. Vers du Cid. (BOILEAU, 1713.) — Acte I, scène IV.

2. *Brocard.* « Terme d'ancien droit. Nom des principes ou premières maximes du droit, telles que celles qu'a faites Azo, dites par lui *Brocardica juris.* — Étym., il y a dans le bas latin : *Brocarda, Brocardicum, Brocardicorum jus,* qui signifient sentences de droit contenues dans un ouvrage que compila, dans le XIe siècle, Burchard, évêque de Worms. Burchard ou Brocard donna son nom au livre, *Burcardus* et *Brocardus,* aux sentences *brocardiques;* les sentences mêmes ont donné, par extension et plaisanterie, le leur aux *brocards,* paroles moqueuses. Le *Brocard* a toujours quelque chose de blessant. » (E. LITTRÉ, *Dict. de la langue française.*)

3. Sicut fortis equus, spatio qui forte supremo
    Vicit olympia, nunc senio confectu' quiescit.
                                (ENNII fragmenta.)

    Solve senescentem mature sanus equum, ne
    Peccet ad extremum ridendus et ilia ducat.
                                (HORACE, liv. I, ép. I, v. 8-9.)

    . . . . . Defay-toy du vieil cheval, afin
    Que boiteux ne devienne et poussif à la fin;
    Et de peur qu'au besoin au combat ne te faille,
    Et te face moquer le jour d'une bataille.
                                (LA FRESNAYE-VAUQUELIN.)

4. Regnard en 1694, dans la *Satire des maris,* v. 19-20, 25-26, avait dit de Boileau :

> Mais je n'ai pu souffrir qu'une indiscrète veine
> Le forçât, vieux athlète, à rentrer dans l'arène...
> Et les traits d'un critique, affoibli par les ans,
> Sont tombés de ses mains sans force et languissants

Pièce à pièce épluchant vos sons et vos paroles,
Interdire chez vous l'entrée aux hyperboles;
Traiter tout noble mot de terme hasardeux,
Et dans tous vos discours, comme monstres hideux,
Huer la métaphore et la métonymie
(Grands mots que Pradon croit des termes de chimie); [1]
Vous soutenir qu'un lit ne peut être effronté; [2]
Que nommer la luxure est une impureté. [3]
En vain contre ce flot d'aversion publique
Vous tiendrez quelque temps ferme sur la boutique; [4]
Vous irez à la fin, honteusement exclus,
Trouver au magasin Pyrame et Régulus, [5]
Ou couvrir chez Thierry, d'une feuille encor neuve,
Les méditations de Buzée et d'Hayneuve, [6]

---

1. Voir, sur l'ignorance de Pradon, épître VII, le dernier vers.
2. Terme de la dixième satire. (BOILEAU, 1713.)
3. Satire X, v. 141. Perrault, *Apologie des femmes*, blâmait notre poëte d'avoir parlé des héros à *voix luxurieuse et de la morale lubrique* des opéras, et condamnait ces expressions comme contraires à la pudeur. Arnauld prit là-dessus sa défense. (Voir *Lettre de M. Arnauld à M. Perrault.*)
4. Quod si non odio peccantis desipit augur,
    Carus eris Romæ, donec te deserat ætas;
    Contrectatus ubi manibus sordescere vulgi
    Cœperis, aut tineas pasces taciturnus inertes,
    Aut fugies Uticam, aut vinctus mitteris Ilerdam.
    (HORACE, liv. I, ép. XX, v. 9-13.)
5. Pièces de théâtre de Pradon. (BOILEAU, 1713.) — *Pyrame et Thisbé* fut jouée en 1674, et *Régulus* en 1688.
6. Jean Buzée, de la Société de Jésus, mort le 30 de mai 1611, âgé de soixante-quatre ans. On a de lui, entre autres ouvrages, *Méditations sur les évangiles de toute l'année et sur d'autres sujets*, souvent réimprimées; l'original est en latin. — Julien Hayneufve, de la Compagnie de Jésus, mort à Paris le 31 de janvier 1663. Il a publié : *Méditations pour le temps des exercices qui se font dans la retraite de huit ou dix jours*. Paris, 1661, in-12, et d'autres ouvrages de même nature. Boileau étant un jour dans la boutique de Thierry, son libraire s'aperçut qu'on avait enveloppé les méditations de ces deux jésuites dans les tragédies de Pradon. (M. CHÉRON.)

Puis, en tristes lambeaux semés dans les marchés,
Souffrir tous les affronts au Jonas reprochés. [1]

Mais quoi! de ces discours bravant la vaine attaque,
Déjà, comme les vers de Cinna, d'Andromaque,
Vous croyez à grands pas chez la postérité [2]
Courir, marqués au coin de l'immortalité !
Eh bien! contentez donc l'orgueil qui vous enivre ;
Montrez-vous, j'y consens : mais du moins dans mon livre,
Commencez par vous joindre à mes premiers écrits.
C'est là qu'à la faveur de vos frères chéris,
Peut-être enfin soufferts comme enfants de ma plume,
Vous pourrez vous sauver, épars dans le volume.
Que si mêmes [3] un jour le lecteur gracieux,
Amorcé par mon nom, sur vous tourne les yeux,
Pour m'en récompenser, mes Vers, avec usure,

---

1. Poëme héroïque non vendu. (BOILEAU, 1713.) — De Coras. Voir satire IX, et épître IX.

> Ou bien tu te verras tout rongé de vermine,
> De tignes ou de rats près de quelque ruine ;
> Et sentant tout le rance et le moisi relent,
> Décousu tu seras en quelque coin, dolent
> De n'avoir creu ton père : enfin aux merceries,
> Aux pignes, aux miroirs, aux hains,* aux drogueries,
> Aux couteaux, aux daguets, à cent petits fatras,
> Qu'on transporte au Brésil, chétif tu serviras
> D'envelope, ou cornets à mettre de l'épice,
> Du clou, de la muguette ou bien de la réglisse
> Chez un apoticaire : ou dedans un privé,
> Tu seras le secours du premier arrivé.
> (LA FRESNAYE-VAUQUELIN.)

2. *Chez la postérité* est faible, et *courir chez la postérité* n'est pas heureux. (LE BRUN.)

3. L'usage au XVIIᵉ siècle autorisait cette orthographe de *mêmes*. Vaugelas dit : « *Même* et *mêmes*, adverbe ; tous deux sont bons, et avec *s* et sans *s*. »

> . . . Dispensez-moi du récit des blasphèmes
> Qu'ils ont vomis tous deux contre Jupiter mêmes.
> (CORNEILLE, *Polyeucte*, III, II.)

Il étoit donc bien inutile de refaire le premier hémistiche de ce vers, comme on l'a essayé dans quelques éditions. (BERRIAT-SAINT-PRIX.)

* *Hains*, hameçons.

De votre auteur alors faites-lui la peinture :
Et surtout, prenez soin d'effacer bien les traits
Dont tant de peintres faux ont flétri mes portraits.
Déposez hardiment qu'au fond cet homme horrible,
Ce censeur qu'ils ont peint si noir et si terrible,
Fut un esprit doux, simple, ami de l'équité,
Qui, cherchant dans ses vers la seule vérité,
Fit, sans être malin, ses plus grandes malices :
Et qu'enfin sa candeur seule a fait tous ses vices.
Dites que, harcelé par les plus vils rimeurs,
Jamais, blessant leurs vers, il n'effleura leurs mœurs :
Libre dans ses discours, mais pourtant toujours sage,
Assez foible de corps, assez doux de visage,
Ni petit, ni trop grand, très-peu voluptueux, [1]
Ami de la vertu plutôt que vertueux. [2]

Que si quelqu'un, mes Vers, alors vous importune
Pour savoir mes parents, ma vie et ma fortune,
Contez-lui qu'allié d'assez hauts magistrats, [3]

---

1. Quum tibi sol tepidus plures admoverit aures,
Me libertino natum patre; et in tenui re,
Majores pennas nido extendisse loqueris :
Ut, quantum generi demas, virtutibus addas;
Me primis urbis belli placuisse domique;
Corporis exigui, præcanum, solibus aptum,
Irasci celerem, tamen ut placabilis essem.
(HORACE, liv. I, ép. XX, v. 19-25.)

2. Ce vers, au jugement de l'auteur même, est un des plus beaux et des plus sensés qu'il ait faits. (BROSSETTE.) — Boileau, suivant Brossette, avait fait mettre les vers de 80 à 86 au bas de son portrait, en arrangeant un peu le premier et le dernier. Saint-Marc ne serait pas fâché d'enlever à Boileau le mérite de l'invention dans ce dernier vers : « Il paroit, dit-il, y avoir eu en vue ces deux vers de La Fresnaye-Vauquelin, dans la satire V de son livre I :

Peut-être que je suis, sinon du tout bien sage,
A tout le moins prudent et plein d'un grand courage. »

3. MM. de Bragelongne; Amelot, président de la cour des aides; Gilbert,

ÉPITRE X.

Fils d'un père greffier, né d'aïeux avocats, [1]
Dès le berceau perdant une fort jeune mère, [2]
Réduit seize ans après à pleurer mon vieux père, [3]
J'allai d'un pas hardi, par moi-même guidé,
Et de mon seul génie en marchant secondé,
Studieux amateur et de Perse, et d'Horace,
Assez près de Régnier m'asseoir sur le Parnasse :
Que, par un coup du sort au grand jour amené,
Et des bords du Permesse à la cour entraîné,
Je sus, prenant l'essor par des routes nouvelles,
Élever assez haut mes poétiques ailes;
Que ce roi dont le nom fait trembler tant de rois
Voulut bien que ma main crayonnât ses exploits; [4]
Que plus d'un grand m'aima jusques à la tendresse; [5]
Que ma vue à Colbert inspiroit l'allégresse;
Qu'aujourd'hui même encor, de deux sens affoibli, [6]

président aux enquêtes, gendre de M. Dongois; de Lionne, grand audiencier de France, et plusieurs autres maisons illustres dans la robe. (BROSSETTE.)

1. Son père était Giles Boileau, greffier de la grand'chambre du parlement de Paris, né à Crosnes (Seine-et-Oise), le 28 de juin 1584, mort à Paris le 2 de février 1657. — Il tirait son origine de Jean Boileau, notaire et secrétaire du roi, qui obtint des lettres de noblesse, pour lui et sa postérité, du mois de septembre 1371. De Jean Boileau à Boileau-Despréaux, il y eut plusieurs avocats célèbres. (M. CHÉRON.)

2. Sa mère, Anne de Nielle, mourut en 1637, âgée de vingt-trois ans, alors que Boileau n'avait encore que onze mois.

3. Son père mourut vingt ans après sa mère. — Il y a une inexactitude en faveur de la mesure du vers; il auroit fallu dire dix-huit ans et demi. (BERRIAT-SAINT-PRIX, t. III, p. 103 à 165.)

4. Racine et Boileau furent nommés historiographes au mois d'octobre 1677. — *Crayonnât* est une expression modeste et à la louange du roi, dont les exploits déconcertent le pinceau des peintres; ils n'en peuvent faire qu'une légère esquisse.

5. On cite particulièrement Henriette d'Angleterre, le grand Condé, Vivonne, Lamoignon, Daguesseau, etc. (M. CHÉRON.) — Voir notre *Étude sur Boileau*, t. I.

6. La vue et l'ouïe.

Retiré de la cour,[1] et non mis en oubli,
Plus d'un héros, épris des fruits de mon étude,
Vient quelquefois chez moi goûter la solitude.[2]
   Mais des heureux regards de mon astre étonnant
Marquez bien cet effet encor plus surprenant,
Qui dans mon souvenir aura toujours sa place :
Que de tant d'écrivains de l'école d'Ignace
Étant, comme je suis, ami si déclaré,[3]
Ce docteur toutefois si craint, si révéré,
Qui contre eux de sa plume épuisa l'énergie,
Arnauld, le grand Arnauld, fit mon apologie.[4]
Sur mon tombeau futur, mes Vers, pour l'énoncer,
Courez en lettres d'or de ce pas vous placer :
Allez, jusqu'où l'Aurore en naissant voit l'Hydaspe,[5]
Chercher, pour l'y graver, le plus précieux jaspe :
Surtout à mes rivaux sachez bien l'étaler.

---

1. Il n'alloit plus à la cour depuis l'année 1690, et il s'en étoit retiré pour jouir de la liberté et du repos. Après la mort de Racine, il alla voir le roi pour lui apprendre cette mort, et recevoir ses ordres, par rapport à son histoire dont il se trouvoit seul chargé. Sa Majesté le reçut avec bonté, et quand il voulut se retirer, en faisant voir sa montre qu'il tenoit par hasard à la main, lui dit obligeamment : « Souvenez-vous que j'ai toujours à vous donner une heure par semaine, quand vous voudrez venir. » (Saint-Marc.) — Voir une lettre à Brossette du 9 de mai 1699.

2. A Auteuil. (Boileau, 1713.) — Il y reçut souvent Daguesseau, Pontchartrain, le duc de Bourbon, le prince de Conti, etc. (Brossette.) Cf. Ed. Fournier, *Paris démoli*, p. 157-167. (M. Chéron.) — « Il est heureux comme un roi, dans sa solitude, ou plutôt dans son hôtellerie d'Auteuil. Je l'appelle ainsi, parce qu'il n'y a point de jour où il n'y ait quelque nouvel écot, et souvent deux ou trois qui ne se connoissent pas trop les uns les autres. Il est heureux de s'accommoder ainsi de tout le monde; pour moi j'aurois cent fois vendu la maison. » (*Racine à son fils*, lett. XLIIe.)

3. Les pères Bourdaloue, Bouhours, Rapin, Gaillard, Thoulier (abbé d'Olivet), etc. (Brossette.)

4. Dans une lettre datée du 5 mai 1694. Voir la *Correspondance*.

5. Fleuve des Indes. (Boileau, 1713.)

ÉPITRE X.

Mais je vous retiens trop. C'est assez vous parler.
Déjà, plein du beau feu qui pour vous le transporte,
Barbin impatient chez moi frappe à la porte :
Il vient pour vous chercher. C'est lui : j'entends sa voix.
Adieu, mes Vers, adieu, pour la dernière fois.

ÉPITRE XI.[1]

A MON JARDINIER.[2]

Laborieux valet du plus commode maître
Qui pour te rendre heureux ici-bas pouvoit naître,
Antoine, gouverneur de mon jardin d'Auteuil,
Qui diriges chez moi l'if et le chèvrefeuil,[3]

---

1. Composée en 1696. — Horace, livre I, épître XIV, s'adresse à son *Villicus,* ou gouverneur de sa maison des champs. Mais Boileau n'a pas suivi le même ordre d'idées.

2. Antoine Riquet ou Riquié, né à Paris, mort le 3 d'octobre 1749 à quatre-vingt-quinze ans. Boileau le trouva établi dans la maison d'Auteuil, lorsqu'il l'acheta en 1685. Il le garda. — Voici à quelle occasion, selon Brossette, Boileau composa cette épître. « Travaillant à son ode sur la prise de Namur, il se promenoit dans les allées de son jardin d'Auteuil. Il tâchoit d'exciter son feu, et s'abandonnoit à l'enthousiasme. Un jour il s'aperçut que son jardinier l'écoutoit et l'observoit à travers des feuillages. Le jardinier surpris ne savoit à quoi attribuer les transports de son maître, et peu s'en fallut qu'il ne le soupçonnât d'avoir perdu l'esprit. Les postures que le jardinier faisoit de son côté et qui marquoient son étonnement parurent fort plaisantes au maître : de sorte qu'ils se donnèrent quelque temps la comédie l'un à l'autre. »

Cette épître rendit ce jardinier célèbre; et les personnes qui, depuis, visitaient Boileau ne manquaient pas de féliciter Antoine de l'honneur que son maître lui avait fait; et tous lui enviaient une distinction si glorieuse. « Le père Bouhours, jésuite, lui en fit compliment comme les autres. — N'est-il pas vrai, maître Antoine, lui dit-il d'un air railleur, que l'épître que votre maître vous a adressée est la plus belle de toutes ses pièces ? — Nenni da, mon père, répondit maître Antoine, c'est celle de l'amour de Dieu. » (BROSSETTE.)

3. Je vis le jardinier de ta maison d'Auteuil
Qui, chez toi, pour rimer, planta le chèvrefeuil.
(VOLTAIRE, *Épître à Boileau,* v. 9-10.)

La critique de Voltaire n'est pas tout à fait juste. Le XVIIe siècle écrivait *chèvrefeuil.* (*Dict. de l'Académie,* 1694.) On lit dans Mme de Sévigné : *Tout*

Et sur mes espaliers, industrieux génie,
Sais si bien exercer l'art de La Quintinie; [1]
Oh! que de mon esprit triste et mal ordonné,
Ainsi que de ce champ par toi si bien orné,
Ne puis-je faire ôter les ronces, les épines,
Et des défauts sans nombre arracher les racines! [2]

Mais parle : raisonnons. Quand, du matin au soir,
Chez moi poussant la bêche, ou portant l'arrosoir,
Tu fais d'un sable aride une terre fertile,
Et rends tout mon jardin à tes lois si docile;
Que dis-tu de m'y voir rêveur, capricieux,
Tantôt baissant le front, tantôt levant les yeux,
De paroles dans l'air [3] par élans envolées
Effrayer les oiseaux perchés dans mes allées?
Ne soupçonnes-tu point qu'agité du démon,
Ainsi que ce cousin [4] des quatre fils Aimon, [5]

---

est plein de chèvrefeuils, p. 143. — La rime n'y est pour rien. Le mot *diriger* est d'une justesse parfaite appliqué à l'if que l'on tailloit de manière à lui faire prendre les formes les plus variées, et au *chèvrefeuille*, arbrisseau grimpant, dont les jets ont besoin d'être dirigés.

1. Célèbre directeur des jardins du roi. (BOILEAU, 1713.) — Jean de la Quintinie, né à Chabanais (Charente) en 1626, mort à Versailles en 1688. On sait que La Quintinie est le créateur du célèbre potager de Versailles. Son livre, *Instructions pour les jardins fruitiers et potagers*, qui eut plusieurs éditions, ne fut publié qu'après sa mort, à Paris, 1690, 2 vol. in-4°. (M. CHÉRON.) — « Il a créé, dit Voltaire, l'art de la culture des arbres et celui de les transplanter. Ses préceptes ont été suivis dans toute l'Europe, et ses talents magnifiquement récompensés par Louis XIV. »

2.   Certemus spinas animone ego fortius, an tu
   Evellas agro; et melior sit Horatius, an res.
                    (HORACE, liv. I, ép. XIV, v. 4-5.)

C'est le seul passage où Boileau se rencontre avec Horace.

3. VAR. 1696, 1697. *De paroles en l'air.*

4. Maugis. (BOILEAU, 1713.) — Il était surnommé l'« Enchanteur, vaillant et preux chevalier, lequel au monde n'avoit son pareil en l'art de négromancie. » — Charlemagne est souvent en butte aux mauvais tours de sa sorcellerie.

5. Ce roman de chevalerie, composé par Huon de Villeneuve, est arrivé

Dont tu lis quelquefois la merveilleuse histoire,
Je rumine en marchant quelque endroit du grimoire? [1]
Mais non : tu te souviens qu'au village on t'a dit
Que ton maître est nommé pour coucher par écrit
Les faits d'un roi plus grand en sagesse, en vaillance,
Que Charlemagne aidé des douze pairs de France. [2]
Tu crois qu'il y travaille, et qu'au long de ce mur
Peut-être en ce moment il prend Mons et Namur.

Que penserois-tu donc, si l'on t'alloit apprendre
Que ce grand chroniqueur des gestes d'Alexandre, [3]

jusqu'à nous sous une forme toute populaire. Il se vend encore aujourd'hui dans les campagnes. Il est de la première moitié du XIIe siècle.

1. *Grimoire*, livre des sorciers pour évoquer les démons. « Il y eut des livres où les mystères des sorciers étaient écrits; j'en ai vu un à la tête duquel on avait dessiné assez mal un bouc et une femme à genoux derrière lui; on appelait ces livres *grimoires* en France, et ailleurs l'*alphabet du diable*. » (VOLTAIRE, *Dict. phil.*, Bouc.) — Étymologie : *gramare, gramaire,* d'où *grammaire*, XIIIe siècle.

> J'irai en l'abeïe à nostre abé parler,
> Si ferai le gramaire et lire et conjurer.
> (*Hist. litt. de la France*, t. XXII, p. 695.)

2. Suivant Brossette, on lisait dans la première composition :

> Que ton maître est gagé pour mettre par écrit
> Les faits de ce grand roi vanté pour sa vaillance,
> Plus qu'Ogier le Danois, ni Pierre de Provence.

L'expression populaire *coucher par écrit* est une correction des plus heureuses. — « *Les douze pairs de France ou de Charlemagne* se dit, dans les romans de chevalerie, de douze paladins que l'on suppose avoir été attachés à la personne de Charlemagne, comme les plus braves chevaliers de ses armées. » — C'est en 1252 que, pour la première fois, *les douze pairs* sont cités dans l'histoire. (Voir LITTRÉ, *Dict. de la langue franç.*, au mot *Pair*.)

3. VAR. *Que ce grand écrivain des exploits d'Alexandre.*

Nouvelle allusion aux romans de chevalerie répandus alors dans le peuple. Le mot *geste*, au moyen âge, signifiait un poëme en vers décasyllabiques ou en vers alexandrins, où est racontée d'une façon légendaire l'histoire de personnages historiques et particulièrement de Charlemagne et de ses preux. — Au pluriel, ce mot a désigné plus tard des actions belles et mémorables. « *Les gestes*, que M. de Vaugelas ne peut souffrir, ont toujours

Aujourd'hui méditant un projet tout nouveau,
S'agite, se démène, et s'use le cerveau,
Pour te faire à toi-même en rimes insensées
Un bizarre portrait de ses folles pensées?
Mon maître, dirois-tu, passe pour un docteur,
Et parle quelquefois mieux qu'un prédicateur.[1]
Sous ces arbres pourtant, de si vaines sornettes
Il n'iroit point troubler la paix de ces fauvettes,
S'il lui falloit toujours, comme moi, s'exercer,
Labourer, couper, tondre, aplanir, palisser,
Et, dans l'eau de ces puits sans relâche tirée,

été un très-beau mot, et qui signifie autant tout seul, que hautes ou grandes et héroïques actions, comme quand je dis : *les gestes d'Alexandre le Grand.* » (LA MOTHE LE VAYER.) — Voir LITTRÉ, *Dict. de la langue française.* — Voici le passage de Vaugelas : « Ce mot au pluriel, pour dire *les faits mémorables de guerre,* commence à s'apprivoiser en notre langue, et l'un de nos plus célèbres écrivains l'a employé depuis peu en une très-belle épitre liminaire, qu'il adresse à un grand prince. Que si l'on s'en sert en ces endroits-là qui sont si éclatants, et où l'on ne s'émancipe pas comme dans le cours d'un grand ouvrage d'user de mots encore douteux, il y a apparence que dans peu de temps il s'établira tout à fait. Ce n'est pas tant un mot nouveau qu'un vieux mot que l'on renouvelle et que l'on remet en usage, car vous le trouvez dans Amiot et dans les auteurs de son temps; mais j'apprends qu'il y a plus de cinquante ans qu'on ne dit que par raillerie, *ses faits et gestes...* » Thomas Corneille ajoute : « Quoy que M. de la Mothe le Vayer défende le mot *gestes,* l'usage ne nous l'a pas rendu plus familier qu'il l'estoit du temps de M. de Vaugelas. On ne l'emploie que dans le burlesque. » (*Remarques sur la langue françoise,* 1697, p. 762.)

1. Voici l'original de cette pensée : Un jour M. Despréaux et M. Racine, venant de faire leur cour à Versailles, se mirent dans un carrosse public avec deux bons bourgeois qui s'en retournoient à Paris. Ces deux messieurs étoient contents de leur cour : ils furent extrêmement enjoués pendant tout le chemin, et leur conversation fut la plus vive, la plus brillante et la plus spirituelle du monde. Les deux bourgeois étoient enchantés et ne pouvoient se lasser de marquer leur admiration. Enfin, à la descente du carrosse, tandis que l'un deux faisoit son compliment à M. Racine, l'autre s'arrêta avec M. Despréaux, et l'ayant embrassé bien tendrement : « J'ai été en voyage, lui dit-il, avec des docteurs de Sorbonne, et même avec des religieux, mais je n'ai jamais ouï dire de si belles choses. En vérité, vous parlez cent fois mieux qu'un prédicateur. » (BROSSETTE).

De ce sable étancher la soif démesurée.

Antoine, de nous deux, tu crois donc, je le voi,[1]
Que le plus occupé dans ce jardin c'est toi ?
Oh ! que tu changerois d'avis et de langage,
Si deux jours seulement, libre du jardinage,
Tout à coup devenu poëte et bel esprit,
Tu t'allois engager à polir un écrit
Qui dît, sans s'avilir, les plus petites choses ;
Fît des plus secs chardons des œillets et des roses ;[2]
Et sût même aux discours de la rusticité
Donner de l'élégance et de la dignité ;
Un ouvrage, en un mot, qui, juste en tous ses termes,
Sût plaire à Daguesseau,[3] sût satisfaire Termes,[4]
Sût, dis-je, contenter, en paroissant au jour,
Ce qu'ont d'esprits plus fins et la ville et la cour !
Bientôt de ce travail revenu sec et pâle,
Et le teint plus jauni que de vingt ans de hâle,
Tu dirois, reprenant ta pelle et ton râteau :
J'aime mieux mettre encor cent arpents au niveau,
Que d'aller follement, égaré dans les nues,
Me lasser à chercher des visions cornues ;[5]

---

1. Ancienne orthographe conforme à l'analogie ; l's caractérisait la seconde personne dans les verbes, le t la troisième.

2. Boileau donne ici-même un exemple de ce qu'il recommande.

3. Alors avocat général et maintenant procureur général. (BOILEAU, 1713.) — Il fut nommé chancelier par le régent en 1717. (Voir satire XI.)

4. Roger de Pardaillan de Gondrin, marquis de Termes, mort au mois de mars 1704. Cf. Saint-Simon, édition Garnier frères, t. VII, p. 176-177. — Boileau disait de lui qu'il était toujours à la pensée d'autrui « et c'est en cela que consiste le savoir-vivre. »

VAR. *Et qui pût contenter, en paroissant au jour,*
Daguesseau dans la ville, et Termes à la cour.

5.   J'ai craint, au bord de l'eau, vos visions cornues ;
    Que cherchant quelque rime, et lisant dans les nues...
            (PIRON, *Métromanie*, acte I, scène VI.)

Et, pour lier des mots si mal s'entr'accordants,
Prendre dans ce jardin la lune avec les dents. [1]

Approche donc, et viens : qu'un paresseux t'apprenne,
Antoine, ce que c'est que fatigue et que peine.
L'homme ici-bas, toujours inquiet et gêné, [2]
Est, dans le repos même, au travail condamné.
La fatigue l'y suit. C'est en vain qu'aux poëtes
Les neuf trompeuses sœurs dans leurs douces retraites
Promettent du repos sous leurs ombrages frais : [3]
Dans ces tranquilles bois pour eux plantés exprès,
La cadence aussitôt, la rime, la césure,
La riche expression, la nombreuse mesure,
Sorcières dont l'amour sait d'abord les charmer,
De fatigues sans fin viennent les consumer.
Sans cesse poursuivant ces fugitives fées, [4]

1. Je ne suys point clerc pour prendre la lune avec les dents. (RABELAIS, liv. II, ch. XII.)
2. Ces mots sont pris dans la rigueur de leur sens étymologique, *sans repos, tourmenté.*
3. Ces vers font songer à Virgile, à Horace, qui soupirent après la campagne, et à La Fontaine qui a dit comme eux :

> Solitude où je trouve une douceur secrète,
> Lieux que j'aimai toujours, ne pourrai-je jamais,
> Loin du monde et du bruit goûter l'ombre et le frais!
> Oh! qui m'arrêtera sous vos sombres asiles!
> Quand pourront les neuf sœurs, loin des cours et des villes,
> M'occuper tout entier.
> (*Fables,* liv. XI, 4.)

Ces poëtes ne portaient pas aux champs, comme Boileau, les soucis du métier.
4. Les Muses. (BOILEAU, 1713.) — « L'épître à son jardinier, dit Marmontel, exigeoit le style le plus naturel : et ainsi ces vers y sont déplacés (supposé même qu'ils ne fussent pas mauvais partout) : Boileau avoit oublié, en les composant, qu'Antoine devoit les entendre. » (*Élém. de littér.,* t. III, p. 250.) — « Cette critique, dit Amar, n'est pas sans fondement; et Boileau lui-même l'avoit bien pressentie, puisqu'il a mis en note *les Muses;* mais on pardonne aisément cette faute légère contre la vraisemblance, et qui d'ailleurs est la seule dans cette épître, en faveur de deux vers charmants qui excitoient avec raison l'enthousiasme de Le Brun.

On voit sous les lauriers haleter les Orphées.
Leur esprit toutefois se plaît dans son tourment,
Et se fait de sa peine un noble amusement.
Mais je ne trouve point de fatigue si rude
Que l'ennuyeux loisir d'un mortel sans étude, [1]
Qui, jamais ne sortant de sa stupidité,
Soutient, dans les langueurs de son oisiveté,
D'une lâche indolence esclave volontaire, [2]
Le pénible fardeau de n'avoir rien à faire. [3]
Vainement offusqué de ses pensers épais,
Loin du trouble et du bruit il croit trouver la paix :
Dans le calme odieux de sa sombre paresse,
Tous les honteux plaisirs, enfants de la mollesse,
Usurpant sur son âme un absolu pouvoir, [4]

« Comme ces *fugitives fées*, dit-il, sont d'une touche vaporeuse ! l'imagina-« tion les poursuit malgré elles. » Les consonnances, *lauriers*, *haleter*, *Orphées*, ménagées à dessein dans le vers suivant, font entendre la respiration péniblement interrompue du malheureux poëte *haletant* sous le poids et l'effort de son travail. — N'oublions pas non plus que ces mots de *fées*, *de sorcières* sont suggérés à Boileau par la nécessité de se rendre intelligible. Antoine les connoissoit par la lecture des romans de chevalerie. »

1. « Otium sine litteris mors est, et hominis vivi sepultura. » (SÉNÈQUE, épître LXXXII.)

2.   De leur joug rigoureux esclaves volontaires.
(VOLTAIRE, *Henriade*, ch. IV, v. 324.)

3. Voltaire a dit depuis :

Je plains l'homme accablé du poids de son loisir.
(*IVe Disc.*, v. 116.)

Condillac (*de l'Art d'écrire*, 1798, liv. II, ch. 1er, p. 140), en reconnaissant que le dernier vers est beau, prétend que le poëte n'y arrive que bien fatigué. Il n'a pas vu que les *langueurs de l'oisiveté*, que la *lâche indolence* sont des détails essentiels qui font valoir la pensée du dernier vers, et mettent dans une forte opposition l'oisiveté et la fatigue, qui en est la suite.

4. Tous les commentateurs mettent en note sur ce vers ce passage de Perse, satire V, v. 129 :

. . . . Sed si intus, et in jecore ægro
Nascuntur domini.

Le rapprochement est obscur, présenté de cette manière. Il faut savoir que

De monstrueux désirs le viennent émouvoir,
Irritent de ses sens la fureur endormie,
Et le font le jouet de leur triste infamie.
Puis sur leurs pas soudain arrivent les remords;
Et bientôt avec eux tous les fléaux du corps,
La pierre, la colique et les gouttes cruelles ; [1]
Guénaud, Rainssant, Brayer,[2] presque aussi tristes qu'elles,
Chez l'indigne mortel courent tous s'assembler,
De travaux douloureux le viennent accabler;
Sur le duvet d'un lit, théâtre de ses gênes,[3]
Lui font scier des rocs, lui font fendre des chênes, [4]

Perse démontre à un homme qui se vante d'être libre et de ne recevoir d'ordres de personne qu'il a dans son cœur des maîtres non moins impérieux que celui qui gourmande un esclave de sa lenteur.

1. VAR. *La goutte aux doigts noués, la pierre, la gravelle,*
D'ignorants médecins encor plus fâcheux qu'elle.

2. Fameux médecin. (BOILEAU, 1713.) — Pour Guénaud, voir satire IV et satire VI. — Pierre Rainssant, de Reims, médecin, antiquaire et garde des médailles de Sa Majesté, se noya dans la pièce d'eau des Suisses, à Versailles, le 7 de juin 1689. On a de lui : *Oratio habita in scholis medicorum Remensium ante prælectiones physiologicas...* Reims, 1666, in-4°; *Avis pour se préserver et pour se guérir de la peste de cette année 1668.* Reims, 1668, in-8°; *Explication des tableaux de la galerie de Versailles et de ses deux salons, peints par M. Le Brun.* Versailles, 1687, in-4°; *Dissertation sur les douze médailles des jeux séculaires de l'empereur Domitien.* Versailles, 1684, in-4°. — Nicolas Brayer, né à Château-Thierry en 1604, mourut à Paris en 1676. Il était renommé à la fois pour son habileté pratique comme médecin et pour sa bienfaisance. (M. CHÉRON.)

3. Pour ce mot *gênes*, se rappeler son sens primitif de « supplices et de tourments; » remarquer aussi l'opposition heureuse que ce mot fait avec le *duvet*.

4. Quand Boileau récita sa pièce à M. d'Aguesseau, celui-ci condamna les métaphores de ces deux vers comme trop hardies et trop violentes. Boileau lui répondit que si ce vers n'étoit pas bon, il falloit brûler toute la pièce. (BROSSETTE.) Saint-Marc trouve également la figure exagérée.

Ce n'étoit pas, suivant Le Brun, l'avis de L. Racine. On peut dire, en effet, que ces métaphores n'ont rien d'excessif, qu'elles font un contraste des plus vifs avec cette *lâche indolence*, cette *sombre paresse* et les *lan-*

Et le mettent au point d'envier ton emploi.
Reconnois donc, Antoine, et conclus avec moi,
Que la pauvreté mâle, active et vigilante,
Est, parmi les travaux, moins lasse et plus contente
Que la richesse oisive au sein des voluptés.
   Je te vais sur cela prouver deux vérités :
L'une, que le travail, aux hommes nécessaire,
Fait leur félicité plutôt que leur misère ;
Et l'autre, qu'il n'est point de coupable en repos.
C'est ce qu'il faut ici montrer en peu de mots.
Suis-moi donc. Mais je vois, sur ce début de prône,[1]
Que ta bouche déjà s'ouvre large d'une aune,[2]
Et que, les yeux fermés, tu baisses le menton.[3]
Ma foi, le plus sûr est de finir ce sermon.
Aussi bien j'aperçois ces melons qui t'attendent,
Et ces fleurs qui là-bas entre elles se demandent
S'il est fête au village, et pour quel saint nouveau
On les laisse aujourd'hui si longtemps manquer d'eau.[4]

---

gueurs de l'oisiveté qui ont séduit le malheureux ; elles sont de plus empruntées fort adroitement à des objets familiers à Antoine.

  1. Encore une de ces expressions prises avec art dans un ordre d'idées familières à Antoine.

  2. C'est un vers qu'on aurait dû citer plus souvent comme effet d'harmonie figurative.

  3. « L'auteur faisoit remarquer cette peinture naïve d'un homme qui s'endort. » (Brossette.)

  4. « Cette fin est très-heureusement trouvée ; et cette pensée ingénieuse, « ces fleurs qui là-bas entre elles se demandent, » est embellie de l'élégance des expressions. » (Andrieux.) — Les trois épîtres X, XI et XII sont, quoi qu'on en ait dit, tout à fait dignes de Boileau ; la XIe *A son jardinier*, charmante de détails, renferme quelques-uns des vers les plus artistement frappés du poëte, et qui lui ont valu le suffrage de Le Brun, l'ami d'André Chénier. » (Sainte-Beuve, *Port-Royal*, t. V, p. 343.)

ÉPITRE XII.[1]

SUR L'AMOUR DE DIEU.

A M. L'ABBÉ RENAUDOT.[2]

Docte abbé, tu dis vrai, l'homme, au crime attaché,
En vain, sans aimer Dieu, croit sortir du péché.

1. Brossette met la composition de cette épître à l'année 1695, pendant le carême. Des Maiseaux fixe celle de l'épitre XI à 1696 et celle de l'épitre XII à 1697; ce qui, dit Berriat-Saint-Prix, est plus vraisemblable que de les reporter toutes les trois à 1695, comme l'ont fait Brossette et Saint-Marc d'après lui, puisqu'elles n'ont pas moins de cinq cents vers. Cette épître parut, avec la Xe et la XIe, pour la première fois en 1698. — Boileau écrit à Brossette, le 15 novembre 1709 : « Je viens maintenant à un autre éclaircissement beaucoup plus important, que vous me demandés sur mon épistre de l'Amour de Dieu, dans vostre lettre du 30e juillet 1709, et je vous dirai que vous n'avés point esté bien instruit, puisque M. Arnauld estoit mort lorsque je fis cette épistre qu'il n'a jamais veue. La vérité est que longtemps avant la composition de cette pièce, j'étois fameux pour les fréquentes disputes que j'avois soutenues en plusieurs endroits pour la deffense du vrai Amour de Dieu, contre beaucoup de mauvais théologiens, de sorte que me trouvant de loisir un caresme, je ne crus pas pouvoir mieux employer ce loisir qu'à exprimer par escrit les bonnes pensées que j'avois là-dessus. » (*Correspondance entre Boileau-Despréaux et Brossette,* par M. A. Laverdet, 1858.)

Mme de Sévigné raconte (lettre du 15 janvier 1690) une dispute survenue entre Boileau et un jésuite, sur l'amour de Dieu. Voir notre *Étude* au tome Ier.

Bayle, dans son *Dictionnaire* (article *Arnauld,* note T), assigne à cette épitre une autre origine : « Des jansénistes rigides, dit-il, trouvèrent mauvais que ce grand docteur n'eût pas dédaigné d'entrer en lice pour son ami Despréaux, et d'écrire en faveur de la satire X. Un docteur, disoient-ils, blanchi dans des disputes graves et sérieuses, parler, à plus de quatre-vingts ans, de vers, de femmes et de romans! Quel désordre! Le parti en frémit... Cela vint aux oreilles de M. Despréaux; et là-dessus il entreprit son poëme sur l'*Amour de Dieu,* pour montrer que la poésie peut embrasser les sujets les plus sublimes. »

2. Eusèbe Renaudot, prieur de Frossay en Bretagne et de Saint-Chris-

Toutefois, n'en déplaise aux transports frénétiques
Du fougueux moine [1] auteur des troubles germaniques,
Des tourments de l'enfer la salutaire peur
N'est pas toujours l'effet d'une noire vapeur,
Qui, de remords sans fruit agitant le coupable,
Aux yeux de Dieu le rende encor plus haïssable.
Cette utile frayeur, propre à nous pénétrer,
Vient souvent de la grâce en nous prête d'entrer, [2]
Qui veut dans notre cœur se rendre la plus forte.
Et, pour se faire ouvrir, déjà frappe à la porte. [3]

 Si le pécheur, poussé de ce saint mouvement,
Reconnoissant son crime, aspire au sacrement,
Souvent Dieu tout à coup d'un vrai zèle l'enflamme :
Le Saint-Esprit revient habiter dans son âme.
Y convertit enfin les ténèbres en jour,
Et la crainte servile en filial amour.
C'est ainsi que souvent la sagesse suprême
Pour chasser le démon se sert du démon même.

 Mais lorsqu'en sa malice un pécheur obstiné,
Des horreurs de l'enfer vainement étonné, [4]

---

tophe de Châteaufort, près de Versailles, de l'Académie française et de l'Académie des inscriptions, orientaliste et théologien, né à Paris le 10 de juillet 1646, mort le 1er de septembre 1720. Il était fort lié avec Boileau et avec tous les beaux esprits de son temps. Il a publié de nombreux ouvrages, on trouvera en outre, dans le *Mercure* de janvier 1731, pages 98-106, la liste assez longue des écrits inédits de l'abbé Eusèbe Renaudot. Ses manuscrits orientaux, qu'il légua à l'abbaye de Saint-Germain des Prés, sont maintenant à la Bibliothèque impériale. (M. Chéron.)

1. Luther. (Boileau, 1698 à 1713.)
2. Le xviie siècle disait *prêt de* dans le sens de *disposé*. Aujourd'hui on dit *prêt à*.
3. « Verum etiam donum Dei esse et Spiritus sancti impulsum, non adhuc quidem inhabitantis, sed tantum moventis, quo pœnitens adjutus viam sibi ad justitiam parat. » (Concile de Trente, sess. XIV, can. 4.) Note de Saint-Surin.
4. *Étonné* dans le sens rigoureux de son étymologie *attonitus*, foudroyé.

Loin d'aimer, humble fils, son véritable père,
Craint et regarde Dieu comme un tyran sévère,
Au bien qu'il nous promet ne trouve aucun appas,
Et souhaite en son cœur que ce Dieu ne soit pas.
En vain, la peur sur lui remportant la victoire,
Aux pieds d'un prêtre il court décharger sa mémoire :
Vil esclave toujours sous le joug du péché,
Au démon qu'il redoute il demeure attaché.[1]
L'amour, essentiel à notre pénitence,
Doit être l'heureux fruit de notre repentance.
Non, quoi que l'ignorance enseigne sur ce point,
Dieu ne fait jamais grâce à qui ne l'aime point.
A le chercher la peur nous dispose et nous aide;
Mais il ne vient jamais que l'amour ne succède.
Cessez de m'opposer vos discours imposteurs,
Confesseurs insensés, ignorants séducteurs,
Qui, pleins des vains propos que l'erreur vous débite,
Vous figurez qu'en vous un pouvoir sans limite[2]
Justifie à coup sûr tout pécheur alarmé,
Et que sans aimer Dieu l'on peut en être aimé.[3]

---

1. Dans l'édition subreptice citée par Berriat-Saint-Prix, on lisait au lieu de ces deux vers les deux suivants :

> Puis va recevoir Dieu sans amour, sans transport;
> Dans l'auteur de la vie, il rencontre la mort.

2. Édition subreptice :

> Qui, pleins d'une trompeuse et fausse scolastique,
> Vous figurez qu'en vous un charme spécifique.

3. « Cette doctrine est empruntée des casuistes cités par Pascal dans sa X⁰ *Provinciale*. En voici un échantillon :

« ... Il semble que vous ne sachiez pas que, comme dit le père Pintereau en la 2ᵉ partie de l'abbé de Boisic, page 50 : Tous nos Pères enseignent d'un commun accord que c'est une erreur, et presque une hérésie, de dire que la contrition soit nécessaire, et que l'attrition toute seule, et même

Quoi donc ! cher Renaudot, un chrétien effroyable,
Qui jamais, servant Dieu, n'eut d'objet que le diable,
Pourra, marchant toujours dans des sentiers maudits,
Par des formalités gagner le paradis !
Et parmi les élus, dans la gloire éternelle,
Pour quelques sacrements reçus sans aucun zèle,
Dieu fera voir aux yeux des saints épouvantés
Son ennemi mortel assis à ses côtés !
Peut-on se figurer de si folles chimères?
On voit pourtant, on voit des docteurs même austères [1]
Qui, les semant partout, s'en vont pieusement
De toute piété saper le fondement;
Qui, le cœur infecté d'erreurs si criminelles,
Se disent hautement les purs, les vrais fidèles;
Traitant d'abord d'impie et d'hérétique affreux
Quiconque ose pour Dieu se déclarer contre eux.
De leur audace en vain les vrais chrétiens gémissent :
Prêts à la repousser, les plus hardis mollissent.
Et, voyant contre Dieu le diable accrédité, [2]
N'osent qu'en bégayant prêcher la vérité.
Mollirons-nous aussi? Non ; sans peur, sur ta trace,

conçue par *le seul* motif des peines de l'enfer, qui exclut la volonté de l'offenser, ne suffit pas avec le sacrement. » (X[e] lettre, *de l'Attrition*.) Tous les jésuites n'approuvaient pas cette doctrine. Voir la Lettre de Boileau à Racine, octobre 1697.

1. Ce vers se lit ainsi dans la lettre de Boileau à Racine :

Cependant on ne voit que docteurs même austères...

L'auteur dit à propos de ce passage, en parlant du père de La Chaise, à qui il lisait lui-même cette épître : « Il a été surtout extrêmement frappé de ces vers que vous lui aviez passés, et que je lui ai récités avec toute l'énergie dont je suis capable... »

2. L'idée est plaisante ! (LE BRUN.) — Ce trait est saillant, sans déroger à la gravité du sujet. (SAINT-SURIN.)

Docte abbé, de ce pas j'irai leur dire en face :
Ouvrez les yeux enfin, aveugles dangereux.
Oui, je vous le soutiens, il seroit moins affreux
De ne point reconnoître un Dieu maître du monde,
Et qui règle à son gré le ciel, la terre et l'onde,
Qu'en avouant qu'il est, et qu'il sut tout former,
D'oser dire qu'on peut lui plaire sans l'aimer.
Un si bas, si honteux, si faux christianisme
Ne vaut pas des Platons l'éclairé paganisme ;
Et chérir les vrais biens, sans en savoir l'auteur,
Vaut mieux que, sans l'aimer, connoître un créateur.[1]
Expliquons-nous pourtant. Par cette ardeur si sainte,
Que je veux qu'en un cœur amène enfin la crainte,
Je n'entends pas ici ce doux saisissement,
Ces transports pleins de joie et de ravissement,
Qui font des bienheureux la juste récompense,
Et qu'un cœur rarement goûte ici par avance.
Dans nous l'amour de Dieu, fécond en saints désirs,
N'y produit pas toujours de sensibles plaisirs.

---

1. Édition subreptice : *Il vaudroit mieux...*

> Hérétique impudent, nier que dans l'hostie
> La substance du pain en chair soit convertie ;
> De l'essence divine attaquer l'unité,
> Publier qu'il n'est pas au ciel de Trinité,
> Et croire l'âme en nous mortelle et périssable
> Que d'oser soutenir ce dogme abominable.

« Étrange théologie ! on ose lever l'anathème que saint Paul prononce contre *ceux qui n'aiment pas le Seigneur Jésus!* On ruine ce que dit saint Jean, que qui n'aime point demeure en la mort, etc. » (PASCAL, X^e *lettre*.) — Boileau a dit lui-même dans sa préface à ces trois dernières épîtres : « Attritio ex gehennæ metu sufficit, etiam sine ulla Dei dilectione, et sine ullo ad Deum offensum respectu, quia talis honesta et supernaturalis est. — C'est cette proposition que j'attaque, et que je soutiens fausse, abominable et plus contraire à la vraie religion que le luthéranisme ni le calvinisme. »

Souvent le cœur qui l'a ne le sait pas lui-même :
Tel craint de n'aimer pas, qui sincèrement aime ;
Et tel croit au contraire être brûlant d'ardeur,
Qui n'eut jamais pour Dieu que glace et que froideur.
C'est ainsi quelquefois qu'un indolent mystique,[1]
Au milieu des péchés tranquille fanatique,
Du plus parfait amour pense avoir l'heureux don,
Et croit posséder Dieu, dans les bras du démon.

Voulez-vous donc savoir si la foi dans votre âme
Allume les ardeurs d'une sincère flamme?
Consultez-vous vous-même. A ces règles soumis,
Pardonnez-vous sans peine à tous vos ennemis ?
Combattez-vous vos sens? domptez-vous vos foiblesses ?
Dieu dans le pauvre est-il l'objet de vos largesses?
Enfin dans tous ses points pratiquez-vous sa loi ?
Oui, dites-vous. Allez, vous l'aimez, croyez-moi.
« Qui fait exactement ce que ma loi commande,
A pour moi, dit ce Dieu, l'amour que je demande.[2] »
Faites-le donc ; et, sûr qu'il nous veut sauver tous,
Ne vous alarmez point pour quelques vains dégoûts

---

1. Quiétistes dont les erreurs ont été condamnées par les papes Innocent XI et Innocent XII. (BOILEAU, 1713.) — Voir satire X, v. 622. — Ces vers ont été supprimés dans l'édition subreptice.

2. Après avoir cité ces deux vers, Voltaire ajoute : « Ce qu'on a écrit de plus sensé sur cette controverse mystique se trouve peut-être dans la *satire* de Boileau sur l'amour de Dieu, quoique ce ne soit pas assurément son meilleur ouvrage. » (*Dictionnaire philosophique*, article *Amour de Dieu*.)

Ces vers ont été supprimés dans l'édition subreptice.

« Si diligitis me, mandata mea servate. Qui habet mandata mea, et servat ea, ille est qui diligit me. » (JOAN., cap. XIV, v. 15 et 21.)

VAR. *Écoutez la leçon que lui-même nous donne :*
Qui m'aime? C'est celui qui fait ce que j'ordonne.

VAR. *Courez toujours à lui.*

Qu'en sa ferveur souvent la plus sainte âme éprouve;
« Marchez, courez à lui : qui le cherche le trouve; »
Et plus de votre cœur il paroît s'écarter,
Plus par vos actions songez à l'arrêter.[1]
Mais ne soutenez point cet horrible blasphème,
Qu'un sacrement reçu, qu'un prêtre, que Dieu même,
Quoi que vos faux docteurs osent vous avancer,
De l'amour qu'on lui doit puisse vous dispenser.

Mais, s'il faut qu'avant tout, dans une âme chrétienne,
Diront ces grands docteurs, l'amour de Dieu survienne,
Puisque ce seul amour suffit pour nous sauver,
De quoi le sacrement viendra-t-il nous laver?
Sa vertu n'est donc plus qu'une vertu frivole.
Oh! le bel argument, digne de leur école!
Quoi! dans l'amour divin en nos cœurs allumé,
Le vœu du sacrement n'est-il pas renfermé?
Un païen converti, qui croit un Dieu suprême,
Peut-il être chrétien qu'il n'aspire au baptême,
Ni le chrétien en pleurs être vraiment touché
Qu'il ne veuille à l'église avouer son péché?
Du funeste esclavage où le démon nous traîne,
C'est le sacrement seul qui peut rompre la chaîne :
Aussi l'amour d'abord y court avidement;
Mais lui-même il en est l'âme et le fondement.

---

1. Voir dans la *Correspondance* une lettre (d'octobre 1697) de Boileau à Racine sur cette épître. Il y parle de l'effet qu'elle produisit sur le père de La Chaise :

« Il est vrai que je me suis heureusement avisé d'insérer dans mon épître huit vers que vous n'avez point approuvés et que mon frère juge très à propos de rétablir; les voici; c'est en suite de ce vers :

Oui, dites-vous. Allez, vous l'aimez, croyez-moi.
. . . .
Plus par vos actions songez à l'arrêter.

Il m'a fait redire trois fois ces huit vers. »

Lorsqu'un pécheur, ému d'une humble repentance,
Par les degrés prescrits court à la pénitence,
S'il n'y peut parvenir, Dieu sait les supposer,
Le seul amour manquant ne peut point s'excuser :
C'est par lui que dans nous la grâce fructifie;
C'est lui qui nous ranime et qui nous vivifie;
Pour nous rejoindre à Dieu lui seul est le lien;
Et sans lui, foi, vertus, sacrements, tout n'est rien.[1]

A ces discours pressants que sauroit-on répondre?
Mais approchez; je veux encor mieux vous confondre,
Docteurs. Dites-moi donc : quand nous sommes absous,
Le Saint-Esprit est-il ou n'est-il pas en nous?
S'il est en nous, peut-il, n'étant qu'amour lui-même,
Ne nous échauffer point de son amour suprême?
Et s'il n'est pas en nous, Satan toujours vainqueur
Ne demeure-t-il pas maître de notre cœur?
Avouez donc qu'il faut qu'en nous l'amour renaisse :
Et n'allez point, pour fuir la raison qui vous presse,
Donner le nom d'amour au trouble inanimé[2]
Qu'au cœur d'un criminel la peur seule a formé.
L'ardeur qui justifie, et que Dieu nous envoie,
Quoique ici-bas souvent inquiète et sans joie,
Est pourtant cette ardeur, ce même feu d'amour,

---

1. Dans un sujet de cette nature on ne saurait trop louer la clarté et la justesse de l'expression, la force et la suite du raisonnement. Rien n'était plus difficile à traiter. Il aurait mieux valu, dira-t-on, ne pas aborder ce sujet. Qu'on réfléchisse à la vivacité des querelles que suscitaient ces doctrines, à la chaleur qu'on mettait soit à les attaquer, soit à les défendre, et l'on verra bien que ni la poésie ni l'intérêt ne sont absents de cette pièce.

2. Je ne vois guère de justesse dans cette expression, *un trouble inanimé*. C'est là qu'il faut se souvenir du conte de la bonne vieille qui apportait un réchaud pour brûler le paradis, et une cruche d'eau pour éteindre l'enfer, afin qu'on n'aimât Dieu que pour lui-même.

Dont brûle un bienheureux en l'éternel séjour.
Dans le fatal instant qui borne notre vie,
Il faut que de ce feu notre âme soit remplie ;
Et Dieu, sourd à nos cris, s'il ne l'y trouve pas,
Ne l'y rallume plus après notre trépas.
Rendez-vous donc enfin à ces clairs syllogismes ;
Et ne prétendez plus, par vos confus sophismes,
Pouvoir encore aux yeux du fidèle éclairé
Cacher l'amour de Dieu dans l'école égaré.
Apprenez que la gloire où le ciel nous appelle
Un jour des vrais enfants doit couronner le zèle,
Et non les froids remords d'un esclave craintif,
Où crut voir Abély[1] quelque amour négatif.

Mais quoi ! j'entends déjà plus d'un fier scolastique,
Qui, me voyant ici, sur ce ton dogmatique,
En vers audacieux traiter ces points sacrés,
Curieux, me demande où j'ai pris mes degrés ;
Et si, pour m'éclairer sur ces sombres matières,
Deux cents auteurs extraits m'ont prêté leurs lumières.
Non. Mais pour décider que l'homme, qu'un chrétien

---

1. Misérable défenseur de la fausse attrition (1701). Auteur de la *Mouëlle théologique*, qui soutient la fausse attrition par les raisons réfutées dans cette épître. (BOILEAU, 1713.) — Louis Abelly, né en 1603, dans le Vexin français, docteur en théologie de la Faculté de Paris, curé de Saint-Josse, supérieur d'un monastère de religieuses, et fort habile dans la direction. Une des religieuses qu'il dirigeait parla de lui avec éloges à la reine mère Anne d'Autriche, qui le fit nommer à l'évêché de Rodez, après M. de Péréfixe : il permuta peu après son évêché contre un bénéfice simple, et se retira à Saint-Lazare, où il mourut le 4 d'octobre 1691. Il avait été confesseur du cardinal Mazarin. Il a publié de nombreux ouvrages, exclusivement théologiques. La *Medulla theologica* a été réfutée par l'abbé Boileau, frère de Despréaux, dans son livre *de la Contrition nécessaire pour obtenir la rémission des péchés*. (M. CHÉRON.) — Abelly disait dans son livre : « L'attrition, qui n'a pour motif qu'une crainte servile, est bonne et honnête... »

Est obligé d'aimer l'unique auteur du bien,
Le Dieu qui le nourrit, le Dieu qui le fit naître,
Qui nous vint par sa mort donner un second être,
Faut-il avoir reçu le bonnet doctoral,
Avoir extrait Gamache, Isambert et Du Val? [1]
Dieu, dans son livre saint, sans chercher d'autre ouvrage,
Ne l'a-t-il pas écrit lui-même à chaque page?
De vains docteurs encore, ô prodige honteux!
Oseront nous en faire un problème douteux!
Viendront traiter d'erreur digne de l'anathème
L'indispensable loi d'aimer Dieu pour lui-même,
Et, par un dogme faux dans nos jours enfanté,
Des devoirs du chrétien rayer la charité!

Si j'allois consulter chez eux le moins sévère, [2]
Et lui disois : Un fils doit-il aimer son père?
Ah! peut-on en douter? diroit-il brusquement.
Et, quand je leur demande en ce même moment :
L'homme, ouvrage d'un Dieu seul bon et seul aimable,
Doit-il aimer ce Dieu, son père véritable?
Le plus rigide auteur [3] n'ose le décider,

---

1. Philippe de Gamaches, abbé de Saint-Julien de Tours, docteur et professeur de Sorbonne, né en 1568, mort le 21 de juillet 1625. On a de lui : *Summa theologica, cum triplici indice*. Paris, 1627, 2 vol. in-folio. — Nicolas Isambert, célèbre docteur et professeur de Sorbonne, mort en 1642, âgé de soixante-dix-sept ans. Il a publié un *Commentaire sur les Sommes de saint Thomas*, en 6 vol. in-folio. — André Duval, docteur et premier professeur de théologie en Sorbonne, sénieur de Sorbonne et doyen de la faculté de théologie, l'un des trois visiteurs généraux des carmélites de France, né à Pontoise en 1564, mort à Paris le 9 de septembre 1638. Entre autres ouvrages, il a donné : *Commentarii in primam et secundam partes secundæ partis Summæ sancti Thomæ...* Paris, 1636, 2 vol. in-folio. (M. Chéron.)

2. Ces vers de 183 à 190 manquent à l'édition subreptice.

3. Brossette raconte là-dessus une anecdote qu'il ne faut peut-être pas rejeter avec trop de dédain : « M. Burlugay, docteur de Sorbonne, et curé

Et craint, en l'affirmant, de se trop hasarder !
    Je ne m'en puis défendre; il faut que je t'écrive
La figure bizarre, et pourtant assez vive,
Que je sus l'autre jour employer dans son lieu,
Et qui déconcerta ces ennemis de Dieu.
Au sujet d'un écrit qu'on nous venoit de lire,[1]
Un d'entre eux[2] m'insulta sur ce que j'osai dire
Qu'il faut, pour être absous d'un crime confessé,
Avoir pour Dieu du moins un amour commencé.
Ce dogme, me dit-il, est un pur calvinisme.
O ciel ! me voilà donc dans l'erreur, dans le schisme,
Et partant réprouvé ! Mais, poursuivis-je alors,
Quand Dieu viendra juger les vivants et les morts,
Et des humbles agneaux, objet de sa tendresse,
Séparera des boucs la troupe pécheresse,
A tous il nous dira, sévère ou gracieux,
Ce qui nous fit impurs ou justes à ses yeux.
Selon vous donc, à moi réprouvé, bouc infâme,
Va brûler, dira-t-il, en l'éternelle flamme,
Malheureux qui soutins que l'homme dut m'aimer,
Et qui, sur ce sujet trop prompt à déclamer,
Prétendis qu'il falloit, pour fléchir ma justice,

---

des Troux, près de Port-Royal-des-Champs, n'osa un jour répondre précisément à M. Despréaux, qui lui demandoit si l'on étoit obligé d'aimer Dieu, et n'hésita point quand on lui demanda ensuite si un fils devoit aimer son père. La peine que ce docteur eut à répondre ne venoit point de son ignorance, mais de crainte de s'embarrasser. Il a fait le bréviaire de Sens, qui passe pour le plus beau du royaume. » — Saint-Marc pense que Brossette a dû confondre le nom de Burlugay avec quelque autre.

1. A Bâville, chez M. de Lamoignon. (Note de l'édition subreptice.)

2. Le P. Cheminais, jésuite. (Note de l'édition subreptice.) On a voulu contester l'exactitude de cette indication; parce que la personne ici désignée était morte dès 1689. Daunou et Berriat-Saint-Prix l'ont maintenue contre les critiques de Saint-Surin. Ils se fondent sur un opuscule publié, en 1706, sous ce titre : *Boileau aux prises avec les jésuites.*

Que le pécheur, touché de l'horreur de son vice,
De quelque ardeur pour moi sentît les mouvements,
Et gardât le premier de mes commandements!
Dieu, si je vous en crois, me tiendra ce langage :
Mais à vous, tendre agneau, son plus cher héritage,
Orthodoxe ennemi d'un dogme si blâmé,
Venez, vous dira-t-il, venez, mon bien-aimé :
Vous qui, dans les détours de vos raisons subtiles,
Embarrassant les mots d'un des plus saints conciles, [1]
Avez délivré l'homme, ô l'utile docteur!
De l'importun fardeau d'aimer son créateur;
Entrez au ciel; venez, comblé de mes louanges,
Du besoin d'aimer Dieu désabuser les anges.
A de tels mots, si Dieu pouvoit les prononcer,
Pour moi je répondrois, je crois, sans l'offenser :
Oh! que pour vous mon cœur moins dur et moins farouche,
Seigneur, n'a-t-il, hélas! parlé comme ma bouche!
Ce seroit ma réponse à ce Dieu fulminant.
Mais vous, de ses douceurs objet fort surprenant,
Je ne sais pas comment, ferme en votre doctrine,
Des ironiques mots de sa bouche divine
Vous pourriez, sans rougeur et sans confusion,
Soutenir l'amertume et la dérision. [2]

    L'audace du docteur, par ce discours frappée,
Demeura sans réplique à ma prosopopée.

---

1. Le concile de Trente. (BOILEAU, 1713.) — Probablement session V, ch. XIV. (B. S. P.) On y lit en effet ce qui suit : « Qui vero ab accepta justificationis gratia per peccatum exciderunt, rursus justificari poterunt, cum excitante Deo, per Pœnitentiæ Sacramentum, merito Christi, amissam gratiam recuperare potuerint. »

2. Cet endroit plaisait particulièrement au père de la Chaise : « ... Je ne saurais vous exprimer avec quelle joie, quels éclats de rire il a entendu la prosopopée de la fin. » (Boileau à Racine, octobre 1695.)

Il sortit tout à coup, et, murmurant tout bas
Quelques termes d'aigreur que je n'entendis pas,
S'en alla chez Binsfeld, ou chez Basile Ponce,[1]
Sur l'heure à mes raisons chercher une réponse.[2]

1. Deux défenseurs de la fausse attrition (1701). Le premier étoit chanoine de Trèves, et l'autre étoit de l'ordre de Saint-Augustin. (BOILEAU, 1713.) — Pierre Binsfeld, théologien flamand. Il prit à Rome le grade de docteur en théologie, devint chanoine de Trèves, grand vicaire de l'archevêque, évêque *in partibus*, et mourut de la peste le 24 de novembre 1598. Il a laissé de nombreux traités de théologie. — Basile Pons de Léon, religieux augustin, professeur de théologie et de droit canon dans l'université d'Alcala, mourut à Salamanque en 1629. (M. CHÉRON.)

2. Il faut rapprocher de cette prosopopée l'éloquente péroraison de la X*e* *Provinciale* : « Mais on passe encore au delà, et la licence qu'on a prise d'ébranler les règles les plus saintes de la conduite chrétienne se porte jusqu'au renversement entier de la loi de Dieu ! On viole le *grand commandement qui comprend la loi et les prophètes !* On attaque la piété dans le cœur ; on ôte l'esprit qui donne la vie ; on dit que l'amour de Dieu n'est pas nécessaire au salut, et on va même jusqu'à prétendre que *cette dispense d'aimer Dieu est l'avantage que Jésus-Christ a apporté au monde.* C'est le comble de l'impiété. Le prix du sang de Jésus-Christ sera de nous obtenir la dispense de l'aimer ! Avant l'incarnation on étoit obligé d'aimer Dieu ; mais depuis que *Dieu a tant aimé le monde, qu'il lui a donné son fils unique, le monde racheté par lui sera déchargé de l'aimer !* Étrange théologie de nos jours ! On ruine ce que dit saint Jean : *Que qui n'aime point demeure en la mort ;* et ce que dit Jésus-Christ même : *Que qui ne l'aime point ne garde point ses préceptes.* Ainsi on rend dignes de jouir de Dieu dans l'éternité ceux qui n'ont jamais aimé Dieu en toute leur vie ! Voilà le mystère d'iniquité accompli. Ouvrez enfin les yeux, mon père, et si vous n'avez point été touché par les autres égarements de vos casuistes, que ces derniers vous en retirent par leurs excès, etc., etc. »

Voir chez M. Sainte-Beuve, dans *Port-Royal*, l'appréciation de cette épître. Il dit, en faisant allusion à la scène chez le père de la Chaise : « Même quand Boileau ne la récite plus (la XII*e* épître), et pourvu que l'on consente à se reporter comme nous le faisons au foyer de ces questions et de ces querelles, l'épître a encore de la flamme. » (Tome V, p. 348.)

L'ART POÉTIQUE

L'ART POÉTIQUE.

L'ART POÉTIQUE[1]

CHANT I.

C'est en vain qu'au Parnasse un téméraire auteur
Pense de l'art des vers atteindre la hauteur :

1. Voici le jugement de Voltaire sur l'*Art poétique* de Boileau : « L'*Art poétique* de Boileau est admirable, parce qu'il dit toujours agréablement des choses vraies et utiles, parce qu'il donne toujours le précepte et l'exemple, parce qu'il est varié, parce que l'auteur, en ne manquant jamais à la pureté de la langue,

     . . . . . sait d'une voix légère
Passer du grave au doux, du plaisant au sévère.

« Ce qui prouve son mérite chez tous les gens de goût, c'est qu'on sait ses vers par cœur; et ce qui doit plaire aux philosophes, c'est qu'il a presque toujours raison.

« Puisque nous avons parlé de la préférence qu'on peut donner quelquefois aux modernes sur les anciens, on oserait présumer ici que l'*Art poétique* de Boileau est supérieur à celui d'Horace. La méthode est certainement une beauté dans un poëme didactique; Horace n'en a point. Nous ne lui en faisons pas un reproche, puisque son poëme est une épître familière aux Pisons, et non pas un ouvrage régulier comme les *Géorgiques;* mais c'est un mérite de plus dans Boileau, mérite dont les philosophes doivent lui tenir compte.

« L'*Art poétique* latin ne paraît pas, à beaucoup près, si travaillé que le français. Horace y parle presque toujours sur le ton libre et familier de ses autres épîtres. C'est une extrême justesse dans l'esprit, c'est un goût fin, ce sont des vers heureux et pleins de sel, mais souvent sans liaison, quelquefois destitués d'harmonie; ce n'est pas l'élégance et la correction de Virgile. L'ouvrage est très-bon; celui de Boileau paraît encore meilleur; et si vous en exceptez les tragédies de Racine qui ont le mérite supérieur de traiter les passions et de surmonter toutes les difficultés du théâtre, l'*Art poétique* de Despréaux est sans contredit le poëme qui fait le plus d'honneur à la langue française. » (*Dict. phil.*, Art poétique.)

« Dans les quatre chants d'un poëme très-court, le législateur du Parnasse français a embrassé toutes les parties de la littérature : non-seulement

S'il ne sent point du ciel l'influence secrète,
Si son astre en naissant ne l'a formé poëte,[1]

il a exposé tous les principes de l'art d'écrire, mais il a défini tous les genres, crayonné l'historique de quelques-uns, caractérisé un assez grand nombre de poëtes anciens et modernes, esquissé le tableau des révolutions du goût depuis François Ier jusqu'à Louis XIV, et tracé aux auteurs des règles de conduite. On a peine à concevoir comment il a pu renfermer tant de choses dans un cadre si étroit; et cependant cette extrême brièveté ne dérobe rien à la grâce et à l'agrément : l'auteur de l'*Art poétique* est précis sans être sec; il a su trouver encore dans un espace si restreint de la place pour les ornements. » (Voir le début du IVe chant.) Dussault, *Ann. litt.*, 1818, I, 276.)

Marmontel, qu'on n'accusera pas de partialité pour Boileau, s'exprime ainsi : « Cet ouvrage excellent, l'*Art poétique françois*, fait tout ce qu'on peut attendre d'un poëme : il donne une idée précise et lumineuse de tous les genres... Il définit les divers genres de poésie, à commencer par les petits poëmes; et la plupart de ces définitions sont elles-mêmes des modèles du style, du ton, du coloris qui conviennent à leur objet... Aristote et Horace avoient vu l'art dans la nature; Despréaux ne semble l'avoir vu que dans l'art même, et ne s'être appliqué qu'à bien dire ce qu'on savoit avant lui : mais il l'a dit le mieux possible, et à ce mérite se joint celui de l'avoir appris à un siècle qui l'ignoroit; je parle de la multitude. Quand le goût du public a été formé, la plupart des leçons de Despréaux nous ont dû paroître inutiles; mais c'est grâce à lui-même et à l'attrait qu'il leur a donné que ses idées sont aujourd'hui communes; elles ne l'étoient pas de son temps... Si le goût de la nation s'est perfectionné, peut-être en est-elle redevable en partie au bon esprit de Despréaux : son *Art poétique* est depuis un siècle dans les mains des enfants, et, pour des raisons que je ne dis pas, il est plus que jamais nécessaire à la génération nouvelle. » (*Encycl.*, mot *Poétique*.) — Voir dans notre *Étude*, tome Ier, les jugements de La Harpe et de M. D. Nisard.

L'*Art poétique* fut composé de 1669 à 1674. Lorsqu'il parut en 1674, in-4°, les ennemis de Boileau (Desmarets, Sainte-Garde, etc.) prétendirent que ce n'était qu'une traduction d'Horace. L'auteur leur répondit (édition de 1674, grand in-12; voir la fin de la Préface III) : « Ils trouveront bon que je les remercie ici du soin qu'ils prennent de publier que ma Poétique est une traduction de la Poétique d'Horace : car, puisque dans mon ouvrage qui est d'onze cents vers, il n'y en a pas plus de cinquante ou soixante tout au plus imités d'Horace, ils ne peuvent pas faire un plus bel éloge du reste qu'en le supposant traduit de ce grand poëte... » Pradon répéta l'accusation dix ans plus tard. Suivant lui, toutes les fois que Boileau abandonnait Horace, il rampait, il donnait dans la bassesse, et ne savait plus ce qu'il disoit.

1. On a beaucoup critiqué ce début. Desmarets et Pradon ne voulaient

Dans son génie étroit il est toujours captif :[1]
Pour lui Phébus est sourd, et Pégase est rétif.[1]
O vous donc qui, brûlant d'une ardeur périlleuse,
Courez du bel esprit la carrière épineuse,[3]

pas qu'on dit *la hauteur d'un art*. M. Géruzez (édit. class.) dit : « Le Parnasse étant une montagne, on pense à sa cime, qu'il est difficile de gravir, et non à la hauteur de l'art des vers, qui est une figure intellectuelle, déplacée en regard d'une image physique, comme celle du Parnasse, montagne de la Thessalie. Dans le dernier distique, on ne voit pas comment le *poëte captif*, c'est-à-dire enfermé dans *son génie étroit*, pourrait en sortir pour éprouver si Pégase est rétif. Le langage figuré s'adresse à l'imagination, et puisqu'il l'éveille, il doit la satisfaire. » Nous n'avons pas voulu dissimuler ces censures, nous ne dissimulerons pas non plus que nous les trouvons trop rigoureuses. De la Fresnaye-Vauquelin avait dit avant Boileau :

. . . . . Ce brave auteur
Nul ne peut en sa langue atteindre sa hauteur.

Pope l'a répété d'après Boileau : *We tempt the heights of arts*. (*Ess. on Crit.*, v. 222.)

1. Il faut se garder de prendre le mot *génie* dans le sens que nous lui donnons aujourd'hui ; il avait alors la signification latine d'*ingenium*, c'est-à-dire de *dispositions naturelles*.

2. Horace avait embrassé les deux côtés de la question ; l'art ne peut rien sans les dispositions naturelles, le génie sans les règles s'égare :

Natura fieret laudabile carmen, an arte
Quæsitum est. Ego nec studium sine divite vena,
Nec rude quid possit video ingenium : alterius sic
Altera poscit opem res et conjurat amice.
(HORACE, *Art poétique*, v. 408-411.)

La Ménardière avoit fait une tragédie intitulée *Alinde*, suivant tous les préceptes du genre, et l'on invoquoit son exemple devant Despréaux pour prouver l'inutilité des règles: « L'auteur, dit celui-ci, a manqué à la première et à la plus essentielle des règles, qui est d'avoir le génie de la poésie. » (BROSSETTE.) — On sait ce que disait le prince de Condé de l'abbé d'Aubignac, auteur de la *Pratique du théâtre*, qui, malgré les règles d'Aristote, n'avait fait qu'une pièce détestable dans sa *Zénobie*. Elle était en prose : « Je sais bon gré à l'abbé d'Aubignac d'avoir si bien suivi les règles d'Aristote ; mais je ne pardonne point aux règles d'Aristote d'avoir fait faire une si méchante tragédie à l'abbé d'Aubignac. »

3. *Bel esprit* désigne aujourd'hui « un genre d'esprit qui ne manque ni de distinction ni d'élégance, mais qui tombe facilement dans la prétention. » Il s'entendait alors dans un sens très-favorable. C'est ainsi que Perrault

N'allez pas sur des vers sans fruit vous consumer,[1]
Ni prendre pour génie un amour de rimer :
Craignez d'un vain plaisir les trompeuses amorces,
Et consultez longtemps votre esprit et vos forces.[2]

La nature, fertile en esprits excellents,
Sait entre les auteurs partager les talents :
L'un peut tracer en vers une amoureuse flamme ;
L'autre d'un trait plaisant aiguiser l'épigramme :[3]
Malherbe d'un héros peut vanter les exploits ;
Racan, chanter Philis, les bergers et les bois :[4]

(*Parallèles*, III, 32, publiés plus de quinze ans après l'*Art poétique*) écrit :
« Quelque grand génie qu'Homère ait reçu de la nature, car c'est peut-être le plus vaste et le plus bel esprit qui ait jamais été. »

1.   Tu nihil invita dices faciesve Minerva.
(Horace, *Art poétique*, v. 385.)

2.   Sumite materiam vestris, qui scribitis, æquam
Viribus, et versate diu quid ferre recusent,
Quid valeant humeri...
(Horace, *Art poétique*, v. 38-40.)

3. La Fresnaye-Vauquelin avait dit :

> Comme tout peintre n'est parfait en chaque part
> De tout ce que requiert la règle de son art...
> Des poëtes ainsi, l'un fait une épigramme,
> L'autre une ode, un sonnet en l'honneur d'une dame,
> L'un une comédie, et l'autre, d'un ton haut,
> Tragique fait armer le royal échafaut.
> L'un fait une satire, et l'autre une idyllie,
> Qui jusqu'aux petits chants des pasteurs s'humilie,
> Et peu, qui sont bien peu, la trompette entonnant,
> Font bruire d'un rebat l'air autour résonnant.

4. La vogue de l'*Aminta* du Tasse, du *Pastor fido* de Guarini, l'*Astrée* de d'Urfé avait mis à la mode en France, vers la fin du xvie siècle, des compositions où sous le nom de *Bergeries* on mêlait à la peinture des mœurs des bergers les délicatesses de la galanterie la plus raffinée. Racan a racheté ses faiblesses en ce genre par de beaux vers tels que ceux-ci. Il dit d'un berger :

> La fortune lui rit, tout lui vient à souhait ;
> De vingt paires de bœufs il sillonne la plaine,
> Tous les ans ses acquêts augmentent son domaine ;
> Dans les champs d'alentour on ne voit aujourd'hui

Mais souvent un esprit qui se flatte et qui s'aime
Méconnoît son génie, et s'ignore soi-même : [1]
Ainsi tel [2] autrefois qu'on vit avec Faret [3]

> Que chèvres et brebis qui sortent de chez lui;
> Sa maison se fait voir par-dessus le village,
> Comme fait un grand chêne au-dessus d'un bocage...

1. On a critiqué beaucoup ces vers; on y a relevé la répétition fréquente du mot *esprit*; un *esprit qui méconnoît* et *qui méconnoît son génie* a semblé peu juste à Condillac; on a blâmé l'emploi de *soi-même*. On se seroit épargné tant de peine si l'on avoit voulu se rappeler que Boileau parloit la langue de son temps, où l'on disoit méconnoître pour « s'oublier, s'ignorer soi-même, par aveuglement ou infatuation; » (TRÉVOUX) que la grammaire permettait l'emploi constant de soi-même, là où nous mettons lui-même. Tout se réduit donc à la répétition du mot *esprit*, qui revient aux vers 8, 12, 13 et 19.

2. Saint-Amant, auteur de *Moïse sauvé*. (BOILEAU, 1713.) — Voir satires I, IX, *Art poétique*, III. — Saint-Amant, à qui Boileau n'a pas refusé tout esprit, dissipa sa jeunesse et sa verve dans les cabarets et dans les tabagies. Voici quelques vers d'un sonnet dont il avait sans doute charbonné les murs :

> Voici le rendez-vous des enfants sans soucy,
> Que pour me divertir quelquefois je fréquente;
> Le maître a bien raison de se nommer La Plante,
> Car il gaigne son bien par une plante aussi (le tabac).
>
> Vous y voyez Belot, pasle, morne et transy,
> Vomir par les naseaux une vapeur errante;
> Vous y voyez Jallard chatouiller la servante,
> Qui rit du bout du nez, en portrait raccourcy.
>
> Que ce borgne* a bien plus fortune pour amie
> Qu'un de ces curieux qui, soufflant l'alchimie,
> De sage devient fol, et de riche indigent!
>
> Cestuy-là sent enfin sa vigueur consumée,
> Et voit tout son argent se résoudre en fumée;
> Mais lui, de la fumée il tire de l'argent.

3. Faret, auteur du livre intitulé *l'Honnête homme*, et ami de Saint-Amant. (BOILEAU, 1713.) — Nicolas Faret, de Bresse, un des premiers de l'Académie française en 1633. Il fut secrétaire, puis intendant du comte d'Harcourt, et mourut le 21 de novembre 1646, âgé de cinquante ans. Faret et Saint-Amant avaient suivi le comte d'Harcourt dans son expédition contre les îles de Saint-Honorat et de Sainte-Marguerite. On a de lui : *Histoire chronologique des Ottomans*, à la suite de *l'Histoire de Georges Castriot*; une traduction de *l'Histoire romaine d'Eutropius*; *Des vertus nécessaires à*

---

* Le maître du cabaret n'avait qu'un œil.

Charbonner de ses vers les murs d'un cabaret, [1]
S'en va, mal à propos, d'une voix insolente,
Chanter du peuple hébreu la fuite triomphante,
Et, poursuivant Moïse au travers des déserts,
Court avec Pharaon se noyer dans les mers.

Quelque sujet qu'on traite, ou plaisant, ou sublime,
Que toujours le bon sens s'accorde avec la rime : [2]

---

un prince pour bien gouverner ses sujets; l'Honnête homme, ou l'Art de plaire à la cour; Poésies diverses, dans les recueils du temps, etc.

Dans sa comédie des *Académiciens*, publiée en 1650, Saint-Évremond fait dire à Saint-Amant qui s'adresse à Faret :

> Nous reviendrons tantôt; allons, mon cher Faret,
> Trouver proche d'ici quelque bon cabaret.

Plus loin, au retour du cabaret, le même auteur met les paroles suivantes dans la bouche de Faret :

> Si l'esprit et la suffisance,
> Si l'avantage de raison,
> Ne paroissent point dans l'enfance
> Et demeurent comme en prison,
> C'est qu'on suce le lait d'une pauvre nourrice ;
> Et Dieu, qui conduit tout sagement à sa fin,
> De nos divins talents réserve l'exercice
> Pour le temps précieux que nous boirons du vin.

Pellisson fait remarquer qu'il n'étoit pas débauché autant qu'on le jugeroit par là, « bien qu'il ne haït pas la bonne chère et le divertissement. » Il dit lui-même, en quelque endroit de ses œuvres, que la commodité de son nom, qui rimoit à cabaret, étoit en partie cause du bruit que M. de Saint-Amant lui avoit donné. (*Histoire de l'Académie françoise.*)

1.   Nigri fornicis ebrium poetam,
     Qui carbone rudi, putrique creta
     Scribit carmina, quæ legunt cacantes.
                    (MARTIAL, liv. XII, épigr. LXI.)

2. Fénelon confirme par ses observations la justesse du précepte de Boileau : « Souvent la rime qu'un poëte va chercher bien loin le réduit à allonger et à faire languir son discours; il lui faut deux ou trois vers postiches pour en amener un dont il a besoin. On est scrupuleux pour n'employer que des rimes riches, et on ne l'est ni sur le fond des pensées et des sentiments, ni sur la clarté des termes, ni sur la noblesse des expressions. » Ce sont ces faiblesses, inévitables aux mauvais poëtes, que Boileau conseille d'éviter à force de travail et de sens.

L'un l'autre vainement ils semblent se haïr ;
La rime est une esclave, et ne doit qu'obéir.
Lorsqu'à la bien chercher d'abord on s'évertue, [1]
L'esprit à la trouver aisément s'habitue ;
Au joug de la raison sans peine elle fléchit, [2]
Et, loin de la gêner, la sert et l'enrichit. [3]
Mais lorsqu'on la néglige, elle devient rebelle,
Et pour la rattraper le sens court après elle.

[1]. Mot plein de vigueur qui rend tout entière la pensée du poëte.

> Ma constance contre elle à regret s'évertue.
> (CORNEILLE, *Horace*, II, v.)

[2]. *Au joug de la raison*, tournure élégante et facile.

> Il faut fléchir au temps sans obstination.
> (MOLIÈRE, *le Misanthrope*, acte I, scène Ire.)

> Faites qu'à mes désirs je la puisse fléchir.
> (CORNEILLE, *Cinna*, acte III, scène III.)

[3]. « Tout ainsi que la voix, contrainte dans l'étroit canal d'une trompette, sort plus aiguë et plus forte, ainsi me semble-t-il que la sentence, pressée aux pieds nombreux de la poésie, s'élance bien plus brusquement et me fiert d'une plus vive secousse. » (MONTAIGNE.) La Faye dit aussi :

> De la contrainte rigoureuse
> Où l'esprit semble resserré,
> Il reçoit cette force heureuse
> Qui l'élève au plus haut degré :
> Telle, dans les canaux pressée,
> Avec plus de force élancée,
> L'onde s'élève dans les airs ;
> Et la règle qui semble austère
> N'est qu'un art plus certain de plaire,
> Inséparable des beaux vers.

« C'est une attention curieuse à donner à la lecture des bons poëtes, que de voir combien d'images nouvelles, de tours originaux, d'expressions de génie, de pensées qu'ils n'auroient pas eues sans la contrainte de la rime, leur ont été données par elle ; et combien d'heureuses rencontres ils ont faites en la cherchant. » (MARMONTEL, *Élém. de littér.* Rime.) Suivant Brossette, Boileau citait à l'appui de ce qu'il disait de la rime ces deux vers d'un poëte très-médiocre, d'Alibray, dans sa *Métamorphose de Montmaur en marmite* :

> Son collet de pourpoint s'étend et forme un cercle,
> Son chapeau de docteur s'aplatit en couvercle.

Aimez donc la raison : que toujours vos écrits
Empruntent d'elle seule et leur lustre et leur prix.[1]

La plupart, emportés d'une fougue insensée,
Toujours loin du droit sens vont chercher leur pensée :
Ils croiroient s'abaisser, dans leurs vers monstrueux,
S'ils pensoient ce qu'un autre a pu penser comme eux.
Évitons ces excès : laissons à l'Italie
De tous ces faux brillants l'éclatante folie.[2]

---

1. Scribendi recte, sapere est et principium et fons.
(HORACE, *Art poétique*, v. 309.)

Quelques critiques ont dit que le mot *seule* était inutile, qu'il était inexact que la raison *seule* fît toutes les beautés d'une œuvre; on peut leur répondre par ces vers de M. J. Chénier :

> C'est le bon sens, la raison qui fait tout :
> Vertu, génie, esprit, talent et goût.
> Qu'est-ce vertu ? raison mise en pratique ;
> Talent ? raison produite avec éclat ;
> Esprit ? raison qui finement s'exprime ;
> Le goût n'est rien qu'un bon sens délicat ;
> Et le génie est la raison sublime.
> (*La Raison*, Discours, t. VII, p. 248.)

2. Dans *Il Pastor fido* de Guarini, le berger Mirtile se plaint ainsi du départ d'Amarillis :

> Ahi dolente partita !
> Ah fin della mia vita !
> Da te parto, *e non moro* ? E pure *io provo*
> La pena della morte,
> E sento nel partire
> Un *vivace morire*
> Che dà vita al dolore,
> Per far *che mora immortalmente* il core.

« Une mort vivante ! un cœur qui *meurt immortellement* ! quelle folie, en effet ! et qui croiroit que les poëtes italiens du XVIIᵉ siècle qui vinrent après Guarini la portèrent encore plus loin ! Voyez Ginguené, *Hist. litt. de l'Italie*, t. VI, p. 438. » (AMAR.) — J.-B. Marino, qui vint en France sous Louis XIII et infecta la société parisienne de ses jeux de mots, a poussé jusqu'à la folie ces excès monstrueux, dans une pièce intitulée *I Baci, les Baisers* : les baisers sont tour à tour une *médecine*, une *trompette*, un *combat*, une *offense*. La bouche était une *douce guerrière*, une *prison agréable*, un *corail mordant*, une *mort vivante*. — On peut faire remonter ce travers jusqu'à Pétrarque.

Tout doit tendre au bon sens : mais, pour y parvenir,
Le chemin est glissant et pénible à tenir :
Pour peu qu'on s'en écarte, aussitôt on se noie.[1]
La raison pour marcher n'a souvent qu'une voie.

Un auteur quelquefois trop plein de son objet
Jamais sans l'épuiser n'abandonne un sujet.
S'il rencontre un palais, il m'en dépeint la face;[2]
Il me promène après de terrasse en terrasse;
Ici s'offre un perron; là règne un corridor,
Là ce balcon s'enferme en un balustre d'or.
Il compte des plafonds les ronds et les ovales;
« Ce ne sont que festons, ce ne sont qu'astragales.[3] »
Je saute vingt feuillets pour en trouver la fin,
Et je me sauve à peine au travers du jardin.[4]

---

1. On a trouvé que le mot *chemin* n'amène pas assez bien l'image de *se noyer;* il y a désaccord entre ces deux mots. — « La raison tient de la vérité, on n'y arrive que par un chemin, on s'en écarte par mille. » (La Bruyère.) Ce rapprochement permet de sentir davantage la précision du vers suivant de Boileau.

2. Scudéri, livre III d'*Alaric,* emploie près de cinq cents vers à la description d'un palais; il commence par la façade, pour finir par le jardin :

> D'un fort grand pavillon la superbe façade
> Arrête ses regards (d'Alaric), comme sa promenade;
> Il s'arrondit en dôme, et le bronze doré
> Couvre les ornements dont il est décoré.
> Il est ouvert partout, et ses larges arcades
> De cuivre de Corinthe ont quatre balustrades; etc.

3. Vers de Scudéri. (Boileau, 1713.) — On lit dans *Alaric,* liv. III :

> Ce ne sont que festons, ce ne sont que couronnes,
> Bases et chapiteaux, pilastres et colonnes.

On appelle *astragales* de petites moulures rondes dont on orne le haut et le bas des colonnes; elles ont la forme d'anneaux et de bracelets.

4. « Pour réhabiliter un peu ce palais si décrié, il convient d'en citer quelques vers tirés de la description de l'escalier :

> D'un marbre blanc et pur cent nymphes bien rangées,
> De grands paniers de fleurs sur leurs têtes chargées,
> Où l'art et la nature ont mis leurs ornements,
> Semblent vouloir monter aux beaux appartements;

Fuyez de ces auteurs l'abondance stérile,
Et ne vous chargez point d'un détail inutile.
Tout ce qu'on dit de trop est fade et rebutant ;
L'esprit rassasié le rejette à l'instant.[1]
Qui ne sait se borner ne sut jamais écrire.

    Souvent la peur d'un mal nous conduit dans un pire.[2]
Un vers étoit trop foible, et vous le rendez dur ;
J'évite d'être long, et je deviens obscur ;[3]
L'un n'est pas trop fardé, mais sa muse est trop nue ;
L'autre a peur de ramper, il se perd dans la nue.[4]

    Voulez-vous du public mériter les amours,[5]

> Leur main gauche soutient ces paniers magnifiques,
> Leur droite tient les plis de leurs robes antiques,
> Et l'art a fait changer, par ses nobles efforts,
> Les veines de ce marbre aux veines de leur corps. »
>   (Géruzez)

Boileau ne refusait pas à Scudéri d'avoir fait de temps en temps quelques bons vers, il blâmait son *abondance stérile*. Il ne semble pas qu'il ait eu tort.

1. Horace a dit plus élégamment :

> Omne supervacuum pleno de pectore manat.
>   (Horace, *Art poétique*, v. 337.)

Voltaire a dit à son tour :

> Mais malheur à l'auteur qui veut toujours instruire :
> Le secret d'ennuyer est celui de tout dire.
>   (Voltaire, *Discours*, VI, v, 171-172.)

2.   In vitium ducit culpæ fuga, si caret arte.
    (Horace, *Art poétique*, v. 31.)

3.   Decipimur specie recti : brevis esse laboro,
   Obscurus fio...
    (Horace, *Art poétique*, v. 25-26.)

4.   Aut dum vitat humum, nubes et inania captat.
    (Horace, *Art poétique*, v. 230.)

> . . . . . Sectantem lævia, nervi
> Deficiunt animique ; professus grandia turget.
> Serpit humi tutus nimium, timidusque procellæ...
>   (Horace, *Art poétique*, v. 26-28.)

5. Condillac a blâmé ce mot *amours*, pris dans le sens de *suffrages* et *applaudissements*. Ce n'était peut-être pas là l'intention de Boileau, il em-

Sans cesse en écrivant variez vos discours.
Un style trop égal et toujours uniforme
En vain brille à nos yeux, il faut qu'il nous endorme.
On lit peu ces auteurs, nés pour nous ennuyer,
Qui toujours sur un ton semblent psalmodier.[1]

Heureux qui, dans ses vers, sait d'une voix légère
Passer du grave au doux, du plaisant au sévère!
Son livre, aimé du ciel, et chéri des lecteurs,
Est souvent chez Barbin entouré d'acheteurs.[2]

Quoi que vous écriviez, évitez la bassesse :

---

ployait le mot *amours* dans le sens absolu où Massillon le prend dans cette phrase : « La nature a mis en nous des haines et des amours. » (*Carême*, serm. sur les Offenses.) « Telle est la première source de nos amours et de nos haines. » (*Ibid.*) « L'excès de nos afflictions est toujours la peine de nos amours injustes. » (MASS., Avent, Afflict.) — Le même philosophe critique l'expression *variez vos discours*. « Varier ses discours, dit-il, c'est proprement écrire sur différents sujets. » C'était l'usage alors d'employer *discours* pour toute espèce de composition considérée surtout par rapport à la diction.

> Ils attifent leurs mots, enjolivent leur phrase,
> Affectent leur discours tout si relevé d'art
> Et peignent leurs défauts de couleur et de fard.
> (RÉGNIER, satire IX.)

> De vouloir sottement que mon discours se dore
> Aux dépens d'un sujet que tout le monde adore.
> (*Ibid.*)

« Vous savez que c'est le goût de notre siècle d'aimer le naturel dans le discours. » (BAYLE, lettre 93, 18 mai 1691.)

1. Voltaire reconnaît la justesse de ce précepte et juge qu'il est bien difficile de le suivre, dans ce passage de son *Épître à Horace* :

> Notre langue un peu sèche et sans inversions
> Peut-elle subjuguer les autres nations?
> Nous avons la clarté, l'agrément, la justesse,
> Mais égalerons-nous l'Italie et la Grèce ?
> Est-ce assez, en effet, d'une heureuse clarté,
> Et ne péchons-nous pas par l'uniformité?

2. Omne tulit punctum qui miscuit utile dulci,
   Lectorem delectando pariterque monendo.
   Hic meret æra liber Sosiis, hic et mare transit,
   Et longum noto scriptori prorogat ævum.
   (HORACE, *Art poétique*, v. 343-346.)

Le style le moins noble a pourtant sa noblesse.
Au mépris du bon sens,[1] le burlesque effronté[2]
Trompa les yeux d'abord, plut par sa nouveauté :
On ne vit plus en vers que pointes triviales;
Le Parnasse parla le langage des halles;[3]
La licence à rimer alors n'eut plus de frein;
Apollon travesti devint un Tabarin.[4]

1. Suivant Brossette, la première composition était celle-ci : *Sous l'appui de Scarron*.

2. Le style burlesque fut extrêmement en vogue depuis le commencement du dernier siècle jusque vers l'an 1660, qu'il tomba. (BOILEAU, 1713.) — Saint-Marc cite un chanoine d'Embrun, Jacques Jacques, qui aurait mis en vers burlesques la Passion de Jésus-Christ. Le *Virgile travesti*, de Scarron, a seul survécu à cette vogue, et encore est-il bien difficile aujourd'hui de le lire en entier. (M. CHÉRON.)

3. Voici quelques exemples de ce langage trivial. Scarron mettait parmi les *nippes* qu'Énée avait pu sauver du sac de Troie :

> La béquille de Priamus,
> Le livre de ses orémus,
> Un almanach fait par Cassandre,
> Où l'on ne pouvoit rien comprendre.

Il disait, en désignant Didon :

> C'étoit une grosse dondon,
> Grasse, vigoureuse, bien saine,
> Un peu camuse à l'africaine,
> Mais agréable au dernier point.

Voici la première entrevue d'Énée et de Didon :

> La reine donc fut étonnée
> De l'apparition d'Énée,
> Et lui dit, parlant un peu gras,
> L'ayant pris par le bout du bras,
> (C'est par la main que je veux dire):
> « Comment vous portez-vous, beau sire?
> — Moi, lui dit-il, je n'en sais rien,
> Si vous êtes bien, je suis bien;
> Et j'ai pour le moins la migraine,
> S'il faut que vous soyez malsaine;
> Vous vous portez bien, Dieu merci;
> Je me porte donc bien aussi. »

« Votre père, disait Boileau à Racine le fils, avoit quelquefois la foiblesse de lire Scarron, et d'en rire; mais il se cachoit bien de moi pour cela. »

4. On ignore le lieu et la date de la naissance de Tabarin; il paraît

Cette contagion infecta les provinces,
Du clerc et du bourgeois passa jusques aux princes :
Le plus mauvais plaisant eut ses approbateurs ;
Et, jusqu'à d'Assoucy,[1] tout trouva des lecteurs.

cependant à peu près certain qu'il était d'origine italienne et que Tabarin n'était qu'un nom de tréteaux. Il servit de 1618 à 1630 de compère à Montdor, un charlatan qui débitait un onguent quelconque sur la place Dauphine et serait mort de mort violente dans une terre qu'il avait acquise aux environs de Paris. Ses parades ont été publiées pour la première fois sous le titre de *Recueil général des rencontres, questions,... tabariniques*. Paris, 1622, petit in-12; et récemment sous le titre de *OEuvres complètes de Tabarin*, par Gustave Aventin (Venant). Paris, P. Jannet, 1858, 2 vol. in-16. (M. Chéron.)

1. Pitoyable auteur qui a composé l'*Ovide en belle humeur*. (Boileau, 1713.) — Charles Coypeau, sieur d'Assoucy, né à Paris en 1604, mort vers 1679. Outre une partie des *Métamorphoses* d'Ovide, il mit encore en vers burlesques le *Ravissement de Proserpine,* de Claudien ; il publia aussi trois volumes du *Recueil de ses poésies* et ses *Aventures* de voyage. (M. Chéron.) — Voir dans le *Voyage de Chapelle et de Bachaumont* l'histoire de ce poëte : « Puis insensiblement la conversation tomba sur d'Assoucy, parce qu'il leur sembla que l'heure de l'exécution approchoit. Une de ces dames (*les Précieuses de Montpellier*) prit la parole, et, s'adressant à celle qui nous avoit paru la principale et la maîtresse précieuse :

> Ma bonne, est-ce celui qu'on dit
> Avoir autrefois tant écrit,
> Même composé quelque chose
> En vers sur la métamorphose ?
> Il faut donc qu'il soit bel esprit ?
> — Aussi l'est-il, et l'un des vrais,
> Reprit l'autre, et des premiers faits.
> Ses lettres lui furent scellées
> Dès leurs premières assemblées.
> J'ai la liste de ces messieurs ;
> Son nom est en tête des leurs.

D'Assoucy ne pouvoit se consoler de ce vers de Boileau : « Ah ! cher lec-« teur, disoit-il ; si tu savois comme ce *tout trouva* me tient au cœur, tu « plaindrois ma destinée. J'en suis inconsolable, et je ne puis revenir de ma « pâmoison, principalement quand je pense qu'au préjudice de mes titres, « dans ce vers qui me tient lieu d'un arrêt de la cour de parlement, je me « vois déchu de tous mes honneurs, et que ce Charles d'Assoucy, d'empereur « du burlesque qu'il étoit, premier de ce nom, n'est aujourd'hui, si on le « veut croire, que le dernier reptile du Parnasse et le marmiton des Muses... » Il mettoit très-haut son talent et le genre dans lequel il s'exerçoit : « Quoi « qu'on die de l'*héroïque*, il s'en faut bien qu'il soit de si difficile accès que

Mais de ce style enfin la cour désabusée [1]
Dédaigna de ces vers l'extravagance aisée, [2]
Distingua le naïf du plat et du bouffon, [3]
Et laissa la province admirer le Typhon. [4]

« le *fin burlesque*, qui est le *dernier effort de l'imagination et la pierre de touche du bel esprit*, et non pas encore de tout esprit ; car, pour y réussir, il ne suffit pas d'avoir de l'esprit comme un autre, il faut être doué d'*un génie particulier*, qui est si rare, principalement en notre climat, que hors de deux personnes (Scarron et d'Assoucy), chacun sait que tout ce qui s'est mêlé de ce burlesque n'a fait que barbouiller du papier. » (*Aventures d'Italie*, p. 252.) — Desmarets disait à propos de ces vers de Boileau : « Les plus fins esprits ne seront pas de son avis, puisque l'on a vu en ce genre d'écrire des choses aussi délicates et aussi divertissantes qui se soient jamais vues. »

1. Voici comment d'Assoucy expliquait la chute du genre burlesque : « Si l'on me demande pourquoi ce burlesque, qui a tant de parties excellentes et de discours agréables, après avoir si longtemps diverti la France, a cessé de divertir notre cour, c'est que Scarron a cessé de vivre, et que j'ai cessé d'écrire, et si je voulois continuer mon *Ovide en belle humeur*, cette même cour, qui se divertit encore aujourd'hui des vers que je lui présente, s'en divertiroit comme auparavant, et nos libraires, qui ont imprimé tant de fois cet ouvrage, en feroient encore autant d'éditions. »

2. On ne sera pas fâché d'avoir un exemple du style de d'Assoucy. Il dépeint ainsi qu'il suit l'âge d'or :

> Heureux temps ! heureuse saison !
> Où n'étoit médecin ni mule,
> Juge, prison, ni bascule ;
> Meurtres, ni vols, ni feux, ni fers,
> Grippemineaux ni gris ni verds :
> Ni gond, ni clou, ni clef, ni coffre,
> Ni magistrat, ni lifrelofre ;
> Vente, ni troc, combat, ni choc,
> Cappe ni froc, griffe ni croc, etc.

3. *Bouffon* (étym. ital. *buffone, buffare*, railler, proprement *bouffer*, se gonfler la face), adjectif employé substantivement, qui désigne dans les ouvrages d'esprit le caractère d'un comique bas.

4. *Typhon*, ou la *Gigantomachie*, ou la *Guerre des dieux contre les géants*, poëme de Scarron, publié en 1644. — Il paraît, d'après Brossette, que Boileau en trouvait le début assez fin :

> Je chante, quoique d'un gosier
> Qui ne mâche point de laurier,
> Non Hector, non le brave Énée,
> Non Amphiare ou Capanée,
> Non le vaillant fils de Thétis :
> Tous ces gens-là sont trop petits

Que ce style jamais ne souille votre ouvrage.
Imitons de Marot[1] l'élégant badinage,
Et laissons le burlesque aux plaisants du pont Neuf.[2]

Mais n'allez point aussi, sur les pas de Brébeuf,[3]
Même en une Pharsale, entasser sur les rives
« De morts et de mourants cent montagnes plaintives.[4] »
Prenez mieux votre ton. Soyez simple avec art,
Sublime sans orgueil, agréable sans fard.

N'offrez rien au lecteur que ce qui peut lui plaire.
Ayez pour la cadence une oreille sévère :

> Et ne vont pas à la ceinture
> De ceux dont j'écris l'aventure.
> Je chante cet homme étonnant,
> Devant qui Jupin le tonnant,
> Plus vite qu'un trait d'arbalète,
> S'enfuit sans oser tenir tête ; etc.

Desmarets disait de Boileau et du *Typhon* : « ... Par ces deux vers, il fait voir la foiblesse de son goût ou la malice de son envie... Cette pièce de *Typhon* est le plus agréable et le plus délicat ouvrage de Scarron, l'un des plus beaux esprits de France, à la délicatesse duquel Boileau n'arrivera jamais... Ce style burlesque n'est plat qu'étant traité par des esprits plats. »

1. « J'ose croire que Despréaux aurait dit *le naïf badinage*, si ce mot plus vrai n'eût rendu son vers moins coulant. » (VOLTAIRE, *Disc. de récept. à l'Académie française*.) — N'oublions pas ce jugement de La Bruyère, il justifie bien celui de Boileau : « Marot, par son tour et par son style, semble avoir écrit depuis Ronsard : il n'y a guère entre le premier et nous que la différence de quelques mots. » Le même écrivain dit encore en parlant de La Fontaine : « Un autre, plus égal que Marot et plus poëte que Voiture, a le jeu, le tour et la naïveté de tous les deux. »

2. Les vendeurs de mithridate et les joueurs de marionnettes se mettent depuis longtemps sur le pont Neuf. (BOILEAU, 1713.)

3. Voir l'épître VII, v. 53.

4.   De mourants et de morts cent montagnes plaintives,
  D'un sang impétueux cent vagues fugitives, etc.
                    (BRÉBEUF, *la Pharsale*, liv. VII.)

C'est la traduction de ce passage qui est loin d'être aussi ampoulé :

> Tot telis sua fata peti, tot corpora fusa,
>   Ac se tam multo pereuntem sanguine vidit.
>   (LUC., VII, 652.)

Corneille, *Nicomède* :

> Des montagnes de morts, des rivières de sang.

Que toujours dans vos vers le sens coupant les mots,
Suspende l'hémistiche, en marque le repos. [1]
Gardez qu'une voyelle à courir trop hâtée
Ne soit d'une voyelle en son chemin heurtée. [2]
Il est un heureux choix de mots harmonieux.
Fuyez des mauvais sons le concours odieux :
Le vers le mieux rempli, la plus noble pensée
Ne peut plaire à l'esprit quand l'oreille est blessée. [3]

1. Le commentateur Saint-Marc fait sur ce passage une observation fort juste, que l'école moderne a reprise après lui. Après avoir dit que Desmarets et Pradon reprochaient à Despréaux de n'avoir pas toujours bien observé la règle qu'il donnait, il ajoute : « La césure coupe nos *vers alexandrins* en deux hémistiches égaux, et le défaut de variété dans la mesure les rend nécessairement d'une monotonie qui devient insupportable à la longue. Il faut donc remédier autant qu'il est possible à cet inconvénient, varier les césures, peser sur quelques-unes, glisser légèrement sur d'autres, en employer même dans certains cas de vicieuses. En un mot, il ne faut rien négliger de ce qui peut nous sauver l'ennui du mécanisme de nos vers. Il y auroit là-dessus des règles de bon sens et de goût à prescrire. » Les poëtes de l'école romantique ont su tirer de beaux effets de ce déplacement de la césure dans les vers qu'ils appelaient *brisés*. Il y a pourtant un écueil à éviter, c'est de détruire l'harmonie propre à notre vers. Boileau d'ailleurs a souvent usé de cette liberté : « tantôt il coupe le dernier hémistiche en deux (sat. VI, v. 67; sat. VIII, v. 214); tantôt il le brise en plusieurs membres (sat. VI, v. 94; sat. VIII, v. 205, 244, 258, 290, 292, 294, etc.) ; quelquefois il ose ne pas marquer l'hémistiche (sat. IV, v. 44; *Lutrin*, ch. I, v. 9 et 10). » Clément, *Nouv. observ.* :

> Chacun prétend passer : l'un mugit, — l'autre jure :
> La bourse, — il faut se rendre, ou bien non, — résistez.
> La même erreur los fait diversement errer.

2. Ces deux vers énergiques et pittoresques (Beauzée) unissent l'exemple au précepte. Sans manquer aux règles de la versification, Boileau a trouvé l'art de joindre l'exemple de l'hiatus au précepte qui le proscrit; *trop hâtée* forme réellement un hiatus à l'oreille; il en est de même de *en son chemin heurtée*.

3. La Fresnaye-Vauquelin veut aussi que les vers soient

> D'une rime coulante
> Qui se rende à l'oreille agréable et plaisante.

Cicéron en dit autant pour la prose : « Quamvis enim suaves gravesque sententiæ, tamen, si inconditis verbis afferuntur, offendunt aures quarum judicium superbissimum. » (*Orat.*)

L'ART POÉTIQUE, CHANT I.

Durant les premiers ans du Parnasse françois [1]
Le caprice tout seul faisoit toutes les lois.
La rime, au bout des mots assemblés sans mesure,
Tenoit lieu d'ornements, de nombre et de césure.
Villon [2] sut le premier, dans ces siècles grossiers,

1. La prononciation de *françois* et de *lois* rendait alors cette rime possible : *francouès, louès.* — Lévesque de la Ravallière avait déjà fait remarquer l'erreur de Boileau sur ce point : « Loin, disait-il, qu'alors *les mots fussent assemblés sans mesure,* les poëtes anciens étoient versificateurs très-exacts ; quelques modernes ne s'accommoderoient point de la règle qu'ils observoient pour la rime, non qu'ils fussent absolument assujettis à la marche égale de la rime féminine après la masculine : cet entrelacement n'étoit pas de règle étroite, quoiqu'il ne leur fût pas entièrement inconnu. On en a trouvé le modèle dans leurs pièces ; quelques chansons de Thibaut, et surtout les deux premières, offrent ce mélange exact. » (*Les Poésies du roi de Navarre,* t. Ier, p. 225.)

2. « L'ancienne versification est le fondement de la nôtre, et rien n'est plus faux que l'opinion de Boileau. Bien des siècles avant Villon, toutes les règles de la versification avaient été trouvées, et, durant un long intervalle de temps, appliquées dans une foule innombrable de compositions grandes et petites. Villon n'eut rien à débrouiller ; il ne fit, lui et ses successeurs, que se servir des créations d'un âge primordial. Cet âge primordial est celui où la langue naquit des ruines du latin. Ce fut des mêmes ruines que sortit la versification... Le latin avait un vers très-harmonieux, un vers qui nous plaît encore particulièrement... le vers saphique. Ce vers appartenait à l'ode, à la chanson, aux chants d'église ; ce furent ces circonstances qui, le rendant familier et populaire, permirent de le transformer et d'y trouver les éléments du vers nouveau. Celui-ci est uniquement fondé sur l'accent (plus le nombre des syllabes) ; toute considération de la quantité prosodique des syllabes est exclue. Formé de dix syllabes (ou de onze quand la dernière est muette), l'harmonie qui lui est propre résulte de l'arrangement de deux accents ainsi distribués : un à la quatrième syllabe ou à la sixième, l'autre à la dixième ; le reste des accents est facultatif, et sert au poëte à varier la modulation et à la conformer au sentiment qui l'inspire. *Voiez l'orguel de France la loée* est un vers du xie siècle et pourrait être un vers du xixe. L'ancien décasyllabe français se présente sous deux formes : il est à césure ou sans césure (la césure est nommée *hémistiche* dans le vers alexandrin). La césure, quand elle existe, est placée à la quatrième syllabe, ou elle l'est à la sixième ; presque toutes les chansons de geste sont écrites dans le premier système, quelques-unes seulement dans le second. Ces deux modes de versification traitent la césure comme la fin du vers, c'est-à-dire qu'une syllabe muette, quand elle s'y trouve en plus, ne compte pas ; cette manière de versifier est bonne, satis-

Débrouiller l'art confus de nos vieux romanciers.[1]
Marot bientôt après fit fleurir les ballades,[2]

faisante pour l'oreille, et il est dommage qu'elle se soit perdue. — Notre décasyllabe actuel est exactement l'ancien décasyllabe avec la césure, avec la quatrième syllabe, sauf la faculté que nous avons perdue de ne pas compter une muette en plus après la césure. — A côté du décasyllabe qui est le vers fondamental de la versification créée dans les langues romanes pour remplacer la versification de l'antiquité classique, viennent se ranger les autres espèces de vers, d'abord l'alexandrin avec l'hémistiche après la sixième syllabe, et comportant, comme le décasyllabe, à cet hémistiche une syllabe muette en plus ; puis les petits vers de huit syllabes, de sept, de six, de cinq, de quatre, de trois, combinés par les poëtes en des arrangements très-variés. De ce côté-là, la versification moderne n'a rien ajouté. — Le vers saphique, d'où le décasyllabe procède, n'est point rimé ; aussi la rime n'est-elle point essentielle au décasyllabe roman, et aujourd'hui encore l'Italie use des vers blancs ; nous pourrions en user de même. Toutefois, de très-bonne heure, la rime s'introduisit dans la poésie romane, du moins sous forme d'assonance. Les plus anciens poëmes ne sont pas rimés, à proprement parler ; ils sont assonants, c'est-à-dire que l'oreille s'y contente de syllabes où tantôt les voyelles se ressemblent, mais non les articulations, et tantôt les articulations se ressemblent, mais non les voyelles ; la *Chanson de Roland* et quelques autres poëmes sont écrits en assonances. Le sentiment qui avait amené l'assonance ne tarda pas à se montrer plus exigeant, et dès le xiie siècle, la rime complète, exacte, devint une loi impérieuse de la versification, si bien qu'à cette époque on remania les anciennes compositions pour les mettre au goût du jour... Nous n'avons, quant à la rime, rien innové, sauf la règle du croisement des rimes masculines et des rimes féminines, règle qui fut étrangère aux compositions de nos aïeux et dont le mérite est d'ailleurs contestable. — On remarquera la contradiction implicite qui entachait le jugement du xviie siècle sur notre ancienne versification ; ce siècle admirait l'Italie, dont il se reconnaissait l'élève, comme de l'Espagne, à certains égards. Traiter d'*art confus et grossier* l'art de versifier de ces pays qui versaient alors leur influence sur la France, aurait paru un sacrilége aux hommes de cet âge ; et pourtant cet art de versifier italien ou espagnol n'est pas autre que celui de nos vieux romanciers ; tout à l'origine, est commun en ce genre entre les nations romanes. » (E. LITTRÉ, *Dictionnaire de la langue française*, complément de la préface, XLIII.) — Villon naquit à Paris en 1431. Villon n'était qu'un sobriquet voulant dire *fripon*, son nom véritable était François Corbeuil.

1. La plupart de nos anciens romans françois sont en vers confus et sans ordre, comme le roman de la *Rose* et plusieurs autres. (BOILEAU, 1713.) On vient de voir, dans la note précédente, combien ce jugement est faux.

2. « *Ballades*, ancienne poésie françoise composée de trois couplets et d'un

Tourna des triolets,[1] rima des mascarades,
A des refrains réglés asservit les rondeaux,[2]
Et montra pour rimer des chemins tout nouveaux.[3]
Ronsard, qui le suivit par une autre méthode,[4]

envoi sur les mêmes rimes, avec un refrain qui termine chaque couplet. » (Trévoux.)

1. « *Triolets*, ancienne poésie plaisante et satirique, composée de huit vers sur deux rimes, dont le premier se répète après le troisième et les deux premiers après le cinquième. » (Trévoux.) — « *Mascarades*, vers faits pour les personnages d'un ballet. » (*Id.*) — Il est à remarquer qu'on ne trouve dans les œuvres de Marot ni *triolets* ni *mascarades*.

2. *Rondeau*, petite pièce de poésie française, composée de treize vers, dont huit d'une rime et cinq de l'autre. Elle est divisée en trois couplets, et à la fin du second et du troisième le commencement du rondeau est répété, en sens équivoque, s'il est possible.

3. Pas plus que Villon, Marot n'a rien inventé en poésie ; il n'a fait que se servir des formes anciennes.

4. Ronsard naquit le 10 septembre 1526 au château de la Poissonnière, dans le Vendômois ; il mourut en 1585. On sait tout le mépris de la Renaissance pour le moyen âge. Du Bellay, dans son *Illustration de la langue françoise*, disait à son poëte : « Toi donc qui te destines au service des Muses, tourne-toi aux auteurs grecs et latins, même italiens et espagnols, d'où tu pourras tirer une forme de poésie plus exquise que de nos auteurs françois... Lis donc, et relis jour et nuit les exemplaires grecs et latins, et laisse-moi aux jeux floraux de Toulouse et au Puy de Rouen toutes ces vieilles poésies françoises, comme rondeaux, ballades, virelais, chants royaux, chansons, et telles autres épiceries qui corrompent le goût de notre langue... Jette-toi à ces plaisantes épigrammes, à l'imitation d'un Martial ; distille d'un style coulant ces lamentables élégies, à l'exemple d'un Ovide, d'un Tibulle et d'un Properce... Remplace-moi les chansons par les odes, les coq-à-l'âne par la satire, les farces et moralités par les comédies et les tragédies. Choisis-moi, à la façon de l'Arioste, quelqu'un de ces beaux vieux romans françois, comme un *Lancelot*, un *Tristan*, ou autres, et fais-en renaître au monde une admirable *Iliade* ou une laborieuse *Énéide*. — Là doncques, François, marchez courageusement vers cette superbe cité romaine, et des serves dépouilles d'elle ornez vos temples et vos autels... Donnez en cette Grèce menteresse, et y semez encore un coup la fameuse nation des Gallo-Grecs. Pillez-moi sans conscience les sacrés trésors de ce temple delphique.. » — Tels étaient le plan et les espérances de Ronsard. Il avait de grandes qualités d'esprit, d'originalité et d'invention ; il ne lui manqua que de savoir se régler. — Cf. Sainte-Beuve, *Tableau de la poésie française au XVIe siècle*. Paris, 1843, in-12.

Réglant tout, brouilla tout, fit un art à sa mode,
Et toutefois longtemps eut un heureux destin. [1]
Mais sa muse, en françois parlant grec et latin, [2]
Vit dans l'âge suivant, par un retour grotesque,
Tomber de ses grands mots le faste pédantesque. [3]
Ce poëte orgueilleux, trébuché de si haut,

---

1. Ronsard eut une réputation immense; Marguerite de Savoie, sœur de Henri II, Marie Stuart, Charles IX, l'honorèrent de leur amitié. La reine Élisabeth lui envoya un diamant de grand prix; le Tasse, venu à Paris en 1571, s'estima heureux de lui être présenté et d'obtenir son approbation pour quelques chants du *Godefroy,* dont il lui fit lecture. Il y eut un poëme italien composé par Sperone Speroni à la louange de Ronsard, et ses œuvres étaient publiquement lues, expliquées aux écoles françaises de Flandre, d'Angleterre, de Pologne et jusqu'à Dantzick. « Nul alors, dit Pasquier, ne mettoit la main à la plume qui ne le célébrât par ses vers. Sitôt que les jeunes gens s'étoient frottés à sa robe, ils se faisoient accroire d'être devenus poëtes. »

2. « Boileau, entre autres exemples, citoit ce vers où Ronsard (liv. I, sonnet 68) dit à sa maîtresse :

> Êtes-vous pas ma seule entéléchie?

pour ma seule perfection. » (BROSSETTE.) — Il citait encore ceux-ci qui sont au commencement de l'épitaphe du tombeau de Marguerite de France et de François Ier :

> Ah ! que je suis marry que la muse françoise
> Ne peut dire ces mots, comme fait la grégeoise,
> Ocymore, dyspotme, oligochronien!
> Certes, je les dirois du sang valésien.

Marc-Antoine Muret écrit dans la préface de son commentaire sur le premier livre des *Amours* de Ronsard : « Je puis bien dire qu'il y avoit quelques sonnets dans ce livre, qui d'homme n'eussent jamais esté bien entendus, si l'autheur ne les eust ou à moi ou à quelque autre familièrement déclarés. » Muret interprétait ce mot d'*entéléchie* rapporté par Boileau : « Ma seule perfection, ma seule âme, qui causez en moi tout mouvement, tant naturel que volontaire. »

3. Pradon a pris la peine inutile de faire cette prédiction : « ... Boileau paroîtra peut-être dans cent ans plus ridicule que Ronsard ne le paroit à présent. » — La Bruyère en jugeait mieux quand il disait : « Ronsard et les auteurs ses contemporains ont plus nui au style qu'ils ne lui ont servi : ils l'ont retardé dans le chemin de la perfection; ils l'ont exposé à la manquer pour toujours et à n'y plus revenir. »

Rendit plus retenus Desportes et Bertaut.[1]
Enfin Malherbe[2] vint, et, le premier en France,

> 1. Philippe Desportes, oncle de Régnier, abbé de Tiron, de Josaphat, des Vaux-Cernay, de Bon-Port et d'Aurillac, chanoine de la Sainte-Chapelle et poëte favori de Henri III; né à Chartres en 1545, mort le 5 d'octobre 1606. Ses premières œuvres ont été réunies en 1575, in-4°, et ses traductions en vers des psaumes ont paru en 1603, in-8°. On a de lui des sonnets, des élégies, des chansons, des psaumes en vers. Faible d'idées et de style, Desportes eut pour mérite la correction et une grâce un peu mignarde. Malherbe lui disait un jour à table : « Votre potage vaut mieux que vos psaumes. » On a souvent cité de lui les jolis vers de cette chanson que fredonnait à Blois Henri de Guise, quelques minutes avant de tomber sous le poignard des assassins :
>
>> Rosette, pour un peu d'absence,
>> Votre cœur vous avez changé;
>> Et moi, sachant cette inconstance,
>> Le mien autre part j'ai rangé.
>> Jamais plus beauté si légère
>> Sur moi tant de pouvoir n'aura :
>> Nous verrons, volage bergère,
>> Qui premier s'en repentira.
>
> Jean Bertaut, évêque de Séez, abbé d'Aulnay, premier aumônier de Catherine de Médicis, conseiller d'État, secrétaire du cabinet et lecteur de Henri III et l'un des cathéchistes de Henri IV; né à Caen en 1570, mort à Séez le 8 de juin 1611. Ses œuvres ont été réunies, en 1620, en un vol. in-8°. — Bertaut, moins vif, moins dégagé que Desportes, n'a laissé dans la mémoire des amateurs que deux passages pleins de douce mélancolie :
>
>> Mes plaisirs se sont envolez,
>> Cédans au malheur qui m'outrage;
>> Mes beaux jours se sont escoulez
>> Comme l'eau qu'enfante un orage,
>> Et s'escoulant ne m'ont laissé
>> Rien que le regret du passé.
>
> Voici l'autre :
>
>> Félicité passée
>> Qui ne peux revenir,
>> Tourment de ma pensée,
>> Que n'ai-je, en te perdant, perdu le souvenir!
>
> 2. « Malherbe fit pour la langue française ce que son maître Henri IV fit pour la France; grâce au roi, les Français furent une nation, et, par Malherbe, le français fut un idiome. Malherbe chassa les mots étrangers qui avaient fait invasion sous les auspices de Ronsard... Il fit avec un admirable discernement le départ de la langue noble et de la langue vul-

Fit sentir dans les vers une juste cadence,
D'un mot mis en sa place enseigna le pouvoir,[1]
Et réduisit la muse aux règles du devoir.
Par ce sage écrivain la langue réparée[2]
N'offrit plus rien de rude à l'oreille épurée.
Les stances avec grâce apprirent à tomber,
Et le vers sur le vers n'osa plus enjamber.[3]
Tout reconnut ses lois ; et ce guide fidèle
Aux auteurs de ce temps sert encor de modèle.
Marchez donc sur ses pas ; aimez sa pureté,
Et de son tour heureux imitez la clarté.
Si le sens de vos vers tarde à se faire entendre,

---

gaire, sans toutefois établir de barrière insurmontable... Le génie de Malherbe semblait prédestiné à l'accomplissement de cette œuvre. Plus étendu, il aurait eu moins d'énergie : plus passionné et plus riche d'idées, il auroit dédaigné un travail qui demandait plutôt un grammairien qu'un poëte inspiré... Malherbe a su faire de la langue un emploi poétique. Certes ce ne serait pas une gloire médiocre que d'avoir connu et déterminé le génie de notre idiome, introduit dans les vers une harmonie régulière, une dignité soutenue, et modifié le rhythme et la prosodie. Mais Malherbe a fait plus, en revêtant de ce langage plein et sonore des idées élevées et quelquefois des sentiments touchants. » (GÉRUZEZ, *Hist. de la littér. franç.*, p. 244.) — Voir dans M. Sainte-Beuve, *Causeries du lundi*, t. VIII, un article sur Malherbe et son école.

1. « Il faut toujours avoir devant les yeux ce vers... C'est le mot propre qui distingue les orateurs et les poëtes de ceux qui ne sont que diserts et versificateurs. » (VOLTAIRE, *Comment. sur les Hor.*, sc. I.)

2. Sur la fin du XVIIe siècle, Fénelon exprimait un regret qui peut remonter jusqu'à Malherbe et l'atteindre : « ... Notre langue manque d'un grand nombre de mots et de phrases. Il me semble même qu'on l'a gênée et appauvrie depuis environ cent ans, en voulant la purifier. Il est vrai qu'elle étoit encore un peu uniforme et trop *verbeuse*. Mais le vieux langage se fait regretter quand nous le retrouvons dans Marot, dans Amyot, dans le cardinal d'Ossat, dans les ouvrages les plus enjoués et dans les plus sérieux. Il avoit je ne sais quoi de court, de naïf, de hardi, de vif et de passionné. On a retranché, si je ne me trompe, plus de mots qu'on n'en a introduit. » (*Lettre écrite à l'Académie françoise.*)

3. Inversion heureuse, qui fait image, et nous montre le pouvoir d'un mot mis en sa place.

Mon esprit aussitôt commence à se détendre ;
Et, de vos vains discours prompt à se détacher,
Ne suit point un auteur qu'il faut toujours chercher.

Il est certains esprits dont les sombres pensées
Sont d'un nuage épais toujours embarrassées ;
Le jour de la raison ne le sauroit percer.
Avant donc que d'écrire apprenez à penser.[1]
Selon que notre idée est plus ou moins obscure,
L'expression la suit, ou moins nette, ou plus pure.
Ce que l'on conçoit bien s'énonce clairement,
Et les mots pour le dire arrivent aisément.[2]

Surtout, qu'en vos écrits la langue révérée
Dans vos plus grands excès vous soit toujours sacrée.
En vain vous me frappez d'un son mélodieux,
Si le terme est impropre, ou le tour vicieux ;
Mon esprit n'admet point un pompeux barbarisme,
Ni d'un vers ampoulé l'orgueilleux solécisme.[3]

---

1. Scribendi recte sapere est et principium et fons.
(HORACE, *Art poétique*, v. 309.)

Fénelon dit de l'orateur : « Je voudrois qu'il fût naturellement sensé, et qu'il ramenât tout au bon sens ; qu'il fît de solides études, qu'il s'exerçât à raisonner avec justesse et exactitude, se défiant de toute subtilité. » (*Lettre à l'Académie.*) « Ipsæ res verba rapiunt. » (CICÉRON, *de Finib.*, lib. III, cap. VII.)

2. Cui lecta potenter erit res,
Nec facundia deseret hunc, nec lucidus ordo...
(HORACE, *Art poétique,* v. 40-41.)

Verbaque provisam rem non invita sequentur.
(HORACE, *Art poétique*, v. 311.)

« Il pense (l'orateur) et la parole suit. *Il ne dépend point des paroles,* dit saint Augustin, *mais les paroles dépendent de lui.* Un homme qui a l'âme forte et grande avec quelque facilité naturelle de parler et un grand exercice, ne doit jamais craindre que les termes lui manquent. » (FÉN., *ibid.*)

3. On fait un barbarisme quand on introduit dans la langue un mot qui lui est étranger ; un solécisme, quand on viole les règles de la syntaxe.

Sans la langue, en un mot, l'auteur le plus divin [1]
Est toujours, quoi qu'il fasse, un méchant écrivain.

 Travaillez à loisir, quelque ordre qui vous presse,
Et ne vous piquez point d'une folle vitesse ; [2]
Un style si rapide, et qui court en rimant,
Marque moins trop d'esprit que peu de jugement.
J'aime mieux un ruisseau qui sur la molle arène
Dans un pré plein de fleurs lentement se promène,
Qu'un torrent débordé qui, d'un cours orageux,
Roule, plein de gravier, sur un terrain fangeux.

---

1. On a beaucoup critiqué cette expression *le plus divin*, rapprochée de celle-ci, *méchant écrivain;* on a cru y voir un sacrifice de la raison à la rime. Boileau a dû céder sans doute à la difficulté de rimer avec *écrivain*; mais il a dit ce qu'il voulait dire : c'est que les dons les plus précieux de l'esprit et de l'imagination sont vains sans la correction. — On lit dans Voltaire, s'adressant à d'Alembert : « Nous répétions souvent ensemble ces deux vers de Boileau qui doivent être la règle de tout homme qui écrit... et nous entendions par les défauts du langage, non-seulement les solécismes et les barbarismes dont le théâtre a été infecté, mais l'obscurité, l'impropriété, l'insuffisance, l'exagération, la bassesse, l'enflure, l'incohérence des expressions. Quiconque n'a pas évité continuellement tous ces écueils ne sera jamais compté parmi nos poëtes. » (*Épît. dédicat. de la tragédie de don Pèdre.*)

2. Scudéri disoit toujours, pour s'excuser de travailler si vite, qu'il avoit ordre de finir. (BOILEAU, 1713.) — « Notre poëte observoit exactement ce précepte. Non-seulement il composoit suivant la disposition d'esprit où il se trouvoit sans forcer jamais son génie; mais, quand il avoit achevé un ouvrage, il ne le publioit que longtemps après, afin d'avoir le loisir de le perfectionner, suivant le conseil d'Horace :

Nonumque prematur in annum.

Un ami, voulant l'exhorter à produire son *Art poétique*, lui disoit que le public l'attendoit avec impatience. « Le public, répondit-il, ne s'informera
« pas du temps que j'y aurai employé. » D'autres fois il disoit la même chose de la postérité. » (BROSSETTE.) — La Fresnaye-Vauquelin disait, mais avec une autre intention :

On rendroit son esprit tout morne et rebouché,
Qui le tiendroit toujours au labeur attaché :
Il faut espier l'heure, attendre qu'à la porte
Frappe le Délien, qui la matière apporte :
Lors doucement les vers de leur gré couleront...

Hâtez-vous lentement ;[1] et, sans perdre courage,
Vingt fois sur le métier remettez votre ouvrage :
Polissez-le sans cesse et le repolissez ;[2]
Ajoutez quelquefois, et souvent effacez.[3]

C'est peu qu'en un ouvrage où les fautes fourmillent,
Des traits d'esprit semés de temps en temps petillent.[4]
Il faut que chaque chose y soit mise en son lieu ;
Que le début, la fin répondent au milieu ;[5]
Que d'un art délicat les pièces assorties
N'y forment qu'un seul tout de diverses parties ;[6]
Que jamais du sujet le discours s'écartant
N'aille chercher trop loin quelque mot éclatant.

---

1. « Maxime d'un grand sens et familière à l'empereur Auguste, à Titus, à plusieurs autres grands hommes. Σπεῦδε βραδέως, *festina lente*. Voir les *Adages* d'Érasme. » (SAINT-MARC.)

Dans une pièce intitulée : *Estrennes de quatre animaux envoyés par une dame à monsieur Esprit*, Voiture fait dire à la tortue :

    Vous autres beaux esprits battez trop de païs,
      Croyez-moi, suivez mon avis,
    Soit que vous poursuiviez évesché, femme, ou fille,
    Faites tous comme moy, hastez-vous lentement,
    Ne formez qu'un dessein, suivez-le constamment.

2.   . . . . . Vos, o
Pompilius sanguis, carmen reprehendite quod non
Multa dies et multa litura coercuit, atque
Præsectum decies non castigavit ad unguem.
    (HORACE, *Art poétique*, v. 291-294.)

3. Sæpe stylum vertas, iterum, quæ digna legi sint
Scripturus...
    (HORACE, liv. I, sat. X, v. 73.)

4. Inter quæ verbum emicuit si forte decorum, et
Si versus paulo concinnior unus et alter ;
Injuste totum ducit, venditque poema.
    (HORACE, liv. II, ép. I, v. 72-74.)

5. Primo ne medium, medio ne discrepet imum...
    (HORACE, *Art poétique*, v. 152.)

6. Denique sit quodvis simplex duntaxat et unum.
    (HORACE, *Art poétique*, v. 23.)

Craignez-vous pour vos vers la censure publique?
Soyez-vous à vous-même un sévère critique. [1]
L'ignorance toujours est prête à s'admirer. [2]
Faites-vous des amis prompts à vous censurer;
Qu'ils soient de vos écrits les confidents sincères,
Et de tous vos défauts les zélés adversaires.
Dépouillez devant eux l'arrogance d'auteur;
Mais sachez de l'ami discerner le flatteur : [3]
Tel vous semble applaudir, qui vous raille et vous joue.
Aimez qu'on vous conseille et non pas qu'on vous loue.

Un flatteur aussitôt cherche à se récrier :
Chaque vers qu'il entend le fait extasier.
Tout est charmant, divin : aucun mot ne le blesse;
Il trépigne de joie, il pleure de tendresse; [4]
Il vous comble partout d'éloges fastueux :
La vérité n'a point cet air impétueux. [5]

1. At qui legitimum cupiet fecisse poema,
Cum tabulis animum censoris sumet honesti.
(Horace, liv. II, ép. II, v. 109-110.)

2. Ridentur mala qui componunt carmina : verum
Gaudent scribentes, et se venerantur et ultro
Si taceas laudant quidquid scripsere beati.
(Horace, liv. II, ép. II, v. 106-107.)

3. Assentatores jubet ad lucrum ire poeta...
. . . . . Mirabor, si sciet inter
Noscere mendacem verumque beatus amicum.
. . . . . Si carmina condes
Nunquam te fallant animi sub vulpe latentes.
(Horace, Art poétique, v. 420, 424-425.)

4. . . . . . Clamabit enim : Pulchre, bene, recte!
Pallescet super his; etiam stillabit amicis
Ex oculis rorem; saliet, tundet pede terram.
(Horace, Art poétique, v. 428-430.)

5. Ut qui conducti plorant in funere, dicunt
Et faciunt prope plura dolentibus ex animo, sic
Derisor vero plus laudatore movetur.
(Horace, Art poétique, v. 433-435.)

Un sage ami, toujours rigoureux, inflexible,[1]
Sur vos fautes jamais ne vous laisse paisible :
Il ne pardonne point les endroits négligés,
Il renvoie en leur lieu les vers mal arrangés,
Il réprime des mots l'ambitieuse emphase;
Ici le sens le choque, et plus loin c'est la phrase.
Votre construction semble un peu s'obscurcir :
Ce terme est équivoque; il le faut éclaircir.
C'est ainsi que vous parle un ami véritable.

Mais souvent sur ses vers un auteur intraitable
A les protéger tous se croit intéressé,
Et d'abord prend en main le droit de l'offensé.
De ce vers, direz-vous, l'expression est basse.
— Ah! monsieur, pour ce vers je vous demande grâce,
Répondra-t-il d'abord.—Ce mot me semble froid;
Je le retrancherois.—C'est le plus bel endroit!
— Ce tour ne me plaît pas.—Tout le monde l'admire.
Ainsi toujours constant à ne se point dédire,
Qu'un mot dans son ouvrage ait paru vous blesser,
C'est un titre chez lui pour ne point l'effacer.
Cependant, à l'entendre, il chérit la critique;[2]

1.   Vir bonus et prudens versus reprehendet inertes,
    Culpabit duros, incomptis allinet atrum
    Transverso calamo signum, ambitiosa recidet
    Ornamenta, parum claris lucem dare coget,
    Arguet ambigue dictum, mutanda notabit.
                      (Horace, *Art poétique*, v. 445-449.)

    Audebit quæcumque parum splendoris habebunt,
    Et sine pondere erunt, et honore indigna ferentur,
    Verba movere loco, quamvis invita recedant...
    Luxuriantia compescet; nimis aspera sano
    Lævabit cultu, virtute carentia tollet.
                      (Horace, liv. II, ép. II, v. 111-125.)

2. Voir la scène du sonnet dans le *Misanthrope*, acte I, scène II :

    Et comme votre esprit a de grandes lumières,

Vous avez sur ses vers un pouvoir despotique,
Mais tout ce beau discours dont il vient vous flatter
N'est rien qu'un piége adroit pour vous les réciter.
Aussitôt il vous quitte; et, content de sa muse,
S'en va chercher ailleurs quelque fat qu'il abuse :
Car souvent il en trouve : ainsi qu'en sots auteurs,
Notre siècle est fertile en sots admirateurs;
Et, sans ceux que fournit la ville et la province,
Il en est chez le duc, il en est chez le prince.
L'ouvrage le plus plat a, chez les courtisans,
De tout temps rencontré de zélés partisans;
Et, pour finir enfin par un trait de satire,
Un sot trouve toujours un plus sot qui l'admire.[1]

> Je viens pour commencer entre nous ce beau nœud,
> Vous montrer un sonnet que j'ai fait depuis peu,
> Et savoir s'il est bon qu'au public je l'expose.
> ALCESTE.
> Monsieur, je suis mal propre à décider la chose.
> Veuillez m'en dispenser.
> ORONTE.
> Pourquoi?
> ALCESTE.
> J'ai le défaut
> D'être un peu plus sincère en cela qu'il ne faut.
> ORONTE.
> C'est ce que je demande, et j'aurois lieu de plainte,
> Si, m'exposant à vous pour me parler sans feinte,
> Vous alliez me trahir, et me déguiser rien.
>
> Et verum, inquis, amo; verum mihi dicite de me.
> (PERSE, sat. I, v. 55.)

1. Il n'est, je le vois bien, si poltron sur la terre,
Qui ne puisse trouver un plus poltron que soi.
(LA FONTAINE, liv. II, fable XIV, *le Lièvre et les Grenouilles*.)

L'ART POÉTIQUE.

Garnier frères Editeurs

CHANT II.

Telle qu'une bergère,[1] au plus beau jour de fête,
De superbes rubis ne charge point sa tête,
Et, sans mêler à l'or l'éclat des diamants,
Cueille en un champ voisin ses plus beaux ornements :
Telle, aimable en son air, mais humble dans son style,
Doit éclater sans pompe une élégante idylle.[2]

---

1. Le *Journal des Savants*, février 1723, a cru découvrir dans ce vers une *faute considérable de langue en ce que* la phrase n'est susceptible d'aucune construction... *telle qu'une bergère*, c'est comme si l'on disait... *telle qu'est une bergère*; il s'ensuit que pour rendre la phrase correcte, il faut que le substantif soit suivi de *qui*. — Quand on ne pourrait pas répondre avec la grammaire qu'après *tel que*, la proposition se construit d'une manière pleine et séparée; puis on répète *tel* devant une autre proposition également complète (*Gram. franç.* de P.-A. Lemaire, p. 193), on voit par l'usage constant de nos poëtes que cette construction est autorisée par une double ellipse. Malherbe a dit :

> Tel qu'à vagues épandues
> Marche un fleuve impétueux,
> De qui les neiges fondues
> Rendent le cours furieux, etc.
> Tel, et plus épouvantable
> S'en alloit ce conquérant,
> A son pouvoir indomptable
> Sa colère mesurant.

2. *Idylle* (en grec εἰδύλλιον, petit tableau, diminutif d'εἶδος), petit poëme dont le sujet est ordinairement pastoral ou relatif à des objets champêtres. — L'églogue, ouvrage de poésie pastorale où l'on introduit des bergers qui conversent ensemble. Il n'y a aucune différence fondamentale entre les églogues et les idylles. Toutefois, si l'on veut accepter la légère distinction que l'usage semble avoir établie, l'églogue veut plus d'action et de mouvement : les églogues de Virgile. L'idylle peut ne contenir que des peintures, des sentiments, des comparaisons champêtres; Mme Deshoulières a fait de jolies idylles. » (É. Littré, *Dict. de la langue française*.)

Son tour simple et naïf n'a rien de fastueux,
Et n'aime point l'orgueil d'un vers présomptueux.
Il faut que sa douceur flatte, chatouille, éveille,
Et jamais de grands mots n'épouvante l'oreille.[1]
Mais souvent dans ce style un rimeur aux abois,
Jette là, de dépit, la flûte et le hautbois;
Et, follement pompeux, dans sa verve indiscrète,
Au milieu d'une églogue entonne la trompette.[2]

---

1. Desmarets, Pradon, Saint-Marc, Condillac ont relevé dans ce morceau si orné, si délicat et si fin, toutes sortes de fautes de sens et de goût; on ne partage pas leur sentiment. Ce passage reste digne de toutes sortes d'éloges, et Marmontel a été bien inspiré quand il a dit : « Lorsque Despréaux a peint l'idylle comme une bergère en habit de fête, il l'a parfaitement définie telle que nous la concevons; une simplicité élégante en fait le mérite : elle ne mêle point les diamants à sa parure; mais elle a un chapeau de fleurs. » (*Élém. de litt.*)

« Un quatrain de l'ode burlesque de Scarron, *Héro et Léandre*, a pu fournir à Boileau l'image qui donne tant de charme à ces vers :

> Avec l'émail de nos prairies,
> Quand on le sait bien façonner,
> On peut aussi bien couronner
> Qu'avec l'or et les pierreries.

« Si on ajoute à ce rapprochement ces vers de Segrais :

> Telle que se fait voir, de fleurs couvrant sa tête,
> Une blonde bergère, un beau jour d'une fête,

on aura une juste idée de l'art de Boileau dans l'imitation qu'il sait rendre originale. » (GÉRUZEZ, *OEuvres poétiques de Boileau*.)

2. A l'exception de Racan et de Segrais, chez qui l'on trouve quelques vers élégants empreints d'une poésie champêtre, tous les écrivains du XVIIe siècle ont échoué dans ce genre. Il faut se souvenir de ces vers de Racan pour justifier Boileau des éloges qu'il lui donne : le poëte parle de l'homme qui vit dans la retraite :

> Il voit de toutes parts combler d'heur sa famille;
> La javelle à plein poing tomber sous la faucille,
> Le vendangeur ployer sous le faix des paniers,
> Et semble qu'à l'envi les fertiles montagnes,
> Les humides vallons et les grasses campagnes
> S'efforcent à remplir sa cave et ses greniers.

Il ne faut pas non plus oublier les vers suivants de Ménage pour com-

De peur de l'écouter, Pan fuit dans les roseaux ;
Et les Nymphes, d'effroi, se cachent sous les eaux.
Au contraire cet autre, abject en son langage,
Fait parler ses bergers comme on parle au village.
Ses vers plats et grossiers, dépouillés d'agrément,
Toujours baisent la terre, et rampent tristement :
On diroit que Ronsard, sur ses « pipeaux rustiques, »
Vient encor fredonner ses idylles gothiques,
Et changer, sans respect de l'oreille et du son,
Lycidas en Pierrot, et Philis en Toinon.[1]
    Entre ces deux excès la route est difficile.[2]

prendre la justesse de cette critique. Le poëte, dans son églogue adressée à Christine, reine de Suède, fait dire à Ménalque :

> Un jour qui n'est pas loin ses superbes armées
> Joindront à ces lauriers les palmes idumées,
> Et l'on verra périr l'infidèle croissant
> A l'aspect lumineux de cet astre naissant.
> Mais sache encor, Daphnis, que sa main adorable,
> En adresse, en valeur, à nulle autre semblable,
> Au milieu de la guerre et dans les champs de Mars,
> Cultive les vertus et fait fleurir les arts.
> Son esprit grand et vaste embrasse toute chose,
> Et l'histoire, et la fable, et les vers et la prose.
> Elle sait des métaux les nobles changements ;
> Des globes azurés les divers mouvements, etc.

1. Ronsard, dans ses églogues, appelle Henri II, *Henriot ;* Charles IX, *Carlin ;* Catherine de Médicis, *Catin ;* etc. Il emploie aussi les noms de *Margot, Pierrot, Michau,* et autres semblables. (BROSSETTE.) — Là n'est pas le plus grand mal, tous ces noms diminutifs n'avaient rien de bas et d'indécent ; mais ces personnages n'ont rien de naïf et de champêtre, leurs conversations sont bien éloignées du ton pastoral. Margot et Catin y célèbrent la science profonde de Turnèbe et de Vatable. Du reste, Vauquelin de la Fresnaye n'approuvait pas l'emploi de ces noms. Il dit dans l'avertissement de ses *Idillies et Pastoralles* que « les noms de Guillot, de Pierrot, Mario, au lieu de Tyrsis, Tytire, Lycoris, ne contentent pas assez son opinion. »

2. Si l'on en croit le *Bolœana*, Despréaux disait que l'églogue était un genre de poésie où notre langue ne pouvait réussir qu'à demi, que presque tous nos auteurs y avaient échoué et n'avaient pas seulement frappé à la porte de l'églogue ; qu'on était fort heureux quand on pouvait attraper quelque chose de ce style comme Racan et Segrais. Notre temps, plus favorisé que celui de Boileau et que le xviiie siècle, a vu chez nous un poëte

Suivez, pour la trouver, Théocrite et Virgile : [1]
Que leurs tendres écrits, par les Grâces dictés,
Ne quittent point vos mains, jour et nuit feuilletés. [2]
Seuls, dans leurs doctes vers, ils pourront vous apprendre
Par quel art sans bassesse un auteur peut descendre;
Chanter Flore, les champs, Pomone, les vergers;
Au combat de la flûte animer deux bergers,

pastoral qui sut unir la vérité de Théocrite et l'élégance de Virgile au sentiment profond de la nature. Ces vers d'André Chénier me paraissent répondre aux vœux de Boileau :

> Mon visage est flétri des regards du soleil ;
> Mon pied blanc sous la ronce est devenu vermeil;
> J'ai suivi tout le jour le fond de la vallée;
> Des bêlements lointains partout m'ont appelée :
> J'ai couru, tu fuyais sans doute loin de moi :
> C'était d'autres pasteurs. Où te chercher, ô toi
> Le plus beau des humains? Dis-moi, fais-moi connaître
> Où sont donc tes troupeaux, où tu les mènes paître?...
>   (Idyl. VII, *Lydé*.)

Et encore ceux-ci :

> Je sais quand le midi leur fait désirer l'ombre,
> Entrer à pas muets sous le roc frais et sombre,
> D'où, parmi le cresson et l'humide gravier,
> La Naïade se fraie un oblique sentier.
> Là j'épie à loisir la nymphe blanche et nue,
> Sur un banc de gazon mollement étendue,
> Qui dort, et sur sa main, au murmure des eaux,
> Laisse tomber son front couronné de roseaux.

1. Théocrite naquit à Syracuse, vécut à la cour des rois d'Alexandrie et mourut vers 280 avant Jésus-Christ. Ses idylles resteront comme le modèle le plus parfait de ce genre de poésie. Virgile l'a beaucoup imité en donnant à son tour moins de naïveté et plus d'élégance.

> Molle atque facetum
> Virgilio annuerunt gaudentes rure camœnæ.

Vauquelin de la Fresnaye dit que Théocrite

> Mourant, sa musette à Corydon laissa
> Corydon, Mantouan, qui depuis la haussa
> D'un ton si haut qu'enfin les forêts chevelues
> Des consules romains dignes furent rendues.

2.   ..... Vos exemplaria græca
Nocturna versate manu, versate diurna.
    (HORACE, *Art poétique*, v. 268-269.)

Des plaisirs de l'amour vanter la douce amorce;
Changer Narcisse en fleur, couvrir Daphné d'écorce;
Et par quel art encor l'églogue quelquefois
Rend dignes d'un consul la campagne et les bois.[1]
Telle est de ce poëme et la force et la grâce.

D'un ton un peu plus haut, mais pourtant sans audace,
La plaintive élégie, en longs habits de deuil,[2]
Sait, les cheveux épars, gémir sur un cercueil.
Elle peint des amants la joie et la tristesse;[3]
Flatte, menace, irrite, apaise une maîtresse.
Mais, pour bien exprimer ces caprices heureux,
C'est peu d'être poëte, il faut être amoureux.

Je hais ces vains auteurs, dont la muse forcée
M'entretient de ses feux, toujours froide et glacée;
Qui s'affligent par art, et, fous de sens rassis,
S'érigent, pour rimer, en amoureux transis.

---

1. Virgile, églogue IV, vers 3. (BOILEAU, 1713.) — Voici le vers :

   Si canimus sylvas, sylvæ sint consule dignæ.

2. L'*Élégie* (ἐλεγεία, étym. ἒ, hélas! λέγειν, dire) fut d'abord un chant de tristesse et de deuil. *Versibus impariter junctis querimonia primum.* — Il semble que Boileau ait eu en vue ces vers d'Ovide sur la mort de Tibulle :

   Flebilis effusos, Elegeia, solve capillos;
    Ah! nimis ex vero nunc tibi nomen erit!
   Ille tui vates operis, tua fama, Tibullus
    Ardet in exstructo, corpus inane, rogo.

3. Ce fut Mimnerme, dit-on, qui lui fit chanter *des amants la joie et la tristesse : Post etiam inclusa est voti sententia compos.* C'est ainsi qu'elle se présente dans Ovide :

   Venit odoratos elegeia nexa capillos.

On ne comprendra bien tout le mérite des vers de Boileau qu'en les rapprochant de ceux de Vauquelin de la Fresnaye sur le même sujet :

   Les vers que les Latins d'inégale jointure
   Nommoient une élégie, aigrete en sa pointure,
   Servoient tant seulement aux bons siècles passez,
   Par dire après la mort les faits des trepassez,
   Depuis à tous sujets... etc. , etc.

Leurs transports les plus doux ne sont que phrases vaines :
Ils ne savent jamais que se charger de chaînes,
Que bénir leur martyre, adorer leur prison,
Et faire quereller les sens et la raison. [1]
Ce n'étoit pas jadis sur ce ton ridicule
Qu'Amour dictoit les vers que soupiroit Tibulle, [2]

1. Ces phrases vaines, ces amoureux qui s'affligent par art, ces martyres, ces chaînes, tout cela se trouve dans les *Troubadours*, dans les Italiens qui les imitèrent et surtout dans *Pétrarque*. Voici des exemples de ce style forcé :

> Benedetto sia'l giorno, e'l mese, e l'anno
> E la stagione, e'l tempo, e l'ora, e'l punto,
> E'l bel paese, e'l loco ov'io fui giunto
> Da duo begli occhi, che legato m'hanno.
>
> E benedetto il primo dolce affanno
> Ch'i ebbi ad esser con Amor congiunto :
> E l'arco, e le saette ond'i' fui punto ;
> E le piaghe ch'infin 'al cor mi vanno.
>
> Benedette le voci tante ch'io
> Chiamando il nome di mia donna ho sparte ;
> E i sospiri, e le lagrime, e'l desio.
>
> E benedette sian tutte le carte
> Ov'io fama le acquisto : e'l penser mio,
> Ch'è sol di lei, sicch' altra non v'ha parte.
> (Sonnet XLVII.)

Et encore :

> Pasco'l cor di sospir, ch'altro non chiede ;
> Et di lagrime vivo, a pianger nato ;
> Ne di ciò duolmi ; perchè in tale stato
> E dolce il pianto più, ch'altri non crede.
> (Sonnet C.)

Il y a dans le sonnet d'*Uranie*, de Voiture :

> Je bénis mon martyre et content de mourir.

Voir notre étude sur les *Troubadours et Pétrarque*, thèse pour le doctorat ès lettres, Paris, 1857.

2. . . . . . Absentes alios suspirat amores.
(TIBULLE, liv. I, élégie VI, v. 35.)

Quod si forte alios jam nunc suspirat amores.
(TIBULLE, liv. IV, élégie V, v. 11.)

Tibulle, né l'an 44, mort l'an 18 avant l'ère vulgaire, a laissé quatre livres d'élégies. (M. CHÉRON.) — Joachim Dubellay avait dit, au XVIe siècle :

Les vers que je soupire aux bords ausoniens

Ou que, du tendre Ovide animant les doux sons,[1]
Il donnoit de son art les charmantes leçons.
Il faut que le cœur seul parle dans l'élégie.

L'ode,[2] avec plus d'éclat, et non moins d'énergie,[3]
Élevant jusqu'au ciel son vol ambitieux,
Entretient dans ses vers commerce avec les dieux.[4]
Aux athlètes dans Pise[5] elle ouvre la barrière,
Chante un vainqueur poudreux au bout de la carrière,
Mène Achille sanglant au bord du Simoïs,
Ou fait fléchir l'Escaut sous le joug de Louis.
Tantôt, comme une abeille ardente à son ouvrage,[6]

---

1. Ovide, qui mourut en exil, probablement l'an 17 de notre ère, a laissé quinze livres de *Métamorphoses*, six livres de *Fastes*, l'*Art d'aimer*, des héroïdes, des élégies, etc. (M. Chéron.) — Ovide a moins de tendresse que de bel esprit coquet.

2. *Ode* (ᾠδή, contraction de ἀοιδή), chez les anciens, poëme destiné à être chanté; aujourd'hui poëme divisé en strophes semblables par le nombre et la mesure des vers. L'ode héroïque est celle dont le sujet et le style sont nobles, élevés; l'ode anacréontique est celle dont le sujet et le style sont légers, gracieux. Nous devons à Ronsard ce nom d'*odes*. « Et osay, le premier des nostres, enrichir ma langue de ce nom d'*odes*. » (Ronsard, *Épître au lecteur*, Odes.) — « Introduisismes entre autres deux nouvelles espèces de poésies : les odes dont nous empruntasmes la façon des Grecs et Latins. » (Pasquier, *Recherches*, liv. VII, p. 611. É. Littré, *Dict. de la langue française*.)

3. « *Et non moins d'énergie* ne signifie rien du tout. Le poëte abaisse les ailes de l'ode au lieu de les élever. J'ai osé me permettre de corriger ainsi ce vers :

L'ode avec plus d'éclat, de flamme, d'énergie.

Il me semble plus fort et plus rapide... » (Le Brun.) La correction n'a pas été admise.

4.   Musa dedit fidibus divos, puerosque deorum,
    Et pugilem victorem, et equum certamine primum,
    Et juvenum curas, et libera vina referre.
            (Horace, *Art poétique*, v. 83-85.)

5. Pise, en Élide, où l'on célébroit les jeux Olympiques. (Boileau, 1713.)

6. Après avoir caractérisé dignement l'ode héroïque, Boileau passe à l'ode légère et gracieuse. Pindare et Horace représentent l'un et l'autre

Elle s'en va de fleurs dépouiller le rivage :
Elle peint les festins, les danses et les ris ;
Vante un baiser cueilli sur les lèvres d'Iris,
« Qui mollement résiste, et, par un doux caprice,
« Quelquefois le refuse, afin qu'on le ravisse.[1] »
Son style impétueux souvent marche au hasard :
Chez elle un beau désordre est un effet de l'art.[2]

genre. On peut emprunter à Horace la peinture du talent de ces deux poëtes et en même temps de ces deux espèces d'odes :

> Seu deos regesve canit, deorum
> Sanguinem, per quos cecidere justa
> Morte Centauri, cecidit tremendæ
>   Flamma Chimæræ :
>
> Sive quos Elea domum reducit
> Palma cœlestes pugilemve equumve
> Dicit et centum potiore signis
>   Munere donat.
>
> Multa Dircæum levat aura cycnum,
> Tendit, Antoni, quotiens in altos
> Nubium tractus. Ego Apis Matinæ
>   More modoque
>
> Grata Carpentis thyma per laborem
> Plurimum, circa nemus uvidique
> Tiburis ripas operosa parvus
>   Carmina fingo.

1. Dum flagrantia detorquet ad oscula
Cervicem, aut facili sævitia negat,
Quæ poscente magis gaudeat eripi.
(Horace, liv. II, ode XII.)

2. « On ne sauroit croire combien ces deux vers, mal entendus, ont fait faire d'extravagances. On s'est persuadé que l'ode appelée *pindarique* ne devoit aller qu'en bondissant. De là tous ces mouvements qui ne sont qu'au bout de la plume, et ces formules de transports : *Qu'entends-je? Où suis-je? Que vois-je?* qui ne se terminent à rien. » (Marmontel, *Élém. de littér.*, art. Ode.) — « Avec un peu de réflexion, il est facile de l'entendre; et quand on ne veut rien outrer, tout s'éclaircit. Le poëte lyrique est censé céder au besoin de répandre au dehors les idées dont il est assailli, de se livrer aux mouvements qui l'agitent, de nous présenter les tableaux qui frappent son imagination : il est donc dispensé de préparation, de méthode, de liaisons marquées. Comme rien n'est si rapide que l'inspiration, il peut parcourir le monde dans l'espace de cent vers, entrer dans son sujet par où

Loin ces rimeurs craintifs dont l'esprit flegmatique
Garde dans ses fureurs un ordre didactique; [1]
Qui, chantant d'un héros les progrès éclatants,
Maigres historiens, suivront l'ordre des temps.
Ils n'osent un moment perdre un sujet de vue :
Pour prendre Dôle, il faut que Lille soit rendue; [2]
Et que leur vers exact, ainsi que Mézerai, [3]

il veut, y rapporter des épisodes qui semblent s'en éloigner ; mais à travers ce *désordre*, qui est *un effet de l'art,* l'art doit toujours le ramener à son objet principal. Quoique la course ne soit pas mesurée, je ne dois pas le perdre entièrement de vue : car alors je ne me soucierais plus de le suivre. S'il n'est pas obligé d'exprimer les rapports qui lient ses idées, il doit faire en sorte que je les aperçoive, puisque enfin c'est un principe général, que ceux à qui l'on parle, de quelque manière que ce soit, doivent savoir ce qu'on veut leur dire. Tout consiste donc à procéder par des mouvements, et à étaler des tableaux : c'est là le véritable enthousiasme de l'ode. » (LA HARPE, *Cours de littér.,* t. VI, ch. IX.) — Telle est la marche de Pindare; ses transports n'ont rien de désordonné, tout se tient dans ses odes; seulement, comme la pensée le presse, elle déborde, et la liaison des idées est négligée par lui, il rejette ces procédés communs de l'art ; c'est au lecteur de les suppléer, mais la suite qui manque en apparence existe en réalité. Sous ce délire apparent du génie, il y a un ordre juste et exact.

1. M. Victor Hugo a écrit dans la préface de la première édition de ses odes : « L'ode française, généralement accusée de froideur et de monotonie, paraissait peu propre à retracer ce que les trente dernières années de notre histoire présentent de touchant et de terrible, de sombre et d'éclatant, de monstrueux et de merveilleux. L'auteur de ce recueil, en réfléchissant sur cet obstacle, a cru découvrir que cette froideur n'était point dans l'essence de l'ode, mais seulement dans la forme que lui ont donnée jusqu'ici les poëtes lyriques. Il lui a semblé que la cause de cette monotonie était dans l'abus des apostrophes, des exclamations, des prosopopées et autres figures véhémentes que l'on prodiguait dans l'ode. Il a donc pensé que si l'on plaçait le mouvement de l'ode dans les idées plutôt que dans les mots, si, de plus, on en asseyait la composition sur une idée fondamentale quelconque, qui fût appropriée au sujet, et dont le développement s'appuyât, dans toutes ses parties, sur le développement de l'événement qu'elle raconterait, en substituant aux couleurs usées et fausses de la mythologie païenne les couleurs neuves et vraies de la théogonie chrétienne, on pourrait jeter dans l'ode quelque chose de l'intérêt du drame. »

2. Lille et Courtrai furent prises en 1667 et Dôle et 1668.

3. François-Eudes de Mézeray, historiographe de France, reçu à l'Aca-

Ait fait déjà tomber les remparts de Courtrai.
Apollon de son feu leur fut toujours avare.
  On dit, à ce propos, qu'un jour ce dieu bizarre,
Voulant pousser à bout tous les rimeurs françois,
Inventa du sonnet les rigoureuses lois, [1]
Voulut qu'en deux quatrains de mesure pareille

démie française en 1649, secrétaire perpétuel de cette académie, né à Mézeray près d'Argentan l'an 1610, mort à Paris le 9 de juillet 1683. La première édition de son *Histoire de France* est de Paris, 1643-1651, 3 vol. in-folio, et la première édition de son *Abrégé chronologique* est de Paris, 1668, 3 vol. in-4°. On regarde Mézeray comme l'auteur des satires imprimées sous le nom de Sandricourt. (M. CHÉRON.)

1. On attribue aujourd'hui l'invention du sonnet à Girard de Borneil, troubadour du XIIIe siècle, mort en 1278. Guittone d'Arezzo, né vers 1230, mort à Florence en 1294, donna à cette composition des formes plus fixes. Dante parle de ce poëte au chant XXIV *du Purgatoire*. Nous donnons ici un de ses sonnets :

> Gran piacer, signor mio, e gran desire
> Avrei d'essere avanti al divin trono,
> Dove si prendera pace, e perdono
> Di suo ben fatto et d'ogni suo fallire.
>
> E gran piacer avrei or di sentire
> Quella sonante tromba, e quel gran suono,
> E d'udir dire : ora venuto sono
> A chi dar pace, a chi dar crudel martire.
>
> Questo tutto vorrei, caro signore;
> Perche fia scritto a ciascheduno nel volto
> Quel, che gia tenne ascoso dentro al core.
>
> Allor vedrete alla mia fronte avolto
> Un breve che dira; che il crudo amore
> Per voi mi prese, e mai non m'a disciolto.

Cet art de composition a fait donner aux Italiens la gloire de l'invention qui doit revenir aux Français. Vauquelin de la Fresnaye dit, avec beaucoup de vérité, que les *troubadours* trouvèrent cette *rime, de son se fist sonnet,* et qu'ainsi cet *Art renouvellé Aux François les premiers fut revelé. Le bien disant Petrarque les imita,* en récompense il fait mémoire *de Rembaud, de Fouques, de Remon, de Hugues, d'Arnaud* (*Trionfo d'Amore*); mais il fit *tant que l'Italien est estimé l'autheur De ce dont le François est premier inventeur.*

La rime avec deux sons frappât huit fois l'oreille ; [1]
Et qu'ensuite six vers artistement rangés
Fussent en deux tercets par le sens partagés.
Surtout de ce poëme il bannit la licence :
Lui-même en mesura le nombre et la cadence ;
Défendit qu'un vers foible y pût jamais entrer,
Ni qu'un mot déjà mis osât s'y remontrer.
Du reste il l'enrichit d'une beauté suprême :
Un sonnet sans défauts vaut seul un long poëme.
Mais en vain mille auteurs y pensent arriver ;
Et cet heureux phénix est encore à trouver. [2]
A peine dans Gombaut, Maynard et Malleville, [3]

1. Horace a dit du vers ïambique :

> . . . . . Quum senos redderet ictus.
> (HORACE, *Art poétique*, v. 253.)

2. M. Sainte-Beuve a, lui aussi, défendu le sonnet ; il a réuni dans le suivant les noms des principaux auteurs qui ont manié ce genre :

> Et que le Tasse aux fers soulage un peu son cœur.
> Ne ris point du sonnet, ô critique moqueur ;
> Par amour autrefois en fit le grand Shakspeare ;
> C'est sur ce luth heureux que Pétrarque soupire,
>
> Et le mêle au cyprès qui ceint son front vainqueur.
> Camoëns de l'exil abrége la longueur,
> Car il chante en sonnets l'amour et son empire.
> Dante aime cette fleur de myrte, et la respire ;
>
> Spencer, s'en revenant de l'île des féeries,
> Exhale en longs sonnets ses tristesses chéries ;
> Milton, chantant les siens, ranimait son regard.
>
> Moi, je veux rajeunir le doux sonnet en France,
> Du Bellay, le premier, l'apporta de Florence,
> Et l'on en sait plus d'un de notre vieux Ronsard.

3. Jean Ogier de Gombauld, calviniste, l'un des premiers de l'Académie française, gentilhomme ordinaire de la chambre du roi ; né à Saint-Just Lussac, près de Brouage, mort en 1666, âgé de près de cent ans. Outre ses poésies, et une tragédie, les *Danaïdes*, on a publié de lui : *Traitez et lettres touchant la religion*, Amsterdam, 1676, in-12. — François Maynard, né à Toulouse, fils de Géraud Maynard, conseiller au parlement de Toulouse ; il fut président au présidial d'Aurillac et eut avant sa mort un brevet de conseiller d'État. Il avait été dans sa jeunesse secrétaire de la reine Mar-

En peut-on admirer deux ou trois entre mille :
Le reste, aussi peu lu que ceux de Pelletier,
N'a fait, de chez Sercy,[1] qu'un saut chez l'épicier.
Pour enfermer son sens dans la borne prescrite,
La mesure est toujours trop longue ou trop petite.

L'épigramme, plus libre en son tour plus borné,
N'est souvent qu'un bon mot de deux rimes orné.[2]

guerite, aimé de Desportes et camarade de Régnier. Il fut nommé pour être de l'Académie française le 12 de février 1634 et mourut le 28 de décembre 1646, âgé de soixante-huit ans. Il y a quelques pièces de lui dans un recueil de 1626 et dans le *Cabinet satirique*. — Claude de Malleville, né à Paris d'un officier de la maison de Retz, l'un des premiers de l'Académie française. Il fut secrétaire du maréchal de Bassompierre, puis du cardinal de Bérulle, derechef de M. Bassompierre et enfin secrétaire du roi; il mourut en 1647, âgé environ de cinquante ans. Ses *Poésies* ont été réunies. Paris, 1649, in-4°. (M. Chéron.) — Suivant Brossette, Despréaux donnait le prix au sonnet que Malleville fit pour *la belle Matineuse* :

> Le silence régnoit sur la terre et sur l'onde,
> L'air devenoit serein et l'Olympe vermeil;
> Et l'amoureux Zéphyre, affranchi du sommeil,
> Ressuscitoit les fleurs, d'une haleine féconde!
>
> L'Aurore déployoit l'or de sa tresse blonde,
> Et semoit de rubis le chemin du soleil;
> Enfin ce dieu venoit au plus grand appareil,
> Qu'il soit jamais venu pour éclairer le monde,
>
> Quand la jeune Philis au visage riant,
> Sortant de son palais plus clair que l'Orient,
> Fit voir une lumière, et plus vive et plus belle.
>
> Sacré flambeau du jour, n'en soyez point jaloux,
> Vous parûtes alors aussi peu devant elle,
> Que les feux de la nuit avoient fait devant vous.

1. Libraire du palais. (Boileau, 1713.) — Charles de Sercy, qui publia tant de recueils de *Poésies choisies*, demeurait au palais, dans la salle Dauphine, à la Bonne-Foy couronnée. (M. Chéron.) — C'est au *Recueil* de Sercy que Madelon fait allusion, quand elle parle de *ces messieurs des pièces choisies*. (Amar.) — Encore son très-féal épicier en jeu! Cela rend son style d'un méchant goût. (Pradon.)

2. La Harpe n'approuve point cette définition de l'épigramme qui lui semble ne caractériser guère que l'épigramme médiocre; Le Brun croit que l'épigramme est autre chose qu'un bon mot de deux rimes orné. L'épigramme est une espèce de petit poëme qui a son caractère et son rhythme particulier. Si l'on vouloit prendre Boileau à la rigueur de la lettre, ces

Jadis de nos auteurs les pointes ignorées [1]
Furent de l'Italie en nos vers attirées.
Le vulgaire, ébloui de leur faux agrément,
A ce nouvel appât courut avidement.
La faveur du public excitant leur audace,
Leur nombre impétueux inonda le Parnasse.

reproches seraient fondés; mais Boileau, par son exemple même, a prouvé qu'on pouvoit donner quelque étendue à l'épigramme. Il ne faut pas oublier qu'avant tout elle est un *bon mot*, et que ce *bon mot* brillera d'autant plus qu'il sera mieux et plus vite amené, sans être noyé dans un fatras de mots. Vauquelin de la Fresnaye la caractérise avec justesse quand il veut que

> Surtout brève, r'entrante, et subtile elle soit :
> De poëme le nom trop longue elle reçoit :
> Elle sent l'héroïc et tient du satyrique ;
> Toute grave et moqueuse elle enseigne et si pique.*
> L'épigramme n'étant qu'un propos raccourci,
> Comme une inscription, courte on l'escrit aussi.

1. *Pointe*, trait subtil, recherché, jeu de mots. — « Le style n'est pas plus élevé ici que dans *Mélite;* mais il est plus net et plus dégagé des pointes dont l'autre est semée, qui ne sont, à en bien parler, que de fausses lumières dont le brillant marque bien quelque vivacité d'esprit, mais sans aucune solidité de raisonnement. » (CORNEILLE, *la Veuve*, examen.) — « La *pointe*, dit Cyrano de Bergerac, n'est pas d'accord avec la raison : c'est l'agréable jeu de l'esprit, et merveilleux en ce point qu'il réduit toutes choses sur le pied nécessaire à ses agréments, sans avoir égard à leur propre substance. S'il faut que pour la *pointe* l'on fasse d'une belle chose une laide, cette étrange et prompte métamorphose se peut faire sans scrupule, et toujours on a bien fait pourvu qu'on ait bien dit : on ne pèse pas les choses ; pourvu qu'elles brillent, il n'importe ; et, s'il s'y trouve d'ailleurs quelques défauts, ils sont purifiés par ce feu qui les accompagne. » (Préface aux *Entretiens pointus*.) Voici quelques exemples de ce qu'on appelait des *pointes*. « Timandre, parlant d'une arcade que l'on vouloit élever en un troisième étage pour joindre deux bâtiments opposés, fut averti par Socrate que c'étoit des desseins en l'air. — Socrate, dans le même entretien, ayant bu un grand verre d'eau pour se refaire, dit qu'il s'étoit rhabillé avec une pièce de verrerie. — Pareillement de M. Lenfant, mal peint et sans bordure, il dit que c'étoit l'enfant gâté et débordé. » — Ces *pointes* s'appellent en italien *concetti*, en espagnol *agudezzas*.

* Et si, en même temps.

Le madrigal d'abord en fut enveloppé ; [1]
Le sonnet orgueilleux lui-même en fut frappé ; [2]
La tragédie [3] en fit ses plus chères délices ;

[1]. C'était un genre d'ornement qui convenait surtout au madrigal, petite poésie amoureuse qui consiste « en quelque pensée tendre et délicate. »

> Brûlé de plus de feux que je n'en allumai.

Ce vers de Racine offre une pointe digne d'un madrigal.

[2]. C'est une pointe que ce vers :

> Belle Philis,
> On désespère alors qu'on espère toujours.

[3]. La *Sylvie* de Mairet. (BOILEAU, 1713.) — Jean Mairet, né à Besançon en 1604, mort en 1686, sans avoir été de l'Académie française. Outre la *Sylvie*, jouée quand il n'avait encore que dix-sept ans, Mairet a composé *Sophonisbe*, *Chriséide et Arimand*, le *Grand et dernier Solyman*, l'*Illustre corsaire*, le *Roland furieux*, la *Sidonie*, toutes tragi-comédies. On a publié ses *OEuvres lyriques, contenant des odes, stances, sonnets*, etc. Paris, 1631, in-4°. (M. CHÉRON.) — On peut voir nombre de pointes dans le *Cid*, dans la *Toison d'or*; c'est là que la rivale de Médée, Hypsipile, lui dit :

> Je n'ai que des attraits, mais vous avez des charmes.

« On croyoit être obligé à s'impatienter dans le spectacle le plus grand et le plus passionné, à moins qu'un héros langoureux ne vînt l'interrompre. Encore falloit-il que ses soupirs fussent ornés de pointes, et que son désespoir fût exprimé par des espèces d'épigrammes... De là vient cette passion si façonnée :

> Impitoyable soif de gloire
> Dont l'aveugle et noble transport
> Me fait précipiter ma mort
> Pour faire vivre ma mémoire, etc.
> (CORN., *OEdipe*.)

On n'osoit mourir de douleur sans faire des pointes et des jeux d'esprit en mourant. » (FÉNELON, *Lettre à l'Académie*.) — Dans une pièce de Rotrou, *Don Bernard de Cabrère*, le héros aime la princesse *Violante*, et veut lui nommer l'objet de son amour sans manquer cependant au respect qu'il lui doit : il se tire d'embarras par un calembour :

> L'intérest de l'amy m'esloigne de l'amante ;
> Mais le temps éteindra cette ardeur... violente :
> Je l'ai nommée : adieu !
> (M. E. Despois dans son édit. de la *Lettre de Fénelon à l'Académie*.)

Dans le *Venceslas*, du même auteur, Ladislas s'excuse d'avoir attenté à la pudeur de sa maîtresse :

> Mais un amour enfant peut manquer de conduite ;

L'élégie en orna ses douloureux caprices;
Un héros sur la scène eut soin de s'en parer,
Et sans pointe un amant n'osa plus soupirer :
On vit tous les bergers, dans leurs plaintes nouvelles,
Fidèles à la pointe encor plus qu'à leurs belles;
Chaque mot eut toujours deux visages divers :
La prose la reçut aussi bien que les vers;
L'avocat au palais en hérissa son style,[1]
Et le docteur[2] en chaire en sema l'Évangile.

et bientôt après :

> De l'indigne brasier qui consumoit son cœur,
> Il ne lui reste plus que la seule rougeur.

1. A l'exemple de Cicéron, qui plaisantait sur le nom de Verrès, l'appelant le *balai de la Sicile*, par allusion au mot *verrere*, qui veut dire *balayer*, et sa justice, *jus verrinum*, en jouant sur le sens de ces deux mots *jus*, qui veut dire *droit* et *sauce*, et *verres*, qui signifie *verrat*, Gaultier (1631), plaidant pour une mère qui désavouait sa fille, et parlant de la tourière de Saint-Marcel sous la tutelle de qui la jeune fille avait été placée, disait : « Cette tourière, plus fameuse par les tours de souplesse de son esprit fourbe et malicieux que par le *tour* de son monastère, mériteroit d'être appelée à plus juste titre *la fourrière* et *la courrière du mensonge.* » — Racine semble avoir emprunté à ce même Gaultier ce trait de Petit-Jean :

> Ce soleil d'équité qui n'est jamais terni.

Il dit en effet : « Ce petit enfant vient s'exposer aux rayons du soleil de la justice, qui luit toujours en plein midi, et tenant le milieu de son élévation, chasse les vents et dissipe les ombres. » — (Voir M. Demogeot, *Tableau de la littérature française au* xviie *siècle, avant Corneille et Descartes.*)

2. Le petit père André, augustin. (BOILEAU, 1713.) — André Boullanger, de l'ordre des augustins réformés; né à Paris vers 1578, mort dans la même ville le 21 de septembre 1657. Le petit père André, qui exerça pendant plus de cinquante ans la prédication avec un grand succès, est le dernier représentant de ces prédicateurs au style trivial, mais énergique, qui furent si populaires au xvie siècle. Il n'a publié que l'*Oraison funèbre de Marie de Lorraine, abbesse de Chelles.* Paris, 1627, in-8°. (M. CHÉRON.) — Tallemant dit de ce religieux : « Il a toujours prêché en bateleur, non qu'il eût dessein de faire rire, mais il étoit bouffon naturellement, et avoit même quelque chose de Tabarin dans la mine. Il parloit en conversation comme il prêchoit. Il y tâchoit si peu, que quand il avoit dit des gaillardises il se donnoit la discipline; mais il y étoit né et ne s'en pouvoit tenir... Parlant

La raison outragée enfin ouvrit les yeux,
La chassa pour jamais des discours sérieux ;
Et, dans tous ces écrits la déclarant infâme,
Par grâce lui laissa l'entrée en l'épigramme,
Pourvu que sa finesse, éclatant à propos,
Roulât sur la pensée, et non pas sur les mots.¹
Ainsi de toutes parts les désordres cessèrent.
Toutefois à la cour les Turlupins² restèrent,

de saint Luc, il disoit « que c'étoit le peintre de la reine mère, à meilleur « titre que Rubens, qui a peint la galerie de Luxembourg ; car il est le « peintre de la reine mère de Dieu. » — Il prêchoit sur ces paroles : J'ai acheté une métairie, je m'en vais la voir. « Vous êtes un sot ! dit-il, vous « la deviez aller voir avant que de l'acheter. » — Il disoit aux dames : « Vous « vous plaignez de jeûner ; cela vous maigrit, dites-vous. Tenez, tenez, dit-il « en montrant un gros bras, je jeûne tous les jours, et voilà le plus petit de « mes membres. »—Fléchier n'a pas été exempt de ce défaut ; dans l'*Oraison funèbre du duc de Beaufort*, qui se distinguoit par ses premiers exploits, lors de l'avénement de Louis XIV au trône, nous trouvons que « l'orient de ce beau soleil fut l'orient de la gloire du duc de Beaufort, et que le signe du Lion une fois joint à ce soleil, brilla de son plus bel éclat et fut embrasé de ses plus beaux feux. » (Amar.)

1. Comme dans cette épigramme célèbre de Racine, sur *Andromaque* :

Le vraisemblable est peu dans cette pièce,
Si l'on en croit et d'Olonne et Créqui :
Créqui dit que Pyrrhus aime trop sa maîtresse ;
D'Olonne, qu'Andromaque aime trop son mari.

Créqui avait des goûts qui lui faisaient une mauvaise réputation ; d'Olonne était fameux par les intrigues de sa femme.

2. Henri Legrand, comédien de l'hôtel de Bourgogne, mort en 1634. Il portait le nom de Turlupin dans la farce et celui de Belleville dans les pièces de style noble. — Molière, *Critique de l'École des femmes*, scène 1ʳᵉ : « Mais à propos d'extravagants, ne voulez-vous me défaire de votre marquis incommode ? Pensez-vous me le laisser toujours sur les bras, et que je puisse durer à ses turlupinades perpétuelles... La belle chose de faire entrer aux conversations du Louvre de vieilles équivoques ramassées parmi les boues des halles et de la place Maubert ! La jolie façon de plaisanter pour des courtisans, et qu'un homme montre d'esprit quand il vient vous dire : Madame, vous êtes dans la place Royale, et tout le monde vous voit de trois lieues de Paris, car chacun vous voit de bon œil ; à cause que Bonneuil est un village à trois lieues d'ici ! Cela n'est-il pas bien galant et bien spirituel ? »

Insipides plaisants, bouffons infortunés,
D'un jeu de mots grossier partisans surannés.
Ce n'est pas quelquefois qu'une muse un peu fine,
Sur un mot, en passant, ne joue et ne badine,
Et d'un sens détourné n'abuse avec succès;
Mais fuyez sur ce point un ridicule excès,
Et n'allez pas toujours d'une pointe frivole
Aiguiser par la queue une épigramme folle.[1]

Tout poëme est brillant de sa propre beauté.
Le rondeau, né gaulois, a la naïveté.[2]
La ballade, asservie à ses vieilles maximes,[3]

---

1. Les Grecs appelaient aussi *pointe folle*, ὀξύμωρον, les jeux de mots comme μήτηρ ἀμήτωρ, etc., etc. — On remarquera que d'*une pointe* est mis pour *au moyen d'une pointe*.

2. « Tout ainsi qu'au cercle que le François appelle *rondeau*, après avoir discouru toute la circonférence, on rentre tousiours au premier point duquel le discours avoit esté commencé; ainsi au poëme dit *Rondeau*, après avoir tout dit, on retourne toujours au premier carme, ou hémistiche, pris en son commencement. » (CHARLES FONTAINE, *Art poétique françois*, liv. II, ch. III.) — Le *rondeau* se compose de treize vers de huit ou dix syllabes sur deux rimes, l'une masculine et l'autre féminine. Ces treize vers doivent être partagés en trois couplets : le premier de cinq, le second de trois et le dernier de cinq vers. En voici le mécanisme expliqué par Voiture :

> Ma foi, c'est fait de moi; car Isabeau
> M'a conjuré de lui faire un rondeau :
> Cela me met en une peine extrême.
> Quoi! treize vers, huit en *eau*, cinq en *ème*.
> Je lui ferois aussitôt un bateau.
> En voilà cinq pourtant en un monceau.
> Faisons-en sept en invoquant Brodeau,
> Et puis mettons, par quelque stratagème,
>   Ma foi, c'est fait.
> Si je pouvois encor de mon cerveau
> Tirer cinq vers, l'ouvrage seroit beau.
> Mais cependant me voilà dans l'onzième,
> Et si* je crois que je fais le douzième,
> En voilà treize ajustés au niveau.
>   Ma foi, c'est fait.

3. *Ballade* (*ballada*, prov.; *ballata*, ital., danse, *ballare*, danser), pièce de vers coupée en stances égales et suivie d'un envoi d'un nombre de vers

* Et même.

Souvent doit tout son lustre au caprice des rimes.

Le madrigal, plus simple et plus noble en son tour,[1]

ordinairement moindre; toutes les stances et l'envoi lui-même sont terminés par le même vers qui sert de refrain. Molière disait dans les *Femmes savantes* :

> La ballade, à mon goût, est une chose fade;
> Ce n'en est plus la mode; elle sent son vieux temps.

(La ballade peut avoir vingt-huit, trente-cinq ou quarante-deux vers.)
L'école de Ronsard avait mis ces petits poëmes en oubli. Vauquelin de la Fresnaye dit en vers ce que Du Bellay avait dit en prose :

> . . . Ta muse ne soit jamais embesongnée
> Qu'aux vers dont la façon ici t'est enseignée,
> Et des vieux chants royaux décharge le fardeau,
> Oste-moy la ballade, oste-moy le rondeau.

1. « *Madrigal* fut d'abord un ancien terme de musique. C'étoit une pièce composée pour les voix sans accompagnement, qui étoit fort en usage au commencement du xvie siècle, et qui ne cessa d'être à la mode qu'après le triomphe de la musique dramatique. Les *madrigaux* étoient écrits pour quatre, cinq, six ou sept voix, dans un style rempli de combinaisons recherchées et d'imitations. » (Fétis, *Dictionnaire de musique*.) — Par transformation du madrigal de la musique, pièce de poésie renfermant en un petit nombre de vers une pensée ingénieuse et galante :

> A la Saint-Jean, je promets madrigaux,
> Courts et troussés et de taille mignonne;
> Longue lecture en été n'est pas bonne.
> (La Fontaine, *Poésies mêlées*.)

« Je suis un peu fâchée que vous n'aimiez pas les *madrigaux;* ne sont-ils pas les maris des épigrammes? Ce sont de si jolis ménages, quand ils sont bons! » (Mme de Sévigné, 18 août 1680.) — Étym., italien, *madriale, madrigale* et *mandriale*. — Ménage le tire de *mandra*, troupeau; de sorte que le *madrigal* serait la chanson du troupeau. Mais la forme primitive est, en bas latin, *matriale;* et elle désigne une sorte de chanson. On lit dans un texte du xive siècle : « Frater Georgius novitius, sed ætate annorum circa quatuordecim... Hic si vixisset, fuisset insignis cantor in mundo; namque, adhuc puer, quidquid erat in arte musicæ, circa matrialia, etiam difficillima, decantabat. » (*Archivio Storico italiano*, t. VI, p. 2, p. 534.) A quoi l'éditeur italien ajoute : « I *madrigali* erano per l'ordinario cantati di cinque o sei parti obligate molto difficili; si eseguivano anche sull' organo... Vogliono che di qui sia venuto il nome di *madrigale*, certa specie di componimento in versi... Il vocabolo *madrigale* manca nel du Cange. » Là s'arrêtent les documents, et présentement il n'est pas possible d'aller au delà de *matriale*. (E. Littré, *Dictionnaire de la langue française*.) — Au xviie siècle, M. de la Sablière, qui faisait beaucoup de *madrigaux*, s'était appelé *le grand*

Respire la douceur, la tendresse et l'amour.
L'ardeur de se montrer, et non pas de médire,
Arma la Vérité du vers de la satire.[1]
Lucile le premier osa la faire voir,[2]

madrigalier de France. Mme Deshoulières s'est distinguée dans ce genre alors en faveur. Amar, dans son *Commentaire*, cite deux *madrigaux*, l'un de Cotin et l'autre de Pradon. Nous les donnons ici. Il paraîtra piquant de voir cités avec éloges ces deux grands ennemis de Boileau.

> Iris s'est rendue à ma foi :
> Qu'eût-elle fait pour sa défense?
> Nous n'étions que nous trois : elle, l'Amour et moi;
> Et l'Amour fut d'intelligence.
> (Cotin.)

> Vous n'écrivez que pour écrire ;
> C'est pour vous un amusement.
> Moi, qui vous aime tendrement,
> Je n'écris que pour vous le dire.
> (Pradon.)

1. Desmarets et Pradon ont critiqué ces vers. Le premier disait : « *L'ardeur... de se montrer...*, c'est pour dire le désir qu'on a de faire parler de soi. Mais ce ne doit pas être le but de la satire. Sa fin doit être de réprimer le vice et d'exciter la vertu, mais ce n'est pas le moyen de faire bien parler de soi, que de parler mal d'autrui. » — Pradon, de son côté : « *L'ardeur de se montrer*, pour dire, faire parler de soi; voilà une ardeur de se montrer qui obscurcit la pensée. » — Saint-Marc juge qu'ils sont de mauvaise foi. Boileau parle évidemment de la vérité, dont le propre est de vouloir *se montrer*.

2.   . . . . . Est Lucilius ausus
Primus in hunc operis componere carmina morem...
(Horace, liv. II, sat. I, v. 63-64.)

. . . . . Secuit Lucilius urbem.
(Perse, sat. I, v. 114.)

La *Chronique* d'Eusèbe renfermant les quarante-six ans de vie qu'elle donne à Lucilius, entre la CLVIII{e} et la CLXIX{e} olympiade, le fait mourir en l'an de Rome 651... « La vie de Lucilius est pour nous bien peu remplie, sinon d'œuvres, du moins d'événements. Sa naissance à Suessa-Aurunca, sa mort et ses honorables funérailles à Naples; dans l'intervalle, la part qu'il prit, bien jeune encore, à la dernière campagne de la guerre de Numance; son honorable et douce intimité pendant quelques années avec Scipion Émilien et Lélius; des voyages, dont un de Rome à Capoue et jusqu'au détroit de Sicile lui a fourni le sujet d'un récit enjoué devenu sa troisième satire; des procès soit au sénat, devant lequel on l'accusait de faire paître

Aux vices des Romains présenta le miroir,
Vengea l'humble vertu de la richesse altière,
Et l'honnête homme à pied du faquin en litière.[1]
Horace à cette aigreur mêla son enjoûment;[2]
On ne fut plus ni fat ni sot impunément;
Et malheur à tout nom, qui, propre à la censure,
Put entrer dans un vers sans rompre la mesure!

    Perse, en ses vers obscurs, mais serrés et pressants,[3]
Affecta d'enfermer moins de mots que de sens.

    Juvénal, élevé dans les cris de l'école,[4]

ses troupeaux sur les terres du domaine public, soit, sans succès, au tribunal de C. Célius, contre un acteur qui l'avait désigné outrageusement par son nom en plein théâtre, celui-là peut-être que le satirique avait lui-même si plaisamment appelé un *Oreste enroué;* enfin, quelques particularités où se révèle l'existence d'un homme de bonne naissance et de fortune aisée, ayant une maison de ville, des terres, des esclaves, des maîtresses, et consacrant aux lettres un grand loisir : voilà tout ce que l'on sait de la vie de Lucilius. » (*Étude sur la poésie latine,* par M. Patin, t. II, p. 373.) — Ennius avait composé dans un genre appelé *satura,* c'est-à-dire, suivant l'étymologie, un plat où se trouvaient mêlés des fruits de toute sorte, des pièces faites de vers de mesure différente. Varron y avait ajouté un mélange de vers et de prose, ce qu'il avait appelé lui-même *Satires ménippées.* Lucilius a donné à ce poëme la forme que nous lui voyons dans Horace. On fixe à trente le nombre des satires qu'il avait écrites.

  1.   Ense velut stricto, quoties Lucilius ardens
        Infremuit, rubet auditor cui frigida mens est
        Criminibus, tacita sudant præcordia culpa.
                (Juvénal, sat. I, v. 165-167.)

  2.   Omne vafer vitium ridenti Flaccus amico
        Tangit, et admissus circum præcordia, ludit,
        Callidus excusso populum suspendere naso.
                (Perse, sat. I, v. 116-118.)

  3. Perse naquit l'an 34 de J.-C. à Volaterræ. Il mourut à peine âgé de vingt-huit ans. Sa vertu stoïcienne lui a inspiré de très-beaux vers. Il n'a laissé que six satires.

  4. Decimus Junius Juvenalis naquit à Aquinum vers l'an 42 après J.-C. Il fut l'élève de Fronton et de Quintilien. Un histrion favori d'Adrien se crut désigné dans un de ses ouvrages, et il le fit reléguer à Syène, dans la Haute-Égypte, avec le titre de préfet d'une légion. On a de lui seize satires.

Poussa jusqu'à l'excès sa mordante hyperbole.
Ses ouvrages, tout pleins d'affreuses vérités,[1]
Étincellent pourtant de sublimes beautés ;
Soit que, sur un écrit arrivé de Caprée,[2]
Il brise de Séjan la statue adorée ;
Soit qu'il fasse au conseil courir les sénateurs,[3]
D'un tyran soupçonneux pâles adulateurs ;
Ou que, poussant à bout la luxure latine,
Aux portefaix de Rome il vende Messaline,[4]
Ses écrits pleins de feu partout brillent aux yeux.

De ces maîtres savants disciple ingénieux,
Régnier,[5] seul parmi nous formé sur leurs modèles,

1. *Tout pleins*, texte de 1674 à 1713.
2. Satire X, vers 71-72, 62-63. (Boileau, 1713.)

> . . . . Verbosa et grandis epistola venit
> A Capreis. Bene habet; nil plus interrogo . . . .
> Ardet adoratum populo caput, et crepat ingens
> Sejanus...

3. Satire IV, vers 72-75. (Boileau, 1713.)

> . . . Vocantur
> Ergo in concilium proceres quos oderat ille,
> In quorum facie miseræ magnæque sedebat
> Pallor amicitiæ...

4. Satire VI, vers 116-132. (Boileau, 1713.)

> . . . . Dormire virum cum senserat uxor
> Ausa Palatino tegetem præferre cubili,
> Sumere nocturnos meretrix Augusta cucullos,
> Linquebat, comite ancilla non amplius una :
> Sed, nigrum flavo crinem abscondente galero,
> Intravit calidum veteri centone lupanar,
> Et cellam vacuam, atque suam : tunc nuda papillis
> Prostitit auratis, titulum mentita Lyciscæ,
> Ostenditque tuum, generose Britannice, ventrem.
> Excepit blanda intrantes, atque æra poposcit,
> Et resupina jacens multorum absorbuit ictus.
> Mox lenone suas jam dimittente puellas,
> Tristis abjt : sed, quod potuit, tamen ultima cellam
> Clausit, adhuc ardens rigidæ tintigine vulvæ,
> Et lassata viris, sed non satiata recessit.
> Obscurisque genis turpis, fumoque lucernæ
> Fœda, lupanaris tulit ad pulvinar odorem.

5. Mathurin Régnier, chanoine de Chartres, neveu de Philippe Desportes ; né à Chartres le 21 de décembre 1573, mort à Rouen le 22 d'oc-

Dans son vieux style encore a des grâces nouvelles.
Heureux si ses discours, craints du chaste lecteur,
Ne se sentoient des lieux où fréquentoit l'auteur,[1]

tobre 1613. Il a laissé seize satires, des épîtres, des élégies, des odes, des stances et des épigrammes. La première édition de ses satires est de Paris, 1608, in-4°. Cf. sur Régnier, l'ouvrage de M. Sainte-Beuve déjà cité : *Tableau de la poésie française au XVIe siècle*. Paris, 1843, in-12. (M. Chénon.) Vauquelin de la Fresnaye fait une *Histoire de la satire en France :* on jugera si Boileau n'a pas eu raison de n'en rien dire :

> Depuis, les coc-à-l'asne à ces vers succédèrent,
> Qui les rimeurs françois trop longtemps possédèrent,
> Dont Marot eut l'honneur. Aujourd'hui toutefois,
> Le satyre latin s'en vient estre françois ;
> Si parmi les travaux de l'estude sacrée,
> Se plaire en la satyre à Desportes agrée :
> Et si le grand Ronsard de France l'Apollon
> Veut poindre nos forfaits de son vif éguillon.
> Si Doublet (animé de Jumel qui préside
> Sçavant au Parlement de nostre gent Druide)
> Met ses beaux vers au jour, nous enseignants moraux,
> Soit en deuil, soit en joye, à se porter égaux :
> Et si mes vers gaillards, suivant la vieille trace,
> Du piquant Aquinois et du mordant Horace
> Ne me deçoivent point, par l'humeur remontreux
> Qu'un satyre au follet souffla d'un chesne creux.

1. Boileau avait écrit d'abord :

> Heureux si, moins hardi, dans ses vers pleins de sel,
> Il n'avoit point traîné les muses au b.....!

Arnauld lui fit changer ces deux vers. — D'Alembert dit que les deux vers substitués sont bons et portent l'empreinte du cachet de Boileau. Voltaire les qualifie d'excellents... Le Brun, au contraire, les trouve lourds, froids et sans sel, et préfère les deux vers supprimés. M. Amar (*Moniteur*, 28 mars 1808) se récrie vivement contre Le Brun, et soutient que les vers substitués sont heureux et valent bien les vers retranchés sous le rapport du style... Nous ne saurions partager cet avis, quoique nous pensions que Boileau fit très-bien de ne pas publier de tels vers. M. Viollet-le-Duc regrette aussi que Boileau n'ait pas pu conserver l'image poétique qu'ils renfermaient. (Berriat-Saint-Prix.) — Les progrès du goût ne pourraien aujourd'hui supporter de pareilles images. M. de Lamoignon louait particulièrement Boileau d'avoir purgé la satire de la saleté qui lui avait été jusqu'alors comme affectée. — *Fréquenter* au XVIIe siècle, avait le sens d'*aller souvent ;* il n'était donc pas incorrect de dire alors *où fréquentoit l'auteur*. Molière a dit de même :

> Sans doute et je le vois qui fréquente chez nous.
> (*Femmes savantes*, acte II, sc. II.)

Et si, du son hardi de ses rimes cyniques,
Il n'alarmoit souvent les oreilles pudiques!
Le latin, dans les mots, brave l'honnêteté : [1]
Mais le lecteur françois veut être respecté ;
Du moindre sens impur la liberté l'outrage,
Si la pudeur des mots n'en adoucit l'image.
Je veux dans la satire un esprit de candeur,
Et fuis un effronté qui prêche la pudeur.

D'un trait de ce poëme en bons mots si fertile,
Le François, né malin, forma le vaudeville, [2]
Agréable indiscret, qui, conduit par le chant,
Passe de bouche en bouche et s'accroît en marchant,
La liberté françoise en ses vers se déploie ;
Cet enfant de plaisir veut naître dans la joie. [3]

1. Boileau veut dire que pour nous, Français, un terme indécent en latin choque moins nos oreilles; il a raison; si l'on voulait étendre plus loin le sens de ce qu'il dit, il serait dans l'erreur ; il n'y aurait qu'à rappeler ici ce qu'il dit lui-même dans une lettre à Brossette (6 octobre 1701) : « Qui croiroit, si Cicéron ne nous l'avoit appris, que le mot de *dividere* est d'un très-dangereux usage et que ce seroit une saleté horrible de dire : *Quum nos divisissemus?* » Voir encore la lettre de M. Antoine Arnauld à Perrault, 5 mai 1694 : « On peut voir sur cela une lettre de Cicéron à Papirius Pætus, qui commence par ces mots : *Amo verecundiam, tu potius libertatem loquendi.* » Cette lettre, la vingt-deuxième du livre IX, *Ad familiares*, est pleine de détails curieux, qui montrent jusqu'où les Romains portaient la délicatesse, et avec quel soin scrupuleux ils évitaient les mots qui pouvaient avoir un sens impur. D'après Aulu-Gelle, Virgile n'avait pas échappé au reproche d'impudicité pour avoir tracé le tableau de Vénus obtenant par ses caresses que son époux Vulcain lui forgeât des armes pour Énée. Le même écrivain nous dit qu'on trouvait mauvais ce commencement d'un vers *Incipiunt agitata tumescere... æquora*, par l'allusion dangereuse qu'on y pouvait voir. (Conf. Aristote, *Rhét.*, liv. III.)

2. Ce mot vient-il de *Voix de ville*, chanson populaire, ou bien de *Vau-de-Vire*, ou *Val-de-Vire*, en Normandie, où chantait Olivier Basselin au xve siècle? (M. Chéron.) — Vauquelin de la Fresnaye écrit *Vau-de-Vire :*

> Chantant en nos festins, ainsi les vau-de-vire
> Qui sentent le bon temps nous font encore rire, etc., etc.

3. C'est le texte de 1674 à 1713 (trente-quatre éditions, dont douze

Toutefois n'allez pas, goguenard dangereux, [1]
Faire Dieu le sujet d'un badinage affreux.
A la fin tous ces jeux que l'athéisme élève
Conduisent tristement le plaisant à la Grève. [2]
Il faut, même en chansons, du bon sens et de l'art.
Mais pourtant on a vu le vin et le hasard
Inspirer quelquefois une muse grossière,
Et fournir, sans génie, un couplet à Linière. [3]

originales) et de Brossette, Souchay, Dumont, Saint-Marc, Saint-Surin. (BERRIAT-SAINT-PRIX.) — Dans d'autres éditions on lit *du plaisir*.

1. Goguenard, qui plaisante en se moquant. Etym. dérivé de *gogue*, plaisanterie, divertissement. Origine incertaine. — Bas-breton, *góguéa*, tromper, se moquer; kimry, *gogan*, satire. (E. LITTRÉ, *Dict. de la langue française*.)

2. Ces deux vers ont trait à la triste fin de Petit, auteur du *Paris ridicule*, poëme d'un burlesque très-ingénieux et bien supérieur à la *Rome ridicule* de Saint-Amand, dont il est une imitation. Petit fut découvert assez singulièrement pour l'auteur de quelques chansons impies et libertines qui couroient dans Paris. Un jour qu'il étoit hors de chez lui, le vent enleva de dessus une table placée sous la fenêtre de sa chambre quelques carrés de papier, qui tombèrent dans la rue. Un prêtre, qui passoit par là, les ramasse, et, voyant que c'étoient des vers impies, il va sur-le-champ les remettre entre les mains du procureur du roi. Au moyen des mesures qui furent prises, Petit fut arrêté dans le moment qu'il rentroit, et l'on trouva dans ses papiers les brouillons des chansons qui couroient alors. Malgré tout ce que purent faire des personnes du premier rang que sa jeunesse intéressoit pour lui, il fut condamné à être pendu et brûlé. Ce poëte, très-bien fait de sa personne, étoit fils d'un tailleur de Paris, et très en état de se faire un grand nom par un meilleur usage de ses talents. Je tiens ce détail de quelqu'un qui l'avoit connu, lui et sa famille. (SAINT-MARC.) — Claude Petit, ou Lepetit, était né vers 1640, et mourut probablement à la fin de 1665. On a de lui : *l'École de l'intérêt et l'Université d'amour*, songes véritables ou vérités songées ; galanterie morale traduite de l'espagnol (d'A. P. Buena). Paris, 1662, in-12; l'*Heure du berger*, demy-roman comique, ou roman demy-comique. Paris, 1662, in-12; *Chronique scandaleuse*, ou *Paris ridicule*. Cologne (Amsterdam, Elzevir), 1668, petit in-12 de 47 pages; c'est probablement une seconde édition ; les *Plus belles pensées de saint Augustin, mises en vers françois*. Paris, 1666, in-16; ouvrage posthume publié par Pierre du Pelletier, qui parle du supplice récent de son ami. (M. CHÉRON.)

3. Éd. 1674-1675, L***. 1674-1675, gr. in-12, jusqu'à 1685, Lo***. (Voir sur Linière, t. 1, notre *Étude sur la vie de Boileau*, CCXVII.)

Mais pour un vain bonheur qui vous a fait rimer,
Gardez qu'un sot orgueil ne vous vienne enfumer.
Souvent l'auteur altier de quelque chansonnette
Au même instant prend droit de se croire poëte :
Il ne dormira plus qu'il n'ait fait un sonnet;
Il met tous les matins six impromptus au net.
Encore est-ce un miracle, en ses vagues furies,
Si bientôt, imprimant ses sottes rêveries,
Il ne se fait graver au-devant du recueil,
Couronné de lauriers par la main de Nanteuil.[1]

1. Fameux graveur. (BOILEAU, 1713.) — Robert Nanteuil, né à Reims en 1630, mort à Paris le 18 de décembre 1678. Nanteuil a gravé en 1658 un portrait du père de Boileau. Cf. Robert-Dumesnil, tome IV, n. 43 de l'œuvre de Nanteuil. (M. CHÉRON.) — Boileau voulait terminer ce chant par les deux vers qui suivent, et qu'il supprima, selon Brossette, pour ne pas déplaire à MM. de l'Académie française :

> Et dans l'Académie, orné d'un nouveau lustre,
> Il fournira bientôt un quarantième illustre.

On regrettera toujours de ne trouver parmi ces définitions si justes et si vraies des petits genres de poésie aucune mention de la fable. C'est un oubli qu'il est aussi difficile d'expliquer que d'excuser.

CHANT III.

Il n'est point de serpent ni de monstre odieux
Qui, par l'art imité, ne puisse plaire aux yeux : [1]
D'un pinceau délicat l'artifice agréable
Du plus affreux objet fait un objet aimable. [2]

---

1. « C'est dans le chapitre quatrième de sa *Poétique* (d'Aristote) que Boileau a puisé ces beaux vers. Voici ce que dit Aristote : « L'imitation et l'har-« monie ont produit la poésie... Nous voyons avec plaisir, dans ses tableaux, « des animaux affreux, des hommes morts ou mourants, que nous regarde-« rions avec chagrin et avec frayeur dans la nature. Plus ils sont bien imités, « plus ils vous causent de satisfaction. » (VOLTAIRE, *Dict. philosophique*.) — Aristote dit encore dans sa *Rhétorique*, liv. I, chap. IX, « que tout ce qui sera imité parfaitement sera très-agréable, comme sont les ouvrages de peinture, de sculpture, de poésie, en un mot, tout ce qui consiste en imitation, quand bien même ce qui auroit été imité seroit très-désagréable en soi : car enfin, le plaisir qu'on a de voir une belle imitation ne vient point précisément de ce qui a été imité, mais bien de notre esprit, qui fait alors en lui-même cette réflexion et ce raisonnement qu'en effet il n'est rien de plus ressemblant, et qu'on diroit que c'est la chose même et non pas une simple représentation. » Boileau ajoutait qu'il ne faut pas que l'imitation soit entière, parce qu'une ressemblance trop parfaite inspirerait autant d'horreur que l'original même. Voilà pourquoi il introduit avec tant de goût dans ces vers les mots suivants : *D'un pinceau délicat l'artifice agréable*. « L'illusion, dit en effet M. Cousin, est si peu le but de l'art, qu'elle peut être complète et n'avoir aucun charme... Il y a plus, lorsque l'illusion va trop loin, le sentiment de l'art disparaît pour faire place à un sentiment purement naturel, quelquefois insupportable. Si je croyais qu'Iphigénie est en effet sur le point d'être immolée par son père à vingt pas de moi, je sortirais de la salle en frémissant d'horreur. » (*Du vrai, du beau et du bien*, p. 183.)

2. Vauquelin de la Fresnaye avait dit avant Boileau :

> C'est un art d'imiter, un art de contrefaire,
> Que toute poésie, ainsi que de pourtraire,
> Et l'imitation est naturelle en nous :
> Un autre contrefaire il est facile à tous :

Ainsi, pour nous charmer, la Tragédie en pleurs
D'OEdipe tout sanglant fit parler les douleurs,[1]
D'Oreste parricide exprima les alarmes,[2]
Et, pour nous divertir, nous arracha des larmes.[3]

>Et nous plait en peinture une chose hideuse,
>Qui seroit à la voir en essence fâcheuse.
>Comme il fait plus beau voir un singe bien pourtrait,
>Un dragon écaillé proprement contrefait
>Un visage hideux de quelque laid Thersite,
>Que le vray naturel qu'un sçavant peintre imite :
>Il est aussi plus beau voir d'un pinceau parlant
>Dépeinte dans les vers la fureur de Roland,
>Et l'amour forcené de la pauvre Climène,
>Que de voir tout au vray la rage qui les mène.

1. Sophocle. (BOILEAU, 1713.) — Boileau fait allusion à la scène si touchante où, dans Sophocle, OEdipe, qui vient de se crever les yeux, paraît sur le théâtre : « ... Mes fils, Créon, n'en prends aucun souci : ce sont des hommes... quelque part qu'ils vivent, ils ne sauraient manquer. Mais, hélas ! mes malheureuses filles, qui jamais n'eurent d'autre table que celle de leur père, qui partageaient avec lui tout ce qu'il touchait, ah ! je te les confie. Je voudrais les presser sur mon cœur et gémir avec elles. Permets, prince noble, généreux prince. Si mes mains les touchaient, je croirais les voir encore. Tu consens. Mais, ô dieux ! ne les entends-je pas qui pleurent à mes côtés? Créon a eu pitié de moi. Il a fait venir près de moi ces enfants qui me sont si chères. » (Vers 1425-1451.)

2. Euripide (*Oreste*, v. 211). — Le malheureux Oreste se réveille, sort d'un pénible accablement et s'écrie : « Toi qui charmes les sens, qui apaises les souffrances, doux Sommeil, que tu m'es venu à propos dans ma détresse! Oubli des maux! dieu bienfaisant! que ton secours a de puissance, qu'il semble désirable aux infortunés! Mais, où étais-je donc, et comment me trouvé-je en ce lieu? Je ne sais plus ce que j'ai fait dans mon égarement. » Bientôt il retombe dans ses alarmes : « Je t'en conjure, ô ma mère, ne lance point contre moi ces femmes aux yeux sanglants, à la tête hérissée de vipères. Les voilà! les voilà qui bondissent à mes côtés... O Phébus! ils me tueront, ces chiens dévorants, ces êtres hideux et farouches, ces prêtresses des morts, ces terribles déesses! » (M. PATIN, *Tragiques grecs*; *Euripide*, t. I, 247.) — Longin a cité et commenté quelques vers de cette scène, et Boileau les a traduits :

>Mère cruelle, arrête, éloigne de mes yeux
>Ces filles de l'enfer, ces spectres odieux.
>Ils viennent; je les vois; mon supplice s'apprête.
>Quels horribles serpents leur sifflent sur la tête!

3. Divertir (divertere), c'est tourner l'esprit de quelqu'un vers un autre

Vous donc qui, d'un beau feu pour le théâtre épris,
Venez en vers pompeux y disputer le prix,
Voulez-vous sur la scène étaler des ouvrages
Où tout Paris en foule apporte ses suffrages,
Et qui, toujours plus beaux, plus ils sont regardés,
Soient au bout de vingt ans encor redemandés ?[1]
Que dans tous vos discours la passion émue
Aille chercher le cœur, l'échauffe et le remue.[2]
Si d'un beau mouvement l'agréable fureur
Souvent ne nous remplit d'une douce « terreur, »
Ou n'excite en notre âme une « pitié » charmante,[3]
En vain vous étalez une scène savante :
Vos froids raisonnements ne feront qu'attiédir
Un spectateur toujours paresseux d'applaudir,
Et qui, des vains efforts de votre rhétorique
Justement fatigué, s'endort, ou vous critique.[4]

côté ; c'est, en effet, ce qu'on demande aux jeux du théâtre, on veut qu'ils nous fassent oublier nos occupations de tous les jours.

1. Fabula quæ posci vult et spectata reponi.
(HORACE, *Art poétique*, v. 190).

2. Horace parle ainsi de cette puissance d'émouvoir les âmes qui est la force du poëte dramatique :

> Ille per extentum funem mihi posse videtur
> Ire poeta, meum qui pectus inaniter angit,
> Irritat, mulcet, falsis terroribus implet,
> Ut magus, et modo me Thebis, modo ponit Athenis.
> (Livre II, ép. I, v. 210.)

3. « Ces trois épithètes, dit La Harpe, ne sont pas accumulées sans dessein ; elles indiquent assez clairement que la terreur et la pitié doivent avoir leur douceur et leur charme, et que quand nous nous rassemblons au théâtre, les impressions mêmes qui nous font le plus de mal doivent pourtant nous faire plaisir, parce que, sans cela, il n'y aurait aucune différence entre la réalité et l'illusion. » (*Cours de littérature*, 1821, t. IX, p. 341.)

4. « Au reste, il n'étoit point content de la tragédie d'*Othon*, qui se passoit toute en raisonnements, et où il n'y avoit point d'action tragique. Corneille avoit affecté d'y faire parler trois ministres d'État, dans le temps

Le secret est d'abord de plaire et de toucher : [1]
Inventez des ressorts qui puissent m'attacher. [2]
Que dès les premiers vers l'action préparée
Sans peine du sujet aplanisse l'entrée. [3]
Je me ris d'un acteur qui, lent à s'exprimer, [4]
De ce qu'il veut d'abord ne sait pas m'informer,
Et qui, débrouillant mal une pénible intrigue,
D'un divertissement me fait une fatigue.
J'aimerois mieux encor qu'il déclinât son nom, [5]

où Louis XIV n'en avoit pas moins que Galba, c'est-à-dire MM. Le Tellier, Colbert et de Lionne. M. Despréaux ne se cachoit point d'avoir attaqué directement *Othon* dans les quatre vers de son *Art poétique* :

> Vos froids raisonnements, etc. »
> (*Bolœana*, p. 132.)

1. Non satis est pulchra esse poemata; dulcia sunto
Et quocunque volent animum auditoris agunto.

2. « Que ceux qui travaillent pour la scène tragique aient toujours ce précepte gravé dans leur mémoire. » (VOLTAIRE, *Commentaire sur Pompée*, acte IV, scène IV, v. 1er.)

3. On appelle *exposition* ces premières scènes d'un poëme dramatique, où le sujet s'offre aux spectateurs. Il est difficile de n'y rien omettre, de ne dire que ce qu'il faut, de faire avancer le drame, et d'animer l'intérêt dès le début. Nous avons dans les œuvres de Racine plusieurs de ces expositions parfaites. Les connaisseurs citent surtout celle de *Bajazet*. — Douze éditions originales, de 1674 à 1713, portent *aplanisse*; d'autres donnent par erreur *m'aplanisse*.

4. C'est le texte de 1674 à 1713. — Brossette, in-4° et in-12, a mis d'un *auteur*, et cette leçon a été adoptée dans plus de quarante éditions. (BERRIAT-SAINT-PRIX.)

5. Il y a de pareils exemples dans Euripide. (BOILEAU, 1713.) — Voici le début d'*Hippolyte*, c'est Vénus qui parle :

> Πολλὴ μὲν ἐν βροτοῖσι, x'οὐκ ἀνώνυμος
> Θεὰ κέκλημαι Κύπρις. . . . .

Les *Phéniciennes* commencent par une véritable généalogie de Jocaste et c'est Jocaste qui la fait elle-même :

> Ἐγὼ δὲ παῖς μὲν κλήζομαι Μενοικέως,
> Κρέων τ'ἀδελφὸς γαστρὸς ἐκ μιᾶς ἔφυ.
> Καλοῦσι δ'Ἰοκάστην με (τοῦτο γὰρ πατὴρ
> Ἔθετο). . . . .

Et dit : Je suis Oreste ou bien Agamemnon,
Que d'aller, par un tas de confuses merveilles,
Sans rien dire à l'esprit, étourdir les oreilles : [1]
Le sujet n'est jamais assez tôt expliqué.

Que le lieu de la scène y soit fixe et marqué.
Un rimeur, sans péril, delà les Pyrénées,
Sur la scène en un jour renferme des années.
Là souvent le héros d'un spectacle grossier,
Enfant au premier acte, est barbon au dernier. [2]

---

1. Ces vers, suivant Brossette, seraient la critique du début de *Cinna*; Voltaire et La Harpe soutiennent qu'il s'agit du début d'*Héraclius*. Phocas ouvre ainsi cette pièce :

> Crispe, il n'est que trop vrai, la plus belle couronne
> N'a que de faux brillants dont l'éclat l'environne;
> Et celui dont le ciel pour un sceptre fait choix,
> Jusqu'à ce qu'il le porte, en ignore le poids.
> Mille et mille douceurs y semblent attachées,
> Qui ne sont qu'un amas d'amertumes cachées :
> Qui croit les posséder les sent s'évanouir,
> Et la peur de les perdre empêche d'en jouir.
> Surtout qui, comme moi, d'une obscure naissance
> Monte par la révolte à la toute-puissance,
> Qui de simple soldat à l'empire élevé,
> Ne l'a que par le crime acquis et conservé, etc., etc.

Corneille disait lui-même de cette pièce : « Il y a des intrigues qui commencent dès la naissance du héros, comme celle d'Héraclius; mais ces grands efforts d'imagination en demandent un extraordinaire à l'attention du spectateur, et l'empêchent souvent de prendre un plaisir entier aux premières représentations, tant elles le fatiguent. » (*Troisième Discours sur le poëme dramatique.*)

2. Lope de Véga, poëte espagnol qui a composé un très-grand nombre de comédies, représente dans une de ses pièces l'histoire de *Valentin et Orson*, qui naissent au premier acte et sont fort âgés au dernier. (Brossette.) — Lope se justifiait par le goût du public pour ces spectacles grossiers : « J'ai travaillé quelquefois, disait-il, selon les règles de l'art; mais quand j'ai vu des monstres spécieux triompher sur notre théâtre, et que ce triste travail remportait les applaudissements des dames et du vulgaire, je me suis remis à cette manière barbare de composer, renfermant les préceptes sous la clef toutes les fois que j'ai entrepris d'écrire, et bannissant de mon cabinet Térence et Plaute pour n'être pas importuné de leurs raisons; car la vérité ne laisse pas de crier dans plusieurs bons livres. » (*Nouvel art de faire des comédies en ce temps.*)

Mais nous, que la raison à ses règles engage,
Nous voulons qu'avec art l'action se ménage;
Qu'en un lieu, qu'en un jour, un seul fait accompli
Tienne jusqu'à la fin le théâtre rempli.[1]

Jamais au spectateur n'offrez rien d'incroyable :[2]
Le vrai peut quelquefois n'être pas vraisemblable.[3]
Une merveille absurde est pour moi sans appas :
L'esprit n'est point ému de ce qu'il ne croit pas.
Ce qu'on ne doit pas voir, qu'un récit nous l'expose :
Les yeux en le voyant saisiroient mieux la chose;
Mais il est des objets que l'art judicieux
Doit offrir à l'oreille et reculer des yeux.[4]

---

1. Nos auteurs dramatiques avaient suivi longtemps cette liberté espagnole. Mairet le premier, studieux imitateur des Grecs et des Italiens, composa en 1625 une pastorale, *Silvanire*, où il se proposa de les imiter dans « l'ordre et la conduite de son poëme. » Il le fit même précéder d'une poétique où les trois fameuses unités commencent à se poser, non pas encore comme prescriptions absolues, mais au moins comme un système et comme une justification de l'œuvre nouvelle. Elles demandent modestement qu'on les tolère. Chapelain vint bientôt consacrer ces règles par son autorité. « Un jour, dans une conférence littéraire tenue au palais Cardinal, Chapelain démontra qu'on devoit indispensablement observer dans les compositions dramatiques les trois unités de temps, de lieu et d'action. Rien ne surprit tant que cette doctrine. Elle n'étoit pas seulement nouvelle pour le cardinal, elle l'étoit pour tous les poëtes qu'il avoit à ses gages. Il donna dès lors une pleine autorité sur eux à M. Chapelain. » (D'OLIVET, *Hist. de l'Académie françoise*, p. 160.) — Mairet fit ensuite la *Sophonisbe*, la première tragédie où ces règles furent appliquées. (Voir le *troisième discours* de Corneille sur le poëme dramatique.)

2.   Ficta voluptatis causa sint proxima veris.
            (HORACE, *Art poétique*, v. 338.)

3. « Lorsque les choses sont vraies, il ne faut point se mettre en peine de la vraisemblance. » (CORNEILLE, *Discours II sur la tragédie*.)

4.   Segnius irritant animos demissa per aurem,
    Quam quæ sunt oculis subjecta fidelibus, et quæ
    Ipse sibi tradit spectator. Non tamen intus
    Digna geri promes in scenam : multaque tolles
    Ex oculis quæ mox narret facundia præsens.
    Nec pueros coram populo Medea trucidet;

Que le trouble, toujours croissant de scène en scène,
A son comble arrivé se débrouille sans peine.¹
L'esprit ne se sent point plus vivement frappé,
Que lorsqu'en un sujet d'intrigue enveloppé,
D'un secret tout à coup la vérité connue
Change tout, donne à tout une face imprévue.²

La tragédie, informe et grossière en naissant,
N'étoit qu'un simple chœur, où chacun en dansant,³

> Aut humana palam coquat exta nefarius Atreus;
> Aut in avem Progne vertatur, Cadmus in anguem.
> Quodcumque ostendis mihi sic, incredulus odi.
> (Horace, *Art poétique*, v. 180-188.)

On saisira mieux l'art délicat avec lequel Boileau imite et traduit Horace, si l'on prend la peine de lire ces vers de Vauquelin de la Fresnaye :

> Et bien que ce qu'on oit émeuve beaucoup moins
> Que cela dont les yeux sont fidelles témoins,
> Toutefois il ne faut lors montrer la personne,
> Quand la honte ou l'horreur du fait les gens étonne :
> Ains il la faut cacher, et par discours prudens
> Faut conter aux oyants ce qui s'est fait dedans.

1. « C'est le dénoûment qui doit se faire par des moyens vraisemblables et naturels, comme dans l'*OEdipe* de Sophocle, dans *Phèdre*, *Cinna*, *Polyeucte*. » (Batteux, *Remarques sur Despréaux*, cité par Saint-Surin.)

2. « C'est ce qu'on appelle, en termes d'art, reconnoissance ou agnition, comme dit Corneille. Ces reconnoissances donnent lieu aux révolutions subites, qu'on appelle *péripéties*. (Batteux, *Remarques sur Despréaux*.) — Tel est, par exemple, dans l'*OEdipe roi* de Sophocle le secret de sa naissance, qui, loin de dissiper ses alarmes, ne fait que le rendre le plus malheureux des hommes en lui révélant son funeste état.

3. La tragédie prit naissance au sein des rites dionysiaques. « Les louanges du dieu (Bacchus) étaient célébrées par des chœurs, dont la distribution naturelle en coryphées et en choristes, qui prenaient tour à tour la parole, probablement aussi en demi-chœurs qui se répondaient, eût seulement conduit à l'invention du dialogue, s'il eût été besoin de l'inventer. Dans leurs chants, qui avaient déjà quelque chose de dramatique, mais qui n'étaient pas le drame, on intercala plus tard, soit pour varier l'intérêt de la composition par des intermèdes, soit pour ménager aux exécutants quelques moments de repos, par l'intervention de l'artiste spécialement chargé de ces intermèdes, des récits où étaient primitivement rappelées les aven-

Et du dieu des raisins entonnant les louanges,
S'efforçoit d'attirer de fertiles vendanges.
Là, le vin et la joie éveillant les esprits,
Du plus habile chantre un bouc étoit le prix.[1]
Thespis[2] fut le premier qui, barbouillé de lie,
Promena par les bourgs[3] cette heureuse folie ;

tures de la divinité que l'on fêtait, mais qui ne tardèrent pas à leur devenir étrangers. Une telle innovation fut d'abord réprouvée par les vieillards et par les magistrats, comme irrespectueuse et impie ; mais elle passa, à la faveur du plaisir et des suffrages de la foule. C'est à elle, chose singulière ! que l'on doit véritablement la découverte de l'art dramatique et des divers genres entre lesquels il ne tarda pas à se partager, particulièrement de la tragédie. On avait déjà le dialogue : elle mit sur le chemin de l'action. Ces récits, qui coupaient par intervalles les chants du chœur, furent bientôt destinés à faire connaître, non plus seulement des événements passés, mais un événement que l'on supposait présent, et dont ils retraçaient les progrès. L'action exposée au commencement par des récits, et à laquelle on n'assistait qu'en imagination, fut insensiblement amenée par l'introduction successive d'un second, d'un troisième acteur sur ce qui n'était d'abord qu'une sorte de tribune d'où leur devancier s'entretenait avec le chœur et qui devint une scène. » (M. PATIN, *Études sur les Tragiques grecs*, t. I, p. 8.)

1. Carmine qui tragico vilem certavit ob hircum...
(HORACE, *Art poétique*, v. 220.)

2. Thespis vivait au vi^e siècle avant l'ère vulgaire. — Suidas rapporte à la LXIe olympiade, environ 536 ou 535 av. J.-C., l'invention qui rendit Thespis fameux dans l'antiquité : « Thespis a-t-il mérité tant de gloire uniquement pour avoir composé à loisir ces récits, primitivement improvisés, dont on entremêlait les chants du chœur ; pour avoir remplacé leur narrateur fortuit par une sorte d'acteur préparé à son rôle, ou bien encore pour avoir dégagé de l'alliage étranger qui s'y mêlait, dans des représentations où figuraient des satyres avec des dieux et des héros, où se confondaient le bouffon et le sérieux, l'élément pur de la future tragédie ? » (M. PATIN, *ibid.*, p. 17.) — Il ne faut pas croire trop légèrement à ce qu'a dit Horace, sur la foi de quelques scoliastes, de *son tombereau*, de ses *acteurs mal ornés* et *barbouillés de lie*, de cette *heureuse folie* qu'il promenait par les bourgs, et qu'on a représentée comme si grossière et si barbare : c'est plutôt là l'histoire de Susarion que l'histoire de Thespis. (M. PATIN, *ibid.*, p. 17.) — On lui attribuait une pièce du nom d'*Alceste*. Phrynichus semble plutôt en avoir été l'auteur.

3. Les bourgs de l'Attique. (BOILEAU, 1713.)

Et, d'acteurs mal ornés chargeant un tombereau ; [1]
Amusa les passants d'un spectacle nouveau.
Eschyle [2] dans le chœur jeta les personnages,
D'un masque plus honnête habilla les visages,
Sur les ais d'un théâtre en public exhaussé,
Fit paroître l'acteur d'un brodequin chaussé. [3]
Sophocle [4] enfin, donnant l'essor à son génie,
Accrut encor la pompe, augmenta l'harmonie,
Intéressa le chœur dans toute l'action,
Des vers trop raboteux polit l'expression,
Lui donna chez les Grecs cette hauteur divine
Où jamais n'atteignit la foiblesse latine. [5]

1. Ignotum tragicæ genus invenisse Camœnæ
Dicitur, et plaustris vexisse poemata Thespis,
Quæ canerent agerentque peruncti fæcibus ora.
(HORACE, *Art poétique*, v. 275-277.)

2. Eschyle, né à Éleusis vers l'an 525 de l'ère vulgaire, serait mort en Sicile vers l'an 477. Nous avons sept de ses pièces. Les pièces d'Eschyle qui nous restent sont : *les Suppliantes, les Sept Chefs devant Thèbes, les Perses, Prométhée, Agamemnon, les Choéphores, les Euménides.*

3. Post hunc, personæ pallæque repertor honestæ,
Æschylus, et modicis instravit pulpita tignis,
Et docuit magnumque loqui nitique cothurno.
(HORACE, *Art poétique*, v. 278-280.)

4. L'Athénien Sophocle, dont il ne nous reste que sept tragédies, vivait dans le v⁵ siècle avant l'ère vulgaire. On remarquera que Boileau ne dit rien d'Euripide. (M. CHÉRON.) — Les pièces de Sophocle sont : *Ajax, les Trachiniennes, Philoctète, OEdipe roi, OEdipe à Colone, Antigone, Électre.*

5. Voyez Quintilien, liv. X, chap. I. (BOILEAU, 1713.) — Cette citation est erronée. Quintilien, au lieu indiqué, loue la tragédie, et n'avoue la *foiblesse latine* que quant à la comédie : *In comœdia maxime claudicamus.* Saint-Marc conjecture avec assez de vraisemblance que la mémoire de Boileau étant fort affaiblie lorsqu'il rédigeait ses notes (si toutefois celle-ci n'est pas de ses éditeurs), il aura d'autant plus aisément appliqué à la tragédie le mot de Quintilien sur la comédie, qu'il ne nous reste presque rien des tragédies latines louées par le rhéteur. (B.-S.-P.) — Voici le jugement de Quintilien sur la tragédie latine : « Tragœdiæ scriptores Accius atque Pacuvius, clarissimi gravitate sententiarum, verborum pondere, et auctoritate

L'ART POÉTIQUE, CHANT III.

Chez nos dévots aïeux le théâtre abhorré
Fut longtemps dans la France un plaisir ignoré.[1]
De pèlerins, dit-on, une troupe grossière[2]

personarum. Cæterum nitor, et summa in excolendis operibus manus magis videri potest temporibus, quam ipsis defuisse. Virium tamen Accio plus tribuitur : Pacuvium videri doctiorem, qui esse docti affectant, volunt. Jam Varii Thyestes cuilibet Græcorum comparari potest. Ovidii Medea mihi videtur ostendere quantum vis illa præstare potuerit, si ingenio suo temperare, quam indulgere maluisset. Eorum, quos viderim longe princeps Pomponius Secundus, quem senes parum tragicum putabant, eruditione ac nitore præstare confitebantur. » Quoi qu'il en soit, le jugement de Boileau reste vrai sur la tragédie latine.

1. Rien n'est moins exact que ce passage. Le théâtre proscrit par l'Église reparut dans l'Église même. D'abord enfermé dans l'enceinte du chœur, le drame ne fut autre chose que les cérémonies du culte catholique, destinées à faire comprendre à la foule le sens historique ou moral qu'elles renfermaient. La liturgie du moyen âge, dont plusieurs restes sont conservés encore dans nos églises, ressuscita les représentations dramatiques. Noël, l'Épiphanie, le vendredi saint, Pâques, le lundi et le mardi de cette grande fête, l'Ascension, la Pentecôte, donnaient lieu à de véritables spectacles joués devant les fidèles. Peu à peu le drame sortit de l'étroit espace où il était enfermé. Le peuple y prit part dans des fêtes comme celles de l'*Ane* et des *Fous*. Bientôt après, il sortit de l'église et se représenta devant le porche. Nous avons un mystère d'*Adam* joué au xie siècle à Valenciennes. C'est là un vrai spectacle avec toute la magnificence et l'éclat d'une cérémonie religieuse. Tandis que dans les couvents reparaissaient des imitations de Térence ou de Plaute, la foule sortie des villes et des villages s'assemblait sur les places publiques pour assister à la représentation de la vie et de la mort de Jésus, ou du martyre des saints que l'Église vénère. Ces jeux, qui commençaient par le chant du *Veni Creator* et finissaient par le *Te Deum*, duraient quelquefois une semaine entière. Des prêtres avaient composé la pièce, des prêtres y jouaient les principaux rôles. L'Église favorisait ces distractions pieuses où elle trouvait le moyen d'instruire les peuples de ses dogmes et de sa doctrine.

2. Leurs pièces sont imprimées. (BOILEAU, 1713.) — Cette tradition de pèlerins nouvellement revenus des lieux saints où ils avaient adoré le tombeau de Notre-Seigneur n'est rien moins que certaine. Boileau veut sans doute parler de ces bourgeois pieux qui s'établirent en confrérie à Saint-Maur, près de Vincennes, en 1398, où ils représentèrent sur un théâtre et dans un lieu fermé les mystères de la *Passion de Notre-Seigneur Jésus-Christ*. « En 1402, ils obtinrent du roi Charles VI les permissions les plus amples de représenter où et quand il leur plairait tel mystère qu'ils voudraient choisir dans les vies des saints, dans l'Ancien ou le Nouveau Testament. » (*Mélanges*

En public à Paris y monta la première ;
Et, sottement zélée en sa simplicité,
Joua les saints, la Vierge et Dieu, par piété.
Le savoir, à la fin dissipant l'ignorance,
Fit voir de ce projet la dévote imprudence.
On chassa ces docteurs prêchants sans mission : [1]
On vit renaître Hector, Andromaque, Ilion. [2]
Seulement, les acteurs laissant le masque antique, [3]

---

de litt., publiés par J.-B. Suard, 1804, t. IV.) — Ces acteurs vinrent s'établir à Paris et vécurent d'abord en bonne intelligence avec l'Église. Leurs représentations, qui avaient lieu le dimanche à la suite des offices, continuaient encore l'enseignement religieux. Mais l'esprit d'impiété et de plaisanterie s'y mêla bientôt. On déserta les églises et l'on osa se permettre de railler les mystères les plus sacrés. Le voisinage des *Farces, Sotties et Moralités* nuisait d'ailleurs à la sainteté des *Mystères* et des *Miracles*. Le parlement s'en émut, et, en 1548, il donna un arrêt portant défense de jouer les choses saintes. Consulter là-dessus dans le tome V des Mémoires de la Société des antiquaires, les *Remarques de M. Berriat-Saint-Prix sur les jeux des Mystères;* et les *Origines du théâtre moderne*, par M. Ch. Magnin. Paris, 1838, in-8°.

1. Le mot *mission* est de toute justesse ici. « Mission, ordre, pouvoir, commission, envoi, pour prêcher l'Évangile. » (Trévoux.) Il faudrait aujourd'hui *prêchant*.

2. Ce ne fut que sous Louis XIII que la tragédie commença à prendre une bonne forme en France. (Boileau, 1713.) — Dès 1552, Étienne Jodelle avait fait jouer, en présence de Henri II, au collége d'Harcourt (aujourd'hui lycée Saint-Louis), *Cléopâtre captive*, tragédie sur le *patron* de celles des Grecs. — « Les sujets chrétiens cédèrent naturellement le pas à des sujets antiques : les Grecs et les Romains firent leur entrée sur notre théâtre et y mirent le pied pour longtemps ; la famille des Atrides, Agamemnon en tête, nous arriva à toutes voiles. Ce fut, comme on disait, toute une flottille de héros d'Ilion ; Francus ramenait Hector. Il y eut pourtant, même dans cette école, quelques essais de tragédie sacrée et j'y rapporte le *Sacrifice d'Abraham*, de Théodore de Bèze. » (Sainte-Beuve, *Port-Royal*, t. I.) — En 1639, Du Ryer donna son *Saül*. Baro son *Saint-Eustache*. Un an plus tard, Corneille, par *Polyeucte*, rouvrait soudainement le genre sacré et recueilloit glorieusement l'héritage de notre ancien théâtre.

3. Ce masque antique s'appliquait sur le visage de l'acteur, et représentoit le personnage qu'on introduisait sur la scène. (Boileau, 1713.) — « La partie du masque qui couvrait la figure était de bois (Prudent, *Adv. Symmach.*, II, 646 ; Virgile, *Géorg.*, II, 387), et à cela s'ajoutait une perruque en rapport avec le caractère du masque, de sorte que non-seulement

Le violon tint lieu de chœur et de musique.[1]
Bientôt l'amour, fertile en tendres sentiments,
S'empara du théâtre, ainsi que des romans.
De cette passion la sensible peinture
Est pour aller au cœur la route la plus sûre.[2]
Peignez donc, j'y consens, les héros amoureux ;
Mais ne m'en formez pas des bergers doucereux :[3]

les traits, mais toute la tête de l'acteur, étaient couverts et déguisés (AULU-GELLE, V, 7). De plus, chaque âge et chaque condition de la vie, de la jeunesse à la décrépitude, du héros à l'esclave, avait son masque particulier, dont le caractère était assez bien connu pour que les spectateurs devinassent, aussitôt qu'un personnage paraissait sur la scène, sa qualité et sa condition. Pour la tragédie, il y avait vingt-cinq masques différents, six pour les vieillards, sept pour les jeunes gens, neuf pour les femmes et trois pour les esclaves. Dans la comédie il y avait quarante-trois types différents : neuf pour vieillards, dix pour jeunes gens, sept pour esclaves mâles, trois pour vieilles femmes et quatorze pour jeunes femmes. » (ANTONY RICH, *Dict. des Antiquités romaines et grecques.*)

1. *Esther* et *Athalie* ont montré combien l'on a perdu en supprimant les chœurs et la musique. (BOILEAU, 1713.) — Voltaire, qui a mis un chœur dans sa tragédie d'*OEdipe*, a dit avec justesse : « M. Racine, qui a introduit des chœurs dans *Athalie* et dans *Esther*, s'y est pris avec plus de précaution que les Grecs : il ne les a guère fait paraître que dans les entr'actes, encore a-t-il bien de la peine à le faire avec la vraisemblance qu'exige toujours l'art du théâtre... Le chœur serait absolument déplacé dans *Bajazet*, dans *Mithridate*, dans *Britannicus*, et généralement dans toutes les pièces dont l'intrigue n'est fondée que sur les intérêts de quelques particuliers; il ne peut convenir qu'à des pièces où il s'agit du salut de tout un peuple. » (OEuvres complètes de Voltaire, 1819, t. I, p. 50 et suiv.)

2. C'est, en outre, la seule passion, ou à peu près, qui convienne à notre tragédie telle que l'ont faite les trois unités. Ce sentiment qui éclate et porte aux grands crimes comme aux grands dévouements a tout l'empire sur une scène où nos poëmes tragiques ne sont que des *crises*, suivant l'expression célèbre de Napoléon à Gœthe, tandis que le drame allemand ou anglais n'est le plus souvent qu'une histoire.

3. Boileau fait allusion aux *Pastorales* qui eurent la vogue au théâtre de 1618 à 1636 et au delà encore. « L'*Astrée* d'Honoré d'Urfé était alors la lecture, la passion du grand monde; le roman passa sur le théâtre... La vogue fut aux pastorales. L'*Aminte*, le *Pastor fido*, la *Diane*, furent les classiques du genre. On ne vit plus que Tircis et Céladons, on n'entendit plus qu'Idalies et Chloris. Ce ne fut partout que bergers au doux langage, que

Qu'Achille aime autrement que Thyrsis et Philène ; [1]
N'allez pas d'un Cyrus nous faire un Artamène ; [2]
Et que l'amour, souvent de remords combattu,
Paroisse une foiblesse et non une vertu. [3]

bergères épousées par des princes, miroirs magiques, amourettes contrariées et triomphantes, innocences accusées puis reconnues avec éclat, grands druides qui menacent d'immoler de jolies coupables et se contentent enfin de les marier. Le grand monde était doux et compatissant pour ces faiblesses de cœur; il goûtait fort les dénoûments heureux, il se plut à désarmer de son poignard la grave Melpomène. » (DEMOGEOT, *Tableau de la Littérature française*, etc., p. 441.) — Théophile avait donné *Pirame*; Racan, *Arténice*; Coignée de Bourron, *Iris*; Borée, *la Justice d'Amour*; le sieur de la Croix, *la Climène*; Pichon, *Rosiléon*; Simon du Cros, *la Philis de Scire*; un anonyme, *la Folie de Silène*; Rayssèguier, *les Amours d'Astrée et de Céladon*; Gombault, *Amaranthe*; Mairet, *Chryséide et Arimand*, épisode tiré du IIIe volume de l'*Astrée*, et enfin *Silvie*, dont l'auteur osait dire en s'adressant à Corneille : « Ma *Silvie* et votre *Cid* ou celui de Guillen de Castro, comme il vous plaira, sont les deux pièces de théâtre dont les beautés fantastiques ont le plus abusé d'honnêtes gens... Il est encore vrai que le charme de ma *Silvie* a duré plus longtemps que celui du *Cid*. »

1. Philène est un personnage de la *Silvie* de Mairet; c'est Thélame, prince de Sicile, qui prend tous les jours l'habit de berger pour vivre plus librement avec la bergère Silvie, dont l'esprit ne le ravit pas moins que la beauté. Voici un échantillon de leur conversation :

PHILÈNE.
Beau sujet de mes feux et de mes infortunes,
Ce jour te soit plus doux et plus heureux qu'à moi !

SILVIE.
Injurieux berger, qui toujours m'importunes,
Je te rends ton souhait et ne veux rien de toi.

PHILÈNE.
Comme avecque le temps toute chose se change,
De même ta rigueur un jour s'adoucira.

SILVIE.
Ce sera donc alors que d'une course étrange
Ce ruisseau révolté contre sa source ira.

2. Nom de Cyrus dans le roman de Mlle de Scudéry. (Voir le *Dialogue des Héros de roman*.)

3. Racine dit dans la préface de *Phèdre* : « Ce que je puis assurer, c'est que je n'ai point fait de pièce où la vertu soit plus mise en jour que dans celle-ci; les moindres fautes y sont sévèrement punies : la seule pensée du crime y est regardée avec autant d'horreur que le crime même; les foiblesses de l'amour y passent pour de vraies foiblesses; les passions

Des héros de roman fuyez les petitesses :
Toutefois aux grands cœurs donnez quelques foiblesses.
Achille déplairoit, moins bouillant et moins prompt :
J'aime à lui voir verser des pleurs pour un affront.[1]
A ces petits défauts marqués dans sa peinture,
L'esprit avec plaisir reconnoît la nature.
Qu'il soit sur ce modèle en vos écrits tracé :
Qu'Agamemnon soit fier, superbe, intéressé ;
Que pour ses dieux Énée ait un respect austère ;
Conservez à chacun son propre caractère.
Des siècles, des pays, étudiez les mœurs :[2]
Les climats font souvent les diverses humeurs.

Gardez donc de donner, ainsi que dans Clélie,[3]
L'air ni l'esprit françois à l'antique Italie ;
Et, sous des noms romains faisant notre portrait,
Peindre Caton galant et Brutus dameret.[4]

---

n'y sont présentées aux yeux que pour montrer tout le désordre dont elles sont cause ; et le vice y est peint partout avec des couleurs qui en font connoître et haïr la difformité. »

1. Cf. *Iliade*, chant Ier.

2.   Aut famam sequere, aut sibi convenientia finge,
    Scriptor ; honoratum si forte reponis Achillem,
    Impiger, iracundus, inexorabilis, acer,
    Jura neget sibi nata, nihil non arroget armis.
    Sit Medea ferox, invictaque ; flebilis Ino...
                (Horace, *Art poétique*, v. 119-123.)

3. Roman de Mlle de Scudéry. (Voir dans la *Correspondance* une lettre à Brossette du 7 de janvier 1703.)

4. Voir le *Dialogue des Héros de roman*. — « *Peindre* pour *de peindre*; la suppression de *l'article de* rend ce vers plus rapide et plus poétique. (Le Brun.) — Tout en avouant que la répétition de *l'article* auroit été sans grâce, M. Daunou dit que la phrase avoit besoin d'être mieux construite. (Berriat-Saint-Prix.) On remarquera que *de* est une préposition et non pas un *article*. — Junius Brutus, d'après le roman de Mlle de Scudéry, étoit doux, civil, complaisant, agréable ; il avoit l'esprit galant, adroit, délicat et admirablement bien tourné. (IIe part., p. 197.) De plus, dit-on, il connoît si par-

Dans un roman frivole aisément tout s'excuse ;
C'est assez qu'en courant la fiction amuse ;
Trop de rigueur alors seroit hors de saison :
Mais la scène demande une exacte raison ;
L'étroite bienséance y veut être gardée.
  D'un nouveau personnage inventez-vous l'idée ?
Qu'en tout avec soi-même il se montre d'accord,
Et qu'il soit jusqu'au bout tel qu'on l'a vu d'abord. [1]
  Souvent, sans y penser, un écrivain qui s'aime
Forme tous ses héros semblables à soi-même : [2]
Tout a l'humeur gasconne en un auteur gascon ;
Calprenède et Juba parlent du même ton. [3]

---

faitement toutes les délicatesses de l'amour... qu'il n'y a pas un galant en Grèce ni en Afrique qui sache mieux que lui l'art de conquérir un illustre cœur. » Page 161. (SAINT-MARC.)

1. Si quid inexpertum scenæ committis et audes
  Personam formare novam, servetur ad imum
  Qualis ab incœpto processerit, et sibi constet.
       (HORACE, *Art poétique*, v. 125-127.)

2. C'était l'usage du xviie siècle d'employer ainsi ce pronom en suivant l'analogie de la construction latine ; plus tard, la grammaire a demandé que l'on mît *lui-même* dans ce cas et dans les autres semblables.

3. Héros de la *Cléopâtre* (de La Calprenède). (BOILEAU, 1713.) — Gaultier de Costes de la Calprenède, chevalier, sieur de Toulgou, Saint-Jean, Vatimény, etc., gentilhomme ordinaire de la chambre du roi ; né au château de Toulgou, près Sarlat (Dordogne), mort au Grand-Andely en octobre 1663. On a de lui : la *Mort de Mithridate*, *Édouard*, la *Bradamante*, la *Clarionte*, le *Comte d'Essex*, la *Mort des enfants d'Hérode*, tragédies ; *Cassandre*, *Faramond*, *Cléopâtre*, romans. (M. CHÉRON.) — Voici comment Mme de Sévigné parle de la *Cléopâtre* de cet auteur : « Je reviens à nos lectures, et sans préjudice de *Cléopâtre* que j'ai gagé d'achever : vous savez comme je soutiens mes gageures. Je songe quelquefois d'où vient la folie que j'ai pour ces sottises-là ; j'ai peine à le comprendre. Vous vous souvenez peut-être assez de moi pour savoir que je suis assez blessée des méchants styles ; j'ai quelque lumière pour les bons, et personne n'est plus touchée que moi des charmes de l'éloquence. Le style de la Calprenède est maudit en mille endroits : de grandes périodes de roman, de méchants mots, je sens tout cela. J'écrivis l'autre jour une lettre à mon fils de ce style, qui étoit

L'ART POÉTIQUE, CHANT III.

La nature est en nous plus diverse et plus sage ; [1]
Chaque passion parle un différent langage :
La colère est superbe et veut des mots altiers ;
L'abattement s'explique en des termes moins fiers. [2]
Que devant Troie en flamme Hécube désolée
Ne vienne pas pousser une plainte ampoulée,
Ni sans raison décrire en quel affreux pays
« Par sept bouches l'Euxin reçoit le Tanaïs. [3] »

fort plaisante. Je trouve donc qu'il est détestable, et je ne laisse pas de m'y prendre comme à de la glu. La beauté des sentiments, la violence des passions, la grandeur des événements et le succès miraculeux de leur redoutable épée, tout cela m'entraîne comme une petite fille : j'entre dans leurs affaires ; et si je n'avois M. de la Rochefoucauld et M. d'Hacqueville pour me consoler, je me pendrois de trouver encore en moi cette foiblesse. » (Lettre à Mme de Grignan, 12 juillet 1671. Voir encore la lettre du 15 juillet 1671, et celle du 9 août de la même année, t. II, éd. Hachette.)

1. . . . . Tristia mœstum
Vultum verba decent; iratum, plena minarum;
Ludentem, lasciva; severum, seria dictu.
Format enim natura prius nos intus ad omnem
Fortunarum habitum juvat aut impellit ad iram
Aut ad humum mœrore gravi deducit et angit;
Post effert animi motus interprete lingua.
(HORACE, *Art poétique*, v. 105-109.)

2. « Quelques grammairiens soutiennent qu'on doit faire sentir l'*r*, et ils s'appuient sur ces deux vers de Boileau : La colère est superbe, etc., etc. Mais d'autres leur répliquent par ces deux vers du même auteur :

Ce perruquier superbe est l'effroi du quartier,
Et son courage est peint sur son visage altier.
(*Lutrin*, ch. I, v. 223.)

« La vérité est que la rime d'*altier* et de *fier* n'est plus qu'une rime pour les yeux, et doit être bannie aujourd'hui ; mais autrefois elle était exacte ; Chifflet (*Gramm.*, p. 188) note que *altier* se prononce comme *enfer*, *hiver*. Mais alors il ne rimait pas avec *quartier*. » (E. LITTRÉ, *Diction. de la langue française*). Racine use de la même liberté dans ces vers :

Attaquons dans leurs murs ces conquérants si fiers ;
Qu'ils tremblent, à leur tour, pour leurs propres foyers.
(*Mithr.*, III, 1.)

3. Sénèque le tragique (BOILEAU, 1713). Voici le passage que Boileau désigne :

Quicumque regno fidit, et magna potens
Dominatur aula, nec leves metuit Deos,

Tous ces pompeux amas d'expressions frivoles
Sont d'un déclamateur amoureux des paroles.[1]
Il faut dans la douleur que vous vous abaissiez.[2]
Pour me tirer des pleurs, il faut que vous pleuriez.[3]
Ces grands mots dont alors l'acteur emplit sa bouche
Ne partent point d'un cœur que sa misère touche.[4]

> Animumque rebus credulum lætis dedit,
> Me videat, et te, Troja. Non unquam tulit
> Documenta Fors majora, quam fragili loco
> Starent superbi : columen eversum occidit
> Pollentis Asiæ, cœlitum egregius labor :
> Ad cujus arma venit, et qui frigidum
> Septena Tanaim ora pandentem bibit,
> Et qui renatum pronus excipiens diem,
> Tepidum ruhenti Tigrim immiscet freto;
> Et quæ vagos vicina prospiciens Scythas
> Ripam catervis Ponticam viduis ferit;
> Excisa ferro est. Pergamum incubuit sibi, etc.
> (*Troade*, I.)

1. Quoique Boileau ne nomme pas ici Corneille, on peut croire qu'il pensait à lui, car après avoir cité le *qu'il mourût* de ce poëte, il ajoute : « Ce sont là de ces choses que Longin appelle sublimes, et qu'il auroit beaucoup plus admirées dans Corneille, s'il avoit vécu du temps de Corneille, que ces grands mots dont Ptolémée remplit sa bouche au commencement de la *Mort de Pompée*, pour exagérer les vaines circonstances d'une déroute qu'il n'a point vue. » (Préface du *Traité du sublime*.)

2. Et tragicus plerumque dolet sermone pedestri.
Telephus et Peleus, quum pauper et exsul uterque
Projicit ampullas et sesquipedalia verba,
Si curat cor spectantis tetigisse querela.
(HORACE, *Art poétique*, v. 95-98.)

3. . . . . . Si vis me flere, dolendum est
Primum ipsi tibi...
(HORACE, *Art poétique*, v. 102-103.)

4. *Misère*, dans le sens d'état malheureux, est du beau style :

> Hécube près d'Ulysse acheva sa misère.
> (RACINE, *Andr.*, I, 2.)

> Les amis de mon père
> Sont autant d'inconnus que glace ma misère.
> (RACINE, *Brit.*, I, 4.)

> Peut-être je devrois, plus humble en ma misère.
> (RACINE, *Mithr.*, I, 2.)

Le théâtre, fertile en censeurs pointilleux,[1]
Chez nous pour se produire est un champ périlleux.
Un auteur n'y fait pas de faciles conquêtes ;
Il trouve à le siffler des bouches toujours prêtes.
Chacun le peut traiter de fat et d'ignorant ;[2]
C'est un droit qu'à la porte on achète en entrant.[3]
Il faut qu'en cent façons, pour plaire, il se replie ;
Que tantôt il s'élève, et tantôt s'humilie ;
Qu'en nobles sentiments il soit partout fécond ;
Qu'il soit aisé, solide, agréable, profond ;
Que de traits surprenants sans cesse il nous réveille ;
Qu'il coure dans ses vers de merveille en merveille ;[4]
Et que tout ce qu'il dit, facile à retenir,
De son ouvrage en nous laisse un long souvenir.[5]

---

1. Pointilleux, qui aime à pointiller (disputer, contrarier pour des riens), à contester.

> Et le mien et le tien, deux frères pointilleux.
> (Boileau, sat. XI.)

2. « Ce mot de *fat*, appliqué à un auteur, est infâme et bas. » *Desmarets* — Ce mot de fat est juste ; il désigne un auteur qui est à la fois sans jugement et plein de complaisance pour lui-même. — « Un fat, dit La Bruyère, est celui que les sots croient un homme de mérite. Le fat est entre l'impertinent et le sot, il est composé de l'un et de l'autre. »

3. Voir la satire IX :

> Un clerc pour quinze sous, sans craindre le holà,
> Peut aller au parterre attaquer Attila ;
> Et si le roi des Huns ne lui charme l'oreille,
> Traiter de Visigoths tous les vers de Corneille.

4. Nous citerons encore ici ces vers d'Horace sur les talents variés d'un poëte dramatique :

> Ille per extentum funem mihi posse videtur
> Ire poeta meum qui pectus inaniter angit,
> Irritat, mulcet, falsis terroribus implet
> Ut magus, et modo me Thebis, modo ponit Athenis.
> (Lib. II, ep. I, v. 211.)

5. . . . . . Ut cito dicta
Percipiant animi dociles teneantque fideles.

Ainsi la Tragédie agit, marche, et s'explique.[1]
D'un air plus grand encor la poésie épique,[2]
Dans le vaste récit d'une longue action,[3]

1. *S'explique* dans le sens du latin *explicat*, se développe, se déroule. Du reste rien de plus juste que ces trois verbes appliqués à l'action dramatique, qui s'avance à travers les obstacles et les péripéties.
2. « D'un air plus grand encore, etc. » Cette transition ressemble beaucoup à celle-ci du chant II, vers 38 :

> D'un ton un peu plus haut, mais pourtant sans audace,
> La plaintive élégie, etc.

Elle ne diffère pas beaucoup de cette autre du même chant, vers 58 :

> L'ode avec plus d'éclat et non moins d'énergie, etc.

« C'est un des défauts de notre auteur d'avoir trop souvent employé les mêmes tours, ou du moins des tours qui se ressemblent. » (SAINT-MARC.) « Boileau procède volontiers par couplets... il est un poëte de verve courte et saccadée, non continue... il ne rejoint pas toujours très-exactement ces morceaux successifs, ni par d'assez habiles soudures. » (SAINTE-BEUVE, *Port-Royal*, V.)

3. Boileau définit avec justesse en deux mots le caractère du poëme épique, ou épopée : « C'est, dit l'Académie, une grande composition en vers où le poëte raconte quelque action héroïque, qu'il embellit d'épisodes, de fictions et d'ornements merveilleux. » Aristote demande pour cette composition une seule action entière, parfaite, ayant un commencement, un milieu, une fin; ce doit être un organisme entier qui doit procurer un plaisir qui lui est propre, περὶ μίαν πρᾶξιν ὅλην καὶ τελείαν ἔχουσαν ἀρχὴν καὶ μέσον καὶ τέλος ἵν' ὥσπερ ζῶον ἓν ὅλον ποιῇ τὴν οἰκείαν ἡδονήν, etc., etc. (ARIST. *Poétiq.*, ch. XXIII.) Il faut remarquer que le poëme épique n'est pas une de ces œuvres qui peuvent se produire en tout temps. « La faculté qu'on nomme épique est moins le privilège d'un peuple que celui d'une génération dans la vie d'un grand peuple. Il faut, pour que cette faculté se développe, des conditions historiques auxquelles le génie ne peut pas suppléer par lui seul. L'épopée véritable naît d'un travail où l'imagination populaire a autant de part que le génie d'un écrivain qui la rédige... » (E. EGGER, *l'Hellénisme en France*, t. II, p. 192.) — Il y a des épopées naturelles, celles d'Homère par exemple; il y en a d'artificielles, celles de Virgile en est le chef-d'œuvre. « L'*Iliade* n'est pas une machine que l'on décompose pièce à pièce pour en étudier les rouages et en reproduire patiemment le mécanisme ; c'est une œuvre vivante, que l'on voit naître, se développer, s'embellir d'une immortelle poésie sous le souffle du génie grec, en présence des plus brillants spectacles de la nature... L'invention épique n'est

Se soutient par la fable, et vit de fiction.[1]
Là pour nous enchanter tout est mis en usage;
Tout prend un corps, une âme, un esprit, un visage.
Chaque vertu devient une divinité :
Minerve est la prudence, et Vénus la beauté.
Ce n'est plus la vapeur qui produit le tonnerre,
C'est Jupiter armé pour effrayer la terre;
Un orage terrible aux yeux des matelots,
C'est Neptune en courroux qui gourmande les flots;
Écho n'est plus un son qui dans l'air retentisse,[2]

pas une œuvre de calcul ni de réflexion qu'on puisse ramener à des recettes, à des procédés d'une sûre application. Elle rentre dans l'ordre des choses naturelles où le génie de tout un peuple a autant de part que la raison savante d'un poëte privilégié.» (Egger, *ibid.*, p. 192.) C'est ce que ne comprirent pas, au xviie siècle, les poëtes qui entreprirent de donner à la France un poëme épique : Saint-Amant avec son idylle héroïque de *Moïse sauvé* (1653), Georges Scudéri avec son *Alaric* (1654), Chapelain avec sa *Pucelle d'Orléans* (1656), Desmarets de Saint-Sorlin avec son *Charlemagne* (1664), Carel de Sainte-Garde avec son *Childebrand* (1666).

1. La fable et la fiction constituent dans le poëme épique ce qu'on appelle le *merveilleux*. « C'est, dit Delille, le *merveilleux* qui met à la disposition du poëte tous les lieux, tous les événements, tous les hommes, le ciel, la terre et les enfers : lui seul peut satisfaire ce besoin que nous avons de choses extraordinaires : lui seul peut, au gré du poëte, retarder, précipiter, prolonger l'action épique... » Préface de l'*Énéide* traduite en vers.
— Vauquelin de la Fresnaye dépeint aussi la richesse et l'ampleur du poëme épique :

> C'est un tableau du monde, un miroir qui rapporte
> Les gestes des mortels en différente sorte.
> On y voit peint au vray le gendarme vaillant,
> Le sage capitaine une ville assaillant...
> Les astres on y voit et la terre descrite,
> L'Océan merveilleux quand Aquilon l'irrite :
> Les amours, les duels, les superbes dédains...
> Les enfers ténébreux, les secrètes magies,
> Les augures par qui les citez sont régies,
> Les fleuves serpentants, bruyants en leurs canaux, etc.

2. La nymphe Écho (Ἠχώ), rebutée par Narcisse, se cacha dans les bois. — Narcisse, amoureux de sa propre beauté, se noya dans la source où il en voyoit l'image.

C'est une nymphe en pleurs qui se plaint de Narcisse.[1]
Ainsi, dans cet amas de nobles fictions,[2]
Le poëte s'égaye en mille inventions,
Orne, élève, embellit, agrandit toutes choses,
Et trouve sous sa main des fleurs toujours écloses.
Qu'Énée et ses vaisseaux, par le vent écartés,
Soient aux bords africains d'un orage emportés;
Ce n'est qu'une aventure ordinaire et commune,

1. Savante antiquité, beauté toujours nouvelle,
    Monuments de génie, heureuses fictions,
    Environnez-moi des rayons
    De votre lumière immortelle;
    Vous savez animer l'air, la terre et les mers;
    Vous embellissez l'univers.
    Cet arbre à tête longue, aux rameaux toujours verts,
    C'est Atys aimé de Cybèle...
    (VOLTAIRE, *Apologie de la Fable.*)

2. Mais ce don heureux de créer ces inventions charmantes résulte d'un état psychologique et moral qui n'est que le privilége des premiers hommes. A cette époque éloignée le *symbole* ne paraît point, c'est la divinisation de la nature physique. Ces inventions sont le reflet de ce qu'a inspiré de bonne heure à l'homme le spectacle de la nature; c'est le produit direct du génie poétique et anthropomorphique qui personnifie tous les objets, tous les phénomènes, et est la forme nécessaire et constante de l'imagination à son éveil. La puissance cachée et mystérieuse qui dirige la nature, l'entretient et vit en elle, voilà ce que l'homme primitif adore. Il invoque et glorifie tous les phénomènes dont le retour et la succession constituent le monde. « Il rend à ces forces latentes un culte de reconnaissance et d'amour, de respect et de crainte; il les appelle des *dieux*, et dans son langage figuré il les transforme en êtres pareils à ceux qu'il voit, qu'il sent, qu'il entend, qu'il touche, mais en leur attribuant une puissance infiniment supérieure. » (M. MAURY, *Croyances et légendes de l'antiquité*, p. 87.) — Plus tard ces conceptions deviennent complexes, multiples et variées, l'état de foi et de simplicité naïve qui les a produites cesse, et ces idées ne deviennent plus que des machines et des ressorts poétiques usés par un emploi indiscret. C'est de la mythologie prise à cet âge qu'on peut dire, avec Chateaubriand, qu'elle ôtait à la création sa gravité, sa grandeur et sa solitude. Prise d'une manière générale, cette opinion est légère et absolument fausse. (Voir *Génie du christianisme*, IIe partie. — *Poétique du christianisme.*)

Qu'un coup peu surprenant des traits de la fortune.
Mais que Junon, constante en son aversion,[1]
Poursuive sur les flots les restes d'Ilion ;
Qu'Éole, en sa faveur, les chassant d'Italie,[2]
Ouvre aux vents mutinés les prisons d'Éolie ;
Que Neptune en courroux, s'élevant sur la mer,
D'un mot calme les flots, mette la paix dans l'air,
Délivre les vaisseaux, des syrtes les arrache ;[3]
C'est là ce qui surprend, frappe, saisit, attache.
Sans tous ces ornements le vers tombe en langueur,

---

1. Allusion au premier livre de l'*Énéide* :

> Musa mihi causas memora, quo numine læso,
> Quidve dolens regina Deûm tot volvere casus
> Insignem pietate virum, tot adire labores
> Impulerit, sævæ memorem Junonis ob iram....
> Necdum etiam causæ irarum sævique dolores
> Exciderant animo; manet alta mente repostum
> Judicium Paridis spretæque injuria formæ....

2. Allusion au Ier livre de l'*Énéide*, vers 50.

> Talia flammato secum Dea corde volutans
> . . . .
> Æoliam venit. Hic vasto rex Æolus antro
> Luctantes ventos tempestatesque sonoras
> Imperio premit ac vinclis et carcere frenat.
> . . . .

Vers 76 :

> Eolus hæc contra : « Tuus, o regina, quid optes
> Explorare labor, mihi jussa capessere fas est... »

Vers 79 :

> Hæc ubi dicta, cavum conversa cuspide montem
> Impulit in latus; ac venti, velut agmine facto,
> Qua data porta, ruunt, et terras turbine perflant.
> Incubuere mari...

3.
> . . . . . Graviter commotus et alto
> Prospiciens...
> Sic ait, et dicto citius tumida æquora placat
> Collectasque fugat nubes, solemque reducit.
> Cymothoe simul et Triton adnixus, acuto
> Detrudunt naves scopulo, levat ipse tridenti,
> Et vastas aperit syrtes...
> (VIRGILE, *Énéide*, liv. I, v. 125-126, 142-146.)

La poésie est morte, ou rampe sans vigueur;
Le poëte n'est plus qu'un orateur timide,
Qu'un froid historien d'une fable insipide.

C'est donc bien vainement que nos auteurs déçus,[1]
Bannissant de leurs vers ces ornements reçus,
Pensent faire agir Dieu, ses saints et ses prophètes,
Comme ces dieux éclos du cerveau des poëtes;
Mettent à chaque pas le lecteur en enfer;
N'offrent rien qu'Astaroth, Belzébuth, Lucifer.
De la foi d'un chrétien les mystères terribles[2]

---

1. L'auteur avoit en vue Saint-Sorlin Desmarets, qui a écrit contre la Fable. (BOILEAU, 1713.) — Il publia : 1° la *Comparaison de la langue et de la poésie françoise avec la grecque et la latine*, etc., 1670; 2° un discours pour prouver que les sujets chrétiens sont les seuls propres à la poésie héroïque, en tête du poëme de *Clovis ou la France chrétienne*, dans l'édition de 1673; 3° la *Défense du poëme héroïque*, avec quelques remarques sur les œuvres satiriques du sieur Despréaux, dialogue en vers et en prose, 1674; 4° la *Défense de la poésie et de la langue françoise* avec des vers dithyrambiques sur le même sujet à M. Perrault, 1675. (S. SURIN.)

2. Voir dans le *Génie du christianisme* les chapitres que Chateaubriand a consacrés à l'examen de cette question; voici comment il termine ces études : « D'après ces considérations sur l'usage du merveilleux chrétien dans la poésie, on peut du moins douter que le merveilleux du paganisme ait sur le premier un avantage aussi grand qu'on l'a généralement supposé. On oppose toujours Milton, avec ses défauts, à Homère avec ses beautés; mais supposons que le chantre d'*Éden* fût né en France, sous le siècle de Louis XIV, et qu'à la grandeur naturelle de son génie il eût joint le goût de Racine et de Boileau; nous demandons quel fût devenu alors le *Paradis perdu*, et si le *merveilleux* de ce poëme n'eût pas égalé celui de l'*Iliade* et de l'*Odyssée*... Au reste nous pouvons nous dispenser de faire lutter le christianisme avec la mythologie, sous le seul rapport du merveilleux... Fût-il certain, comme il est douteux, que le christianisme ne pût fournir un *merveilleux* aussi riche que celui de la fable, encore est-il vrai qu'il y a une certaine poésie de l'âme, une sorte d'imagination du cœur, dont on ne trouve aucune trace dans la mythologie. Or les beautés touchantes qui émanent de cette source feroient seules une ample compensation pour les ingénieux mensonges de l'antiquité. Tout est machine et ressort, tout est extérieur, tout est fait pour les yeux dans les tableaux du paganisme; tout est sentiment et pensée, tout est intérieur, tout est créé pour l'âme dans les peintures de la religion chrétienne. » (Voir sur cette même question Marmontel, *Éléments de littérature*, — *Merveilleux*.)

D'ornements égayés ne sont point susceptibles :
L'Évangile à l'esprit n'offre de tous côtés
Que pénitence à faire, et tourments mérités;
Et de vos fictions le mélange coupable
Même à ses vérités donne l'air de la fable. [1]

Et quel objet enfin à présenter aux yeux
Que le diable toujours hurlant contre les cieux, [2]
Qui de votre héros veut rabaisser la gloire,
Et souvent avec Dieu balance la victoire ! [3]

---

1. « Si la gravité du christianisme ne peut descendre jusqu'aux jeux de la mythologie, celle-ci, au contraire, prenant toutes les formes du génie poétique dont elle est la fille, peut imiter les effets majestueux du christianisme... L'Élysée, par exemple, tel qu'il est peint dans le *Télémaque*, n'appartient point au système du paganisme, mais à celui d'une religion qui n'admet qu'une joie sainte et des voluptés pures comme elle... Longtemps après Homère, Apulée raconte la fable de Psyché; soudain Vénus a une rivale, et l'Olympe une déesse de plus. On sent que de telles licences sont interdites dans une religion où tout doit inspirer le respect et combattre les sens, où les faits et la doctrine sont immuables comme la vérité. » (DE FONTANES, *Mercure de France*, fructidor an x, septembre 1802, p. 594-603.)

2. Voyez le Tasse. (BOILEAU, 1713.)

3. « Avant le poëte anglois (Milton), le Dante et le Tasse avoient peint le monarque de l'enfer. L'imagination du Dante, épuisée par neuf cercles de torture, n'a fait de Satan enclavé au centre de la terre qu'un monstre odieux; le Tasse, en lui donnant des cornes, l'a presque rendu ridicule. Entraîné par ces autorités, Milton a eu un moment le mauvais goût de mesurer son Satan, mais il le relève bientôt d'une manière sublime. Écoutez le prince des ténèbres s'écrier, du haut de la montagne de feu, d'où il contemple pour la première fois son empire : « Adieu, champs for« tunés qu'habitent les joies éternelles. Horreurs, je vous salue! je vous « salue, monde infernal! Abîme, reçois ton nouveau monarque. Il t'apporte « un esprit que ni temps ni lieux ne changeront jamais... Du moins ici nous « serons libres; ici nous régnerons : régner, même aux enfers, est digne de « mon ambition. » (*Génie du christianisme*, t. II, p. 282.) — Voltaire dit dans son étude sur le Tasse : « Il a eu l'inadvertance de donner aux mauvais esprits les noms de Pluton et d'Alecton, et d'avoir confondu les idées païennes avec les idées chrétiennes. Il est étrange que la plupart des poëtes modernes soient tombés dans cette faute... Il est vrai que Pluton, Proserpine, Rhadamanthe, Tisiphone, sont des noms plus agréables que Belzébut

Le Tasse, dira-t-on, l'a fait avec succès.[1]
Je ne veux point ici lui faire son procès :

et Astaroth; nous rions du mot de *diable*, nous respectons celui de *furie*. Voilà ce que c'est que d'avoir le mérite de l'antiquité; il n'y a pas jusqu'à l'enfer qui n'y gagne. » (*Poésies*, t. I.)

1. Le Tasse naquit à Sorento, le 11 mars 1544. A l'âge de dix-sept ans il composa son poëme de *Renaud*, qui fut comme le précurseur de sa *Jérusalem*. A vingt-deux ans, il commença ce poëme; il le donna tout entier au public à l'âge de trente ans. Il a choisi pour sujet l'événement le plus épique de nos temps modernes. Suivant l'abbé d'Olivet, Boileau, près de mourir, maintenoit encore son jugement sur le *clinquant du Tasse opposé à tout l'or de Virgile*. Tout en lui reconnaissant un génie sublime, étendu, heureusement né à la poésie, et à la grande poésie, il le blâmait de n'avoir pas assez écouté le bon sens, d'avoir surchargé ses descriptions d'ornements superflus, de mêler souvent des traits d'esprit à la peinture des passions, de rechercher des images trop fleuries, des tours affectés, des pointes et des pensées frivoles... Toutes ces critiques, qui peuvent être justes dans les détails, n'empêchent pas ce poëme d'être une œuvre vraiment épique. Voltaire dit avec une autre exagération « qu'on ne fait nulle difficulté de le mettre à côté de Virgile et d'Homère malgré ses fautes, et malgré la critique de Despréaux. » On peut approuver ce jugement, mais on trouve que l'auteur de la *Henriade* va trop loin quand il dit « que ce poëte a autant de feu qu'Homère, que ses caractères sont mieux annoncés, plus fortement décrits et mieux soutenus. » Toutefois on approuve ces observations : « Il a perfectionné l'art de nuancer les couleurs et de distinguer les différentes espèces de vertus, de vices et de passions, qui ailleurs semblent être les mêmes. Ainsi Godefroi est prudent et modéré; l'inquiet Aladin a une politique cruelle; la généreuse valeur de Tancrède est opposée à la fureur d'Argant; l'amour dans Armide est un mélange de coquetterie et d'emportement; dans Herminie, c'est une tendresse douce et aimable; il n'y a pas jusqu'à l'ermite Pierre qui ne fasse un personnage dans ce tableau, et un beau contraste avec l'enchanteur Ismeno; et ces deux figures sont assurément au-dessus de Calchas et de Taltibius. Renaud est une imitation d'Achille; mais ses fautes sont plus excusables, son caractère est plus aimable, son loisir est mieux employé. Achille éblouit et Renaud intéresse. » Après cela Voltaire avoue qu'on trouve dans la *Jérusalem* environ deux cents vers où l'auteur se livre à des jeux de mots et à des *concetti* puérils; il blâme au début du poëme un épisode qui ne tient en rien au reste du poëme; dans l'épisode d'Armide, des excès d'imagination qui, assurément, ne seroient pas admis en France ni en Angleterre. « Dix princes chrétiens, ajoute-t-il, métamorphosés en poissons, et un perroquet chantant des chansons de sa propre composition, sont des fables bien étranges aux yeux d'un lecteur sensé, accoutumé à n'approuver que ce qui est naturel. »

Mais, quoi que notre siècle à sa gloire publie,
Il n'eût point de son livre illustré l'Italie,
Si son sage héros, toujours en oraison,
N'eût fait que mettre enfin Satan à la raison ;
Et si Renaud, Argant, Tancrède et sa maîtresse
N'eussent de son sujet égayé la tristesse.

   Ce n'est pas que j'approuve, en un sujet chrétien,
Un auteur follement idolâtre et païen.[1]
Mais, dans une profane et riante peinture,
De n'oser de la fable employer la figure,
De chasser les Tritons de l'empire des eaux,
D'ôter à Pan sa flûte, aux Parques leurs ciseaux,
D'empêcher que Caron, dans la fatale barque,
Ainsi que le berger ne passe le monarque :
C'est d'un scrupule vain s'alarmer sottement,
Et vouloir aux lecteurs plaire sans agrément.
Bientôt ils défendront de peindre la Prudence,
De donner à Thémis ni bandeau ni balance,
De figurer aux yeux la Guerre au front d'airain,
Ou le Temps qui s'enfuit une horloge à la main ;[2]

---

1. Voyez l'Arioste. (BOILEAU, 1713.) — Saint-Marc fait observer avec raison qu'il eût mieux valu renvoyer au poëme de Sannazar, *De partu Virginis*. Il aurait pu, s'il les avait connues, y ajouter les *Lusiades* de Camoëns (1569). Le poëte imagine de faire sortir une île de la mer pour le rafraîchissement de Gama et de sa flotte. « C'est là que Vénus, aidée des conseils du Père éternel, et secondée en même temps des flèches de Cupidon, rend les Néréides amoureuses des Portugais. Dans une tempête, Gama adresse ses prières à Jésus-Christ, et c'est Vénus qui vient à son secours. Il semble tout naturel au poëte que Bacchus et la vierge Marie se trouvent ensemble. »

2. « L'*horloge* qui, au grand amusement de Voltaire, désigne au Brutus de Shakespeare l'heure où il doit frapper César, cette *horloge*, qui existait, comme on voit, bien avant qu'il n'y eût des horlogers, se retrouve, au milieu d'une brillante description mythologique, placée par Boileau à la main du Temps. Le canon dont Calderón arme les soldats d'Héraclius, et

Et partout des discours, comme une idolâtrie,
Dans leur faux zèle, iront chasser l'allégorie.
Laissons-les s'applaudir de leur pieuse erreur; [1]

Milton les archanges des ténèbres, est tiré, dans l'*Ode sur Namur,* par *dix mille vaillants Alcides* qui *en font pétiller les remparts.* Et certes, puisque les *Alcides* du législateur du Parnasse tirent du canon, le *Satan* de Milton peut à toute force considérer cet anachronisme comme de bonne guerre. Si dans un siècle littéraire encore barbare le père Lemoyne, auteur d'un poëme de *Saint-Louis,* fait *sonner les Vêpres siciliennes* par *les cors des noires Euménides,* un âge éclairé nous montre J.-B. Rousseau envoyant (dans son *Ode au comte de Luc,* dont le mouvement lyrique est fort remarquable) *un prophète fidèle jusque chez les dieux interroger le sort;* et, en trouvant fort ridicules les Néréides dont Camoëns obsède les compagnons de Gama, on désirerait, dans le célèbre *Passage du Rhin* de Boileau, voir autre chose que des *Naïades craintives* fuir devant Louis, par la grâce de Dieu, roi de France et de Navarre, accompagné de ses maréchaux de camp et armées. » (Victor Hugo, *Odes et ballades,* préface de 1824.) — Sur le mot *horloge,* on peut répondre qu'il ne désigne pas seulement un cadran marquant les heures au moyen d'un pendule et d'un contre-poids, mais toute sorte d'instruments servant à mesurer le temps. La clepsydre était une horloge; le *sablier* qu'on met dans la main du Temps n'est rien autre chose qu'une horloge. On disait du cadran solaire : *horloge au soleil, horloge de sable, horloge d'eau.*

1. Sur ce point, comme sur quelques autres, Bossuet (*Lettre à Santeuil,* du 15 d'avril 1690) s'est déclaré contre Despréaux, et a déterminé d'autres théologiens à réprouver les Tritons, Pan, les Parques et Thémis; mais Racine fils, l'auteur des poëmes de la *Religion* et de la *Grâce,* a été moins scrupuleux, et, à notre avis, plus raisonnable. (Daunou.) — Bossuet, dans la lettre dont parle Daunou, laisse entrevoir l'espérance qu'il a de convertir l'auteur de l'*Art poétique.* « Je m'en vais, dit-il, préparer les voies à notre illustre Boileau. » — Voici ce que disaient les vers de Santeuil, ils ont été traduits par Pierre Corneille (1670) :

> Otez à Pan sa flûte, adieu les pâturages;
> Otez Pomone et Flore, adieu les jardinages :
> Des roses et des lis le plus superbe éclat
> Sans la fable en nos vers n'aura rien que de plat.
> . . . .
> Qu'ont la terre et la mer, si l'on n'ose décrire
> Ce qu'il faut de tritons à pousser un navire,
> Cet empire qu'Éole a sur les tourbillons,
> Bacchus sur les coteaux, Cérès sur les sillons?
> Tous ces vieux ornements, traitez-les d'antiquailles :
> Moi, si je peins jamais Saint-Germain et Versailles,
> Les nymphes, malgré vous, danseront tout autour;
> Cent demi-dieux follets leur parleront d'amour, etc.

Mais, pour nous, bannissons une vaine terreur,
Et, fabuleux chrétiens, n'allons point dans nos songes
Du Dieu de vérité faire un dieu de mensonges.

La fable offre à l'esprit mille agréments divers :
Là tous les noms heureux semblent nés pour les vers,
Ulysse, Agamemnon, Oreste, Idoménée,
Hélène, Ménélas, Pâris, Hector, Énée.
O le plaisant projet d'un poëte ignorant,
Qui de tant de héros va choisir Childebrand ! [1]
D'un seul nom quelquefois le son dur ou bizarre
Rend un poëme entier ou burlesque ou barbare.

Voulez-vous longtemps plaire, et jamais ne lasser?
Faites choix d'un héros propre à m'intéresser,

---

1. Héros des *Sarrasins chassés de France*, poëme en seize livres, par Carel de Sainte-Garde, qui en publia quatre en 1667, et à qui son emploi, dit-il, fit suspendre la publication des autres. (B.-S.-P.) — Dans la *Défense des beaux esprits*, Carel de Sainte-Garde répond ainsi à Boileau : « En quoi trouvez-vous le nom de Childebrand si rude? Est-ce à cause du *ch*? Le nom d'Achille, que vous trouvez si agréable, a la même incommodité. Est-ce à cause de ce qu'il signifie? Il signifie en allemand, que l'on parloit en ce temps-là en la cour de France, *Bouclier de feu*. Peut-on rien imaginer de plus haut ni de plus propre pour un guerrier, qui soutient l'effort des ennemis, et qui, en les soutenant, les consume?... Qu'est-ce donc que vous demandez? C'est un nom obscur, me direz-vous. Et quand cela seroit?... Avec cela, qui est-ce qui vous a dit que le nom de Childebrand est obscur? Nous n'avons point d'historiens qui ne l'aient publié... De Serres, Dupleix et le sieur de Mézerai disent tous qu'il fut envoyé par Charles Martel, son frère, au-devant des Sarrasins qui ravageoient la Guyenne. Il n'y a que le savant satirique qui ne le connoisse pas, et à qui son nom déplaise; j'en suis bien fâché... Après tout, qui a jamais nommé pour cela le poëme du sieur de Sainte-Garde ni burlesque, ni barbare? M. le marquis d'Angeau, qui en vit une partie lorsqu'il vint à Madrid, ne se choqua point du nom du héros et témoigna de l'admiration pour les vers. Les quatre livres imprimés ont reçu l'approbation universelle de tous les habiles gens qui les ont vus... Mais, mon petit maître, qui est-ce qui en pourroit dire plus de nouvelles que vous? N'en avez-vous pas fait une lecture si attachée, que vous en prenez même des vers tout entiers? » (Pages 36-37.) C'est ainsi que Carel de Sainte-Garde fait lui-même son apologie sous le nom du sieur de Lérac, son ami prétendu. (S. Surin.)

En valeur éclatant, en vertus magnifique :
Qu'en lui, jusqu'aux défauts, tout se montre héroïque;
Que ses faits surprenants soient dignes d'être ouïs; [1]
Qu'il soit tel que César, Alexandre, ou Louis,
Non tel que Polynice et son perfide frère. [2]
On s'ennuie aux exploits d'un conquérant vulgaire.
N'offrez point un sujet d'incidents trop chargé. [3]
Le seul courroux d'Achille, avec art ménagé, [4]
Remplit abondamment une Iliade entière :
Souvent trop d'abondance appauvrit la matière.

Soyez vif et pressé dans vos narrations;
Soyez riche et pompeux dans vos descriptions.
C'est là qu'il faut des vers étaler l'élégance. [5]
N'y présentez jamais de basse circonstance.
N'imitez pas ce fou [6] qui, décrivant les mers
Et peignant, au milieu de leurs flots entr'ouverts,
L'Hébreu sauvé du joug de ses injustes maîtres,

---

1. « *D'être ouïs* n'est mis ici que pour rimer à Louis... On dit que les faits d'un héros sont dignes d'être racontés, célébrés, mais non pas d'être ouïs. » (DESMARETS, 98. — B.-S.-P.)

2. Polynice et Étéocle, frères ennemis, auteurs de la guerre de Thèbes. Voyez la *Thébaïde* de Stace. (BOILEAU, 1713.) — Stace était de Naples, il y naquit en 61 après Jésus-Christ. Il mourut en 96.

3. Ces *incidents* prennent le nom d'*épisodes,* ils diversifient le sujet et introduisent la variété dans l'unité d'action.

4. C'est ce qu'annonce le poëte dès ses premiers vers :

> Μῆνιν ἄειδε, θεά, Πηληϊάδεω Ἀχιλῆος,
> Οὐλομένην, ἣ μυρί Ἀχαιοῖς ἄλγε ἔθηκεν.
> Πολλὰς δ'ἰφθίμους ψυχὰς Ἄιδι προΐαψεν
> Ἡρώων...

5. De 1674 à 1685 on lisait :

> C'est là qu'il faut *du* vers étaler l'élégance.

6. Saint-Amant. (BOILEAU, 1713.) — Voir satire I.

Met, pour les voir passer, les poissons aux fenêtres ; [1]
Peint le petit enfant qui « va, saute, revient, »
« Et joyeux à sa mère offre un caillou qu'il tient. [2] »
Sur de trop vains objets c'est arrêter la vue.
Donnez à votre ouvrage une juste étendue.

Que le début soit simple et n'ait rien d'affecté.
N'allez pas dès l'abord, sur Pégase monté, [3]
Crier à vos lecteurs, d'une voix de tonnerre :

1. Les poissons ébahis les regardent passer.
(*Moïse sauvé* de Saint-Amant. — BOILEAU, 1713.)

Despréaux donne *les*, c'est une erreur; il faut *le*, parce qu'il s'agit du *fidèle exercite*. — Voici le passage :

> Là, quelque juste effroy qui ses pas sollicite,
> S'oublie à chaque objet le fidèle *exercite*;
> Et là près des remparts que l'œil peut transpercer,
> Les poissons esbahis le regardent passer.

Un jésuite, le père Milieu, avait dit dans son poëme latin *Moses viator*, Lyon, 1636 :

> Hinc inde attoniti liquido stant marmore pisces.

Croirait-on que Perrault (*Parallèles*, III, 262 à 265) cherche à justifier ce vers si ridicule de Saint-Amant?.. Il est vrai que c'est par des raisons aussi ridicules... Il ajoute que Saint-Amant est un des plus aimables poëtes que nous ayons eus, un homme de grand mérite, etc. — Sainte-Garde s'était écrié (p. 8) que c'était une petite faute condamnée insolemment. (B.-S.-P.)

2. Voici les vers de Saint-Amant (dans *Moïse sauvé*) :

> Là l'enfant éveillé, courant sous la licence
> Que permet à son âge une libre innocence,
> Va, revient, tourne, saute ; et par maint cri joyeux,
> Témoignant le plaisir que reçoivent ses yeux,
> D'un étrange caillou qu'à ses pieds il rencontre,
> Fait au premier venu la précieuse montre ;
> Ramasse une coquille, et d'aise transporté,
> La présente à sa mère avec naïveté.

3. Nec sic incipies ut scriptor Cyclicus olim :
Fortunam Priami cantabo et nobile bellum.
Quid dignum feret hic tanto promissor hiatu?
Parturiunt montes : nascetur ridiculus mus.
(HORACE, *Art poétique*, v. 136-139.)

« Je chante le vainqueur des vainqueurs de la terre.¹ »
Que produira l'auteur après tous ces grands cris ?
La montagne en travail enfante une souris.²
Oh! que j'aime bien mieux cet auteur plein d'adresse³
Qui, sans faire d'abord de si haute promesse,
Me dit d'un ton aisé, doux, simple, harmonieux : ⁴
« Je chante les combats, et cet homme pieux
« Qui, des bords phrygiens conduit dans l'Ausonie,

---

1. *Alaric*, poëme de Scudéri, l. I. (Boileau, 1713.) — « C'est une faute, dit le censeur... Ah! que la faute est belle, qui déplaît à un critique de sa force et qui ne déplaît point à Stace, à Lucain, à Silius Italicus, à Claudien, qui ont donné une entrée pompeuse à leurs poëmes héroïques ! » Sainte-Garde. — (B.-S.-P.) Voici le début de ce poëme :

> Je chante le vainqueur des vainqueurs de la terre,
> Qui sur le Capitole osa porter la guerre,
> Et qui sut renverser, par l'effort de ses mains,
> Ce trône des Césars et l'orgueil des Romains,
> L'invincible Alaric, ce guerrier héroïque,
> Qui s'éloignant du Nord et de la mer Baltique
> Fit trembler l'Apennin au bruit de ses exploits,
> Fit gémir sous ses fers la maîtresse des rois,
> Vengea de mille affronts les peuples et les princes,
> Fit servir à leur tour les tyrans des provinces,
> Et qui sur l'Aventin plantant ses étendards,
> Triompha glorieux au noble champ de Mars.

2. Cf. La Fontaine, *la Montagne qui accouche*, liv. V, fable x.

3. *Adresse*, habileté à s'y prendre soit dans les exercices du corps, soit dans les choses de l'intelligence.

> Certes, ma sœur, le conte est fait avec adresse.
> (Corneille, *Pompée*, I, 3.)

> Enfin j'ai vu le monde et j'en sais les finesses ;
> Il faudra que mon homme ait de grandes adresses,
> Si message ou poulet de sa part peut entrer.
> (Molière, *École des femmes*, IV, 5.)

> Le ciel punit ma faute et confond votre adresse.
> (Racine, *Bajazet*, II, 5.)

4.
> Quanto rectius hic, qui nil molitur inepte :
> Dic mihi, musa, virum, captæ post tempora Trojæ
> Qui mores hominum multorum vidit et urbes.
> (Horace, *Art poétique*, v. 140-142.)

Horace a traduit dans ces vers le début de l'*Odyssée*.

« Le premier aborda les champs de Lavinie ! [1] »
Sa muse en arrivant ne met pas tout en feu,
Et pour donner beaucoup, ne nous promet que peu. [2]
Bientôt vous la verrez, prodiguant les miracles,
Du destin des Latins prononcer les oracles,
De Styx et d'Achéron peindre les noirs torrents, [3]
Et déjà les Césars dans l'Élysée errants. [4]

1. Arma, virumque cano, Trojæ qui primus ab oris,
    Italiam, fato profugus, Lavinaque venit
    Littora...
    (VIRGILE, *Énéide*, liv. I, v. 5-7.)

Desmarets, Pradon et Sainte-Garde ont beaucoup blâmé cette traduction, ils y ont repris de la faiblesse, de la cacophonie, l'omission de certains mots du texte, comme *fato profugus*. Ces censeurs rigoureux auraient dû voir que Boileau ne prétend point à une traduction complète du texte, il lui suffit d'en rendre librement l'esprit et le tour. Il en est de même pour Horace, qu'il ne suit jamais comme interprète trop fidèle s'appliquant à rendre son auteur mot pour mot. Vauquelin de la Fresnaye suit une autre méthode :

    O combien mieux a dit d'Ulysse la trompette,
    Qui rien messéamment en ses œuvres ne traite !
    Muse, dis-moy celuy qui tant a voyagé
    Après Ilion pris et son mur saccagé :
    Pratiqué tant de mœurs et tant d'âmes diverses,
    Et tant souffert de maux dessus les ondes perses ?

2. Non fumum ex fulgore, sed ex fumo dare lucem
    Cogitat, ut speciosa dehinc miracula promat.
    (HORACE, *Art poétique*, v. 143-144.)

3. « Dans une lettre que j'écrivis à M. Despréaux, le 31 décembre 1708, je lui demandai si ce vers ne seroit pas plus régulier en mettant *du Styx, de l'Achéron*. Il me répondit le 7 de janvier suivant : « Vous croyez que *du Styx, de l'Achéron peindre les noirs torrents*, seroit mieux. Permettez-moi de vous dire que vous avez en cela l'oreille un peu prosaïque, et qu'un homme vraiment poëte ne me fera jamais cette difficulté, parce que *de Styx et d'Achéron* est beaucoup plus soutenu que *du Styx, de l'Achéron*. *Sur les bords fameux de Seine et de Loire* seroit bien plus noble dans un vers que *sur les bords fameux de la Seine et de la Loire*. Mais ces agréments sont des mystères qu'Apollon n'enseigne qu'à ceux qui sont véritablement initiés dans son art, etc., etc. » (BROSSETTE.)

4. Allusion à la fin du VI° livre de l'*Énéide;* c'est la suite des héros romains qu'Anchise fait passer sous les yeux de son fils :

    Nunc age, Dardaniam prolem quæ deinde sequatur
    Gloria, qui maneant itala de gente nepotes,

De figures sans nombre égayez votre ouvrage ; [1]
Que tout y fasse aux yeux une riante image :
On peut être à la fois et pompeux et plaisant ; [2]
Et je hais un sublime ennuyeux et pesant.
J'aime mieux Arioste [3] et ses fables comiques
Que ces auteurs toujours froids et mélancoliques,
Qui dans leur sombre humeur se croiroient faire affront
Si les Grâces jamais leur dérideoient le front.

On diroit que pour plaire, instruit par la nature,
Homère ait à Vénus dérobé sa ceinture. [4]

> Illustres animas nostrumque in nomen ituras,
> Expediam dictis, et te tua fata docebo.
> (Vers 756.)

1. « Voilà la quatrième fois, dans un espace qui n'est pas, absolument parlant, bien considérable, que le verbe égayer se trouve employé. Notre auteur a déjà dit, vers 174, 200 et 216 :

> Le poëte s'égaye en mille inventions.
> D'ornements égayés ne sont point susceptibles.
> N'eussent de son sujet égayé la tristesse.

« On n'aime point à trouver ces marques de stérilité dans un auteur du premier ordre. » (SAINT-MARC.)

2. Plaisant est pris ici dans le sens de *placens*, qui plaît.

> Plaisant séjour des âmes affligées,
> Vieilles forêts de trois siècles âgées.
> (RACAN, dans LAVEAUX.)

> C'est une chose, hélas! si plaisante et si douce.
> (MOLIÈRE, *École des femmes*, II, 6.)

« Pourquoi Dieu vous a-t-il défendu ce qui est si plaisant et si flatteur? » (BOSSUET, *Élévat. à Dieu*, 18ᵉ élév.; 22.) — En 1694 et en 1718, l'Académie conservait encore cette signification. Aujourd'hui, dit M. Littré, elle tombe en désuétude.

3. Né à Reggio en 1474, il publia en 1516 son poëme de *Roland furieux* (Orlando furioso). Ce sont les exploits des paladins de Charlemagne que le poëte italien raconte avec une légère et charmante ironie. Il a eu le mérite de créer des types qui seront immortels; son poëme a quarante chants.

4. *Iliade*, l. XIV, 214. (BOILEAU, 1713.) — Junon, pour assoupir un

Son livre est d'agréments un fertile trésor :
Tout ce qu'il a touché se convertit en or.[1]
Tout reçoit dans ses mains une nouvelle grâce ;
Partout il divertit et jamais il ne lasse.[2]
Une heureuse chaleur anime ses discours :
Il ne s'égare point en de trop longs détours.
Sans garder dans ses vers un ordre méthodique,
Son sujet de soi-même et s'arrange et s'explique ;[3]
Tout, sans faire d'apprêts, s'y prépare aisément ;
Chaque vers, chaque mot court à l'événement.[4]
Aimez donc ses écrits, mais d'un amour sincère ;

---

instant la vigilance de Jupiter et venir par ce moyen en aide aux Grecs qu'elle protége, emprunte à Vénus sa ceinture :

...Καὶ ἀπὸ στήθεσφιν ἐλύσατο κεστὸν ἱμάντα,
Ποικίλον · ἔνθα δὲ οἱ θελκτήρια πάντα τέτυκτο.
Ἔνθ' ἔνι μὲν φιλότης, ἐν δ'ἵμερος, ἐν δ'ὀαριστὺς,
Πάρφρασις, ἥτ' ἔκλεψε νόον πύκα περ φρονεόντων.

Ce que Rochefort, un traducteur d'Homère, rend en ces termes :

La déese, à ces mots, détache sa ceinture,
Où, tissus avec art, tous les enchantements,
Les désirs de l'amour, les soupirs des amants,
L'art de persuader, ce langage si tendre,
Dont les plus sages même ont peine à se défendre...

Voir dans Quintilien, *Inst. orat.*, ch. x, l'éloge d'Homère : « ...Hunc nemo in magnis sublimitate, in parvis proprietate superaverit. Idem lætus ac pressus, jucundus et gravis, tum brevitate mirabilis... »

1. . . . . . Quidquid
Corpore contigero, fulvum vertatur in aurum.
(Ovide, *Métamorphoses*, XI, v. 102-103.)

2. Je ne trouve qu'en vous je ne sais quelle grâce,
Qui me charme toujours, et jamais ne me lasse.
(Racine, *Esther*, acte II, scène vii.)

3. *S'explique*, c'est-à-dire *se développe*, comme plus haut :

Ainsi la tragédie agit, marche et s'explique.

4. Semper ad eventum festinat...
(Horace, *Art poétique*, v. 148.)

C'est avoir profité que de savoir s'y plaire.[1]

Un poëme excellent, où tout marche et se suit,
N'est pas de ces travaux qu'un caprice produit :
Il veut du temps, des soins ; et ce pénible ouvrage
Jamais d'un écolier ne fut l'apprentissage.
Mais souvent parmi nous un poëte sans art,
Qu'un beau feu quelquefois échauffa par hasard,[2]
Enflant d'un vain orgueil son esprit chimérique,
Fièrement prend en main la trompette héroïque :
Sa muse déréglée, en ses vers vagabonds,
Ne s'élève jamais que par sauts et par bonds :
Et son feu, dépourvu de sens et de lecture,
S'éteint à chaque pas faute de nourriture.[3]
Mais en vain le public, prompt à le mépriser,
De son mérite faux le veut désabuser ;
Lui-même, applaudissant à son maigre génie,

---

1. « Ille se profecisse sciat cui Cicero valde placebit. » C'est ce que Quintilien dit de Cicéron. (QUINTILIEN, *Instit. orat.*, l. X, c. 1.)

2. Tout ce passage s'applique à Desmarets : « Il avoit composé *les Amours du compas et de la règle*, *les Amours du soleil et de l'ombre*, petits *poëmes ingénieux*, dit Saint-Marc, *et qui m'ont paru bien faits*. Sa comédie *des Visionnaires* avoit eu du succès ; et son roman d'*Ariane* n'est point tout à fait à mépriser. »

3. « Qu'est-ce qu'un feu qui n'a ni *sens* ni *lecture*? demande Condillac (II, 130, liv. II, c. 1), et qui s'éteint à chaque pas ?... Pure chicane d'un prosateur rigoureux, dit François de Neufchâteau. On sent bien que l'auteur de l'*Art poétique* blâme ici l'écrivain paresseux, ignorant, qui peut avoir de la chaleur dans l'élocution (du feu), mais qui, n'ayant ni raisonné, ni lu, manque tout à la fois et de sens et de connaissances ; de manière qu'il reste au-dessous de tous ses sujets et que *son feu s'éteint faute de nourriture*. Voltaire a dit de même :

> L'âme est un feu qu'il faut nourrir
> Et qui s'éteint s'il ne s'augmente.
> (VOLTAIRE.)

Et dans les premières éditions du quatrième discours :

> Ce feu follet s'éteint faute de nourriture.
> (B.-S.-P.)

Se donne par ses mains l'encens qu'on lui dénie : [1]
Virgile, au prix de lui, n'a pas d'invention ;
Homère n'entend point la noble fiction. [2]
Si contre cet arrêt le siècle se rebelle,
A la postérité d'abord il en appelle. [3]
Mais attendant qu'ici le bon sens de retour
Ramène triomphants ses ouvrages au jour,
Leur tas, au magasin, cachés à la lumière,
Combattent tristement les vers et la poussière.
Laissons-les donc entre eux s'escrimer en repos,
Et, sans nous égarer, suivons notre propos.

Des succès fortunés du spectacle tragique [4]

---

1. Desmarets prenait pour lui toutes ces critiques, et les réfutait par les louanges qu'il se donnait à lui-même. Dans sa *Défense du Poëme héroïque*, Dorante, l'un des interlocuteurs, après avoir fait l'énumération des ouvrages de Desmarets, demande « s'ils feront passer leur auteur pour *écolier*, pour poëte *sans art*, pour *muse déréglée* et pour *maigre génie*, et pour *dépourvu de sens et de lecture* celui qui, par un traité auquel nul docte n'a pu répondre, a marqué tant de défauts d'Homère et de Virgile ; et si le poëme de Clovis est caché à la lumière et rongé des vers, dont il a vu cinq diverses impressions de Paris, d'Avignon et de Hollande. »

2. Ce sont les propres jugements de Desmarets. Dans son ouvrage de la *Comparaison de la langue et de la poésie françoise avec la grecque et la latine*, le chapitre X a pour titre : *Des principaux défauts d'Homère*, et le chapitre XI : *Des principaux défauts de Virgile*. « Il disoit que l'action de l'*Iliade* n'est point noble ni héroïque, qu'Homère est entièrement défectueux en son sujet ; qu'il est abondant en fictions entassées les unes sur les autres et mal réglées ; en épisodes ennuyeux, en narrations d'une longueur insupportable, et en discours souvent déraisonnables et hors de propos. A l'égard de Virgile, il osoit soutenir que ce poëte a peu d'invention ; qu'il a fait de grandes fautes dans la narration, dans les caractères, dans les sentiments, dans les comparaisons, qu'il a péché contre la vraisemblance, contre les bienséances, et contre le jugement. » (BROSSETTE.)

3. Desmarets dit en propres termes :

> Car ce siècle envieux juge sans équité ;
> Mais j'en appelle à toi, juste postérité.

4. Boileau traduit ici Horace : *Successit vetus his comœdia...* C'est une erreur historique. La comédie et la tragédie sont nées à peu près en même

Dans Athènes naquit la comédie antique.
Là le Grec, né moqueur, par mille jeux plaisants,
Distilla le venin de ses traits médisants.
Aux accès insolents d'une bouffonne joie,
La sagesse, l'esprit, l'honneur, furent en proie.[1]
On vit par le public un poëte avoué
S'enrichir aux dépens du mérite joué ;

temps chez les Grecs. Toutes les deux sont sorties du culte de Bacchus : l'une doit son origine aux chœurs dithyrambiques que les villes chantaient en l'honneur de ce dieu, l'autre au contraire naquit dans la campagne (κώμη, boug ; ᾠδή, chant). Plusieurs villages ou bourgs de l'Attique se réunissaient pour chanter les chœurs *phalliques,* dans lesquels régnait la licence la plus effrénée. Les acteurs, traînés sur des chariots, se rendaient d'un village à l'autre ; à chaque station leur nombre s'accroissait et ils parcouraient la campagne jusqu'à ce que l'excès de la joie les forçât à chercher le repos. On sait par quels degrés et par quels auteurs la tragédie s'est perfectionnée. Il n'en est pas de même de la comédie, parce qu'elle n'attira pas dans ses commencements la même attention. Ce fut même assez tard que l'archonte en donna le divertissement au peuple. C'étaient des acteurs volontaires qui n'étaient ni aux gages, ni aux ordres du gouvernement ; mais quand une fois elle a eu pris une certaine forme, elle a eu aussi ses auteurs qui sont renommés. On ne sait cependant ni qui est l'inventeur des masques et des prologues, ni qui a augmenté le nombre des acteurs, ni quelques autres détails ; mais on sait que ce fut Epicharme qui commença à y mettre une action (c'est donc à la Sicile qu'on doit cette partie), et que chez les Athéniens Cratès fut le premier qui abandonna les actions personnelles, et qui traita les choses dans le général. (Aristote, *Poétique,* ch. v.) Un des plus anciens comiques fut Susarion de Mégare ; entre la cinquantième et la cinquante-quatrième olympiade, il parcourait les campagnes de l'Attique accompagné d'un certain Dolon : un chariot leur tenait lieu de théâtre. Le grammairien Diomède cite avec Susarion Magnès ; Cratès vécut au commencement du ve siècle avant Jésus-Christ.

1. « La comédie était, sous une forme fantastique, l'image ou, si l'on veut, la caricature de la vie publique des Athéniens, une répétition des scènes de la rue, de l'agora, quelque chose enfin de vif, de violent, de populacier ; un composé d'ordures, d'obscénités, de mensonges, de folies, de bon sens, de vérités, de peintures, souvent pleines de charme, de fraîcheur et de grâce ; un monstre sans doute, mais un monstre athénien, c'est-à-dire la beauté encore, quoique souillée et flétrie par d'impurs éléments. » (A. Pierron, *Hist. de la littérature grecque.*)

Et Socrate par lui, dans « un chœur de Nuées, [1] »
D'un vil amas de peuple attirer les huées.
Enfin de la licence on arrêta le cours : [2]
Le magistrat des lois emprunta le secours,
Et, rendant par édit les poëtes plus sages,
Défendit de marquer les noms et les visages. [3]
Le théâtre perdit son antique fureur ;
La comédie apprit à rire sans aigreur,
Sans fiel et sans venin sut instruire et reprendre, [4]
Et plut innocemment dans les vers de Ménandre. [5]
Chacun, peint avec art dans ce nouveau miroir,
S'y vit avec plaisir, ou crut ne s'y point voir :

1. Les *Nuées*, comédie d'Aristophane. (BOILEAU, 1713.) — La réputation de ce poëte commença l'an 427 avant Jésus-Christ. Pour s'expliquer les attaques d'Aristophane contre Socrate, il faut savoir que cet auteur était un adversaire de toute nouveauté, bonne ou mauvaise, en politique, en morale, en littérature. « C'est le plus aristocrate des poëtes, malgré ses semblants de respect pour le peuple ; et le peuple est un des personnages dont il a le plus souvent et le plus heureusement persiflé les vices et les travers. » (A. PIERRON.)

2 Cette licence n'expira qu'avec la liberté publique. Lamachus, un des membres de ce gouvernement que les historiens ont flétri par la dénomination de *trente tyrans*, défendit, 404 ans avant Jésus-Christ, de traduire sur la scène les événements du temps, d'y nommer des personnes vivantes, et de faire usage des *parabases*. On appelait ainsi des passages où le chœur adressait la parole au peuple. Les poëtes saisissaient cette occasion, soit pour s'expliquer sur ce qui les regardait personnellement, soit pour raisonner sur les affaires publiques. Alors parut la comédie moyenne.

3. De 1674 à 1678 : *les noms ni les visages.*

4.   Successit vetus his comœdia, non sine multa
    Laude : sed in vitium libertas excidit, et vim
    Dignam lege regi : lex est accepta, chorusque
    Turpiter obticuit, sublato jure nocendi.
                        (HORACE, *Art poétique*, v. 281-284.)

5. Il ne reste de Ménandre que des fragments, et quelques traductions ou imitations dans les comiques latins ; il naquit à Céphisia, bourg de l'Attique, 342 avant l'ère vulgaire, et mourut vers 390. Cf. G. Guizot, *Ménandre, étude historique et littéraire sur la comédie et la société grecques.* Paris, 1855, in-12. (M. CHÉRON.)

L'avare, des premiers, rit du tableau fidèle
D'un avare souvent tracé sur son modèle ;
Et mille fois un fat, finement exprimé,
Méconnut le portrait sur lui-même formé.

Que la nature donc soit votre étude unique,
Auteurs qui prétendez aux honneurs du comique.
Quiconque voit bien l'homme, et, d'un esprit profond,
De tant de cœurs cachés a pénétré le fond ;
Qui sait bien ce que c'est qu'un prodigue, un avare,
Un honnête homme, un fat, un jaloux, un bizarre,
Sur une scène heureuse il peut les étaler,
Et les faire à nos yeux vivre, agir et parler.[1]
Présentez-en partout les images naïves ;[2]
Que chacun y soit peint des couleurs les plus vives.
La nature, féconde en bizarres portraits,
Dans chaque âme est marquée à de différents traits ;
Un geste la découvre, un rien la fait paroître :
Mais tout esprit n'a pas des yeux pour la connoître.

Le temps, qui change tout, change aussi nos humeurs :
Chaque âge a ses plaisirs, son esprit et ses mœurs.[3]

Un jeune homme, toujours bouillant dans ses caprices,

---

1. Qui didicit patriæ quid debeat, et quid amicis,
   Quo sit amore parens, quo frater amandus et hospes,
   Quod sit conscripti, quod judicis officium, quæ
   Partes in bellum missi ducis, ille profecto
   Reddere personæ scit convenientia cuique.
   Respicere exemplar vitæ morumque jubebo
   Doctum imitatorem et vivas hinc ducere voces.
   (HORACE, *Art poétique*, v. 312.)

2. *Naïves* (du latin *nativus*, dérivé de *natus*), qui retracent simplement la vérité, la nature, sans artifice, sans effort.

3. Chaque âge a ses humeurs, son goût et ses plaisirs,
   Et, comme notre poil, blanchissent nos désirs.
   (RÉGNIER, sat. V, v. 119-120.)

Est prompt à recevoir l'impression des vices :
Est vain dans ses discours, volage en ses désirs,
Rétif à la censure, et fou dans les plaisirs.

L'âge viril, plus mûr, inspire un air plus sage,
Se pousse auprès des grands, s'intrigue, se ménage,
Contre les coups du sort songe à se maintenir,
Et loin dans le présent regarde l'avenir.

La vieillesse chagrine incessamment amasse;
Garde, non pas pour soi, les trésors qu'elle entasse;
Marche en tous ses desseins d'un pas lent et glacé :
Toujours plaint le présent et vante le passé ;
Inhabile aux plaisirs dont la jeunesse abuse,
Blâme en eux[1] les douceurs que l'âge lui refuse.

Ne faites point parler vos acteurs au hasard,
Un vieillard en jeune homme, un jeune homme en vieillard. [2]

---

1. *En eux* se rapporte à la jeunesse, qu'on peut considérer comme un nom collectif.

Racine a dit dans *Athalie,* acte IV, scène III :

> Entre *le pauvre* et vous, vous prendrez Dieu pour juge ;
> Vous souvenant, mon fils, que, caché sous ce lin,
> Comme *eux* vous fûtes pauvre et comme *eux* orphelin.

Et Voltaire dans la *Henriade,* ch. V, v. 371-373 :

> Au bruit de son trépas, *Paris* se livre en proie
> Aux transports odieux de sa coupable joie;
> De cent cris de victoire *ils* remplissent les airs.

2. Ætatis cujusque notandi sunt tibi mores,
    Mobilibusque decor naturis dandus et annis...
    Imberbis juvenis, tandem custode remoto,
    Gaudet equis canibusque, et aprici gramine campi;
    Cereus in vitium flecti, monitoribus asper,
    Utilium tardus provisor, prodigus æris,
    Sublimis, cupidusque, et amata relinquere pernix.
       Conversis studiis, ætas animusque virilis
    Quærit opes et amicitias, inservit honori,
    Commisisse cavet quod mox mutare laboret.
    Multa senem circumveniunt incommoda, vel quod
    Quærit, et inventis miser abstinet, ac timet uti ;
    Vel quod res omnes timide gelideque ministrat,
    Dilator, spe longus, iners, avidusque futuri,

Étudiez la cour et connoissez la ville;
L'une et l'autre est toujours en modèles fertile.[1]

> Difficilis, querulus, laudator temporis acti
> Se puero : censor, castigatorque minorum.
> Multa ferunt anni venientes commoda secum,
> Multa recedentes adimunt : ne forte seniles
> Mandentur juveni partes, pueroque viriles;
> Semper in adjunctis ævoque morabimur aptis.
>   (HORACE, *Art poétique*, v. 156-178.)

Régnier a traduit ainsi ce passage :

> Nature ne peut pas l'âge en âge confondre :
> L'enfant qui sait déjà demander et répondre,
> Qui marque assurément la terre de ses pas,
> Avecque ses pareils se plaît en ses ébats;
> Il fuit, il vient, il parle, il pleure, il saute d'aise,
> Sans raison, d'heure en heure il s'émeut et s'apaise
>   Croissant l'âge en avant, sans soin de gouverneur,
> Relevé, courageux et cupide d'honneur,
> Il se plaît aux chevaux, aux chiens, à la campagne;
> Facile au vice, il hait les vieux et les dédaigne;
> Rude à qui le reprend, paresseux à son bien,
> Prodigue, dépensier, il ne conserve rien;
> Hautain, audacieux, conseiller de soi-même,
> Et d'un cœur obstiné se heurte à ce qu'il aime.
>   L'âge au soin se tournant, homme fait, il acquiert
> Des biens et des amis, si le temps le requiert;
> Il masque ses discours comme sur un théâtre;
> Subtil, ambitieux, l'honneur il idolâtre;
> Son esprit avisé prévient le repentir,
> Et se garde d'un lieu difficile à sortir.
>   Maints fâcheux accidents surprennent sa vieillesse
> Soit qu'avec du souci gagnant de la richesse,
> Il s'en défend l'usage, et craint de s'en servir,
> Que tant plus il en a, moins s'en peut assouvir;
> Ou soit qu'avec froideur il fasse toute chose,
> Imbécile, douteux, qui voudroit et qui n'ose,
> Dilayant, qui toujours a l'œil sur l'avenir,
> De léger il n'espère et croit au souvenir;
> Il parle de son temps, difficile et sévère,
> Censurant la jeunesse, use des droits de père,
> Il corrige, il reprend, hargneux en ses façons,
> Et veut que tous ses mots soient autant de leçons.
>   (Satire V, v. 119-152.)

L'original de ces peintures se trouve dans Aristote (*Rhétorique*, liv. II, ch. XII et XIII). Voir dans le Panégyrique de saint Bernard par Bossuet une admirable peinture de la jeunesse. Dans ce passage, l'orateur dépasse les poëtes en hardiesse. Voir aussi le chant VIe du poëme de Delille sur l'*Imagination*.

1. C'étaient, en effet, comme deux mondes divers. On peut voir dans La

C'est par là que Molière, illustrant ses écrits,
Peut-être de son art eût remporté le prix,[1]

Bruyère la différence qu'il y avait entre l'un et l'autre. « Paris, pour l'ordinaire le singe de la cour, ne sait pas toujours la contrefaire; il ne l'imite en aucune manière dans ces dehors agréables et caressants que quelques courtisans, et surtout les femmes, y ont naturellement pour un homme de mérite, et qui n'a même que du mérite... Un homme de robe à la ville et le même à la cour, ce sont deux hommes; revenu chez soi, il reprend ses mœurs, sa taille et son visage qu'il y avoit laissés : il n'est plus ni si embarrassé ni si honnête... La ville dégoûte de la province : la cour détrompe de la ville, et guérit de la cour. »

1. Il est surprenant que le XVIIe siècle ait ainsi parlé de Molière. On lit dans le chapitre *des Ouvrages de l'esprit* : « Il n'a manqué à Térence que d'être moins froid : quelle pureté, quelle exactitude, quelle politesse, quelle élégance, quels caractères! Il n'a manqué à Molière que d'éviter le jargon et le barbarisme et d'écrire purement; quel feu, quelle naïveté, quelle source de bonne plaisanterie, quelle imitation des mœurs, quelles images, et quel fléau du ridicule! Mais quel homme on auroit fait de ces deux comiques. » — Fénelon, dans la *Lettre sur les occupations de l'Académie*, dit à peu près la même chose : « En pensant bien, il parle souvent mal. Il se sert des phrases les plus forcées et les moins naturelles. Térence dit en quatre mots, avec la plus élégante simplicité, ce que celui-ci ne dit qu'avec une multitude de métaphores, qui approchent du galimatias... Il a outré souvent les caractères. Il a voulu, par cette liberté, plaire au parterre, frapper les spectateurs les moins délicats, et rendre le ridicule plus sensible. Mais quoiqu'on doive marquer chaque passion dans son plus fort degré, et par ses traits les plus vifs, pour en mieux montrer l'excès et la difformité, on n'a pas besoin de forcer la nature et d'abandonner le vraisemblable... Enfin je ne puis m'empêcher de croire, avec M. Despréaux, que Molière, qui peint avec tant de force et de beauté les mœurs de son pays, tombe trop bas quand il imite le badinage de la comédie italienne. »

Bayle dans son *Dictionnaire*, article *Poquelin :* « Il avoit une facilité incroyable à faire des vers; mais il se donnoit trop de liberté d'inventer de nouveaux termes et de nouvelles expressions, il lui échappoit même fort souvent des barbarismes. » Vauvenargues dit à son tour : « Sans parler de la supériorité du genre sublime donné à Racine, on trouve dans Molière tant de négligences et d'expressions bizarres et impropres, qu'il y a peu de poètes, si j'ose le dire, moins corrects et moins purs que lui. » M. Sainte-Beuve, qui rapporte tous ces jugements (*Port-Royal*, t. III, p. 233), semble les approuver : « La vérité est qu'il y a parfois d'assez mauvais vers chez Molière. » Il cite à l'appui les vers suivants tirés du rôle d'Elmire (Orgon étant sous la table) :

> Qu'est-ce que cette instance a dû vous faire entendre,
> Que l'intérêt qu'en vous on s'avise de prendre,

Si, moins ami du peuple, en ses doctes peintures,
Il n'eût point fait souvent grimacer ses figures,
Quitté, pour le bouffon, l'agréable et le fin,
Et sans honte à Térence allié Tabarin.[1]
Dans ce sac ridicule où Scapin s'enveloppe,
Je ne reconnois plus l'auteur du Misanthrope.[2]

> Et l'ennui qu'on auroit que ce nœud qu'on résout
> Vînt partager du moins un cœur que l'on veut tout?

1. Dans la seconde *Farce tabarinique*, Tabarin met le capitaine Rodomont dans un sac en lui promettant de lui faire voir sa belle et le roue de coups. *OEuvres complètes* de Tabarin. Paris, P. Jannet, 1858, 2 vol. in-16, t. I, p. 233. (M. CHÉRON.) — « On pourrait, dit Voltaire, répondre à Boileau que Molière n'a point allié Térence avec Tabarin dans ses vraies comédies, où il surpasse Térence ; que s'il a déféré au goût du peuple, c'est dans ses farces, dont le seul titre annonce du bas comique, et que ce bas comique était nécessaire pour soutenir sa troupe. Molière ne pensait pas que les *Fourberies de Scapin* et le *Mariage forcé* valussent l'*Avare*, le *Tartuffe*, le *Misanthrope*, les *Femmes savantes*, ou fussent du même genre. De plus, comment Despréaux peut-il dire que Molière

> Peut-être de son art eût remporté le prix?

Qui aura donc ce prix, si Molière ne l'a pas? »

Lemercier (t. II, p. 121-123) réfute aussi ce jugement de Boileau. « Molière traitait en son lieu *l'agréable et le fin* mieux que Térence même, et mieux que personne. Le poëte latin ne fut que naturel et d'une élégance exquise : l'auteur français lutta victorieusement avec les grâces et la finesse, et l'emporta de plus par le feu, la vigueur, le mouvement et le coloris. Lui seul nous donne l'idée de ce Ménandre tout entier, dont César ne retrouvait qu'une faible moitié dans ce Térence, que les Romains nommaient *un beau parleur*, et qu'ils ne plaçaient qu'au sixième rang des comiques et au quatrième au-dessous de Plaute. »

2. Comédie de Molière. (BOILEAU, 1713.) — Ce n'est pas Scapin qui s'enveloppe dans un sac, c'est le vieux Géronte à qui Scapin persuade de s'y envelopper. Mais cela est dit figurément dans ce vers, parce que Scapin est le héros de la pièce. (BROSSETTE.) — C'est ainsi qu'a agi Martial (VIII, 56) en attribuant à Tityre, comme personnage principal de la première bucolique, ce qui est dit de Mélibée... D'ailleurs Brossette, quoiqu'il fût d'avis que *l'enveloppe* irait mieux, avait convenu, sur la demande de Leclerc, que *s'enveloppe* était la vraie leçon de Boileau. (JOLY, *Remarques sur Bayle*, p. 634.)

Nous croyons, au reste, que... Brossette est le seul qui ait bien compris Boileau. Il nous paraît évident, en effet, que le satirique, dans ces vers, a

Le comique, ennemi des soupirs et des pleurs,
N'admet point en ses vers de tragiques douleurs ; [1]
Mais son emploi n'est pas d'aller, dans une place,
De mots sales et bas charmer la populace.

Il faut que ses acteurs badinent noblement ; [2]
Que son nœud bien formé se dénoue aisément ; [3]
Que l'action, marchant où la raison la guide,
Ne se perde jamais dans une scène vide ;
Que son style humble et doux se relève à propos ;

bien moins songé à la *personne* de Molière qu'à sa *manière ;* que ce sac n'est là que pour rappeler la scène de l'ouvrage qui se rapproche le plus de la farce ; que Scapin désigne (et la note de Boileau le prouve) non le personnage, mais la pièce, dont le titre eût peut-être embarrassé le vers, et qu'enfin Boileau a voulu dire : *Dans la scène du sac des Fourberies de Scapin,* je ne reconnais plus, etc. (B.-S.-P.)

De 1674 à 1713 il a paru quarante éditions, tant françaises qu'étrangères ; de ce nombre, dix ont été revues par Boileau lui-même ; dans toutes il y a *s'enveloppe.*

M. Édouard Fournier, avec cet esprit si naturel chez lui, a soutenu qu'il fallait lire L'*enveloppe.* Cf. Éd. Fournier, *Esprit des autres,* 3ᵉ édition, p. 72-74. (M. Chéron.) — Ajoutons à cette note déjà bien longue l'observation de Lemercier : « Si le jeu de la scène où Géronte est bâtonné dans un sac passe la borne d'une juste plaisanterie, tant d'autres belles scènes rachètent ce défaut, que la pièce n'est pas inférieure en son espèce à celles dont l'auteur eut droit de s'honorer le plus... »

1.   Versibus exponi tragicis res comica non vult.
                    (Horace, *Art poétique,* v. 89.)

« La comédie, dit Voltaire, peut donc se passionner, s'emporter, s'attendrir, pourvu qu'ensuite elle fasse rire les honnêtes gens. Si elle manquait de comique, si elle n'était que larmoyante, c'est alors qu'elle serait un genre très-vicieux et très-désagréable. » (Préface de *Nanine.*)

2. « Ce précepte, dit Saint-Marc, pèche par trop de généralité. Certains personnages de la comédie ne doivent badiner que noblement. Mais un homme de collége, un marchand, un artisan, un valet, une soubrette, une servante, un paysan, doivent badiner chacun d'une manière conforme aux lumières, au goût, aux mœurs de leur état. » Saint-Marc semble oublier ce vers de Boileau :

      Le style le moins noble a pourtant sa noblesse.

3. On appelle *nœud* ce qui forme l'intrigue d'une pièce de théâtre.

Que ses discours, partout fertiles en bons mots,
Soient pleins de passions finement maniées,
Et les scènes toujours l'une à l'autre liées.
Aux dépens du bon sens gardez de plaisanter :
Jamais de la nature il ne faut s'écarter.
Contemplez de quel air un père dans Térence [1]
Vient d'un fils amoureux gourmander l'imprudence ;
De quel air cet amant écoute ses leçons,
Et court chez sa maîtresse oublier ces chansons.
Ce n'est pas un portrait, une image semblable ;
C'est un amant, un fils, un père véritable.

J'aime sur le théâtre un agréable auteur
Qui, sans se diffamer aux yeux du spectateur,
Plaît par la raison seule, et jamais ne la choque.
Mais pour un faux plaisant, à grossière équivoque, [2]
Qui, pour me divertir, n'a que la saleté,
Qu'il s'en aille, s'il veut, sur deux tréteaux monté, [3]
Amusant le Pont-Neuf de ses sornettes fades,
Aux laquais assemblés jouer ses mascarades.

---

1. Voyez *Simon* dans l'*Andrienne*, et *Demée* dans les *Adelphes*. (Boileau, 1713.) — S'il faut en croire Monchesnay, Boileau estimait Térence par-dessus tous les auteurs comiques. Cf. *Bolæana*, p. 48-50.

2. Les commentateurs appliquent ce vers à Montfleuri le fils, auteur de *la Femme juge et partie*. Ils ajoutent cependant que Colbert, entendant réciter ce morceau de *l'Art poétique*, s'écria : « Voilà Poisson. » (Daunou.) — « Colbert ne pouvoit souffrir ce comédien depuis qu'un jour, faisant le rôle d'un bourgeois, il avoit paru sur le théâtre en pourpoint et en manteau noir, avec un collet de point et un chapeau uni ; enfin avec un habillement conforme en tout à celui de M. Colbert, qui, par malheur, étoit présent, et qui crut que Poisson vouloit le jouer, quoique cela fût arrivé sans dessein. Poisson, qui s'en aperçut, changea quelque chose à son habillement dans le reste de la pièce ; mais cela ne satisfit point M. Colbert. » (Brossette.)

3. « A la manière des charlatans qui jouoient leurs farces à découvert et en plein air au milieu du Pont-Neuf. Autrefois c'étoit près de la porte de Nesle, dans la place où l'on a bâti le collége Mazarin. » (Brossette.)

CHANT IV.[1]

Dans Florence jadis vivoit un médecin,
Savant hâbleur, dit-on, et célèbre assassin.
Lui seul y fit longtemps la publique misère :[2]
Là le fils orphelin lui redemande un père ;
Ici le frère pleure un frère empoisonné.[3]
L'un meurt vide de sang, l'autre plein de séné ;
Le rhume à son aspect se change en pleurésie,
Et par lui la migraine est bientôt frénésie.[4]

1. « Dans ce dernier chant, qui n'est pas le plus riche, et que des idées générales remplissent presque tout entier, un intérêt profond résulte encore de la sagesse des maximes, de la noblesse des sentiments, et de la dignité du style. Despréaux nous peint l'inquiète vanité qui mendie les éloges, la perfide complaisance qui les prodigue, la folle présomption qui croit les avoir mérités. Il veut que la vertu, loi souveraine des écrits comme des actions, proscrive à jamais du Parnasse la basse jalousie et la sordide cupidité. En un mot, il nous entretient des mœurs du poëte, et son langage est à la fois celui d'un poëte et d'un homme de bien. » (DAUNOU.)

2. *La publique misère.* La place de l'adjectif n'est pas indifférente dans un vers. « *La publique misère* est bien, dit Lebrun, surtout après l'avoir fait précéder de *lui seul.* C'est par un semblable artifice que Racine a dit :

> De l'absolu pouvoir vous ignorez l'ivresse. »
> (*Athalie,* IV, III.)

3.   Ici la fille en pleurs lui redemande un père ;
    Là, le frère effrayé pleure au tombeau d'un frère.
> (VOLTAIRE, *Henriade,* ch. IV, v. 185-186.)

4. Ancien terme de médecine. État de délire, de fureur, qui survient dans quelques maladies de l'encéphale. Aujourd'hui, par extension, il désigne un fol emportement né d'une cause quelconque et comparé à la frénésie du malade. — Rac. lat. *phrenesis,* du grec φρὴν, pensée, et diaphragme, parce qu'une ancienne physiologie plaçait la pensée dans la région du diaphragme : trouble, maladie de la pensée. (E. LITTRÉ, *Dict. de la langue française.*)

Il quitte enfin la ville, en tous lieux détesté.
De tous ses amis morts un seul ami resté
Le mène en sa maison de superbe structure :
C'étoit un riche abbé, fou de l'architecture.
Le médecin d'abord semble né dans cet art,
Déjà de bâtiments parle comme Mansart :[1]
D'un salon qu'on élève il condamne la face ;
Au vestibule obscur il marque une autre place ;
Approuve l'escalier tourné d'autre façon.[2]
Son ami le conçoit et mande son maçon.

1. François Mansart, célèbre architecte, élève de Germain Gauthier, d'une famille originaire d'Italie ; né à Paris en 1598, mort en 1666. Il restaura l'hôtel de Toulouse, le château de Berny, le château de Blois, commença le Val-de-Grâce et construisit Sainte-Marie de Chaillot ; son neveu et son élève Jules Hardouin, qui prit le nom de Mansart et fut surintendant des bâtiments du roi, naquit à Paris en 1645 et mourut en 1708. On lui doit les châteaux de Marly, du Grand-Trianon, de Clagny, de Versailles, la maison de Saint-Cyr, la place Vendôme, la place des Victoires, le dôme des Invalides. Comme il n'était pas encore célèbre en 1674, il est probable que Boileau parle ici de François Mansart. (M. Chéron.)

2. « Un doute que j'avois marqué à l'auteur sur la netteté de ce vers l'engagea à m'écrire ce qui suit : « Comment pouvez-vous trouver une équi-
« voque dans cette façon de parler ? Et qui est-ce qui n'entend pas d'abord
« que le médecin-architecte *approuve l'escalier,* moyennant qu'il soit *tourné*
« *d'une autre manière ?* Cela n'est-il pas préparé par le vers précédent : *Au*
« *vestibule obscur il marque une autre place ?* Il est vrai que, dans la rigueur
« et dans les étroites règles de la construction, il faudroit dire : *Au vestibule*
« *obscur il marque une autre place que celle qu'on lui veut donner, et ap-*
« *prouve l'escalier tourné d'une autre manière qu'il n'est.* Mais cela se sous-
« entend sans peine ; et où en seroit un poëte, si on ne lui passoit, je ne dis
« pas une fois, mais vingt fois dans un ouvrage, ces *Subaudi ?* où en seroit
« M. Racine si on lui alloit chicaner ce beau vers que dit Hermione à Pyr-
« rhus dans l'*Andromaque* : *Je t'aimois inconstant, qu'eussé-je fait fidèle ?*
« qui dit si bien et avec une vitesse si heureuse : *Je t'aimois lorsque tu étois*
« *inconstant, qu'eussé-je donc fait si tu avois été fidèle ?* Ces sortes de petites
« licences de construction non-seulement ne sont pas des fautes, mais sont
« même assez souvent un des plus grands charmes de la poésie, principale-
« ment dans la narration, où il n'y a point de temps à perdre. Ce sont des
« espèces de latinismes dans la poésie françoise qui n'ont pas moins d'agré-
« ment que les hellénismes dans la poésie latine. » (Brossette.)

Le maçon vient, écoute, approuve et se corrige.
Enfin, pour abréger un si plaisant prodige,[1]
Notre assassin renonce à son art inhumain;
Et désormais, la règle et l'équerre à la main,[2]
Laissant de Galien la science suspecte,[3]
De méchant médecin devient bon architecte.[4]

Son exemple est pour nous un précepte[5] excellent.
Soyez plutôt maçon, si c'est votre talent,
Ouvrier estimé dans un art nécessaire,
Qu'écrivain du commun et poëte vulgaire.

1. Pradon, R. 96, soutient qu'*abréger un prodige* pour abréger le *récit d'un prodige* n'est pas français. Il faut répondre à cette critique par la note précédente. Racine a dit de même :

Ont conté son enfance au glaive dérobée.
(*Athalie*, V, vi.)

2. De 1674 à 1713, *l'équierre*. On a dit *esquire*. Et *que tuz fussent taillié à esquire*. (Rois, p. 245, xiiie siècle.) *Esquierre : Sans compas ou sans esquierre*. (R. de la Rose, 11971.) De même au xive siècle : *L'aloe qui vole par ondées et plie son vol par esquierres*. (Ménagier, III, 2.) xve siècle : *ecquerre : De géométrie, qui est l'art et science des mesures et des ecquerres*. (Christine de Pisan.) xvie siècle : *Nous avons le compas, la reigle, l'escarre, le plomb...* (Palissy, 91.) Étym. : wallon, *skuer;* provenç., *escaire, scayre;* ital., *squadro*, du latin fictif *exsquadrare*. (E. Littré, *Dict. de la langue française*.)

3. Célèbre médecin grec, né à Pergame. Il fut le médecin des empereurs Marc-Aurèle, Titus et Commode. Né l'an 131 de J.-C., il mourut vers l'an 200.

4. Claude Perrault, pour se venger de ces vers, composa une fable intitulée *le Corbeau guéri par la Cigogne, ou l'Ingrat parfait*. Elle était restée manuscrite parmi les papiers de Philippe de la Mare : Joly l'en tira et l'inséra dans ses *Remarques critiques sur le dictionnaire de Bayle*, p. 632-633. On la retrouve au tome IV, p. 233, de l'édition du *Dictionnaire de Bayle* de M. Beuchot. Boileau répondit à cette fable par l'épigramme : *Oui, j'ai dit dans mes vers...* (Daunou.) — Cf., dans les œuvres en prose, la 1re *réflexion critique*, et, dans la *Correspondance*, une lettre au duc de Vivonne, de 1676. (M. Chéron.) — Voir toute cette affaire dans notre *Étude* sur la vie et les ouvrages de Boileau, t. Ier, p. cccxxxiv et suivantes.

5. Perrault se plaignit à Colbert de l'insolence de Boileau : « Il a tort de se plaindre, dit celui-ci, je l'ai fait précepte. » Colbert s'amusa de la plaisanterie.

Il est dans tout autre art des degrés différents,[1]
On peut avec honneur remplir les seconds rangs ;
Mais dans l'art dangereux de rimer et d'écrire,
Il n'est point de degrés du médiocre au pire.
Qui dit froid écrivain dit détestable auteur.[2]
Boyer[3] est à Pinchêne[4] égal pour le lecteur ;

1. . . . . . . Hoc tibi dictum
Tolle memor : certis medium et tolerabile rebus
Recte concedi. Consultus juris, et actor
Causarum mediocris, abest virtute diserti
Messalæ, nec scit quantum Casselius Aulus :
Sed tamen in pretio est. Mediocribus esse poetis
Non homines, non Di, non concessere Columnæ.
(HORACE, *Art poétique*, v. 367-373.)

« Pleust à Dieu, dit Montaigne, que cette sentence (celle d'Horace) se trouvast au front des boutiques de tous nos imprimeurs, pour en défendre l'entrée à tant de versificateurs... On peut faire le sot partout ailleurs, mais non pas en la poésie. » (*Essais*, liv. II, ch. XVII.)

2. De 1674 à 1698 (vingt-quatre éditions), au lieu de ces vers on lisait les suivants :

Les vers ne souffrent point de *médiocre auteur*,
Ses écrits en tout lieu sont l'effroi du lecteur ;
Contre eux dans le Palais les boutiques murmurent,
Et les ais chez Billaine à regret les endurent.

La Bruyère : « Il y a de certaines choses dont la médiocrité est insupportable, la poésie, la musique, la peinture, le discours public. » (*Des Ouvrages de l'esprit.*)

3. Auteur médiocre. (BOILEAU, 1713.) — Claude Boyer, poëte et prédicateur, de l'Académie française, né à Alby en 1618, mort le 22 de juillet 1698. Il est auteur de tragédies, de pastorales, de tragi-comédies, d'opéras et d'un livre intitulé *Caractères des prédicateurs, des prétendants aux dignités ecclésiastiques, de l'âme délicate, de l'amour profane, de l'amour saint, avec quelques autres poésies chrétiennes*, 1695, in-8. Le peu de succès de ses pièces de théâtre inspira l'épigramme suivante à Furetière :

Quand les pièces représentées
De Boyer sont peu fréquentées,
Chagrin qu'il est d'y voir peu d'assistants,
Voici comme il tourne la chose :
Vendredi, la pluie en est cause,
Et dimanche, c'est le beau temps.

On peut voir dans Racine une épigramme sur sa *Judith*. (M. CHÉRON.)

4. Pour Pinchesne, voir épître V.

On ne lit guère plus Rampale et Mesnardière[1]
Que Magnon, du Souhait, Corbin et La Morlière.[2]
Un fou du moins fait rire, et peut nous égayer;
Mais un froid écrivain ne sait rien qu'ennuyer.
J'aime mieux Bergerac[3] et sa burlesque audace

---

1. Rampale mourut vers 1660 : il est extrêmement peu connu; on le croit auteur de *Bélinde*, tragi-comédie, de *Sainte Dorothée* ou *la Suzanne chrétienne*, etc. Il a traduit des ouvrages espagnols et italiens, et composé des discours académiques (quoiqu'il n'ait pas été académicien); l'un de ces discours est intitulé *De l'inutilité des gens de lettres*. (DAUNOU.) — Hippolyte-Jules Pilet de la Mesnardière, docteur en médecine, de l'Académie française, né à Loudun en 1610, mort le 4 de juin 1663. Il a fait une poétique, des tragédies, une critique de la *Pucelle* de Chapelain, une traduction des *Lettres de Pline*, etc., et en outre : *Traité de la mélancolie, sçavoir si elle est la cause des effets que l'on remarque dans les possédées de Loudun*. La Flèche, 1635, in-12. La Mesnardière, dans cet ouvrage, soutient la réalité de la possession.

2. Magnon a composé un poëme fort long intitulé *l'Encyclopédie*. (BOILEAU, 1713.) — Jean Magnon, ou Maignon, ou Magnion (Papillon), né à Tournus dans le Mâconnais, vint fort jeune à Paris, où il composa des tragédies, et fut assassiné par des voleurs, sur le Pont-Neuf, en 1662. — Du Souhait avoit traduit l'*Iliade* en prose. (BOILEAU, 1713.) — La traduction de Du Souhait a été imprimée en 1613 et 1627. Il a laissé, en outre, des poésies. — Corbin avoit traduit la Bible mot à mot. (BOILEAU, 1713.) — Jacques Corbin, conseiller du roi, maître des requêtes d'Anne d'Autriche, né à Saint-Gaultier, en Berry, vers 1580, mort en 1653. On lui doit la *Sainte-Franciade ou Vie de saint François*, poëme en douze chants. Paris, 1634, in-8; des romans, des histoires, des traductions, etc. Il est le père de l'avocat dont il est parlé épître II, v. 36. — La Morlière, méchant poëte. (BOILEAU, 1713.) — Adrien de la Morlière, chanoine d'Amiens, était né à Chauny, dans l'Ile-de-France. On lui doit : *Recueil des plus nobles et illustres maisons du diocèse d'Amiens et des environs*, 1630, in-folio; *Antiquités et choses les plus remarquables d'Amiens*, 1642, in-folio; et enfin des sonnets avec un commentaire. (M. CHÉRON.)

3. Cyrano de Bergerac, auteur du *Voyage de la lune*. (BOILEAU, 1713.) — Savinien Cyrano de Bergerac, né vers 1620 au château de Bergerac, dans le Périgord, mort à Paris en 1655. Son humeur querelleuse est assez connue. Il a laissé une comédie célèbre, *le Pédant joué*: l'*Histoire comique des états et empires de la lune* a été publiée en 1656. Toutes ses œuvres ont été réunies pour la première fois, Paris, 1677, 2 vol. in-12, et plusieurs fois réimprimées depuis. (M. CHÉRON.)

Que ces vers où Motin[1] se morfond et nous glace.
    Ne vous enivrez point des éloges flatteurs
Qu'un amas quelquefois de vains admirateurs
Vous donne en ces Réduits,[2] prompts à crier merveille !
Tel écrit récité se soutint à l'oreille,
Qui, dans l'impression au grand jour se montrant,[3]
Ne soutient pas des yeux le regard pénétrant.
On sait de cent auteurs l'aventure tragique,
Et Gombaud[4] tant loué garde encor la boutique.
    Écoutez tout le monde, assidu consultant :
Un fat quelquefois ouvre un avis important.[5]

1. Pierre Motin, dont les pièces les plus remarquables sont des épigrammes imprimées dans des *Recueils*, était de Bourges et mourut vers 1615. Baillet, au tome VII, p. 44, du *Jugement des sçavants*, a cru à tort que Boileau avait voulu désigner ici Cotin. (M. Chéron.)

2. Les éditeurs modernes écrivent réduits : la capitale R qui est dans toutes les éditions originales nous paraît cependant nécessaire pour montrer que ce mot n'est pas pris dans un sens ordinaire. On désignait par là (Brossette l'observe aussi) une espèce d'Académie de société, ce qu'on nomme vulgairement un *bureau d'esprit*, où les poëtes vont lire leurs vers. Corneille (*Examen d'Ariste*) en parle, et il en est aussi question dans Furetière (*Roman bourgeois*, 1704, p. 150 et 158), dans Saint-Simon (II, 422), dans l'Avertissement de l'édition des œuvres posthumes de Gilles Boileau, publiée en 1670, quatre ans avant l'*Art poétique*, avertissement que nous donnons dans les œuvres en prose, et où on justifie les éloges qu'on y fait de sa traduction du quatrième livre de l'*Énéide*, sur ce qu'elle a charmé plusieurs *Réduits* célèbres où on l'a lue. (Berriat-Saint-Prix.) — Corneille, au contraire, se glorifie de ne point aller quêter les voix de Réduit en Réduit. Voir dans les *Femmes savantes* le projet d'un de ces Bureaux d'esprit.

Desmarets disait : « Des *Réduits prompts à crier merveille !* c'est une façon de parler dont la hardiesse ne sera jamais jugée raisonnable. »

3. Chapelain. (Boileau, 1713.) — La *Pucelle*, avant l'impression, était une merveille ; elle parut, ce ne fut plus qu'un poëme ennuyeux.

4. Jean Ogier de Gombault, gentilhomme de Saintonge, l'un des premiers académiciens, fut en son temps un poëte célèbre. Ses *sonnets* et ses *épigrammes* sont les meilleurs de ses ouvrages. Il a fait des pièces de théâtre, entre autres une pastorale, *Amarante*. Il mourut en 1666, âgé de près de cent ans.

5. Πολλάκι γὰρ καὶ μωρὸς ἀνὴρ μάλα καίριον εἶπεν

Quelques vers toutefois qu'Apollon vous inspire,
En tous lieux aussitôt ne courez pas les lire.
Gardez-vous d'imiter ce rimeur furieux,[1]
Qui, de ses vains écrits lecteur harmonieux,
Aborde en récitant quiconque le salue,
Et poursuit de ses vers les passants dans la rue.[2]
Il n'est temple si saint, des anges respecté,
Qui soit contre sa muse un lieu de sûreté.[3]

ou
>Πόλλακι καὶ κηπωρὸς ἀνὴρ μάλα καίριον εἶπεν.

Vers grec cité par Macrobe, *Saturn.*, VII, et par Aulu-Gelle, *N. Att.*, II, ch. VI.

« Un fol enseigne bien un sage. » (RABELAIS, liv. VIII, ch. XXXVI.)

1. Dupérier. (BOILEAU, 1713.) — Il était neveu de celui à qui Malherbe adressa les célèbres stances sur la mort de sa fille :

>Ta douleur, Du Perrier, sera donc éternelle.

Il était de Provence, natif d'Aix. Il s'était d'abord adonné à la poésie latine et il avait formé Santeuil dans ce genre. Jaloux des succès de son élève, il se brouilla avec lui et ne fit plus que des vers français.

2.
>. . . Certe furit, ac velut ursus,
>Objectos caveæ valuit si frangere clathros,
>Indoctum doctumque fugat recitator acerbus.
>Quem vero arripuit, tenet, occiditque legendo;
>Non missura cutem, nisi plena cruoris, hirudo.
>(HORACE, *Art poétique*, v. 472-476.)

>Et stanti legis, et legis sedenti,
>In thermas fugio : sonas ad aurem.
>(MARTIAL, liv. III, épigr. IV.)

Il ne faut pas oublier de citer sur ce passage les vers de Molière :

>Le défaut des auteurs, dans leurs productions,
>C'est d'en tyranniser les conversations,
>D'être au palais, au cours, aux ruelles, aux tables,
>De leurs vers fatigants lecteurs infatigables.
>Pour moi, je ne vois rien de plus sot, à mon sens,
>Qu'un auteur qui partout va gueuser des encens,
>Qui, des premiers venus saisissant les oreilles,
>En fait le plus souvent les martyrs de ses veilles.

3. Il (Dupérier) récita ses vers à l'auteur malgré lui, dans une église. (BOILEAU, 1713.) — Un jour il accompagna Boileau à l'église, et, pendant toute la messe, il ne fit que lui parler d'une ode qu'il avait présentée à

Je vous l'ai déjà dit, aimez qu'on vous censure,[1]
Et, souple à la raison, corrigez sans murmure.
Mais ne vous rendez pas dès qu'un sot vous reprend.[2]
   Souvent dans son orgueil un subtil ignorant
Par d'injustes dégoûts combat toute une pièce,
Blâme des plus beaux vers la noble hardiesse.
On a beau réfuter ses vains raisonnements :
Son esprit se complaît dans ses faux jugements;[3]
Et sa foible raison, de clarté dépourvue,
Pense que rien n'échappe à sa débile vue.
Ses conseils sont à craindre; et, si vous les croyez,[4]

l'Académie française pour le prix de l'année 1671. — « Il se plaignoit de l'injustice qu'il prétendoit qu'on lui avoit faite en adjugeant le prix à un autre. A peine put-il se contenir un moment pendant l'élévation. Il rompit le silence, et s'approchant de l'oreille de M. Despréaux : « Ils ont dit, s'écria-t-il « assez haut, que mes vers étoient trop *malherbiens.* » (Brossette, cité par Saint-Marc.)

1. Chant I, v. 192 :

      Aimez qu'on vous conseille, et non pas qu'on vous loue.

2. Boileau disoit à ce sujet « qu'il y avoit quelquefois autant d'entêtement de la part du critique que de la part de l'auteur. » (*Bolœana.*) — « Il y a beaucoup plus de vivacité que de goût parmi les hommes, ou, pour mieux dire, il y a peu d'hommes dont l'esprit soit accompagné d'un goût sûr et d'une critique judicieuse. » (La Bruyère, *des Ouvrages de l'esprit.*)

3.   Depuis que dans la tête il s'est mis d'être habile,
    Rien ne touche son goût, tant il est difficile!
    Il veut voir des défauts à tout ce qu'on écrit,
    Et pense que louer n'est pas d'un bel esprit,
    Que c'est être savant que trouver à redire;
    Qu'il n'appartient qu'aux sots d'admirer et de rire;
    Et qu'en n'approuvant rien des ouvrages du temps,
    Il se met au-dessus de tous les autres gens.
          (Molière, *Misanthrope,* acte II, scène v.)

4. De 1674 à 1682, *si vous le croyez.* « La critique souvent n'est pas une science, c'est un métier où il faut plus de santé que d'esprit, plus de travail que de capacité, plus d'habitude que de génie; si elle vient d'un homme qui ait moins de discernement que de lecture, et qu'elle s'exerce sur de certains chapitres, elle corrompt et les lecteurs et les écrivains. » (La Bruyère, *des Ouvrages de l'esprit.*)

Pensant fuir un écueil, souvent vous vous noyez.

Faites choix d'un censeur solide et salutaire,
Que la raison conduise et le savoir éclaire,[1]
Et dont le crayon sûr d'abord aille chercher
L'endroit que l'on sent foible, et qu'on se veut cacher.
Lui seul éclaircira vos doutes ridicules ;
De votre esprit tremblant lèvera les scrupules.[2]
C'est lui qui vous dira par quel transport heureux,
Quelquefois dans sa course un esprit vigoureux,
Trop resserré par l'art, sort des règles prescrites,
Et de l'art même apprend à franchir leurs limites.[3]
Mais ce parfait censeur se trouve rarement :
Tel excelle à rimer qui juge sottement ;
Tel s'est fait par ses vers distinguer dans la ville,
Qui jamais de Lucain n'a distingué Virgile.[4]

---

1. Horace trace dans les vers qui suivent le rôle d'un censeur *solide et salutaire* :

> At qui legitimum cupiet fecisse poema
> Cum tabulis animum censoris sumet honesti ;
> Audebit, quæcumque parum splendoris habebunt
> Et sine pondere erunt et honore indigna ferentur,
> Verba movere loco, quamvis invita recedant
> Et versentur adhuc intra penetralia Vestæ...
> Luxuriantia compescet, nimis aspera sano
> Levabit cultu, virtute carentia tollet...
> (Épître II, liv. II, v. 109.)

2. Boileau veut mettre l'écrivain en garde contre les dégoûts injustes d'une critique ignorante. On peut sur ces vers rappeler ce passage de La Bruyère : « Il n'y a point d'ouvrage si accompli qui ne fondît tout entier au milieu de la critique, si son auteur vouloit en croire tous les censeurs, qui ôtent chacun l'endroit qui leur plaît le moins. » (*Des Ouvrages de l'esprit.*)

3. De 1674 à 1682, *les limites*. — Méchant vers, tant pour la rude inversion que pour l'équivoque. (DESMARETS, 107.) — Les limites sembloient, en effet, se rapporter à *l'art* plutôt qu'aux *règles*. La substitution de *leurs* à *les* a fait disparoître cette équivoque. (BROSSETTE.) — Ainsi voilà une correction faite d'après l'avis de Desmarets. (B.-S.-P.)

4. « Le grand Corneille m'a avoué, non sans quelque peine et quelque

Auteurs, prêtez l'oreille à mes instructions.
Voulez-vous faire aimer vos riches fictions?
Qu'en savantes leçons votre muse fertile
Partout joigne au plaisant le solide et l'utile.[1]
Un lecteur sage fuit un vain amusement,
Et veut mettre à profit son divertissement.

Que votre âme et vos mœurs, peintes dans vos ouvrages,[2]
N'offrent jamais de vous que de nobles images.
Je ne puis estimer ces dangereux auteurs
Qui, de l'honneur, en vers, infâmes déserteurs,
Trahissant la vertu sur un papier coupable,[3]
Aux yeux de leurs lecteurs rendent le vice aimable.

Je ne suis pas pourtant de ces tristes esprits
Qui, bannissant l'amour de tous chastes écrits,
D'un si riche ornement veulent priver la scène,
Traitent d'empoisonneurs et Rodrigue et Chimène.[4]

---

honte, qu'il préféroit Lucain à Virgile. » (Huet, *Origines de Caen*, 1706, 366, chap. xxix.) Voyez aussi le *Huetiana*, p. 177.

1. Centuriæ seniorum agitant expertia frugis,
   Celsi prætereunt austera poemata Rhamnes.
   Omne tulit punctum qui miscuit utile dulci,
   Lectorem delectando, pariterque monendo.
   (Horace, *Art poétique*, v. 340-344.)

2. Cicéron, *De Orat.*, 2 : « Mores oratoris effingit oratio. » Et Sénèque : « Oratio, vultus animi est. » Léonard de Vinci disait la même chose en d'autres termes : « Ogni pittore si dipinge se stesso. » — Dans toutes les éditions l'auteur avoit mis « peints dans tous vos ouvrages, » quoique ce mot *peints*, qui est un participe masculin, se rapportât à *âme* et à *mœurs*, qui sont deux mots féminins. Je lui marquai dans une lettre la peine que cela me faisoit. Il me répondit en ces termes, le 3 de juillet 1703 : « Je n'ai garde de conserver le solécisme qui est dans ce vers, etc. » (Brossette.) — Voyez la *Correspondance*.

3. Encore une ineptie de Pradon et de Desmarets : « Le papier est fort innocent, c'est celui qui écrit qui est coupable. »

4. Voir la première lettre adressée par Racine à l'auteur des *Hérésies imaginaires* et des *Deux Visionnaires*. Nicole avoit écrit ces deux lettres

L'amour le moins honnête, exprimé chastement,
N'excite point en nous de honteux mouvement.
Didon a beau gémir, et m'étaler ses charmes;
Je condamne sa faute en partageant ses larmes.
Un auteur vertueux, dans ses vers innocents,
Ne corrompt point le cœur en chatouillant les sens.
Son feu n'allume point de criminelle flamme.[1]
Aimez donc la vertu, nourrissez-en votre âme :
En vain l'esprit est plein d'une noble vigueur;
Le vers se sent toujours des bassesses du cœur.[2]

contre Desmarets de Saint-Sorlin, il les appeloit *Visionnaires*, « parce qu'il les écrivoit, dit Louis Racine, contre un grand visionnaire, auteur de la comédie des *Visionnaires*. » On y lisoit cette phrase, que Racine crut écrite pour lui : « Un faiseur de romans et un poëte de théâtre est un empoisonneur public, non des corps, mais des âmes. Il se doit regarder comme coupable d'une infinité d'homicides spirituels, ou qu'il a causés en effet, ou qu'il a pu causer. » Dans un traité *sur la Comédie*, le même écrivain cite quelques exemples tirés des tragédies de Pierre Corneille, pour prouver que, bien que ce grand poëte ait tâché de purger le théâtre des vices qu'on lui reproche le plus, ses pièces ne laissent pas d'être contraires à la morale de l'Évangile; qu'elles corrompent l'esprit et le cœur par les sentiments profanes qu'elles inspirent. (SAINT-SURIN.) — Bossuet, dans sa lettre au P. Caffaro, a traité les divertissements du théâtre avec la dernière rigueur. Il n'épargne pas davantage Chimène et Rodrigue. Fénelon dit qu'il « ne souhaite pas qu'on perfectionne les spectacles, où l'on ne représente les passions corrompues que pour les allumer. » L'imperfection où il croit voir la tragédie le rassure un peu : « La foiblesse du poison diminue le mal. » Voir, pour les sentiments de Boileau, sa lettre à Monchesnay; elle est de 1707.

1. C'est ce que finit par reconnaître le grand Arnauld à propos de la *Phèdre* de Racine. Charmé du passage de l'Avertissement mis au-devant de cette pièce, où le poëte marquait expressément son désir « de réconcilier la tragédie avec quantité de personnes célèbres par leur piété et par leur doctrine, qui l'ont condamnée dans ces derniers temps, » il se rendit aux raisons que lui exposait Boileau, et dit enfin : « Si les choses sont comme il le dit, il a raison et la tragédie est innocente. » (SAINTE-BEUVE, *Port-Royal*, t. V, p. 484.)

2. Vérité immortelle rendue d'une manière sublime. (LE BRUN.) — Beau vers sorti tout fait d'une âme essentiellement vertueuse. (AMAR.) — Ce vers,

Fuyez surtout, fuyez ces basses jalousies,
Des vulgaires esprits malignes frénésies.
Un sublime écrivain n'en peut être infecté ;
C'est un vice qui suit la médiocrité.[1]
Du mérite éclatant cette sombre rivale
Contre lui chez les grands incessamment cabale,
Et, sur les pieds en vain tâchant de se hausser,
Pour s'égaler à lui, cherche à le rabaisser.
Ne descendons jamais dans ces lâches intrigues :
N'allons point à l'honneur par de honteuses brigues.

Que les vers ne soient pas votre éternel emploi.
Cultivez vos amis, soyez homme de foi :
C'est peu d'être agréable et charmant dans un livre,[2]

---

le plus beau qu'ait écrit Boileau parmi tant de vers faits de génie, comme dit La Bruyère, a été inspiré au poëte par l'homme, au génie par la vertu; c'est une lumière de l'esprit et du cœur. (M. D. Nisard.)

1. « Ce que vous dites des esprits médiocres est fort vrai et m'a frappé il y a longtemps dans votre poétique. » Racine à Boileau, lettre du 3 juin 1692.

2. Si l'on en croit Brossette, le poëte avait en vue La Fontaine. Il est certain que La Bruyère dit ceci de notre grand fabuliste : « Un homme paroît grossier, lourd, stupide, il ne sait pas parler, ni raconter ce qu'il vient de voir; s'il se met à écrire, c'est le modèle des bons contes, il fait parler les animaux, les arbres, les pierres, tout ce qui ne parle point; ce n'est que légèreté, qu'élégance, que beau naturel et que délicatesse dans ses ouvrages. » (*Des Jugements.*) — L'abbé Vergier, qui le montre à Mme d'Hervart sujet à s'écarter de la compagnie, *non pour rêver à quelque affaire, mais pour varier son ennui,* ajoute en prose : « Car vous savez, madame, qu'il s'ennuie partout, et même, ne vous en déplaise, quand il est auprès de vous, surtout quand vous vous avisez de vouloir régler ou ses mœurs ou sa dépense. » (Walckenaer, *Hist. de La Fontaine,* liv. V, p. 195.) — Ces vers de Boileau pouvaient aussi dans leur expression générale s'appliquer à P. Corneille, de qui La Bruyère a écrit ces lignes : « Un autre est simple, timide, d'une ennuyeuse conversation ; il prend un mot pour un autre, et il ne juge de la bonté de sa pièce que par l'argent qui lui en revient; il ne sait pas la réciter ni lire son écriture; laissez-le s'élever par la composition, il n'est pas au-dessous d'Auguste, de Pompée, de Nicomède, d'Héraclius, il est roi, et un grand roi, etc. » (*Des Jugements.*) — Berriat-Saint-Prix ne

Il faut savoir encore et converser et vivre.

   Travaillez pour la gloire, et qu'un sordide gain
Ne soit jamais l'objet d'un illustre écrivain.
Je sais qu'un noble esprit peut, sans honte et sans crime,
Tirer de son travail un tribut légitime;[1]
Mais je ne puis souffrir ces auteurs renommés,
Qui, dégoûtés de gloire et d'argent affamés,[2]
Mettent leur Apollon aux gages d'un libraire,
Et font d'un art divin un métier mercenaire.[3]
Avant que la raison, s'expliquant par la voix,
Eût instruit les humains, eût enseigné des lois,
Tous les hommes suivoient la grossière nature,
Dispersés dans les bois couroient à la pâture :
La force tenoit lieu de droit et d'équité;
Le meurtre s'exerçoit avec impunité.

---

veut pas qu'il soit ici question de La Fontaine. — Segrais reprochait à Boileau lui-même et à Racine de ne savoir parler que de vers.

1. Despréaux « m'a assuré, dit Louis Racine, qu'il n'avoit fait ces deux vers que pour mon père qui retiroit quelque profit de ses tragédies. »

2. Selon Brossette, c'est un trait dirigé contre Corneille. « Boileau le félicitant, dit-il, du succès de ses tragédies et de la gloire qui lui en revenoit, *Je suis soûl de gloire,* répondit Corneille, *et affamé d'argent.* » Pour que cette anecdote eût quelque vraisemblance, il faudroit que Boileau eût fait son compliment au moment des premières représentations d'un chef-d'œuvre de Corneille; car il eût été, par exemple, assez ridicule de le féliciter, en 1676, du succès du *Cid*, joué quarante ans auparavant, etc. » — L'argumentation de Berriat-Saint-Prix ne me paraît pas des plus convaincantes. Il n'est pas nécessaire de supposer que le mot de Corneille ait été dit en 1676, et que les compliments de Boileau eussent le *Cid* pour objet. On sait bien que Corneille n'était pas fort à son aise. Cette boutade a bien pu lui échapper, et Boileau a bien pu écrire ces vers sans vouloir appliquer les deux suivants au même personnage.

3. « Despréaux m'a assuré, dit Louis Racine, que jamais libraire ne lui avoit payé un seul de ses ouvrages, ce qui l'avoit rendu hardi à railler, dans son *Art poétique,* chant IV, les auteurs qui

      Mettent leur Apollon aux gages d'un libraire. »
           (*Mémoires sur la vie de J. Racine,* t. V, 1808.)

Mais du discours enfin l'harmonieuse adresse[1]
De ces sauvages mœurs adoucit la rudesse,
Rassembla les humains dans les forêts épars,[2]
Enferma les cités de murs et de remparts,
De l'aspect du supplice effraya l'insolence,
Et sous l'appui des lois mit la foible innocence.
Cet ordre fut, dit-on, le fruit des premiers vers.
De là sont nés ces bruits reçus dans l'univers,
Qu'aux accents dont Orphée emplit les monts de Thrace,[3]
Les tigres amollis dépouilloient leur audace;
Qu'aux accords d'Amphion les pierres se mouvoient,
Et sur les murs thébains en ordre s'élevoient.
L'harmonie en naissant produisit ces miracles.
Depuis, le ciel en vers fit parler les oracles;[4]

1. Ce dernier hémistiche est très-heureux. (LE BRUN.)

2. « La poésie a donné au monde les premières lois. C'est elle qui a adouci les hommes farouches et sauvages, qui les a rassemblés des forêts où ils étoient épars et errants, qui les a policés, qui a réglé les mœurs, qui a formé les familles et les nations, qui a fait sentir les douceurs de la société, qui a rappelé l'usage de la raison, cultivé la vertu et inventé les beaux-arts. C'est elle qui a élevé les courages pour la guerre et qui les a modérés pour la paix. » (FÉNELON, *Lettre à l'Académie.*)

3. Ce passage traduit d'Horace se trouvait déjà dans le poëme de Vauquelin de la Fresnaye :

> On raconte qu'Orphée, des grands dieux interprète,
> Les humains qui vivoient d'une façon infète
> De massacre et de sang, sceut bien desauvager,
> Et sous plus douces lois hors des bois les ranger.
> C'est pourquoi l'on disoit qu'il sçavoit bien conduire
> Les tigres, les lions, aux accords de la lyre :
> Et mesme qu'Amphion (le gentil bâtisseur
> Des nobles murs thébains) sceut par la grand' douceur
> De son luth façonné d'une creuse tortue,
> Faire marcher des rocs, mainte roche abattue,
> Qu'il conduisoit au lieu que meilleur luy sembloit,
> Et les faisant ranger, en murs les assembloit.

4. « *Le ciel en vers...* Quelle césure ! Et comment l'auteur veut-il s'ériger en païen, disant que le ciel fit parler en vers les oracles, puisque ces oracles étoient de l'enfer et non du ciel ? » — On reconnoîtra sans doute ici le bon sens ordinaire de Desmarets.

Du sein d'un prêtre ému d'une divine horreur,[1]
Apollon par des vers exhala sa fureur.
Bientôt ressuscitant les héros des vieux âges,
Homère aux grands exploits anima les courages.[2]
Hésiode à son tour, par d'utiles leçons,[3]
Des champs trop paresseux vint hâter les moissons.
En mille écrits fameux la sagesse tracée
Fut, à l'aide des vers, aux mortels annoncée;
Et partout des esprits ses préceptes vainqueurs,
Introduits par l'oreille entrèrent dans les cœurs.[4]

1. Voir dans Virgile, *Énéide*, liv. VI, au début, la peinture des transports de la sibylle.

2. Le Brun dit : « Boileau par la beauté de ce vers a consacré au pluriel *les courages.* » — Il n'a fait que suivre l'usage de tout le xviie siècle :

> Dont j'ai cité les morts pour aigrir les courages.
> (Corneille, *Cinna*, acte I, scène iii.)
>
> La honte suit de près les courages timides.
> (Racine, *Alex.*, I, 2.)
>
> Quels courages Vénus n'a-t-elle pas domptés ?
> (Racine, *Phèdre*, 1, 1)

« Ce grand prince calma les courages émus. » Bossuet, *Or. fun. du Pr. de Condé*. — « Il connoissoit dans le parti de ces fiers courages dont la force malheureuse et l'esprit extrême ose tout et sait trouver des exécuteurs. » (*Or. fun. de Le Tellier*.)

3. Hésiode, poëte didactique, né à Ascra, en Béotie. (De là son surnom, *Ascræus poeta*.) Hérodote dit qu'il était contemporain d'Homère (ixe siècle av. J.-C.). On a de lui : *les Travaux et les Jours*, *la Théogonie* ou *Généalogie des Dieux*, *le Bouclier d'Hercule*.

4. Silvestres homines sacer, interpresque deorum,
    Cædibus et victu fœdo deterruit Orpheus,
    Dictus ob hoc lenire tigres rabidosque leones :
    Dictus et Amphion, thebanæ conditor arcis,
    Saxa movere sono testudinis, et prece blanda
    Ducere quo vellet. Fuit hæc sapientia quondam,
    Publica privatis secernere, sacra profanis ;
    Concubitu prohibere vago ; dare jura maritis ;
    Oppida moliri ; leges incidere ligno.
    Sic honor et nomen divinis vatibus atque
    Carminibus venit. Post hos insignis Homerus,

Pour tant d'heureux bienfaits, les Muses révérées
Furent d'un juste encens dans la Grèce honorées;
Et leur art, attirant le culte des mortels,
A sa gloire en cent lieux vit dresser des autels.
Mais enfin l'indigence amenant la bassesse,
Le Parnasse oublia sa première noblesse.
Un vil amour du gain, infectant les esprits,
De mensonges grossiers souilla tous les écrits;
Et partout, enfantant mille ouvrages frivoles,
Trafiqua du discours, et vendit les paroles.

   Ne vous flétrissez point par un vice si bas.
Si l'or seul a pour vous d'invincibles appas,
Fuyez ces lieux charmants qu'arrose le Permesse :
Ce n'est point sur ses bords qu'habite la richesse.
Aux plus savants auteurs, comme aux plus grands guerriers,
Apollon ne promet qu'un nom et des lauriers.[1]

   Mais quoi! dans la disette une muse affamée
Ne peut pas, dira-t-on, subsister de fumée;
Un auteur qui, pressé d'un besoin importun,
Le soir entend crier ses entrailles à jeun,
Goûte peu d'Hélicon les douces promenades :

> Tyrtæusque mares animos in martia bella
> Versibus exacuit. Dictæ per carmina sortes,
> Et vitæ monstrata via est, et gratia regum
> Pieriis tentata modis, ludusque repertus,
> Et longorum operum finis. Ne forte pudori
> Sit tibi musa lyræ solers, et cantor Apollo.
>   (HORACE, *Art poétique*, v. 391-407.)

Voir aussi Lucrèce, ch. V, v. 929 et suiv.

1. Dans la *Métromanie*, Piron fait dire à Damis le poëte :

> Ce mélange de gloire et de gain m'importune;
> On doit tout à l'honneur, et rien à la fortune.
> Le nourrisson du Pinde ainsi que le guerrier
> A tout l'or du Pérou préfère un beau laurier.

Horace a bu son soûl quand il voit les Ménades,[1]
Et, libre du souci qui trouble Colletet,[2]
N'attend pas, pour dîner, le succès d'un sonnet.

Il est vrai : mais enfin cette affreuse disgrâce
Rarement parmi nous afflige le Parnasse.
Et que craindre en ce siècle, où toujours les beaux-arts
D'un astre favorable éprouvent les regards,
Où d'un prince éclairé la sage prévoyance
Fait partout au mérite ignorer l'indigence?[3]

Muses, dictez sa gloire à tous vos nourrissons.
Son nom vaut mieux pour eux que toutes vos leçons.
Que Corneille, pour lui rallumant son audace,
Soit encor le Corneille et du Cid et d'Horace;[4]

---

1. . . . . Neque enim cantare sub antro
   Pierio, thyrsumve potest contingere sana
   Paupertas, atque æris inops, quo nocte dieque
   Corpus eget. Satur est, cum dicit Horatius Evoe!
   (Juvénal, sat. VII, v. 59-62.)

On lit aussi dans Horace, liv. I, épît. XIX, v. 5 :

   Vina fere dulces oluerunt mane Camœnæ.
   Laudibus arguitur vini vinosus Homerus :
   Ennius ipse pater nunquam nisi potus ad arma
   Prosiluit dicenda.

Voir aussi liv. II, ode XIX, les transports d'Horace :

   Evoe! recenti mens trepidat metu,
   Plenoque Bacchi pectore, turbidum
   Lætatur. Evoe! parce Liber,
   Parce, gravi metuende thyrso.

2. Voir satire I.

3. Boileau avait déjà exprimé la même idée dans la satire Ire; il y est revenu dans l'épître Ire, où l'on trouve ces vers :

   Est-il quelque vertu dans les glaces de l'Ourse
   Ni dans ces lieux brûlés où le jour prend sa source
   Dont la triste indigence ose encore approcher,
   Et qu'en foule tes dons n'aillent d'abord chercher?
   C'est par toi qu'on va voir les Muses enrichies
   De leur longue disette à jamais affranchies.

4. « *Ne le suis-je pas toujours?* » disait Corneille irrité de ce vers. Il

Que Racine, enfantant des miracles nouveaux,
De ses héros sur lui forme tous les tableaux ;[1]
Que de son nom, chanté par la bouche des belles,
Benserade en tous lieux amuse les ruelles ;[2]
Que Segrais dans l'églogue en charme les forêts ;[3]

avait vieilli et il ne le sentait pas. Fontenelle a marqué en termes admirables les effets de la vieillesse sur l'esprit de Corneille : « L'espèce d'esprit qui dépend de l'imagination, et c'est ce qu'on appelle communément esprit dans le monde, ressemble à la beauté et ne subsiste qu'avec la jeunesse. Il est vrai que la vieillesse vient plus tard pour l'esprit, mais elle vient. Les plus dangereuses qualités qu'elle lui apporte sont la sécheresse et la dureté ; et il y a des esprits qui en sont naturellement plus susceptibles que d'autres, et qui donnent plus de prise aux ravages du temps : ce sont ceux qui avoient de la noblesse, de la grandeur, quelque chose de fier et d'austère... Corneille ne perdit pas en vieillissant l'inimitable noblesse de son génie, mais il s'y mêla quelquefois un peu de dureté. Il avoit poussé les grands sentiments aussi loin que la nature pouvoit souffrir qu'ils allassent, il commença de temps en temps à les pousser un peu plus loin. » Deux ans après la publication de l'*Art poétique*, Corneille disait à Louis XIV dans une épître en vers de ses derniers ouvrages :

> . . . . . Les derniers n'ont rien qui dégénère,
> Rien qui les fasse croire enfants d'un autre père ;
> Ce sont des malheureux étouffés au berceau,
> Qu'un seul de tes regards tireroit du tombeau.
> On voit Sertorius, Œdipe et Rodogune
> Rétablis par ton choix dans toute leur fortune ;
> Et ce choix montreroit qu'Othon et Suréna
> Ne sont pas des cadets indignes de Cinna.

1. On donnait alors les premières représentations d'*Iphigénie*. Amar cite sur ce passage la critique que Voltaire, dans le *Temple du Goût*, fait des personnages trop français mis au théâtre par Racine :

> Racine observe les portraits
> De Bajazet, de Xipharès,
> De Britannicus, d'Hippolyte.
> A peine il distingue leurs traits :
> Ils ont tous le même mérite :
> Tendres, galants, doux et discrets ;
> Et l'amour qui marche à leur suite
> Les croit des courtisans français

2. Voir satire XII.
3. Jean Regnault de Segrais, de l'Académie française, né à Caen en 1625, mort le 25 de mars 1701. Il eut part, dit-on, à la composition des romans de Mme de la Fayette et a laissé des églogues, *Athis*, poëme pastoral, et

Que pour lui l'épigramme aiguise tous ses traits.
Mais quel heureux auteur, dans une autre Énéide,
Aux bords du Rhin tremblant conduira cet Alcide?[1]
Quelle savante lyre, au bruit de ses exploits,
Fera marcher encor les rochers et les bois ;
Chantera le Batave, éperdu dans l'orage,
Soi-même se noyant pour sortir du naufrage ;[2]
Dira les bataillons sous Mastricht enterrés,
Dans ces affreux assauts du soleil éclairés?[3]

Mais tandis que je parle, une gloire nouvelle
Vers ce vainqueur rapide aux Alpes vous appelle.
Déjà Dôle et Salins sous le joug ont ployé ;[4]
Besançon fume encor sur son roc foudroyé.[5]
Où sont ces grands guerriers dont les fatales ligues
Devoient à ce torrent opposer tant de digues?

une traduction en vers de l'*Énéide*. (M. CHÉRON.) — On lit dans le *Temple du Goût :* « Segrais voulut un jour entrer dans le sanctuaire en récitant ce vers de Despréaux :

Que Segrais dans l'églogue en charme les forêts ;

mais la critique ayant lu, par malheur pour lui, quelques pages de son *Énéide* en vers français, le renvoya assez durement, et laissa venir à sa place Mme de la Fayette, qui avait mis sous le nom de Segrais le roman aimable de *Zaïde*, et celui de la *Princesse de Clèves*. »

1. « Alcide n'est là que pour rimer, car Alcide n'est point le héros de l'*Énéide*. » (DESMARETS.)

2. Après le passage du Rhin, le roi s'était rendu maître de presque toute la Hollande, et Amsterdam même se disposait à lui envoyer ses clefs. Les Hollandais, pour sauver le reste de leur pays, n'eurent d'autre ressource que de le submerger entièrement en lâchant leurs écluses.

3. Maestricht se rendit le 1er de juillet 1673, après seize jours de tranchée ouverte et plusieurs assauts donnés en plein jour.

4. Places de la Franche-Comté prises en plein hiver. (BOILEAU, 1713.) — Cette note est inexacte. Dôle se rendit le 6 de juin 1674, Salins, le 22 ; Besançon avait été soumise le 15 de mai de la même année.

5. Berriat-Saint-Prix fait observer que l'édition de Paris de 1757 ayant mis *sous* son roc foudroyé, cette *légère* bévue se retrouve dans plus de soixante éditions.

Est-ce encore en fuyant qu'ils pensent l'arrêter,
Fiers du honteux honneur d'avoir su l'éviter ?¹
Que de remparts détruits ! Que de villes forcées !
Que de moissons de gloire en courant amassées !²
 Auteurs, pour les chanter, redoublez vos transports :
Le sujet ne veut pas de vulgaires efforts.
Pour moi, qui, jusqu'ici nourri dans la satire,³
N'ose encor manier la trompette et la lyre,⁴
Vous me verrez pourtant, dans ce champ glorieux,
Vous animer du moins de la voix et des yeux ;
Vous offrir ces leçons que ma muse au Parnasse
Rapporta jeune encor du commerce d'Horace ;
Seconder votre ardeur, échauffer vos esprits,

---

1. Montecuculli, général de l'armée d'Allemagne pour les alliés, évita le combat, et s'applaudit de la retraite avantageuse qu'il avait faite. — Horace, liv. IV, ode IV, v. 51, fait dire à Annibal :

. . . . . Quos opimus
Fallere et effugere est triumphus.

2. Songez, seigneur, songez à ces moissons de gloire.
(Racine, *Iphigénie,* acte V, scène ii.)
Voltaire, *Henriade,* IV, 419 :

Lâches qui dans le trouble et parmi les cabales
Mettez l'honneur honteux de vos grandeurs vénales.

3. « Dans la première composition, l'on passait immédiatement du vers 210 (*Dans les affreux assauts du soleil éclairés*) au vers 223 (*Pour moi qui jusqu'ici nourri dans la satire*). Les douze vers intermédiaires (211 à 222), ces vers si rapides, si énergiques, si pleins d'enthousiasme, furent composés après l'impression, pour ainsi dire, *currente calamo,* et Boileau ne se livre pas à une fiction poétique lorsqu'il s'écrie dans le premier : *Mais tandis que je parle.* Voici nos preuves : 1° L'impression de l'édition in-4° de 1674 fut achevée le 10 juillet (t. I, *Notice bibl.*, § 1, n° 31) et la prise de Salins, citée au vers 213, p. 260, n'avait été annoncée à Paris que le 30 juin (*Gazette de France* de ce jour)... 2° Le feuillet où se trouvent ces douze vers est au milieu du volume... 3° Il y a été adapté à l'aide d'un carton. (Nos quatre exemplaires et ceux des grandes bibliothèques de Paris ont ce carton.) » (Berriat-Saint-Prix.)

4. Vingt ans plus tard, l'auteur, malheureusement pour sa gloire, écrira *l'Ode sur la prise de Namur.*

Et vous montrer de loin la couronne et le prix.
Mais aussi pardonnez, si, plein de ce beau zèle,
De tous vos pas fameux observateur fidèle,
Quelquefois du bon or je sépare le faux,
Et des auteurs grossiers j'attaque les défauts ;
Censeur un peu fâcheux, et souvent nécessaire,
Plus enclin à blâmer que savant à bien faire.[1]

1. « L'auteur s'est très-bien défini lui-même dans ce vers, » disait Pradon. Ce n'est pas chez Pradon qu'il faut aller chercher un jugement éclairé sur l'auteur de l'*Art poétique*. Nous aimons mieux citer celui de Voltaire : « L'*Art poétique* de Boileau est admirable parce qu'il dit toujours agréablement des choses vraies et utiles, parce qu'il donne toujours le précepte et l'exemple, parce qu'il est varié, parce que l'auteur, en ne manquant jamais à la pureté de la langue,

Sait d'une voix légère
Passer du grave au doux, du plaisant au sévère.

Ce qui prouve son mérite chez tous les gens de goût, c'est qu'on sait ses vers par cœur, et ce qui doit plaire aux philosophes, c'est qu'il a presque toujours raison. » (*Dict. philos.*, article *Art poétique*.)

LE LUTRIN

AU LECTEUR[1]

Je ne ferai point ici comme Arioste,[2] qui quelquefois, sur le point de débiter la fable du monde la plus absurde, la garantit vraie d'une vérité reconnue, et l'appuie même de l'autorité de l'archevêque Turpin.[3] Pour moi, je déclare franchement que tout le poëme du Lutrin n'est qu'une pure fiction, et que tout y est inventé, jusqu'au nom même du lieu où l'action se passe. Je l'ai appelé Pourges,[4] du nom d'une petite chapelle qui étoit autrefois proche de Montlhéry. C'est pourquoi le lecteur ne doit pas s'étonner que, pour y arriver de Bourgogne, la Nuit prenne le chemin de Paris et de Montlhéry.[5]

1. Cet avis a paru avant le *Lutrin* dans les éditions de 1674, in-4°, et 1674 et 1675, petit in-12.

2. Dans son *Roland furieux*. — Date de sa mort, 1533.

3. Turpin, moine de Saint-Denis, puis archevêque de Reims, sur lequel on ne sait autre chose, sinon qu'il assista en 769, avec d'autres prélats français, au concile de Rome où Étienne III fit condamner l'antipape Constantin. Huet, dans son *Origine des romans*, démontre que le livre intitulé *De vita Caroli magni et Rolandi*, attribué à l'archevêque Turpin, et qui raconte les exploits de Charlemagne et de son neveu Roland en Espagne, renferme des faits qui en fixent la composition à la fin du xi° siècle ou au commencement du xii°. Guy Allard, dans sa *Bibliothèque du Dauphiné*, attribue ce roman à un moine de Saint-André de Vienne, qui l'aurait composé l'an 1092. Il a été publié pour la première fois à Francfort-sur-le-Mein, en 1566. (M. Chéron.)

4. Boileau, qui ne voulait pas désigner la Sainte-Chapelle de Paris, avait d'abord mis Bourges, où il y avait aussi une Sainte-Chapelle.

5. Il résulte des recherches que MM. les maire et curé de Montlhéry ont bien voulu faire en 1826, qu'il n'a jamais existé dans les environs de chapelle ni de hameau nommé Pourges.... Peut-être Boileau, qui avait d'abord placé la scène de son poême à Bourges, ville où était une Sainte-Chapelle, craignit-il quelques réclamations des chanoines berruyers, et eut-il alors l'idée de supposer une chapelle dont le nom se rapprochât de Bourges, afin de s'épargner l'embarras de refaire plusieurs vers dans lesquels était ce nom, parce qu'il pourrait le changer en Pourges à l'aide d'un grattage. Cela l'obligea par là même à changer son avis primitif, ce qu'il fit pendant le tirage de l'édition de 1674, in-4°, où il est sur un carton. (Berriat-Saint-Prix.)

C'est une assez bizarre occasion qui a donné lieu à ce poëme. Il n'y a pas longtemps que, dans une assemblée où j'étois, la conversation tomba sur le poëme héroïque. Chacun en parla suivant ses lumières. A l'égard de moi, comme on m'en eut demandé mon avis, je soutins ce que j'ai avancé dans ma poétique : qu'un poëme héroïque, pour être excellent, devoit être chargé de peu de matière,[1] et que c'étoit à l'invention à la soutenir et à l'étendre. La chose fut fort contestée. On s'échauffa beaucoup ; mais après bien des raisons alléguées pour et contre, il arriva ce qui arrive ordinairement en toutes ces sortes de disputes : je veux dire qu'on ne se persuada point l'un l'autre, et que chacun demeura ferme dans son opinion. La chaleur de la dispute étant passée, on parla d'autre chose, et on se mit à rire de la manière dont on s'étoit échauffé sur une question aussi peu importante que celle-là. On moralisa fort sur la folie des hommes qui passent presque toute leur vie à faire sérieusement de très-grandes bagatelles, et qui se font souvent une affaire considérable d'une chose indifférente. A propos de cela, un provincial[2] raconta un démêlé fameux, qui étoit arrivé autrefois dans une petite église de sa province, entre le trésorier et le chantre, qui sont les deux premières dignités de cette église, pour savoir si un lutrin seroit placé à un endroit ou à un autre. La chose fut trouvée plaisante. Sur cela un des savants de l'assemblée, qui ne pouvoit pas oublier sitôt la dispute, me demanda si moi, qui voulois si peu de matière pour un poëme héroïque, j'entreprendrois d'en faire un sur un démêlé aussi peu chargé d'incidents que celui de cette église. J'eus plus tôt dit pourquoi non? que je n'eus fait réflexion sur ce qu'il me demandoit. Cela fit faire un éclat de rire à la compagnie, et je ne pus m'empêcher de rire comme les autres, ne pensant pas en effet moi-même que je dusse jamais me mettre en état de tenir parole. Néanmoins le soir me trouvant de loisir, je rêvai à la chose, et ayant imaginé

---

1. Allusion à ces vers de *l'Art poétique*, ch. III :

> N'offrez point un sujet d'incidents trop chargé.
> Le seul courroux d'Achille, avec art ménagé,
> Remplit abondamment une Iliade entière :
> Souvent trop d'abondance appauvrit la matière.

2. On verra dans l'*Avis au lecteur* qui suit que cette circonstance fut inventée pour dépayser le lecteur, comme dit Saint-Marc.

en général la plaisanterie que le lecteur va voir, j'en fis vingt vers
que je montrai à mes amis. Ce commencement les réjouit assez.
Le plaisir que je vis qu'ils y prenoient m'en fit faire encore vingt
autres : ainsi de vingt vers en vingt vers, j'ai poussé enfin l'ouvrage à près de neuf cents.[1] Voilà toute l'histoire de la bagatelle
que je donne au public. J'aurois bien voulu la lui donner achevée;
mais des raisons très-secrètes,[2] et dont le lecteur trouvera bon
que je ne l'instruise pas, m'en ont empêché. Je ne me serois
pourtant pas pressé de le donner imparfait, comme il est, n'eût
été les misérables fragmens qui en ont couru.[3] C'est un burlesque
nouveau, dont je me suis avisé en notre langue ; car, au lieu que
dans l'autre burlesque Didon et Énée parloient comme des ha-
rengères et des crocheteurs, dans celui-ci une horlogère et un
horloger parlent comme Didon et Énée.[4] Je ne sais donc si mon
poëme aura les qualités propres à satisfaire un lecteur, mais
j'ose me flatter qu'il aura au moins l'agrément de la nouveauté,[5]
puisque je ne pense pas qu'il y ait d'ouvrage de cette nature en

---

1. Au reste, en comptant les vers imprimés dans la suite, les quatre premiers chants qui parurent alors avaient 844 vers. (B.-S.-P.)

2. Le poëme n'étoit pas achevé, voilà la vraie raison. (BROSSETTE.)

3. Berriat-Saint-Prix dans ses *Notices bibliographiques*, t. I, § I, n° 31, indique ces fragments :

« Fragments sur le *Lutrin* de la Sainte-Chapelle, p. 13 à 20 de la *Réponse au Pain béni*, du sieur abbé de Marigny, petit in-12 de 20 pages, 1673 (il n'y a pas d'autre indication). »

1° Ces fragments sont imprimés sans ordre... Ainsi, après les quatre premiers vers du chant Ier, on donne les vers 13 à 16, ensuite les vers 19 à 21, puis les vers 45 et 48 du chant IIe, les vers 189 et 190 du chant Ier, etc.

2° Ils ont été recueillis probablement lorsque Boileau récitait son poëme chez Lamoignon, car il paraît par deux vers de la Réponse (p. 7) que Marigny était admis dans la maison de ce magistrat; mais ils ont été et mal recueillis et très-mal imprimés. Toutefois il y a quelques passages qu'on peut citer comme des premières compositions.

4. En 1704, il les remplaça par un perruquier et une perruquière.

5. La poésie *héroï-comique* n'avait point été inconnue à nos ancêtres. Nous avons eu, nous aussi, et longtemps avant les Italiens, nos épopées burlesques. Voici ce qu'en dit V. Le Clerc dans son *Discours sur l'état des lettres* au xive siècle, t. II, p. 15 : « On le louait (Chaucer) aussi d'avoir le premier, longtemps avant Cervantes, laissé voir dans son étrange figure de sir Thopas le côté grotesque ou héroï-comique de la chevalerie; nous pouvons affirmer aujourd'hui que dans ce genre, qui a fait la gloire du Pulci et de l'Arioste, il avait été devancé, ainsi que l'auteur du *Tournoi ridicule de Tottenham*, par le *Dit d'Aventures*, par les *Facéties trop libres* d'Audigier, par le *Siége du château de Neuville*, par le petit poëme sur *Charlemagne à Constantinople*, et même par les grandes compositions, telles que le *Moniage Guillaume*, *Raynouart*, *Baudoin de Seboury*. »

notre langue, la *Défaite des bouts-rimés*[1] de Sarrasin étant plutôt une pure allégorie qu'un poëme comme celui-ci.[2]

---

1. *Dulot vaincu, ou la défaite des bouts-rimés*, est un poëme de Sarrasin, d'environ quatre cents vers, distribués en quatre chants, badinage quelquefois agréable, mais qui n'est aucunement digne d'être comparé au *Lutrin*. Quatorze bouts-rimés, tels que *Piques, Barbes, Jacquemars*, etc., suivent Dulot de la lune à Paris : ils soutiennent une guerre contre une armée poétique commandée par l'Épopée, armée dans laquelle on distingue l'ode, les stances, la chanson, la satire, etc. Dulot fend un madrigal, mais les stances *rasent les barbes*; l'épopée fond sur les *jacquemars* et perce le roi des *piques*. Ces détails, qui ne sont pas très-ingénieux, sont surtout fort peu variés. L'énumération des quatorze bouts-rimés revient jusqu'à trois fois dans un si court poëme. Cet opuscule peut paraître long à la première lecture; mais personne ne le lit deux fois, et tous les gens de lettres savent le *Lutrin* par cœur.

Jean-François Sarrasin naquit en 1600 à Hermanville, près de Caen, ville où son père était trésorier de France, et mourut à Pezenas en 1654. On attribue sa mort au chagrin qu'il eut d'avoir perdu les bonnes grâces du prince de Conti, son protecteur. (Daunou.) — Sarrasin a publié en outre un recueil de *Poésies diverses* et une *Histoire du siége de Dunkerque*. (M. Chéron.)

2. Voir ce que Boileau dit du burlesque au chant Ier de l'*Art poétique*, v. 80 et suiv. Saint-Amant se vantait d'avoir introduit le premier ce genre de composition dans la France. Dans la préface du *Passage de Gibraltar* (t. I, p. 284, édit. Jannet), on peut lire cette curieuse théorie : « Puisque, selon l'opinion du plus grand et du plus judicieux de tous les philosophes, le principal but de la poésie est de plaire, et que la joye est ce qui contribue le plus à l'entretien de la santé, laquelle est une chose si précieuse en cette vie, qu'elle a esté préférée par les plus sages à la sagesse mesme, je tiens pour maxime indubitable que les plus gayes productions de ce bel art, qui, laissant les espines aux sciences, ne se compose que de fleurs, doivent estre les plus recherchées et les plus chéries de tout le monde. Ce n'est pas que je veuille mettre en ce rang les bouffonneries plates et ridicules qui ne sont assaisonnées d'aucune gentillesse ni d'aucune pointe d'esprit, et que je sois de l'advis de ceux qui croyent, comme les Italiens ont fait autrefois à cause de leur Bernia (Berni), dont ils adoroient les élégantes fadezes, que la simple naïveté soit le seul partage des pièces comiques. Je veux bien qu'elle y soit, mais il faut qu'elle soit entremeslée de quelque chose de vif, de noble et de fort qui la relève. Il faut sçavoir mettre le sel, le poivre et l'ail à propos en cette sauce; autrement au lieu de chatouiller le goust et de faire épanouir la ratte de bonne grâce aux honnêtes gens, on ne touchera ny on ne fera rire que les crocheteurs. Aussi les plus habiles de cette nation ont bien changé de sentiment depuis qu'ils ont veu la *Secchia rapita*, du Tassone (Tassoni), où l'héroïque brille de telle sorte, et est si admirablement confondu avec le burlesque, qu'il y en a quelques-uns qui, par un excès de louange, osent le comparer à la *Divine Jérusalem* du Tasse. Il est vrai que ce genre d'écrire, composé de deux génies si différens, fait un effet merveilleux; mais il n'appartient pas à toutes sortes de plumes de s'en mesler, et, si l'on n'est maistre absolu de la langue, si l'on n'en sçait toutes les galanteries, toutes les propriétez, toutes les finesses, voire mesme jusques aux moindres vetilles, je ne conseillerai jamais à personne de l'entreprendre, je my suis plu de tout temps, parce qu'aymant la liberté comme je fais, je veux mesme avoir mes coudées franches dans le langage. Or, comme celui-là embrasse, sans contredit, beaucoup plus de termes, de façons de parler et de mots, que l'héroïque tout seul, j'ay bien voulu en prendre la place le premier, afin que si quelqu'un réussit mieux après moy, j'aye à tout le moins la gloire d'avoir commencé... » Voici le début de cette pièce, intitulée *le Passage de Gibraltar, caprice heroï-comique*.

Matelots, taillons de l'avant;
Nostre navire est bon de voile :
Çà du vin, pour boire à l'estoile
Qui nous va conduire au Levant.
A toy, la belle et petite Ourse!
A toy, lampe de nostre course
Quand le grand falot est gisté !
Il n'est point d'humeur si rebourse
Qui ne se crève à ta santé.

Mais certes je suis bien oison,
Et je n'acquiers guère de gloire
De défier un astre à boire
Qui ne me peut faire raison ;
Son malheureux destin me touche :
Jamais le pauvret ne se couche
Pour aller trinquer chez Thétys,
Et ce n'est rien qu'un corps sans bouche
Privé des nobles appétits, etc.

. . . .
Les dieux du liquide élément,
Conviéz chez un de leur troupe,
Sur le point de fripper la soupe,
Seront saisis d'étonnement :
Un boulet de nostre tonnerre,
Tombant sur leur table de verre
Avec un fracas nompareil,
Fera soudain voler à terre
Tout leur magnifique appareil, etc

AVIS AU LECTEUR [1]

Il seroit inutile maintenant de nier que le poëme suivant a été composé à l'occasion d'un différend assez léger, qui s'émut dans une des plus célèbres églises de Paris entre le trésorier et le chantre;[2] mais c'est tout ce qu'il y a de vrai. Le reste, depuis

---

1. Titre donné en 1701 à la dernière partie de la préface générale des éditions de 1688 à 1698, partie que Boileau a détachée alors pour en faire un avertissement particulier qu'il plaça à la tête du *Lutrin*. Voir la fin de la préface IV, t. I.

2. Le trésorier était la première dignité du chapitre, et le chantre était la seconde. Voici comment Morand, dans son histoire de la Sainte-Chapelle, rapporte ce différend :

« Le mercredi 4 août 1677, messire Barin, chanoine de la Sainte-Chapelle, fit entendre à la Compagnie que, le dimanche précédent, il avoit trouvé devant sa place un pulpitre fort élevé, qu'il disoit être une nouveauté; qu'il n'y en avoit point eu depuis seize ans qu'il avoit l'honneur d'être chantre; que ce pulpitre, dont il n'avoit nul besoin, l'empêchoit de voir le chœur et d'avoir l'œil sur les chantres; il estimoit que c'étoit une marque d'injure faite à sa personne; pourquoi il l'avoit fait ôter le lundi, premier jour du mois, et avoit donné assignation aux sieurs Cyreult et Frontin, prêtres et sous-marguilliers, par-devant messieurs des requêtes du Palais, pour que défenses leur soient faites de ne plus mettre de pulpitre devant sa place, à peine de cent livres d'amende. Sur quoi, acte donné au sieur chantre, requête et signification du trésorier, prenant fait et cause pour les sous-marguilliers, députations et représentations au trésorier, de la part des chanoines, pour l'engager à ne point plaider et à terminer à l'amiable, réponses du trésorier, soutenant qu'ayant fait mettre le pulpitre, selon le droit qu'il en avoit, il ne pouvoit se soumettre à un arbitrage; vues pacifiques de M. le premier président, s'offrant pour médiateur, et demandant au chantre de faire remettre le pulpitre et de s'en rapporter à lui du surplus; résistance du chantre : il demande du temps, il sollicite ses confrères, les conjure de ne pas l'abandonner et de ne pas souffrir qu'il soit obligé de revoir en place l'objet qui faisoit son tourment; il fait valoir son grand âge, ses longs services, son zèle et son assiduité. La Compagnie le console de son mieux, députe trois chanoines à M. le président, pour le prier de prononcer sur tous les chefs de contestation qui la divisoient, et d'assoupir les différends qui en pourroient naître : c'étoit demander l'impossible. Aussi ce sage magistrat, satisfait de la déférence des chanoines, et ne pouvant pourvoir à tout, fit entendre au trésorier que le pulpitre n'ayant été mis anciennement en place que pour la commodité de ses prédécesseurs, il n'étoit pas convenable de l'y faire replacer, s'il déplaisoit à M. Barin, et néanmoins,

le commencement jusqu'à la fin, est une pure fiction; et tous les personnages y sont non-seulement inventés, mais j'ai eu soin même de les faire d'un caractère directement opposé au caractère de ceux qui desservent cette église, dont la plupart, et principalement les chanoines, sont tous gens, non-seulement d'une fort grande probité, mais de beaucoup d'esprit, et entre lesquels il y en a tel à qui je demanderois aussi volontiers son sentiment sur mes ouvrages qu'à beaucoup de messieurs de l'Académie. Il ne faut donc pas s'étonner si personne n'a été offensé de l'impression de ce poëme, puisqu'il n'y a en effet personne qui y soit véritablement attaqué. Un prodigue ne s'avise guère de s'offenser de voir rire d'un avare, ni un dévot de voir tourner en ridicule un libertin. Je ne dirai point comment je fus engagé à travailler à cette bagatelle sur une espèce de défi, qui me fut fait en riant par feu M. le premier président de Lamoignon,[1] qui est celui que j'y peins sous le nom d'Ariste. Ce détail, à mon avis, n'est pas fort nécessaire. Mais je croirois me faire un trop grand tort si je laissois échapper cette occasion d'apprendre à ceux qui l'ignorent que ce grand personnage, durant sa vie, m'a honoré de son amitié. Je commençai à le connoître dans le temps que mes satires faisoient le plus de bruit; et l'accès obligeant qu'il me donna dans son illustre maison fit avantageusement mon apologie contre ceux qui vouloient m'accuser alors de libertinage[2] et de mauvaises

pour accorder quelque satisfaction au trésorier, témoigna le désir de voir le lendemain, 1ᵉʳ septembre, le pulpitre en place, lorsqu'il iroit à la messe, et engagea le chantre à l'y faire mettre. Ses intentions furent secondées de part et d'autre : dès le même jour, le pulpitre fut remis en place et y resta pendant matines et la grand'messe du lendemain, après laquelle le trésorier le fit ôter. »

1. Guillaume de Lamoignon, marquis de Basville, comte de Launoy-Courson, baron de Saint-Yon, né le 23 d'octobre 1617, reçu conseiller au parlement le 14 de décembre 1635 et maître des requêtes le 5 de décembre 1644, nommé premier président le 2 d'octobre 1658, mourut le 10 de décembre 1677. C'est le père de Chrétien-François de Lamoignon, à qui est adressée l'épître VI. (M. Chéron.) — « Racontant un jour le singulier arbitrage qui lui avait été déféré par ses voisins de la Sainte-Chapelle, le premier président Lamoignon avait dit en riant à Boileau : « Voilà un sujet « de poëme. — Il ne faut jamais défier un fou, » avait répondu celui-ci, et il se mit en devoir de tenir la gageure. Comme poëte il s'y est complu et surpassé. Il eut soin de travestir les masques (il le dit quelques lignes plus haut). On a pu toutefois y relever nombre de malices à l'adresse de gens d'église plus ou moins connus, et qui n'étaient pas des amis de ses amis. (Sainte-Beuve, Port-Royal, t. V, p. 378.)

2. Ici libertinage est pris dans le sens de licence de l'esprit qui rejette les croyances religieuses. Mon frère, ce discours sent le libertinage. (Molière, Tartuffe, I, 6.) — « Il y

mœurs. C'étoit un homme d'un savoir étonnant, et passionné admirateur de tous les bons livres de l'antiquité ; et c'est ce qui lui fit plus aisément souffrir mes ouvrages, où il crut entrevoir quelque goût des anciens. Comme sa piété étoit sincère, elle étoit aussi fort gaie, et n'avoit rien d'embarrassant. Il ne s'effraya point du nom de satires que portoient ces ouvrages, où il ne vit en effet que des vers et des auteurs attaqués. Il me loua même plusieurs fois d'avoir purgé, pour ainsi dire, ce genre de poésie de la saleté qui lui avoit été jusqu'alors comme affectée. J'eus donc le bonheur de ne lui être pas désagréable. Il m'appela à tous ses plaisirs et à tous ses divertissements, c'est-à-dire à ses lectures et à ses promenades. Il me favorisa même quelquefois de sa plus étroite confidence, et me fit voir à fond son âme entière. Et que n'y vis-je point! Quel trésor surprenant de probité et de justice! Quel fonds inépuisable de piété et de zèle ! Bien que sa vertu jetât un fort grand éclat au dehors, c'étoit toute[1] autre chose au dedans ; et on voyoit bien qu'il avoit soin d'en tempérer les rayons, pour ne pas blesser les yeux d'un siècle aussi corrompu que le nôtre. Je fus sincèrement épris de tant de qualités admirables ; et, s'il eut beaucoup de bonne volonté pour moi, j'eus aussi pour lui une très-forte attache.[2] Les soins que je lui rendis ne furent mêlés d'aucune raison d'intérêt mercenaire ; et je songeai bien plus à profiter de sa conversation que de son crédit. Il mourut dans le temps que cette amitié étoit en son plus haut point ; et le souvenir de sa perte m'afflige encore tous les jours. Pourquoi faut-il que des hommes si dignes de vivre soient sitôt enlevés du monde,

en a bien qui ne croient pas, mais par libertinage : peu sont entre deux. » (PASCAL, *Pensées*, XXV, 47, édit. Havet.) — Ceci fait allusion aux accusations d'impiété que Cotin a plusieurs fois répétées contre Boileau.

1. C'est le texte des éditions originales, à l'exception de 1701, in-12, où (peut-être est-ce une erreur typographique) on a mis *tout autre*, comme il faudrait à présent. (B.-S.-P.)

2. *Attache*, sentiment qui attache.

D'ailleurs pour cet enfant leur attache est visible.
(RACINE, *Athalie*, III, 3.)

— *Plus elle mettra en Dieu seul son attache et sa confiance.* B. 55. Lett. 33. — *Et sa puissante attache aux choses éternelles.* (MOLIÈRE, *Tartuffe*, II, 2.) — Entre *attache* *attachement*, on voit que l'usage a introduit cette différence, que *attache* exprime toute espèce de lien qui astreint, toute espèce d'intérêt qui captive ; tandis que attachement exprime un goût, une affection. (E. LITTRÉ, *Dict. de la langue française*.)

tandis que des misérables et des gens de rien arrivent à une extrême vieillesse![1] Je ne m'étendrai pas davantage sur un sujet si triste, car je sens bien que, si je continuois à en parler, je ne pourrois m'empêcher de mouiller peut-être de larmes la préface d'un ouvrage de pure plaisanterie.[2]

1. Sophocle fait dire à peu près la même chose à Philoctète (v. 446) :

> . . . . . Ἐπεὶ οὐδέν πω κακόν γ' ἀπώλετο
> Ἀλλ' εὖ περιστέλλουσιν αὐτὰ δαίμονες.
> Καί πως, τὰ μέν, πανοῦργα καὶ παλιντριβῆ
> Χαίρουσ' ἀναστρέφοντες ἐξ Ἅδου, τὰ δὲ
> Δίκαια καὶ τὰ χρηστ'ἀποστελλουσ' ἀεί.

2. De 1683 à 1698 il y a : « la préface d'un livre de satires et de plaisanteries. » Ce mot de *satires*, qui a disparu définitivement du texte, me semble d'une grande et sérieuse importance. Il révèle le fond du cœur de Boileau et ses dispositions quand il écrivait ce poëme, il justifie les observations suivantes que Sainte-Beuve a faites sur l'esprit général du *Lutrin* : « Il n'est personne qui ait senti plus que lui les *Provinciales*, ni qui y fût peut-être plus préparé par la nature et par l'éducation : chrétien gallican, un peu janséniste, mais pas trop sombre, voisin de la Sainte-Chapelle, ami d'Arnauld et de Lamoignon, homme de ces quartiers au propre et au moral, il était en les lisant et les relisant sans cesse dans toutes les conditions pour tout en goûter, tout en admirer. Ce n'est pas seulement au sens littéraire qu'il procède de Pascal, c'est encore pour l'ensemble des maximes et pour les idées. Sans tremper au dogme théologique jamais bien avant (il ne laissa pas d'y entrer à quelque degré), Boileau est en plein dans le même courant moral. On peut dire qu'il est né, moralement aussi, des *Provinciales*. C'est un chrétien de cette roche. Ce fonds de jugement, d'indignation, de plaisanterie des *Petites-Lettres*, va composer insensiblement toute une part essentielle et croissante de son propre fonds à lui. . . Dans le *Lutrin*, indépendamment de tous ces noms anti-jansénistes (Bauny, Abély, Raconis) qu'il y enchâsse et à qui il s'en prend désormais autant et plus qu'aux méchants poëtes, combien on retrouve à chaque pas la raillerie du relâchement, de l'accommodement en dévotion, du casuisme! » (SAINTE-BEUVE, t. V, p. 336-7.)

Pradon s'est inscrit en faux contre les paroles de Boileau :

> Que cet homme important, ce grand panégyriste
> Dresse un beau mausolée à la gloire d'Ariste,
> Quand de ses vers malins il le rend protecteur,
> Et de son cher *Lutrin* le complice et l'auteur!
> A l'entendre parler, il en fit ses délices,
> Il adoroit sa veine, il aimoit ses caprices;
> Sans ce fidèle Achate il n'eût su faire un pas :
> L'un étoit le David, l'autre le Jonathas.
> Non, je ne puis souffrir une telle imposture;
> C'est pour se faire honneur qu'il lui fait cette injure.
> (Épître à Alcandre.)

ARGUMENT.[1]

Le trésorier remplit la première dignité du chapitre dont il est ici parlé, et il officie avec toutes les marques de l'épiscopat. Le chantre remplit la seconde dignité. Il y avoit autrefois dans le chœur, à la place de celui-ci, un énorme pupitre ou lutrin qui le couvroit presque tout entier; il le fit ôter. Le trésorier voulut le faire remettre. De là arriva une dispute qui fait le sujet de ce poëme.

1. Cet argument n'est que dans les éditions de 1713.

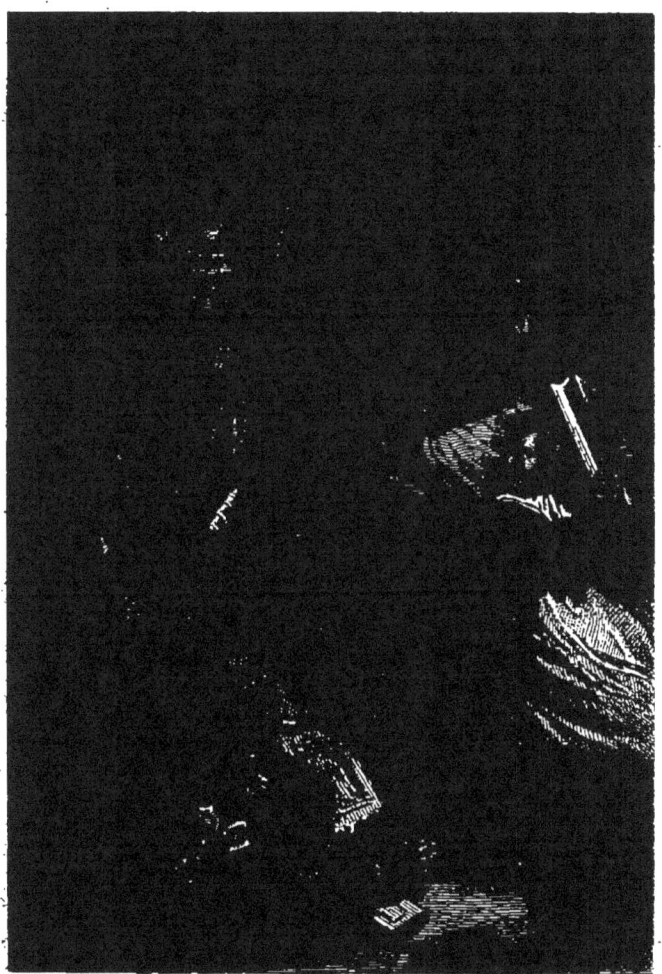

LE LUTRIN.

LE LUTRIN

POËME HÉROÏ-COMIQUE.[1]

CHANT I.

Je chante les combats, et ce prélat terrible,[2]
Qui, par ses longs travaux et sa force invincible,
Dans une illustre église[3] exerçant son grand cœur,
Fit placer à la fin un lutrin dans le chœur.[4]

1. De 1674 à 1698 il y a : « Poëme héroïque. » — Desmaretz fit observer que ce titre, qui promet de la grandeur et de la majesté, était trop rélevé pour le sujet, et qu'il aurait fallu employer celui de poëme heroï-burlesque. En 1701, Boileau mit poëme *héroï-comique* à l'imitation de la *Secchia rapita*. (B.-S.-P.)

2. Claude Aubry, ancien camérier du cardinal Mazarin, évêque de Coutances en 1646, et trésorier de la Sainte-Chapelle en 1653. En 1658, il permuta l'évêché contre un bénéfice simple, et conserva la trésorerie. (M. CHÉRON.)

3. Fragment de 1673 : *Dans la Sainte-Chapelle.*

4. Ceci eut lieu le 31 de juillet 1667. — *Lutrin*, pupitre d'église où l'on place les livres de chant. La forme ancienne de ce mot est *letrin*, bas latin, *lectrinum*, de *lectrum*, pupitre dans Isidore qui vient de Λεκτρὸν, proprement lit. (E. LITTRÉ.) — De 1674 à 1682, dix éditions, dont cinq originales, donnent *dans un chœur*. — « On n'a pas assez observé le caractère du poëme *héroï-comique*. Il y a le grand avantage de la variété, et souvent le charme de la surprise ; il s'élève par moments à la pompe héroïque, pour retomber par une chute inattendue dans le comique du sujet ; mais cette chute doit être inattendue, sans disparate, et c'est là la grande difficulté de ce genre de poëme. Les quatre premiers vers du *Lutrin* en sont un modèle parfait. Les trois premiers sont dignes de l'épopée sérieuse ; le quatrième ramène le lecteur étonné au comique du sujet. Cette composition est une sorte d'espièglerie, si

C'est en vain que le chantre,[1] abusant d'un faux titre,
Deux fois l'en fit ôter par les mains du chapitre :
Ce prélat, sur le banc de son rival altier,
Deux fois le reportant, l'en couvrit tout entier.

Muse, redis-moi donc quelle ardeur de vengeance
De ces hommes sacrés rompit l'intelligence,
Et troubla si longtemps deux célèbres rivaux :
Tant de fiel entre-t-il dans l'âme des dévots ?[2]

Et toi, fameux héros[3] dont la sage entremise
De ce schisme naissant débarrassa l'Église,
Viens d'un regard heureux animer mon projet,[4]
Et garde-toi de rire en ce grave sujet.

Parmi les doux plaisirs d'une paix fraternelle,

---

j'ose parler ainsi, et de moquerie continuelle, par laquelle le poëte trompe à la fois et amuse notre curiosité. » (DELILLE, *Énéide*, liv. I, note 6.)

1. Jacques Barrin, fils de M. de La Galissonnière, maître des requêtes. — L'office de chantre de la Sainte-Chapelle fut créé en 1319. On trouvera dans Félibien, *Histoire de Paris*, t. I, p. 301, les attributions de ce dignitaire. (M. CHÉRON.) Ce dignitaire est le maître du chœur présidant au chant dans une église cathédrale ou collégiale et dans les chapitres. Il porte la chape et le bâton dans les fêtes solennelles et donne le ton aux autres en commençant les psaumes et les antiennes. Le chantre porte dans ses armoiries un bâton de chœur derrière l'écu pour marque de sa dignité. — De 1674 à 1682 (dix éditions) :

> En vain deux fois le chantre, abusant d'un faux titre,
> Contre ses hauts projets arma tout le chapitre :
> Ce prélat généreux, aidé d'un horloger,
> Soutint jusques au bout l'honneur de son clocher.

2. Musa, mihi causas memora, quo numine læso,
    Quidve dolens regina deum, tot volvere casus
    Insignem pietate virum, tot adire labores
    Impulerit : tantæne animis cœlestibus iræ ?
    (VIRGILE, *Énéide*, liv. I, v. 12-16.)

3. M. le premier président de Lamoignon. (BOILEAU, 1713.) — Il y avait d'abord : *Et toi, grand Lamoignon*. Bross., frag. 1673 : *Illustre Lamoignon*.

4. C'est ainsi que Virgile s'adresse à Mécène au IVᵉ livre des *Géorgiques*:

> . . . . Hanc etiam, Mœcenas, adspice partem.

LE LUTRIN, CHANT I.

Paris voyoit fleurir son antique chapelle :[1]
Ses chanoines vermeils et brillants de santé
S'engraissoient d'une longue et sainte oisiveté.[2]
Sans sortir de leurs lits, plus doux que leurs hermines,
Ces pieux fainéants faisoient chanter matines,[3]
Veilloient à bien dîner, et laissoient en leur lieu
A des chantres gagés le soin de louer Dieu :[4]

1. Première manière : *Le calme fleurissoit dans la Sainte-Chapelle*, mais ce dernier mot ne désignoit pas assez précisément la Sainte-Chapelle de Paris. Dans la première édition faite en 1674, on lisoit Pourges au lieu de Paris. (BROSS.) — La Sainte-Chapelle fut érigée dans l'enceinte du Palais de Justice, sous saint Louis, de 1245 à 1248, par Eudes de Montreuil ; elle était destinée à recevoir la couronne d'épines de Jésus-Christ et d'autres reliques que le roi avait achetées à Baudouin II, dernier empereur latin de Constantinople. Elle contenait une partie de la section judiciaire des archives, avant son intelligente restauration par MM. Lassus et Viollet-le-Duc. Cf. Sébastien Rouillard, *Traité de l'antiquité de la Sainte-Chapelle du Palais*, Paris, 1068, in-8º ; et Félibien, *Histoire de Paris*, t. 1, p. 293 et suiv. (M. CHÉRON.)

2. Cela fait songer d'un peu loin à ce vers de Virgile (*Géorg.*, IV, 94) : *Desidia latamque trahens inglorius alvum*, sans rien enlever au mérite du poëte français.

3. Première partie de l'office divin, qui se dit ordinairement la nuit après minuit.

4. « Moi, dit le cheffecier, je suis maître du chœur : qui me forcera d'aller à matines? mon prédécesseur n'y alloit point, suis-je de pire condition? dois-je laisser avilir ma dignité entre mes mains, ou la laisser telle que je l'ai reçue? Ce n'est point, dit l'écolâtre, mon intérêt qui me mène, mais celui de la prébende ; il seroit bien dur qu'un grand chanoine fût sujet au chœur, pendant que le trésorier, l'archidiacre, le pénitencier et le grand vicaire s'en croient exempts. Je suis bien fondé, dit le prévôt, à demander le rétribution sans me trouver à l'office ; il y a vingt années entières que je suis en possession de dormir les nuits, je veux finir comme j'ai commencé, et l'on ne me verra point déroger à mon titre. Que me serviroit d'être à la tête d'un chapitre ? Mon exemple ne tire point à conséquence. Enfin, c'est entre eux tous à qui ne louera point Dieu, à qui fera voir par un long usage qu'il n'est point obligé de le faire ; l'émulation de ne se point rendre aux offices divins ne sauroit être plus vive ni plus ardente. Les cloches sonnent dans une nuit tranquille ; et leur mélodie, qui réveille les chantres et les enfants de chœur, endort les chanoines, les plonge dans un sommeil doux et facile, et qui ne leur procure que de beaux songes ; ils se lèvent tard

Quand la Discorde encor toute noire de crimes,[1]
Sortant des Cordeliers pour aller aux Minimes,[2]
Avec cet air hideux qui fait frémir la Paix,

---

et vont à l'église se faire payer d'avoir dormi. » (LA BRUYÈRE, *De quelques usages.*)

1. Voltaire, *Henriade,* ch. I, v. 61-66, emploie six vers pour faire ainsi le portrait de la Discorde :

> Ce monstre impétueux, sanguinaire, inflexible,
> De ses propres sujets est l'ennemi terrible :
> Aux malheurs des mortels il borne ses desseins ;
> Le sang de son parti rougit souvent ses mains ;
> Il habite en tyran dans les cœurs qu'il déchire.

2. Il y eut de grandes brouilleries dans ces deux couvents, à l'occasion de quelques supérieurs qu'on y vouloit élire. (BOILEAU, 1713.) — Le couvent des cordeliers était dans la rue de l'École-de-Médecine et leur église, démolie après 1790, sur la place même qui est devant l'École ; les minimes étaient près de la place Royale, rue des Minimes ; leur couvent sert aujourd'hui de caserne. — Dans Arioste, saint Michel, allant chercher la Discorde, la trouve dans un chapitre de moines assemblés pour l'élection de leurs supérieurs :

> Al monister, dove altre volte havea
> La discordia veduta, drizzò l'ali.
> Trovolla, che in capitolo sedea
> A nova elettion de gli officiali,
> E di veder diletto si prendea
> Volar pel capo a frati i breviali.
>   (Ch. XXVII, 37e stance.)

Le poëte italien la représente chargée d'écrits, de procédures, d'actes, etc. c'est la chicane que Boileau va bientôt nous montrer à son tour :

> Di citatorie piene, e di libelli,
> D'essamine, e di carte di procure
> Havea le mani, e il seno, e gran fastelli
> Di chiose, di consigli, e di letture ;
> Per cui le facultà de poverelli
> Non sono mai ne la città sicure.
> Havea dietro, e dinanzi, e d'ambi i lati
> Notai, Procuratori, e avvocati.
>   (Ch. XIV, 32e, 83e, 84e stances.)

Voir la Fontaine, fable XX, liv. VI. On cherche à la Discorde une demeure fixe et certaine :

> Comme il n'étoit alors aucun couvent de filles,
>   On y trouva difficulté.

S'arrêta près d'un arbre au pied de son palais.[1]
Là, d'un œil attentif contemplant son empire,
A l'aspect du tumulte, elle-même s'admire.
Elle y voit par le coche et d'Évreux et du Mans[2]
Accourir à grands flots ses fidèles Normands;
Elle y voit aborder le marquis, la comtesse,
Le bourgeois, le manant,[3] le clergé, la noblesse;
Et partout des plaideurs les escadrons épars
Faire autour de Thémis flotter ses étendards.
Mais une église seule, à ses yeux immobile,
Garde au sein du tumulte une assiette tranquille :
Elle seule la brave; elle seule aux procès
De ses paisibles murs veut défendre l'accès.
La Discorde, à l'aspect d'un calme qui l'offense,
Fait siffler ses serpents, s'excite à la vengeance :[4]
Sa bouche se remplit d'un poison odieux,
Et de longs traits de feu lui sortent par les yeux.

Quoi! dit-elle d'un ton qui fit trembler les vitres,
J'aurai pu jusqu'ici brouiller tous les chapitres,

---

1. C'est le *mai* que la Basoche, c'est-à-dire la communauté des clercs du Palais, faisoit planter tous les ans, le 1ᵉʳ de mai, au pied du grand escalier du Palais, derrière la Sainte-Chapelle. — L'auteur avoit d'abord mis :

> S'arrêta près du mai dans la cour du Palais.
> (BROSSETTE.)

2. Voir la pièce des *Plaideurs* de Racine.

3. Dans l'ancien droit féodal, *manant* désignait les vilains, les roturiers, les hommes *de poesté*, sujets de la justice féodale, à raison de ce qu'ils étaient levants et couchants dans le ressort de la juridiction justicière ; il désignait aussi les habitants d'un bourg ou d'un village : c'est dans ce sens que Boileau le prend ici pour l'opposer aux bourgeois.

4. Pour qui sont ces serpents qui sifflent sur vos têtes ?
> (RACINE, *Andromaque*, acte V, scène v.)

Fait siffler ses serpents et lui parle en ces mots.
> (VOLTAIRE, *Henriade*, ch. IV, v. 146.)

Diviser Cordeliers, Carmes et Célestins![1]
J'aurai fait soutenir un siége aux Augustins![2]

1. Les carmes occupaient l'emplacement du marché qui porte ce nom, près de la place Maubert; une partie du couvent des célestins, en face de la bibliothèque de l'Arsenal, sert aujourd'hui de caserne à la garde de Paris. Les dissensions de ces deux ordres donnèrent lieu à un arrêt du parlement rendu au mois d'avril 1667, sur le réquisitoire de l'avocat général Talon. (M. Chéron.)

2. Le couvent des augustins était sur le quai de ce nom, là où était le marché à la volaille et au gibier; la halle qui y avait été bâtie en 1811 vient d'être démolie et remplacée par des maisons. — « De deux ans en deux ans, les augustins du grand couvent de Paris nomment en chapitre trois de leurs religieux bacheliers, pour faire leur licence en Sorbonne. Il y a trois places fondées pour cela. En 1658, le père Célestin Villiers, prieur de ce couvent, voulant favoriser quelques bacheliers, en fit nommer neuf pour les trois licences suivantes. Ceux qui s'en virent exclus par cette élection prématurée se pourvurent en parlement. Le parlement ordonna que l'on feroit une autre nomination en présence de MM. de Catinat et de Saveuse, conseillers de la cour, et de M. Janart, substitut du procureur général. Les religieux ayant refusé d'obéir, la cour fut obligée d'employer la force pour faire exécuter son arrêt. On manda tous les archers, qui, après avoir investi le couvent, essayèrent d'enfoncer les portes. Mais ils n'en purent venir à bout, parce que les religieux, prévoyant ce qui devoit arriver, les avoit fait murer par derrière, et avoient fait provision de cailloux et de toute sorte d'armes. Les archers tentèrent d'autres voies : les uns montèrent sur les toits des maisons voisines pour entrer dans le couvent, tandis que les autres travailloient à faire une ouverture dans la muraille du jardin du côté de la rue Christine. Les augustins, s'étant mis en défense, sonnèrent le tocsin, et commencèrent à tirer d'en bas sur les assiégeants. Ceux-ci, postés plus avantageusement qu'eux, et couverts par les cheminées, tirèrent à leur tour sur les moines, dont il y en eut deux de tués et autant de blessés.

« Cependant, la brèche étant faite, les religieux eurent la témérité d'y porter le Saint-Sacrement, espérant arrêter par là les assiégeants. Mais comme ils virent que cette ressource étoit inutile, et que l'on ne laissoit pas de tirer sur eux, ils demandèrent à capituler, et l'on donna des otages de part et d'autre. Le principal article de la capitulation fut que les assiégés auroient la vie sauve, moyennant quoi ils abandonnèrent la brèche et livrèrent leurs portes. Les commissaires du parlement, étant entrés, firent arrêter onze de ces religieux qui furent menés en prison à la Conciergerie, le 23 d'août 1658. Le cardinal Mazarin, qui n'aimoit pas le parlement, fit mettre les religieux en liberté, par ordre du roi, après vingt-sept jours de prison. Ils furent mis dans les carrosses du roi, et menés en triomphe dans leur couvent, au milieu des gardes françoises, rangés en haie depuis la Concier-

Et cette église seule, à mes ordres rebelle,
Nourrira dans son sein une paix éternelle !
Suis-je donc la Discorde? et, parmi les mortels,
Qui voudra désormais encenser mes autels ?[1]

A ces mots, d'un bonnet couvrant sa tête énorme,
Elle prend d'un vieux chantre et la taille et la forme,
Elle peint de bourgeons son visage guerrier,[2]
Et s'en va de ce pas trouver le trésorier.

Dans le réduit obscur d'une alcôve enfoncée[3]
S'élève un lit de plume à grands frais amassée :

gerie jusqu'aux Augustins. Leurs confrères allèrent les recevoir en procession, ayant des palmes à la main. Ils sonnèrent toutes leurs cloches, et chantèrent le *Te Deum* en action de grâces.

« La Fontaine fit à ce sujet une ballade, dont le refrain est :

Les augustins sont serviteurs du roi. »   (BROSSETTE.)

Dans cette ballade un conseiller clerc fait cette petite semonce aux révérends pères :

Vous êtes troupe en ce monde inutile ;
Le *tronc* vous perd depuis ne sais combien :
Vous vous battez, faisant un bruit de chien, etc.
Mais que soyez de Paris ou d'Auxerre,
Il faut subir cette commune loi ;
Et, n'en déplaise aux suppôts de saint Pierre,
Les augustins sont serviteurs du roi.

1. Virgile, *Énéide*, liv. I, v. 52. (BOILEAU, 1713.)

. . . . . Et quisquam numen Junonis adoret
Præterea, aut supplex aris imponat honorem.

2. Boutons rouges qui viennent au visage, produits quelquefois par l'excès de la boisson. — « C'étoit (Riom) un gros garçon court, joufflu, pâle, qui, avec force bourgeons, ne ressembloit pas mal à un abcès. » (SAINT-SIMON, 435-54.)

3. Cette description faite de génie, l'auteur n'ayant jamais vu ni l'alcôve ni le lit du trésorier, se trouva conforme à la vérité. (BROSSETTE.) — Il est inutile après tant de commentateurs de faire ressortir la perfection de cette peinture, où les mots, dit La Harpe, sont choisis de manière qu'il n'y a pas une seule syllabe qui fasse assez de bruit pour réveiller le prélat qui dort ; où, dit Marmontel, il n'y a pas une épithète qui n'ajoute à l'image.

Quatre rideaux pompeux, par un double contour,
En défendent l'entrée à la clarté du jour.
Là, parmi les douceurs d'un tranquille silence,
Règne sur le duvet une heureuse indolence.
C'est là que le prélat, muni d'un déjeuner,
Dormant d'un léger somme, attendoit le dîner.
La jeunesse en sa fleur brille sur son visage :
Son menton sur son sein descend à double étage;
Et son corps, ramassé dans sa courte grosseur,
Fait gémir les coussins sous sa molle épaisseur.[1]

   La déesse en entrant, qui voit la nappe mise,[2]

---

1. L'auteur ajouta ces quatre vers pour faire une contre-vérité, car le trésorier étoit maigre, vieux et de grande taille... (Brossette.) — Gresset, dans son *Lutrin vivant*, a essayé de rendre aux chanoines la réputation de sobriété et d'activité que Boileau leur avait ravie :

> Là ne sont point de ces mortels fleuris
> Qui, dans les bras d'une heureuse indolence,
> Exempts d'étude et libres d'abstinence,
> N'ont qu'à nourrir leur brillant coloris :
> On ne voit là que pâles effigies,
> Qui du champagne onc ne furent rougies,
> Que maigres clercs, chanoines avortons,
> Sans rabats fins et sans triples mentons;
> Contraints d'aller, traînant leurs faces blêmes,
> A chaque office et de chanter eux-mêmes.

2. Les grammaires ont beaucoup blâmé ce *qui;* c'était une inversion dont le xviie siècle offre de fréquents exemples :

> Un homme l'emmenoit, qui s'est trouvé fort sot.
>   (Mol., *l'Ét.*, II, xiv.)

> La tête d'une femme est comme la girouette
> Au haut d'une maison, qui tourne au premier vent.
>   (Id., *Dép. am.*, IV, ii.)

> Nos pères sur ce point étoient gens bien sensés,
> Qui disoient qu'une femme en sait toujours assez.
>   (Id., *Femmes sav.*, II, vii.)

> Viens, tu fais ton devoir, et le fils dégénère
> Qui survit un moment à l'honneur de son père.
>   (Corn., *Cid*, II, ii.)

« On ne parloit qu'avec transport de la bonté de cette princesse, qui lui gagna d'abord tous les esprits. » (Bossuet, *Or. fun. de la duch. d'Orléans*).

Admire un si bel ordre, et reconnoît l'Église,[1]
Et, marchant à grands pas vers le lieu du repos,
Au prélat sommeillant elle adresse ces mots :

Tu dors, prélat, tu dors![2] et là-haut,[3] à ta place,
Le chantre aux yeux du chœur étale son audace,
Chante les OREMUS, fait des processions,
Et répand à grands flots les bénédictions![4]
Tu dors! attends-tu donc que, sans bulle et sans titre,
Il te ravisse encor le rochet et la mitre?[5]
Sors de ce lit oiseux qui te tient attaché,
Et renonce au repos, ou bien à l'évêché.[6]

— « Il a eu raison d'interdire un prêtre pour toute sa vie, qui, pour se défendre, avoit tué un voleur d'un coup de pierre. » (PASCAL, XIVᵉ Prov.)

1. Boileau avait mis d'abord : *et reconnoît L'**** : personne ne pouvait s'y tromper. Le mot *Église* était aux fragments de 1673, les éditeurs étrangers le donnèrent bientôt, dans les éditions de 1697, 1701, 1707, 1708. Il ne fut imprimé en toutes lettres en France que dans l'édition posthume, 1713. L'irrévérence de ce passage n'avait pas échappé à Pradon ; « on peut dire, écrivait-il, que s'il a donné des marques de son esprit dans ce poëme, il en a donné très-peu de son jugement, pour un homme qui se pique tant de bonnes mœurs... » *Nouvelles remarques*, p. 101.

2. Εὕδεις, Ἀτρέος υἱέ...
(HOMÈRE, *Iliade*, liv. II, v. 23.)

3. La Sainte-Chapelle haute, où les chanoines font l'office, est beaucoup plus élevée que la maison du trésorier, qui est dans la cour du Palais. (BROSSETTE.) — La chapelle inférieure, dédiée à la Vierge, était destinée aux habitants de la cour du Palais ; la chapelle supérieure, nommée Sainte-Couronne, ou Sainte-Croix, était réservée au roi et à ses officiers.

4. C'était le principal motif de la jalousie du trésorier contre le chantre. Le privilége de bénir est la marque de la supériorité que donne le rang dans l'Église.

5. Sorte de surplis à manches étroites que portent les évêques.

6. Pasquier (*Recherches*, liv. III, ch. XXXIX) nous explique comment ce mot peut venir ici : « Longtemps après que saint Louis eut bâti cette chapelle, dit Pasquier, elle fut depuis grandement annoblie par le roi Charles V. C'est lui qui obtint du saint-siége permission au trésorier d'icelle d'user de mitre, anneau, et autres ornemens pontificaux (excepté la crosse), et

Elle dit : et du vent de sa bouche profane,
Lui souffle avec ces mots l'ardeur de la chicane.
Le prélat se réveille, et, plein d'émotion,
Lui donne toutefois la bénédiction.[1]

Tel qu'on voit un taureau, qu'une guêpe en furie
A piqué dans les flancs aux dépens de sa vie,[2]
Le superbe animal, agité de tourments,
Exhale sa douleur en longs mugissements :
Tel le fougueux prélat, que ce songe épouvante,
Querelle en se levant et laquais et servante ;
Et, d'un juste courroux rallumant sa vigueur,
Même avant le dîner, parle d'aller au chœur.
Le prudent Gilotin, son aumônier fidèle,[3]
En vain par ses conseils sagement le rappelle ;
Lui montre le péril ; que midi va sonner ;
Qu'il va faire, s'il sort, refroidir le dîner.

Quelle fureur, dit-il, quel aveugle caprice,
Quand le dîner est prêt, vous appelle à l'office ?
De votre dignité soutenez mieux l'éclat :

---

donner bénédiction, tout ainsi qu'un évêque célébrant le service divin dedans le pourpris de la Sainte-Chapelle. »

1. Le père Sanlecque, satire II, vers 119, fait bénir un bouillon ; mouvement naturel chez un prélat habitué à répandre à grands flots les bénédictions :

>   Le saint rempli de joie et d'admiration
>   Donne à ce consommé sa bénédiction.

2. Illis ira modum supra est, læsæque venenum
    Morsibus inspirant, et spicula cæca relinquunt
    Affixæ venis, animasque in vulnere ponunt.
                    (VIRGILE, *Géorgiques*, IV, v. 236-238.)

Voyez dans la *Correspondance* les lettres à Brossette du 28 de mai 1703 et du 13 de décembre 1704. — Brossette reprochait à Boileau d'avoir dit de la guêpe ce qui ne convient qu'à l'abeille.

3. Brossette prétend que cet aumônier s'appelait Guéronet, et que plus tard le trésorier lui donna la cure de la Sainte-Chapelle. Il s'appelait en réalité Guironnet. (BERRIAT-SAINT-PRIX, t. III, p. 490.)

Est-ce pour travailler que vous êtes prélat?
A quoi bon ce dégoût et ce zèle inutile?
Est-il donc, pour jeûner, quatre-temps ou vigile?
Reprenez vos esprits, et souvenez-vous bien
Qu'un dîner réchauffé ne valut jamais rien. ¹

Ainsi dit Gilotin; et ce ministre sage
Sur table, au même instant, fait servir le potage. ²
Le prélat voit la soupe, et, plein d'un saint respect,
Demeure quelque temps muet à cet aspect.
Il cède, il dîne enfin; mais, toujours plus farouche,
Les morceaux trop hâtés se pressent dans sa bouche. ³
Gilotin en gémit, et, sortant de fureur,

---

1. Voici comment Lemercier (IV, 75) apprécie tout ce passage où Gilotin est en scène « Boileau dans ces vers ramène le prélat, conformément à ses mœurs, au pieux soin de sa personne, grâce aux conseils d'un aumônier, son obéissant acolyte... Outre les expressions qui retracent la consécration des jours d'abstinence forcée, la dernière sentence contient une vérité éternelle; et pourtant la fureur du saint homme est si grande que son oreille reste sourde à une maxime qui le doit profondément émouvoir. Dès lors quelle idée concevons-nous de sa colère, puisque la gourmandise ne peut même la contre-balancer! »

2. « Le poëte pouvait mettre *sur la table à l'instant*, mais *sur table au même instant* est bien plus vif. » (LE BRUN.) — « La première locution eût été d'ailleurs bien moins coulante, » dit de Saint-Surin. — Il n'y faut pas tant chercher d'artifice, Boileau parlait la langue de son temps; on disait *mettre sur table, sur table*, comme dans ce vers de Régnier :

En forme d'eschiquier, les plats rangés sur table.
(Satire X.)

3. « Comme il faut que la gourmandise l'emporte en dernier lieu, Gilotin, mieux inspiré, joint prudemment les effets aux paroles : *il fait servir le potage*... Aussitôt quel changement! quelle religieuse modération! le prélat *plein d'un saint respect demeure quelque temps muet*... moment d'hésitation très-naturelle, intervalle mis avec art entre l'appétit naissant qui triomphe et le courroux qui s'affaiblit dans le cœur du prélat... Maintenant l'on voit le prélat maîtrisé par la gourmandise et la colère à la fois, qui règnent ensemble sur lui... Voilà comment on imite les grandes passions! Boileau, durant son épopée entière, n'a pas démenti les mœurs de ses chapelains. » (LEMERCIER, IV, 75.)

Chez tous ses partisans va semer la terreur.[1]
On voit courir chez lui leurs troupes éperdues,
Comme l'on voit marcher les bataillons de grues,[2]
Quand le Pygmée altier,[3] redoublant ses efforts,
De l'Hèbre[4] ou du Strymon[5] vient d'occuper les bords.
A l'aspect imprévu de leur foule agréable,
Le prélat radouci veut se lever de table :
La couleur lui renaît, sa voix change de ton ;[6]

---

1 « Pour donner en quelque sorte plus d'étendue ou plus d'intérêt à son action, Boileau a supposé que le clergé inférieur de la Sainte-Chapelle s'était réuni au trésorier, avait formé de pieuses ligues avec lui contre le chantre et les chanoines. » (B.-S.-P.) Brossette expliquait autrement ces *ligues* : « Les chantres subalternes, dit-il, étoient dans le parti du trésorier contre le chantre et les autres chanoines, parce que ceux-ci leur refusoient de certains droits. »

2. Homère, *Iliade*, liv. III, v. 6. (BOILEAU, 1713.)

Κλαγγῇ ταίγε πέτονται ἐπ' Ὠκεανοῖο ῥοάων
Ἀνδράσι Πυγμαίοισι φόνον καὶ κῆρα φέρουσαι.

3. Nom d'une nation fabuleuse dont le peuple n'avait, suivant les poëtes, que la hauteur d'une coudée, et qui guerroyait contre les grues. (Étym., πυγμαῖος qui vient de πυγμή, mesure de 18 doigts, valant 333 millimètres, de πύξ, poing.) — Selon Pline, les Pygmées habitaient des cabanes bâties avec de la boue, des plumes et des coquilles d'œuf. Ils étaient sans cesse en guerre avec les grues ; et, comme ils n'auraient pu résister à la multitude toujours croissante de ces oiseaux, ils faisaient chaque année une grande expédition pour les détruire. Armés de flèches et montés sur des béliers et des chèvres, ils descendaient par grandes masses sur les bords de la mer pour s'emparer des œufs et des petits des grues. (*Hist. nat.*, VII, 11.) L'épithète *altier* est fort plaisante, appliquée aux Pygmées.

4. Fleuve de Thrace. (BOILEAU, 1713.)

5. Fleuve de l'ancienne Thrace et depuis la Macédoine. (BOILEAU, 1713.)

6. De 1674 à 1698, on lisait, au lieu de ce vers, celui-ci :

Son visage n'a plus cet air si furibond.

Despréaux avait supprimé le *d* à cause de la rime. Ses ennemis ne manquèrent pas de lui reprocher cette faute. « Contentez-vous, lui dit Sainte-Garde (p. 61), d'animer les autres de la voix et des yeux (on voulait faire croire que ses vers ne passaient qu'à la faveur de sa déclamation), de peur que vous n'alliez encore faire rimer *furibond* à *jambon*. »

Il fait par Gilotin rapporter un jambon.
Lui-même le premier, pour honorer la troupe,
D'un vin pur et vermeil il fait remplir sa coupe ;
Il l'avale d'un trait, et, chacun l'imitant, [1]
La cruche au large ventre est vide en un instant.
Sitôt que du nectar la troupe est abreuvée,
On dessert : et soudain, la nappe étant levée,
Le prélat, d'une voix conforme à son malheur,
Leur confie en ces mots sa trop juste douleur :

    Illustres compagnons de mes longues fatigues, [2]
Qui m'avez soutenu par vos pieuses ligues,
Et par qui, maître enfin d'un chapitre insensé,
Seul à MAGNIFICAT je me vois encensé,
Souffrirez-vous toujours qu'un orgueilleux m'outrage ;
Que le chantre à vos yeux détruise votre ouvrage,
Usurpe tous mes droits, et, s'égalant à moi,
Donne à votre lutrin et le ton et la loi ? [3]
Ce matin même encor, ce n'est point un mensonge,
Une divinité me l'a fait voir en songe ;
L'insolent, s'emparant du fruit de mes travaux,

---

1. VIRGILE, *Énéide*, liv. I, v. 742 :

    Impiger hausit
 Spumantem pateram et pleno se proluit auro.

2. Ce début rappelle le discours d'Agamemnon aux chefs de l'armée grecque :

    ὦ φίλοι, ἥρωες Δαναοί, θεράποντες Ἄρηος,
    Ζεύς με μέγα Κρονίδης ἄτῃ ἐνέδησε βαρείῃ.
                (HOMÈRE, *Iliade*, II, 110.)

3. « Il est tout simple que le chantre donne le ton au *Lutrin*, mais qu'il prétende aussi donner la loi au chapitre, voilà ce que le trésorier ne peut ni ne doit lui pardonner. (AMAR.) — La remarque de M. Amar est très ingénieuse ; mais, si Despréaux a eu cette pensée, l'a-t-il assez exprimée ? » (DAUNOU.)

A prononcé pour moi le BENEDICAT VOS ! [1]
Oui, pour mieux m'égorger, il prend mes propres armes.
 Le prélat, à ces mots, verse un torrent de larmes.
Il veut, mais vainement, poursuivre son discours.
Ses sanglots redoublés en arrêtent le cours.
Le zélé Gilotin, qui prend part à sa gloire,
Pour lui rendre la voix fait rapporter à boire ;
Quand Sidrac,[2] à qui l'âge allonge le chemin,[3]
Arrive dans la chambre, un bâton à la main.
Ce vieillard dans le chœur a déjà vu quatre âges :[4]
Il sait de tous les temps les différents usages :
Et son rare savoir, de simple marguillier,[5]
L'éleva par degrés au rang de chevecier.[6]

 1. Le chantre n'a jamais eu la prérogative du *benedicat vos* que Boileau s'est amusé à lui prêter. C'est une invention ingénieuse de sa part pour former le nœud de son poëme. — « Il me semble, disait charitablement Pradon, que cela tourne un peu en ridicule les cérémonies et les termes de notre religion. »
 2. L'abbé Jacques Boileau écrit à Brossette, le 12 de février 1703 :
 « Sidrac est le vrai nom d'un vieux chapelain de la Sainte-Chapelle, c'est-à-dire un chantre musicien dont la voix étoit une taille fort belle : son personnage n'est point feint. »
 3. Vers heureux et d'un admirable effet.
 4. C'est le Nestor du chapitre. Homère, dans l'*Iliade*, chant I, et dans l'*Odyssée*, chant III, dit que Nestor avait déjà régné trois âges.
 5. C'est celui qui a soin des reliques. (BOILEAU, 1713.) — On désignait aussi par ce nom ceux qui étaient chargés de diriger l'administration journalière du temporel d'une paroisse. Étymol., bourguignon *Marileli*, Berry, *Marillier*, du latin *Matricularius*, *matricula*, *matricule*, XVᵉ siècle : « Chanoines et marregliers de la Sainte-Chapelle. » DU CANGE, *Matricularius*.
 6. C'est celui qui a soin des chapes et de la cire. (BOILEAU, 1713.) — « C'étoit un sacristain, ordinairement prêtre, et qui, outre ses rétributions du chœur, avoit deux cents livres de gages.—Dignitaire qui avoit soin du chevet de l'église, c'est-à-dire du fond de l'église depuis l'endroit où la clôture commence à tourner en rond ; le même que le trésorier en d'autres églises, parce qu'il garde le trésor de l'église ; il a soin aussi du luminaire de l'église.—XVᵉ siècle. Frère Guillaume, chevassier du sépulcre du dit moustier. » (DU CANGE.)—*Capilium*, étym. italien *Capicerio* ; bas-latin *Capicerius* et *Capitarius* qui est la vraie orthographe de *Capitium*, chevet d'église, de *Caput*, tête (voyez CHEF). (E. LITTRÉ, *Dict. de la langue française*.)

A l'aspect du prélat qui tombe en défaillance,
Il devine son mal, il se ride, il s'avance ;
Et d'un ton paternel réprimant ses douleurs :
 Laisse au chantre, dit-il, la tristesse et les pleurs,
Prélat, et, pour sauver tes droits et ton empire,
Écoute seulement ce que le ciel m'inspire.
Vers cet endroit du chœur où le chantre orgueilleux
Montre, assis à ta gauche, un front si sourcilleux, [1]
Sur ce rang d'ais serrés qui forment sa clôture, [2]
Fut jadis un lutrin d'inégale structure, [3]

> 1. *Sourcilleux*, fier, hautain ; du mot sourcil (supercilium), partie du visage où les anciens faisoient résider l'arrogance :
>
>> Avec l'humble innocence elle est plus compatible
>> Qu'avec le pouvoir *sourcilleux*.
>> (Corneille, *Imit.*, III, 5.)
>
>> Pensez-vous regretter ces démarches pompeuses,
>> Ces fastueux dehors, ces grandeurs *sourcilleuses* ?
>> (Id., *Vict. du roi en 1667*.)
>
> L'auteur disoit que ces vers (*Vers cet endroit*, etc., jusqu'à *ombrageoient pleinement*...) lui avoient coûté beaucoup de temps et de peine. (Bross.)
> 2. Saint-Marc fait remarquer que par *clôture* Boileau fait entendre la stalle, le banc, la petite enceinte dans laquelle le chantre se place. — Sur le mot *ais* voici ce que M. Guizot écrit dans son *Traité des synonymes* (1809) : « L'*ais* est le terme propre et générique ; la planche paraît être une espèce d'*ais* d'une certaine largeur et d'une certaine longueur. L'*ais* considéré dans sa largeur, ou employé pour servir par sa surface même, est proprement une planche ; s'il ne sert qu'à serrer et à contenir, s'il est placé sur champ, c'est un *ais*. Boileau dit fort bien que *des ais serrés* forment la clôture du chantre dans le chœur. » L'observation paraît ne reposer que sur une distinction bien subtile. *Ais* est dit par tous les auteurs du xviie siècle dans le sens où nous mettrions *planche*. Étymol. lat. *assis*, planche. Italien *asse*.
>
>> Six douves de poinçon servent d'ais et de barre.
>> (Régnier, satire II.)
>
> Seulement il est plus facile à couler dans les vers :
>
>> La table où l'on servit le champêtre repas
>> Fut d'ais non façonnés à l'aide du compas.
>> (Lafont., *Phil. et Baucis*.)
>
> 3. La place du chantre étant à la première haute stalle à la gauche de

Dont les flancs élargis, de leur vaste contour,
Ombrageoient pleinement tous les lieux d'alentour.[1]
Derrière ce lutrin, ainsi qu'au fond d'un antre,
A peine sur son banc on discernoit le chantre,
Tandis qu'à l'autre banc le prélat radieux,
Découvert au grand jour, attiroit tous les yeux.[2]
Mais un démon, fatal à cette ample machine,
Soit qu'une main la nuit eût hâté sa ruine,
Soit qu'ainsi de tout temps l'ordonnât le destin,
Fit tomber à nos yeux le pupitre un matin.
J'eus beau prendre le ciel et le chantre à partie,[3]
Il fallut l'emporter dans notre sacristie,
Où depuis trente hivers, sans gloire enseveli,
Il languit tout poudreux dans un honteux oubli.
Entends-moi donc, prélat. Dès que l'ombre tranquille
Viendra d'un crêpe noir envelopper la ville,
Il faut que trois de nous, sans tumulte et sans bruit,
Partent à la faveur de la naissante nuit,[4]

---

l'entrée du chœur, c'est là, et par conséquent sur les *ais* qui séparaient cette place des basses stalles, que fut rétabli ce lutrin.

1.   Tum fortes late ramos et brachia tendens
       Huc illuc, media ipsa ingentem sustinet umbram.
                        (VIRGILE, *Géorgiques*, liv. II, v. 296-297.)

Delille, en traduisant ces vers, avait cru d'abord faire bien d'emprunter à Boileau cette expression de *leur vaste contour;* il la changea plus tard.

2. L'harmonie savante de ces vers, le choix élégant et judicieux des mots peignent à merveille le contraste du chantre et du trésorier.

3. *Prendre à partie* est un terme de palais; prendre quelqu'un à partie, c'est proprement l'attaquer en justice, et par extension imputer à quelqu'un le mal qui est arrivé. *Il n'a point pris le ciel ni le sort à partie.* (CORN., *Héraclius*, III, 3.) Dans le vers de Boileau l'expression n'a pas toute la netteté désirable.

4.   Le signal est donné, sans tumulte et sans bruit :
       C'était à la faveur des ombres de la nuit.
                        (VOLTAIRE, *Henriade*, ch. II, v. 175-176.)

Et, du lutrin rompu réunissant la masse,
Aillent d'un zèle adroit le remettre en sa place.
Si le chantre demain ose le renverser,
Alors de cent arrêts tu le peux terrasser.
Pour soutenir tes droits, que le ciel autorise,
Abîme tout plutôt, c'est l'esprit de l'Église. [1]
C'est par là qu'un prélat signale sa vigueur.
Ne borne pas ta gloire à prier dans un chœur :
Ces vertus dans Aleth peuvent être en usage ; [2]
Mais, dans Paris, plaidons : c'est là notre partage. [3]
Tes bénédictions dans le trouble croissant,
Tu pourras les répandre et par vingt et par cent,
Et, pour braver le chantre en son orgueil extrême,

---

1. On a remarqué que le mot *Église* est laissé en blanc, dans les premières éditions, à la fin du vers 70, où il ne s'agit que d'une *table bien mise*, et qu'ici, où il est dit que l'esprit de l'Église est de tout abîmer, on le lisait tout entier. Desmarest et Pradon ne manquèrent pas d'accuser Boileau d'impiété. Desmarest est le plus modéré de tous, car il se fait répondre par un interlocuteur (p. 114) : « L'auteur est plutôt indiscret qu'impie en cet endroit. Il a voulu dire : c'est l'humeur des ecclésiastiques. Mais c'est manquer de jugement que de parler ainsi de l'esprit de l'Église, sans mieux expliquer ce qu'il veut dire. » Suivant d'Alembert, Boileau répondit (il ne dit pas où) qu'il entendait par l'Église, « non ce corps respectable de pasteurs éclairés et vertueux, qui conserve et défend le précieux dépôt de la foi, mais cette troupe subalterne et malheureusement trop nombreuse de ministres ignorants et calomniateurs, qui ne sont pas plus l'Église que le parterre de la foire n'est le public. » Note 39 sur l'*Éloge de Despréaux*.

2. Nicolas Pavillon, alors évêque d'Aleth, était justement renommé pour sa piété. Il était né à Paris en 1597, et mourut à Aleth, le 8 décembre 1677, après trente-huit ans d'épiscopat et de résidence ; ce qui est à remarquer à une époque où les prélats fréquentaient beaucoup plus la cour que leur évêché. — Éloge très-délicat de M. Pavillon, alors évêque d'Aleth, dans le bas Languedoc. (Bnoss.) C'est également un hommage rendu à Port-Royal. Ce saint évêque disait en effet : « Nous ne savions rien avant que de connoître les messieurs de Port-Royal, et nous ne pouvons assez louer Dieu de ce qu'il nous les a fait connoître. »

3. De 1674 à 1682, on lisait *Pourges*. P.... ; P***. — L'Église alors ne

Les répandre à ses yeux, et le bénir lui-même. [1]
Ce discours aussitôt frappe tous les esprits;
Et le prélat charmé l'approuve par des cris. [2]
Il veut que sur-le-champ dans la troupe on choisisse
Les trois que Dieu destine à ce pieux office :
Mais chacun prétend part à cet illustre emploi. [3]
Le sort, dit le prélat, vous servira de loi : [4]
Que l'on tire au billet ceux que l'on doit élire.
Il dit : on obéit, on se presse d'écrire.
Aussitôt trente noms, sur le papier tracés,
Sont au fond d'un bonnet[5] par billets entassés.
Pour tirer ces billets avec moins d'artifice,
Guillaume, enfant de chœur, prête sa main novice.

---

fuyait pas les procès; l'abondance de ses biens, la diversité de ses privilèges l'entraînaient souvent dans des discussions juridiques.

1. Boileau applique ici avec bonheur le précepte qu'il a donné dans son *Art poétique* :

> Que dans tous vos discours la passion émue
> Aille chercher le cœur, l'échauffe et le remue.

2. D'après les *Fragments*, ces vers auraient été ainsi dans la composition originale :

> Ces mots de feu sortant d'une bouche de glace
> Font revivre en son cœur une nouvelle audace.
> Oui, plaidons, lui dit-il, j'y consens, je suis prêt,
> Et que l'encre au barreau s'épuise à nos procès.

3. *Prétendre*, verbe actif, signifie réclamer, exiger comme un droit. — *Prétendre à*, signifie aspirer à, travailler à obtenir. « Comme le plus vaillant je *prétends la troisième* (part). » (LA FONT., *Fables*, I, 6.) — « Son frère Florian prétendit l'empire par droit de succession, comme le plus proche héritier. » (Boss., *Hist.*, I, 10.)

4. Homère, *Iliade*, liv. VII, v. 171. (BOILEAU, 1713).

> Κλήρῳ νῦν πεπάλαχθε διαμπερὲς, ὅς κε λάχῃσιν.

5.   Convenere viri, dejectamque aerea sortem
    Accepit galea...
                   (VIRGILE, *Énéide*, liv. V, v. 490-491.)

Son front nouveau tondu, symbole de candeur,
Rougit, en approchant, d'une honnête pudeur.[1]
Cependant le prélat, l'œil au ciel, la main nue,
Bénit trois fois les noms, et trois fois les remue.
Il tourne le bonnet : l'enfant tire, et Brontin[2]
Est le premier des noms qu'apporte le destin.
Le prélat en conçoit un favorable augure,
Et ce nom dans la troupe excite un doux murmure.
On se tait ; et bientôt on voit paroître au jour
Le nom, le fameux nom du perruquier l'Amour.[3]
Ce nouvel Adonis, à la blonde crinière,
Est l'unique souci d'Anne sa perruquière.
Ils s'adorent l'un l'autre ; et ce couple charmant

---

1. Amar trouve cette peinture charmante en son genre ; Le Brun dit que ces vers pleins de charme respirent la naïveté de l'innocence. — Dans cette expression, *nouveau tondu*, nouveau est pris adverbialement.

> Il est *nouveau venu* des universités.
> (CORNEILLE, *la Veuve*, III.)

2. Son vrai nom étoit Frontin ; il étoit prêtre du diocèse de Chartres et sous-marguillier de la Sainte-Chapelle. (BROSSETTE.)

3. Molière en a peint le caractère dans son *Médecin malgré lui*, à la fin de la première scène, sur ce que M. Despréaux lui en avoit dit. (BOILEAU, 1713.) — D'après la tournure de cette note, on voit qu'elle appartient non à Boileau, mais à ses éditeurs ; et celui d'Amsterdam, 1713 (pages XLIV et 221), assure qu'elle est fausse. (BERRIAT-SAINT-PRIX.) — Les éditions antérieures à 1698 portent : *De l'horloger La Tour*, et *d'Anne son horlogère*. La même remarque s'applique à tous les passages où revient le mot perruquier. — Berriat-Saint-Prix relève au chapitre des *Erreurs de Brossette* la manière dont il écrit le nom du perruquier de Boileau qui s'appelait, dit-il, Didier Delamour. Brossette ici n'est point coupable. Dans ses *Mémoires*, conservés à la Bibliothèque de Richelieu, publiés par M. Laverdet (Correspondance entre Boileau Despréaux et Brossette, Paris, Techener, 1858, in-12), il dit à la date du samedi 21 octobre 1702 : « L'on me donna ces jours passés la date de la mort du sieur de Lamour, perruquier du *Lutrin*. Il est mort le mercredi premier jour de may 1697, en la maison qui est dans la vieille cour du Palais, et a été enterré dans l'église de la basse Sainte-Chapelle du Palais, sa paroisse.

« Il s'appeloit Didier de Lamour ;

S'unit longtemps, dit-on, avant le sacrement;
Mais, depuis trois moissons, à leur saint assemblage
L'official a joint le nom de mariage.
Ce perruquier superbe est l'effroi du quartier,[1]
Et son courage est peint sur son visage altier.
Un des noms reste encore, et le prélat, par grâce,
Une dernière fois les brouille et les ressasse.
Chacun croit que son nom est le dernier des trois.
Mais que ne dis-tu point, ô puissant porte-croix,
Boirude,[2] sacristain, cher appui de ton maître,
Lorsqu'aux yeux du prélat tu vis ton nom paroître!
On dit que ton front jaune, et ton teint sans couleur,
Perdit en ce moment son antique pâleur;
Et que ton corps goutteux, plein d'une ardeur guerrière,
Pour sauter au plancher fit deux pas en arrière.[3]
Chacun bénit tout haut l'arbitre des humains,
Qui remet leur bon droit en de si bonnes mains.
Aussitôt on se lève, et l'assemblée en foule,

« Et sa femme Anne Dubuisson, décédée aux fêtes de Pâques de l'an 1698. »

1. Rien n'empêche d'accepter les détails que Brossette nous a transmis sur ce passage.

« C'étoit un gros et grand homme d'assez bon air, vigoureux et bien fait. Il avoit été marié deux fois. — Quand il arrivoit quelque tumulte dans la cour du Palais, il y mettoit ordre sur-le-champ. Il se servoit d'un bâton à deux bouts pour écarter les filous et les bretteurs qui faisoient du désordre et que le grand abord du monde attiroit au Palais. Pendant les troubles de Paris, le peuple ayant mis le feu aux portes de l'hôtel de ville, le sieur Lamour se fit faire place, et tira de l'hôtel de ville deux ou trois de ses amis qui y étoient en danger. » (BROSSETTE.)

2. François Syreulde, sous-marguillier, ou sacristain de la Sainte-Chapelle, portait ordinairement la croix ou la bannière aux processions. — Berriat-Saint-Prix corrige Brossette qui avait écrit *Sirude*. On a vu, page 408, note 2, que Morand écrit ainsi le nom de ce personnage : *Cyreult*.

3. « Quelle verve, dit La Harpe, dans la peinture du vieux Boirude! » LA HARPE, *Lycée*, t. VII.

Avec un bruit confus, par les portes s'écoule.[1]
Le prélat resté seul calme un peu son dépit,
Et jusques au souper se couche et s'assoupit.

---

1. On a dit que ces vers étaient imités de Chapelain ; c'est à peu près vrai. Voici le passage de la *Pucelle* :

> On quitte alors le temple, et l'immortelle foule
> *Par tous les trois portaux* avec peine s'écoule ;
> Ils sortent tous enfin, et, d'aise transportés,
> Vont publier le sacre aux climats écartés.
> (Édit. in-12, 1656, p.247.)

CHANT II.

Cependant cet oiseau qui prône les merveilles,[1]
Ce monstre composé de bouches et d'oreilles,
Qui, sans cesse volant de climats en climats,
Dit partout ce qu'il sait et ce qu'il ne sait pas ;
La Renommée enfin, cette prompte courrière,

---

1. *Énéide*, liv. IV, v. 173. (BOILEAU, 1713.) — Voici quelques-uns de ces vers :

> Extemplo Libyæ magnas it fama per urbes
> Fama, malum quo non aliud velocius ullum,...
> Monstrum horrendum, ingens, cui quot sunt corpore plumæ,
> Tot vigiles oculi subter (mirabile dictu).
> Tot linguæ, totidem ora sonant, tot subrigit aures ;...
> Hæc tum multiplici populos sermone replebat
> Gaudens, et pariter facta atque infecta canebat.

Ovide, dans les *Métamorphoses*, liv. XII, Stace, dans la *Théb.*, liv. III, Valerius Flaccus, dans les *Argonaut.*, liv. II, Jean-Baptiste Rousseau, dans l'*Ode au prince Eugène*, str. 1 et 2, Voltaire, dans *la Henriade*, liv. VIII, v. 477 à 484, ont fait un portrait de la Renommée. Voici les vers de Voltaire :

> Du vrai comme du faux la prompte messagère,
> Qui s'accroît dans sa course, et d'une aile légère,
> Plus prompte que le temps, vole au delà des mers,
> Passe d'un pôle à l'autre et remplit l'univers ;
> Ce monstre composé d'yeux, de bouches, d'oreilles,
> Qui célèbre des rois la honte ou les merveilles,
> Qui rassemble sous lui la curiosité,
> L'espoir, l'effroi, le doute et la crédulité ;
> De sa brillante voix, trompette de la gloire,
> Du héros de la France annonçait la victoire.

On remarquera que Voltaire, en empruntant un vers à Boileau, l'a enrichi d'un mot et d'une idée. — Desmarets disait : « On n'a jamais appelé la Renommée *un oiseau*. Cela n'est point de la fiction poétique. »

Va d'un mortel effroi glacer la perruquière ; [1]
Lui dit que son époux, d'un faux zèle conduit,
Pour placer un lutrin doit veiller cette nuit. [2]

 A ce triste récit, tremblante, désolée, [3]
Elle accourt, l'œil en feu, la tête échevelée,
Et trop sûre d'un mal qu'on pense lui celer :

 Oses-tu bien encor, traître, dissimuler? [4]
Dit-elle : et ni la foi que ta main m'a donnée,
Ni nos embrassements qu'a suivi [5] l'hyménée,
Ni ton épouse enfin toute prête à périr,
Ne sauroient donc t'ôter cette ardeur de courir!

1. Dans les éditions de 1674 à 1698, il y avait :

> . . . . . D'une course légère,
> Va porter la terreur au sein de l'horlogère.

2. Dans les éditions de 1674 à 1682, après ce vers, il y avait ceux-ci :

> Que, sous ce piége adroit, cet amant infidèle
> Trame le noir complot d'une flamme nouvelle,
> Las des baisers permis qu'en ses bras il reçoit,
> Et porte en d'autres lieux le tribut qu'il lui doit.

Boileau trouvait trop long l'épisode de la perruquière tel qu'il l'avait d'abord composé, et il en retrancha quelques vers. Il disait, en effet, dans la IVᵉ préface, en annonçant les deux derniers chants du *Lutrin* : « Je me persuade qu'ils consoleront aisément les lecteurs de quelques vers que j'ai retranchés à l'épisode de l'horlogère qui m'avoit toujours paru un peu trop long. » Il ajoute dans une note inédite qui est parmi les papiers de Brossette : « Et il y avoit quelque chose tendant à *saleté*. »

3. De 1674 à 1682 :

> A ce triste récit, tremblante et désolée.

4. *Énéide*, liv. IV, v. 305-308. (BOILEAU, 1713.) — Voici ces vers; c'est Didon qui parle :

> Dissimulare etiam sperasti, perfide tantum
> Posse nefas? tacitusque mea decedere terra?
> Nec te noster amor, nec te data dextera quondam,
> Nec moritura tenet crudeli funere Dido!

5. Dans toutes les éditions avouées par Despréaux, de 1674 à 1713, il y a *qu'a suivi*, nous avons cru devoir respecter ce texte. Il faudrait aujourd'hui *qu'a suivis*.

Perfide ! si du moins, à ton devoir fidèle,
Tu veillois pour orner quelque tête nouvelle, [1]
L'espoir d'un juste gain, consolant ma langueur,
Pourroit de ton absence adoucir la longueur. [2]
Mais quel zèle indiscret, quelle aveugle entreprise
Arme aujourd'hui ton bras en faveur d'une église?
Où vas-tu, cher époux? est-ce que tu me fuis?
As-tu donc oublié tant de si douces nuits?
Quoi ! d'un œil sans pitié vois-tu couler mes larmes?
Au nom de nos baisers jadis si pleins de charmes, [3]
Si mon cœur, de tout temps facile à tes désirs,
N'a jamais d'un moment différé tes plaisirs;
Si, pour te prodiguer mes plus tendres caresses,
Je n'ai point exigé ni serments, ni promesses;
Si toi seul à mon lit enfin eus toujours part,
Diffère au moins d'un jour ce funeste départ. [4]

1. De 1674 à 1698 :

> Tu veillois pour régler quelque horloge nouvelle.

Didon se consolerait du départ d'Énée s'il la quittait pour relever les murs de Troie :

> Quid? Si non arva aliena domosque
> Ignotas peteres, et Troja antiqua maneret.
> (*Énéide*, liv. IV, v. 310.)

2. Dans les fragments de 1673, on lisait :

> Oh! si ta main du moins, sous un rasoir fidèle,
> Alloit faire tomber quelque barbe nouvelle,
> L'espoir du gain pourroit soulager mes ennuis.

3. « Je voudrois bien savoir, dit Pradon, quel nom avoient les baisers de l'horlogère et de l'horloger; cela seroit assez curieux à apprendre. » — Desmarets en pensait autant. — Quels redoutables censeurs !

4. Mene fugis? per ego has lacrymas dextramque tuam, te
    (Quando aliud mihi jam miseræ nihil ipsa reliqui),
    Per connubia nostra, per inceptos hymenæos,
    Si bene quid de te merui, fuit aut tibi quidquam
    Dulce meum, miserere domus labentis, et istam,

En achevant ces mots, cette amante enflammée
Sur un placet[1] voisin tombe demi-pâmée.[2]
Son époux s'en émeut, et son cœur éperdu
Entre deux passions demeure suspendu ;
Mais enfin rappelant son audace première :
Ma femme, lui dit-il d'une voix douce et fière,
Je ne veux point nier les solides bienfaits
Dont ton amour prodigue a comblé mes souhaits ;[3]

      Oro, si quis adhuc precibus locus, exue mentem.
              (VIRGILE, *Énéide*, liv. IV, v. 314-319.)

Amar fait observer que dans le premier chant Boileau semble avoir voulu surtout se régler sur Homère, et que dans celui-ci c'est avec Virgile qu'il rivalise surtout. Voilà bien ce nouveau genre de burlesque qu'il annonçait à ses lecteurs.

1. *Placet*, petit siége qui n'a ni bras ni dossier. « Prends ce banc, ce placet ou cette chaise à bras. » (NOUGUIER, *Odyssée à la mode*, p. 59.) — « Un lit et deux placets composoient tout son bien. » (BOILEAU, sat. I.) — « Douze placets de bois de noyer, dont six grands et six moyens. » (*Inventaire de Gabrielle d'Estrées*.) — D'après Ménage, c'est, avec un changement de genre, un diminutif de *place*. XVIe siècle : « Aucunes maisonnettes, petites ou grandes boutiques, ny aussi aucune eschelle, banc ou placette. » (*Nouv. Coust. gen.*, t. I, p. 1007.) — (E. LITTRÉ, *Dict. de la langue française*.) — Racine à son fils : « J'ai fait mettre un petit placet dans le carrosse, afin que Henri revienne avec vous. » (Lettre XII.)

2. Marmontel et Andrieux ne trouvent pas irréprochable cet épisode de la perruquière. Andrieux proposait le plan que l'auteur du *Lutrin* aurait dû suivre. D'abord le secret aurait été imposé aux champions du trésorier ; la discrétion du perruquier aurait éveillé la jalousie de la perruquière. Le soir même de l'entreprise, elle se montrerait plus parée, plus aimable que de coutume, et cependant c'est dans un tel moment qu'il faut s'arracher de ses bras. Le perruquier oublierait à table l'heure du rendez-vous, quand ses deux compagnons, Boirude et Brontin, viendraient frapper à sa porte pour le rappeler à son devoir, comme les chevaliers viennent pour arracher Renaud au pouvoir d'Armide. C'est alors que la perruquière ferait ses efforts pour retenir son mari, qui, lié par ses serments, ne pourrait plus ici, comme dans le plan de Boileau, calmer d'un seul mot les inquiétudes de son épouse, et qui, partagé entre l'amour conjugal et le devoir, ferait enfin triompher le devoir.

3.   . . . . . Ego te, quæ plurima fando
  Enumerare vales, nunquam, regina, negabo

Et le Rhin de ses flots ira grossir la Loire
Avant que tes faveurs sortent de ma mémoire.[1]
Mais ne présume pas qu'en te donnant ma foi
L'hymen m'ait pour jamais asservi sous ta loi.
Si le ciel en mes mains eût mis ma destinée,[2]
Nous aurions fui tous deux le joug de l'hyménée,
Et, sans nous opposer ces devoirs prétendus,[3]
Nous goûterions encor des plaisirs défendus.
Cesse donc à mes yeux d'étaler un vain titre :
Ne m'ôte pas l'honneur d'élever un pupitre,[4]
Et toi-même, donnant un frein à tes désirs,
Raffermis ma vertu qu'ébranlent tes soupirs.[5]
Que te dirai-je enfin? c'est le ciel qui m'appelle.
Une église, un prélat m'engage en sa querelle.

>   Promeritam; nec me meminisse pigebit Elisæ,
>   Dum memor ipse mei, dum spiritus hos regit artus...
>   (VIRGILE, *Énéide*, liv. IV, v. 333-336.)

1.   Ante, pererratis amborum finibus, exul
        Aut Ararim Parthus bibet, aut Germania Tigrim
        Quam nostro illius labatur pectore vultus.
                                (VIRGILE, églogue I, v. 62-64.)

2.   . . . . Nec conjugis unquam
        Prætendi tædas, aut hæc in fœdera veni.
        Me si fata meis paterentur ducere vitam
        Auspiciis, et sponte mea componere curas,
        Urbem Trojanam primum, dulcesque meorum
        Relliquias colerem...
                                (VIRGILE, *Énéide*, liv. IV, v. 338-343.)

3. On lisait dans les fragments de 1673 :

    Et malgré tous ces soins vainement prétendus.

4.   Quæ tandem Ausonia Teucros considere terra
        Invidia est?...
                                (VIRGILE, *Énéide*, liv. IV, v. 348-349.)

5.   Desine meque tuis incendere teque querelis.
                                (VIRGILE, *Énéide*, liv. IV, v. 360.)

LE LUTRIN, CHANT II.

Il faut partir : j'y cours.[1] Dissipe tes douleurs,
Et ne me trouble plus par ces indignes pleurs.[2]

Il la quitte à ces mots. Son amante effarée
Demeure le teint pâle, et la vue égarée ;
La force l'abandonne ; et sa bouche, trois fois
Voulant le rappeler, ne trouve plus de voix.[3]

1. Montrez-moi le chemin : j'y cours...
RACINE, *Bajazet*, acte IV, scène VI.

2. On comprend que Desmarets et Saint-Marc blâment cet épisode et accusent Boileau de *le renvier* sur Virgile, en prêtant *ridiculement* et sans raison à un horloger un langage plus noble que celui du héros de l'*Énéide* : on comprend moins que Marmontel ait reproduit ces critiques. Suivant lui, Despréaux fait dire au perruquier et à la perruquière des choses qui n'ont jamais dû leur passer par la tête. « Tout cela grimace, dit-il, et n'a rien de vraisemblable ni de plaisant. » Peu de lecteurs seront de cet avis.

3. Au lieu des quatre vers qui précèdent, on en lit trente-six dans les éditions de 1674 à 1682 :

> Pendant tout ce discours l'horlogère éplorée
> A le visage pâle et la vue égarée.
> Elle tremble ; et sur lui roulant des yeux hagards,
> Quelque temps, sans parler, laisse errer ses regards ;
> Mais enfin sa douleur se faisant un passage,
> Elle éclate en ces mots, que lui dicte la rage :
> Non, ton père à Paris ne fut point boulanger,
> Et tu n'es point du sang de Gervais l'horloger ;
> Ta mère ne fut point la maîtresse d'un coche.
> Caucase dans ses flancs te forma d'une roche ;
> Une tigresse affreuse, en quelque antre écarté,
> Te fit avec son lait sucer sa cruauté.
> Car pourquoi désormais flatter un infidèle ?
> En attendrai-je encor quelque injure nouvelle ?
> L'ingrat a-t-il du moins, en violant sa foi,
> Balancé quelque temps entre un lutrin et moi ?
> A-t-il, pour me quitter, témoigné quelque alarme ?
> Ai-je pu de ses yeux arracher une larme ?
> Mais que servent ici ces discours superflus ?
> Va, cours à ton lutrin ; je ne te retiens plus.
> Ris des justes douleurs d'une amante jalouse ;
> Mais ne crois plus en moi retrouver une épouse.
> Tu me verras toujours, constante à me venger,
> De reproches hargneux sans cesse t'affliger.
> Et, quand la mort bientôt, dans le fond d'une bière,
> D'une éternelle nuit couvrira ma paupière,
> Mon ombre chaque jour reviendra dans ces lieux,
> Un pupitre à la main, se montrer à tes yeux,

Elle fuit, et, de pleurs inondant son visage,
Seule pour s'enfermer vole au cinquième étage ;
Mais, d'un bouge[1] prochain accourant à ce bruit,
Sa servante Alison la rattrape et la suit. [2]
  Les ombres cependant, sur la ville épandues,

> Rôder autour de toi dans l'horreur des ténèbres,
> Et remplir ta maison de hurlements funèbres.
> C'est alors, mais trop tard, qu'en proie à tes chagrins,
> Ton cœur froid et glacé maudira les lutrins ;
> Et mes mânes contents, aux bords de l'onde noire,
> Se feront de ta peur une agréable histoire.
>   En achevant ces mots, cette amante aux abois,
> Succombe à la douleur qui lui coupe la voix.
>   Elle fuit, et, de pleurs...

Ces vers en rappelaient plusieurs de Virgile, *Énéide*, liv. IV, v. 361-386.

> Huc illuc volvens oculos totumque pererrat
> Luminibus tacitis, et sic accensa profatur :
> Nec tibi diva parens, generis nec Dardanus auctor,
> Perfide ; sed duris genuit te cautibus horrens
> Caucasus, hyrcanæque admôrunt ubera tigres.
> Nam quid dissimulo ? aut quæ me ad majora reservo ?
> Num fletu ingemuit nostro ? Num lumina flexit ?
> Num lacrymas victus dedit ; aut miseratus amantem est ? etc.
> . . . . . Neque te teneo, neque dicta refello.
> I, sequere Italiam ventis ; pete regna per undas, etc.
> . . . . . Sequar atris ignibus absens,
> Et cum frigida mors anima seduxerit artus,
> Omnibus umbra locis adero : dabis improbe pœnas.
> Audiam et hæc manes veniet mihi fama sub imos.

Desmarets, après avoir rapporté quatre de ces vers, ajoute : « Tout cela est si pauvre et si plat, qu'il vaut mieux laisser là tout cet endroit que de s'y amuser davantage. » Boileau a donné raison à Desmarets en supprimant ce morceau, qui n'avait de mérite, selon Saint-Marc, que d'être bien versifié.

1. *Bouge*, « petite chambre ou garde-robe placée auprès d'une plus grande (*cellula*) ; il signifie aussi une chambre malpropre et en désordre. Ce mot vient de *Bugia*, terme de basse latinité. » (Trévoux.) — Petit cabinet de décharge. « Il y avoit gens qui beuvoient derrière et un bouge devant où on faisoit la cuisine. » xɪvᵉ siècle. (Ducange.) — (E. Littré, *Dict. de la langue française*.)

2. « Ce vers court aussi vite qu'Alison, et échappe, pour ainsi dire, avec elle à la poursuite du lecteur. » (Aman.) — Boileau a eu dans ce genre d'harmonie les plus heureuses rencontres.

Du faîte des maisons descendent dans les rues : [1]
Le souper hors du chœur chasse les chapelains,
Et de chantres buvants les cabarets sont pleins.
Le redouté Brontin, que son devoir éveille,
Sort à l'instant, chargé d'une triple bouteille
D'un vin dont Gilotin, qui savoit tout prévoir,
Au sortir du conseil eut soin de le pourvoir.
L'odeur d'un jus si doux lui rend le faix moins rude.
Il est bientôt suivi du sacristain Boirude ;
Et tous deux, de ce pas, s'en vont avec chaleur
Du trop lent perruquier réveiller la valeur.
Partons, lui dit Brontin : déjà le jour plus sombre,
Dans les eaux s'éteignant, va faire place à l'ombre.
D'où vient ce noir chagrin [2] que je vois dans tes yeux ?
Quoi ! le pardon sonnant [3] te retrouve en ces lieux !
Où donc est ce grand cœur dont tantôt l'allégresse
Sembloit du jour trop long accuser la paresse ?
Marche, et suis-nous du moins où l'honneur nous attend.
  Le perruquier honteux rougit en l'écoutant.

---

1. Virgile, églogue I, v. 83. (BOILEAU, 1713.) — Voici ce vers :

> Majoresque cadunt altis de montibus umbræ.

Racan avait déjà dit :

> Ou que l'ombre du soir du faîte des montagnes
>   Tombe dans les campagnes.
>   (*Bolæana*, LXXVI.)

Boileau aimait à citer ces vers de Racan.

2. Boileau a reproduit cet hémistiche dans le troisième vers de l'épigramme :

> Du célèbre Boileau tu vois ici l'image.
>   (M. CHÉRON.)

3. Ce sont les trois coups de cloche par lesquels on avertit le peuple de réciter l'*Angelus*. Cet avertissement se fait le matin, à midi et le soir. On l'appelle indifféremment *Angelus*, à cause de la prière qu'on dit, ou *pardon*, à cause des indulgences qui y sont attachées. (BROSSETTE.)

Aussitôt de longs clous il prend une poignée :
Sur son épaule il charge une lourde coignée;
Et derrière son dos, qui tremble sous le poids,
Il attache une scie en forme de carquois; [1]
Il sort au même instant, il se met à leur tête.
A suivre ce grand chef l'un et l'autre s'apprête :
Leur cœur semble allumé d'un zèle tout nouveau;
Brontin tient un maillet et Boirude un marteau.
La lune, qui du ciel voit leur démarche altière,
Retire en leur faveur sa paisible lumière. [2]
La Discorde en sourit, et, les suivant des yeux,
De joie, en les voyant, pousse un cri dans les cieux, [3]
L'air, qui gémit du cri de l'horrible déesse,
Va jusque dans Cîteaux [4] réveiller la Mollesse.
C'est là qu'en un dortoir elle fait son séjour; [5]

1. « On croirait presque voir Apollon descendant du ciel pour venger son prêtre Chrysès et lancer ses traits sur le camp des Grecs. » (ANDRIEUX.)

2.   Ibant obscuri sola sub nocte per umbram.
(VIRGILE, *Énéide*, liv. VI, v. 268.)

De ce mois malheureux l'inégale courrière
Semblait cacher d'effroi sa tremblante lumière.
(VOLTAIRE, *Henriade*, ch. II, v. 177-178.)

3. *Et les suivant des yeux, et de joie en les voyant*, redondance dont Boileau ne s'est point aperçu et qu'il eût sans doute fait disparaître. (LE BRUN.)

4. De 1674 à 1682, il y avait : Va jusque dans C***.
Fameuse abbaye de l'ordre de Saint-Bernard, située en Bourgogne. Les religieux de Cîteaux n'avaient pas embrassé la réforme établie dans quelques maisons de leur ordre. C'est pourquoi l'auteur feint que la Mollesse fait son séjour dans un dortoir de leur couvent. 1772.

5. Brossette raconte l'anecdote suivante :
« Despréaux, étant à la suite de Louis XIV, au voyage que ce monarque fit à Strasbourg (1681), passa à Cîteaux, où les moines le reçurent avec beaucoup de distinction. Quand ils lui eurent fait voir tout leur couvent, l'un d'eux lui demanda qu'il leur montrât le lieu où logeoit la *Mollesse*, comme il l'avoit dit dans son *Lutrin*. « Montrez-la-moi vous-mêmes, mes

Les Plaisirs nonchalants folâtrent alentour :
L'un pétrit dans un coin l'embonpoint des chanoines;
L'autre broie en riant le vermillon des moines.[1]

« pères, leur répondit-il en riant, car c'est vous qui la tenez cachée avec
« grand soin. »

1. Ces vers charmants, Carel de Sainte-Garde, l'auteur du *Childebrand*,
en réclamait l'invention originale. Il est curieux de voir ce qu'il en dit lui-
même sous le nom d'un ami : « Le sieur de Sainte-Garde décrit un fleuve
délicieux très-célèbre dans l'antiquité; il prend de là occasion de représenter sous d'agréables images les principaux effets de l'amour. » Liv. Ier,
ch. IV :

>   Les amours enjoués folâtrent sur la rive.
>   L'un regarde Amyntas de qui la voix plaintive
>   Amollit les rochers par ses tristes accents,
>   A fléchir son Olympe, hélas ! trop impuissants.
>   Un autre dissimule, et son étude feinte
>   Semble joindre deux cœurs d'une bien ferme étreinte ;
>   Mais le nœud s'est rompu quelques moments après.
>   Les vents l'ont emporté dans un bois de cyprès.
>   Un autre plus malin exerce sa malice
>   A forger aux amants un bizarre supplice :
>   Mopse fuyoit Cloris dont il étoit aimé, etc.

« Quand le satirique n'auroit pas tiré son premier vers du poëme du
sieur de Sainte-Garde aussi visiblement qu'il le fait, les connoisseurs ne
laisseroient pas de voir sur quoi il a formé son idée : car l'on n'imite pas
seulement en empruntant les mêmes paroles, mais on imite le tour, l'harmonie, la manière, qui est ici toute semblable, sinon que celle du noble
censeur est estropiée. Il ne l'a pas remplie d'assez d'images. Il en falloit
du moins trois, au lieu qu'il n'en a formé que deux, et ces deux encore ne
sont différentes que par la phrase : au fond c'est la même chose. L'un *pétrit
de l'embonpoint* et l'autre *broie du vermillon*; cela ne représente que des
visages de bonne chère.

« Avec cela, il n'a pas pris garde que ce verbe *folâtrer*, qui lui a paru si
plein de grâce dans le vers du sieur de Sainte-Garde, qu'il l'a transporté
tout pur et sans déguisement dans le sien, ne produit pas tout le bel effet
qu'il s'en est promis; au contraire, il déshonore son vers, parce qu'il ne
s'accommode pas avec son sujet. Des enfants paresseux et d'une humeur non-
chalante ne folâtrent point, ce sont des enfants éveillés ou enjoués. En un
mot, toute cette imitation est forcée et hors de son lieu, comme d'avoir
figuré ces plaisirs nonchalants qui pétrissent et qui broient, sur ce que le
sieur de Sainte-Garde avoit représenté un amour noir qui détrempoit des
poisons :

>   Un noir amour à part détrempoit des poisons,
>   Moitié faits de dédains et moitié de soupçons.

« Cela vient encore très-mal. Un boulanger ne voudroit pas avoir

La Volupté la sert avec des yeux dévots,
Et toujours le Sommeil lui verse des pavots. [1]
Ce soir, plus que jamais, en vain il les redouble :
La Mollesse à ce bruit se réveille, se trouble,
Quand la Nuit, qui déjà va tout envelopper,
D'un funeste récit vient encor la frapper;
Lui conte du prélat l'entreprise nouvelle.
Aux pieds des murs sacrés d'une sainte chapelle,
Elle a vu trois guerriers, ennemis de la paix,
Marcher à la faveur de ses voiles épais;
La Discorde en ce lieu menace de s'accroître;
Demain avec l'aurore un lutrin va paroître, [2]
Qui doit y soulever un peuple de mutins.

---

un valet nonchalant pour pétrir; un peintre en voudroit encore moins pour broyer ses couleurs : ce sont des actions pénibles. Cependant, bien ou mal, c'est une imitation. » (*La Défense des beaux-esprits de ce temps contre un satirique,* p. 38.) — Peut-on rien voir de plus ridicule et de plus fou?

Il est plus vrai de dire que ce tableau avait inspiré à Voltaire, dans sa *Henriade,* ch. IX, les vers qui suivent :

> C'est alors que l'on vit dans les bras du repos
> Les folâtres plaisirs désarmer le héros :
> L'un tenait sa cuirasse, encor de sang trempée ;
> L'autre avait détaché sa redoutable épée,
> Et riait en voyant dans ses débiles mains
> Ce fer, l'appui du trône et l'effroi des humains.

Il les sacrifia plus tard.

1.   Et le sommeil trompeur lui versait ses pavots.
(VOLTAIRE, *Henriade,* ch. II, v. 180.)

2. Il ne faut pas s'étonner de ces deux rimes. On prononce *l'accraître,* dit Marmontel, pour la rime, et cela est assez usité. Mme Deshoulières dit :

> Puisse durer, puisse *croître*
> L'ardeur de mon jeune amant,
> Comme feront sur ce *hêtre*
> Les marques de mon tourment.

Dans l'épître III, Boileau fait rimer *paroître* avec *cloître,* nous avons dit pourquoi. V. 81.

Ainsi le ciel l'écrit au livre des destins.[1]

A ce triste discours, qu'un long soupir achève,
La Mollesse, en pleurant, sur un bras se relève,
Ouvre un œil languissant, et, d'une foible voix,
Laisse tomber ces mots qu'elle interrompt vingt fois : [2]
O Nuit! que m'as-tu dit? quel démon sur la terre
Souffle dans tous les cœurs la fatigue et la guerre?[3]
Hélas! qu'est devenu ce temps, cet heureux temps, [4]
Où les rois s'honoroient du nom de fainéants, [5]
S'endormoient sur le trône, et, me servant sans honte,
Laissoient leur sceptre aux mains ou d'un maire ou d'un comte?[6]
Aucun soin n'approchoit de leur paisible cour :
On reposoit la nuit, on dormoit tout le jour.
Seulement au printemps, quand Flore dans les plaines

---

1. « Le *livre des destins* et *un lutrin!* c'est de cette opposition perpétuelle des grandes et des petites choses que naît le comique du poëme. » (ANDRIEUX.) — C'est le *sic volvere Parcas* de Virgile, *Énéide*, liv. I.

2. Effusæque genis lacrymæ, et vox excidit ore.
(VIRGILE, *Énéide*, liv. VI, v. 686.)

3. Dans la bouche de la *Mollesse*, « souffler la fatigue » est une expression d'un rare bonheur.

4. On retrouve le dessin de ce morceau dans le discours que Voltaire, au chant IV de la *Henriade*, met dans la bouche de la *Politique* :

> Je ne suis plus, dit-elle, en ces temps bienheureux,
> Où les peuples séduits me présentaient leurs vœux,
> Où la crédule Europe, à mon pouvoir soumise,
> Confondait dans mes lois les lois de son Église, etc., etc.

5. Ces rois fainéants ont été les derniers de la dynastie mérovingienne, leur série commence à Thierry III et comprend Clovis III, Childebert III, Dagobert III, Chilpéric II, Thierry IV et Childéric III (673-752).

6. Les maires du palais (*majores domus, palatii*) n'étaient d'abord chargés que de l'administration intérieure de la résidence royale. Peu à peu, sous les rois fainéants, ils usurpèrent le pouvoir politique qu'ils exercèrent à la place des rois. Les principaux maires du palais ont été : Ébroïn, Saint-Léger, Pépin d'Héristal, Charles Martel, Pépin le Bref. — Le *comte* était le second officier de la couronne (*comes, compagnon du roi*), il rendait la justice pour le prince.

Faisoit taire des vents les bruyantes haleines,
Quatre bœufs attelés, d'un pas tranquille et lent,
Promenoient dans Paris le monarque indolent.[1]
Ce doux siècle n'est plus. Le ciel impitoyable
A placé sur leur trône[2] un prince infatigable.
Il brave mes douceurs, il est sourd à ma voix ;
Tous les jours il m'éveille au bruit de ses exploits.
Rien ne peut arrêter sa vigilante audace :
L'été n'a point de feux, l'hiver n'a point de glace.[3]
J'entends à son seul nom tous mes sujets frémir.
En vain deux fois la paix a voulu l'endormir :
Loin de moi son courage, entraîné par la gloire,
Ne se plaît qu'à courir de victoire en victoire.
Je me fatiguerois à te tracer le cours
Des outrages cruels qu'il me fait tous les jours.
Je croyois, loin des lieux d'où ce prince m'exile,
Que l'Église du moins m'assuroit un asile ;
Mais en vain j'espérois y régner sans effroi :
Moines, abbés, prieurs, tout s'arme contre moi.
Par mon exil honteux la Trappe[4] est ennoblie ;
J'ai vu dans Saint-Denis la réforme établie ;
Le Carme, le Feuillant s'endurcit aux travaux ;

---

1. « Ces deux vers marchent aussi lentement que les bœufs qui traînent le char. C'est ainsi que le poëme est écrit d'un bout à l'autre ; partout le même rapport des sons avec les objets. » (La Harpe.)

2. De 1674 à 1682, on lisait : *sur le trône.* — Cet éloge délicat de Louis XIV devait plaire au roi. Suivant Brossette, ce morceau lui fut présenté par Mᵐᵉ de Thianges : « Ce prince voulut voir l'auteur, qu'il ne connoissoit encore que par ses satires, et Sa Majesté ordonna qu'on le fît venir à la cour. » Ce dut être vers l'année 1669.

3. Allusion à la première conquête de la Franche-Comté, dont le roi se rendit maître au commencement de février 1668.

4. Abbaye de Saint-Bernard dans laquelle l'abbé Armand Bouthillier de Rancé a mis la réforme. (Boileau, 1713.) — Armand-Jean Le Bouthillier de Rancé, né le 9 de janvier 1626, mort le 26 d'octobre 1700, rétablit l'étroite

Et la règle déjà se remet dans Clairvaux. [1]
Cîteaux dormoit encore, et la Sainte-Chapelle
Conservoit du vieux temps l'oisiveté fidèle;
Et voici qu'un lutrin, prêt à tout renverser,
D'un séjour si chéri vient encor me chasser!
O toi! de mon repos compagne aimable et sombre,
A de si noirs forfaits prêteras-tu ton ombre?
Ah! Nuit, si tant de fois, dans les bras de l'amour,
Je t'admis aux plaisirs que je cachois au jour,
Du moins ne permets pas... La Mollesse oppressée
Dans sa bouche à ce mot sent sa langue glacée,
Et, lasse de parler, succombant sous l'effort,
Soupire, étend les bras, ferme l'œil, et s'endort. [2]

observance de Cîteaux, en 1662, à l'abbaye de la Trappe, dans le Perche, dont il était abbé commandataire; il prononça ses vœux deux ans après et continua de tenir cette abbaye dans la règle, jusqu'en 1695 qu'il s'en démit. Cf. Chateaubriand, *Vie de Rancé*. (M. Chéron.)

1. Les abbayes de Clairvaux, de Saint-Denis, de Sainte-Geneviève, etc., furent réformées en 1624 et 1633 par le cardinal de La Rochefoucauld, commissaire général pour la réformation des ordres religieux en France.

2. L'abbé d'Olivet a analysé ce morceau avec un soin minutieux : voici quelques-unes de ses observations : « *Oppressée* est moins un mot qu'une image. Deux syllabes traînantes, et la dernière qui n'est composée que de l'*e* muet, ne font-elles pas sentir de plus en plus le poids qui l'accable? Tant de monosyllabes contribuent à me peindre l'état de la Mollesse, et je vois effectivement sa langue *glacée*. Je cours au dernier vers. Commençons par en marquer la quantité :

Soupire, étend les bras, ferme l'œil, et s'endort.

Assurément, si des syllabes peuvent figurer un soupir, c'est une longue précédée d'une brève et suivie d'une muette, *soupire*. Dans l'action d'étendre les bras, le commencement est prompt, mais le progrès demande une lenteur continuée, *étend les bras*. Voici qu'enfin la Mollesse parvient où elle vouloit, *ferme l'œil*. Avec quelle vitesse! trois brèves! Et de là, par un monosyllabe bref, suivi de deux longues, *et s'endort*, elle se précipite dans un profond assoupissement. »

Brossette avait rapporté sur ce vers l'anecdote suivante :

« Madame la duchesse d'Orléans, Henriette-Anne d'Angleterre, avoit été si touchée de la beauté de ce vers, qu'ayant un jour aperçu de loin M. Des-

CHANT III.

Mais la Nuit aussitôt de ses ailes affreuses
Couvre des Bourguignons les campagnes vineuses, [1]
Revole vers Paris, et, hâtant son retour,
Déjà de Montlhéri voit la fameuse tour. [2]

préaux dans la chapelle de Versailles, où elle étoit assise sur son carreau, en attendant que le roi vînt à la messe, elle lui fit signe d'approcher et lui dit à l'oreille : « Soupire, étend les bras, ferme l'œil et s'endort. »
   On aimait à répéter ce trait d'une princesse dont Bossuet a pu dire : « Je pourrois vous faire remarquer qu'elle connoissoit si bien la beauté des ouvrages de l'esprit, que l'on croyoit avoir atteint la perfection quand on avoit su plaire à Madame. » — Daunou fut le premier à douter de l'authenticité du récit. On sait que la princesse mourut en 1672. On pouvait supposer qu'elle avait eu connaissance de ces vers en manuscrit à l'année 1669 ou 1670, etc. Berriat-Saint-Prix réfute toutes ces suppositions. La plus grosse invraisemblance est qu'il y eût alors une chapelle à Versailles ; elle n'y fut bâtie que trente ans après. — C'est égal, il en coûte de renoncer à cette anecdote.
   1. Une ancienne traduction des *Géorgiques* faite par un poëte obscur du nom de *Martin* avait employé cette expression pour rendre ce passage :

> . . . . Et alte
> Mitis in apricis coquitur vindemia saxis.
>
> Attendant que le ciel, sur les croupes vineuses,
> Achève de mûrir les grappes paresseuses.

Delille a dit ensuite :

> Et les derniers soleils sur les côtes vineuses
> Achèvent de mûrir les grappes paresseuses.

   2. Tour très-haute, à six lieues de Paris, sur le chemin d'Orléans. (BOILEAU, 1713.) — La tour de Montlhéri a été construite probablement dans la seconde moitié du xiiie siècle. Elle est célèbre par la sanglante bataille qui s'y livra en 1465, entre Louis XI et le duc de Berry, son frère, secondé des ducs de Bourgogne et de Bretagne. — « On laisse, en sortant du Bourg-la-Reine, Sceaux à la droite, et, à quelques lieues de là, Chilly à la gauche,

Ses murs, dont le sommet se dérobe à la vue,
Sur la cime d'un roc s'allongent dans la nue, [1]
Et, présentant de loin leur objet ennuyeux, [2]
Du passant qui le fuit semblent suivre les yeux.
Mille oiseaux effrayants, mille corbeaux funèbres,
De ces murs désertés habitent les ténèbres. [3]
Là, depuis trente hivers, un hibou retiré
Trouvoit contre le jour un refuge assuré.
Des désastres fameux ce messager fidèle

puis Montléry du même côté. Est-ce *Montléry* qu'il faut dire, ou *Montlehéry*? C'est *Montlehéry* quand le vers est trop court, et *Montlery* quand il est trop long. Montléry donc, ou Montlehéry, comme vous voudrez, étoit jadis une forteresse que les Anglois, lorsqu'ils étoient maîtres de la France, avoient fait bâtir sur une colline assez élevée. (La Fontaine se trompe, Montlhéry a été bâti par Thibault File-Étoupe, premier baron de Montmorency.) Au pied de cette colline est un bourg qui en a gardé le nom. Pour la forteresse, elle est démolie, non point par les ans : ce qui en reste, qui est une tour fort haute, ne se dément point, bien qu'on en ait ruiné un côté; il y a un escalier qui subsiste, et deux chambres où l'on voit des peintures angloises... » (LA FONTAINE, *Relation d'un voyage de Paris en Limousin, en 1662*.)

1. Voiture avait dit dans une chanson :

> Nous vîmes dedans la nue
> La tour de Mont-le-Héris,
> Qui, pour regarder Paris,
> Allongeoit son cou de grue,
> Et, pour y voïr vos beaux yeux,
> S'élevoit jusques aux cieux.

2. *Objet* se disait alors pour *l'image d'un objet*. Il n'est plus usité dans ce sens.

> Le cerf se mirant dans une fontaine
> Ne pouvoit qu'avec peine
> Souffrir ses jambes de fuseaux,
> Dont il voyoit l'objet se perdre dans les eaux.
> (*Fables*, VI, 9.)

Le vers qui suit est admirablement fait.

3. Imitation de Virgile :

> Stabat acuta silex præruptis undique saxis,
> Speluncæ dorso insurgens, altissima visu,
> Dirarum nidis domus opportuna volucrum.
> (*Énéide*, liv. VIII, v. 233.

Sait toujours des malheurs la première nouvelle;
Et, tout prêt¹ d'en semer le présage odieux, ²
Il attendoit la Nuit dans ces sauvages lieux.
Aux cris qu'à son abord vers le ciel il envoie,
Il rend tous ses voisins attristés de sa joie.
La plaintive Progné de douleur en frémit, ³
Et, dans les bois prochains, Philomèle en gémit.
Suis-moi, lui dit la Nuit. L'oiseau plein d'allégresse
Reconnoît à ce ton la voix de sa maîtresse.
Il la suit : et tous deux, d'un cours précipité,
De Paris à l'instant abordent la cité;
Là, s'élançant d'un vol que le vent favorise, ⁴
Ils montent au sommet de la fatale église.
La Nuit baisse la vue, et, du haut du clocher,
Observe les guerriers, les regarde marcher.
Elle voit le barbier qui, d'une main légère,

---

1. *Prêt de* se disait, au xvııᵉ siècle, dans le sens de *disposé à*, *sur le point de*.

> Qu'il vienne me parler, je suis prêt de l'entendre.
> (Racine, *Phèdre*, V, 5.)

2. *Odieux* s'emploie, par exagération, avec le sens de *extrêmement déplaisant* :

> Son visage odieux m'afflige et me poursuit.
> (Id., *Esther*, II, 1.)
> La mère de Valère est maussade, ennuyeuse,
> Sans usage du monde, une femme odieuse.
> (Gresset, *le Méchant*, I, 4.)

3. On lisait dans les fragments de 1673 : *La timide Progné*.

4. Voici l'observation que Vigneul-Marville (dom Bonaventure d'Argonne, chartreux, mort en 1705) a faite sur ce passage : « Je demande pourquoi il a cru avoir besoin que le vent favorisât l'essor du hibou. Est-ce parce que cet oiseau vole lentement? Mais puisqu'il le fait venir avec le secours de la déesse de la Nuit, dans un instant, depuis Montlhéry jusqu'à Paris, il n'avoit pas besoin d'un nouveau secours pour monter sur le toit d'une église. Cette critique, dira-t-on, est un vain raffinement; j'en conviens, si l'on veut, mais on pardonne moins aux grands hommes qu'aux médiocres auteurs les plus petites négligences. »

Tient un verre de vin qui rit dans la fougère,[1]
Et chacun, tour à tour s'inondant de ce jus,
Célébrer, en buvant, Gilotin et Bacchus.
Ils triomphent, dit-elle, et leur âme abusée
Se promet dans mon ombre une victoire aisée :
Mais allons; il est temps qu'ils connoissent la Nuit.
A ces mots, regardant le hibou qui la suit,
Elle perce les murs de la voûte sacrée;
Jusqu'en la sacristie elle s'ouvre une entrée;
Et, dans le ventre creux du pupitre fatal,[2]
Va placer de ce pas le sinistre animal.

Mais les trois champions, pleins de vin et d'audace,
Du Palais cependant passent la grande place;
Et, suivant de Bacchus les auspices sacrés,
De l'auguste chapelle ils montent les degrés.
Ils atteignoient déjà le superbe portique

---

1. *Fougère* se dit poétiquement pour un *verre à boire* : « Parce que, avant qu'on eût, pour la fabrication du verre, reconnu la supériorité de la soude, on y employoit la potasse extraite des cendres de la fougère ou de tout autre végétal.

> On sent la vapeur légère
> Déjà de maint vin nouveau,
> Qui, tout sortant du berceau,
> Petille dans la fougère
> Et menace le cerveau.

« Boileau ne s'est pas rendu compte du sens propre en disant *tenir un verre de vin qui rit dans la fougère*, puisqu'en cet emploi *fougère* est synonyme de *verre à boire*, et que, si *verre de vin* est pour *verrée*, tenir va mal. » (E. Littré, *Dict. de la langue française*.)

Théophile de Viau a dit :

> Bacchus, tout dieu qu'il est, riant dans le cristal.

Et Scarron :

> Vray Dieu, que le vin est bon!
> Qu'il est frais! Dans mon verre il petille!

2. L'auteur a dit, quatorze vers plus haut : la *fatale église*. Les répétitions de termes sont fréquentes dans ses ouvrages. Dans ce même endroit, il vient de dire *voûte sacrée*, et l'on va voir, dans le vers 43, *auspices sacrés*.

Où Ribou le libraire, au fond de sa boutique, [1]
Sous vingt fidèles clefs garde et tient en dépôt [2]
L'amas toujours entier des écrits de Haynaut : [3]
Quand Boirude, qui voit que le péril approche,
Les arrête; et, tirant un fusil de sa poche, [4]
Des veines d'un caillou, qu'il frappe au même instant,
Il fait jaillir un feu qui petille en sortant; [5]
Et bientôt, au brasier d'une mèche enflammée,
Montre, à l'aide du soufre, une cire allumée. [6]

1. La boutique de Jean Ribou étoit sur le troisième perron de la Sainte-Chapelle, vis-à-vis la porte de cette église. (BROSSETTE.) — En 1669, Ribou avait imprimé la *Satire des satires* de Boursault contre l'auteur.

2. « Cette épithète de *fidèles*, qui est tout à fait neuve et belle dans cette circonstance, l'avait frappé (Boileau) en lisant ce vers du VIIIe livre de la *Pucelle* :

Sous vingt fidèles clefs le saint vase est serré. »

(CLÉMENT, *Lettre à M. de Voltaire*.)

Fidèles est, en effet, ici plein d'une intention satirique. Horace a parlé aussi de *vins*

Servata centum clavibus.
(Odes, II, 14.)

3. Dans les premières éditions de 1674 à 1685, on lit *Bursost*; mais Boursault s'étant réconcilié avec lui, il effaça son nom et mit celui de *Perost* dans l'édition de 1694, parce qu'alors il était brouillé avec cet académicien au sujet des anciens et des modernes. Cette brouillerie étant finie, l'auteur mit *Haynaut* dans l'édition de 1701. Voir la satire IX.

4. *Fusil*, petite pièce d'acier avec laquelle on bat la pierre à feu pour enflammer l'amadou. ÉTYMOLOGIE : italien *focile, fucile;* du latin *focus, feu,* foyer.

5. Virgile, *Géorgiques*, liv. I, v. 135; et *Énéide*, liv. I, v. 178-180. (BOILEAU, 1713.) — Voici ces vers :

Et silicis venis abstrusum excuderet ignem...
. . . .
Ac primum silici scintillam excudit Achates,
Suscepitque ignem foliis, atque arida circum
Nutrimenta dedit, rapuitque in fomite flammam.

6. D'Alembert convient que ces vers ont le mérite d'exprimer élégamment et avec une sorte de noblesse une chose petite et presque basse, mais la construction des deux derniers lui paraît embarrassée. « On croirait, dit-il,

Cet astre tremblotant, dont le jour les conduit, [1]
Est pour eux un soleil au milieu de la nuit.
Le temple à sa faveur est ouvert par Boirude :
Ils passent de la nef la vaste solitude, [2]
Et dans la sacristie entrant, non sans terreur,
En percent jusqu'au fond la ténébreuse horreur.
   C'est là que du lutrin gît la machine énorme.
La troupe quelque temps en admire la forme.
Mais le barbier, qui tient les moments précieux :
Ce spectacle n'est pas pour amuser nos yeux [3],
Dit-il, le temps est cher; portons-le dans le temple;
C'est là qu'il faut demain qu'un prélat le contemple.
Et d'un bras, à ces mots, qui peut tout ébranler,

---

qu'*au brasier* est le régime de *montre,* ce qui ne signifierait rien; il est le régime d'*allumée* dont il est trop loin, et dont il est séparé d'ailleurs mal à propos par le verbe *montre.* » — Daunou a raison de faire remarquer que « l'inversion de ces deux vers peut bien être un peu hardie, mais ils sont clairs et pittoresques. » Édition de 1809.—Andrieux blâme le mot de *brasier,* mais il aurait dû voir là une exagération cherchée à dessein et d'un effet heureusement comique.

 1. On a également blâmé (Brienne, Chapat, Daunou) *cet astre tremblotant.* Il me semble qu'il y a là une gaieté charmante, celle qui convient à un poëme de ce genre. C'est une heureuse alliance de termes qui se tempèrent et se font valoir l'un l'autre.

 2. Boileau, selon Souchay (1740), vantait ce vers comme une image merveilleuse d'une église qui, durant la nuit, paraît une vraie solitude.

 3.   Non hoc ista sibi tempus spectacula poscit.
                             (Virgile, *Énéide,* liv. VI, v. 37.)

L'emploi est fréquent de ce verbe *est* mis dans le sens : *n'est pas fait pour, n'est pas ici pour.*

      Votre beauté *n'est* point pour être méprisée.
                    (Racan, *Berg.*, II, iii.)

      Le sentiment d'autrui *n'est* jamais pour lui plaire.
                    (Mol., *Misanth.,* II, 19.

      Morbleu! vous *n'êtes* pas pour être de mes gens.
                    (*Ibid.,* I, 1.)

Lui-même, se courbant, s'apprête à le rouler.[1]
Mais à peine il y touche, ô prodige incroyable ![2]
Que du pupitre sort une voix effroyable !
Brontin en est ému, le sacristain pâlit ;
Le perruquier commence à regretter son lit.
Dans son hardi projet toutefois il s'obstine,
Lorsque des flancs poudreux de la vaste machine
L'oiseau sort en courroux, et, d'un cri menaçant,
Achève d'étonner le barbier frémissant.[3]
De ses ailes dans l'air secouant la poussière,
Dans la main de Boirude il éteint la lumière.
Les guerriers à ce coup demeurent confondus ;
Ils regagnent la nef de frayeur éperdus.
Sous leurs corps tremblotants[4] leurs genoux s'affoiblissent ;
D'une subite horreur leurs cheveux se hérissent,[5]
Et bientôt, au travers des ombres de la nuit,

---

1. L'attitude du vers désigne parfaitement celle du personnage. (LE BRUN.)

2. *Énéide*, liv. III, v. 39-40. (BOILEAU, 1713.) — Voici ces vers :

.....Gemitus lacrymabilis imo
Auditur tumulo, et vox reddita fertur ad aures.

3. De 1674 à 1698, on lisait : *l'horloger pâlissant*.

4. Notre auteur s'est déjà servi de ce *diminutif* dans le vers 55, en parlant de la bougie que Boirude vient d'allumer :

Cet astre tremblotant, dont le jour les conduit.

Dans ce vers-là, le mot *tremblotant* peint fort bien la lumière d'une bougie. Mais ici l'image est affoiblie par leurs corps tremblotants. (SAINT-MARC.)

5.   Obstupui, steteruntque comæ...
(VIRGILE, *Énéide*, liv. III, v. 48.)

Illi membra novus solvit formidine torpor,
Arrectæque horrore comæ...
(*Ibid.*, liv. XII, v. 867-868.)

Le timide escadron[1] se dissipe et s'enfuit.[2]
Ainsi lorsqu'en un coin, qui leur tient lieu d'asile,
D'écoliers libertins[3] une troupe indocile,
Loin des yeux d'un préfet[4] au travail assidu,
Va tenir quelquefois un brelan[5] défendu;
Si du veillant Argus la figure effrayante
Dans l'ardeur du plaisir à leurs yeux se présente,
Le jeu cesse à l'instant, l'asile est déserté,

1. *Escadron* désigne une troupe de combattants généralement à cheval; dans ce sens, ce mot serait impropre ici; mais il signifie aussi par extension toute espèce de bande comparée à un escadron de guerre. Boileau l'a souvent répété avec cette signification : *Qu'il trouve de pédants un escadron fourré.* (Sat. VIII.) *Un escadron coiffé d'abord court à son aide.* (Sat. X.) *Et partout des plaideurs les escadrons épars.* — On appelait encore escadron *volant* le parti de cardinaux qui, dans un conclave, faisaient profession de n'embrasser les intérêts d'aucune cour. Le mot est plaisant appliqué ici à un marguillier, à un sacristain et à un perruquier.

2. En 1412, le pape Jean XXIII tenait un concile à Rome. Nicolas de Clémengis raconte que dès le premier jour, immédiatement après les messes, tous les Pères ayant pris place, un hibou s'élança du coin de l'église : l'animal regardait le pape en jetant des cris horribles. Le souverain pontife en fut si déconcerté qu'il s'enfuit, et tout le monde en fit autant. A la seconde séance, le hibou reparut et l'on décampa de même : à la fin pourtant les prélats le tuèrent à coups de bâton ou de crosse. (Voy. Nic. de Clémeng., *Tractat. de concil. gener.;* Theodor. de Niem, *Spond. ad ann.* 1412; l'*Histoire ecclésiastique* de Fleury, continuée par Fabre, liv. CII, n. LIX.) (DAUNOU.)

3. *Libertins* prend ici le sens qu'il a maintenant dans la langue, rebelle au joug de la discipline plutôt qu'à celui de la foi; licencieux dans les mœurs.

4. *Préfet* se disait autrefois, dans plusieurs colléges, surtout dans les maisons des jésuites et des barbanites, des maîtres qui avaient l'intendance du bon ordre et de la police. Le préfet des études (*præfectus studiis*). Le Père préfet. « Il y a encore un préfet des études au collége Rollin, au collége Sainte-Barbe et chez les jésuites. » (E. LITTRÉ, *Dict. de la langue française.*)

5. *Brelan*, jeu qui se joue avec trois cartes, à trois, ou à quatre, ou à cinq. — De 1674 à 1682, on lisait : un *berlan*. C'était une mauvaise prononciation qui, d'après Chifflet, était admise à côté de l'autre dans le courant du XVIIe siècle.

Et tout fuit à grands pas le tyran redouté.

La Discorde, qui voit leur honteuse disgrâce,
Dans les airs cependant tonne, éclate, menace,
Et, malgré la frayeur dont leurs cœurs sont glacés,
S'apprête à réunir ses soldats dispersés.
Aussitôt de Sidrac elle emprunte l'image :
Elle ride son front, allonge son visage,
Sur un bâton noueux laisse courber son corps,[1]
Dont la chicane semble animer les ressorts;[2]
Prend un cierge en sa main, et, d'une voix cassée,
Vient ainsi gourmander la troupe terrassée :

Lâches, où fuyez-vous? quelle peur vous abat?[3]
Aux cris d'un vil oiseau vous cédez sans combat!
Où sont ces beaux discours jadis si pleins d'audace?
Craignez-vous d'un hibou l'impuissante grimace?
Que feriez-vous, hélas! si quelque exploit nouveau
Chaque jour, comme moi, vous traînoit au barreau?
S'il falloit, sans amis, briguant une audience,
D'un magistrat glacé soutenir la présence,
Ou, d'un nouveau procès hardi solliciteur,
Aborder sans argent un clerc de rapporteur?[4]

1. *Laisse* est mis adroitement et peint à merveille l'action de la vieillesse. (LE BRUN.)
2. Ce vers est d'un rare bonheur d'expression et de forme.
3. Parodie du discours de Nestor aux Grecs. *Iliade*, liv. VII, v. 124 et suivants.
4. *Rapporteur*, juge ou conseiller qui fait le rapport d'un procès. Pour entendre ce passage, il faut se souvenir de celui-ci de Molière : « Voyez... combien d'animaux ravissants par les griffes desquels il vous faudra passer, sergents, procureurs, avocats, greffiers, substituts, rapporteurs, juges et leurs clercs. Il n'y a pas un de tous ces gens-là qui, pour la moindre chose, ne soit capable de donner un soufflet au meilleur droit du monde. Le clerc du rapporteur soustraira des pièces, ou le rapporteur même ne dira pas ce qu'il a vu. » *Fourberies de Scapin*, acte II, scène VIII. — Chicaneau dit, dans les *Plaideurs* :

Si son clerc (celui du procureur) vient céans, fais-lui goûter mon vin

Croyez-moi, mes enfants, je vous parle à bon titre : [1]
J'ai moi seul autrefois plaidé tout un chapitre;
Et le barreau n'a point de monstres si hagards,
Dont mon œil n'ait cent fois soutenu les regards.
Tous les jours sans trembler j'assiégeois leurs passages.
L'Église étoit alors fertile en grands courages :
Le moindre d'entre nous, sans argent, sans appui,
Eût plaidé le prélat et le chantre avec lui.
Le monde, de qui l'âge avance les ruines, [2]
Ne peut plus enfanter de ces âmes divines; [3]
Mais que vos cœurs, du moins, imitant leurs vertus,
De l'aspect d'un hibou ne soient pas abattus.
Songez quel déshonneur va souiller votre gloire,

---

1. *A bon titre*, cette locution de la langue judiciaire est mise ici plaisamment dans la bouche d'un vieux plaideur. Corneille, qui se sentait d'être venu de Normandie, l'a quelquefois employée :

> Elle agit de sa part en cœur indépendant,
> En amante à bon titre, en princesse avisée!
> (*OEdipe*, I, iv.)

2.   De leur triste patrie avançant les ruines.
(Voltaire, *Henriade*, ch. IV, v. 470.)

De qui serait aujourd'hui considéré comme une faute, appliqué à un nom de chose; c'est *dont* que l'on emploie régulièrement dans une construction de ce genre. Au xviie siècle cette règle n'existait pas encore :

> Au mérite souvent *de qui* l'éclat vous blesse.
> (Mol., *Dép. am.*, I, iv.)

> Il court parmi le monde un livre abominable,
> Et *de qui* la lecture est même condamnable.
> (Mol., *Misanth.*, V, 1.)

3. *Iliade*, liv. I, Discours de Nestor (vers 262). (Boileau, 1713.)

> Οὐ γάρ πω τοίους ἴδον ἄνερας, οὐδὲ ἴδωμαι.

C'est la pensée qu'Horace exprime ainsi :

> Damnosa quid non imminuit dies?
> Ætas parentum, pejor avis, tulit
> Nos nequiores, mox daturos
> Progeniem vitiosiorem.
> (Odes, III, vi, 33)

Quand le chantre demain entendra sa victoire.
Vous verrez tous les jours le chanoine insolent,
Au seul mot de hibou, vous sourire en parlant.
Votre âme, à ce penser, de colère murmure ;
Allez donc de ce pas en prévenir l'injure ;
Méritez les lauriers qui vous sont réservés,
Et ressouvenez-vous quel prélat vous servez.
Mais déjà la fureur dans vos yeux étincelle :
Marchez, courez, volez où l'honneur vous appelle.
Que le prélat, surpris d'un changement si prompt,
Apprenne la vengeance aussitôt que l'affront.

En achevant ces mots, la déesse guerrière
De son pied trace en l'air un sillon de lumière,[1]
Rend aux trois champions leur intrépidité,
Et les laisse tous pleins de sa divinité.[2]
C'est ainsi, grand Condé, qu'en ce combat célèbre,[3]

---

1. Desmarets dit à ce sujet : « La Discorde devoit plutôt remplir tout de ténèbres que de tracer en l'air un sillon de lumière. » Saint-Marc approuve cette réflexion. On a peine à comprendre pourquoi. Quand Voltaire fait voyager la Discorde en plein jour, il dit (*Henriade*, ch. IV) :

Le ciel s'en obscurcit, les astres en pâlissent.

Rien de mieux. Mais ailleurs le même poëte ne croit rien dire de blâmable et de contraire à la poésie épique dans ces vers :

La Discorde, à l'instant entr'ouvrant une nue,
Sur un char lumineux se présente à leur vue.

2. C'est le véritable texte de Boileau de 1674 à 1713 ; on l'a corrigé pour écrire *tout*, mais l'idée du poëte ne peut-elle pas être que pas un seul des trois n'échappe à l'influence de la déesse ? *tous* est alors l'orthographe la plus en accord avec le sens. Boileau n'ignorait pas qu'il y a des cas où *tout* est adverbe ; c'est ainsi qu'il a dit en parlant de Juvénal, *Art poetique*, ch. II, v. 159 :

Ses ouvrages tout pleins d'affreuses vérités.

3. En 1649. (Boileau, 1713.) — La bataille de Lens fut gagnée par le grand Condé contre les Espagnols et les Allemands le 20 d'août 1648. Despréaux se trompait donc sur la date.

Où ton bras fit trembler le Rhin, l'Escaut et l'Èbre,
Lorsqu'aux plaines de Lens nos bataillons poussés
Furent presque à tes yeux ouverts et renversés :
Ta valeur, arrêtant les troupes fugitives,
Rallia d'un regard leurs cohortes craintives,
Répandit dans leurs rangs ton esprit belliqueux,
Et força la victoire à te suivre avec eux.[1]

La colère à l'instant succédant à la crainte,
Ils rallument le feu de leur bougie éteinte :
Ils rentrent; l'oiseau sort; l'escadron raffermi
Rit du honteux départ d'un si foible ennemi.
Aussitôt dans le chœur la machine emportée
Est sur le banc du chantre à grand bruit remontée.
Ses ais demi-pourris, que l'âge a relâchés,
Sont à coups de maillet unis et rapprochés.
Sous les coups redoublés tous les bancs retentissent;
Les murs en sont émus; les voûtes en mugissent,[2]

1. Le poëte Sarazin dit du prince de Condé dans cette bataille célèbre :

> Condé lance cette foudre,
> Qui, pour affermir son roi,
> Fit trébucher sur la poudre
> Les Espagnols à Rocroi :
> Avec lui vont la victoire,
> L'honneur, la valeur, la gloire :
> La fère Bellone et Mars
> Font passage à cet Alcide;
> Et Pallas de son égide
> Le couvre dans les hasards.

Et Bossuet, avec moins d'appareil mythologique, mais avec plus d'éloquence et de vérité, peint le héros à Rocroy : « Le voyez-vous comme il vole à la victoire ou à la mort? Aussitôt qu'il eut porté de rang en rang l'ardeur dont il étoit animé, on le vit presque en même temps pousser l'aile droite des ennemis, soutenir la nôtre ébranlée, rallier la première à demi vaincue, mettre en fuite l'Espagnol victorieux, porter partout la terreur, et étonner de ses regards étincelants ceux qui échappoient à ses coups. » (*Oraison funèbre du prince de Condé.*)

2. Insonuere cavæ gemitumque dedere cavernæ.
(Virgile, *Énéide*, liv. III, v. 53.)

Et l'orgue même en pousse un long gémissement. [1]
Que fais-tu, chantre, hélas! dans ce triste moment?
Tu dors d'un profond somme, et ton cœur sans alarmes
Ne sait pas qu'on bâtit l'instrument de tes larmes!
Oh! que si quelque bruit, par un heureux réveil,
T'annonçoit du lutrin le funeste appareil!
Avant que de souffrir qu'on en posât la masse,
Tu viendrois en apôtre expirer dans ta place,
Et, martyr glorieux d'un point d'honneur nouveau, [2]

---

1. Les six vers précédents offrent chacun des beautés différentes d'harmonie imitative. « Le second exprime, dit Clément, par les *r*, le frottement de la machine sur le banc. Le second hémistiche du troisième montre, par une sorte de bâillement qu'occasionnent ces syllabes longues et uniformes *l'age a relâchés*, le relâchement lui-même de la machine. Cette harmonie fait un heureux contraste avec les deux vers suivants, qui sont pressés, surtout :

Sous les coups redoublés tous les bancs retentissent, etc.

Cette cadence est exactement le bruit du marteau. Mais quel nouveau contraste dans les deux vers qui suivent! les mots ont un son sourd, mais extrêmement prolongé, pour imiter celui des voûtes qui répètent longtemps le même son. Remarquez dans ce vers :

Les murs en sont émus, les voûtes en mugissent, etc.,

que son harmonie vient de la répétition de cette syllabe *mu*, qui est le cri même de l'animal qui mugit. Le vers d'ensuite est au-dessus de tout éloge; il n'est personne assez malheureusement organisé pour n'en pas sentir l'extrême beauté. » (Saint-Surin.)

« Quand on finit un sens, il le faut finir à la seconde rime, et non pas faire que, des deux rimes, l'une achève un sens et l'autre en commence un autre. » Telle est la règle posée par Malherbe, à laquelle Saint-Marc accuse Boileau d'avoir manqué dans ces deux vers. Amar justifie le poëte en disant que, s'il s'est permis souvent cette liberté plutôt que cette licence, il n'en a jamais peut-être usé avec plus de grâce que dans le vers qui donne lieu à cette note. Le son de l'orgue paraît se prolonger durant tout l'espace qui sépare ce vers de celui qui suit.

2. Dans les fragments de 1673 on lisait :

Et donnant aux martyrs un successeur nouveau,
Offre ton corps aux clous,....

Offrir ton corps aux clous, et ta tête au marteau.
Mais déjà sur ton banc la machine enclavée
Est, durant ton sommeil, à ta honte élevée :
Le sacristain achève en deux coups de rabot;
Et le pupitre enfin tourne sur son pivot.[1]

---

1. Quelle admirable légèreté dans ce vers ! La chose reste pour jamais sous les yeux. (LE BRUN.)

CHANT IV.

Les cloches dans les airs, de leurs voix argentines, [1]
Appeloient à grand bruit les chantres à matines,
Quand leur chef [2], agité d'un sommeil effrayant,
Encor tout en sueur, se réveille en criant.
Aux élans redoublés de sa voix douloureuse,
Tous ses valets tremblants quittent la plume oiseuse. [3]
Le vigilant Girot [4] court à lui le premier.

---

1. Un jour que Boileau lisait son poëme chez Segrais, Chapelle, qui avait soupé en leur compagnie, critiqua cette épithète d'*argentines*. Voici l'anecdote qu'on trouve dans les *Mémoires* de Segrais : « Chapelle, qui se prenoit aisément de vin, lui dit (à Despréaux) : Je ne te passerai pas *argentines*; *argentines* n'est pas françois. Despréaux continuant de lire sans lui répondre, il reprit : Je te dis que je ne te passerai pas *argentines*, cela ne vaut rien. Despréaux repartit : Tais-toi, tu es ivre. Chapelle répliqua : Je ne suis pas si ivre de vin que tu es ivre de tes vers. » OEuvres de Segrais, 1755, t. II, p. 1.

2. Le chantre. (Boileau, 1713.)

3. Desmarets fait cette belle remarque sur la *plume oiseuse* : « Il eût été aussi bon de mettre la plume *oysonneuse*; car on la tire des oysons, et il a voulu marquer que ces valets couchoient sur la plume. » — Saint-Marc doute qu'on puisse dire *oiseux* en parlant des choses dans un sens à peu près parallèle à celui d'*oisif*, employé quand on parle des personnes. Boileau avait pour lui l'usage qui autorisait l'emploi de ce mot dans les deux sens que Saint-Marc trouvait hasardés. — *Roman de la Rose*, 18901 : « Onc ne li plut oiseus séjors. » — « La lecture des livres qui apportent seulement une vaine et oiseuse délectation aux lisants est à bon droit réprouvée. » (Amyot, *Préf.*, I, p. 25.) — « Une vie oiseuse. » (Id., *Pyrr.*, 42.) — « Une vie incertaine, inégale, oiseuse dans son agitation. » (Mass., *Profess. relig.*) — « Les professions oiseuses, futiles ou sujettes à la mode, telles, par exemple, que celle de perruquier. » (J.-J. Rousseau, *Émile*, III.)

4. Brossette prétend qu'il s'appelait Brunot et qu'il était désolé que Boi-

C'est d'un maître si saint le plus digne officier ;
La porte dans le chœur à sa garde est commise : [1]
Valet souple au logis, fier huissier à l'église. [2]

Quel chagrin, lui dit-il, trouble votre sommeil ?
Quoi ! voulez-vous au chœur prévenir le soleil ?
Ah ! dormez, et laissez à des chantres vulgaires
Le soin d'aller sitôt mériter leurs salaires. [3]

Ami, lui dit le chantre encor pâle d'horreur,
N'insulte point, de grâce, à ma juste terreur ;
Mêle plutôt ici tes soupirs à mes plaintes,
Et tremble en écoutant le sujet de mes craintes.
Pour la seconde fois un sommeil gracieux
Avoit sous ses pavots appesanti mes yeux,
Quand, l'esprit enivré d'une douce fumée,
J'ai cru remplir au chœur ma place accoutumée.
Là, triomphant aux yeux des chantres impuissants,

leau ne l'eût pas désigné par son nom. Il remplissait les fonctions de
bedeau et d'huissier et gardait la porte du chœur. (M. Chéron.)

1. *Commise*, c'est-à-dire *confiée*. Cette expression latine (*committere*)
était fort usitée.

> Tu m'as commis ton sort, je t'en rendrai bon compte,
> (Corn., *Hor.*, II, v.)
>
> Un voleur se hasarde
> D'enlever le dépôt commis aux soins du garde.
> (La Font., *Matr. d'Eph.*)
>
> Je vous rends le dépôt que vous m'avez commis.
> (Rac., *Ath.*, II.)

« Il commet à Josué ce qui lui reste à faire. » (Bossuet, *Hist. univ.*, II, 3.)
— « Enfin ils étaient prêts d'en venir aux mains et de commettre leur réputation au sort d'une bataille. » (Voltaire, *Louis XIV*.)

2. S'il faut en croire Brossette, ce vers revenait à la mémoire du président de Lamoignon toutes les fois que ce magistrat voyait Brunot en fonction dans l'église de la Sainte-Chapelle. Mais on sait combien il faut se
méfier de tout ce qu'affirme Brossette. (M. Chéron.)

3. Ce sont à peu près les mêmes paroles que Gilotin adresse au trésorier dans le premier chant. Il était impossible d'éviter ce retour des mêmes
idées, mais le poëte en a su varier l'expression.

Je bénissois le peuple, et j'avalois l'encens, [1]
Lorsque du fond caché de notre sacristie
Une épaisse nuée à longs flots est sortie, [2]
Qui, s'ouvrant à mes yeux, dans son bleuâtre [3] éclat,
M'a fait voir un serpent conduit par le prélat.
Du corps de ce dragon, plein de soufre et de nitre,
Une tête sortoit en forme de pupitre,
Dont le triangle affreux, tout hérissé de crins,
Surpassoit en grosseur nos plus épais lutrins.
Animé par son guide, en sifflant il s'avance ;
Contre moi sur mon banc je le vois qui s'élance.
J'ai crié, mais en vain ; et, fuyant sa fureur,
Je me suis réveillé plein de trouble et d'horreur.

Le chantre, s'arrêtant à cet endroit funeste,
A ses yeux effrayés laisse dire le reste.
Girot en vain l'assure, [4] et, riant de sa peur,

---

1. *J'avalois l'encens*, l'expression est plaisante et pittoresque dans sa trivialité. Voir les plaintes du trésorier au chant Ier, vers 130 et suivants.

2. Tel est le texte de 1674 à 1713. Quelques éditions ont mis à tort *à grands flots*.

3. Toutes les éditions, de 1674 à 1713, portent *bleuastre*. Saint-Marc ne se lasse pas d'amasser sur ces vers des critiques vétilleuses ou injustes. Il trouve que *le fond caché* n'est susceptible d'aucun sens, que *bleuâtre éclat* n'est mis que pour rimer avec *prélat* ; que, plus bas, *plein de soufre et de nitre* n'est encore qu'une pure cheville. D'où viendrait alors, s'il n'y avait ni soufre ni salpêtre, cette nuée *à longs flots* et son *bleuâtre éclat* ? Ces derniers mots en particulier sont d'une justesse parfaite, et ils offrent une peinture excellente qui chatoie à l'œil.

4. *L'assure* pour *le rassure*, c'est une faute de langage, dit Saint-Marc. Voltaire fait la même remarque sur ce vers de Corneille :

> Un oracle m'assure, un songe me travaille.
> (*Hor.*, acte IV, scène IV.)

Au XVIIIe siècle, la distinction entre *assurer* et *rassurer* était donc définitivement établie. Il n'en était pas de même au XVIIe siècle, où l'un et l'autre s'employaient fort bien avec un même sens. En voici des exemples :

Nomme sa vision l'effet d'une vapeur.[1]
Le désolé vieillard, qui hait la raillerie,
Lui défend de parler, sort du lit en furie.
On apporte à l'instant ses somptueux habits,
Où sur l'ouate molle[2] éclate le tabis.[3]

> O bonté qui m'assure, autant qu'elle m'honore.
> (RACINE, *Athalie*, acte II, scène VII.)

> Princesse, assurez-vous, je le prends sous ma garde.
> (RACINE, *Esther*, acte II, scène VII.)

> .....A moins que Valère se pende,
> Bagatelle! mon cœur ne s'assurera point.....
> (MOLIÈRE, *Dépit amoureux*, acte I, scène II.)

> Moins on mérite un bien qu'on nous fait espérer,
> Plus notre âme a de peine à pouvoir s'assurer.
> (MOLIÈRE, *Don Garcie*, acte II, scène VI.)

« Ce n'est pas assez pour m'assurer entièrement que ce qu'il vient de faire. » MOLIÈRE, *Fourberies*, acte III, scène I.) — « On ne peut s'assurer, et l'on est toujours dans la défiance. » (PASCAL, *Pensées*.)

1. Racine dit de même :

> Moi-même quelque temps, honteuse de ma peur,
> Je l'ai pris pour l'effet d'une *sombre vapeur*.
> (*Athalie*, II, v. 1691.)

« Au pluriel surtout cette expression désignoit des fumées qui s'élevoient, disoit-on, de l'estomac ou du bas-ventre vers le cerveau, ou encore des affections spasmodiques des nerfs et de leurs plexus. » (RICHELET.)

2. On prononçait *ouète*; cette prononciation est tout à fait hors d'usage aujourd'hui. Selon le dictionnaire de Trévoux, l'ouate est une espèce de coton qui croît autour de quelque fruit d'orient, auquel elle sert d'enveloppe, et qui vient d'Alexandrie par la voie de Marseille ; et, en France, la première soie qui se trouve sur le cocon du ver à soie. Présentement, dit M. Littré, ouate ne se dit que de la laine, de la soie ou du coton préparé, et qui, placé entre deux étoffes, rend les vêtements plus chauds sans en augmenter le poids. Quant à l'étymologie de ce mot, l'opinion de Lamonnoye, qui le fait venir de l'ancien français *oue*, *oie*, *ouette*, *ouate*, paraît assez plausible. — Les mots *poëte*, *ouate*, dit Voltaire, étaient, du temps de Corneille, de deux syllabes en vers. Boileau, qui a beaucoup servi à fixer la langue, a mis trois syllabes à tous les mots de cette espèce. M. Littré fait observer que M. Th. Gautier a fait *ouate* de deux syllabes. C'était sans doute une malice qu'il faisait à Boileau.

3. *Tabis*, gros taffetas ondé.

D'une longue soutane il endosse la moire,[1]
Prend ses gants violets, les marques de sa gloire,
Et saisit, en pleurant, ce rochet qu'autrefois
Le prélat trop jaloux lui rogna de trois doigts.[2]
Aussitôt, d'un bonnet ornant sa tête grise,
Déjà l'aumusse en main il marche vers l'église;[3]

1. *Moire*, étoffe de soie qui a pris sous la calandre une apparence ondée et chatoyante. Les étymologistes anglais font venir ce mot de leur terme *mohair, hair*, poil, et *mo*, nom asiatique d'une espèce de chèvre. On trouve au xiiie siècle le mot *mire* : *Quar en son tref* (tente) *royal de mire alexandrine*. — Saint-Marcdit, avec son injustice ordinaire : « *D'une longue soutane il endosse la moire;* cette phrase, qui seroit peut-être très-poétique en latin, a bien de la peine en françois à se sauver du ridicule. »

2. Quel choix d'expressions et de circonstances! L'*ouate* ne semble pas faite pour figurer dans un vers (pourquoi ça?); mais le poëte, en faisant tomber doucement le sien sur l'ouate molle, et le relevant pour y faire *éclater le tabis*, vient à bout d'en tirer de l'élégance et de l'harmonie. Il emploie le même art pour ennoblir (voilà bien la préoccupation de La Harpe!) la soutane du chantre par une épithète bien placée, par une figure fort simple qui consiste à prendre la partie pour le tout, et il en résulte un vers élégant et pittoresque :

D'une longue soutane il endosse la moire.

Prendre ses gants est une expression triviale; mais *ses gants violets, les marques de sa gloire*, sont relevés par une heureuse opposition. Enfin, il met de l'intérêt jusque dans ce rochet placé à une césure artificielle; ce rochet

Qu'un prélat trop jaloux lui rogna de trois doigts.

Ce style montre la science de tout embellir, et le néologisme n'en montre que l'impuissance. (La Harpe, *Lycée*, VII, 331; 1820.)

3. Avant l'impression de ce poëme, l'auteur le lut à Sa Majesté; il y avoit ici :

Alors d'un domino couvrant sa tête grise,
Déjà l'aumusse en main, il marche vers l'église.

Après la lecture de ce chant, le roi fit remarquer à M. Despréaux que le domino et l'aumusse sont deux choses qui ne vont pas ensemble : car le domino est un habillement d'hiver et l'aumusse est pour l'été. « D'ailleurs, continua le roi, vous venez de dire : *Déjeunons, messieurs, et buvons frais* (vers 204); cela marque que l'action de votre poëme se passe en été. » Sur-le-champ M. Despréaux changea le vers dont il s'agit. Le roi ajouta en souriant : « Ne soyez pas étonné de me voir instruit de ces sortes d'usages; je suis chanoine en plusieurs églises. » En effet, le roi de France est chanoine

Et, hâtant de ses ans l'importune langueur,
Court, vole, et le premier arrive dans le chœur.

O toi qui, sur ces bords qu'une eau dormante mouille,
Vis combattre autrefois le rat et la grenouille ; [1]
Qui, par les traits hardis d'un bizarre pinceau,
Mis l'Italie en feu pour la perte d'un seau ; [2]
Muse, prête à ma bouche une voix plus sauvage, [3]
Pour chanter le dépit, la colère, la rage,
Que le chantre sentit allumer dans son sang, [4]

---

de Saint-Jean-de-Latran, de Saint-Jean de Lyon, des églises d'Angers, du Mans, de Saint-Martin de Tours et de quelques autres. (BROSSETTE.) — *Aumusse*, peau de martre ou de petit-gris que les chanoines et les chantres portent sur le bras quand ils vont à l'office. L'aumusse était anciennement un bonnet de peau d'agneau avec le poil, et la chape se portait par dessus. Ensuite on fit descendre ce bonnet sur les épaules, et par degrés jusque sur les reins. La commodité devint ensuite l'unique règle, et de là vient la variété qu'on voit dans cet habillement des chanoines qui n'est plus même qu'un ornement pour ceux qui le portent sur le bras gauche, suivant l'usage le plus commun.— Étymol. provenç., *almussa;* portug., *mursa;* ital., *mozzetta;* bas-latin, *aumucia, aumucella, almucium.* Quant au préfixe *al*, c'est l'arabe *al*, joint quelquefois dans les langues romanes à des mots qui ne sont pas d'origine arabe. (E. LITTRÉ, *Dict. de la langue française*.)

1. Homère a fait la Guerre des rats et des grenouilles. (BOILEAU, 1713).
2. La *Secchia rapita*, poëme italien. (BOILEAU, 1713.) — d'Alessandro Tassoni, poëte modenais, né en 1565, mort en 1635, et successivement secrétaire du cardinal Ascagne Colonna, du duc de Savoie, et conseiller de François Ier, duc de Modène. La première édition de son poëme a paru à Paris, en 1622, sous le nom d'*Androvinsi Melissone*. Il a été traduit en français, à Paris, en 1678, par Pierre Perrault. Le sujet est la guerre qu'entreprirent les Bolonais afin de recouvrer un seau de sapin que les Modenais avaient fait enlever du puits public de la ville de Bologne. (M. CHÉRON.)

Le Tassoni dit aussi :

> Musa, tu che contasti fatti egregi
> Del re de' topi e de le rane antiche, etc., etc.

3. « J'avoue à ma honte, dit Saint-Marc, que je n'ai jamais pu comprendre ce que cette *voix plus sauvage* peut signifier en cet endroit. » Tant pis pour Saint-Marc !

4. On s'attendrait à trouver *s'allumer*, mais au XVIIe siècle on supprimait ordinairement le pronom après les verbes *faire, laisser, voir, sentir,*

A l'aspect du pupitre élevé sur son banc.
D'abord pâle et muet, de colère immobile,
A force de douleur, il demeura tranquille : [1]
Mais sa voix, s'échappant au travers des sanglots,
Dans sa bouche à la fin fit passage à ces mots :

    La voilà donc, Girot, cette hydre épouvantable
Que m'a fait voir un songe, hélas! trop véritable!
Je le vois ce dragon tout prêt à m'égorger,
Ce pupitre fatal qui me doit ombrager! [2]
Prélat, que t'ai-je fait? quelle rage envieuse
Rend pour me tourmenter ton âme ingénieuse?
Quoi! même dans ton lit, cruel, entre deux draps, [3]
Ta profane fureur ne se repose pas!
O ciel! quoi! sur mon banc une honteuse masse
Désormais va me faire un cachot de ma place!

---

entendre, écouter, quand ils étaient suivis d'un autre verbe à l'infinitif, ce qui achève le sens. Boileau a dit lui-même, *Art poétique,* chant I

> Chaque vers qu'il entend le fait extasier.
> Et cette vaine peur le fait ainsi cacher.
>   (CORN., *la Suiv.*, III, vi.)
> Voilà cet accident qui le fait retirer.
>   (CORN., *la Suite du Ment.*, V, v.)
> La peur ne me fera ni taire ni dédire.
>   (RACAN, *Berg.*, IV, v.)

1. Curæ leves loquuntur, ingentes stupent.
                          (SÉNÈQUE, *Hippolyte,* acte II, v. 607.)

2. *Ombrager,* quoi qu'en dise Saint-Marc, peut très-bien être pris dans le sens de *cacher,* de *couvrir,* comme fait un ombrage.

> Ombrageant la chanson du voile d'une fable.
>   (RÉGNIER, sat. IV.)
> Accourez tous, venez m'ombrager de vos ailes;
> Balancez sur mon front vos palmes immortelles.
>   (MILLEVOYE, *la Religieuse.*)

3. Hémistiche d'une malignité charmante. (LE BRUN.) — Le chantre ne conçoit pas, en effet, qu'on puisse chercher autre chose entre deux draps que les douceurs du repos. (AMAR.)

Inconnu dans l'église, ignoré dans ce lieu, [1]
Je ne pourrai donc plus être vu que de Dieu! [2]
Ah! plutôt qu'un moment cet affront m'obscurcisse, [3]
Renonçons à l'autel, abondonnons l'office;
Et, sans lasser le ciel par des chants superflus,
Ne voyons plus un chœur où l'on ne nous voit plus.
Sortons... Mais cependant mon ennemi tranquille
Jouira sur son banc de ma rage inutile,
Et verra dans le chœur le pupitre exhaussé
Tourner sur le pivot où sa main l'a placé!
Non, s'il n'est abattu, je ne saurois plus vivre.
A moi, Girot, je veux que mon bras m'en délivre.
Périssons, s'il le faut; mais de ses ais brisés
Entraînons, en mourant, les restes divisés.

A ces mots, d'une main par la rage affermie,
Il saisissoit déjà la machine ennemie, [4]
Lorsqu'en ce sacré lieu, par un heureux hasard, [5]
Entrent Jean le choriste, et le sonneur Girard. [6]

1. De 1674 à 1698 : *Inconnu dans l'église, invisible en ce lieu.*
2. Pradon s'écrie sur ce vers : « Où est le jugement de M. D., lui qui se pique de dévotion, de mettre un nom si saint et si auguste dans une satire? »
3. Hardiesse d'expression blâmée par Desmarets; l'affront mis pour le lutrin, suivi du verbe *obscurcisse*, rend à merveille la préoccupation vaniteuse du chantre.
4. De 1674 à 1698: *Il alloit terrasser.*
5. Au xviie siècle, les poëtes mettaient de préférence l'adjectif *sacré* devant le substantif.

> *De vos sacrés attraits les âmes possédées.*
> (Corn., *Pol.*, IV, iii.)

> Non, vous n'espérez pas de nous revoir encor,
> Sacrés murs que n'a pu conserver mon Hector.
> (Racine, *Andr.*, I, iv.)

> O rives du Jourdain! O champs aimés des cieux!
> Sacrés monts, fertiles vallées.
> (*Esther*, I, iii.)

6. Jean le choriste est un personnage supposé. Girard, sonneur de la

Deux Manceaux renommés, en qui l'expérience
Pour les procès est jointe à la vaste science.
L'un et l'autre aussitôt prend part à son affront.
Toutefois condamnant un mouvement trop prompt,
Du lutrin, disent-ils, abattons la machine : [1]
Mais ne nous chargeons pas tous [2] seuls de sa ruine ;
Et que tantôt, aux yeux du chapitre assemblé,
Il soit sous trente mains en plein jour accablé.

Ces mots des mains du chantre arrachent le pupitre.
J'y consens, leur dit-il, assemblons le chapitre.
Allez donc de ce pas, par de saints hurlements, [3]
Vous-mêmes appeler les chanoines dormants. [4]

Sainte-Chapelle, étoit mort longtemps avant la composition de ce poëme. Il se noya dans la Seine, ayant gagé qu'il la passeroit neuf fois à la nage. Il eut un jour la témérité de monter sur les rebords du toit de la Sainte-Chapelle, une bouteille à la main, et là, en présence d'une infinité de gens qui le regardoient d'en bas avec frayeur, il vuida d'un trait cette bouteille et s'en retourna. M. Despréaux, alors écolier, fut l'un des spectateurs. (BROSSETTE.)

1. Les cinq vers qui précèdent se lisent ainsi qu'il suit, dans les éditions de 1674 à 1698 :

> Qui de tout temps pour lui brûlants d'un même zèle,
> Gardent pour le prélat une haine fidèle.
> A l'aspect d'un lutrin tous deux tremblent d'horreur ;
> Du vieillard toutefois ils blâment la fureur.
> Abattons, disent-ils, sa superbe machine.

2. Texte de 1674 à 1713. Il faudrait *tout*, dit M. Daunou. Voir le ch. III, v. 140.

3. Hémistiche plein de verve et de plaisanterie ; il fallait, en effet, hurler pour réveiller de pareils chanoines. Avant Boileau, on osait rarement faire fraterniser des mots aussi opposés que ceux de *saints* et de *hurlements* ; mais tout était possible à un poëte de sa trempe, qui recréait, pour ainsi dire, son art et sa langue. (LE BRUN.)

> Des enfants de Lévi la troupe consternée
> En poussa vers le ciel des *hurlements* affreux.
> (*Ath.*, III, III.)

4. On sait quel était l'usage du xviie siècle à l'égard du participe présent. De 1674 à 1698, on lit :

> Sus donc, allez tous deux par de saints hurlements
> Réveiller de ce pas les chanoines dormants.

Partez. Mais ce discours les surprend et les glace.
Nous! qu'en ce vain projet, pleins d'une folle audace,
Nous allions, dit Girard, la nuit nous engager!
De notre complaisance osez-vous l'exiger?[1]
Hé! seigneur, quand nos cris pourroient, du fond des rues,
De leurs appartements percer les avenues,
Réveiller ces valets autour d'eux étendus,[2]
De leur sacré repos ministres assidus,
Et pénétrer des lits[3] au bruit inaccessibles;
Pensez-vous, au moment que les ombres paisibles
A ces lits enchanteurs ont su les attacher,
Que la voix d'un mortel les en puisse arracher?[4]
Deux chantres feront-ils, dans l'ardeur de vous plaire,
Ce que depuis trente ans six cloches n'ont pu faire?

Ah! je vois bien où tend tout ce discours trompeur,
Reprend le chaud vieillard : le prélat vous fait peur.
Je vous ai vu[5] cent fois, sous sa main bénissante,
Courber servilement une épaule tremblante.[6]

---

1. De 1674 à 1698, au lieu des quatre vers qui précèdent, on lit :

> Partez. Mais à ce mot les champions pâlissent;
> De l'horreur du péril leurs courages frémissent :
> Ah! seigneur, dit Girard, que nous demandez-vous?
> De grâce, modérez un aveugle courroux.
> Nous pourrions réveiller des chantres et des moines;
> Mais, même avant l'aurore, éveiller des chanoines!
> Qui jamais l'entreprit? qui l'oseroit tenter?
> Est-ce un projet, ô ciel! qu'on puisse exécuter?
> Eh! seigneur...

2. De 1674 à 1698 : *Appeler ces valets.*
3. Avant 1701 : *Ces lits.*
4. De 1674 à 1698, les trois vers qui précèdent se lisent ainsi :

> Pensez-vous, au moment que ces dormeurs paisibles
> De la tête une fois pressent un oreiller,
> Que la voix d'un mortel puisse les réveiller?

5. Texte de 1674 à 1698. Il faudrait aujourd'hui *vus.*
6. Image parfaitement rendue. (LE BRUN.)

Eh bien! allez; sous lui fléchissez les genoux :
Je saurai réveiller les chanoines sans vous.
Viens, Girot, seul ami qui me reste fidèle :
Prenons du saint jeudi la bruyante crécelle.[1]
Suis-moi. Qu'à son lever le soleil aujourd'hui
Trouve tout le chapitre éveillé devant lui.[2]

Il dit. Du fond poudreux d'une armoire sacrée,
Par les mains de Girot la crécelle est tirée.
Ils sortent à l'instant, et, par d'heureux efforts,

---

1. Instrument dont on se sert le jeudi saint (et le vendredi saint) au lieu des cloches. (BOILEAU, 1713.) — Boileau écrit *cresselle*, ainsi que Richelet; le *Dictionnaire de l'Académie* de 1694 dit : *Crécerelle*. (M. CHÉRON.)

Crécerelle est le nom d'un oiseau de proie du genre *faucon*. Furetière n'a que *crécelle* pour le nom de l'instrument et celui de l'oiseau (*Crécerelle*). Au xv⁰ siècle, *crécelle* se dit de l'oiseau de proie. — « La crescerelle de son naturel espouvante les esperviers, de sorte qu'ils fuyent sa veue et sa voix. » (PARÉ, *Animaux*, 21.) — « Et ce petit moulinet dont nous usons le jeudy et vendredy de la sepmaine sainte au lieu de cloches, que nous appelons *cresserelle*, a emprunté ce nom du bruit qu'il produit. » (PASQUIER, *Recherches*, liv. VIII.) — (E. LITTRÉ, *Dict. de la langue fr.*) — A propos du *saint jeudi*, Saint-Marc fait cette observation : « Je ne sais pas quelle espèce d'élégance l'auteur a pu trouver à dire *saint jeudi* au lieu de *jeudi*... au lieu de *beau-père*, on ne sauroit dire *père beau*. » — Saint-Marc n'est pas seulement un critique méticuleux et hostile, il ne discerne pas toujours les délicatesses de la poésie.

2. Il faudrait aujourd'hui *avant*; l'usage permettait alors *devant* dans le sens de *avant*. « Devant ce temps, on est enfant. » (PASCAL *sur l'Amour*.) — « Devant toutes choses, je lui lus quatre de vos lettres. » (SÉVIGNÉ, 166.)

L'ami de Mécénas,
Horace, dans ses sons,
L'avoit dit devant lui.
(LA FONT., *Poésies mêlées*, 58.)

De ce qu'on le faisoit lever devant l'aurore.
(LA FONT., *Fables*. VI, II.)

« Si les Égyptiens n'ont pas inventé l'agriculture ni les autres arts que nous voyons devant le déluge. » (BOSSUET, *Hist. univ.*, III, III.) — « On voit par là que *devant* mis pour *avant* peut souvent causer de grandes ambiguités dans le discours, et qu'on les évitera en ne le faisant servir que pour signifier *en présence de*. » (VAUGELAS, *Remarques sur la langue françoise*, avec des notes de T. Corneille, 1697, p. 488.)

Du lugubre instrument font crier les ressorts.[1]
Pour augmenter l'effroi, la Discorde infernale
Monte dans le palais, entre dans la grand'salle,[2]
Et, du fond de cet antre, au travers de la nuit,
Fait sortir le démon du tumulte et du bruit.
Le quartier alarmé n'a plus d'yeux qui sommeillent,
Déjà de toutes parts les chanoines s'éveillent :
L'un croit que le tonnerre est tombé sur les toits,
Et que l'église brûle une seconde fois;[3]
L'autre, encore agité de vapeurs plus funèbres,
Pense être au jeudi saint, croit que l'on dit ténèbres.[4]

1. Exemple excellent d'harmonie imitative.
2. *Grand*, devant un certain nombre de mots féminins, ne prend pas l'*e* du féminin. (Grand'bande, grand'chambre, grand'croix, grand'peine, grand'messe, etc., etc.) Ménage dit qu'on n'a point trouvé d'autre raison pour l'élision de l'*e*, dans ce cas, que l'usage qui l'a établie. Mais d'une part il n'y a point d'*e* élidé, et d'autre part la raison de cette forme est fournie de la façon la plus simple par l'ancienne langue; *grand*, venant du latin *grandis*, qui a la même terminaison pour le masculin et le féminin, n'avait non plus qu'une seule terminaison pour les deux genres dans l'ancien français : *une grant cité*, etc. Cet usage, parfaitement régulier, comme on voit, se trouva en contradiction avec celui qui survint et qui donna à ces adjectifs une terminaison féminine. Mais, de cette contradiction, il résulta que *grand* fut maintenu par le parler habituel en accord avec quelques mots féminins. Ainsi, il n'y a point d'*e* élidé, et, partant, point d'apostrophe à mettre. Il serait meilleur de supprimer cette apostrophe que de présenter à l'esprit la fausse idée d'une suppression qui serait une anomalie sans raison. (E. LITTRÉ, *Dict. de la langue française*.)
3. Le toit de la Sainte-Chapelle fut brûlé en 1618. (BOILEAU, 1713.) — C'est la grande salle du palais qui fut brûlée en 1618, le toit de la Sainte-Chapelle brûla le 26 de juillet 1630. On connaît, sur l'incendie de la grande salle, l'épigramme de Saint-Amant :

> Certes l'on vit un triste jeu,
> Quand, à Paris, dame Justice,
> Pour avoir mangé trop d'espice,
> Se mit tout le palais en feu.

(M. CHÉRON.)

4. Comme il ne s'agit en ce moment que de propos vulgaires, Boileau se garde bien d'employer l'expression poétique du *saint ieudi;* il n'y a ici

Et déjà tout confus, tenant midi sonné,
En soi-même frémit de n'avoir point dîné.[1]

Ainsi, lorsque, tout prêt à briser cent murailles,
Louis, la foudre en main, abandonnant Versailles,
Au retour du soleil et des zéphyrs nouveaux,
Fait dans les champs de Mars déployer ses drapeaux;
Au seul bruit répandu de sa marche étonnante,
Le Danube s'émeut, le Tage s'épouvante,[2]
Bruxelle attend le coup qui la doit foudroyer,
Et le Batave encore est prêt à se noyer.[3]

Mais en vain dans leurs lits un juste effroi les presse:
Aucun ne laisse encor la plume enchanteresse.
Pour les en arracher Girot s'inquiétant,
Va crier qu'au chapitre un repas les attend.
Ce mot dans tous les cœurs répand la vigilance :
Tout s'ébranle, tout sort, tout marche en diligence.
Ils courent au chapitre, et chacun se pressant
Flatte d'un doux espoir son appétit naissant.

---

que le terme familier qui convienne : mais dans le discours homérique de l'un des héros du poëme, le *jeudi saint* eût été d'un langage trop commun; l'inversion y produit un excellent effet. (DAUNOU.)

1. Idée malicieuse très-finement exprimée.

2. « Considérez l'honneur que le poëte fait au roi de le comparer à Girot, valet du chantre, qui, la crécelle en main, va réveiller les chanoines endormis! » (DESMARETS.) — Pradon partage ce sentiment : « Girot comparé au roi! comparaison indécente et stérile comme toutes celles de l'ouvrage, dont à peine deux peuvent se soutenir. » (PRADON.) — Ajoutons à cette critique celle de Bonnecorse : « Elle est [la comparaison] souverainement ridicule. » — Le Brun et Andrieux sont loin de partager cet avis. — Amar trouve que « ces beaux vers, cette magnifique comparaison » rappellent la fin des *Géorgiques* :

> . . . . . Cæsar dum magnus ad altum
> Fulminat Euphratem bello, victorque volentes
> Per populos dat jura, viamque adfectat Olympo.

3. Allusion au vers 208 du chant IV de l'*Art poétique*.

Mais, ô d'un déjeuner vaine et frivole attente !
A peine ils sont assis, que, d'une voix dolente,[1]
Le chantre désolé, lamentant son malheur,[2]
Fait mourir l'appétit et naître la douleur.
Le seul chanoine Évrard[3], d'abstinence incapable,
Ose encor proposer qu'on apporte la table.
Mais il a beau presser, aucun ne lui répond :
Quand, le premier rompant ce silence profond,
Alain tousse et se lève; Alain, ce savant homme,[4]

---

1. Encore un exemple du talent de Boileau à peindre par les mots.
2. Ceci est moins vif que ce vers de la satire III :

Lamentant tristement une chanson bachique.

Lamenter veut dire *plaindre avec lamentations*. « Pendant que tout le reste de la Syrie pleuroit et lamentoit la perte de l'armée, où il y avoit peu de familles qui n'eussent quelque proche parent. » (ROLLIN, *Hist. anc.*, t. IX, p. 366.) « Lamenter ses douleurs. » (DUCIS, *Oscar*, 1, 2.)

3. Brossette prétend que le personnage ici désigné est Louis-Roger Danse ou d'Ense. M. Berriat-Saint-Prix démontre que Danse était un ami particulier de Boileau et de sa famille et que cette assertion de Brossette n'est pas plus fondée que tant d'autres du même commentateur. (M. CHÉRON.) — Nous ne sommes pas du tout convaincus par l'argumentation de Berriat-Saint-Prix. Il n'y aurait aucune noirceur de la part de Boileau s'il avait esquissé ici la propre figure d'un chanoine ami de sa famille. Berriat-Saint-Prix conçoit lui-même que le poëte ait profité « de quelques traits particuliers des caractères de quelques chanoines ou chantres pour en composer ceux de plusieurs de ses personnages. » Brossette allait peut-être trop loin en disant : ceci convient à l'abbé *Danse seul;* mais il devait avoir ses raisons pour affirmer que les traits principaux de cette peinture s'appliquaient à lui.

4. Son nom étoit Aubéri que l'on prononçoit Aubri. Il ne parloit jamais sans tousser une ou deux fois auparavant. M. le président de Lamoignon l'avoit choisi depuis longtemps pour son confesseur, et lui avoit procuré un canonicat à la Sainte-Chapelle. Ce chanoine étoit d'un esprit médiocre, mais fort opposé aux sentiments des jansénistes. Cela est bien marqué par le discours qu'on lui fait tenir ici, et par la qualité des livres sur lesquels on fait rouler sa science et ses lectures. Quoiqu'il fût si bien désigné, on dit qu'il lut plusieurs fois le *Lutrin* sans s'y reconnoitre. (BROSSETTE.) — C'était le frère aîné d'Antoine Aubéry, célèbre avocat au conseil, auteur d'une *Histoire générale des cardinaux*, 1642, 5 vol. in-4°; d'une *Histoire de*

Qui de Bauny vingt fois a lu toute la Somme, [1]
Qui possède Abély,[2] qui sait tout Raconis,[3]
Et même entend, dit-on, le latin d'A-Kempis.[4]
    N'en doutez point, leur dit ce savant canoniste,
Ce coup part, j'en suis sûr, d'une main janséniste.[5]

Mazarin, 1651, 4 vol. in-12; d'un *Mémoire pour l'histoire de Richelieu*, 1660, 2 vol. in-4°, et d'autres ouvrages. (M. Chénon.)

Il est heureux que d'autres traits constatent l'identité du personnage, car la toux n'y suffirait pas. — Saint-Évremond introduit de la même manière un de ses personnages : « Tel étoit l'état de la dispute quand un prélat charitable voulut accommoder le différend : ravi de trouver une si belle occasion de faire paroître son savoir et son esprit, il toussa trois fois, avec méthode, se tournant vers le docteur; trois fois il sourit, en homme du monde, à notre agréable ignorant. » (*Lettre à M. le comte d'Olonne*, p. 144. — Voir notre édition chez MM. Garnier frères.)

1. Le père Étienne Bauny, de la compagnie de Jésus, né à Mouzon (Ardennes) en 1564, mort à Saint-Pol-de-Léon (Bretagne), le 4 de décembre 1649. Il est l'auteur de très-nombreux ouvrages de théologie, et entre autres de : *Somme des péchés qui se commettent en tous états; de leurs conditions et qualités; en quelles occurrences ils sont mortels ou véniels, et en quelle façon le confesseur doit interroger son pénitent*. Paris, 1630, in-8°, très-souvent réimprimée.

2. Déjà cité épître XII.

3. Charles-François d'Abra de Raconis, docteur en théologie, aumônier du roi, évêque de Lavaur en 1637; né au château de Raconis, près de Montfort-l'Amaury, en 1590, mort le 16 de juillet 1646. Il publia, en 1644 et 1645, 3 volumes in-4° contre le livre d'Arnauld, *De la fréquente communion*. On lui doit, en outre, beaucoup d'autres ouvrages de théologie et de controverse.

4. Thomas A-Kempis, religieux allemand, né à Kempis, près de Cologne, en 1380, mort en 1471. C'est l'un de ceux auxquels on a attribué le livre *De imitatione Christi*. Cf. l'édition de l'*Internelle consolacion*, première traduction française de l'*Imitation de Jésus-Christ*, publiée par MM. Ch. d'Héricault et Louis Moland. Paris, P. Jannet, 1857, in-16. — D'après J.-V. Le Clerc, Thomas de Kempis (a Kempis) ne serait que le plus illustre des copistes qui ont répandu les exemplaires de l'*Imitation de Jésus-Christ*. (*Discours sur l'état des lettres au* xive *siècle*, t. I, p. 93-94.)

5. Desmarets ne se contentait pas d'être ignorant ou injuste dans ses critiques contre Boileau, il n'aurait pas été fâché d'être dangereux; voici, en effet, ce qu'il écrit : « *Raconis* et *A-Kempis*, pitoyables rimes... Mais voici qui est bien pire que pitoyable d'avoir osé se moquer du latin d'*A-Kempis* qui est très-intelligible (c'est justement ce que veut dire Boileau),

Mes yeux en sont témoins : j'ai vu moi-même hier
Entrer chez le prélat le chapelain Garnier.[1]
Arnauld, cet hérétique ardent à nous détruire,
Par ce ministre adroit tente de le séduire :
Sans doute il aura lu dans son saint Augustin[2]
Qu'autrefois saint Louis érigea ce lutrin.[3]
Il va nous inonder des torrents de sa plume :
Il faut, pour lui répondre, ouvrir plus d'un volume.
Consultons sur ce point[4] quelque auteur signalé ;
Voyons si des lutrins Bauny n'a point parlé ;[5]
Étudions enfin, il en est temps encore ;
Et, pour ce grand projet, tantôt dès que l'Aurore
Rallumera le jour dans l'onde enseveli,
Que chacun prenne en main le moelleux Abéli.[6]

et tout composé de passages de l'*Évangile* d'après la *Vulgate*, dont le latin est *pur*, bien qu'il ne soit pas cicéronien... C'est une fureur, une rage sans pareille, de parler avec mépris de l'*Imitation de Jésus-Christ*, de ce livre qu'on appelle le *livre d'or*, etc. Quelle hardiesse encore de parler du nom de *janséniste*, après que le roi a défendu si expressément d'en parler et de l'écrire !... Comment ose-t-il réveiller ces débats que le roi a voulu assoupir ?... Qu'avoit à faire ici le nom de M. Arnauld ? A moins qu'on ne veuille rendre ridicules tous ceux qui lui ont été contraires. » (DESMARETS.)

1. Louis Le Fournier, chapelain perpétuel de la Sainte-Chapelle, natif de Villeneuve, au Perche. Il étoit ennemi des brigues et des cabales qui sont si communes dans les chapitres ; ainsi il n'avoit jamais pris de part dans les démêlés du trésorier et du chantre. M. Arnauld l'alloit voir souvent, et le chanoine Aubéri regardoit le chapelain comme un janséniste (BROSSETTE.) — Cf. *Supplément au nécrologe de Port-Royal*, 22 de janvier.

2. Arnauld avait fait une étude particulière des écrits de saint Augustin, dont il a traduit en français plusieurs traités. — Tout Port-Royal ne vivait que de la lecture de saint Augustin. Racine dit dans sa première lettre à l'auteur des *Hérésies imaginaires :* « Saint Augustin cite Virgile aussi souvent que vous citez saint Augustin. »

3. Alain, *ce savant homme*, fait un anachronisme de huit siècles. M. CHÉRON.)

4. D'après les fragments de 1673, p. 19 : *Cherchons sur ce sujet.*

5. Rappelons-nous que de *Bauny* vingt fois il a lu toute la *Somme*.

6. Fameux auteur qui a fait la Moelle théologique, *Medulla theologica*.

Ce conseil imprévu de nouveau les étonne :
Surtout le gras Évrard d'épouvante en frissonne.

Moi! dit-il, qu'à mon âge, écolier tout nouveau,
J'aille pour un lutrin me troubler le cerveau?
O le plaisant conseil! Non, non, songeons à vivre :
Va maigrir, si tu veux, et sécher sur un livre.
Pour moi, je lis la Bible autant que l'Alcoran,[1]
Je sais ce qu'un fermier nous doit rendre par an;
Sur quelle vigne à Reims nous avons hypothèque :[2]
Vingt muids rangés chez moi font ma bibliothèque.[3]
En plaçant un pupitre on croit nous rabaisser;

BOILEAU, 1713.) — « L'auteur a mis en marge une note qui explique la raison de l'épithète, et il a bien fait. Quand je songe aux conjectures que formeroient les critiques, si la langue françoise avoit un jour le destin qu'a eu la latine, et que les œuvres de M. Despréaux se conservassent, je me représente bien des chimères. » (BAYLE.) — « Comme on parloit un jour de la *Medulla theologica* d'Abély, l'abbé Le Camus, ensuite évêque de Grenoble et cardinal, dit : « La lune étoit en décours quand il fit cela. » — On connaît le préjugé qui veut que les os soient vides de moelle dans le décours de la lune.

1. *Alcoran*, le livre qui contient la loi de Mahomet. On dit aussi le *Coran*, et sans doute mieux, puisque *al* est l'article arabe et signifie *le*, ce qui fait avec notre article une sorte de double emploi; mais *Alcoran* est consacré par l'usage et *Coran*, bien que recommandé par les orientalistes, ne peut pas le bannir. (E. LITTRÉ, *Dict. de la langue française*.) — Voltaire dit tantôt *Alcoran* et tantôt *le Coran* :

> Le glaive et l'Alcoran dans mes sanglantes mains
> Imposeraient silence au reste des humains.
> (VOLTAIRE, *Fanat.*, II, v.)

« Cette réponse se trouve dans l'antépénultième chapitre du *Coran*. » (VOLTAIRE, *Mœurs*, VII.)

2. Le chapitre de la Sainte-Chapelle possédait à Reims l'abbaye de Saint-Nicaise, dont les principaux revenus consistaient en vins. On le sait par Morand et par une lettre de l'abbé Jacques Boileau à Brossette du 12 de février 1703. « L'abbaye de Saint-Nicaise de Reims vaut 16,000 livres à la Sainte-Chapelle; elle lui fut unie par Louis XIII pour suppléer au revenu qu'on lui ôta des régales des évêchés, où les vendanges en sont un des principaux produits. »

3. Le muids de Paris était de 300 litres.

Mon bras seul, sans latin, saura le renverser.
Que m'importe qu'Arnauld me condamne ou m'approuve?
J'abats ce qui me nuit partout où je le trouve :
C'est là mon sentiment. A quoi bon tant d'apprêts?
Du reste, déjeunons, messieurs, et buvons frais.[1]

Ce discours, que soutient l'embonpoint du visage,
Rétablit l'appétit, réchauffe le courage;
Mais le chantre surtout en paroît rassuré.

Oui, dit-il, le pupitre a déjà trop duré :
Allons sur sa ruine assurer ma vengeance.
Donnons à ce grand œuvre une heure d'abstinence,[2]
Et qu'au retour tantôt un ample déjeuner
Longtemps nous tienne à table et s'unisse au dîner.

Aussitôt il se lève, et la troupe fidèle
Par ces mots attirants sent redoubler son zèle.
Ils marchent droit au chœur d'un pas audacieux,
Et bientôt le lutrin se fait voir à leurs yeux.

1. Il y a dans la peinture de ce personnage plus d'un trait de ressemblance avec le frère Jean des Entommeures, de Rabelais. « Je n'estudie point de ma part; en nostre abbaye nous n'estudions jamais de peur des auripeaux (mal d'oreilles). Nostre feu abbé disoit que c'est chose monstrueuse veoir ung moyne sçavant. » (M. Ch. Aubertin. Édit. classiq. E. Belin.)

2. « Autrefois œuvre était masculin au singulier quand il signifiait livre; il était encore masculin dans le style soutenu, pour des œuvres dont on voulait rehausser le mérite, et l'Académie, dans son Dictionnaire, donne encore : *un si grand œuvre, ce saint œuvre, un œuvre de génie*. Les exemples abondent :

> Il faut faire de même un œuvre entreprenant.
> (Régnier, sat. I.)

> Vous voyez en sa mort un œuvre de sa main.
> (Rotrou, *Ant.*, III, 4.)

> Quelle morale puis-je inférer de ce fait?
> Sans cela toute fable est un œuvre imparfait.
> (La Fontaine, *Fables*, XII, II.)

Cet emploi est tombé en désuétude; tout au plus pourrait-on essayer de s'en servir dans la poésie en quelques cas choisis. » (E. Littré, *Dict. de la langue française*.)

A ce terrible objet aucun d'eux ne consulte :
Sur l'ennemi commun ils fondent en tumulte.
Ils sapent le pivot, qui se défend en vain ;
Chacun sur lui d'un coup veut honorer sa main.
Enfin sous tant d'efforts la machine succombe,
Et son corps entr'ouvert chancelle, éclate et tombe.[1]
Tel sur les monts glacés des farouches Gelons[2]
Tombe un chêne battu des voisins aquilons ;
Ou tel, abandonné de ses poutres usées,
Fond enfin un vieux toit sous ses tuiles brisées.

 La masse est emportée, et ses ais arrachés
Sont aux yeux des mortels chez le chantre cachés.

---

1.   . . . . . Illa usque minatur
 Et tremefacta comam concusso vertice nutat.
 Vulneribus donec paulatim evicta, supremum
 Congemuit, traxitque jugis avulsa ruinam.
    (VIRGILE, *Énéide,* liv. II, v. 628-631.)

 Sternitur, exanimisque tremens, procumbit humi bos.
    (VIRGILE, *Énéide,* liv. V, v. 481.)

2. Peuples de Sarmatie, voisins du Borysthène. (BOILEAU, 1713.)

CHANT V.[1]

L'Aurore cependant, d'un juste effroi troublée,
Des chanoines levés voit la troupe assemblée,
Et contemple longtemps, avec des yeux confus,
Ces visages fleuris qu'elle n'a jamais vus.[2]

1. Publié avec le chant VI, en 1683, non vers le mois de septembre, comme le disent Brossette et d'autres éditeurs, mais au mois de janvier. (B.-S.-P.) — Desmarets disait sur le dernier vers du chant IV : « On voit par ce dernier vers que ce n'est ici que la moitié de l'ouvrage, puisque la victoire du prélat et de l'horloger (du perruquier), qui est le héros du *poëme héroïque*, doit en faire la catastrophe. Le poëte n'en a voulu donner que ces quatre chants, ayant dit dans la préface de son *Lutrin* qu'il eût bien voulu donner au public cette pièce achevée; *mais*, dit-il, *des raisons très-secrètes, et dont le lecteur trouvera bon que je ne l'instruise pas, m'avoient empêché*. Et l'auteur trouvera bon aussi que l'on croie que ces seules raisons, très-secrètes, sont qu'il n'a pu achever cet ouvrage, n'étant pas capable de faire jamais un corps qui ait toutes ses parties, ni de faire une conclusion. » — Au dire de Saint-Marc, ce sont ces reproches qui sont cause que nous avons le *Lutrin* achevé. Il regrette, pour la gloire de Boileau, qu'il ait cédé aux excitations de Desmarets. Le *Lutrin* lui semble, en effet, un tout mal assorti, une ombre d'épopée. — Voilà des raisons et des jugements qu'un lecteur sensé n'admettra jamais. Brossette avait expliqué les raisons secrètes de Boileau par cette note : « *Ces raisons très-secrètes* sont que le poëme n'étoit pas encore achevé. » Suivant Brossette, la veille que M. Colbert mourut (6 septembre 1683), l'abbé Gallois lui lut les deux derniers chants du *Lutrin*, et ce ministre, tout malade qu'il était, ne laissa pas de rire du combat imaginaire des chantres et des chanoines. Berriat-Saint-Prix croit cette anecdote suspecte. La date seule de cette lecture semble attaquée par son observation.

2. *Qu'elle n'a jamais vus* est de la grâce la plus riante et un des hémistiches les plus heureux de Boileau. (LE BRUN.) — Cette grâce en excuse la maligne exagération. (AMAR.) — S'il est permis de juger des chanoines riches du xviie siècle par ceux que nous avons connus au xviiie, Boileau n'est coupable ni de malignité ni d'exagération. (B.-S.-P.) — Ceux qui liront Le *Voyage littéraire de deux religieux bénédictins de la congrégation de Saint-*

Chez Sidrac aussitôt Brontin d'un pied fidèle
Du pupitre abattu va porter la nouvelle.
Le vieillard de ses soins bénit l'heureux succès,
Et sur un bois détruit bâtit mille procès.[1]
L'espoir d'un doux tumulte échauffant son courage,
Il ne sent plus le poids ni les glaces de l'âge ;
Et chez le trésorier, de ce pas, à grand bruit,
Vient étaler au jour les crimes de la nuit.[2]
Au récit imprévu de l'horrible insolence,
Le prélat hors du lit impétueux s'élance.
Vainement d'un breuvage à deux mains apporté,
Gilotin, avant tout, le veut voir humecté,[3]
Il veut partir à jeun. Il se peigne, il s'apprête ;
L'ivoire trop hâté deux fois rompt sur sa tête,
Et deux fois de sa main le buis[4] tombe en morceaux :

Maur, publié en 1717, sauront que ce n'était ni chez les chanoines ni chez les chanoinesses qu'il fallait aller chercher ces exemples de vigilance et d'austérité qu'on trouvait dans d'autres ordres religieux.

1. N'oublions pas qu'au chant Ier, vers 190, Sidrac a dit : « ... Plaidons : *c'est là notre partage.* » Son humeur querelleuse est donc ici peinte à merveille. C'est ainsi que Chicaneau s'écrie dans les *Plaideurs* (scène dernière):

>   Je vois qu'on m'a surpris ; mais j'en aurai raison :
>   Du plus de vingt procès ceci sera la source.

2. Vers bien fait où chaque mot a sa valeur.

3. Terme précieux et habilement employé ici. « Je mouille, je humette, je boy, et tout, de paour de mourir. » (RABELAIS, *Gargantua*, I, 5.) — Horace, *Odes*, IV, v, 39 :

>   Sicci mane die, dicimus uvidi,
>   Cum sol Oceano subest.

>   . . . . . Seu quis capit acria fortis
>   Pocula, seu modicis *uvescit* lætius...
>   (Liv. II, sat. VI, v. 69.)

4. Dans les éditions de 1683 à 1698 il y a *bouis*. De 1701 à 1713, *le bouys*. Le *Dictionnaire de l'Académie* de 1694 admet qu'on dise *bouis* ou *buis*. Richelet donne aussi les deux, mais au mot *Bouis*. — Voici ce que dit Ménage dans ses *Observations sur la langue françoise* (1672) : « On dit *buis* dans les provinces et Ronsard parle toujours de la sorte. Mais à Paris

Tel Hercule filant rompoit tous les fuseaux.[1]
Il sort demi-paré ; mais déjà sur sa porte
Il voit de saints guerriers une ardente cohorte,
Qui tous, remplis pour lui d'une égale vigueur,
Sont prêts, pour le servir, à déserter le chœur.
Mais le vieillard condamne un projet inutile.
Nos destins sont, dit-il, écrits chez la Sibylle :
Son antre n'est pas loin ; allons la consulter,
Et subissons la loi qu'elle nous va dicter.
Il dit : à ce conseil, où la raison domine,
Sur ses pas au barreau la troupe s'achemine,
Et bientôt, dans le temple, entend, non sans frémir,
De l'antre redouté les soupiraux gémir.[2]

Entre ces vieux appuis dont l'affreuse grand'salle
Soutient l'énorme poids de sa voûte infernale,
Est un pilier fameux,[3] des plaideurs respecté,
Et toujours de Normands à midi fréquenté.

---

et à la cour on dit *bouis*. C'est donc comme il faut parler. » — M. Littré fait remarquer que c'est aujourd'hui tout le contraire. (*Dict. de la langue française*, au mot *Buis*.)

1. Ah ! quoties digitis dum torques stamina duris,
   Prævalidæ fusos comminuere manus !
   (Ovide, héroïde IX, *Dejanira ad Herculem*, v. 79-80.)

2. Ecce autem primi, sub lumine solis et ortus,
   Sub pedibus mugire solum...
   Adventante dea.
   (Virgile, *Énéide*, liv. VI, v. 256-259.)

   Talibus ex adyto dictis Cumæa Sibylla
   Horrendas canit ambages, antroque remugit.
   (*Ibid.*, v. 97-98.)

3. Le pilier des consultations. (Boileau, 1713.) — C'est le premier de la grand'salle du côté de la chapelle du Palais. Les anciens avocats s'assemblent près de ce pilier où l'on vient les consulter. Il y a aussi une chambre des consultations vis-à-vis du pilier, à côté de la même chapelle. (Brossette.) — C'est un usage qui a cessé vers le milieu du xviii° siècle.

Là, sur des tas poudreux de sacs et de pratique,
Hurle tous les matins une Sibylle étique : [1]
On l'appelle Chicane ; et ce monstre odieux
Jamais pour l'équité n'eut d'oreilles ni d'yeux.
La Disette au teint blême et la triste Famine,
Les Chagrins dévorants et l'infâme ruine,
Enfants infortunés de ses raffinements,
Troublent l'air d'alentour de longs gémissements.
Sans cesse feuilletant les lois et la coutume,
Pour consumer autrui, le monstre se consume ;
Et, dévorant maisons, palais, châteaux entiers,
Rend pour des monceaux d'or de vains tas de papiers. [2]

1. On lit dans Rabelais, *Pantagruel*, XI : « Nous fusmes présentés... devant un monstre le plus hideux que jamais fut descript. On le nommoit Grippeminaud. Je ne vous le sçauroi mieulx comparer qu'à Chimère, ou à Sphinx, ou à Cerberus, ou bien au simulachre d'Osiris, ainsi que le figuroient les Égyptiens, par trois testes ensemble joinctes ; sçavoir est d'un lion rugissant, d'un chien flattant et d'un loup baislant entortillés d'un dragon, soi mordant la queue, et de rayons scintillants à l'entour. Les mains avoit pleines de sang, les gryphes comme de Harpye, le museau à bec de corbin, les dents d'un sanglier quadrannier, les yeulx flamboyants comme yeulx d'une gueule d'enfer, tout couvert de mortiers entre lassés de pilons : seulement apparoissoient les gryphes. Le siége d'icellui et de touts ses collatéraux chats-garenniers, estoit d'un long râtelier tout neuf au-dessus duquel, par forme de revers, instablées estoient mangeoires fort amples et belles... A l'endroit du siége principal estoit l'image d'une vieille femme, tenant en main dextre un ferreau de faucille, et senestre une balance, et portant besicles au nez. Les coupes de la balance estoient de deux gibbesières veloutées, l'une pleine de billon et pendante, l'autre vide et long eslevée au-dessus du tresbuchet. Et suis d'opinion que c'estoit le portraict de Justice grippeminaudière bien abhorrente de l'institution des antiques Thébains, qui érigeoient les statues de leurs dicastes et juges après leur mort, en or et argent ou en marbre, selon leur mérite, toutes sans mains. »

2. On trouve dans Furetière cette épigramme que voici :

Palais de la reine Chicane et du roy des Fesse-Cahiers.

Archives des vieux plaidoyers,
Porche où piaffe la soutane !

Sous le coupable effort de sa noire insolence,
Thémis a vu cent fois chanceler sa balance,
Incessamment il va de détour en détour ;
Comme un hibou, souvent il se dérobe au jour :
Tantôt, les yeux en feu, c'est un lion superbe ;
Tantôt, humble serpent, il se glisse sous l'herbe. [1]
En vain, pour le dompter, le plus juste des rois
Fit régler le chaos des ténébreuses lois :
Ses griffes, vainement par Pussort[2] accourcies,
Se rallongent déjà, toujours d'encre noircies,
Et ses ruses, perçant et digues et remparts,
Par cent brèches déjà rentrent de toutes parts.

> Que de pancartes et de sacs,
> Que d'étiquettes, d'almanachs,
> Que de grimoires sur ces tables !
> Je crois que c'est sur ces placets
> Qu'on sacrifie à tous les diables
> Pour l'éternité des procès.

Il n'est peut-être pas sans intérêt d'indiquer ici l'origine du mot *chicane :* « Bas-grec, τζυκάνιον, jeu du mail; τζυκανίζειν, jouer au mail; ce mot vient du persan, *tchangan,* raquette de jeu de mail, mot qui rend raison de l'affixe *ane.* Dès lors la série des sens est : jeu de mail, puis action de disputer la partie, et enfin manœuvres processives. » (E. Littré, *Dict. de la langue française.*)

1. Tum variæ illudent species atque ora ferarum.
Fiet enim subito sus horridus, atraque tigris,
Squamosusque draco, et fulva cervice leæna :
Aut acrem flammæ sonitum dabit, atque ita vinclis
Excidet, aut in aquas tenues dilapsus abibit...
(Virgile, *Géorgiques,* liv. IV, v. 406-411.)

. . . . . Ille suæ contra non immemor artis
Omnia transformat sese in miracula rerum,
Ignemque, horribilemque feram, fluviumque liquentem,
(*Ibid.,* v. 440-442.)

2. M. Pussort, conseiller d'État, est celui qui a le plus contribué à faire le Code. (Boileau, 1713.) — Henri Pussort, oncle de Colbert, mort en 1697, âgé de quatre-vingt-deux ans, fut le rédacteur des ordonnances de 1667 et 1670 sur la procédure civile et la procédure criminelle. (M. Chéron.)

Le vieillard[1] humblement l'aborde et le salue,
En faisant, avant tout, briller l'or à sa vue :
Reine des longs procès, dit-il, dont le savoir
Rend la force inutile et les lois sans pouvoir ;
Toi, pour qui dans le Mans le laboureur moissonne,
Pour qui naissent à Caen tous les fruits de l'automne :
Si, dès mes premiers ans, heurtant tous les mortels,
L'encre a toujours pour moi coulé sur tes autels,
Daigne encor me connoître en ma saison dernière.
D'un prélat qui t'implore exauce la prière.
Un rival orgueilleux, de sa gloire offensé,
A détruit le lutrin par nos mains redressé.
Épuise en sa faveur ta science fatale :
Du Digeste et du Code ouvre-nous le dédale,[2]
Et montre-nous cet art, connu de tes amis,
Qui, dans ses propres lois, embarrasse Thémis.

 La Sibylle, à ces mots, déjà hors d'elle-même,
Fait lire sa fureur sur son visage blême,
Et, pleine du démon qui la vient oppresser,
Par ces mots étonnants tâche à le repousser :
« Chantres, ne craignez plus une audace insensée
« Je vois, je vois au chœur la masse replacée ;
« Mais il faut des combats. Tel est l'arrêt du sort ;

---

1. C'est toujours Sidrac.
2. Recueils, l'un (le Digeste) de décisions des jurisconsultes, et l'autre, des constitutions des empereurs romains, faits par ordre de Justinien, et suivis jadis comme lois dans une partie de la France. (B.-S.-P.)

3. At Phœbi nondum patiens, immanis in antro
  Bacchatur vates, magnum si pectore possit
  Excussisse deum : tanto magis ille fatigat
  Os rabidum, fera corda domans, fingitque premendo.
     (VIRGILE, *Énéide*, liv. VI, v. 77-80.)

« Et surtout évitez un dangereux accord.¹ »
Là bornant son discours, encor toute² écumante,
Elle souffle aux guerriers l'esprit qui la tourmente ;
Et dans leurs cœurs brûlants de la soif de plaider
Verse l'amour de nuire, et la peur de céder.
Pour tracer à loisir une longue requête,
A retourner chez soi leur brigade s'apprête.
Sous leurs pas diligents le chemin disparoît,
Et le pilier, loin d'eux, déjà baisse et décroît.³

Loin du bruit cependant les chanoines à table
Immolent trente mets à leur faim indomptable.
Leur appétit fougueux, par l'objet excité,
Parcourt tous les recoins d'un monstrueux pâté.
Par le sel irritant la soif est allumée;⁴
Lorsque d'un pied léger la prompte Renommée,
Semant partout l'effroi, vient au chantre éperdu
Conter l'affreux détail de l'oracle rendu.
Il se lève, enflammé de muscat et de bile,⁵

---

1. O tandem magnis pelagi defuncte periclis !
Sed terra graviora manent. In regna Lavini
Dardanidæ venient, mitte hanc de pectore curam ;
Sed non et venisse volent : bella, horrida bella,
Et Tibrim multo spumantem sanguine cerno.
(VIRGILE, *Énéide*, liv. VI, v. 81-87.)

2. Texte de 1683 à 1713.

3. . . . . . Chinon, baisse, décroît,
S'éloigne, se blanchit, s'efface et disparoît.
(CHAPELAIN, *la Pucelle,* ch. V.)

Disparoît et *décroît* se prononçaient autrefois à peu près de même et formaient une rime exacte qu'on a maintenue par licence.

4. Il y a dans ces vers une suite d'épithètes dont le choix habile relève très-vivement la description d'un repas de chanoines.

5. *Muscat,* espèce de raisin ; substantivement, vin qu'on tire de ces raisins. — Étym., *musc.*

J'ai commandé... que l'on portât chez vous

Et prétend à son tour consulter la Sibylle.
Évrard a beau gémir du repas déserté,
Lui-même est au barreau par le nombre emporté.
Par les détours étroits d'une barrière oblique,[1]
Ils gagnent les degrés et le perron antique,
Où sans cesse, étalant bons et méchants écrits,
Barbin vend aux passants des auteurs à tout prix.[2]

Là le chantre à grand bruit arrive et se fait place,
Dans le fatal instant que, d'une égale audace,
Le prélat et sa troupe, à pas tumultueux,
Descendoient du Palais l'escalier tortueux.
L'un et l'autre rival, s'arrêtant au passage,
Se mesure des yeux, s'observe, s'envisage;
Une égale fureur anime leurs esprits.
Tels deux fougueux taureaux,[3] de jalousie épris,

> Certain quartaut de vin. — Eh! je n en ai que faire.
> — C'est de très-bon muscat. — Redites votre affaire.
> (RACINE, *Plaideurs*, II, II.)

1. La maison du chantre a son entrée au bas de l'escalier de la chambre des comptes, vis-à-vis la porte de la Sainte-Chapelle basse. Ainsi pour aller de là au Palais il faut passer

> Par les détours étroits d'une barrière oblique,

qui est plantée le long des murs de la Sainte-Chapelle, et qui sert à ménager un passage libre derrière les carrosses dont la cour du Palais est ordinairement remplie. L'espace vide qui est entre la barrière et le mur conduit aux degrés par où l'on monte à la Sainte-Chapelle. (BROSSETTE.)

2. Barbin se piquoit de savoir vendre des livres, quoique méchants. (BOILEAU, 1713.)

3. Virgile, *Géorgiques*, liv. III, v. 21 (lisez 215). (BOILEAU, 1713.)

> Carpit enim vires paulatim, uritque videndo,
> Femina, nec nemorum patitur meminisse nec herbæ.
> Dulcibus illa quidem illecebris et sæpe superbos
> Cornibus inter se subigit decernere amantes.
> Pascitur in magna sylva formosa juvenca.
> Illi alternantes multa vi prœlia miscent
> Vulneribus crebris; lavit ater corpora sanguis,
> Versaque in obnixos urgentur cornua vasto
> Cum gemitu; reboant sylvæque et magnus Olympus.

Auprès d'une génisse au front large et superbe,
Oubliant tous les jours le pâturage et l'herbe,
A l'aspect l'un de l'autre, embrasés, furieux,
Déjà, le front baissé, se menacent des yeux.
Mais Évrard, en passant, coudoyé par Boirude,
Ne sait point contenir son aigre inquiétude :
Il entre chez Barbin, et, d'un bras irrité,
Saisissant du Cyrus un volume écarté,
Il lance au sacristain le tome épouvantable.
Boirude fuit le coup : le volume effroyable
Lui rase le visage, et, droit dans l'estomac,
Va frapper en sifflant l'infortuné Sidrac.
Le vieillard, accablé de l'horrible Artamène,[1]
Tombe aux pieds du prélat, sans pouls et sans haleine.
Sa troupe le croit mort, et chacun empressé
Se croit frappé du coup dont il le voit blessé.
Aussitôt contre Évrard vingt champions s'élancent ;
Pour soutenir leur choc les chanoines s'avancent.
La Discorde triomphe, et du combat fatal
Par un cri donne en l'air l'effroyable signal.

Chez le libraire absent tout entre, tout se mêle :
Les livres sur Évrard fondent comme la grêle[2]
Qui, dans un grand jardin, à coups impétueux,
Abat l'honneur naissant des rameaux fructueux.

---

1. *Artamène* ou le *Grand Cyrus*, roman de Mlle de Scudéry. Voyez satire X. — Pradon, p. 105, se récrie beaucoup sur cette critique. « Cet horrible *Artamène*, dit-il, a été traduit dans toutes les langues, même en arabe; sa lecture fait les délices de la cour; il a fait gagner cent mille écus à Courbé; quand les œuvres de Boileau en auront fait autant à Barbin, on souffrira sa critique un peu plus tranquillement; mais il y a encore du chemin à faire jusque-là. » Pradon écrivait ceci en 1685.

2.   Tam multa in tectis crepitans salit horrida grando.
(VIRGILE, *Géorgiques*, liv. I, v. 449.)

Chacun s'arme au hasard du livre qu'il rencontre :
L'un tient le nœud d'Amour,[1] l'autre en saisit la Montre.[2]
L'un prend le seul Jonas[3] qu'on ait vu relié ;
L'autre, un Tasse françois[4] en naissant oublié.
L'élève de Barbin, commis à la boutique,[5]
Veut en vain s'opposer à leur fureur gothique :
Les volumes, sans choix à la tête jetés,
Sur le perron poudreux volent de tous côtés.
Là, près d'un Guarini,[6] Térence[7] tombe à terre,
Là, Xénophon dans l'air heurte contre un La Serre.[8]

---

1. Texte de 1683 à 1713 (seize éditions, dont sept originales). Dans la première édition (1683) il y a l'*Édit d'amour*, et c'est ainsi qu'il faut lire, selon Brossette, suivi par tous les éditeurs, excepté par celui de Paris, 1798, et M. de Saint-Surin. Mais, d'une part, Brossette n'appuie d'aucune raison cette espèce de décision ; de l'autre, l'*Édit d'amour* (poëme de Régnier Desmarais, secrétaire de l'Académie, mort en 1713) tient à peine une demi-feuille (Saint-Marc) et est par conséquent trop petit pour servir d'arme. Nous avons dû préférer une leçon dans laquelle l'auteur a persisté jusqu'à sa mort (pendant plus de vingt-cinq ans). (Berriat-Saint-Prix.)

2. De Bonnecorse. (Boileau, 1713.) — Voyez satire VII.

3. Par Coras. Voyez satire IX.

4. Traduction de Leclerc. (Boileau, 1713.) — Michel Leclerc, de l'Académie française, né à Alby en 1622, mort en 1691. Il fit paraître en 1603 la traduction en vers des cinq premiers chants de la *Jérusalem délivrée*. Le peu de succès de cet ouvrage l'empêcha de continuer. On lui doit en outre quelques tragédies.

5. *Commis à la boutique*, c'est ainsi qu'on disait : « commis aux aides, commis à la douane, etc. » Ce substantif n'est, en effet, que le participe du verbe *commettre*.

Allons *commettre* un autre au soin que l'on me donne.
(*Femmes sav.*, I, v.)

Le Dieu qui vous *commet* à gouverner les cieux.
(Corn., *Ps.*, xvii.)

Je vous *commets* au soin de nettoyer partout. — Ce qui fait un vers. — (Molière, *l'Avare*, III, 1.)

6. Jean-Baptiste Guarini, né à Ferrare le 10 de décembre 1537, mort à Venise le 4 d'octobre 1612. Il a composé des œuvres latines, mais il est surtout connu comme auteur du *Pastor fido*, tragi-comédie pastorale.

7. Voyez l'*Art poétique*, chant III.

8. Voyez satire III.

Oh! que d'écrits obscurs, de livres ignorés
Furent en ce grand jour de la poudre tirés!
Vous en fûtes tirés, Almerinde et Simandre; [1]
Et toi, rebut du peuple, inconnu Caloandre, [2]
Dans ton repos, dit-on, saisi par Gaillerbois, [3]
Tu vis le jour alors pour la première fois.
Chaque coup sur la chair laisse une meurtrissure;
Déjà plus d'un guerrier se plaint d'une blessure.
D'un Le Vayer [4] épais Giraut est renversé :
Marineau, d'un Brébœuf [5] à l'épaule blessé,
En sent par tout le bras une douleur amère,
Et maudit la Pharsale aux provinces si chère.
D'un Pinchène [6] « in-quarto » Dodillon étourdi
A longtemps le teint pâle et le cœur affadi.
Au plus fort du combat le chapelain Garagne,
Vers le sommet du front atteint d'un Charlemagne, [7]
(Des vers de ce poëme effet prodigieux!)
Tout prêt à s'endormir, bâille et ferme les yeux.

1. Almerinde et Simandre : ces deux noms forment le titre d'un roman imprimé en 1646, in-8°, à Paris, chez Courbé. L'auteur n'en est pas bien connu : Brossette le désigne par les initiales D. S. C'est une traduction d'un roman italien de *Luca Assarino*. Mazzuchelli l'indique, ainsi que la version française, mais sans nommer le traducteur (*Scrittori d'Italia*, vol. I, part. II, p. 1170). (DAUNOU.)

2. Roman italien traduit par Scudéri. (BOILEAU, 1713.) — *Il Caloandro fedele* est de J. Ambr. Marini, né à Gênes, mort en 1650.

3. Pierre Tardieu, sieur de Gaillerbois, frère du lieutenant criminel Tardieu, dont il est question dans la satire X, avait été chanoine de la Sainte-Chapelle; il était mort dès l'année 1656.

4. François de La Mothe Le Vayer, de l'Académie française, né à Paris en 1588, mort en 1672. La meilleure édition de ses œuvres est de Dresde, 1756-1789, 14 vol in-8°. C'est à son fils qu'est adressée la satire IV. (M. CHÉRON.)

5. Voyez épître VIII.
6. Voyez épître V.
7. Poëme de Louis Le Laboureur. — Voyez épître VIII.

A plus d'un combattant la Clélie est fatale :
Girou dix fois par elle éclate et se signale.[1]
Mais tout cède aux efforts du chanoine Fabri :[2]
Ce guerrier, dans l'Église aux querelles nourri,
Est robuste de corps, terrible de visage,
Et de l'eau dans son vin n'a jamais su l'usage.[3]
Il terrasse lui seul et Guibert et Grasset,
Et Gorillon la basse, et Grandin le fausset,
Et Gerbais l'agréable, et Guérin l'insipide.[4]

Des chantres désormais la brigade timide
S'écarte, et du Palais regagne les chemins.
Telle, à l'aspect d'un loup, terreur des champs voisins,
Fuit d'agneaux effrayés une troupe bêlante ;
Ou tels devant Achille, aux campagnes du Xanthe,
Les Troyens se sauvoient à l'abri de leurs tours :[5]
Quand Brontin à Boirude adresse ce discours :
Illustre porte-croix, par qui notre bannière[6]

---

1. La *Clélie* de Mlle de Scudéri a dix volumes. — Voyez satire IX.

2. Il étoit conseiller-clerc au parlement et se nommoit Le Febvre. C'étoit un homme extrêmement violent et emporté. (BROSSETTE.)

3.   E non bevea giammai vino inacquato.
              (TASSONI, *Secchia rapita*, ch. VI, str. 60.)

4. Ce qu'il y a de remarquable surtout dans cette description, animée d'un bout à l'autre d'une verve si originale, c'est l'attention du poëte à caractériser si plaisamment, par l'effet physique qu'ils produisent, le vice moral des ouvrages qu'il passe en revue. Ici, l'épais Le Vayer renverse Giraut ; là, Pinchesne affadit le cœur de Dodillon ; ailleurs, le *Charlemagne* asphyxie le chapelain Garagne, et nous verrons plus loin le *tendre* et *doux* Quinault *mollir sans vigueur* contre la tête du redoutable Fabri. Il paraît difficile de soutenir, avec Saint-Marc, que toute cette fiction soit une invention *d'un mérite assez mince*. (AMAR.)

5. Homère, *Iliade*, liv. XXI, v. 250-611. (BOILEAU, 1713.)

6. Voici comment Brossette expliquait ce passage :

« Quelques années avant la composition de ce poëme, la procession de Notre-Dame et celle de la Sainte-Chapelle s'étoient rencontrées au Marché-Neuf le jour de la Fête-Dieu, et aucune des deux n'avoit voulu céder

N'a jamais en marchant fait un pas en arrière,
Un chanoine lui seul triomphant du prélat
Du rochet à nos yeux ternira-t-il l'éclat?
Non, non : pour te couvrir de sa main redoutable,
Accepte de mon corps l'épaisseur favorable.[1]

le pas. La procession de la Sainte-Chapelle étoit soutenue par les huissiers du parlement, qui accompagnoient M. le premier président : aussi celle de Notre-Dame fut-elle contrainte de céder à la force. Un semblable démêlé avoit eu lieu dans d'autres occasions, et le porte-bannière de la Sainte-Chapelle avoit toujours soutenu vigoureusement son honneur et celui de son église. » (BROSSETTE.)

C'est une de ses erreurs relevées par Berriat-Saint-Prix. « La délibération dont parle Brossette fut prise, non quelques années avant, mais une quinzaine d'années après la publication du *Lutrin*, et elle concerne, non les processions de Notre-Dame, mais celles de la paroisse de Saint-Barthélemy; et comme ces deux dernières ne marchaient point ensemble, côte à côte, dans les mêmes rues et les mêmes directions et aux mêmes heures, il est clair que Brossette a appliqué à l'une ce qui n'était relatif qu'à l'autre. D'autre part, les registres de la Sainte-Chapelle n'offrent aucune trace de démêlés entre les processions de la Sainte-Chapelle et celles de Notre-Dame, tandis qu'il en est autrement pour celles de la paroisse de Saint-Barthélemy qui englobait tout le territoire de la paroisse de la Sainte-Chapelle : ils font mention de plaintes du chapitre à ce sujet, qui remontaient à plus de soixante ans, et qui s'étaient renouvelées plusieurs fois. » — On voit que l'erreur de Brossette est peu de chose, tandis que sa note nous donne un détail intéressant des mœurs du xviie siècle. C'est à ce titre que nous transcrivons l'article suivant : « Assemblée (chapitre de la Sainte-Chapelle) du 16 avril 1672. On rapporte que quelques jours auparavant la procession de Saint-Bartellemi, ayant été surprise par la pluie sur la place, s'étoit réfugiée dans le Palais, et qu'à raison de ce, l'on n'avoit fait aucune réclamation. Cette tolérance paroît avoir enhardi le curé, qui, le 16 avril, sans aucun motif, est revenu passer dans le Palais et même devant l'église de la Sainte-Chapelle pendant l'office, et alors l'on arrêta ces réclames. » — Nicole rapporte cet usage du pays chartrain : « Les petits enfants de nos villages ont une assez plaisante coutume, quand ils vont en procession après Pâques : celui qui porte la clochette s'éloigne avec quelques camarades d'un quart de lieue du gros de la procession, et s'il se rencontre quelque autre clochette, on en vient au combat; on donne de grands coups d'une clochette contre l'autre, et l'on ne termine point ce combat que l'une des clochettes ne soit cassée. (Voy. le *Port-Royal* de Sainte-Beuve, t. IV, p. 383.)

1. *Iliade*, liv. VIII, v. 267. (BOILEAU, 1713.) — Dans ce passage d'Homère il s'agit de Teucer qui se cache sous le bouclier d'Ajax :

Viens, et, sous ce rempart, à ce guerrier hautain
Fais voler ce Quinault qui me reste à la main. [1]
A ces mots, il lui tend le doux et tendre ouvrage : [2]
Le sacristain, bouillant de zèle et de courage,
Le prend, se cache, approche, et, droit entre les yeux,
Frappe du noble écrit l'athlète audacieux ;
Mais c'est pour l'ébranler une foible tempête ;
Le livre sans vigueur mollit contre sa tête.
Le chanoine les voit, de colère embrasé :
Attendez, leur dit-il, couple lâche et rusé,
Et jugez si ma main, aux grands exploits novice,
Lance à mes ennemis un livre qui mollisse. [3]
A ces mots il saisit un vieil « Infortiat, [4] »
Grossi des visions d'Accurse et d'Alciat, [5]

> Στῆ δ'ἄρ' ὑπ' Αἴαντος σάκεϊ Τελαμωνιάδαο.
> Ἔνθ' Αἴας μὲν ὑπεξέφερεν σάκος· αὐτὰρ ὅγ' ἥρως
> Παπτήνας, ἐπεὶ ἄρ τιν' ὀϊστεύσας ἐν ὁμίλῳ
> Βεβλήκει, ὁ μὲν αὖθι πεσὼν ἀπὸ θυμὸν ὄλεσσεν,
> Αὐτὰρ ὁ αὖθις ἰών, πάϊς ὣς ὑπὸ μητέρα, δύσκεν
> Εἰς Αἴανθ'· ὁ δέ μιν σάκεϊ κρύπτασκε φαεινῷ.

1. 1683 et 1685 : ce G***. — 1694 et 1698 : ce P***. — Quel était ce G***? on l'ignore. Le P*** semble assez bien désigner Perrault, et le style de certains de ses écrits.

2. 1683 à 1698 : *le doucereux ouvrage*.

3. Turnus dit à Pallas :
> Adspice num mage sit nostrum penetrabile telum.
> (VIRGILE, *Énéide*, liv. X, v. 481.)

4. Livre de droit d'une grosseur énorme. (BOILEAU.) — Second volume du Digeste dans les éditions anciennes. (B.-S.-P.)

5. Si vous avez besoin de lois et de rubriques,
    Je sais le Code entier avec les Authentiques,
    Le Digeste, etc., etc.
    Le Digeste nouveau, le vieux, l'Inforciat;
    Ce qu'en a dit Jason, Balde, Accurse, Alciat.
    (CORNEILLE, *le Menteur*, acte I, scène VI.)

Francesco Accorso, professeur de droit, puis assesseur du podestat de Bologne, né à Florence en 1151, mort à Bologne en 1229. Sa *Grande Glose*

Inutile ramas de gothique écriture,
Dont quatre ais mal unis formoient la couverture,
Entourée à demi d'un vieux parchemin noir,
Où pendoit à trois clous un reste de fermoir.
Sur l'ais qui le soutient auprès d'un Avicenne, [1]
Deux des plus forts mortels l'ébranleroient à peine :
Le chanoine pourtant l'enlève sans effort,
Et, sur le couple pâle et déjà demi-mort,
Fait tomber à deux mains l'effroyable tonnerre. [2]
Les guerriers, de ce coup, vont mesurer la terre,
Et, du bois et des clous meurtris et déchirés,
Longtemps, loin du perron, roulent sur les degrés.

Au spectacle étonnant de leur chute imprévue,
Le prélat pousse un cri qui pénètre la nue.
Il maudit dans son cœur le démon des combats,
Et de l'horreur du coup il recule six pas.

---

sur le droit (*Glosa ordinaria*) a été imprimée dans le tome VI du *Corpus juris*, Genève, 1625, in-folio. — Andrea Alciati, avocat à Milan, professeur de droit civil à l'université d'Avignon en 1518, à l'Académie de Bourges en 1522, et dans plusieurs villes d'Italie, à partir de 1532, né à Alzano le 8 de mai 1392, mort à Paris le 12 de juin 1550. Ses ouvrages de droit ont été réunis et publiés avec quelques opuscules de philologie et d'archéologie, à Lyon, 1560, 6 vol. in-folio. (M. CHÉRON.)

1. Auteur arabe. (BOILEAU, 1713.) — Avicenne ou Avisena, corruption du nom d'Ibn-Sina, célèbre médecin arabe, né au mois de safar 370 de l'hégire (août 980), mort au mois de ramadan 428 (juin 1037). Le livre du canon de la médecine, *Canon medicinæ*, fut imprimé en arabe, à Rome, 1593, 4 vol. in-folio. Il en existe des traductions en différentes langues et de divers formats. (M. CHÉRON.)

2.   Nec plura effatus, saxum circumspicit ingens,
     Saxum antiquum, ingens, campo quod forte jacebat,
     Limes agro positus, litem ut discerneret arvis.
     Vix illud lecti bis sex cervice subirent,
     Qualia nunc hominum producit corpora tellus.
     Ille manu raptum trepida torquebat in hostem,
     Altior insurgens, et cursu concitus heros.
                    (VIRGILE, *Énéide*, liv. XII, v. 894-901.)

Mais bientôt rappelant son antique prouesse,
Il tire du manteau sa dextre vengeresse ; [1]
Il part, et, de ses doigts saintement allongés,
Bénit tous les passants, en deux files rangés. [2]
Il sait que l'ennemi, que ce coup va surprendre,
Désormais sur ses pieds ne l'oseroit attendre,
Et déjà voit pour lui tout le peuple en courroux
Crier aux combattants : Profanes, à genoux !
Le chantre, qui de loin voit approcher l'orage,
Dans son cœur éperdu cherche en vain du courage. [3]
Sa fierté l'abandonne, il tremble, il cède, il fuit ;
Le long des sacrés murs sa brigade le suit :
Tout s'écarte à l'instant ; mais aucun n'en réchappe ;
Partout le doigt vainqueur les suit et les rattrape.
Évrard seul, en un coin prudemment retiré,

---

1. *Dextre* et *prouesse* sont deux mots surannés qui s'appelaient ici l'un l'autre pour renforcer l'effet comique de la bénédiction du prélat.

2.   . . . . E salì sopra le mura,
   Dove a l'uscir de la città le schiere
   Chinavano a' suoi piè lance e bandiere.

   Ed egli con la man sovra i campioni
   De l'amica assemblea, tutto cortese
   Trinciava certe benedizioni,
   Che pigliavano un miglio di paese :
   Quando la gente vide quei crocioni,
   Subito le ginocchia in terra stese,
   Gridando : Viva il Papa, e Bonsignore,
   E muora Frederico Imperadore !
            (TASSONI, *Secchia rapita*, ch. V, str. 29-30.)

3. Ces vers sont empruntés à Chapelain, mais avec une heureuse correction :

   L'infortuné guerrier, contre ce double orage,
   Vainement dans son sein recherche du courage.
            (*La Pucelle*, ch. II.)

   Dans son cœur étonné cherche en vain sa vertu.
            (VOLTAIRE, *Henriade*, ch. VIII, v. 120.)

Se croyoit à couvert de l'insulte sacré ; [1]
Mais le prélat vers lui fait une marche adroite :
Il l'observe de l'œil; et tirant vers la droite,
Tout d'un coup tourne à gauche, et d'un bras fortuné
Bénit subitement le guerrier consterné. [2]
Le chanoine, surpris de la foudre mortelle,
Se dresse, et lève en vain une tête rebelle ;
Sur ses genoux tremblants il tombe à cet aspect,

---

1. *Insulte* est masculin dans le *Dictionnaire de l'Académie* de 1694. — On lit dans Corneille :

> Mais je veux qu'Attila pressé d'un autre amour
> Endure un tel *insulte* au milieu de sa cour.
> (*Attila*, II, I.)

Boileau dira encore au chant VI :

> Deux puissants ennemis. . . . .
> A mes sacrés autels font un profane *insulte*.

Insulter et *insulte* étaient des termes assez nouveaux au temps de Vaugelas. « Ce premier mot, dit-il, est fort nouveau, mais excellent pour exprimer ce qu'il signifie. M. Coëffeteau l'a vu naître un peu devant sa mort, et il me souvient qu'il le trouvoit si fort à son gré, qu'il étoit tenté de s'en servir, mais il ne l'osa jamais faire, à cause de sa trop grande nouveauté... Il augura bien néanmoins de celui-ci et prédit ce qui est arrivé, qu'il seroit reçu dans quelque temps aussi bien qu'*insulte*. » (*Remarques sur la langue françoise*, 97, 8.) — Thomas Corneille ajoute ceci aux remarques de Vaugelas : « Quant au nom substantif *insulte*, que quelques-uns font masculin, je suis du sentiment de M. Ménage, qui dit qu'il est constamment féminin. Il avoue que nos anciens disoient *un insulte* : il étoit alors masculin et ne se terminoit pas par un *e*. »

2. On sait que le cardinal de Retz, faisant une procession, affecta de donner la bénédiction au grand Condé, alors son ennemi. Cf. *Mémoires du cardinal de Retz*, 2ᵉ édition, Aimé-Champollion-Figeac, t. III, p. 231-232. C'est, selon Cizeron-Rival (*Lettres familières*, t. III, *Bolæana*, p. 206), ce qui a fourni à Boileau l'idée de ce trait.

Dans la *Secchia rapita*, ch. V, str. 39, le nonce évite de bénir Salinguerra, qui avait été contraire aux intérêts du pape.

> Il nunzio che sapea la cosa chiara,
> Tenne sopra di lui la man sospesa,
> Lasciò passar lo, e poi segnò la croce
> Ma se n'avide, e rise il cor feroce.

Et donne à la frayeur ce qu'il doit au respect.
　　Dans le temple aussitôt le prélat plein de gloire
Va goûter les doux fruits de sa sainte victoire :
Et de leur vain projet les chanoines punis
S'en retournent chez eux éperdus et bénis.[1]

---

[1] « Passe encore pour s'en retourner vaincus et mis en fuite ; mais *bénis* et bénis par la main du prélat! Il était impossible de terminer le chant d'une manière plus fine et plus gaiement satirique. » (AMAR.)

CHANT VI.[1]

Tandis que tout conspire à la guerre sacrée,
La Piété sincère, aux Alpes retirée,[2]
Du fond de son désert entend les tristes cris
De ses sujets cachés dans les murs de Paris.
Elle quitte à l'instant sa retraite divine :
La Foi, d'un pas certain, devant elle chemine;[3]
L'Espérance au front gai l'appuie et la conduit;
Et, la bourse à la main, la Charité la suit.
Vers Paris elle vole, et, d'une audace sainte,
Vient aux pieds de Thémis proférer cette plainte :[4]

Vierge, effroi des méchants,[5] appui de mes autels,
Qui, la balance en main, règles tous les mortels,
Ne viendrai-je jamais en tes bras salutaires
Que pousser des soupirs, et pleurer mes misères?
Ce n'est donc pas assez qu'au mépris de tes lois
L'Hypocrisie ait pris et mon nom et ma voix;
Que, sous ce nom sacré, partout ses mains avares

---

1. Ce chant parut avec le Ve au mois de janvier 1683. (LA HARPE.)
2. La Grande-Chartreuse est dans les Alpes. (BOILEAU, 1701.)
3. Ceci rappelle les vers d'Horace; il s'adresse à la Fortune :

> Te spes et albo rara Fides colit
> Velata panno, nec comitem abnegat...
> (*Od.*, I, 35.)

4. Il y aura toujours quelque chose d'étrange à voir la Foi, l'Espérance et la Charité aux pieds de Thémis.
5. Boileau, avant l'impression, avait mis : *Déesse aux yeux couverts.* Il a bien fait de corriger ce début.

Cherchent à me ravir crosses, mitres, tiares!
Faudra-t-il voir encor cent monstres furieux
Ravager mes États usurpés à tes yeux?
Dans les temps orageux de mon naissant empire,
Au sortir du baptême on couroit au martyre.
Chacun, plein de mon nom, ne respiroit que moi :
Le fidèle, attentif aux règles de sa loi,
Fuyant des vanités la dangereuse amorce,
Aux honneurs appelé, n'y montoit que par force.
Ces cœurs, que les bourreaux ne faisoient point frémir,
A l'offre d'une mitre étoient prêts à gémir;
Et, sans peur des travaux, sur mes traces divines
Couroient chercher le ciel au travers des épines.[1]
Mais, depuis que l'Église eut, aux yeux des mortels,
De son sang en tous lieux cimenté ses autels,
Le calme dangereux succédant aux orages,
Une lâche tiédeur s'empara des courages.[2]
De leur zèle brûlant l'ardeur se ralentit;
Sous le joug des péchés leur foi s'appesantit.
Le moine secoua le cilice et la haire;
Le chanoine indolent apprit à ne rien faire;
Le prélat, par la brigue aux honneurs parvenu,
Ne sut plus qu'abuser d'un ample revenu,
Et, pour toutes vertus, fit, au dos d'un carrosse,

---

1. Voici comment Louis Racine peint le trône de l'Église naissante :

> Sur les degrés sanglants je ne vois que des morts ;
> C'étoit pour en tomber qu'on y montoit alors.
> Dans ces temps où la foi conduisoit aux supplices,
> D'un troupeau condamné glorieuses prémices,
> Les pasteurs espéroient des supplices plus grands.

2. Nous avons déjà vu que ce mot, employé au pluriel dans le sens de *cœurs*, était d'un usage constant au XVIIe siècle. Bossuet, dans l'*Oraison funèbre du prince de Condé*, nous montre ce héros calmant sur le champ de bataille « les courages émus. »

A côté d'une mitre armorier sa crosse.
L'Ambition partout chassa l'Humilité ;
Dans la crasse du froc logea la Vanité.
Alors de tous les cœurs l'union fut détruite.
Dans mes cloîtres sacrés la Discorde introduite
Y bâtit de mon bien ses plus sûrs arsenaux ;
Traîna tous mes sujets au pied[1] des tribunaux.
En vain à ses fureurs j'opposai mes prières ;
L'insolente, à mes yeux, marcha sous mes bannières.
Pour comble de misère, un tas de faux docteurs
Vint flatter les péchés de discours imposteurs ;[2]
Infectant les esprits d'exécrables maximes,
Voulut faire à Dieu même approuver tous les crimes.
Une servile peur tint lieu de charité ;
Le besoin d'aimer Dieu passa pour nouveauté ;
Et chacun à mes pieds, conservant sa malice,
N'apporta de vertu que l'aveu de son vice.

Pour éviter l'affront de ces noirs attentats,
Je vins chercher le calme au séjour des frimats,[3]
Sur ces monts entourés d'une éternelle glace,
Où jamais au printemps les hivers n'ont fait place ;
Mais, jusque dans la nuit de mes sacrés déserts,
Le bruit de mes malheurs fait retentir les airs.
Aujourd'hui même encore une voix trop fidèle

---

1. C'est là le texte de Boileau, d'autres éditions ont donné à tort *aux pieds*.

2. Allusion à la morale des casuistes que Boileau a attaqués dans l'épître XIIe.

3. La Grande-Chartreuse est dans les Alpes dauphinoises à une hauteur où les neiges durent les trois quarts de l'année. — C'est là le texte de Boileau. Brossette avait cru devoir remplacer *je vins* par *j'allai*. — Boileau, de 1683 à 1713, avait écrit ainsi *frimats*. — « M. Didot, sans en avertir, a mis, en 1788, selon l'orthographe actuelle, *frimas*, ce qui a été imité aussi par presque tous les éditeurs modernes. Mais avec ce changement, le vers ne rime plus, ni pour les yeux, ni pour l'oreille. » (BERRIAT-SAINT-PRIX.)

M'a d'un triste désastre apporté la nouvelle :
J'apprends que, dans ce temple où le plus saint des rois[1]
Consacra tout le fruit de ses pieux exploits,
Et signala pour moi sa pompeuse largesse,
L'implacable Discorde et l'infâme Mollesse,
Foulant aux pieds les lois, l'honneur et le devoir,
Usurpent en mon nom le souverain pouvoir.
Souffriras-tu, ma sœur, une action si noire ?
Quoi ! ce temple, à ta porte, élevé pour ma gloire,
Où jadis des humains j'attirois tous les vœux,
Sera de leurs combats le théâtre honteux ![2]
Non, non, il faut enfin que ma vengeance éclate :
Assez et trop longtemps l'impunité les flatte.
Prends ton glaive, et, fondant sur ces audacieux,
Viens aux yeux des mortels justifier les cieux.[3]

    Ainsi parle à sa sœur cette vierge enflammée :
La grâce est dans ses yeux d'un feu pur allumée.
Thémis sans différer lui promet son secours,
La flatte, la rassure, et lui tient ce discours :

    Chère et divine sœur, dont les mains secourables
Ont tant de fois séché les pleurs des misérables,
Pourquoi toi-même, en proie à tes vives douleurs,
Cherches-tu sans raison à grossir tes malheurs?
En vain de tes sujets l'ardeur est ralentie :
D'un ciment éternel ton Église est bâtie,

---

1. Saint Louis, fondateur de la Sainte-Chapelle. (Boileau, 1683-1713.)

2.   Théâtre alors sanglant des plus mortels combats.
               (Voltaire, *Henriade*, ch. I, v. 71.)

3.   Absolvitque deos.
               (Claudien, *in Rufinum*, liv. I, v. 21.)

Le trépas de Rufin vient d'absoudre les dieux.
               (François de Neufchateau.)

Et jamais de l'enfer les noirs frémissements
N'en sauroient ébranler les fermes fondements. [1]
Au milieu des combats, des troubles, des querelles,
Ton nom encor chéri vit au sein des fidèles.
Crois-moi, dans ce lieu même où l'on veut t'opprimer,
Le trouble qui t'étonne est facile à calmer :
Et, pour y rappeler la paix tant désirée,
Je vais t'ouvrir, ma sœur, une route assurée.
Prête-moi donc l'oreille, et retiens tes soupirs.
Vers ce temple fameux, [2] si cher à tes désirs,
Où le ciel fut pour toi si prodigue en miracles,
Non loin de ce palais où je rends mes oracles,
Est un vaste séjour des mortels révéré,
Et de clients soumis à toute heure entouré. [3]
Là, sous le faix pompeux de ma pourpre honorable,
Veille au sein de ma gloire un homme [4] incomparable,
Ariste, dont le ciel et Louis ont fait choix
Pour régler ma balance et dispenser mes lois.
Par lui dans le barreau sur mon trône affermie,

---

1. Tu es Petrus et super hanc petram ædificabo Ecclesiam meam, et portæ inferi non prævalebunt adversus eam.
v. 18.)

2. La Sainte-Chapelle. Voir dans la *Correspondance* une lettre à Brossette du 2 d'août 1703. « Où étoient vos lumières quand vous avez douté si ce temple fameux dont parle Thémis dans le *Lutrin* est Notre-Dame ou la Sainte-Chapelle? Est-il possible que vous n'ayez pas vu que ce temple qu'elle désigne à la Piété est ce même temple dont la Piété vient de lui parler quelques vers auparavant?... Comment voulez-vous que le lecteur aille songer à Notre-Dame, qui n'a point été bâtie par saint Louis, et qui est si éloignée du Palais, y ayant entre elle et le Palais plus de douze fameuses églises, et principalement la célèbre paroisse de Saint-Barthélemy, qui en est beaucoup plus proche? »

3. L'hôtel du premier président, où fut depuis la préfecture de police et qui a été démoli au commencement de 1859 pour faire place à un nouvel hôtel. (M. Chéron.)

4. M. de Lamoignon, premier président. (Boileau, 1713.)

Je vois hurler en vain la chicane ennemie :
Par lui la vérité ne craint plus l'imposteur,
Et l'orphelin n'est plus dévoré du tuteur.
Mais pourquoi vainement t'en retracer l'image?
Tu le connois assez : Ariste est ton ouvrage;
C'est toi qui le formas dès ses plus jeunes ans;
Son mérite sans tache est un de tes présents.
Tes divines leçons, avec le lait sucées,
Allumèrent l'ardeur de ses nobles pensées.
Aussi son cœur, pour toi brûlant d'un si beau feu,
N'en fit point dans le monde un lâche désaveu ;
Et son zèle hardi, toujours prêt à paroître,
N'alla point se cacher dans les ombres d'un cloître. [1]
Va le trouver, ma sœur : à ton auguste nom,
Tout s'ouvrira d'abord en sa sainte maison.
Ton visage est connu de sa noble famille ;
Tout y garde tes lois, enfants, sœur, [2] femme, fille.
Tes yeux d'un seul regard sauront le pénétrer;
Et, pour obtenir tout, tu n'as qu'à te montrer.

 Là s'arrête Thémis. La Piété charmée
Sent renaître la joie en son âme calmée.
Elle court chez Ariste; et s'offrant à ses yeux :

 Que me sert, lui dit-elle, Ariste, qu'en tous lieux
Tu signales pour moi ton zèle et ton courage,
Si la Discorde impie à ta porte m'outrage?
Deux puissants ennemis, par elle envenimés,
Dans ces murs, autrefois si saints, si renommés,
A mes sacrés autels font un profane insulte, [3]

---

1. *Paroître* et *cloître* rimaient ensemble à cause de la prononciation alors en usage.

2. On verra aux *poésies diverses* un éloge de la sœur de Lamoignon, n° XVI.

3. *Insulte,* masculin. Voir chant V, p. 497.

Remplissent tout d'effroi, de trouble et de tumulte.
De leur crime à leurs yeux va-t'en peindre l'horreur :
Sauve-moi, sauve-les de leur propre fureur.

Elle sort à ces mots. Le héros[1] en prière
Demeure tout couvert de feux et de lumière.
De la céleste fille il reconnoît l'éclat,
Et mande au même instant le chantre et le prélat.

Muse, c'est à ce coup que mon esprit timide
Dans sa course élevée a besoin qu'on le guide,
Pour chanter par quels soins, par quels nobles travaux,
Un mortel sut fléchir ces superbes rivaux.

Mais plutôt, toi qui fis ce merveilleux ouvrage,
Ariste, c'est à toi d'en instruire notre âge.
Seul tu peux révéler par quel art tout-puissant
Tu rendis tout à coup le chantre obéissant.
Tu sais par quel conseil rassemblant le chapitre,
Lui-même, de sa main, reporta le pupitre;
Et comment le prélat, de ses respects content,
Le fit du banc fatal enlever à l'instant.
Parle donc : c'est à toi d'éclaircir ces merveilles.
Il me suffit, pour moi,[2] d'avoir su, par mes veilles,
Jusqu'au sixième chant pousser ma fiction,
Et fait d'un vain pupitre un second Ilion.
Finissons. Aussi bien, quelque ardeur qui m'inspire,
Quand je songe au héros qu'il me reste[3] à décrire,

---

1. Le mot *héros* s'employait alors « quelquefois pour un homme qui excelle en quelque vertu, » dit le *Dictionnaire de l'Académie* de 1694. (DE SAINT-SURIN.)

2. Tour prosaïque, dit Daunou.

> J'aime bien mieux, *pour moi,* qu'en épluchant ses herbes....
> (MOLIÈRE, *Femmes sav.*, acte II, scène VII, v. 15.)

3. « Version originale, et édition 1701, in-4°, et 1713, *qui me reste*, leçon adoptée par Brossette et tous les autres éditeurs; mais l'expression

Qu'il faut parler de toi, mon esprit éperdu
Demeure sans parole, interdit, confondu.

 Ariste, c'est ainsi qu'en ce sénat illustre
Où Thémis, par tes soins, reprend son premier lustre,
Quand, la première fois, un athlète nouveau
Vient combattre en champ clos aux joutes du barreau,
Souvent, sans y penser, ton auguste présence
Troublant par trop d'éclat sa timide éloquence,
Le nouveau Cicéron [1], tremblant, décoloré,
Cherche en vain son discours sur sa langue égaré;
En vain pour gagner temps, dans ses transes affreuses,
Traîne d'un dernier mot les syllabes honteuses;
Il hésite, il bégaye; et le triste orateur
Demeure enfin muet aux yeux du spectateur. [2]

qu'il me reste est non-seulement dans les éditions de 1683 à 1698, mais dans l'édition in-12 de 1701, postérieure de plusieurs mois à l'in-4°, et de la dernière revue par l'auteur. M. de Saint-Surin est donc dans l'erreur lorsqu'il dit que la première locution est celle que Boileau *finit par préférer...* Il est clair que *qui me reste* est une faute d'impression de l'in-4°. » (BERRIAT-SAINT-PRIX.)

 1. Brossette prétend que Boileau veut désigner l'avocat Barbier d'Aucour, qui perdit la mémoire au milieu de son premier plaidoyer et quitta dès lors le barreau pour les lettres.

 2. L'orateur demeurant muet, il n'y a plus d'auditeurs : il reste seulement des spectateurs. (BOILEAU, 1713.)

 En général, les critiques ont beaucoup blâmé ce chant VI. — « Le seul défaut de ce chef-d'œuvre, dit La Harpe en terminant l'examen du *Lutrin*, c'est que le dernier chant ne répond pas aux autres : il est tout entier sur le ton sérieux, et la fiction y change de nature... » Il n'échappera pas au lecteur que Despréaux, dans les premiers vers de ce chant, revient au ton de la satire.

FIN DU TOME DEUXIÈME.

TABLE

DU TOME DEUXIÈME.

SATIRES.

		Pages.
VII.	Le genre satirique.	1
VIII.	A M. M*** (Morel), docteur de Sorbonne.	9
IX.	A son esprit.	33
X.	Les femmes.	54
XI.	A M. de Valincour.	100
XII.	Sur l'équivoque.	114

ÉPITRES :

I.	Au roi.	141
II.	A M. l'abbé des Roches.	155
III.	A. M. Arnauld, docteur de Sorbonne.	159
IV.	Au roi.	168
V.	A M. de Guilleragues, secrétaire du cabinet.	183
VI.	A M. de Lamoignon, avocat général.	195
VII.	A M. Racine.	209
VIII.	Au roi.	221
IX.	A M. le marquis de Seignelay, secrétaire d'état.	229
X.	A mes vers.	241
XI.	A mon jardinier.	256
XII.	Sur l'amour de Dieu. A M. l'abbé Renaudot.	265

ART POÉTIQUE.

	Pages.
Chant Ier.	281
Chant II.	309
Chant III.	334
Chant IV.	379

LE LUTRIN.

Chant Ier.	413
Chant II.	434
Chant III.	448
Chant IV.	462
Chant V.	481
Chant VI.	499

CHEFS-D'ŒUVRE DE LA LITTÉRATURE FRANÇAISE

FORMAT IN-8° CAVALIER, PAPIER VÉLIN DES VOSGES, IMPRIMÉS AVEC GRAND SOIN
PAR LA TYPOGRAPHIE CLAYE

Prix de chaque volume, 7 fr. 50

ŒUVRES COMPLÈTES DE MOLIÈRE

Nouvelle édition très-soigneusement revue sur les textes originaux avec un nouveau travail de critique et d'érudition, aperçus d'histoire littéraire, examen de chaque pièce, commentaire, biographie, etc., etc., par M. Louis Moland.

L'ouvrage, imprimé avec luxe par M. Claye sur magnifique papier des Vosges fabriqué spécialement pour cette collection, orné de vignettes gravées sur acier, d'après les dessins de Staal, par F. Delannoy et Massard, forme 7 volumes.

ŒUVRES COMPLÈTES DE J. RACINE

Avec une vie de l'auteur et un examen de chacun de ses ouvrages, par M. Saint-Marc Girardin, de l'Académie française. Vignettes de Staal gravées sur acier par les meilleurs artistes. En vente, le Ier et le IIe vol.

HISTOIRE DE GIL BLAS DE SANTILLANE

Par Le Sage, avec les principales remarques des divers annotateurs, précédée d'une notice par Sainte-Beuve, de l'Académie française, les jugements et témoignages sur Le Sage et sur *Gil Blas*; suivie de *Turcaret* et de *Crispin rival de son maître*. 2 volumes illustrés de six belles gravures sur acier d'après les dessins de Staal.

CHEFS-D'ŒUVRE LITTÉRAIRES DE BUFFON

Avec une Introduction par M. Flourens, membre de l'Académie française, secrétaire de l'Académie des sciences, etc. 2 volumes. Un beau portrait de Buffon est joint au tome Ier.

L'IMITATION DE JÉSUS-CHRIST

Traduction nouvelle avec des réflexions à la fin de chaque chapitre par M. l'abbé de Lamennais. 1 volume orné de 4 gravures sur acier.

ESSAIS DE MICHEL DE MONTAIGNE

Nouvelle édition, avec les notes de tous les commentateurs, choisies et complétées par M. J.-V. Le Clerc, précédée d'une nouvelle Étude sur Montaigne par M. Prevost-Paradol, de l'Académie française. 4 volumes.

ŒUVRES DE CLÉMENT MAROT

Annotées, revues sur les éditions originales et précédées de la vie de Clément Marot, par Charles d'Héricault. 1 volume orné du portrait de l'auteur gravé sur acier, d'après une peinture du temps.

ŒUVRES CHOISIES DE MASSILLON

Précédées d'une notice biographique et littéraire par M. Godefroy. 2 volumes, avec un beau portrait de Massillon.

ŒUVRES DE J.-B. ROUSSEAU

Avec une notice de M. Antoine de La Tour. 1 volume.

En préparation :

ŒUVRES COMPLÈTES DE LA FONTAINE

Nouvelle édition, avec un nouveau travail de critique et d'érudition, par M. Louis Moland.

Il sera tiré sur papier de Hollande, pour chaque volume de la collection, 150 exemplaires numérotés. — Prix : 15 fr. le volume.

www.ingramcontent.com/pod-product-compliance
Lightning Source LLC
Chambersburg PA
CBHW051129230426
43670CB00007B/734